ERNST ULRICH GROSSE

HEINZ-HELMUT LÜGER

FRANKREICH VERSTEHEN

ERNST ULRICH GROSSE
HEINZ-HELMUT LÜGER

FRANKREICH VERSTEHEN

Eine Einführung mit Vergleichen zu Deutschland

4., aktualisierte und erweiterte Auflage

WISSENSCHAFTLICHE BUCHGESELLSCHAFT
DARMSTADT

Einbandgestaltung: Neil McBeath, Stuttgart.

Einbandmotiv: Ausschnitt aus Eugène Delacroix, La Liberté guidant le peuple (1831).

1. Auflage 1987
2., aktualisierte und erweiterte Auflage 1989
3., aktualisierte und erweiterte Auflage 1993

Eine englische Ausgabe erschien 1994 unter dem Titel ›Understanding France in Comparison with Germany‹ im Lang-Verlag, Bern.

Die Deutsche Bibliothek – CIP-Einheitsaufnahme

Frankreich verstehen: eine Einführung mit Vergleichen zu Deutschland / Ernst Ulrich Große; Heinz-Helmut Lüger. – 4., aktualisierte und erw. Aufl. – Darmstadt: Wiss. Buchges., 1996
ISBN 3-534-13160-6
NE: Große, Ernst Ulrich; Lüger, Heinz-Helmut

Bestellnummer 13160-6

4., aktualisierte und erweiterte Auflage

Gedruckt auf säurefreiem und alterungsbeständigem Offsetpapier
Satz: Fotosatz Janß, Pfungstadt
Druck und Einband: VDD – Darmstadt
Abbildungen 57, 58, 78–82:
Adolf Benjes, Ingenieurbüro für Landkartentechnik,
Alemannenstraße 20, 79227 Schallstadt
Printed in Germany
Schrift: Linotype Garamond, 10/11

ISBN 3-534-13160-6

INHALT

Abkürzungen XI

Vorwort XIII

1. Zentralistische Staatsgewalt und monarchisches Präsidialsystem? (H. H. Lüger) 1
1.1 Zentralismus und historisches Erbe 2
1.1.1 Traditionelle Verwaltungsstruktur Frankreichs . . 2
1.1.2 Nationale Einheit und Ausbau der Zentralgewalt (von den Kapetingern bis zur III. Republik) 4
1.1.3 Zur Situation der Regionalsprachen 11
1.1.4 Exkurs: Die DOM-TOM 16
1.2 Politische Zersplitterung und bundesstaatliche Tradition in Deutschland 22
1.3 Reform des französischen Zentralismus und Dezentralisierung 27
1.4 Probleme und Reformen des föderalistischen Systems der BRD 35
1.5 Politische Institutionen der V. Republik 37
1.5.1 Krise und Scheitern der IV. Republik 37
1.5.2 Politische Stabilität und Präsidialherrschaft: «L'Etat, c'est lui» 41
1.5.3 Hauptunterschiede im Vergleich zur Bundesrepublik 49

2. Zwischen Blockbildung und Divergenz: Die Parteien (E. U. Große) 52
2.1 Organisationsgrad 58
2.2 Parteientypen und Trend zur „Volkspartei" . . . 58
2.3 Traditionen, Wandlungen und Konstanten des Parteiensystems 59
2.4 Vom Gaullismus zum Neogaullismus (RPR) . . . 64
2.5 Der liberal-konservative Parteienbund UDF . . . 73
2.5.1 Die Republikaner (PR) 75
2.5.2 Das *Centre des démocrates sociaux* (CDS) 75

2.5.3 Die Radikalen 76
2.5.4 Weitere UDF-Bestandteile 77
2.6 Die Sozialisten (PS) und ihr Verhältnis zu den Kommunisten 78
2.7 Die Kommunisten (PCF) 86
2.8 Weitere Parteien in Frankreich 91
2.8.1 Weitere Linksparteien 92
2.8.2 Ökologische Parteien 92
2.8.3 *Front national* 94
2.8.4 *Divers droite, divers gauche* 97
2.8.5 Politische *clubs* 97
2.9 Zum Vergleich zwischen französischem und bundesdeutschem Parteiensystem 98
2.9.1 Wandlungen der Parteiensysteme 98
2.9.2 Zuordnungen im Europaparlament 103

3. Moderner Industriestaat Frankreich? (H. H. Lüger) . 108
3.1 Außenhandelsdefizit, Inflation, Arbeitslosigkeit . . 109
3.2 Industrieller Rückstand im Vergleich zur Bundesrepublik 110
3.3 Regionales Ungleichgewicht: «Paris et le désert français?» 116
3.3.1 Verteilung der Ballungsgebiete 116
3.3.2 Regionale Strukturschwächen in der Bundesrepublik 123
3.4 Nebeneinander zweier Volkswirtschaften 125
3.4.1 Staatliche Konzentrationsförderung 125
3.4.2 Traditioneller Mittelstand 128
3.5 Nationalisierungen und indikative Planung . . . 130
3.5.1 Ausweitung des öffentlichen Sektors seit 1936 . . 130
3.5.2 Nationalisierungs-Programm von 1981 132
3.5.3 Reprivatisierungen – Ende der *économie mixte*? . . 136
3.6 Dauerprobleme im Außenhandel 138
3.7 Protektionismus, verzögerte Industrialisierung, dynamische Nachkriegsentwicklung 147
3.7.1 Bevölkerungswachstum und Wirtschaftsentwicklung 148
3.7.2 Protektionistische Vergangenheit 149
3.7.3 Hinwendung zum europäischen Markt 151
3.8 Prioritätenwechsel in der Wirtschaftspolitik . . . 152

4. Sozialer Wandel – Soziale Konflikte (H. H. Lüger) . 159
4.1 Umschichtung zwischen den Sektoren 159
4.2 Verstärkung regionaler Unterschiede 161

4.2.1 Konzentration auf Ballungsgebiete 161
4.2.2 Hohe Bevölkerungsdichte und dezentrale Ballungsräume in der Bundesrepublik 165
4.2.3 Voraussetzungen des 19. Jahrhunderts 166
4.3 Probleme des Bevölkerungswachstums 168
4.4 Bevölkerungsentwicklung, Arbeitskräftebedarf und *immigration étrangère* 173
4.4.1 Frühe Defizite auf dem Arbeitsmarkt 173
4.4.2 Ausländerbeschäftigung in der deutschen Wirtschaft . 177
4.5 Erwerbstätigenstruktur und soziale Schichtung . . 179
4.5.1 Daten zur Erwerbstätigkeit 179
4.5.2 Verteilung der Berufsgruppen 185
4.5.3 Modelle und Kriterien sozialer Schichtung . . . 191
4.6 Arbeitskonflikte und Interessenvertretung 197
4.6.1 Traditioneller Gewerkschaftspluralismus 199
4.6.2 Schwacher Organisationsgrad 203
4.6.3 „Repräsentative“ Gewerkschaften 206
4.6.4 Unternehmerverbände 208
4.6.5 Soziale Akteure in der Bundesrepublik 210
4.6.6 Arbeitsbeziehungen und Verfahren der Konfliktlösung 212
4.6.7 Mitwirkungsrechte der Arbeitnehmer 215

5. Das Bildungswesen: Traditionen und Innovationen (E. U. Große) 219
5.1 Gemeinsame Probleme und Hauptunterschiede . . 221
5.1.1 Gemeinsame Probleme 221
5.1.2 Unterschiedliche Bildungskonzepte 226
5.1.3 Zentralismus und Föderalismus 227
5.1.4 «Séparation des Eglises et de l'Etat» vs. „Staatskirchen und Staat“ 231
5.1.5 Der Geist des Jesuitenkollegs vs. Einfluß des Protestantismus 235
5.1.6 „Duales“ vs. „einheitlicheres“ Hochschulsystem . . 239
5.1.7 Schlußfolgerung: Unterschiedliche Traditionen – unterschiedliche Systeme 240
5.2 Die schulischen Bildungssysteme in Frankreich und in der Bundesrepublik: ein Überblick 242
5.3 Der Hochschulbereich in Frankreich und in der Bundesrepublik 250
5.3.1 Frankreichs «Grandes Ecoles» 252

5.3.2 Die Universitäten im Zeichen der Diplome und *concours* 256
5.3.3 Alternativen zur Universität: I.U.T., S.T.S. und Fachhochschulen 259
5.3.4 «Université 2000» 261
5.3.5 Neue berufsbildende Universitätsinstitute 262
5.3.6 Staatliche Hochschulen mit Sonderstatus 264
5.4 Abschließende Betrachtung 265
5.4.1 «Faux amis» 265
5.4.2 «Education» vs. „Bildung" 266

6. Entwicklungstendenzen der Massenmedien . . . 269
6.1 Die Presse – publizistische Ansprüche und ökonomische Abhängigkeiten (H. H. Lüger) 269
6.1.1 Stabilität oder Krise? 269
6.1.2 Positive Auflagenentwicklung bei der Zeitschriftenpresse 270
6.1.3 Stagnation und Auflagenrückgang bei der Tagespresse 276
6.1.4 Wirtschaftliche und publizistische Konzentration . . 285
6.1.5 Dominanz weniger Pressekonzerne 288
6.1.6 Werbeabhängigkeit und Warencharakter von Nachrichten 291
6.1.7 Gesetzliche Einflußnahmen 294
6.2 Rundfunk und Fernsehen im Zeichen der Konkurrenz (E. U. Große) 297
6.2.1 Nutzung der Medien 297
6.2.2 Vom O.R.T.F.-Monopol zum Wettbewerb . . . 298
6.2.3 Das bundesrepublikanische Vorbild einer Dezentralisierung 299
6.2.4 Erste Schritte zur Dezentralisierung ab 1981 . . . 300
6.2.5 Die *postes périphériques* 302
6.2.6 Die staatlichen französischen Rundfunksender . . 305
6.2.7 Die Fernsehprogramme TF 1, A 2 und FR 3 . . . 306
6.2.8 Die „neuen Medien" 309
6.2.9 Neue Fernsehprogramme in Frankreich und in der Bundesrepublik 311
6.3 Film und literarische Tradition (E. U. Große) . . . 318

7. Deutsch-französische Beziehungen (E. U. Große) . 326
7.1 Die Beziehungen bis 1945: antagonistische Klischees oder historisches Verständnis? 326

7.1.1 Von *Charlemagne* bis Napoleon: ein Jahrtausend imperialer Träume 329
7.1.2 Die Beziehungen von 1815 bis 1945: im Zeichen der nationalstaatlichen Volksheere 339
7.2 Die Beziehungen ab 1945: ungleiche Partner vor gleichen Problemen 349
7.2.1 Politische und wirtschaftliche Beziehungen . . . 352
7.2.2 Militärische Beziehungen 365
7.2.3 Kulturelle Beziehungen 367
7.3 Die Beziehungen ab 1989: neue Grundlagen . . . 370
7.3.1 Politische und wirtschaftliche Beziehungen . . . 374
7.3.2 Militärische Beziehungen 377
7.3.3 Kulturelle Beziehungen 378

Anhang: Historische Karten 381

Literatur 387

Register historischer Personen 415

Sachwortregister 419

ABKÜRZUNGEN

A 2	Antenne 2 (jetzt France 2)
CAPES	Certificat d'Aptitude au Professorat de l'Enseignement du Second Degré
CAPET	Certificat d'Aptitude au Professorat de l'Enseignement Technique
CDS	Centre des Démocrates Sociaux
CERES	Centre d'Etudes, de Recherches et d'Education Socialistes
CFDT	Confédération Française Démocratique du Travail
CFTC	Confédération Française des Travailleurs Chrétiens
CGC	Confédération Générale des Cadres (offiziell: CFE–CGC)
CGPME	Confédération Générale des Petites et Moyennes Entreprises
CGT	Confédération Générale du Travail
CID–UNATI	Comité d'Information et de Défense – Union Nationale des Travailleurs Indépendants
CNCL	Commission Nationale de la Communication et des Libertés
CNI	Centre National des Indépendants
CNPF	Conseil National du Patronat Français
CNRS	Centre National de la Recherche Scientifique
CODER	Commissions de Développement Economique Régional
CSA	Conseil Supérieur de l'Audiovisuel
CSG	Contribution Sociale Généralisée
DATAR	Délégation à l'Aménagement du Territoire et à l'Action Régionale
DEA	Diplôme d'Etudes Approfondies
DEUG	Diplôme d'Etudes Universitaires Générales
DOM	Départements d'Outre-Mer
ENA	Ecole Nationale d'Administration
ENS	Ecole Normale Supérieure
FEN	Fédération de l'Education Nationale
FLNKS	Front de Libération Nationale Kanak Socialiste
FN	Front National
FNSEA	Fédération Nationale des Syndicats d'Exploitants Agricoles
FO	Force Ouvrière (offiziell: CGT–FO)
FR 2	France 2
FR 3	France 3
GE	Génération Ecologie

HEC	Ecole des Hautes Etudes Commerciales
IFOP	Institut Français d'Opinion Publique
INSEE	Institut National de la Statistique et des Etudes Economiques
IUFM	Institut Universitaire de Formation des Maîtres
IUP	Institut Universitaire Professionnalisé
IUT	Institut Universitaire de Technologie
MRG	Mouvement des Radicaux de Gauche
MRP	Mouvement Républicain Populaire
M 6	Métropole télévision 6
ORTF	Office de Radiodiffusion-Télévision Française
PCF	Parti Communiste Français
PDG	Président-Directeur Général
PFN	Parti des Forces Nouvelles
PR	Parti Républicain
PRS	Parti Radical-Socialiste
PS	Parti Socialiste
PSD	Parti Social-Démocrate
PSU	Parti Socialiste Unifié
RMC	Radio Monte-Carlo
RMI	Revenu Minimum d'Insertion
RPCR	Rassemblement pour la Calédonie dans la République
RPF	Rassemblement du Peuple Français
RPR	Rassemblement pour la République
RTL	Radio-Télévision Luxembourg
SFIO	Section Française de l'Internationale Ouvrière
SMIC	Salaire Minimum Interprofessionnel de Croissance
STS	Section de Techniciens Supérieurs
TF 1	Télévision Française 1
TGV	Train(s) à Grande Vitesse
TMC	Télé Monte-Carlo
TOM	Territoires d'Outre-Mer
UDC	Union du Centre
UDF	Union pour la Démocratie Française
UDR	Union des Démocrates pour la République
UNR	Union pour la Nouvelle République
UPF	Union pour la France
ZEP	Zone d'Education Prioritaire

Abkürzungen von Periodika s. Literaturverzeichnis.

VORWORT

> Aus der Mischung von Kelten, Römern und Franken ging die Hauptmasse der Franzosen ... hervor. Sie haben heute noch die Vorzüge und die Fehler der alten Gallier.
> Sie sind geistig wohlbegabt, tapfer, ritterlich und liebenswürdig, äußerst beweglich und redegewandt. Im politischen Leben leidenschaftlich, zeigen sie sich von lebhaftestem Nationalgefühl erfüllt und immer bereit, für die Größe und den Ruhm ihres Vaterlandes Opfer zu bringen. Sie entbehren aber häufig der Zähigkeit und besonnenen Ruhe. (v. Seydlitz 1912, 123)

> ... notre pays, attaché à la démocratie sociale et politique, a un faible pour les individualités brillantes; ses habitants, pourtant laborieux, paraissent frivoles; sa tradition de révolutions fait des Français un peuple conservateur, contrairement à ce qu'ils croient et à ce qu'on pourra croire. Peut-être notre individualisme, que d'aucuns disent excessif, est-il hérité des Gaulois. (Roche 1961, 21)

Zweifellos gehören kulturkundliche Betrachtungsweisen, die mehr oder weniger ausschließlich auf nationale Wesensmerkmale abheben, inzwischen der Vergangenheit an; und Auffassungen, die von einer Kontinuität des gallischen Volkscharakters ausgehen oder versuchen, das alte chauvinistische Erbfeindklischee wiederzubeleben, dürften heute eher belächelt werden. Doch selbst wenn die groben Vereinfachungen solcher Fremd- und Eigenbilder weitgehend überwunden scheinen, schließt das natürlich ein Fortbestehen bestimmter nationaler Stereotype nicht aus. Die Berichterstattung in den Medien zum Beispiel oder die Präsentation des anderen Landes in manchen Sprachlehrbüchern geben davon ein beredtes Zeugnis. Hier werden nicht nur unterschiedliche Erwartungen und Wertmaßstäbe wirksam, ebenso darf man wohl auch ein gewisses sozialpsychologisches Bedürfnis annehmen, mit entsprechenden Verallgemeinerungen und Abgrenzungen die Identität der eigenen Gruppe zu bestätigen.

In Situationen, die als Konflikt oder Konfrontation empfunden werden, sind somit leicht Rückfälle in antithetische Klischeevorstellungen möglich. Man denke nur an die seinerzeit viel diskutierten deutsch-französischen Begegnungen anläßlich der letzten Fußballweltmeisterschaften zurück: Wie leicht gingen da Formeln wie „Athletik, Mannschaftsdisziplin versus Spielkunst, Ideenreichtum" oder „deutscher Kampfgeist und Kraftmeierei versus Leichtfüßigkeit, Spritzigkeit, Latinität der Franzosen" von der Hand (vgl. Keller 1983). Mit ähnlich vereinfachenden Stereotypen warten übrigens häufig deutsche Journalisten auf, wenn sie Fragen der französischen Wirtschaftspolitik kommentieren. Und wurden umgekehrt im Zuge der deutschen Einigung nicht wieder sehr schnell einige der altbekannten Ressentiments und Sorgen laut? Wie dem auch sei, die Beispiele deuten hin auf eine allgemeine Tendenz, bestimmte Vorgänge und Entwicklungen mit nationalen oder gruppenspezifischen Kategorien zu deuten, einen Mechanismus also, der Wahrnehmung und Informationsverarbeitung von vornherein selektiv steuert. Von den hier begründeten ethnozentrischen Urteilsmustern läßt sich nicht einfach abstrahieren; um sie bewußtzumachen und im Sinne eines besseren transnationalen Verstehens zu relativieren, sind vielmehr systematische, die historische Dimension nicht vernachlässigende Einblicke in die Verhältnisse des anderen Landes sowie explizite Vergleiche mit der eigenkulturellen Situation nötig. Diesen Prinzipien ist auch der vorliegende Band verpflichtet.

Zu einer Reihe ausgewählter Themen wird im folgenden mit Fakteninformationen, erläuternden Kommentaren sowie statistischem und illustrativem Material *Orientierungswissen* bereitgestellt. Leitend ist dabei der Gedanke, daß gewisse Elementarkenntnisse über historische Voraussetzungen und gesellschaftspolitische Gegebenheiten unverzichtbar sind, um überhaupt aktuelle Entwicklungen und Probleme im heutigen Frankreich nachvollziehen zu können. Natürlich bleiben die Konturen eines solchen Orientierungswissens zwangsläufig unscharf und subjektiv; einen klar abgrenzbaren Kanon landeskundlicher Daten gibt es nun einmal nicht. Dennoch soll mit der Themenwahl versucht werden, vor allem solche Sachverhalte anzuführen, die einen breiteren Zugang zum Verständnis des Ziellandes eröffnen.

Die Darstellungsweise in den einzelnen Kapiteln zielt darauf ab, nicht allein isolierte Fakten über „Land und Leute" im Sinne der alten Realienkunde auszubreiten, sondern mehr noch die jeweiligen

Entwicklungstendenzen und Interessenzusammenhänge deutlich zu machen. Die geschilderten Phänomene sollen so weit wie möglich aus ihrem landesspezifischen Kontext heraus verstehbar und als solche für den deutschen Betrachter letztlich auch problematisierbar oder kritisierbar werden (vgl. Schüle 1983).

Eine wichtige Rolle spielen diesbezüglich ebenfalls die *kontrastiven Hinweise,* denn Besonderheiten und Charakteristika eines Landes treten oft erst durch den Vergleich klar hervor. Die Darstellung des gegenwärtigen Frankreich steht jedoch bei allen Kapiteln uneingeschränkt im Mittelpunkt, auch wenn Parallelen zur Bundesrepublik bisweilen etwas ausführlicher ausfallen. Unser methodisches Bemühen geht dahin, direkte Gegenüberstellungen, die die Funktion oder den jeweiligen Stellenwert eines Phänomens in seinem landesspezifischen Zusammenhang unterschlagen, möglichst zu vermeiden; alle Vergleiche müssen in Rechnung stellen, daß es vollständig korrespondierende Elemente einer Gesellschaft A und einer Gesellschaft B kaum gibt und isomorphe Zuordnungen in der Regel zu unangemessenen Vereinfachungen führen. Bezeichnend für eine derartige irreführende Vergleichspraxis wären beispielsweise die bekannten Statistiken zur Streikhäufigkeit: Ihre Aussage, daß etwa die Zahl der Arbeitskämpfe in Frankreich wesentlich höher liege als in der Bundesrepublik, würde erst dann sinnvoll, wenn sie die unterschiedlichen Voraussetzungen, insbesondere die stark differierende Regelung der Arbeitsbeziehungen und das Bestehen völlig verschiedener Konfliktlösungsverfahren, mit berücksichtigte.

Zu den angedeuteten Schwierigkeiten bei der Lektüre und Verarbeitung landeskundlicher Daten versuchen die folgenden Abschnitte eine erste Orientierung zu geben. Dabei beschränken sich die Ausführungen inhaltlich auf eine Reihe sog. Standardthemen: politische Institutionen, Parteiensystem, Wirtschaft, Sozialstrukturen, Bildungswesen, Massenmedien, deutsch-französische Beziehungen. „Küche und Keller", wie jüngst von Herbert Christ moniert, kommen also auch hier nicht vor. Die Behandlung der *civilisation quotidienne* müßte unseres Erachtens einer eigenen Arbeit vorbehalten bleiben (vgl. etwa Kalmbach 1990 oder Passet 1990).

Ein spezielles Problem landeskundlicher Publikationen stellt das relativ schnelle Veralten der gegebenen Informationen dar; man denke etwa an die politischen Prioritätenwechsel in Frankreich von 1981 bis 1995. Die Darstellung geht deshalb nicht von einem engen

Aktualitätsbegriff aus, sondern konzentriert sich mehr auf strukturelle, längerfristig wirksame Tendenzen.

Wegen der thematischen Beschränkung kann hier eine Diskussion wissenschaftstheoretischer Überlegungen, die die Voraussetzungen (und Aporien) der Frankreichkunde allgemein betreffen, nicht geführt werden; ebensowenig kommen didaktische Fragen zur Sprache. Wir verweisen statt dessen auf die jeweilige Speziallitekratur. Im einzelnen bleiben vor allem folgende Aspekte ausgeklammert:

- ein Abriß der *Geschichte von Frankreichkunde und -forschung* (vgl. Hinrichs/Kolboom 1977a–c, Bonnekamp 1994),
- eine Besprechung der bereits vorliegenden *Frankreich-Darstellungen* (vgl. Weller/Wenger 1983, Christ 1985, Fricke/Weller 1989),
- ein Überblick über Ansätze und Modelle, wie sie für die *Vermittlung von Frankreichkunde* konzipiert wurden (vgl. Melde 1987, Lüger 1991),
- eine Auseinandersetzung mit Konzepten des interkulturellen Lernens (vgl. u. a. Merten 1995) und schließlich
- die Hinweise auf *Materialien und Dossiers zu frankreichkundlichen Themen*.

Die namentliche Kennzeichnung der einzelnen Abschnitte erfolgte zur Markierung inhaltlicher Positionsunterschiede.

Für die Anfertigung zahlreicher Graphiken danken wir Ernst Seibold. Ihm, Gunther Verheyen, Anna Hansert und Ute Schorneck danken wir auch für die Erstellung des Registers. Weiterhin sind wir dem Deutsch-Französischen Jugendwerk für seine finanzielle Unterstützung zu Dank verpflichtet.

Kritik und Verbesserungsvorschläge erbitten wir an die Adresse des Verlags.

Freiburg i. Br./Gosheim, Juni 1995
Ernst Ulrich Große　　　Heinz-Helmut Lüger

1. ZENTRALISTISCHE STAATSGEWALT UND MONARCHISCHES PRÄSIDIALSYSTEM?
(Heinz-Helmut Lüger)

Zwei Merkmale scheinen den französischen Staat besonders auszuzeichnen und stehen bei seiner Charakterisierung oft im Vordergrund: einmal seine ausgesprochen zentralistische Organisiertheit, mit der bis in die entlegensten Orte des Landes von der Hauptstadt Paris aus geplant und entschieden wird, dann sein im Vergleich zur Bundesrepublik eher autokratisches Regierungssystem, das dem Staatspräsidenten eine dominierende, dem Parlament dagegen nur eine untergeordnete Rolle zuweist; die Formel von der *monarchie républicaine* trägt dem in bezeichnender Weise Rechnung (vgl. Duverger 1974, Zürn 1965). Beide Prinzipien, sowohl der Zentralismus als auch das Präsidialregime, haben, obgleich ganz verschiedenen Datums, das heutige Frankreich entscheidend mitgeprägt; ihre Bedeutung reicht weit über den rein administrativen bzw. verfassungsrechtlichen Rahmen hinaus.

Trotz der zahlreichen Konsequenzen, die sich aus den genannten Strukturen für das Handeln des Staates und für den Ablauf politischer Entscheidungsprozesse allgemein ergeben, wäre es im Hinblick auf einen Vergleich mit der Bundesrepublik unangebracht und unzureichend, allein von einfachen Gegensätzen auszugehen. So naheliegend dualistische Begriffspaare wie Zentralismus vs. Föderalismus oder präsidiales vs. parlamentarisches System auch sein mögen, so sehr vernachlässigen sie die Relevanz gegenläufiger Entwicklungen, also z. B. dezentralisierender Bestrebungen in Frankreich und zentralisierender Tendenzen in der Bundesrepublik. Dieser Wandel der institutionellen Ordnung und die fortlaufende Anpassung an veränderte gesellschaftliche Aufgaben werden bei der Darstellung des politischen Systems ebenso zu berücksichtigen sein wie die Erklärung vor dem Hintergrund landesspezifischer geschichtlicher Bedingungen.

1.1 Zentralismus und historisches Erbe

1.1.1 Traditionelle Verwaltungsstruktur Frankreichs

Zentralismus in Frankreich bedeutet in erster Linie: Alle wichtigen Entscheidungswege laufen in den Pariser Zentralbehörden zusammen, die Entscheidungskompetenzen lokaler Instanzen bleiben minimal. Dieses System, das sich erst in den letzten Jahren zu wandeln beginnt, basiert auf der tiefverwurzelten Vorstellung eines einheitlichen und unteilbaren Staates, dessen zentrale Verwaltung gleichsam das Gemeinwohl verkörpert und die Aufrechterhaltung der nationalen Einheit garantiert.

Entscheidendes Bindeglied zwischen Zentrum und Peripherie waren lange Zeit – wenigstens bis 1982 – die vom Staatsoberhaupt ernannten *Präfekten.* Sie fungierten auf der Ebene des Départements als Vertreter des Staates und sorgten für die Durchführung von Beschlüssen der Regierung. Als Aufsichtsinstanz *(tutelle administrative)* verfügte ein *préfet* über weitreichende Befugnisse; insbesondere überwachte er die Tätigkeit der Verwaltungsbehörden bis hin zur Amtsführung der Bürgermeister. Ob Verabschiedung eines Gemeindehaushalts oder Bau einer Straße, prinzipiell unterlag jeder Verwaltungsakt der Kontrolle und der Weisungsbefugnis des

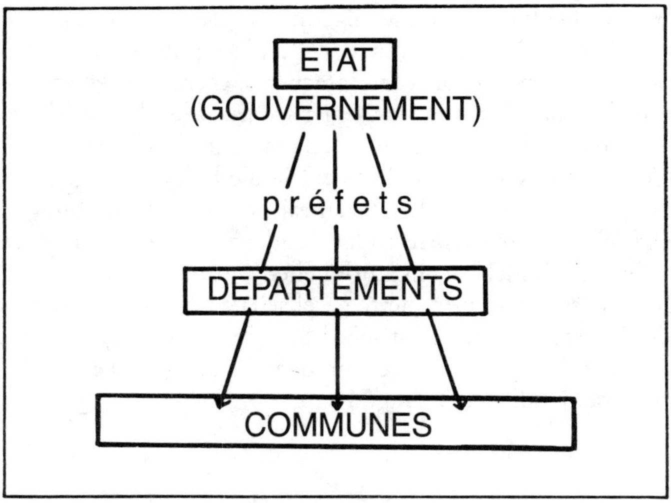

Abb. 1: Verwaltungszentralismus in Frankreich.

zuständigen Präfekten. Außerdem war ihm die Polizei unterstellt. Grob vereinfacht läßt sich die traditionelle Verwaltungsstruktur wie in Abb. 1 veranschaulichen (zu weiteren Aufgaben der Präfekten und den Neuerungen seit 1982 vgl. 1.3).

Daß ein straffer Verwaltungszentralismus dieser Art wenig Raum ließ für Selbstverwaltung oder örtliche Initiativen, liegt auf der Hand. Auch dürfte dies kein Weg sein, um die Bereitschaft zur aktiven Teilnahme am politischen Leben bei der Mehrheit der Bevölkerung besonders zu entfalten. Nicht zuletzt wird mit der Allgegenwart des Staates häufig auch der den Franzosen nachgesagte Hang zum Aufbegehren gegen jede Form staatlicher Autorität in Verbindung gebracht.

Gewiß, die Einheit der französischen Nation sowie die Identifikation von Staat und Nation haben nie ernsthaft in Frage gestanden, doch sind die Mängel des zentralistischen Verwaltungsapparats nicht verborgen geblieben und auch immer wieder offen kritisiert worden. So beklagte bereits Napoleon III. die systembedingten bürokratischen Auswüchse: Selbst einfachste kommunale Projekte brauchten eine Bearbeitungszeit von mindestens zwei Jahren, auch wenn keine Einwände vorlägen, nur weil ein Dutzend Behörden damit befaßt würde. 1870 setzte er sogar eine *commission de décentralisation* ein. Praktische Auswirkungen hatte sie jedoch ebensowenig wie verschiedene Reformansätze in der darauffolgenden III. Republik. «Les hommes politiques proposent, l'inertie des mentalités dispose», wie A. Peyrefitte (1976, 439) treffend resümiert.

Auch nach 1945 setzte sich die Kritik am Zentralismus fort und ging dabei, wie aus den beiden Auszügen T. 1 und T. 2 ersichtlich, quer durch die Parteien.

T. 1:
Notre administration est centralisée à l'extrême. On observe depuis une trentaine d'années une constante augmentation des bureaux parisiens et de leur tâche aux dépens des communes, des départements et des services extérieurs de l'Etat. Cette centralisation, contraire à l'esprit de liberté, a diverses causes. Elle est due à l'action parlementaire dont la tendance profonde

T. 2:
Cette façon d'uniformiser par la règle, jusque dans les moindres détails, tous les comportements sociaux et toutes les interventions des collectivités locales sur l'ensemble du territoire national est une des manifestations les plus insupportables de notre centralisme étatique. C'est la négation de toute initiative locale, de tout droit à la différence et à l'expérimentation. Les élus lo-

T. 1 (Forts.)
est à l'uniformité, donc à la centralisation. Elle est due aussi à des causes techniques: le caractère de maints travaux et services rend aujourd'hui plus difficile la tâche des autorités locales qui n'ont pas les collaborateurs compétents. Elle est due enfin à des causes financières qui sont peut-être les plus importantes. La première marque d'un Etat, ou en tout cas d'un Etat dont les finances sont délabrées, est qu'il prend la part du lion dans les recettes publiques. De ce fait, tout l'argent est à Paris, et c'est Paris qui répartit l'impôt et le crédit.

Cette centralisation est nocive. Du point de vue politique, les libertés locales sont la meilleure éducation civique des électeurs et des élus. Du point de vue de l'administration, une centralisation peut ne pas nuire à l'efficacité des services publics quand ils sont commandés par un pouvoir stable et autoritaire: ce n'est pas toujours le cas en démocratie. Alors la centralisation aboutit à l'absence de décisions et d'activité, en un mot, au sommeil.
(Debré 1950)

T. 2 (Forts.)
caux étouffent sous le poids des règles, décrets, arrêtés, circulaires ... auxquels ils sont soumis. Pour eux, ce n'est même plus Courteline (*), c'est Kafka!
(Mitterrand 1980, zit. nach: CF 204/1982, 45)

(*) Georges Courteline, 1860–1929, französischer Erzähler und Dramenautor, nahm vor allem kleinbürgerliche Verhaltensweisen und Verirrungen einer bornierten Beamtenmentalität aufs Korn (vgl. u. a. *Un client sérieux, Le Gendarme est sans pitié, Messieurs les Ronds-de-Cuir*).

Während der Gaullist Debré den Zentralismus bei intakten Autoritätsverhältnissen noch als gerechtfertigt ansieht, da ja effizient, trägt aus der Sicht des Sozialisten Mitterrand jeder «centralisme étatique» seine erdrückende Wirkung und den Hang zum Absurden a priori in sich. Einig sind sich die Autoren jedoch bezüglich der innovationsfeindlichen Tendenz und der mangelnden Förderung eigenverantwortlicher, dezentraler Initiativen.

1.1.2 Nationale Einheit und Ausbau der Zentralgewalt (von den Kapetingern bis zur III. Republik)

Wie bereits angedeutet, hat sich der spezifische Staatsaufbau Frankreichs im Laufe mehrerer Jahrhunderte entwickelt und ver-

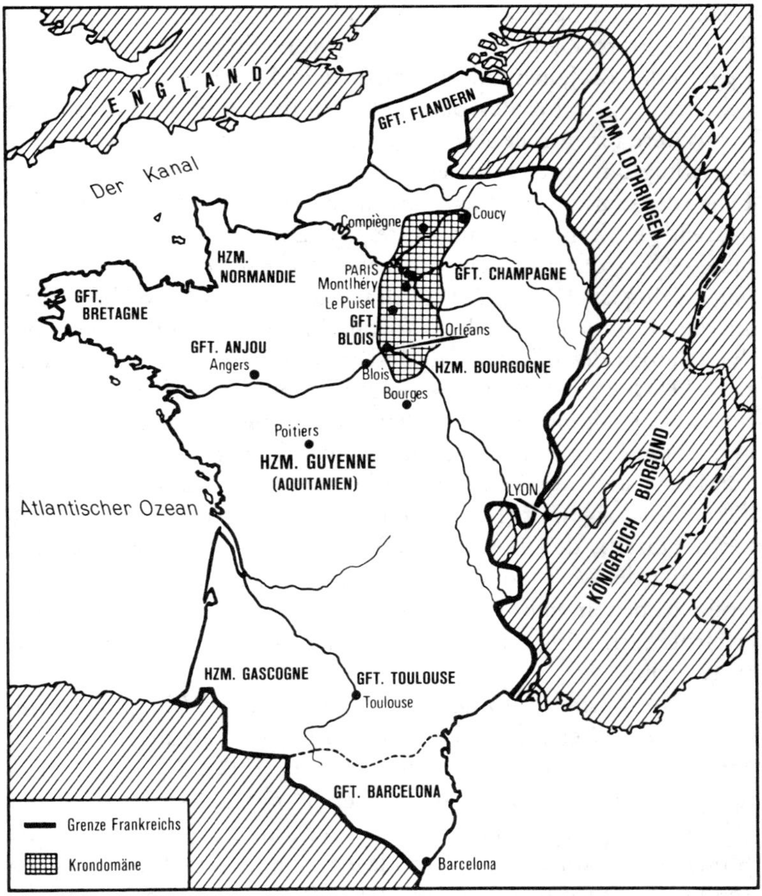

Abb. 2: Frankreich zu Beginn des 11. Jahrhunderts.
(Aus: Bertier de Sauvigny 1980, 64)

festigt. Er steht in engem Zusammenhang mit der Herausbildung des französischen Nationalstaates und läßt sich nur aus diesem erklären.

Die ersten Anfänge gehen zurück auf die *Kapetinger-Monarchie.* 987, nach dem Ende der Karolinger-Dynastie, wurde *Hugo Capet* zum König von Frankreich gewählt. Dies ist insofern von Bedeutung, als sich die königliche Domäne (Besitzungen in der Ile-de-France mit Paris und Orléans) gewissermaßen zur Keimzelle des späteren Frankreich entwickelte (vgl. Abb. 2). Den Nachfolgern gelang es, den Besitzstand zu konsolidieren und die Königskrone über mehrere Generationen für die Kapetinger zu sichern. Zu Beginn des 12. Jahrhunderts wurde der Machtbereich weiter ausgebaut, der Einfluß der Barone beschnitten und der Grundstein für weitere territoriale Ausweitungen gelegt. Insbesondere konnte das Königtum durch seine Politik gegenüber den konkurrierenden Lehensfürsten an Ansehen gewinnen und so allmählich zur bedeutendsten Zentralgewalt aufsteigen. Die entscheidende gebietsmäßige Vergrößerung der königlichen Domäne erfolgte unter *Philipp II. August* (1180–1223). Er drängte die englische Vorherrschaft auf dem Kontinent zurück und triumphierte 1214 bei *Bouvines* über die Truppen des mit den Engländern verbündeten deutschen Kaisers. Der Sieg von Bouvines, allgemein auch als wichtige Etappe für die Entstehung eines *nationalen Zusammengehörigkeitsgefühls* betrachtet, hatte eine Vervierfachung des Gebiets der Krondomäne zur Folge und verstärkte die vorherrschende Stellung der königlichen Zentralgewalt. Die weiteren Bestrebungen Philipps II. zielten darauf ab, den Einfluß der Vasallen zu schmälern, mit einer Straffung der Verwaltung seinen Machtbereich besser unter Kontrolle zu bekommen und auf dem Wege des für seine Nachfolger erreichten Erbkönigtums eine endgültige Festigung der Verhältnisse zu erreichen.

Parallel zu den territorialen und administrativen Einigungsbemühungen waren ebenfalls religiöse Auseinandersetzungen, speziell der *Albigenser-Kreuzzug* (1209–29), von großer Bedeutung (ausführlich: Madaule 1973). In mehreren, mit äußerster Brutalität geführten Feldzügen gelang es nicht nur, die Ketzerbewegung der Albigenser (Katharer) zu zerschlagen, sondern auch den größten Teil des Languedoc zu unterwerfen. Damit hatte sich das (nord-) französische Königtum im sprachlich und kulturell unterschiedenen Süden Frankreichs etabliert und einen wichtigen Schritt zur *Bildung der gesamtfranzösischen Nation* vollzogen (Köller/Töpfer 1978, 96f.; vgl. auch Duby/Mandrou 1968 sowie – mit Blick auf europäische Zusammenhänge – Duroselle 1965).

Als Ergebnis der Zentralisationsbestrebungen kann man somit für Frankreich schon im 13. Jahrhundert eine gewisse Überwindung der feudalen Zersplitterung zugunsten eines erstarkten Königtums feststellen. Natürlich verlief diese Entwicklung nicht ohne Widerstände und Rückschläge. Vor allem der Konflikt mit England (Hundertjähriger Krieg 1339–1453) stellte die Herrschaft des Königs wiederholt in Frage; aus der langen Periode politischer Unsicherheit ging jedoch schließlich die französische Monarchie unter *Karl VII.* und noch mehr unter dessen Nachfolger *Ludwig XI.* (1461–83), der die aufbegehrenden Territorialfürsten wieder unter die Autorität des Königs zwang und mehrere größere Gebiete (u. a. die Provence und das Herzogtum Burgund) hinzuerwerben konnte, gestärkt hervor. Und als später *Franz I.* (1515–47) daranging, für die Verwaltung und die Einziehung von Steuern einen zentralen Beamtenapparat aufzubauen und 1539 mit dem *Edikt von Villers-Cotterêts* anstelle des Lateinischen nunmehr das Französische (eigentlich: den Dialekt des ursprünglichen kapetingischen Stammgebietes Ile-de-France) zur offiziellen Urkundensprache im gesamten Herrschaftsbereich erhob, war die Bildung des Nationalstaates praktisch abgeschlossen. Dies bedeutete allerdings noch keine Einebnung der zum Teil erheblichen Kontraste: So bestanden etwa rechtliche oder fiskalische Unterschiede zwischen einzelnen Provinzen ebenso weiter wie regionale Adelsprivilegien, und auch das Edikt zur Vereinheitlichung der Amtssprache bewirkte nicht automatisch den Niedergang der Regionalsprachen.

In der zweiten Hälfte des 16. und zu Beginn des 17. Jahrhunderts brachten mehrere Glaubenskriege (vor allem gegen die Hugenotten) sowie Revolten des Adels die Herrschaft des Königtums noch einmal in starke Bedrängnis. Doch dank der vermittelnden Politik *Heinrichs IV.* (1589–1610) und des energischen Vorgehens von *Richelieu,* der, 1624 von Ludwig XIII. berufen, den Widerstand der Protestanten brach und die Reaktion der Aristokratie niederschlug, wurde die Macht des monarchischen Systems erneut gefestigt. Dabei ließen sich die zentralistischen Ziele zum Teil nur unter Anwendung brutalster Methoden verwirklichen (u. a. Einrichtung von Sondergerichten, Liquidierung der führenden Adelsopposition, Schleifung von Festungen in den Provinzen, Niederschlagung von Volksaufständen). Als äußerst wirksam für die Stärkung (und Vereinheitlichung) der Zentralgewalt erwies sich auch der Einsatz von *Intendanten*; sie wurden als außerordentliche Beamte vom König direkt ernannt, für bestimmte Aufgaben mit Sondervollmachten ausgestattet, blieben aber jederzeit absetzbar. Ihre Funktion bestand im wesentlichen darin, anstelle der entmachteten Territorialfürsten die Kontroll- und Verwaltungsangelegenheiten im Sinne des Königs durchzuführen. (Die Rolle der Intendanten wird später oft mit der der Präfekten verglichen.)

Das Prinzip *nationaler Einheit* und der *Unteilbarkeit königlicher Autorität* fand seinen Höhepunkt in der absoluten Monarchie *Lud-*

Abb. 3: Traditionelle Provinzen Frankreichs.
(Aus: CF 204/1982, 13)

wigs XIV. (1643–1715). Er forcierte mit Unterstützung von *Colbert* den Ausbau einer geradezu allmächtigen Zentralverwaltung, entfernte die Adligen von der Macht und ersetzte sie durch nunmehr auf Dauer in den Provinzen installierte Intendanten (für dieses Amt wurden nun vorwiegend Bürgerliche ernannt). Jede Art von Partikularismus, wozu auch religiöses Dissidententum zählte, wurde mit unnachsichtiger Härte unterdrückt. Der Regentschaft Ludwigs XIV. lag der Anspruch zugrunde, ein totales Herrschaftsmonopol für den König als Inkarnation des Staates durchzusetzen. Diese Verabsolutierung der Staatsautorität und, damit verbunden, das grundsätzliche Mißtrauen gegenüber allen dezentralen Einflußbestrebungen haben das 17. Jahrhundert im übrigen weit überdauert: „Die Souveränität konzentriert sich also ganz im Staat: außerhalb seiner gibt es keine legitime Macht." Diese Feststellung René Rémonds (1978a, 23) dürfte auch heute noch einer verbreiteten französischen Staatsauffassung entsprechen.

Die territoriale Ausdehnung des französischen Nationalstaates ergibt sich aus Abb. 3. (Die Jahreszahlen verweisen auf die Eingliederung der Provinzen in die Krondomäne.) Nach dem *Ancien Régime* sind nur noch wenige gebietsmäßige Veränderungen zu verzeichnen (Savoyen und Nizza 1860).

Einen neuerlichen Einschnitt gab es mit der *Französischen Revolution* von 1789. Sie führte jedoch nicht, wie man annehmen könnte, zur Auflösung der für das *Ancien Régime* typischen Machtkonzentration; gerade der Verwaltungszentralismus verstärkte sich eher noch. Zwar verfolgte die *Constituante* zunächst ein durchaus dezentralistisches Programm, indem sie als Verwaltungseinheiten 1790 die traditionellen, an die Monarchie erinnernden Provinzen durch 83 etwa gleich große *Départements* ersetzte (eine Gliederung, die heute noch besteht, lediglich die Zahl der Départements hat sich auf 96 erhöht; vgl. Abb. 4) und für die Ebenen von Département, Distrikt und Gemeinde gewählte Vertretungen vorsah. Aber als sich in verschiedenen Départements Royalisten und Girondisten gegen die Pariser Revolutionsregierung verbündeten und mit den radikaldemokratischen Aktivitäten der Sansculotten eine weitere gefährliche Opposition entstand, erzwangen die Jakobiner 1793 in der *Convention* die Aussetzung der genannten Wahlen sowie eine Rücknahme der gewährten Autonomie. Um die Revolution zu retten, wurden die Jakobiner bzw. der Nationalkonvent zu Verfechtern des Zentralstaates:

> «La Convention est placée devant un simple choix qui ne doit pas être déformé: ce n'est pas fédéralisme ou jacobinisme, mais arrêt de la Révolution ou poursuite de la Révolution; ce n'est pas centralisation ou décentralisation, mais contre-révolution ou révolution . . . Par nécessité révolutionnaire, le jacobinisme devient centralisateur.» (Flonneau 1982, 103)

Diese Bedeutung des Begriffs *jacobinisme* hat sich im politischen Sprachgebrauch gehalten. Unabhängig von der Rolle, die die Jakobiner während der Französischen Revolution insgesamt gespielt haben, verweist also die Rede von „jakobinischer Tradition“ in Frankreich primär auf den Hang, für einen zentral organisierten, straff geführten Einheitsstaat einzutreten; dieser Staat verkörpert als Ausdruck der Rousseauschen *volonté générale* gleichzeitig das Prinzip der Volkssouveränität, und dezentrale bzw. föderalistische Tendenzen stoßen daher als Angriff gegen dieses Prinzip auf starke Ablehnung.

Die unter der Revolution errichteten Strukturen blieben zum Teil auch nach dem Staatsstreich von *Napoleon Bonaparte* am 9. November (= 18. Brumaire) 1799 bestehen, insbesondere die einheitliche Gliederung nach Départements. Allerdings ersetzte Napoleon schon im ersten Jahr seines Konsulats (1799–1804) die gewählten Vertreter der Gebietskörperschaften durch staatlich ernannte Funk-

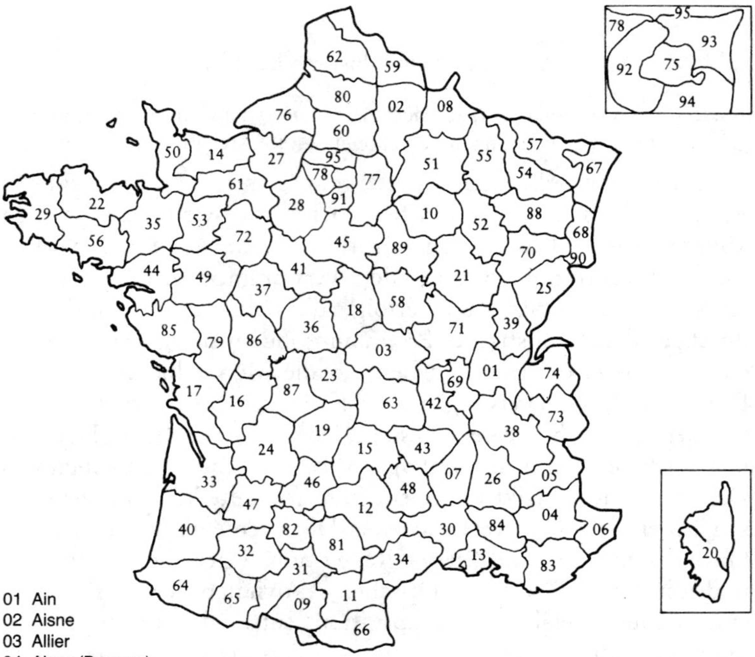

01 Ain
02 Aisne
03 Allier
04 Alpes (Basses-)
05 Alpes (Hautes-)
06 Alpes-Maritimes
07 Ardèche
08 Ardennes
09 Ariège
10 Aube
11 Aude
12 Aveyron
13 Bouches-du-Rhône
14 Calvados
15 Cantal
16 Charente
17 Charente-Maritime
18 Cher
19 Corrèze
20 Haute-Corse (2A)
Corse-du-Sud (2B)
21 Côte-d'Or
22 Côtes-du-Nord
23 Creuse
24 Dordogne
25 Doubs
26 Drôme
27 Eure
28 Eure-et-Loire
29 Finistère
30 Gard
31 Garonne (Haute-)
32 Gers
33 Gironde
34 Hérault
35 Ille-et-Vilaine
36 Indre
37 Indre-et-Loire
38 Isère
39 Jura
40 Landes
41 Loir-et-Cher
42 Loire
43 Loire (Haute-)
44 Loire-Atlantique
45 Loiret
46 Lot
47 Lot-et-Caronne
48 Lozère
49 Maine-et-Loire
50 Manche
51 Marne
52 Marne (Haute-)
53 Mayenne
54 Meurthe-et-Moselle
55 Meuse
56 Morbihan
57 Moselle
58 Nièvre
59 Nord
60 Oise
61 Orne
62 Pas-de-Calais
63 Puy-de-Dôme
64 Pyrénées-Atlantiques
65 Pyrénées (Hautes-)
66 Pyrénées-Orientales
67 Rhin (Bas-)
68 Rhin (Haut-)
69 Rhône
70 Saône (Haute-)
71 Saône-et-Loire
72 Sarthe
73 Savoie
74 Savoie (Haute-)
75 Paris (ville de)
76 Seine-Maritime
77 Seine-et-Marne
78 Yvelines
79 Sèvres (Deux-)
80 Somme
81 Tarn
82 Tarn-et-Garonne
83 Var
84 Vaucluse
85 Vendée
86 Vienne
87 Vienne (Haute-)
88 Vosges
89 Yonne
90 Territoire de Belfort
91 Essonne
92 Hauts-de-Seine
93 Seine-Saint-Denis
94 Val-de-Marne
95 Val-d'Oise

(Die Départements *Haute-Corse* und *Corse-du-Sud* haben die gemeinsame Nummer 20. Die sog. *Départements d'Outre-Mer* [DOM] und *Territoires d'Outre-Mer* [TOM], jeweils sechs bzw. fünf an der Zahl, sind hier nicht mit verzeichnet. Die Numerierung der Départements dient außerdem noch als Bestandteil der Postleitzahlen und Kfz-Kennzeichen.)

Abb. 4: Gliederung nach Départements.

tionäre. Dabei wurde auf der Département-Ebene als Vollzugs- und Kontrollorgan der Zentralgewalt die Institution des *Präfekten* geschaffen. (Die Bezeichnung signalisiert das Wiederaufleben von Namen und Symbolen aus der Zeit des römischen Imperiums.) In den Arrondissements und Gemeinden repräsentierten die ebenfalls ernannten *sous-préfets* und *maires* den Staat. Wie zu Zeiten der absoluten Monarchie vereinigte Napoleon alle wichtigen Machtmittel in einer Hand. Das von ihm noch einmal gestraffte zentralistische Verwaltungssystem blieb in seinen Grundzügen praktisch bis zum Ende der III. Republik erhalten und bildete nach dem Zweiten Weltkrieg die institutionelle Basis für die dann einsetzenden zaghaften Dezentralisierungsbemühungen.

Blickt man auf die französische Geschichte zurück, so haben das Bemühen um nationale Einheit und der Aufbau eines starken, zentralistisch ausgerichteten Staates in allen Epochen eine herausragende Rolle gespielt. Und in der ungebrochenen *einheitsstaatlichen Tradition* kann man insofern durchaus eine der für Frankreich charakteristischen, bis in die Gegenwartspolitik wirksamen historischen Voraussetzungen sehen:

«C'est sans doute le point sur lequel la comparaison entre la France et l'Allemagne fait ressortir le plus nettement la singularité du cas français. L'Etat a-t-il forgé l'unité nationale ou le sentiment national a-t-il précédé l'apparition de l'entité politique? La question est vaine et la controverse sans intérêt pour l'intelligence du présent: ils se sont identifiés l'un à l'autre depuis des siècles. L'unité nationale s'est exprimée dans une construction politique qui a en retour consolidé l'unité. Tour à tour la monarchie d'Ancien Régime, les jacobins de la Révolution, la centralisation consulaire, la République parlementaire ont travaillé à unifier la communauté nationale. La France est, au terme de ce travail des siècles, une des nations les plus unifiées qui soient.» (Rémond 1978b, 18)

1.1.3 Zur Situation der Regionalsprachen

Wie bereits angedeutet, ging die Entwicklung des Nationalstaats einher mit der Unterdrückung regionaler Eigenständigkeit und der Ausbreitung des Französischen als Gemeinsprache. Eine erste Etappe dieser *Französisierung* war dabei die Einführung des Dialekts der Ile-de-France als Amtssprache durch das *Edikt von Villers-Cotterêts* (s. S. 7).

Nachhaltig gefördert wurde die sprachliche Vereinheitlichung dann durch die Zentralisierungsbestrebungen im 17. Jahrhundert sowie insbesondere durch die Revolution von 1789: Die Regional- oder ethnischen Sprachen galten als Relikte des Ancien Régime und standen im Widerspruch zur Idee von der „einen und unteilbaren" Republik. («La République française est une et indivisible», hieß es 1792.) Das Französische setzte sich daher fortan als alleinige Schriftsprache durch und verdrängte in zunehmendem Maße die übrigen Regionalsprachen.

Mit der Einführung der allgemeinen Schulpflicht (1881/82) setzte sich die Nivellierungstendenz verstärkt fort, da als Unterrichtssprache allein das Französische gestattet war.

Im schulischen Alltag wurde der Gebrauch der Regionalsprache, des sog. *patois,* meist konsequent unterbunden und mit entsprechenden pädagogischen Maßnahmen geahndet. So existierte z. B. in der Bretagne als gängige Strafe bis in die 50er Jahre *«la vache»*: ein Symbol, das man einem Schüler, der beim Bretonisch-Sprechen ertappt wurde, um den Hals hängte und das er so lange tragen mußte, bis ein neues „Opfer" gefunden war.

Der Niedergang der Regionalsprachen ist ein Prozeß, der bis heute anhält, und eine Umkehrbarkeit des Trends erscheint so gut wie ausgeschlossen. An dieser negativen Prognose dürften künstliche Wiederbelebungsversuche (z. B. im 19. Jahrhundert durch Mistral bzw. die okzitanische Dichtergruppe *Félibrige* oder durch aktuelle regionalistische Bewegungen) ebensowenig ändern wie bestimmte Liberalisierungsmaßnahmen (z. B. die *Loi Deixonne* von 1951, die die Zulassung einiger Regionalsprachen als Wahlfach in der Schule ermöglichte; eine weitere Aufwertung auf schulischer und universitärer Ebene erfolgte nach 1981). Von entscheidender Bedeutung ist einfach die Tatsache, daß sich das Französische in den meisten Lebensbereichen sowohl als Schreib- wie auch als Sprechsprache bewährt und etabliert hat; vor diesem Hintergrund hat auch ein Weiterbestehen regional begrenzter Zweisprachigkeit (Französisch als Gemeinsprache plus Regionalsprache) zunehmend geringere Chancen:

„Sprechen zielt nach dem *Ökonomiegesetz* auf großen Mitteilungs- und Verständigungseffekt bei geringem Aufwand sprachlicher Mittel. Bilinguismus bedeutet von vornherein ständige Verfügbarkeit *zweier* Kommunikationssysteme. Wenn aber nach aller Erfahrung das Gemeinfranzösische die Aufgaben der Kommunikation optimal erfüllt, ist die Aufrechterhaltung einer zusätzlichen Regionalsprache pragmatisch ein Luxus *(linguale Redundanz).* Reale Zukunftschancen hat eine – französische oder nicht-

Abb. 5: Sprachliche Gliederung Frankreichs.

französische – *langue régionale* nur so lange, wie sie ihren Teilhabern irgendein Plus gegenüber der *langue commune* bietet.“ (Müller 1975, 8f.)

Die Verteilung der Regionalsprachen ist vereinfacht in der obigen Karte (Abb. 5) wiedergegeben.

Man kann Frankreich zunächst in zwei große Sprachgebiete einteilen, das der *langue d'oïl* und das der *langue d'oc* (so benannt nach der jeweiligen Bejahungspartikel *oïl* bzw. *oc*). Die Grenze hat sich als Folge der genannten Nivellierungstendenz immer weiter nach Süden verschoben. Der schematischen Darstellung nicht zu entnehmen ist, daß das ursprünglich nur im Norden verbreitete

Französisch als Gemeinsprache ganz Frankreichs gilt. Ebenfalls abgesehen wird hier von den regionalen und dialektalen Ausprägungen des Französischen.

Der *langue d'oc* entspricht das heutige *Okzitanisch* mit den vier Hauptdialekten Gascognisch, Nordokzitanisch, Südokzitanisch und Provenzalisch. (Eine etwas andere Einteilung findet sich bei Berschin u. a. 1978, 267.) Im Mittelalter wurden die höfische Kultur Okzitaniens und die Trobadorlyrik bestimmend in Europa. Nach den Albigenser-Kreuzzügen und dem Ende der Dynastie der Raimondiner (Grafschaft von Toulouse) setzte jedoch der Niedergang ein. Die heutige okzitanische Bewegung versucht u. a., wieder an die mittelalterliche Geschichte anzuknüpfen und ein Bewußtsein für die *Occitanie* (Abk.: *OC*) zu entwickeln; außerdem geht es um mehr wirtschaftliche und politische Eigenständigkeit (Stichwort: *colonialisme intérieur*) und um den Erhalt der okzitanischen Sprache (Schaffung einer einheitlichen Schreibnorm, Publikation okzitanischer Schriftsteller, kulturelle Aktivitäten). Der *mouvement régionaliste* nahm einen großen Aufschwung durch die Mai-Ereignisse 1968, die ökologische Bewegung und die Larzac-Proteste in den 70er Jahren. Seitdem haben die Aktivitäten jedoch ihren Elan weitgehend verloren.

Als Beleg für den empfundenen Identitätsverlust und die sprachlich-kulturelle Entfremdung mag der folgende Liedtext dienen.

T. 3:

Perque m'an pas dit?	*Warum hat man mir nichts gesagt?*
Coma totis los mainatges	Wie alle Kinder
Som anat a l'escòla	Bin ich zur Schule gegangen
Coma a totis los mainatges	Wie alle Kinder
M'an aprés a legir	Hat man mich lesen gelehrt
M'an cantat plan de cançons	Man hat mir viele Lieder gesungen
M'aprenguèron tant d'istòrias:	Man hat mir viele Geschichten erzählt,
Lutèce . . . Paris . . . Paris . . .	Lutetia . . . Paris . . . Paris . . .
Mas pérqué, pérqué	Aber warum, warum
M'an pas dit a l'escòla	Hat man mir in der Schule nicht
Lo nom de mon païs?	Den Namen meines Landes gesagt?
Nos contava lo regent	Der Lehrer erzählte uns
Aquel grand rei de França	Von diesem großen König Frankreichs
Acatat davant los paures	Gebeugt vor den Armen
Un sant òme aquel Sant Loïs	Ein heiliger Mann, dieser Sankt Ludwig
Aimava tota la gent	Er liebte sein ganzes Volk

E voliá pas la misèria Un sant òme aquel Sant Loïs.	Und er wollte kein Elend Ein heiliger Mann, dieser Sankt Ludwig.
Mas pérqué, pérqué M'an pas dit a l'escòla Qu'aviá tuat mon païs?	Aber warum, warum Hat man mir in der Schule nicht gesagt Daß er mein Land getötet hat?
E quand foguèrem mai grands Nos calguèt parlar tres lengas Per far un bon tecnician Nos caliá cargar tres lengas E l'anglés e l'alemand E çò que s'escriu a Roma Per far un bon tecnician.	Und als wir älter waren Mußten wir drei Sprachen lernen Um gute Techniker zu werden Mußten wir drei Sprachen auf uns laden Englisch und Deutsch Und was man in Rom schreibt Um gute Techniker zu werden.
Mas pérqué, pérqué M'an pas dit a l'escòla La lenga de mon païs? . . .	Aber warum, warum Hat man mir in der Schule nichts Von der Sprache meines Landes gesagt? . . .

(Claude Marti 1975)

Außer dem Französischen und dem Okzitanischen sind noch zwei weitere romanische Regionalsprachen zu nennen:
- das *Katalanische* (weitgehend das Gebiet des Départements Pyrénées-Orientales),
- das *Korsische* (auf Korsika gesprochener toskanischer Dialekt die Zahl der Sprecher beläuft sich auf ungefähr 50 % der Bevölkerung).

An nichtromanischen Sprachen sind in Abb. 5 verzeichnet:
- das *Flämische* (verbreitet im Département Nord, sehr stark im Rückgang begriffen),
- das *Bretonische* (zur keltischen Sprachfamilie gehörend, im westlichen Teil der Bretagne gesprochen; zahlreiche Organisationen zur Förderung des Regionalbewußtseins),
- das *Baskische* (nichtindogermanische Sprache, vor allem im Département Pyrénées-Atlantiques; der größte Teil der Sprachgemeinschaft lebt – vergleichbar der Katalanisch sprechenden Bevölkerung im Südosten – auf spanischem Territorium, relativ starke Resistenz gegen französisierende Einflüsse),
- das *Deutsche* oder das sog. Elsässische (mit den Dialekten des Moselfränkischen in Ostlothringen sowie des Ober- und Niederalemannischen im Elsaß, aus französischer Sicht meist als *l'alsacien* zusammengefaßt; die Zahl der Deutschsprecher wird auf ca. 1,2 Mio. geschätzt; aufgrund des geschichtlichen Hintergrunds und der schwierigen „Sandwich-Position" [Keller 1986a] kaum politisch orientiertes Regionalbewußtsein).

Zu weiteren Details bezüglich der ethnischen Minderheiten und der Regionalsprachen in Frankreich vgl. u. a. Kremnitz 1975, Garrisson 1987.

1.1.4 Exkurs: Die DOM-TOM

Die in 1.1.2 gegebene Skizze zur Gliederung und zur Ausdehnung des französischen Staatsgebiets bedarf insofern einer Ergänzung, als noch nicht auf die *Départements d'Outre-Mer (DOM)* und die *Territoires d'Outre-Mer (TOM)* eingegangen wurde.

Als Relikt des vergangenen Kolonialreichs besitzt Frankreich noch die Kontrolle über eine Reihe von überseeischen Gebieten (vgl. Abb. 6). Diese umfassen einmal:
- la Guadeloupe,
- la Martinique,
- la Guyane,
- la Réunion.

Alle vier Gebiete, die gleichzeitig zu den ältesten französischen Kolonien aus dem 17. Jahrhundert gehören, haben jeweils seit 1946 den Status eines Départements. Hinzu kommen (seit 1976) die Inseln
- Saint-Pierre-et-Miquelon,
- Mayotte,

die, trotz einiger Sonderregelungen, ebenfalls wie Départements verwaltet werden. Als Territoires d'Outre-Mer sind schließlich zu nennen:
- la Nouvelle Calédonie,
- la Polynésie française,
- Wallis-et-Futuna,
- les Terres australes et antarctiques (vor allem Terre Adélie).

Die Territoires haben zum Teil recht unterschiedliche Statuten, verfügen aber im Vergleich zu den DOM generell über eine größere Autonomie. Alle Gebiete unterstehen als zuständiger politischer Instanz dem Pariser *Ministère des départements et territoires d'outre-mer.* Zusammengenommen ergeben die DOM-TOM eine Fläche von rund 420 000 km^2 bei weniger als 2 Mio. Einwohnern insgesamt.

Hoch- bzw. Bildungssprache in den DOM-TOM ist das Französische: Jeder Bewohner soll sich schließlich als *citoyen* der *République française* empfinden können. An diesem althergebrachten Ziel hat sich trotz der Wandlungen kaum etwas geändert. Als Umgangs-

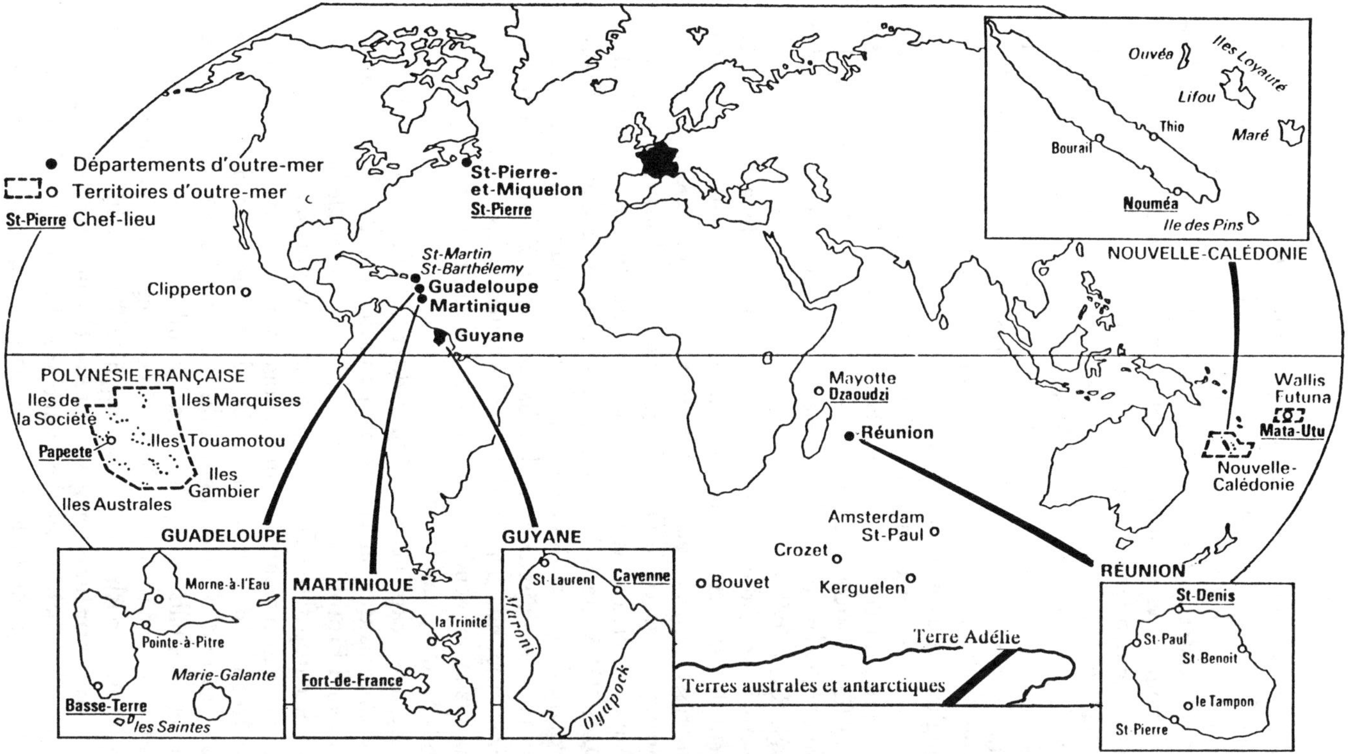

Abb. 6: Französische Überseegebiete.
(Nach: Verdié 1989, 485)

sprachen dienen in den vier erstgenannten DOM kreolische Sprachen (auf französischer Wortschatzgrundlage), in den Südseeterritorien dominieren polynesische Sprachen.

Man findet häufig die Auffassung vertreten, wirtschaftliche Motive könnten es nicht oder nicht mehr sein, die Frankreichs Festhalten an den Überseegebieten erklären. In der Tat sehen sich verschiedene Gebiete mit erheblichen ökonomischen und sozialen Problemen konfrontiert: Die Arbeitslosigkeit ist erschreckend hoch (Guadeloupe, Martinique: 30 %, la Réunion: 40 %), nicht minder dramatisch erscheint die Analphabetenrate; die wirtschaftliche Abhängigkeit vom Mutterland nimmt laufend zu, zumal auch anfänglich ertragreiche Produktionen, z. B. im agrarischen Bereich, verfallen; die eigenen Exporte decken oft nicht einmal 15 % der Importe, Investitionen erfordern hohe staatliche Subventionen, und für Arbeitskräfte des tertiären Sektors (z. B. Verwaltungsbeamte) müssen Prämien und Steuervergünstigungen gewährt werden (vgl. Ripert 1990).

Auch wenn die wirtschaftliche Situation nicht generell so aussieht, bestimmen jedenfalls ökonomische Faktoren nicht allein das Interesse an den Überseegebieten. Von entscheidender Bedeutung dürften dagegen *militärisch-geopolitische Gesichtspunkte* sein: Dank seiner DOM-TOM kann Frankreich z. B. im Indischen Ozean (Mayotte, la Réunion, Terres australes) und auch im Pazifik (Polynesien, Neu-Kaledonien, Wallis-Futuna) eine relativ starke militärische Präsenz aufrechterhalten und in Krisengebieten seine direkten politischen Einflußmöglichkeiten wahren. Die alte Weltmachtstellung scheint auf diese Weise wenigstens zum Teil erhalten (vgl. Moutoussamy 1988).

Zu den Eckpfeilern der Militärdoktrin Frankreichs gehört u. a. die Unterhaltung einer Atomstreitmacht. Für die Weiterentwicklung und Erprobung neuer Waffen bieten da gerade bevölkerungsarme, europaferne Territorien günstige Voraussetzungen; so verwundert auch nicht, daß ein wichtiges Versuchszentrum in der weit verstreuten Inselgruppe Französisch-Polynesien errichtet wurde, das Centre d'expérimentation du Pacifique (CEP) – von dort aus finden ebenfalls die regelmäßigen Atombombentests auf dem Mururoa-Atoll statt, die die Pariser Regierung trotz der internationalen Proteste nach wie vor für nötig hält. Wirtschaftlich gesehen hat das CEP zwar für einen gewissen Aufschwung der Region gesorgt. Nur zeigen sich inzwischen zunehmend auch die Kehrseiten der Entwicklung: Aufblähung des Tertiärsektors, starker Preisanstieg,

Zerstörung einheimischer Wirtschaftsstrukturen, hohe Arbeitslosigkeit. Dies sorgt für permanente soziale Spannungen, und nicht zuletzt sieht sich die Nuklearpolitik Frankreichs einer wachsenden Kritik ausgesetzt.

Ein schwer abzuschätzendes Problem für die französische DOM-TOM-Politik stellen außerdem die Unabhängigkeitsbestrebungen in einigen Gebieten dar, vor allem dann, wenn verfestigte koloniale Strukturen friedliche Lösungen erschweren. Dies sei abschließend noch kurz am Beispiel Neu-Kaledoniens erläutert.

Das Territorium *La Nouvelle Calédonie*, eine Inselgruppe im Südpazifik östlich von Australien, wurde bereits vor rund 150 Jahren kolonisiert. Die ersten „Siedler" waren verbannte Sträflinge aus Frankreich. Deren Nachfahren, die sog. *Caldoches*, stellen heute zusammen mit den *Métropolitains*, den französischen Neueinwanderern, die zweitgrößte Bevölkerungsgruppe (ca. 36 %). Ungefähr 21 % entfallen auf Einwanderer anderer Inselgruppen (vor allem Polynesier aus Wallis). Die größte Bevölkerungsgruppe jedoch sind mit 43 % die einheimischen *Canaques*.

Der wirtschaftliche Reichtum Neu-Kaledoniens beruht in erster Linie auf seinen Bodenschätzen: Chrom, Kobalt und rund 25 % der Welt-Nickelreserven. Sie gehören, wie auch die Groß-Plantagen, sämtlich den weißen Caldoches. Diese Besitzverteilung und die sich verschlechternde soziale Lage der eingeborenen Bevölkerung führten wiederholt zu Spannungen und blutigen Auseinandersetzungen. Die Canaques, die sich in ihrem eigenen Land zunehmend an den Rand der Gesellschaft gedrängt fühlten, schlossen sich mehrheitlich im FLNKS (Front de Libération Nationale Kanak Socialiste) zusammen und forderten nun die Gründung eines von der Kolonialmacht Frankreich unabhängigen *Kanaky*. Demgegenüber organisierten sich die *« anti-indépendantistes »*, in ihrer Mehrheit die für einen Verbleib bei Frankreich eintretenden Weißen, im rechtskonservativen RPCR (Rassemblement pour la Calédonie dans la République) bzw. im rechtsextremen *Front National*.

Die Unabhängigkeitsforderung des FLNKS, die 1986 auch von der UNO-Vollversammlung unterstützt wurde, hat die politische Situation entscheidend verändert. Die französische Regierung sah sich u. a. gezwungen, mit einer Neuaufteilung des Territoriums den Canaques mehr Mitsprachemöglichkeiten einzuräumen und darüber hinaus ein verändertes Autonomie-Statut in Aussicht zu stellen. Einen herben Rückschlag für die auf Ausgleich bedachte

Politik gab es allerdings 1986–88, als die Regierung Chirac eine neue Phase der *kolonialen Restauration* einleitete.

Zunächst einmal wurden die meisten der Maßnahmen zurückgenommen, die die Position des FLNKS bzw. der von ihm repräsentierten Bevölkerungsgruppe gestärkt hatten. Insbesondere machte man die vom FLNKS beherrschten Regionen (3 von 4) handlungsunfähig, indem man ihnen schlichtweg die Budgetmittel verweigerte; und in den Siedlungsgebieten der Canaques verstärkte man die Kontrolle durch neue Militärstützpunkte. Der FLNKS, der ein für 1987 geplantes Referendum boykottierte, wurde einfach für nicht-existent erklärt und in der Ausübung seiner politischen Tätigkeit massiv behindert.

« La revendication indépendantiste en Nouvelle-Calédonie est ultra-minoritaire et sans fondement. Les indépendantistes n'auraient jamais trouvé d'écho sans le laxisme socialiste. Le FLNKS n'existe pas. Donc il ne peut pas manifester », so 1987 der DOM-TOM-Minister Bernard Pons.

Innerhalb kürzester Zeit hatte die Regierung zwar die koloniale Vorherrschaft der Weißen wiederhergestellt, dabei jedoch ein bürgerkriegsähnliches Klima herbeigeführt und die Canaques endgültig in die Radikalität getrieben.

Trauriger Höhepunkt dieser Episode war schließlich das Massaker von Ouvéa: Bei einer Geiselbefreiung setzte Chirac – drei Tage vor dem 2. Wahlgang der Präsidentschaftswahlen am 8. 5. 1988 – ganz auf eine gewaltsame Lösung, eine Entscheidung, die mehr als zwanzig Menschenleben forderte und das entstandene Klima weiter verschärfte.

Erst nach der Wiederwahl Mitterrands zum Staatspräsidenten konnte der Dialog zwischen den verfeindeten Parteien wiederaufgenommen werden. Premierminister Michel Rocard und die Vertreter von RPCR (Jacques Lafleur) und FLNKS (Jean-Marie Tjibaou) beschlossen ein Abkommen, das, vereinfacht ausgedrückt, auf eine „Dekolonisierung Neu-Kaledoniens im Rahmen der Institutionen der französischen Republik" hinausläuft. Das Verhandlungsergebnis wurde im November 1988 in einem Referendum mit 80% Ja-Stimmen (bei einer Wahlbeteiligung von nur 37%) bestätigt. Die zentrale Vereinbarung ist dabei erst 1998 einzulösen: Dann soll wiederum in einer allgemeinen Volksbefragung a) über die Neueinteilung des Territoriums in drei Provinzen und b) über die Selbstbestimmung (*autodétermination*) Neu-Kaledoniens abgestimmt werden (zur Problematik einer solchen Art von Selbstbestimmung aus der Sicht der eingeborenen Bevölkerung vgl. Abb. 7).

Das Abkommen von 1988 hat mit Sicherheit die explosive Situation in Neu-Kaledonien vorerst entschärft. Es bleibt jedoch die

Abb. 7
(Aus: Libération 27. 6. 1988)

Frage, ob damit auch eine tragfähige Lösung auf Dauer zu erreichen ist, die allen Bevölkerungsgruppen gerecht wird. Erste Rückschläge (1989 wurden z. B. die beiden führenden Vertreter des FLNKS von Extremisten ermordet) geben eher zu einem gewissen Pessimismus Anlaß.

Die Suche nach demokratisch legitimierten Partizipationsmodellen ist offensichtlich auch in den übrigen Überseegebieten ein wichtiges Thema. Hiervon zeugt u. a. die große Zahl von Unabhängigkeitsorganisationen; mit ihnen wird sich Frankreich auf kurz oder lang zu arrangieren haben und zwischen *indépendance* und *autonomie* neue Formen der Kooperation finden müssen.

1.2 Politische Zersplitterung und bundesstaatliche Tradition in Deutschland

Während also die Entwicklung Frankreichs maßgeblich von der Bündelung aller staatlichen Kräfte und der Abwehr dezentraler Tendenzen bestimmt war, zeichnet die *deutsche Geschichte* seit dem ausgehenden Mittelalter eine eher entgegengesetzte Tradition aus. Daß die Zentralgewalt hinter den Territorialmächten zurückstand und „im Unterschied zu den französischen Verhältnissen in Deutschland eine einheitliche, eine konkrete Kontinuität hinsichtlich der staatlichen Entwicklung [fehlte]" (Mommsen 1978, 31), ist geradezu ein Gemeinplatz des deutsch-französischen Ländervergleichs geworden.

Konnte in Frankreich z. B. Philipp II. August bereits zu Beginn des 13. Jahrhunderts die königliche Vorherrschaft festigen und Philipp IV., der Schöne, nach 1300 auch das Papsttum von sich abhängig machen, so lag in Deutschland die Macht eindeutig bei den (weltlichen und geistlichen) Territorialherren. Der König war ohne militärische Gewalt; die Treuepflicht galt nach dem deutschen Lehnswesen dem jeweiligen Fürsten, nicht einer königlichen Zentralinstanz. Die Kurfürsten hatten das Königswahlrecht durchgesetzt, das Papsttum behielt, nicht zuletzt als Folge des Investiturstreits, seinen Einfluß, und ein einheitliches Staatswesen konnte sich angesichts der fürstlichen Souveränität nicht entwickeln. Symptomatisch für die bestehenden Machtverhältnisse und das Bestreben, die Entstehung einer starken Zentralgewalt um jeden Preis zu verhindern, war u. a. 1273 die Wahl Rudolfs von Habsburg zum König des Reiches. Die Position der Fürsten, zuerst festgelegt in den Privilegien *Confoederatio cum principibus ecclesiasticis* (1220) und *Statutum in favorem principum* (1232), wurden wiederholt bestätigt (1356 Goldene Bulle, 1648 Westfälischer Friede), was die Ohnmacht des Königs bzw. Kaisers sowie den Zustand politischer Zersplitterung weiter konsolidierte. Im 17. Jahrhundert war das Heilige Römische Reich Deutscher Nation praktisch nicht mehr als ein Bund souveräner Staaten, zusammengehalten durch die kaiserliche Krone. (In der gleichen Zeit übernahm das nationalstaatlich geeinte Frankreich unter der absoluten Monarchie Ludwigs XIV. die Vormachtstellung in Europa.) Für ein übergreifendes zentrales Verwaltungssystem nach französischem Muster fehlte im Deutschen Reich jede Grundlage; lediglich in einzelnen Teilstaaten kam es zu vergleichbaren Entwicklungen (vgl. den zentralisierten Beamtenapparat Preußens seit dem Großen Kurfürsten).

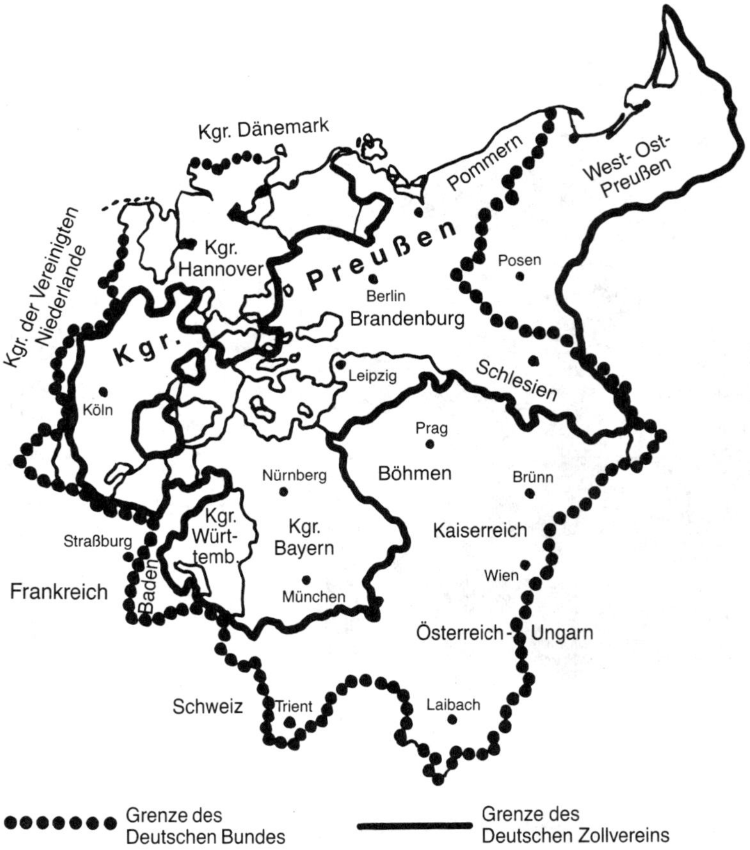

Abb. 8: Deutscher Bund (1815), Deutscher Zollverein (1834).

Der deutsche Partikularismus hat nationale Bewegungen und Neuordnungen des Reiches zunächst überdauert: Der Deutsche Bund von 1815 war nur ein loser Zusammenschluß (Abb. 8), der Deutsche Zollverein (1834) hatte allein wirtschaftliche Ziele und betraf, wie auch der Norddeutsche Bund von 1866, nur einen Teil des Reichsgebietes. Erst nach dem Deutsch-Französischen Krieg von 1870/71, als unter Führung Preußens eine Einigung im Sinne der „kleindeutschen Lösung" erreicht wurde, schwächte sich die Kleinstaaterei ab. Zwar war das Bismarcksche Reich nur ein über Verträge mit den süddeutschen Staaten zustande gekommener „*bundesstaatlicher Oberstaat*" (Wehler 1980, 60; vgl. Abb. 9), der

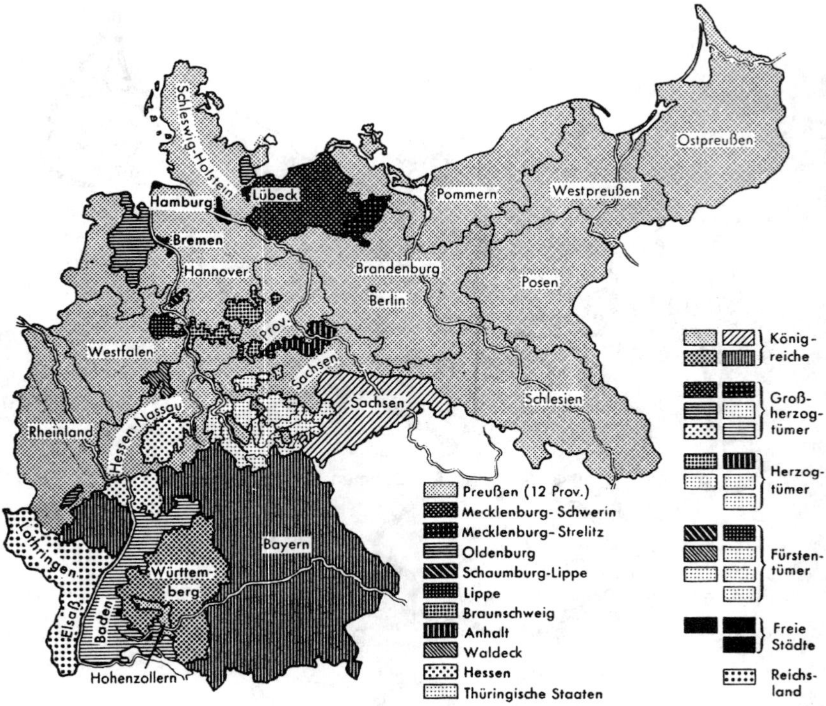

Abb. 9: Das Deutsche Reich 1871.

über keine eigentliche Landeshoheit verfügte, doch drängten zunehmendes Nationalbewußtsein und wilhelminischer Reichsgedanke die Sonderinteressen der Gliedstaaten allmählich zurück. Das Deutsche Reich entwickelte sich, obgleich mit großer Verspätung gegenüber Frankreich, England oder Spanien, so zu einem relativ geschlossenen Nationalstaat. Die Grundlage blieb jedoch das *föderative Prinzip,* auch noch nach dem Ersten Weltkrieg unter der Weimarer Republik.

Die Gliederung auf der Basis historisch gewachsener Staaten wurde beendet durch die Gleichschaltungspolitik der Nationalsozialisten. Nach dem Zusammenbruch 1945 und der territorialen Neuordnung, festgelegt auf den alliierten Konferenzen von Jalta und Potsdam, setzte sich der Föderalismus dann in der 1949 gegründeten Bundesrepublik Deutschland fort (vgl. u. a. Rupp 1982, Grosser 1981).

Von einem geeinten Nationalstaat, wie er z. B. für Frankreich historisch selbstverständlich war und ist, konnte also keine Rede mehr sein – auch wenn man auf der Potsdamer Konferenz noch von einer Wiederherstellung der Einheit Deutschlands, allerdings in veränderten Grenzen, ausging. Aufgrund dieser rechtlichen Verhältnisse betrachtete sich die Bundesrepublik zunächst nur als einen (vorläufigen) Teilstaat deutscher Nation. In dem Maße jedoch, wie sich die beiden Teilstaaten in den folgenden Jahrzehnten auseinanderentwickelten und in der BRD wirtschaftlicher Aufschwung und Abgrenzung vom politischen System der DDR die Basis für ein neues Selbstbewußtsein entstehen ließen, trat auch die Orientierung an der vergangenen nationalen Einheit zunehmend in den Hintergrund.

Das Gebiet der Bundesrepublik gliederte sich von 1949–90 in zehn Bundesländer (s. Abb. 10); West-Berlin hatte einen Sonderstatus und unterstand, trotz weitgehender Integration in das wirtschaftliche und politische Leben der BRD, alliierter Oberhoheit. Die nach dem Krieg vorgenommene Neueinteilung der Länder durch die Besatzungsmächte berücksichtigte (sieht man einmal von Bayern und den Stadtstaaten ab) weder historische noch ethnische Gegebenheiten und führte auch unter ökonomischem Gesichtspunkt keineswegs zu einer optimalen Gebietszuweisung.

Die *DDR* bestand zunächst aus den Ländern Mecklenburg-Vorpommern, Sachsen, Thüringen, Brandenburg, Sachsen-Anhalt. Ihre Vertretung war die Länderkammer, die sich aus Mitgliedern der einzelnen Landtage zusammensetzte. Auch wenn die Länderkammer gegenüber der Volkskammer nicht den gleichen Rang einnahm, lag also durchaus ein föderatives System vor. Mit der *Neugliederung der Bezirke im Jahre 1952* wurden jedoch die Landtage und auch die Länder aufgelöst; die anschließend eingerichteten Bezirkstage waren staatliche Verwaltungsbehörden, vergleichbar etwa den bundesdeutschen Regierungspräsidien. Damit war der Föderalismus aufgehoben und durch zentral- bzw. einheitsstaatliche Strukturen ersetzt.

Eine neuerliche Änderung erfolgte schließlich *1990* im Zuge der *deutschen Einigung*: Aufgrund der fundamentalen Umwälzungen in Osteuropa war mit Zustimmung der vier Alliierten ein Beitritt der DDR zum „Geltungsgebiet des Grundgesetzes“ (nach Art. 23 GG) möglich geworden (vgl. ausführlich v. Beyme 1991). Im Einigungsvertrag wurde dann ausdrücklich festgelegt, die 1952 von der DDR aufgelösten Länder wiederherzustellen. Seit dem Inkrafttreten dieser Bestimmung – am 3. Okt. 1990 – besteht somit die Bundesrepublik aus 16 Bundesländern. (Ausführlicher zur Länderstruktur nach dem Zweiten Weltkrieg: Rutz u. a. 1993.)

Obgleich die Abgrenzung der Kompetenzen von Bund und Ländern in der Bundesrepublik mitunter schwierig ist (und nach der Einigung erneuten Diskussionen unterliegt), lassen sich für die le-

Abb. 10: Föderatives System vs. Einheitsstaat (bis 1990).

gislativen Befugnisse der Länder vor allem folgende Bereiche nennen: die Kulturhoheit (Förderung von Kunst und Wissenschaft, Gesetzgebung über die Medien, Zuständigkeit für das Schul- und Hochschulwesen, letztere durch Rahmenkompetenz und Mitfinanzierung von seiten des Bundes jedoch eingeschränkt), das Polizeiwesen (sofern nicht durch Zuständigkeiten und Organisationen des Bundes ergänzt), Fragen von Raumordnung und Umweltschutz (teilweise ebenfalls in Abstimmung mit Vorgaben des Bundes). Eine nicht minder wichtige Aufgabe besteht in der Durchführung der Bundesgesetze durch die Verwaltung der Länder; hierdurch ergibt sich für die Länderbürokratie ein großer Handlungsspielraum, der der politischen Kontrolle weitgehend entzogen bleibt (vgl. Ellwein 1977, Schnabel 1980). Schließlich können die Länder über den Bundesrat an der Gesetzgebung auf Bundesebene mitwirken. Dennoch zeichnet sich insgesamt eine stärkere Gewichtsverlagerung zugunsten des Bundes ab. Immer mehr Problemstellungen bedürfen länderübergreifender Regelungen und erfordern nicht nur eine Konzentration der finanziellen Mittel, sondern ebenso die Zentralisierung von Entscheidungsprozessen.

Daher, „vor allem aber wegen der zentralisierenden Tendenzen, die die industrielle Gesellschaft zwangsläufig hervorbringt, ist das Gewicht des Bundes im Verhältnis von Bund und Ländern heute viel stärker geworden, als es der Verfassungsgeber beabsichtigte. Die Länder haben wegen der nivellierenden Kraft der Industriegesellschaft heute kaum mehr die Chance, ein spezifisches politisches Eigenleben und differenzierte staatliche Eigenqualität zu entwickeln." (Sontheimer 1985, 250)

1.3 Reform des französischen Zentralismus und Dezentralisierung

So wie in der Bundesrepublik das föderative Prinzip in zunehmendem Maße überlagert wurde von zentralisierenden Kräften, so stellten sich auch in Frankreich gegenläufige Tendenzen zum zentralistischen System ein: Zwischen den territorialen Beamten als Vertretern des Zentralstaats und den gewählten Repräsentanten der lokalen Gebietskörperschaften (Départements, Gemeinden) kam es meist zu kooperativen Arbeitsbeziehungen, zu einer Art Arrangement zwischen zentraler und peripherer Macht. Durch das ständige Aufeinander-angewiesen-Sein – die Verwaltungsstellen brauchten Ansprechpartner zur flexiblen und möglichst konfliktfreien Durchführung staatlicher Beschlüsse, den lokalen Mandatsträgern ging es um die reibungslose Wahrnehmung ihrer Interessenvertretung – traten die hierarchischen Verhältnisse der formalen Strukturen teilweise in den Hintergrund. Diese enge administrative und personelle Verflechtung führte in der Peripherie letztlich zu einer gewissen Unterminierung des zentralistischen Prinzips (Grémion 1980, 104).

Diese Gegentendenzen konnten indes nicht über das fortbestehende Ungleichgewicht der Kompetenzenverteilung hinwegtäuschen. Die zentralstaatliche Vormundschaft mit der berühmten «remontée des dossiers sur Paris» blieb präsent und stand lokalen Planungs- und Entscheidungsmöglichkeiten entgegen. Der Ruf nach Dezentralisierung ist so keineswegs erst eine Erscheinung der 80er Jahre, sondern reicht, wie oben schon angedeutet, bis ins letzte Jahrhundert zurück.

Die Notwendigkeit, der zentralistischen Ausrichtung Frankreichs mit tiefgreifenden Strukturreformen gegenzusteuern, trat verstärkt nach dem Zweiten Weltkrieg hervor. Um insbesondere das wirtschaftlich-soziale Gefälle zwischen dem Pariser Raum und der französischen Provinz (vgl. dazu programmatisch die Schrift *Paris et le désert français* von Jean F. Gravier [1947]) zu verringern, wurden Maßnahmen für eine territoriale Neuordnung ins Auge gefaßt; das Stichwort dieser Zeit lautete: *aménagement du territoire.* Mit diesem Begriff verband sich das großangelegte Programm, durch den Ausbau infrastruktureller Einrichtungen und die gezielte Förderung neuer Industrieansiedlungen die Entwicklung wirtschaftlich vernachlässigter Gebiete anzukurbeln, dort weitere Abwanderungen zu verhindern und ebenso langfristig die Zusammenballung in und um Paris zu entflechten oder wenigstens zu stabilisieren (Delmas 1962, Monod/Castelbajac 1973). Die neue Raumordnungspolitik stand in engem Zusammenhang mit den staatlichen Vierjahresplänen (*planification,* vgl. 3.5), in denen die wichtigsten wirtschaftlichen Leitziele für die Wiederaufbauperiode und später für den industriellen Strukturwandel vorgegeben waren. Als räumliche Bezugsgröße für Planung und Koordination der Maßnahmen diente die *regionale Ebene*: Man schuf dazu *1956* eigens eine Einteilung in 22 sog. Programmregionen *(régions de programme).*

Die Programmregionen, deren Status zunächst noch unklar blieb und die keine eigenen Organe oder Kompetenzen besaßen, faßten in der Regel mehrere Départements zusammen; ihre Einteilung – obgleich ohne jede Konsultation der Bevölkerung und unter Mißachtung zahlreicher historischer und kultureller Bindungen von der Pariser Zentralbürokratie festgesetzt – wurde bis heute beibehalten und auch im Rahmen der nachfolgenden Reformen nicht wesentlich modifiziert (Ausnahmen: Korsika inzwischen eine eigene Region, Rhône und Alpes zusammengelegt; vgl. Abb. 11).

Eine in gewisser Weise vergleichbare regionale Gliederung hatte es bereits unter dem Vichy-Regime gegeben, allerdings war man hier eher an einer Wiederbelebung der alten Provinzen interessiert. Dieser Tatbestand konnte dann auch lange Zeit regionalistische Forderungen zusätzlich diskreditieren – neben dem bekannten jakobinischen Argument, daß jede Form von Dezentralisierung die «République une et indivisible» in Gefahr brächte.

1964 erfolgte eine weitere institutionelle Festigung der Programmregionen, einmal mit der Ernennung von Regionalpräfekten *(préfets de région),* dann mit der Gründung der *Commissions de*

Abb. 11: Regionale Gliederung Frankreichs.

Développement Economique Régional (CODER). Die Aufgabe des sog. *super-préfet,* der gleichzeitig Präfekt eines Départements war, bestand vor allem darin, die Regierungsbeschlüsse bezüglich Raumplanung für die Region durchzuführen und die Realisierung mit den übrigen Département-Präfekten zu koordinieren; dabei ist jedoch festzuhalten, daß alle wichtigen Planungsvorhaben, einschließlich der Verteilung der Finanzmittel, der Zentralverwaltung bzw. seit 1963 einer eigenen zentralen Raumordnungsbehörde (*Délégation à l'Aménagement du Territoire et à l'Action Régionale*, DATAR) oblagen, dem Regionalpräfekten somit also nur eine ausführende Rolle zukam. Auch die CODER hatten lediglich beratende Funktion; ihre Mitglieder waren zu einem Viertel indirekt gewählte Abgeordnete (Bürgermeister, Generalräte), 50 % repräsentierten die Berufsverbände (Arbeitgeber, Gewerkschaften), und ein weiteres Viertel wurde von der Regierung ernannt.

Die Erfolge dieser Raumordnungspolitik blieben sehr begrenzt. Die großen wirtschaftlichen Disparitäten zwischen einzelnen Regionen und die daraus resultierende Ungleichheit der Lebensverhältnisse konnten auf diese Weise nicht abgebaut werden. Insbesondere aber brachten die Maßnahmen noch keine Fortschritte in Richtung Dezentralisierung (vgl. dazu das Urteil des damaligen Oppositionspolitikers Mitterrand aus dem Jahr 1964 in T. 4).

T. 4:
... la Ve République procède, en réalité, à un extraordinaire durcissement du système napoléonien. Non seulement aucune mesure décentralisatrice n'a été prise, mais les pouvoirs des assemblées municipales et départementales sont inexorablement réduits au bénéfice des fonctionnaires placés par le gouvernement à la tête des régions-programmes. Tel est le circuit: les experts du Plan conçoivent, élaborent. Les experts de l'Aménagement mettent en œuvre et répartissent les «tranches opératoires». A l'échelon de la région un fonctionnaire, le préfet coordinateur, exécute. Des fonctionnaires, les préfets, réunis sous la présidence du super-préfet en conférence interdépartementale, affectent les investissements. Ni le Parlement ni les Conseils généraux n'interviennent ... Au gré des préférences politiques, le ministère de l'Intérieur guide le choix de ses agents qui déversent la manne sur les communes qui votent bien et stérilisent les communes qui votent mal. (Mitterrand 1984, 168)

Die Kritik beschränkte sich jedoch nicht allein auf die parlamentarische Opposition, und eine Lockerung des anachronistischen zentralen Entscheidungs- und Verwaltungssystems schien praktisch überfällig. Vor diesem Hintergrund entstanden Ende der 60er Jahre schließlich die Pläne *de Gaulles* für eine tiefgreifende Regionalreform. Kernstück sollte die Umwandlung der Region in eine selbständige Gebietskörperschaft *(collectivité territoriale)* mit einer zum Teil direkt gewählten Versammlung, einem eigenen Budget und weitreichenden Vollmachten sein.

Das Projekt war nicht nur von der Vorstellung de Gaulles von einer Partizipationsgesellschaft inspiriert, sondern trug auch bestimmten politischen Tendenzen der Zeit Rechnung: der Forderung nach mehr direkter Demokratie (vor allem im Gefolge der Mai-Ereignisse von 1968) sowie der erstarkten Regionalismus-Bewegung.

(Der Begriff *Regionalismus [régionalisme]* verweist – im Unterschied zu *Regionalisierung [régionalisation]* – in erster Linie auf Bestrebungen und Aktivitäten ethnischer bzw. sprachlicher Minderheiten, die sich gegen die totale Französisierung und die politische Übermacht des zentralistischen Staates wenden und für eine größere regionale Eigenständigkeit eintreten [vgl. 1.1.3 sowie Lafont 1967 und den Überblick bei Schmidt u. a. 1983, 267–275]. *Regionalisierung* dagegen bezeichnet eine Form der Dezentralisierung, die die Region zum Ausgangspunkt macht.)

Abb. 12
(Aus: CF 204/1982)

Die Pläne de Gaulles, ausgearbeitet im *Projet Jeanneney,* stellten in der Tat eine Reform dar, die die bis dahin ergriffenen Maßnahmen weit übertraf, und beabsichtigten ohne Frage eine Machtschmälerung des Zentrums zugunsten der Peripherie. Weiterhin lief das Reformwerk auf eine Abschaffung des Senats, der zweiten Kammer des Parlaments, hinaus; an seine Stelle sollte, im Sinne des oben genannten Partizipationsgedankens, eine Versammlung aus Repräsentanten der sozioprofessionellen Interessengruppen treten (eingehender: Grémion 1980, 112 ff.; CF 204/1982, 20 ff.). Das Projekt war praktisch unter Ausschluß der Öffentlichkeit entstanden und konnte, als de Gaulle es am 27. April 1969 einem Referendum unterwarf, von der Bevölkerung weder in seiner Komplexität noch in seiner Bedeutung (insbesondere was die Senatsreform betraf) richtig eingeschätzt werden. In der Abstimmung sprachen sich dann 53,2 % gegen und 46,7 % der Stimmen für das Projekt aus.

Bei der Beurteilung dieses Ergebnisses darf natürlich nicht übersehen werden, daß de Gaulle das Referendum auch mit bestimmten taktischen, eher tagespolitisch motivierten Überlegungen verbunden hatte: Der erhoffte Abstimmungserfolg sollte ihm nach den Unruhen von 1968 zu größerer Popularität verhelfen und seine Präsidentschaft neu legitimieren. Andererseits war eine Ablehnung der Vorlage für die Opposition praktisch die einzige Möglichkeit, de Gaulle zum Rücktritt zu veranlassen. Das Abstimmungsverhalten ist also nicht allein als Zurückweisung des Reformprojekts zu werten.

Nach dem Scheitern der Reform de Gaulles brachten die *Regionalgesetze von 1972* unter seinem Nachfolger *Pompidou* keine wesentlichen strukturellen Änderungen: Die Region wurde keine selbständige Gebietskörperschaft, sondern erhielt nur den Status eines *établissement public,* einer öffentlich-rechtlichen Anstalt; damit war sie lediglich eine Art Zweckverband mehrerer Départements, hatte keine eigene Verwaltung und konnte nicht in die Befugnisse der anderen Gebietskörperschaften (départements, communes) eingreifen. Als Repräsentativorgan wurde ein indirekt gewählter *Conseil régional* eingerichtet; seine Zusammensetzung stärkte wieder die Position der örtlichen Notabeln, deren Einfluß ja bei der zuvor geplanten Senatsreform zur Diskussion gestanden hatte. Als Beratungsorgan fungierte ein Wirtschafts- und Sozialausschuß *(Comité économique et social),* dem u. a. Vertreter der Arbeitgeber, Gewerkschaften, Industrie- und Handelskammern, der Freiberufler, des Gesundheits- und Sozialwesens angehörten. Die Einflußmöglichkeiten der Gremien waren bewußt geringgehalten worden, insbesondere hatte man die staatliche Oberaufsicht unangetastet gelassen, so daß von der Minireform unter Pompidou keinerlei dezentralisierende Wirkung ausgehen konnte.

Ein grundlegender Wandel bahnte sich in dieser Hinsicht erst 1981 mit dem Wahlsieg der Linken an: Die Dezentralisierungspolitik wurde – als «révolution tranquille» – zu einer der Prioritäten der folgenden Legislaturperiode erklärt.

Die politische Motivation für dezentralisierende Maßnahmen war dabei nicht allein Effektivitätssteigerung im administrativen oder wirtschaftlichen Bereich, sondern im Vordergrund standen – so wenigstens das programmatische Ziel seit 1972 – die Gewährung von mehr Autonomie für lokale Gebietskörperschaften und die Förderung direkter Zugangsmöglichkeiten für die Beteiligung am politischen Leben:

«La France vit encore sous Napoléon. Une centralisation extrême de toutes ses structures étouffe les initiatives et l'esprit de responsabilité. L'Administration jusque dans les services les plus reculés et jusque dans les marchés les plus lointains pullule de petits Napoléon . . .

La décentralisation est une nécessité car les citoyens doivent se sentir concernés par la chose publique.

La question principale est d'accroître la démocratie, de briser la domination de l'Etat centralisé et de la haute Administration. Une décentralisation poussée à tous les niveaux répondra à cette exigence.» (Parti socialiste 1972, 103f.; ähnlich: Programme commun 1973, 73ff.)

Die wohl wichtigsten Neuerungen der seit 1982 unter G. Defferre erlassenen Dezentralisierungsgesetze waren
- die *Umwandlung der Region in eine autonome Gebietskörperschaft* (mit direkt zu wählendem *Conseil régional*) und
- der *Wegfall der tutelle administrative,* der von der Zentralgewalt ausgeübten Verwaltungskontrolle.

Die Präfekten verloren einen Großteil ihrer bisherigen Funktionen, speziell ihre Weisungsbefugnis gegenüber den Gebietskörperschaften. Als *commissaires de la République* besteht ihre Hauptaufgabe nunmehr in der Rechtsaufsicht *(contrôle de légalité),* d. h., sie können die in ihren Bereichen getroffenen Entscheidungen bei den Verwaltungsgerichten *nachträglich* überprüfen und ggf. korrigieren lassen. Die Exekutive liegt jedoch eindeutig bei den Vorsitzenden bzw. Präsidenten der gewählten Versammlungen, also des jeweiligen *Conseil régional* oder *Conseil général*; auch die Beschlüsse des Gemeinderats *(Conseil municipal)* bedürfen nicht mehr der Zustimmung staatlicher Oberaufsicht. Parallel zum Kompetenzenzuwachs wurde ebenfalls die Verteilung der Finanzmittel neu geregelt. Davon, wie – über wechselnde Regierungsmehrheiten hinweg – staatliche Subventionen zugewiesen werden und den Gebietskörperschaften eigene Steuereinnahmequellen zur Verfügung stehen, dürfte nicht zuletzt die Wirksamkeit der Dezentralisierungsmaßnahmen abhängen.

Eine grobe Zusammenfassung der Kompetenzverteilung zwischen den einzelnen Gebietskörperschaften gibt die folgende Übersicht. Zusätzliche Erklärungen und historische Hintergründe finden sich in CF 204/1982, 220/1985, Verdié 1987, 94ff.; eine ausführliche Kommentierung der betreffenden Gesetze geben Gontcharoff u. a. 1983ff.; zur Bedeutung für die Wirtschaftsentwicklung vgl. Uhrich 1987, Albertin 1988, Verdié 1989, 138ff., Min. de l'Ind. et du Comm. ext. 1991.

	Organe	*Aufgabenbereiche*
Region:	*conseil régional* (direkt gewählt) *président du conseil régional* (= Exekutive) *comité économique et social* (= Beratungsorgan, aus Vertretern verschiedener sozialer Gruppen) *commissaire de la République*	Erarbeitung des regionalen Wirtschaftsplans, Mitarbeit bei der Erstellung des nationalen Plans Maßnahmen im wirtschaftlichen, sozialen, kulturellen Bereich (z. B. Förderung bestimmter Branchen, Koordination gezielter

	Organe	*Aufgabenbereiche*
	de région (= Repräsentant der Regierung, Rechtsaufsicht)	Unterstützungsmaßnahmen für Unternehmen, Unterhalt des Berufsbildungswesens) Naturschutz
Départe-ment:	*conseil général* (direkt gewählt) *président du conseil général* (= Exekutive) *commissaire de la République/ préfet* (= Repräsentant der Regierung, Rechtsaufsicht)	Befugnisse im wirtschaftlichen und sozialen Bereich Ergänzung der staatlichen Sozialpolitik (insbesondere: Sozialleistungen)
Gemeinde:	*conseil municipal* (direkt gewählt) *maire* (= Exekutive)	Flächennutzungspläne, Baugenehmigungen Befugnisse im wirtschaftlichen, kulturellen und sozialen Bereich Beschlüsse des Gemeinderats sofort vollziehbar, ohne vorherige Genehmigung durch Staatsaufsicht

Ob mit diesem Reformwerk nun tatsächlich der Sprung über den alten jakobinischen Schatten gelingt und ob es darüber hinaus den Aufbau einer «nouvelle citoyenneté», wie Pierre Mauroy 1981 verkündete, einleiten kann, steht noch dahin. Auf jeden Fall gehen die seit 1982 ergriffenen Maßnahmen weit über frühere Reformansätze hinaus; und die Tatsache, daß die *tutelle administrative* abgeschafft wurde und die Gebietskörperschaften auf allen Ebenen größere Befugnisse erhielten, ist vor dem Hintergrund der starken historischen Verankerung zentralistischer Institutionen nicht hoch genug einzuschätzen. Von daher handelt es sich keineswegs nur um eine „kosmetische Operation“ oder um „marginale Reformen“, die nur eine „Modernisierung des Zentralstaates ohne Infragestellung der Machtverteilung“ bezwecken (vgl. Brauner 1986). Und wie sehr inzwischen dezentrale Kräfte an Einfluß gewonnen haben, zeigte sich nicht zuletzt 1994, als die Regierung Balladur mit einem Gesetzentwurf zur Raumordnung versuchte, die territoriale Entwicklung zurückzuschrauben. Das Vorhaben sollte die Rolle des Staates wieder stärker betonen, damit gewissen Auswüchsen der Dezentralisierung begegnen und den Zusammenhalt der Nation sicherstellen. Aufgrund breiter Proteste gegen einen solchen «retour de l'Etat» ließen sich die Pläne jedoch nicht mehr wie vorgesehen durchsetzen.

1.4 Probleme und Reformen des föderalistischen Systems der BRD

Für die *Bundesrepublik* stellt sich ein Problem wie das der Dezentralisierung aus naheliegenden Gründen natürlich nicht. Und auch Fragen der territorialen Neuordnung ergeben sich aus einer anderen Problemlage. Wenn zum Beispiel in Westdeutschland lange Zeit über eine Neugliederung der Bundesländer – eine Möglichkeit, die übrigens im Grundgesetzartikel 29 zunächst sogar als verbindlicher Verfassungsauftrag formuliert war – diskutiert wurde, so geschah dies mit dem Ziel, bestehende Ungleichheiten zu beseitigen. Denn die teilweise erheblichen Unterschiede bezüglich Größe, Bevölkerungszahl und Wirtschaftskraft mußten zu divergierenden Entwicklungen der einzelnen Bundesländer führen. Die Neugliederungsvorschläge scheiterten jedoch durchweg an den Eigeninteressen der Länder, eine Ausnahme bildete lediglich der Zusammenschluß von Baden, Württemberg-Baden und Württemberg-Hohenzollern zu Baden-Württemberg im Jahre 1951. Als Konsequenz aus dieser Sachlage wurde 1976 der in Art. 29 GG festgelegte Verfassungsauftrag in eine Kann-Bestimmung umgewandelt. („Das Bundesgebiet kann neu gegliedert werden, um zu gewährleisten, daß die Länder nach Größe und Leistungsfähigkeit die ihnen obliegenden Aufgaben wirksam erfüllen können.") Eine weitere Gelegenheit der Neugliederung bot sich 1990 bei der Vorbereitung des Einigungsvertrages; doch auch diese Chance blieb ungenutzt. In dem „Beitrittsgebiet" wurden lediglich die alten Länder Mecklenburg-Vorpommern, Brandenburg, Sachsen-Anhalt, Thüringen, Sachsen, welche die DDR 1952 aufgelöst hatte, wiederhergestellt. Eine Zwei-, Drei- oder Vierländervariante, die stärker die Wirtschaftskraft der betreffenden Regionen berücksichtigt hätte, war unter den gegebenen Bedingungen nicht erreichbar (vgl. Rutz u. a. 1993, 113 ff.). Und auch Vorschläge, die die Gründung „grenzüberschreitender" Länder wie z. B. Schleswig-Holstein/Mecklenburg oder Hessen/Thüringen vorsahen, wurden nicht weiter verfolgt.

Unabhängig davon ist es Aufgabe des Bundes, mit einer länderübergreifenden *Raumordnungspolitik* für eine möglichst ausgeglichene Verteilung von Lebens- und Arbeitsbedingungen zu sorgen. Dazu gehören u. a. Maßnahmen zum Abbau wirtschaftlicher Strukturschwächen, die Förderung wirtschaftlich unterentwickelter Regionen, umweltorientierte Verbesserungen in überlasteten Verdichtungsräumen; hier lassen sich durchaus Parallelen zum französischen *aménagement du territoire* ziehen.

Ein weiteres Instrument ist der (horizontale) *Länderfinanzausgleich.* Aufgrund der unausgewogenen territorialen Gliederung und der unterschiedlichen Wirtschaftsentwicklung entsteht zwischen den einzelnen Ländern zum Teil ein beträchtliches Gefälle, dieses wird dann durch jährliche Ausgleichszahlungen zu korrigieren versucht; Stichwort: „Einheitlichkeit der Lebensverhältnisse". Grundlage hierfür ist Art. 107 GG, wonach Bundesländer mit größerer Finanzkraft Ausgleichszahlungen an die finanzschwächeren Länder leisten müssen; hinzu kommen noch Gelder aus dem Umsatzsteuerausgleich sowie ergänzende Zuweisungen des Bundes.

Bis 1994 galten vor allem Hessen, Bayern, Baden-Württemberg, Nordrhein-Westfalen und in geringerem Maße auch Schleswig-Holstein und Hamburg als die wirtschaftsstärkeren Länder und damit als Zahler des Finanzausgleichs. Die anderen Bundesländer waren „ausgleichsberechtigt". Noch 1970 hatte Nordrhein-Westfalen an erster Stelle der „reichen" Länder gestanden. Über die Feststellung der Finanzkraft der einzelnen Länder herrscht keineswegs immer Einvernehmen; Drohungen mit Verfassungsklagen sind daher nicht selten.

Die ostdeutschen Bundesländer wurden erst am 1. Jan. 1995 in den Länderfinanzausgleich einbezogen; eine sofortige volle Integration, wie ursprünglich gefordert, hätte mit Sicherheit zum finanziellen Kollaps der alten Bundesländer geführt. Zur ersten Überbrückung des West-Ost-Gefälles wurde statt dessen das Provisorium eines Fonds „Deutsche Einheit" eingerichtet; hierdurch ließen sich in der Übergangsphase von 1990–94 mehr als 160 Milliarden Mark, gezahlt vom Bund und den westlichen Bundesländern, nach Ostdeutschland umschichten.

Eine ebenfalls auf Vereinheitlichung ausgerichtete Zielsetzung hatte die in den Jahren 1965–1979 durchgeführte *Gebietsreform.* Mit dieser Reform wollte man vor allem die historisch gewachsenen kommunalen Strukturen (wobei 95 % der Gemeinden weniger als 5000 Einwohner zählten) auflösen und den „Erfordernissen der modernen Industrie- und Dienstleistungsgesellschaft" anpassen.

Leitendes Prinzip war, auf den Ebenen von Gemeinde, Kreis und Bezirk neue Gebietsstrukturen nach dem Kriterium optimaler Verwaltungsgröße zu schaffen. Die Zahl selbständiger Gemeinden wurde so von rund 24 000 auf 8500 verringert. (Zum Vergleich: In Frankreich gibt es nahezu 37 000 selbständige Gemeinden, davon rund 60 % mit weniger als 500 Einwohnern; Kommunalreformen sind bislang nicht über das Planungsstadium hinausgekommen.) Die Gebietsreform, obgleich in der Durchführung umstritten und in den Bundesländern zum Teil unterschiedlich gehandhabt, hat ohne Zweifel zur Vereinheitlichung des Verwaltungsaufbaus – und damit auch zu einer Verstärkung gewisser zentralisierender Tendenzen – beigetragen. Über das Erreichen der übrigen Ziele, wie z. B. der Verbesserung kommunaler Selbstverwaltung oder der Steigerung von Wirksamkeit und Wirtschaftlichkeit, gehen die Urteile jedoch auseinander.

1.5 Politische Institutionen der V. Republik

So wie sich im Grundgesetz der Bundesrepublik historische Erfahrungen aus der Zeit der Weimarer Republik und des deutschen Faschismus niederschlagen, so steht auch das heutige politische System Frankreichs, die V. Republik, in einem engen Bezug zu seiner Vorgeschichte. Dieser Zusammenhang, insbesondere aber die für Frankreich sehr wechselhafte und krisenreiche Nachkriegsperiode, wird also bei der Darstellung der politischen Institutionen mit zu berücksichtigen sein.

1.5.1 Krise und Scheitern der IV. Republik

Nach der *Libération* und in den 50er Jahren beherrschten vor allem zwei Themen die französische Politik: einmal der wirtschaftliche Wiederaufbau und die industrielle Umorientierung, zum andern die Entkolonisierung (Kriege in Indochina und Algerien). Während die Regierungen der *IV. Republik* – diese hatte nach Inkrafttreten der neuen Verfassung 1946 die Provisorischen Regierungen abgelöst – auf wirtschaftlichem Gebiet wie auch in der Europapolitik durchaus Erfolge erzielen konnten, scheiterten sie jedoch an der Lösung der Kolonialfrage. Eine wichtige Ursache hierfür waren die permanenten Regierungskrisen; diese wiederum hingen mit dem Institutionensystem der IV. Republik zusammen.

Wie schon zur Zeit der III. Republik (zur Abfolge der Republiken vgl. die anschließende Zeittafel) hatte die Verfassung von 1946 die entscheidenden Befugnisse der *Assemblée nationale* übertragen, der Regierung aber nur eine vergleichsweise schwache Position eingeräumt; damit war die Parlamentsherrschaft, der *régime d'assemblée* aus der Vorkriegszeit, praktisch wiederhergestellt (ausführlich: Fauvet 1959). Die Verfassungsgeber wollten auf diese Weise der Möglichkeit antirepublikanischer Tendenzen im Falle einer starken Exekutive vorbeugen. Hinzu kam, daß die Zersplitterung der Parteien – auch hier eine Parallele zur III. Republik – die Bildung regierungsfähiger Mehrheiten von vornherein erschwerte. Unstabile Regierungskoalitionen und häufige Regierungswechsel waren so an der Tagesordnung: In den knapp zwölf Jahren wechselten mehr als zwanzig Regierungen einander ab. Das Fehlen von Regierungskontinuität und handlungsfähiger Exekutive bewirkte schließlich während des Algerienkrieges den Sturz der IV. Republik und führte *1958* zur *Machtübernahme durch de Gaulle.*

Zeittafel 1: I.–V. Republik

1792–1804	Erste Republik	
	1792	Abschaffung der Monarchie und Ausrufung der Republik unter dem Nationalkonvent
	1793	Verabschiedung der „Jakobinerverfassung" (u. a. allgemeines Wahlrecht, Volkssouveränität, Volksentscheid), die jedoch wegen des Kriegszustands nicht zur Anwendung kommt
	1795–99	Ablösung der Schreckensherrschaft durch das Direktorium
	1799	Staatsstreich Napoleon Bonapartes, Konsularverfassung, bereits diktatorische Vollmachten für Napoleon als ersten Konsul
	1804	Umwandlung der Konsulardiktatur in eine Monarchie *(Premier Empire)*; 1814/15–1848 Königreich
1848–1852	Zweite Republik	
	1848	Februarrevolution (Wirtschaftskrise und Frage des Wahlzensus wichtige Ursachen), Sturz der bürgerlichen Monarchie unter Louis Philippe; Einführung des allgemeinen Wahlrechts und soziale Zugeständnisse, z. T. kurz darauf wieder aufgehoben; die Er-

hebung der Pariser Arbeiterschaft (Juni 1848) wird von Cavaignac blutig niedergeschlagen. Wahl Louis Napoleon Bonapartes zum Präsidenten der Republik

1851 Staatsstreich, Bestätigung des Zustands durch Plebiszit

1852 Wiedererrichtung der Monarchie durch Louis Napoleon *(Second Empire)*

1870/75–1940 Dritte Republik

1870 Ausrufung der Republik nach dem Zusammenbruch des Kaisertums im Deutsch-Französischen Krieg

1871 Niederschlagung der Pariser Kommune

1873 nachdem die Monarchie nicht wiederhergestellt werden konnte, Verlängerung der Amtszeit des royalistischen Mac-Mahon als Staatsoberhaupt um 7 Jahre *(septennat)*

1875 Annahme von Verfassungsgesetzen, in denen das republikanische Prinzip nur indirekt verankert ist

1877 Auflösung des Parlaments durch Mac-Mahon; nach dem Sieg der Republikaner seither faktischer Verzicht der Präsidenten auf das Auflösungsrecht; Beginn des *régime d'assemblée(s)*

1884 Verfassungsrevision, u. a. Rückkehr zur Monarchie staatsrechtlich ausgeschlossen; seitdem Konsolidierung der Republik trotz zahlreicher Krisen (u. a. 1887/89 Staatsstreichgefahr durch Boulanger, 1894–1899 Dreyfus-Affäre, 1914–18 Erster Weltkrieg)

1936/37 Volksfrontregierung unter Léon Blum

1940 militärischer Zusammenbruch Frankreichs, Beginn des Vichy-Regimes

1946–1958 Vierte Republik

1946 (5. Mai) Ablehnung des ersten Verfassungsentwurfs durch Volksentscheid

(13. Okt.) Annahme des zweiten Verfassungsentwurfs mit nur 53 % der abgegebenen Stimmen (= 36 % der Abstimmungsberechtigten); die Verfassung trägt Züge der III. Republik (Übergewicht der Nationalversammlung, schwache Exekutive)

1947 Ausschluß der Kommunisten aus der Regierung

1954 Beginn des Algerienkrieges, der den Niedergang der IV. Republik auslöst

1958 (13. Mai) Sturm auf das Generalgouvernement in

		Algier, „Wohlfahrtsausschuß“, Bürgerkriegsgefahr (27. Mai) Ankündigung der Machtübernahme de Gaulles (1. Juni) Wahl de Gaulles zum Regierungschef (3. Juni) Parlaments-„Vertagung“, Sondervollmachten für de Gaulle
seit 1958	Fünfte Republik	
	1958	(28. Sept.) Annahme der neuen Verfassung mit großer Mehrheit (wichtigste Merkmale: Schwächung des Parlaments, starke Stellung des Staatspräsidenten) (4. Okt.) Inkrafttreten der Verfassung, Beginn der V. Republik (21. Dez.) Wahl de Gaulles zum Staatspräsidenten
	1962	nach der Verfassungsrevision Direktwahl des Staatspräsidenten
	1969	Rücktritt de Gaulles nach gescheitertem Referendum über Regional- und Senatsreform
	1969–74	Amtszeit von Georges Pompidou
	1974–81	Amtszeit von Valéry Giscard d'Estaing
	1981–95	Amtszeit von François Mitterrand nach den Linksregierungen von 1981–86 erste *«cohabitation»* (politische Zugehörigkeit des Staatspräsidenten stimmt nicht mit der der Parlamentsmehrheit und der Regierung überein, 1986–88) 1988 Wiederwahl Mitterrands nach erneuten Regierungen der Linken (1988–93) zweite *cohabitation* (1993–95)
	seit 1995	Jacques Chirac Staatspräsident

Die Krise der IV. Republik erreichte ihren Höhepunkt, als am *13. Mai 1958* aus Protest gegen die französische Algerienpolitik das Generalgouvernement in Algier besetzt und ein „Wohlfahrtsausschuß“ (der Name sollte an die Französische Revolution erinnern) gebildet wurde. Gaullisten hatten die Unruhen mit vorbereitet, und wenig später wurde in Algerien und in Paris die Forderung nach Machtübernahme durch de Gaulle erhoben. Der General erklärte auf einer Pressekonferenz seine Bereitschaft und nahm, nachdem am 24. Mai Fallschirmjäger von Algerien auf Korsika gelandet waren und weitere Aktionen putschender Einheiten befürchtet wurden, Verhandlungen mit dem Ministerpräsidenten *Pflimlin* auf. Einen Tag später veröffentlichte de Gaulle – obwohl Pflimlin noch im Amt und die Unterredung ergebnislos geblieben war – sein Kommuniqué mit dem seither oft zitierten Satz: «J'ai entamé hier le processus régulier nécessaire à l'établissement d'un gouvernement républicain capable d'assurer l'unité et l'indépendance du pays . . .»

«Elle n'est pas tellement mauvaise, mais elle souffre d'une faiblesse de constitution, de son goût totalement hors de saison pour les guerres coloniales ruineuses, immorales (Indochine, Algérie), qui la perdront, et des convoitises de l'ogre de Colombey, qui l'épouvantera, la fascinera et la mangera.»
(die Unproportioniertheit der Marianne dürfte hier anspielen auf die vom *Canard enchaîné* eingeführte verächtlichmachende Bezeichnung «Mademoiselle Q» für die IV. Republik)

Abb. 13
(Aus: Le Canard enchaîné 5. 3. 1986, supplém. [= Nachdruck])

De Gaulle hatte mit diesem wenig regulären Verfahren Erfolg: Nach dem erzwungenen Rücktritt Pflimlins wählte ihn die Nationalversammlung am *1. Juni 1958* zum Regierungschef. Zwei Tage später übertrug sie ihm vor dem Hintergrund eines drohenden Bürgerkriegs außerordentliche Vollmachten und beauftragte ihn mit der Ausarbeitung einer neuen Verfassung. Damit war das Ende der IV. Republik besiegelt. (Eine anschauliche Zusammenfassung des zeitgeschichtlichen Kontexts geben u. a. Weisenfeld 1982, Rioux 1983, Loth 1992; vgl. auch die Streitschrift *Le Coup d'Etat permanent* von François Mitterrand.)

Einschränkend sei jedoch hinzugefügt: Der Niedergang der IV. Republik läßt sich nicht ursächlich mit den Ereignissen von 1958 erklären, er war vielmehr von Beginn an vorprogrammiert. Die Verfassung, die wesentliche Schwächen der III. Republik wiederholen ließ, hatte bei der Volksabstimmung von 1946 nur bei 36 % der Wahlberechtigten Zustimmung gefunden (bei rund 30 % Enthaltungen). Die Instabilität, die häufigen Regierungswechsel und die Unfähigkeit, mit den anstehenden Problemen fertig zu werden, brachten das System schließlich um jeden Rückhalt bei der Bevölkerung.

1.5.2 Politische Stabilität und Präsidialherrschaft: «L'Etat, c'est lui»

Die neue Verfassung von 1958, die in einer Volksabstimmung mit der überwältigenden Mehrheit von 79 % der Stimmen bestätigt wurde, liest sich streckenweise wie ein Kontrastprogramm zur IV. Republik. Sie sieht eine deutliche Stärkung der Exekutive vor, wobei die Rolle des Staatspräsidenten eine zentrale Bedeutung bekommt. Gleichzeitig werden die Befugnisse des Parlaments durch eine Reihe von Einschränkungen begrenzt. Die herausragende Position des Staatspräsidenten wird noch unterstrichen durch die Möglichkeit, sich mit Referenden direkt an die Bevölkerung wenden zu können. Die Gewichtsverlagerung zugunsten der Exekutive sollte nach den Vorstellungen der Verfassungsväter (in erster Linie M. Debrés, des damaligen Justizministers, und de Gaulles selbst) für stabile Regierungsverhältnisse sorgen und einen Rückfall in die Krisenzeit der IV. Republik ausschließen. Die Grundzüge der Verfassung waren zunächst keineswegs unumstritten, vor allem bei den Sozialisten und Kommunisten stießen sie auf heftige Kritik. Heute kann man jedoch davon ausgehen, daß das Institutionensystem der V. Republik von keiner großen politischen Gruppierung mehr grundsätzlich in Frage gestellt wird; lediglich der PCF fordert eine Einschränkung der Rechte des Präsidenten.

Da sich die Ausführungen zu den einzelnen Institutionen hier notwendigerweise auf kurze Skizzen beschränken müssen, sei vorweg auf einige umfassendere Darstellungen verwiesen: Aron 1959, Goguel/Grosser 1976, Duverger 1974, 1990, Richard 1979, Zürn 1965, Haensch/Tümmers 1991, Kempf 1980, 1989, Massot 1993; eine knappe Gegenüberstellung der Institutionen der IV. und V. Republik findet sich auch bei Menyesch/Uterwedde 1982, 136ff.

Die Rolle des *französischen Staatspräsidenten (Président de la République)* ist laut Art. 5 so konzipiert, daß er gleichsam als Schiedsrichter über den Parteien und außerhalb des politischen Alltagsgeschehens steht; er wacht über die Einhaltung der Verfassung und garantiert die nationale Unabhängigkeit:

Article 5

Le Président de la République veille au respect de la Constitution. Il assure, par son arbitrage, le fonctionnement régulier des pouvoirs publics ainsi que la continuité de l'Etat.

Il est le garant de l'indépendance nationale, de l'intégrité du territoire, du respect des accords de Communauté et des traités.

Dieser Position entsprechen, vor allem im Vergleich zu anderen demokratischen Regierungssystemen, sehr weitreichende Machtbefugnisse:

– Ernennung des Premierministers und dessen Entlassung, wenn

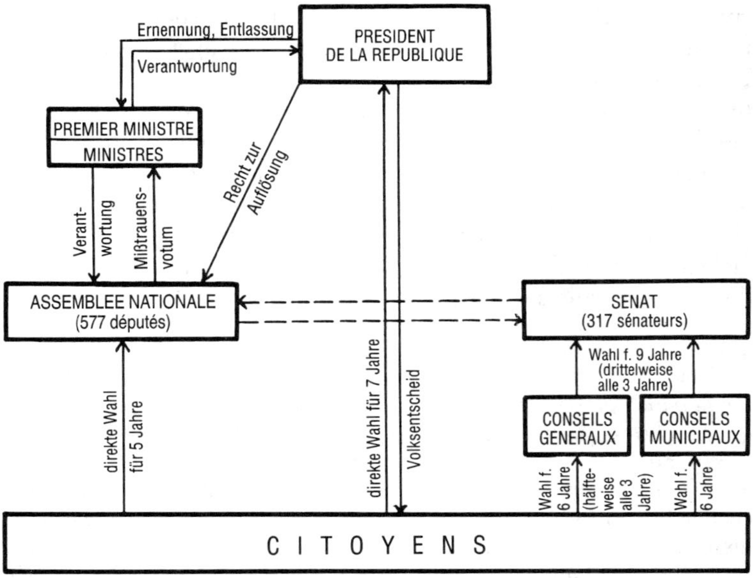

Abb. 14: Regierungssystem Frankreichs.

dieser den Rücktritt anbietet; Ernennung der übrigen Regierungsmitglieder auf Vorschlag des Premierministers (Art. 8),
- Vorsitz im Ministerrat (Art. 9),
- Verkündung der Gesetze, suspensives Veto gegenüber dem Parlament (Art. 10),
- Abhaltung eines Volksentscheids (Art. 11),
- Auflösung der Nationalversammlung, nach Konsultation von Premierminister und Parlamentspräsidenten (Art. 12),
- Oberbefehl über die Streitkräfte (Art. 15),
- Sondervollmachten im Notstandsfall (Art. 16).

Der Staatspräsident ist nicht gegenüber dem Parlament verantwortlich und während seiner siebenjährigen Amtszeit *(septennat)* nicht absetzbar. Seit der *Verfassungsrevision von 1962* wird er außerdem direkt vom Volk gewählt (und nicht mehr von einem Wahlmännergremium).

Die Verfassung war stark auf die Person de Gaulles zugeschnitten und entsprach weitgehend den Grundzügen, die er bereits 1946 in seiner bekannten Rede von Bayeux entwickelt hatte (Abdruck der Rede bei Goguel/Grosser 1976; vgl. auch den Auszug T. 5). Die Machtkonzentration auf den Präsidenten sowie der absolute Führungsanspruch de Gaulles brachten eine zunehmende *Personalisierung* der Politik mit sich. Nicht unwesentlich trugen dazu auch die Pflege bestimmter Rituale und die mitunter an monarchische Zeiten erinnernde Art der Selbstdarstellung bei. Der Vorwurf, man sei auf dem Wege zu einer «présidentialisation du pouvoir» bzw. einer «monarchie élective», und der Vergleich des Elysée-Palastes mit Versailles sind daher nicht von ungefähr. Doch trifft diese Kritik ebenso auch für die Nachfolger de Gaulles, einschließlich des Sozialisten Mitterrand, zu (man denke nur an dessen Prestigebauten, die «grands projets», in Paris).

T. 5:
Suivant moi, *il est nécessaire que l'Etat ait une tête, c'est-à-dire un chef, en qui la nation puisse voir, au-dessus des fluctuations, l'homme en charge de l'essentiel et le garant de ses destinées.* Il faut aussi que l'exécutif, destiné à ne servir que la seule communauté, ne procède pas du Parlement qui réunit les délégations des intérêts particuliers. Ces conditions impliquent que le chef de l'Etat ne provienne pas d'un parti, qu'il soit désigné par le peuple, qu'il ait à nommer les ministres, qu'il possède le droit de consulter le pays, soit par référendum, soit par élection d'assemblées, qu'il reçoive, enfin, le mandat d'assurer, en cas de péril, l'intégrité et l'indépendance de la France. En dehors des circonstances où il appartiendrait au Président d'intervenir publiquement, Gouvernement et Parlement auraient à collaborer, celui-ci contrôlant celui-là et pouvant le renverser, mais *le magistrat national exerçant son arbitrage et ayant la faculté de recourir à celui du peuple.*
(de Gaulle 1959, 240; Hervorhebungen H. H. L.)

Den zweiten Teil der janusköpfigen Exekutive bildet die *Regierung* unter Führung ihres Premierministers; sie bestimmt und führt laut Verfassung (Art. 20) die Politik der Nation. In der Praxis sah es bis 1986 jedoch so aus, daß der Staatspräsident den Handlungsspielraum und die Schwerpunkte vorgab; die Regierung sorgte für die konkrete Durchführung und Umsetzung. Die Regierung bzw. der Premierminister beschränkte sich also vielfach auf die Rolle eines ausführenden Organs (wie in Abb. 16 am Beispiel von Giscard d'Estaing als Präsident und J. Chirac als Premierminister angedeutet).

Verantwortlich ist die Regierung gegenüber dem Parlament, ernannt wird sie (auf Vorschlag des Premierministers) vom Präsidenten, wobei dieser zu bedenken hat, daß die Regierung in der Nationalversammlung eine Mehrheit finden muß. Fehlt eine solche Mehrheit, kann die Regierung über einen Mißtrauensantrag (*motion de censure,* Art. 49/50) zum Rücktritt gezwungen werden, ein

Abb. 15
(Aus: Le Monde 1975, 20)

Fall, der in der V. Republik bislang erst einmal vorkam. Wünscht umgekehrt der Präsident die Ablösung einer Regierung, z. B. weil er sie durch die tagespolitischen Auseinandersetzungen „verschlissen“ glaubt oder weil ihre Popularität sinkt, so müßte er nach der Verfassung zunächst ein Rücktrittsgesuch abwarten. Tatsächlich wurde jedoch in der Regel so verfahren, daß der Präsident dem jeweiligen Premierminister den Rücktritt nahelegte und dieser dann demissionierte. Alle Präsidenten behielten sich diesbezüglich eine große Handlungsfreiheit vor und betrachteten Regierungswechsel auch als Instrument politischer Überlebensstrategie.

Wie oben erläutert, waren die Verfassungsgeber der V. Republik bemüht, eine Neuauflage des *régime d'assemblée(s)* auf jeden Fall zu verhindern. Aus dieser Optik sind einige Einschränkungen für das *Parlament* zu verstehen.

Das Parlament besteht aus zwei Kammern: der (wichtigeren) *Nationalversammlung (Assemblée nationale)* und dem *Senat (Sénat).* Letzterer wird indirekt, d. h. von einem Wahlmännergremium, alle drei Jahre zu jeweils einem Drittel neu gewählt (vgl. Abb. 14). Die Wahlmänner setzen sich nach einem bestimmten Schlüssel aus Abgeordneten bzw. Delegierten der General- und Gemeinderäte zusammen; die Vertreter der bevölkerungsarmen ländlichen Wahlkreise sind dabei überrepräsentiert, was den Senat traditionell zu einer stärker konservativ orientierten Kammer macht. Die Wahl zur Nationalversammlung erfolgt direkt und für fünf Jahre. Als Wahlsystem etablierte man 1958 – auch das ein Mittel, um stabile Parlamentsmehrheiten zu begünstigen – das Mehrheitswahlrecht *(scrutin majoritaire uninominal)* mit zwei Wahlgängen. Als nach einer Wahlrechtsreform unter Mitterrand für 1986 das Verhältniswahlrecht *(scrutin proportionnel)* eingeführt wurde, schien für viele Politiker und Kommentatoren die V. Republik dem Zusammenbruch nahe: «Mitterrand choisit la pagaille» (France-Soir), «Incompatibilité avec la Constitution» (Alain Poher), «L'ingouvernabilité de la France» (Giscard d'Estaing), das PS-Mitglied Rocard trat als Minister zurück. Nach dem Regierungswechsel 1986 entschied man sich jedoch wieder für das Mehrheitswahlsystem.

Für den Beschluß von Gesetzen wirken Nationalversammlung und Senat zusammen: Sie müssen die Vorlagen mit gleichem Wortlaut verabschieden; gelingt dies nicht, werden die Texte bis zu dreimal hin- und hergeschickt *(navettes)* und, falls erforderlich, noch einem Vermittlungsausschuß *(commission paritaire mixte)* unterbreitet. Kommt eine Einigung auch dann nicht zustande, kann die Nationalversammlung auf Antrag der Regierung den Ausschlag geben. Unabhängig davon sind beide Kammern berechtigt, den *Conseil constitutionnel,* als oberste Normenkontrollinstanz dem Bundesverfassungsgericht vergleichbar, anzurufen.

Bis 1974 konnte der *Conseil constitutionnel* nur vom Staatspräsidenten oder von den Präsidenten der Nationalversammlung bzw. des Senats angerufen werden. Die Opposition war damit praktisch von der Möglichkeit, Gesetze auf ihre Verfassungsmäßigkeit überprüfen zu lassen, ausgeschlossen. Erst nach einer Verfassungsänderung wurde dieses Recht auch Abgeordneten und Senatoren (bei einer Unterstützung durch mindestens 60 Personen) zugestanden. Die neun Mitglieder des *Conseil* werden alle drei Jahre jeweils zu einem Drittel neu bestimmt; die Ernennung erfolgt vom Staats-, Parlaments- und Senatspräsidenten – ein Verfahren, das je nach Mehrheitsverhältnissen entsprechende „politische" Berufungen nicht ausschließt.

Die *Gesetzesinitiative* liegt – außer beim Premierminister – ebenfalls bei beiden Kammern, doch ist ihre legislative Tätigkeit in wichtigen Punkten reglementiert und zugunsten der Exekutive begrenzt:

– Der Zuständigkeitsbereich der im Parlament zu verabschiedenden Gesetze *(lois ordinaires)* wird in der Verfassung, Art. 34, genau aufgelistet (u. a. Grundrechte, Fragen der Staatsangehörigkeit, Eherecht, Bildungswesen, Arbeitsrecht . . .). Alle anderen Bereiche unterliegen der *Verordnungsgewalt der Regierung*, d. h., der Ministerrat beschließt direkt (als sog. *ordonnances*) ohne Abstimmung im Parlament. Außerdem kann das Parlament die Regierung ermächtigen, auch im eigentlichen Gesetzesbereich Verordnungen zu erlassen, was häufig zur Beschleunigung bestimmter Maßnahmen geschieht.

– Will die Regierung die Debatte über ihre Gesetzesvorlage *(projet de loi)* abkürzen oder Abänderungsvorschläge *(amendements)* unterlaufen, so kann sie über die Vorlage insgesamt oder über Teile davon abstimmen lassen *(procédure du vote bloqué)* oder aber die Abstimmung mit der Vertrauensfrage *(question de confiance)* verbinden. Für den letzten Fall ist in Artikel 49-3 der Verfassung festgelegt, daß eine Vorlage als angenommen gilt, wenn nicht innerhalb der nächsten 24 Stunden ein Mißtrauensantrag *(motion de censure)* erfolgt. Dies führt nicht nur zur Beschleunigung des Verfahrens, sondern hat für die Regierung auch den Vorteil, eventuelle Divergenzen in den eigenen Reihen zu überdecken. Denn mit dem *recours à l'article 49-3* kann ein Text ohne jede Aussprache und ohne Abstimmung beschlossen werden. Vor allem die Opposition hat somit keine Möglichkeit zur Stellungnahme im Parlament. Bei prekären Mehrheitsverhältnissen ist also der Art. 49-3 ein Instrument, Regierungsvorhaben unter weitgehender Ausschaltung der Abgeordneten im Eilverfahren durchzusetzen – eine Praxis, die mit besonderer Häufigkeit von der Regierung Chirac (1986–88) angewandt wurde.
– Eine einschränkende Wirkung hat auch die genaue *zeitliche Begrenzung der zwei Sitzungsperioden*; unter bestimmten Umständen ist eine außerordentliche Sitzungsperiode möglich, deren Eröffnung und Schließung jedoch der Staatspräsident per Dekret regelt.
– Das obengenannte *Mißtrauensvotum* der Nationalversammlung wurde einmal dadurch abgeschwächt, daß es an eine Reihe von Bedingungen geknüpft ist, zum andern steht ihm das Auflösungsrecht des Staatspräsidenten gegenüber. (Unter der V. Republik gab es bislang nur einen erfolgreichen Mißtrauensantrag: Als 1962 de Gaulle die Verfassungsänderung zur Direktwahl des Präsidenten ohne Konsultation des Parlaments einer Volksabstimmung unterbreitete, wurde die Regierung Pompidou gestürzt; de Gaulle löste daraufhin die Nationalversammlung auf.)

Abb. 16
(Aus: Le Canard enchaîné 19. 3. 1986)

Die einzelnen Punkte zeigen, in welchem Maße die Funktionen des Parlaments ausgehöhlt wurden. Die Stärkung der Exekutive hat damit, wie u. a. an der Verordnungsgewalt der Regierung oder an der Praxis des *vote bloqué* sichtbar, sicherlich auch neue Möglichkeiten des Machtmißbrauchs eröffnet. Im übrigen scheint die Verfassung unausgesprochen davon auszugehen, daß Staatspräsident und Parlamentsmehrheit automatisch dem gleichen politischen Lager angehören. Für viele war deshalb die 1986 erstmals entstandene Situation – sozialistischer Präsident, Mehrheit der Rechtsparteien in der Nationalversammlung – auch der sichere Auftakt einer Verfassungs- oder Staatskrise (Abb. 16). Andere Stimmen beurteilten die anstehende „Dyarchie" in der Exekutive gelassener, gewissermaßen als Bewährungsprobe für die Verfassung der V. Republik. Nach Beendigung dieser zweijährigen *cohabitation* konnte man jedenfalls feststellen, daß die befürchtete Zerreißprobe nicht eingetreten war. (Das gleiche galt dann auch für die zweite Cohabitationsphase von 1993–95; vgl. 2.4.) Statt dessen hatte es eine neue Auslotung der Kompetenzen von Parlament und Regierung einerseits sowie des Staatspräsidenten andererseits gegeben. Nach der sehr stark präsidial geprägten Periode von 1958–1986 bildete nun die einem anderen politischen Lager zugehörige Regierung ein starkes Gegengewicht: Der Präsident wurde auf seine bestimmende Rolle in der Außen- und Sicherheitspolitik begrenzt, der Premierminister und seine Regierung waren verantwortlich für die übrigen Bereiche (von daher auch die Kennzeichnung des französischen Regierungssystems als «semi-präsidentiell»). Zum Beispiel konnte die Regierung verschiedene Reformen, die in der voraufgegangenen Legislaturperiode beschlossen worden waren, wieder rückgängig machen (wie etwa durch die Wahlrechtsänderung oder die Reprivatisierung verstaatlichter Unternehmen). Die *cohabitation* war getragen von einer relativ breiten Zustimmung der Bevölkerung, und es bestand zu keinem Zeitpunkt die Gefahr einer neuerlichen Parteienherrschaft – etwa nach dem Motto: «Quand le chat dort, les souris dansent, quand la cohabitation affaiblit le Président, les partis se réveillent.» Vielmehr hatte die zeitlich jeweils von vornherein begrenzte „Cohabitations"-Lösung, so Duverger (1987, 209f.), zu einer neuen Form des politischen Machtwechsels geführt:

«Après avoir pratiqué la grande alternance en 1981, qui porte à la fois sur la Présidence de la République et sur l'Assemblée nationale, les électeurs ont expérimenté la petite en 1986, qui joue sur l'Assemblée nationale seule. L'une et l'autre s'étant avérées raisonnables, ils se souviendront de la gamme des procédés leur permettant de nuancer le changement. Pourquoi se priveraient-ils de l'un d'eux, qui a montré sa valeur?»

1.5.3 Hauptunterschiede im Vergleich zur Bundesrepublik

Zwischen dem französischen und dem bundesdeutschen Regierungssystem gibt es nur wenige Gemeinsamkeiten. Insbesondere die Machtkonzentration, die den französischen Staatspräsidenten auszeichnet, erscheint kaum übertragbar.

In Betracht käme allenfalls – wie beispielsweise Grosser vorschlägt – ein Vergleich mit der *Weimarer Verfassung*. „Die Grundstruktur ist die gleiche: Ein Präsident, der direkt vom Volk gewählt wird. Eine Nationalversammlung (Reichstag), die zumindest ebensosehr das Volk vertritt – und zwischen beiden eine Regierung mit einem Premierminister (Reichskanzler), dessen Stellung ungewiß ist" (1986, 12; vgl. auch 1981, 24ff.). Diese Parallele ist nicht nur hilfreich, um einen historischen Präzedenzfall für die französische *«cohabitation»* von 1986 bzw. 1993 aufzuzeigen; letztere liefe dann nämlich auf eine parlamentarische Lesart einer bisher nur präsidial angewandten Verfassung hinaus. Aufschlußreich wäre auch ein Blick auf die Entwicklungs*richtung*: Frankreich hätte sich dann zu einer starken Präsidialgewalt hin-, Deutschland von einer solchen wegentwickelt. Doch sollen hier solche Vergleiche nicht überstrapaziert werden.

Im Institutionengefüge der Bundesrepublik wird die Exekutive allein von der Regierung mit dem Bundeskanzler an der Spitze wahrgenommen (Abb. 17). Die Regierung ist ausschließlich dem direkt gewählten Bundestag verantwortlich und legt die politische Richtung in eigener Verantwortung fest (Richtlinienkompetenz des Kanzlers). Der Bundeskanzler wird zwar – nach Maßgabe der gegebenen Mehrheiten – vom Bundespräsidenten vorgeschlagen,

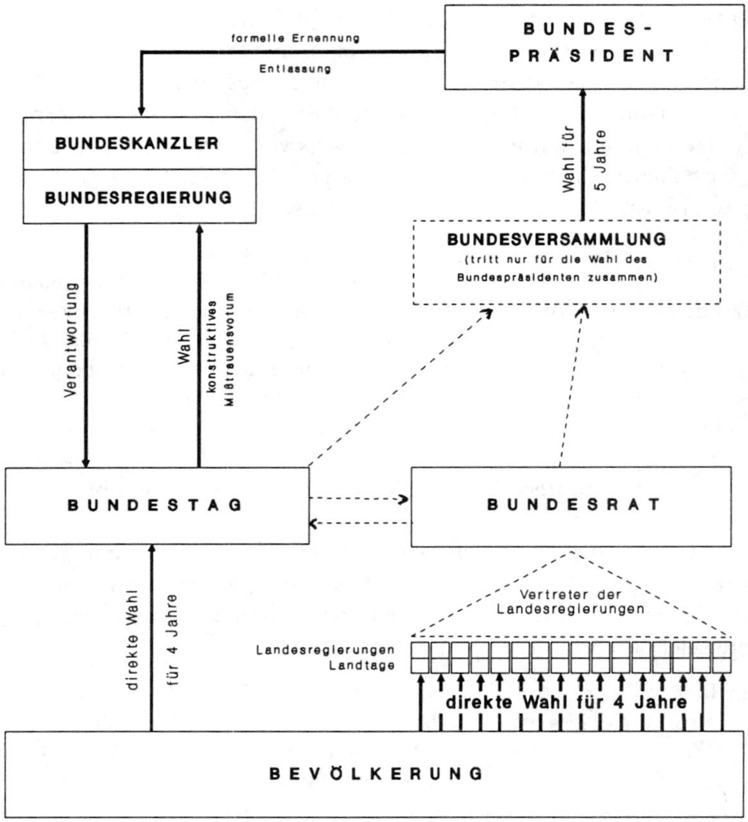

Abb. 17: Regierungssystem der Bundesrepublik.

aber vom Bundestag gewählt. Es besteht die Möglichkeit, z. B. bei veränderten Mehrheitsverhältnissen, mit Hilfe des konstruktiven Mißtrauensvotums die Regierung zu stürzen und gleichzeitig einen neuen Kanzler zu wählen (erst einmal erfolgreich praktiziert, und zwar 1982 bei der Ablösung der Regierung Schmidt).

Insgesamt steht also mehr das Prinzip der parlamentarischen Repräsentation im Vordergrund, weniger die Stärkung der Exekutivgewalt; sie bleibt als ganze der parlamentarischen Kontrolle unterworfen. Dagegen kann in Frankreich über ein Mißtrauensvotum lediglich der Premierminister bzw. die Regierung, nicht aber der Staatspräsident gestürzt werden.

Volksentscheide sind von der Verfassung ausgeschlossen, ebenfalls – wie bereits die Einführung des „konstruktiven" Mißtrauensvotums – aufgrund der Erfahrungen in der Weimarer Republik. Die Gesetzgebung obliegt dem Bundestag – in bestimmten Fällen in Abstimmung mit dem Bundesrat, d. h. je nach Zuständigkeit, ob ausschließliche Gesetzgebung des Bundes oder konkurrierende Gesetzgebung von Bund *und* Ländern vorliegt. Vergleichbare Einschränkungen der legislativen Befugnisse, wie sie für das französische Parlament in der Verfassung festgeschrieben sind, also u. a. Begrenzung der Kompetenzbereiche, Möglichkeiten zur Umgehung der parlamentarischen Einflußnahme, bestehen für den Bundestag nicht.

2. ZWISCHEN BLOCKBILDUNG UND DIVERGENZ: DIE PARTEIEN
(Ernst Ulrich Große)

Im Unterschied zur deutschen Parteienlandschaft läßt sich die französische gerade durch die Vielzahl der Veränderungen seit Beginn der IV. Republik charakterisieren. Wichtige Kräfte der Linken, der liberalen Mitte und der Rechten verschwanden oder spielen heute nur noch eine untergeordnete Rolle, zahlreiche Parteienbündnisse platzten, andere festigten sich. Vor allem die IV. Republik galt als Epoche der „Parteienherrschaft": Durch wechselnde Koalitionen lösten in zwölf Jahren neunzehn Regierungen einander ab. So wurde unter de Gaulle die V. Republik 1958 ausdrücklich gegen jenes instabile *«système» (des partis)* errichtet, das er seit 1946 bekämpft hatte. Ihre Verfassung, gebilligt durch einen Volksentscheid, nennt wohl – erstmals in der französischen Geschichte – die Parteien in Art. 4, reduziert aber ihre Rolle auf die bloße Mitwirkung an den Wahlen:

«Les partis et groupements politiques concourent à l'expression du suffrage. Ils se forment et exercent leurs activités librement. Ils doivent respecter la souveraineté nationale et la démocratie.»

Der letzte Satz richtet sich u. a. gegen „antifranzösische" separatistische Bewegungen in den *départements* und *territoires d'outre-mer* und im französischen Mutterland. Er läßt sich zugleich als Warnung an die Adresse links- und rechtsextremer Parteien verstehen. Doch wurden Verbote nach Art. 4 mit zwei Ausnahmen bisher nicht ausgesprochen – der Auflösung der trotzkistischen *Ligue communiste* und der rechtsextremen Partei *Ordre nouveau* im gleichen Jahre 1973; zu weiteren «organisations dissoutes» s. Quid 1992, 700. In der Bundesrepublik hingegen droht allen „extremen" Parteien und Gruppen ein Verbot als verfassungswidriger Organisation. Es traf bereits mehrere Parteien und Gruppen. Die Distanz zwischen Verfassungsnorm und Verfassungswirklichkeit ist hier geringer als in Frankreich, wohl vor allem aufgrund der Erfahrungen der zwanziger und dreißiger Jahre. Es ist in diesem Zusammenhang bezeichnend, daß der Extremistenerlaß und die mit ihm verbundenen Praktiken um 1977/78 zu einer Welle französischer Proteste gegen die Berufsverbote im Nachbarland führten. Bekannte Politiker der Linksparteien, unter ihnen Mitterrand, forderten seinerzeit eine sofortige Aufhebung des Erlasses (s. 2.6 und 7.2.1).

Die französischen Parteien – so scheint es – haben in der V. Republik auf nationaler Ebene geringere Einflußmöglichkeiten als die bundesdeutschen Parteien, da die Politik durch den vom Volk direkt gewählten Präsidenten und den von ihm beauftragten Premierminister bestimmt wird und da die Nationalversammlung im Vergleich zum deutschen Bundestag nur eingeschränkte Rechte genießt (s. 1.5.2). Der Bundesrepublik als *Parteienstaat,* „rechtlich wie faktisch", mit dem Effekt der vieldiskutierten „Staatsverdrossenheit" ihrer Bürger (Lammert 1979, 4) und, in Reaktion darauf, der Zunahme der Bürgerinitiativen und später namentlich der Grünen (v. Krockow 1983), stünde demnach Frankreich als vom Präsidialregime geprägte *«monarchie républicaine»* gegenüber. Für manche Beobachter und Beteiligte drohten die französischen Parteien daher zu Abstimmungsmaschinen für oder gegen die meist von der Regierung eingebrachten Gesetzesvorlagen zu verkommen, gerade aufgrund der stabilen Mehrheiten nach dem Modus des *scrutin majoritaire* (Schmidt u. a. 1981, 68; Morawe 1983; Marchais 1985, 16–26, 78f.).

Demgegenüber ist aber zu betonen, daß

1. die Parteien die Präsidentschaftskandidaten im Wahlkampf nachhaltig unterstützen und die Regierungsbildung von den Ergebnissen der Wahlen zur Nationalversammlung abhängt, wie dies z. B. im Wechsel zu Mitterrand und zum «gouvernement de la gauche» ab 1981 deutlich zum Ausdruck kam (s. T. 6),

2. das Phänomen der *Union pour la Démocratie française* (UDF) besonders deutlich die Notwendigkeit einer soliden „Parteienbasis" für einen Präsidenten zeigte (s. 2.5),

3. auch der *Umkehrschluß* erlaubt ist: Präsidentschaftsaspiranten und bekannte Kandidaten in den *élections législatives* haben vor allem dann wenig Erfolg, wenn sie keine genügend breite „Hausmacht", kein genügend großes Mobilisierungspotential innerhalb einer Partei oder eines Parteienbündnisses besitzen (vgl. z. B. das eher lamentable Abschneiden des früheren Premierministers Raymond Barre – eines Wunschkandidaten vieler französischer Großunternehmer – bei den *législatives* vom März 1986 und den *présidentielles* im April/Mai 1988, s. Kempf 1989a, 166),

4. durch die *Dezentralisierung* die Bedeutung der Parteien auf den Entscheidungsebenen besonders der *départements (conseils généraux)* und der Regionen *(conseils régionaux)* gewachsen ist.

Wie die Dezentralisierung, so ging auch die 1986 erstmals bei den Wahlen zur *Assemblée nationale* und zu den *conseils régionaux* praktizierte Verhältniswahl mit hierarchisch festgelegten Parteilisten in jedem Département auf eine zwischen dem Präsidenten Mitterrand und der Partei vereinbarte sozialistische Strategie zurück. Diese Verhältniswahl hat zu einem größeren und für die V. Republik geradezu „systemverändernden" Gewicht der Parteiapparate geführt (s. Colard 1986, 18–23). Zwar ist nach 1986 die Rückkehr zum Mehrheitswahlrecht unter der RPR-UDF-Regierung erfolgt, doch haben sich die Parteiapparate und auch die Parlamentsfraktionen der Gaullisten und der „liberalen" UDF ihre einmal errungene Machtposition soweit wie möglich erhalten.

Es fragt sich, ob auch die V. Republik sich langfristig wieder zu einem Parteienstaat entwickelt. Eine Tendenz dazu begann jedenfalls früh. Sie läßt sich bereits in den Zeiten der Präsidenten *de Gaulle, Pompidou* und *Giscard d'Estaing* nachweisen. Ihr auffälligstes Indiz sind diverse Skandale, die auf Rivalitäten und Indiskretionen zurückgingen und an die Verhältnisse in der IV. Republik erinnerten. Das „richtige Parteibuch" oder doch die politische Affinität spielte – wie offenbar wurde – eine große Rolle bei der Verleihung von Subventionen, der Vergabe von Ämtern in der Exekutive, der Plazierung ergebener Juristen in den höchsten Kontrollorganen *(Conseil constitutionnel* und *Conseil d'Etat),* der Besetzung von Führungsposten in den Staatsunternehmen wie im Staatsfernsehen. Man sprach vom *«Etat-UDR»* (s. 2.4) und diskutierte später, ob nicht analog zum gaullistischen Staat unter Giscard d'Estaing ein *«Etat-UDF»* entstanden sei (s. 2.5). Auch hierin tat sich, ähnlich wie im erstaunlich liberalen Umgang mit den extremistischen Parteien, eine unübersehbare Distanz zwischen der Verfassungsnorm und der Verfassungswirklichkeit in Frankreich auf. Von einer *«séparation des pouvoirs»,* einer Gewaltenteilung in Legislative, Exekutive und Jurisdiktion, einer wechselseitigen Kontrolle und Machtbalancierung gemäß der Lehre Montesquieus, konnte wahrlich keine Rede mehr sein. An die Stelle der hehren Ideale trat in der politischen Wirklichkeit die Vormachtstellung des Staatspräsidenten *und* – besonders von den letzten Lebensjahren Pompidous ab – eine entsprechende „Parteibuch"- oder doch Günstlingswirtschaft. Insofern zeigte die IV. Republik, trotz der nun gänzlich anderen und stabileren Machtverhältnisse, deutliche und unbestreitbare Nachwirkungen in den Einstellungen und Verhaltensweisen der sog. *classe politique* – Nachwirkungen, die sich u. a. einfach aus der Kontinuität des Einsatzes vieler bejahrter Politiker der „Rechten" wie der „Linken" zum höheren Wohle der Nation erklären lassen ... Die Epoche der Linksregierung (1981–86) begann demgegenüber mit vielen löblichen Vorsätzen. Doch wurden bald derart viele Rückfälle durch die „parteiliche" Vergabe von Subventionen, Posten und Ämtern bekannt, daß man durchaus von einem *«Etat-PS»* sprechen konnte. Die „Ausgewogenheit" lag hier eher in einer wohlkalkulierten Gewichtsverteilung zwischen den verschiedenen innerparteilichen *«courants»* (s. 2.6) einerseits, dem PS als dominierendem Ganzen und den Anhängern der kleineren Partner – PCF bis 1984, MRG, PSU, *divers gauche* (s. 2.8.4) – andererseits. Und ganz gleich, wie es um ihre „neue" politische Ethik bestellt sein mochte: Die nach den Märzwahlen 1986 entstandene *Regierung Chirac* mußte ohnehin dem Parlament und damit auch den Parteien ein Gewicht einräumen, das größer geworden war als je zuvor seit 1958 (Sandoz 1986, 210f.). Die neue Situation der *cohabitation* in den Jahren bis zur Präsidentenwahl im Frühjahr 1988 sowie 1993–95 hat sogar zu einer geänderten Interpretation des Wortlauts der Verfassung von 1958 geführt: einer parlamentarischen statt einer „monarchisch"-präsidentiellen. Das hatte Weisenfeld (1986, 10) als Beobachter der Wandlungen voraussagen können: „Jede neue Lesart der Verfassung wird der Regierung, dem Parlament und damit auch den Parteien mehr Spielraum geben."

Wo aber liegt die „Wurzel des Übels", falls man überhaupt eine offene oder verdeckte, eine latente oder eine sichtlich wachsende Parteienherrschaft mit der Chance von Machtwechseln als Übel und nicht eher als *Normalzustand* in den westlichen Demokratien bezeichnen mag, der nur „äußerlich" und z. T. in charakteristischer Weise von Land zu Land und von Epoche zu Epoche differiert? Fragt man nach „Wurzeln", so werden die Erklärungsversuche kompliziert und divergent. Der Verf. sieht *eine* „Wurzel" in der IV. Republik – wie zuvor ausgeführt. Hinzu kommt eine *Dialektik* bzw. Interdependenz zwischen der „Parteibasis" und einem „Führungsüberbau", der sich im Zeitalter der Wahl- und Fernsehdemokratie mit mediengerechten „Leader-images" ausstatten muß – was hier nicht näher ausgeführt werden kann. (Dies ist der Hintergrund der scheinbaren „Personalisierung" allen politischen Lebens gerade in Frankreich; die direkte und die bereits bei der Kandidatenauswahl beginnende indirekte, „antizipierende" Einwirkung der Medien hat einen beträchtlichen Anteil an diesem Phänomen.) Ebenso ließe sich die wachsende Bedeutung der Parteien für Frankreich auf die Kombination zweier anderer Faktoren zurückführen: die Direktwahl des Staatspräsidenten und ihren Modus des *scrutin majoritaire*. Diese Faktoren betont der Politologe Olivier Duhamel. Sie trugen nach seiner Auffassung bereits lange vor 1981 zur Stärkung der Parteien bei, ohne daß de Gaulle dies gewollt oder gar frühzeitig vorausgesehen hätte (T. 6).

T. 6:
Le système politique français est devenu majoritaire . . . La mutation majoritaire s'est opérée du temps du Général, mais à son corps défendant. Elle résulte inéluctablement de l'élection directe du président. A partir du moment où le peuple désigne le titulaire du pouvoir suprême, les partis politiques sont contraints de se structurer en fonction de cette échéance décisive. L'organisation gaulliste doit prendre corps, pour soutenir son guide; la gauche non communiste, se regrouper, sous peine d'être condamnée à l'opposition permanente; la droite non gaulliste, se fédérer en un mouvement libéral, sous peine d'être réduite à la marginalité permanente. Voilà pour la bataille du premier tour. Quant au second, il ne laisse que deux hommes pour le choix ultime: le jeu politique ne peut que se bipolariser entre deux grandes coalitions, et redonner vie à l'affrontement multiséculaire entre droite et gauche.

Tel est le paradoxe: Don Quichotte à la poursuite du régime des partis, qui n'existait pas, est celui-là même qui a substitué aux factions parlementaires, s'épanouissant sur la débilité des partis, d'authentiques machines politiques, conduites par un chef appelé à régner grâce à elles. (O. Duhamel, in: L'Express 21. 6. 1985, 26)

De Gaulle hat den Wandlungsprozeß im übrigen wahrgenommen. Er hat entsprechende Tendenzen sogar in den eigenen Reihen erkannt und sie im Dezember 1965 mit allen Mitteln der Rhetorik zu geißeln und dadurch aufzuhalten versucht (T. 7):

T. 7:
Si, malgré l'enveloppe, malgré les termes, malgré l'esprit de ce qui a été voté en 1958, les partis se réemparent des institutions, de la République, de l'Etat, alors, évidemment, rien ne vaut plus! On a fait des confessionnaux, c'est pour tâcher de repousser le diable! Mais si le diable est dans le confessionnal, cela change tout! . . . Car, comment peut marcher la Constitution de 1958, et comment marche-t-elle, et marche-t-elle bien, depuis sept ans? Elle marche grâce à un chef d'Etat qui n'appartient pas aux partis; qui n'est pas délégué par plusieurs d'entre eux, ni même, à plus forte raison, par tous. (Ch. de Gaulle, zit. nach: L'Express 21. 6. 1985, 26)

Heute sind die Funktionen der französischen Parteien in dreifacher Hinsicht bemerkenswert:

1) Bei der *Elitenrekrutierung* für hohe politische Ämter ist der Rückhalt in einer Partei unerläßlich. Er wird allerdings in der Regel nicht durch eine langwierige Karriere innerhalb der Partei erwor-

ben (die in Deutschland übliche sogenannte „Ochsentour"). Maßgeblich ist vielmehr die Ausbildung an einer der « Grandes Ecoles » (s. 5.3.1) und ein rechtzeitiger Parteieintritt vor oder nach deren Abschluß.

2) Besitzt die Regierung auch mehr Rechte als das Parlament (s. 1.5.2), so ist der *Gesetzgebungsakt* doch Sache des Parlaments und damit der Parteien. Wie abhängig die Regierung von einer genügend breiten Parteienbasis ist, hat sich nach den Parlamentswahlen von 1988 gezeigt, besonders deutlich natürlich während der Zeit der sozialistischen Minderheitsregierungen bis 1993 (s. 2.6).

3) Die Rolle der Parteien bei der *Wählermobilisierung* und Kandidatennominierung für alle Parlamentswahlen und bei der Unterstützung der Kandidaten in den « présidentielles » wurde schon betont.

Durch zwei Gesetze (vom 11. 3. 1988 und vom 15. 1. 1990) über die Finanzierung der Parteien und Wahlkämpfe mit Staatsgeldern sowie deren Neuregelung 1991 hat sich die Situation der mitglieder- und finanzschwachen französischen Parteien zwar spürbar verbessert. Doch öffnen die Kassendefizite der Parteien weiterhin den halb- und illegalen Praktiken der Geldbeschaffung Tür und Tor (Le Monde, 22. 11. 1991, 10). Eine Reihe von *Skandalen* und die „äußerst großzügige *Amnestie*" mit dem Finanzierungsgesetz von 1990 hat dem Ansehen der Parteien sehr geschadet. Daß sie sich „nun sogar mit Steuergeldern bereichern", wird von 57 % der Bevölkerung abgelehnt – was auf diesem Hintergrund zu sehen ist (Kimmel 1991, 15). Weiteres s. Maaß 1993, 277.

Verfassungsnorm und Verfassungswirklichkeit differieren, wie schon am Beispiel der extremen Parteien ausgeführt, weniger stark in der Bundesrepublik. Gemäß Art. 21 des Grundgesetzes wirken die Parteien an der „politischen Willensbildung" (nicht nur an den Wahlen) mit und genießen besondere Rechte, u. a.

- die staatliche Wahlkampfkostenerstattung, die in Frankreich noch immer nur in völlig unzureichendem Maße existiert (Kempf 1983, 227; Le Monde, 22. 11. 1991, 10);
- das Recht regelmäßiger Bildungsarbeit u. a. durch „Stiftungen" (z. B. die Konrad-Adenauer-Stiftung der CDU und die Friedrich-Ebert-Stiftung der SPD); diese Organisationen werden primär vom Innenministerium finanziert; sie dürfen steuerbegünstigte Spenden annehmen, sie aber nicht – als „Spendenwaschanlagen" direkt für die Parteien – mißbrauchen, was z. B. nachweislich seitens der „Staatsbürgerlichen Vereinigung" geschah;
- schließlich über den Bundestag, die Möglichkeit, den Bundeskanzler zu

wählen oder durch ein konstruktives Mißtrauensvotum zu stürzen. Die Möglichkeit eines Mißtrauensvotums gegenüber der Regierung – nicht aber gegenüber dem Staatspräsidenten – haben allerdings auch die französischen Parteien (vgl. 1.5.2).

2.1 Organisationsgrad

Der schwächeren Verfassungsposition der französischen Parteien (im Vergleich zu den bundesdeutschen) entspricht ihr niedriger Organisationsgrad und ihre z. Z. noch „subjuristische" Stellung, die keinerlei Kontrolle ihrer Mitgliederzahl seitens staatlicher Organe zuläßt. Denn für die Parteien gilt, wie für beliebige andere Interessenverbände, lediglich das liberale Assoziationsgesetz aus dem Jahre 1901; da es für ihre Finanzwirtschaft sehr bequem ist, wurde es bisher niemals geändert (Le Nouvel Observateur 16. 8. 1985, 26f.).

Die Mitgliederbasis der französischen Parteien ist ähnlich schmal wie die der französischen Gewerkschaften und kann wegen der „abenteuerlichen Phantasiezahlen über die eigene Mitgliedschaft" (Morawe 1983, 197) nur geschätzt werden: Allenfalls ein gutes Drittel der offiziellen Zahlen kommt vermutlich der Realität nahe (vgl. Kempf 1983a, 35). So stünde den schätzungsweise 200000 Mitgliedern der größeren französischen Parteien (Gaullisten, Kommunisten, Sozialisten) eine weitaus höhere, um 850000 liegende Zahl sowohl bei den Christdemokraten (CDU und CSU zusammengerechnet) als auch bei den Sozialdemokraten der Bundesrepublik gegenüber. (Näheres s. unter den einzelnen französischen Parteien und unter 2.9.1.) Noch niedriger schätzt im übrigen Ysmal (1989, 163) in ihrer Tabelle für den Zeitraum 1958 bis 1986 die tatsächlichen Mitgliederzahlen französischer Parteien ein.

2.2 Parteientypen und Trend zur „Volkspartei"

Ein weiteres allgemeines Merkmal ist der Wandlungsprozeß von der traditionellen Honoratiorenpartei, die sich auf die Unterstützung angesehener Persönlichkeiten als Kandidaten in Wahlkampfzeiten beschränkte, wie auch von der linken Klassenpartei bzw. „Massenpartei" mit marxistischem Programm und breiter Verankerung in den unteren Volksschichten zur modernen, durchstrukturierten Volkspartei, der "catch-all-party", wie sie Otto Kirchheimer so expressiv benannt hat. Sie versteht sich nicht mehr als Interessenvertretung bestimmter sozialer Gruppen, sondern wendet sich an die Gesamtheit der Staatsbürger. Dieser für alle westlichen Staaten typische Prozeß hat in Frankreich später eingesetzt als z. B. in den USA oder in der Bundesrepublik, und er ist noch längst nicht abgeschlossen. Es gibt noch kleine Honoratiorenparteien (s. CNI unter 2.5.1, CDS unter 2.5.2, PRS und MRG unter 2.5.3, PSD unter 2.5.4). Ebenso verharrt die französische KP auf ihrem traditionellen Selbstverständnis als linker Klassenpartei und Avantgarde der Arbeiterklasse (Jäger 1978, 77f. und 125; Marchais 1985, 6–9), was das gezielte Ansprechen anderer, namentlich lohnabhängiger Sozialschichten nicht ausschließt. Aber der Trend zur Volkspartei hat längst die Sozialisten wie die Gaullisten erfaßt (Ehrmann 1976, 159 und 167), und er wirkt sich auch auf kleinere Parteien wie z. B. die Republikaner aus (s. 2.5.1). In den letzten Jahren ist dieser Trend allerdings erlahmt. Die etablierten Parteien sind durch Finanzskandale und interne Machtkämpfe ihrer Führer unattraktiv, ja unpopulär geworden (Kimmel 1991, 15). Nur durch eine Erneuerung von innen werden sie den früheren Volkspartei-Trend fortsetzen können.

2.3 Traditionen, Wandlungen und Konstanten des Parteiensystems

Vom Vielparteiensystem über eine bipolare Blockbildung zu einer erneuten Divergenz, diesmal jedoch mit starken konkurrierenden Kräften in der Mitte, d. h. unter den typischen Volksparteien: Auf diese Aussage lassen sich die Wandlungen des französischen Parteiensystems bringen, die im folgenden ausgeführt sind. Nicht nur die Parteientypen, sondern auch die Kräftekonstellationen haben sich also trotz gewisser Traditionen und Konstanten verändert.

Zu Beginn der V. Republik zählten innerhalb eines Vielparteiensystems nur die Gaullisten und die Kommunisten als starke politische Kräfte. Das von de Gaulle eingeführte Mehrheitswahlrecht mit seinem Zwang zur Polarisierung im 2. Wahlgang sollte die Franzosen vor die Alternative „Gaullismus oder Kommunismus" stellen. So das Kalkül de Gaulles. Wie das einleitende Zitat von Duhamel zeigte, gelang es jedoch den Sozialisten und später auch den liberal-konservativen Kräften, Gegengewichte im linken Lager

(s. 2.6) wie im rechten Lager (mit der Parteienföderation UDF, s. 2.5) aufzubauen: dies in der richtigen Erkenntnis, daß der seit dem Absolutismus ohnehin gegenüber aller Staatsmacht mißtrauische Bürger und Wähler (Hänsch 1973, 11f.; Ehrmann 1976, 74, 79f., 83f., 145) ein Interesse, ja sogar ein tiefinneres Vergnügen daran haben könnte, sich einer von oben „befohlenen" Alternative zu entziehen. Das Ergebnis dieses Prozesses war am Ende der siebziger Jahre die Existenz von vier etwa gleich starken Tendenzen: Kommunisten und Sozialisten, Gaullisten und UDF (vgl. Tab. 1). Trotz interner Konflikte programmatischer wie „konkurrentieller" Natur – die Kommunisten sahen mehr und mehr Wähler zu den Sozialisten abwandern, die Gaullisten beobachteten mit Neid den Aufstieg der UDF – unterstützte man im linken wie im rechten Lager in den zweiten Wahlgängen meist den jeweils besser plazierten Partnerkandidaten. Die Teilung in zwei nahezu gleich starke Blöcke, die *bipolarisation de la vie politique,* schien zu einem dauerhaften Grundzug zu werden.

In diesem Rahmen erfuhr eine Arbeit des Politologen René Rémond (^{1}1954, ^{4}1982) erhöhtes Interesse. In ihr wurde die These einer historischen Kontinuität von den bürgerlich-liberalen Orléanisten des 19. Jahrhunderts bis zur UDF und vom Bonapartismus zum Gaullismus aufgestellt. Zur Kritik an Rémonds Konzeption s. Bock 1978 und Rials 1985. Die Konzeption wurde häufig wieder aufgegriffen, z. B. Ritzenhofen 1995, 100f.

Inzwischen ist die hohe Zeit der bipolar geordneten vier Tendenzen vergangen. Die *«bipolarisation»* wird wegen des Modus der Präsidentenwahl weiter existieren, aber sie tritt in den Hintergrund. Sie wird überlagert von einer *Dreiteilung* (bzw. einer veränderten Vierteilung), die sich nunmehr abzeichnet (s. Abb. 18):

- ganz links die Kommunisten, marginalisiert durch ihren Stimmenverlust (vgl. Tab. 1) und den Bruch mit den Sozialisten 1984,
- in der Mitte einerseits die Sozialisten (PS), andererseits die Gaullisten (jetzt RPR) und die UDF; hinzu kommen seit 1989 die *écologistes* (s. 2.8.2) als politischer Faktor, der in Frankreich nur teilweise zur Linken gezählt werden kann,
- schließlich ganz rechts der *Front National* (vgl. 2.8.3).

Anders gesagt: PS, UDF und RPR rücken allmählich in die Mitte, obwohl der PS seine Distanz zu UDF und RPR betont (Stadium 3). Zuvor bildeten die Sozialisten, die UDF-Parteien und die Gaullisten die Hauptkräfte der Linken bzw. Rechten (Stadium 2). Bis 1974 hatte demgegenüber nur eine schmale und instabile Mitte von Zentrumsparteien zwischen den Gaullisten sowie Republikanern einerseits und den beiden Linksparteien ande-

Tab. 1: Ergebnisse der Parlaments- und Europawahlen in Frankreich seit Beginn der V. Republik (nur *europäisches Frankreich*, ohne Territoires und Départements d'Outre-Mer; Parteianteile an den abgegebenen gültigen Stimmen des ersten Wahlgangs, Sitze nach dem Endergebnis)

Jahr	1958	1962	1967	1968	1973	1978	1979		1981		1984		1986		1988		1989		1993	
Wahlbeteiligung*	75,1	66,6	79,1	78,6	79,5	81,7	58,0	EP	69,9	AN	56,7	EP	75,1	AN	66,2	AN	48,8	EP	69	AN
Extreme Linke[a]	–	2,4	2,2	3,6	3,3	3,3	3,1	–	1,3	–	3,6	–	1,5	–	0,3	–	–	–	1,77	–
PCF	19,2	21,7	22,4	20,0	21,4	20,6	20,6	19	16,1	44	11,2	10	9,7	32	11,1	24	7,7	7	9,21	23
PS und MRG	15,7	12,6	18,7	16,5	20,7	24,9	23,7	22	37,8	285	20,8	20	31,9	203	}37,7	269	}23,6	22	18,52	70 (PS und MRG + verschiedene Linke)
verschiedene Linke	1,2	–	–	0,6	1,0	2,9	–	–	0,6	–	–	–	0,9	8					1,54	
Ökologisten	–	–	–	–	–	2,2	4,4	–	1,1	–	6,7	–	1,2	–	1,2	–	10,6	10	7,7	–
UDF (Bez. seit 1978)	18,4	20,8[e]	13,4[c]	10,3[c]	23,4[b]	20,4	27,4	25	19,2	62	}43,0	}41	}42,0	125	}40,3[i]	127	}37,3[j]	13	19,22	213
RPR (zuvor UNR, UDR)	20,4	31,9[f]	38,1[d]	46,0[d]	23,9	22,5	16,1	20	20,9	88				142		123		13	20,35	247
verschiedene Rechte	22,1	9,6[h]	3,9	1,8	3,3	} 3,2	3,3[g]	–	2,7	12	3,1	–	2,7	12		11		6	4,61	24
Extreme Rechte	2,6	0,9	0,8	0,6	2,8		1,3	–	0,4	–	11,0	10	9,8	34	9,2	1	11,7	10	12,79	–

* Anteil der abgegebenen Stimmen an den in die Wählerlisten eingeschriebenen Wahlberechtigten.
[a] Trotzkisten und PSU
[b] davon 10,7 % RI und regierungstreue Zentristen, 12,6 % oppositionelle «Réformateurs»
[c] oppositionelle Zentristen
[d] einschließlich RI
[e] davon 4,4 % regierungstreue RI, 7,5 % oppositionelle Radikale, 8,9 % Christdemokraten (opp.)
[f] nur UNR/UDT (Gaullisten im engeren Sinne)
[g] davon 1,9 % Liste Servan-Schreiber (linke Rechtsliberale) und 1,4 % Malaud (CNIP)
[h] «modérés» (Konservative)
[i] Wahlbündnis von UDF, RPR und verschiedenen Rechten
[j] davon 28,9 % UDF/RPR (Giscard d'Estaing), 8,4 % Centre (S. Veil)
AN = Assemblée nationale, EP = Europa-Parlament

(Quellen: Kempf 1983 a, 33; Chapsal 1984, 905–910; Stat. Bundesamt 1984, 154; Quid 1985, 13 f.; Le Monde 18. 3. 1986, 3; Le Figaro 18. 3. 1986, 1 und 24; Le Monde 14. 6. 1988, 1 und 30; Quid 1989, 732; Quid 1992, 825; Mitgliederliste des Europ. Parlaments 1991, 3–7; Colard 1993, 184 und 187: Mutterland *und* Übersee)

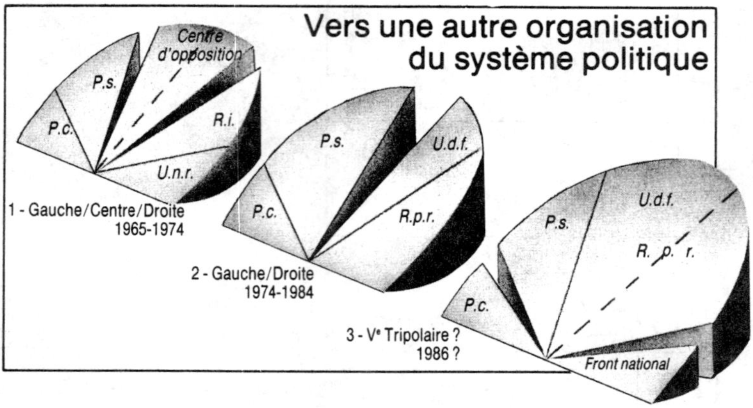

Abb. 18: Wandlungen des französischen Parteiensystems im Verlauf der V. Republik.
(Nach: O. Duhamel, in: L'Express 18. 1. 1985, 20)

rerseits bestanden (Stadium 1). Die sozialen und strukturellen Ursachen dieser Wandlungen kommen in den folgenden Abschnitten zur Sprache.

Trotz dieser Tendenz zur «Ve République tripolaire» schwindet die oft totgesagte Teilung in eine Linke und eine Rechte nicht aus dem politischen Leben Frankreichs. Sie scheint unausrottbar. Woran liegt dies? Sie ist in der politischen Kultur verankert (Jäger 1980, 588). Sie gehört letztlich zum Erbe der Großen Revolution, wie die Marianne-Figur, wie die Devise «Liberté – Egalité – Fraternité», wie die Trikolore oder der 14. Juli als Nationalfeiertag. Sie erhält also ihre „Weihe" zunächst einmal aus einer zwei Jahrhunderte alten Tradition (Duverger [1985, 118] hat sie in seiner knappen Übersicht 1789–1980 anschaulich dargestellt). Ihr institutioneller und sprachlicher Ursprung liegt in der Sitzordnung der Assemblée nationale von 1789:

> «Les défenseurs d'un pouvoir fort du roi grâce à un véto absolu sur les lois se placèrent à droite par rapport au président de séance. Les partisans d'un exécutif amoindri, du rôle déterminant du Parlement, émanation de la souveraineté nationale, se situèrent à gauche.» (Defrasne 1975, 5)

Von Frankreich aus drangen die politischen Bedeutungen der Begriffe 'rechts' und 'links' in alle europäischen Sprachen ein (Lehnbedeutungen). Die Begriffe *droite, gauche* und später auch *centre* waren ohne Zweifel zur Kennzeichnung politischer Tendenzen im

Frankreich des 19. Jahrhunderts geeignet: Als noch die Kirche die Monarchie unterstützte und die vorwiegend besitzenden Anhänger einer starken, monarchisch geführten Exekutive zahlreich waren, konnten diese Tendenzen als 'rechts', ihre sich aus der Arbeiterschaft und einem Teil des Bürgertums rekrutierenden antiklerikalen und republikanischen Gegner als 'links' gelten. Die Rechts-Links-Trennung war also dreifach begründet:

a) Wahrung oder Änderung der Einkommens- und Besitzverhältnisse;
b) Wahrung oder Umwandlung der entsprechenden Staatsform (Monarchie vs. Republik);
c) Einstellung zur Macht der Kirche.

Mit der Kontinuität der republikanischen Staatsform seit der III. Republik und der Schrumpfung kirchlichen Einflusses besonders nach dem Gesetz über die Trennung von Kirche und Staat (1905) verlor die Rechts-Links-Trennung an Profil; sie wurde nur noch durch die nach wie vor starken Sozialkonflikte (Kriterium a) aufrechterhalten und durch einen zeitweise besonders militanten Laizismus belebt (Kriterium c). Durch die *bipolarisation* in der V. Republik wurde diese an der Achse der sozialen Verteilungskämpfe orientierte Trennung aktualisiert, ja vertieft. Bezeichnend ist dabei, daß *gauche* und *droite* zu Begriffen werden, welche vorwiegend die „Linksparteien" (und unter dem Zwang zu knappen Formeln oft auch die Medien) propagieren, die „Rechtsparteien" dagegen zumeist als überholt ablehnen, da auch sie an einer „gerechten" Einkommensverteilung starkes Interesse hätten. Nehmen dann die klassischen Sozialkonflikte an Schärfe ab, so degenerieren *gauche, centre* und *droite* zu *Leerformeln* auf einem politischen Schachbrett, das vom wählerorientierten Trend aller größeren Parteien zur klassenintegrativen „Volkspartei" geprägt wird – damit aber auch von einem Trend zur sozialen und ideologischen Heimatlosigkeit (positiv ausgedrückt: „Beweglichkeit") dieser Parteien. Je pragmatischer und mobiler das Vorgehen, um so erfolgreicher die Schachzüge.

Wegen dieser Tendenz und wegen ihrer Karrieremöglichkeiten, die bis in Ministerämter und leitende Parteiposten reichen, wächst in allen französischen Parteien – mit Ausnahme des PCF – die Zahl der anpassungsfähigen Politmanager aus den Elitehochschulen (vgl. 5.3.1), den Zuchtstätten intellektueller Beweglichkeit (Jäger 1980, bes. 593f.; Schmitt 1991; Lacam 1994).

Ein anderes Symptom: Vergleicht man die Ergebnisse früherer und neuerer Meinungsumfragen, so lehnen wachsende Teile der Interviewten ihre Einordnung in ein linkes oder rechtes Lager ab (1981: 20%, 1983: 22%, 1985: 27%). Im übrigen wird von den meisten Befragten nicht der Kampf gegen den Kapitalismus, für den Sozialismus bzw. die Überwindung der sozialen Ungleichheiten (28%), sondern der Glaube an allgemeine Werte wie «la justice», «la générosité», «la fraternité» als Kennzeichen der Linken empfunden (50%); keine Meinung hierzu äußerten 22% (Libération 28. 1. 1985, 2 und 6).

So treten an die Stelle der klassischen Kriterien der Rechts-Links-Trennung Ersatzwerte, die freilich auch ihre Tradition haben. Denn das Pathos humanitärer Werte ist in der Linken schon seit den Frühsozialisten und seit Jean Jaurès weit verbreitet. In der rhetorischen Geißelung der Ungerechtigkeiten spricht das Herz, gleich, ob es sich um das lange durch das Wahlrecht ausgeschlossene Proletariat, den Antisemitismus (z. B. in der Affaire Dreyfus) oder z. B. den Rassismus gegenüber den ausländischen Arbeitern im heutigen Frankreich handelt. Der französischen Bevölkerung hat sich diese Betonung humanitärer Werte seitens der Linken eingeprägt, und daher wirkt sie gerade in einer Zeit der politischen und sozialen Angleichung als verläßliches traditionelles Indiz. Gerade dies erklärt die rapide Imageverschlechterung der Sozialisten seit 1990: die Skandale um dunkle Quellen ihrer Parteifinanzierung und die bloßen Rivalitäten zwischen Personen auf dem Parteitag in Rennes vom März 1990 führten zu einem drastischen Vertrauensverlust. (Die Wirtschaftspolitik im Zeichen der *austérité* ist älter, *sie* hat diesen Vertrauensverlust nicht bewirkt.) Und 31% aller Befragten betrachteten 1990 den PS als nicht mehr „links" (Kimmel 1991, 10). Um so mehr versucht nun der PCF, nach dem tiefen Wandel im Osten Europas, sich als Partei der humanitären Werte und der moralischen Integrität zu profilieren.

Betrachten wir nunmehr die einzelnen politischen Strömungen.

2.4 Vom Gaullismus zum Neogaullismus (RPR)

Lange Zeit bildeten die Gaullisten lediglich eine „locker strukturierte Honoratiorenpartei" (Kempf 1983, 130), eine gegen den „Parteienstreit" gerichtete Sammlungsbewegung um die Person des Generals de Gaulle. Ihr kam das Prestige des Résistance-Führers, des Befreiers von der Schmach deutscher Besetzung, des populären Regierungschefs bis zum Januar 1946 zugute. Mit seiner „Bewegung", dem *Rassemblement du Peuple français,* wollte de Gaulle die Macht zurückerobern. Das gelang nicht. Der RPF spaltete sich und zerfiel. Erst mit der Algerienkrise und de Gaulles Rückkehr zur Macht ging die Bildung einer neuen gaullistischen Sammlungsbewegung einher: der UNR *(Union pour la Nouvelle République),* die seit 1968 als UDR *(Union des Démocrates pour la République)* auftrat. Ihre großen Wahlerfolge – absolute Mehrheiten in den Nationalversammlungen 1962 und 1967 zusammen mit den „Unabhängigen Republikanern" als kleinerem Koalitionspartner – verdankte sie den *in de Gaulle verkörperten Wünschen nach einer stabilen Regierung, nach einer «condamnation du régime désastreux des partis»* (Chapsal 1984, 259) und nach einer weltweit anerkannten Bedeutung und Eigenständigkeit Frankreichs. Nach den Maiereignissen 1968 eroberten die Gaullisten sogar in den Neuwahlen zur Nationalversammlung mit 46,4 % der Stimmen im 1. Wahlgang und der alleinigen absoluten Mehrheit nach dem 2. Wahlgang eine Traum- und Orientierungsmarke, die sie seitdem nie mehr erreichten.

Der Kampf um die *«indépendance»* und *«grandeur»* Frankreichs, eine Konstante gaullistischer Politik, ist unter mehreren Blickwinkeln zu sehen. Einerseits handelt es sich um eine Kompensation für den Verlust der Kolonien einschließlich der rechtlich bis 1962 zum Mutterland gehörenden algerischen Départements.

Andererseits bildet dieser Kampf eine Reaktion auf die wirtschaftlich-technische Überlegenheit der USA, in deren sprachlichem, kulturellem und politischem Gefolge auch Großbritannien gesehen wird. Unvergessen bleibt zudem bei de Gaulle und seinen Nachfolgern nicht nur die Besetzung Frankreichs durch deutsche Truppen, sondern auch die Erinnerung an die herablassende Behandlung durch die Alliierten im Zweiten Weltkrieg, namentlich die Nichtheranziehung Frankreichs bzw. de Gaulles zur Konferenz von Jalta 1945, die die Grenzen der Machtblöcke in Europa in historisch folgenreichen Entscheidungen umriß: «Le complexe de Yalta naît en France de cette offense, jamais digérée» (F. Kupfermann, in: L'Express 15. 2. 1985, 10). Das „Yalta"-Ideologem aber bildete eine durch nichts gerechtfertigte Illusion, auf der ein ebenso illusionäres Streben nach *indépendance nationale* in allen französischen Parteien gründete:

T. 8:

Le mythe de Yalta est enfin moribond en France: non, il n'y a pas eu partage de l'Europe entre deux Grands également dominateurs; non, le but suprême n'est pas de sortir d'un bloc dans lequel nous serions entrés par contrainte . . . Non, la France n'est pas une grande puissance. Elle n'est ni le nombril ni la lumière du monde. Mais elle est appelée à apporter une contribution réelle aux modifications du champ national . . . Il se trouve

Abb. 19: «Mai 1979: élections européennes. Les quatre grands partis revendiquent la filiation.»
(Aus: L'Express 21. 6. 1985, 23)

que rien n'est plus favorable à la déresponsabilisation que l'invocation constante, par tous les partis, de la notion d'indépendance nationale. Aucune nation n'est indépendante. (A. Grosser, in: L'Express 30. 8. 1985, 17f.)

Im Untergang des Ostblocks 1989/90 sahen daher die französischen Parteien und Medien «la fin de Yalta» und eine Chance größerer Selbständigkeit für die französische Außenpolitik.
In der *Wirtschaftspolitik* äußert sich das aus den genannten historischen Kompensationsbedürfnissen und Reaktionen resultierende Streben des Gaullismus nach nationaler *«indépendance»* und *«grandeur»* in

- der staatlichen Förderung der Modernisierung, der Unternehmenskonzentration, der eigenen (besonders nuklearen) Energiegewinnung und
- allgemeiner: der Umwandlung Frankreichs von einem dominanten Agrar- und Kleinunternehmensstaat in einen modernen Industriestaat unter de Gaulle und Pompidou, in einem unter Giscard d'Estaing wie auch unter Mitterrand unverändert weiter betriebenen Transformationsprozeß; dadurch sollte und soll Frankreich im Gemeinsamen Markt und auf dem Weltmarkt wettbewerbsfähig werden.

Das aber impliziert einen *Primat der Politik gegenüber der Wirtschaft* zumindest in einigen Bereichen.

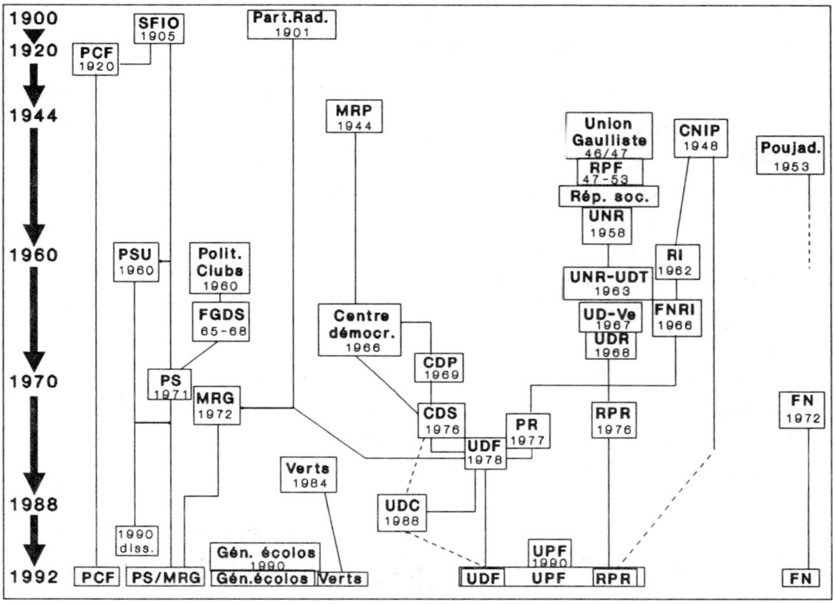

Abb. 20: Entwicklung der französischen Parteien.
(Nach: Menyesch/Uterwedde 1982, 156f.; Duverger 1985, 118 und diversen Presseartikeln ab 1988)

In der *Verteidigungspolitik* äußert sich die gleiche Tendenz im Auf- und Ausbau der atomaren *force de frappe* seit 1959 und im Ausscheiden Frankreichs aus der NATO-Befehlshoheit (s. 7.2.2).

In die *Europapolitik* projizierte der Gaullismus das gleiche Streben nach einem – soweit als möglich – unabhängigen und dadurch machtvollen Europa zwischen den Weltmächten USA und UdSSR, wehrte sich aber gegen Einschränkungen der Souveränität Frankreichs durch eine mächtigere europäische Instanz. De Gaulle gilt als Wegbereiter deutsch-französischer Aussöhnung und europäischer Zusammenarbeit. Welches Gewicht aber ein Europaparlament haben sollte, ist – da es erst 1979 Wirklichkeit wurde – naturgemäß kaum aus Äußerungen de Gaulles abzuleiten und daher unter den Parteien, die sich in einzelnen Punkten – nicht nur in der Europapolitik – auf de Gaulle berufen *möchten*, stark umstritten (Abb. 19).

(Rechts oben für die UDF deren damalige Listenführerin und spätere Präsidentin des Europaparlaments Simone Veil, daneben Raymond Barre als Premierminister und Giscard d'Estaing als Präsident. Rechts unten: Chirac. Links oben: Marchais. Links unten: Mitterrand.)

Innenpolitisch betont die gaullistische Ideologie zusammen mit der Unabhängigkeit die nationale Einheit der Franzosen, die historische und gegenwärtige Schicksalsgemeinschaft. Dadurch versucht sie, „über Klassengrenzen und sozialen Antagonismus hinweg einen Kohäsions- und Integrationsfaktor auf der politischen Ebene" darzustellen (Lasserre 1976, 28). Der Propagierung dieser Werte verdankt sie die Einbeziehung auch von Teilen der Unterschichten in ihre Wähler- und Mitgliederschaft. Die Betonung nationaler Einheit gilt zugleich allen separatistischen und „zu stark" dezentralisierenden Tendenzen. Handle es sich z. B. um Korsika oder um die *départements* und *territoires d'outre-mer*: Die Gaullisten beschwören jeweils als erste die «intégrité du territoire national» (vgl. Kempf 1983, 255).

Schließlich werden auch die Institutionen der V. Republik als gaullistisch empfunden, namentlich – wie im Bonapartismus des *Second Empire* – die starke Stellung von Präsident und Regierung und die schwächere Stellung des Parlaments.

Mit diesen Konzepten und einer soliden Mehrheit in der Nationalversammlung schienen die Gaullisten auch nach de Gaulles Rücktritt (1969) unter Pompidou eine sichere Herrschaft über sämtliche Institutionen zu genießen. Man sprach vom «Etat-UDR». Um so überraschender wurde 1974, nach dem Tod Pompidous, die Wahl des Nichtgaullisten Giscard d'Estaing zum Präsidenten, übrigens mit Unterstützung einer abtrünnigen Gaullistengruppe um Jacques Chirac. Nur durch ihre bereits unter Pompidou erfolgte Umwandlung von einer Honoratiorenpartei zu einer modernen Apparatpartei überstand die „Bewegung" den Schock. Auf Giscard d'Estaings Versuche einer Zurückdrängung der Gaullisten aus dem gesamten öffentlichen Leben (Regierung, Wirtschaft, staatliche audiovisuelle Medien etc.) und einer Besetzung aller Führungspositionen mit ihm ergebenen Personen reagierte Chirac – erst Innen-, dann Premierminister – mit dem Rücktritt und anschließend 1976 mit der Erschaffung einer noch stärker zentralisierten und bis in die einzelnen Sektionen der *circonscriptions législatives* hinein durchorganisierten Massenpartei. Genauer gesagt: Er sorgte nicht nur für eine formal demokratische und funktional hierarchische Struktur, sondern leitete auch die Anwerbung der Mitgliedermassen, die eine moderne Volkspartei gemäß den schon unter Pompidou angelegten Tendenzen benötigt. Der neue Name *Rassemblement pour la République* war nun sehr bezeichnend, zumal der 1974 ja „abtrünnige" Chirac unumstrittener Parteiführer wurde: Er sollte an die Anfänge unter de Gaulle erinnern und zugleich – so Kempf (1983, 138) – deutlich machen, daß nur eine starke Sammlungsbewegung die mit dem Stimmenwachstum der Linksunion seit 1972 „drohende sozialistisch-kommunistische Machtübernahme“ verhindern könne. (Siehe Abb. 20 zu den wechselnden Namen.)

Von diesem Zeitpunkt an datiert der *Neogaullismus.* Seine Hauptkennzeichen waren bis 1988 und sind nun, nach einer Krisenzeit, erneut:

- der strukturierte und im Vergleich zu den ersten Jahren der V. Republik relativ mitgliederstarke Parteiapparat,
- dessen völlige, für große westliche Parteien in *diesem* Maße atypische Unterordnung unter den Präsidenten Chirac (Kempf 1983, 139; nach Rémond 1982 ist darin ein bonapartistisches Element zu sehen).

Das Vorbild de Gaulles, aber auch die „Premierministerwürde“ Chiracs (1974–76, 1986–88) und seine Wahl zum Bürgermeister der Hauptstadt Paris im März 1977 haben zu dieser Struktur beigetragen. Der Neogaullismus zeigt auch im Programmatischen Unterschiede zum Gaullismus. Bleiben die Prinzipien der «indépendance», «grandeur» und «unité nationale» unbestritten, so tendiert der RPR doch zu einem „Wirtschaftsliberalismus“ nach amerikanischem Vorbild (Höhne 1984, 84): Der *Plan de redressement économique et social* (RPR, 1983) und der Kurs der Regierung Chirac seit 1986 zielte auf die Reprivatisierung zahlreicher vor und nach 1981 verstaatlichter Unternehmen; man wollte die staatlichen Eingriffe in die Wirtschaft reduzieren und die Arbeitslosigkeit durch steuerbegünstigte Investitionen der Unternehmer und die Erweiterung der Teilzeitarbeit bekämpfen. In diesen Zielen zeigt sich ein Appell an das „moderne“ Unternehmertum, das einen durchaus beachtlichen Anteil an der RPR-Klientel aufweist. Gegenüber einem solchen „Rückzug des Staates“ hatte de Gaulle die ordnende, ausgleichende Einwirkung des Staates betont. Des weiteren wird der Neogaullismus in den europa- und rüstungspolitischen Vorstellungen deutlich: Der RPR bzw. Chirac tritt für eine gemeinsame europäische Rüstungsindustrie ein, welche die über die NATO erfolgende amerikanische Garantie keineswegs ersetzen, sondern nur erweitern soll. Und während des Golfkriegs 1991 unterstützte der RPR die alliierte Linie. Gerade diese durch ihre Abweichungen von de Gaulleschen Konzepten besonders auffälligen Positionen des RPR in der Wirtschafts- und Verteidigungspolitik sind allerdings im strukturellen Rahmen des französischen Parteiensystems zu sehen. Je größer die Angleichungstendenzen unter den Volksparteien werden und je mehr der Gaullismus als «héritage national» die französischen Parteien unter dem Präsidialregime der V. Republik prägt, desto stärker wird der Profilierungsdruck auf den RPR. Welche Problemlösungen bietet er an? Auf den Verdrängungswettbewerb im internationalen Kapitalismus (die Produzenten müssen ihre Produkte so kostengünstig wie nur möglich anbieten, d. h. u. a. auch die Arbeitskosten durch Entlassungen und Lohnstopps senken) antwortet er mit „Rezepten“ wie z. B. Teilzeitarbeit oder Steuervergünstigungen für Einstellungen von Langzeitarbeitslosen. Auf den Einwanderungsdruck reagiert er mit Einwanderungsstopp und entsprechenden Einschränkungen des Asylrechts. Die Staatsverschuldung hofft er durch die Erlöse weiterer Privatisierungen (s. 3.5.3) und durch diverse Steuererhöhungen zu begrenzen, dies auch, um die in Maastricht vereinbarten Konvergenzkriterien für die angestrebte Wirtschafts- und Währungsunion dereinst zu erfüllen (s. Ziebura 1993).

Das Scheitern Chiracs in den Präsidentschaftswahlen 1988 und sein Verlust der Premierministerwürde mit dem Ende der *cohabitation* bzw. den Parlamentsneuwahlen führten zu Brüchen in der bis dahin straff hierarchisch organisierten Partei. Hierbei ist zwischen dissidenten Altgaullisten und der „Revolte der Jungen" gegen die „alten Parteibarone" zu unterscheiden (Näheres s. Kimmel 1991, 11 f. und im folgenden).

In der *Wähler- und Mitgliederstruktur* des RPR sind die Führungskräfte *(cadres supérieurs),* Unternehmer, Freiberuflichen, Landwirte und Nichtberufstätigen überrepräsentiert, die Arbeiter unterrepräsentiert. Spezieller in der Mitgliederstruktur bilden die alten Mittelschichten *(commerçants et artisans)* den «point fort», die Kategorien der «salariés modestes» hingegen den «point faible», ja den «talon d'Achille» des RPR (Guiol/Neveu 1984, bes. 97–99). Da aber alle Angaben zur Mitgliederstruktur wie auch zu den Mitgliederzahlen (Dez. 76: 285 256, Dez. 80: 667 453, 1986: 885 000) vom RPR selbst stammen und werbende Funktion haben, sind sie unzuverlässig. Man schätzt die wirkliche Mitgliederzahl – was für die ehemalige Honoratiorenpartei bereits beeindruckend genug wäre – auf etwa 150 000 bis 200 000 (Kempf 1983a, 85). Dem entspricht, daß der RPR für 1994 ca. 200 000 Mitglieder angibt, die ihre fälligen Beiträge bezahlt haben («cotisants à jour»; Quid 1995, 776).

Sicherer als die Eigenangaben des RPR wirken die auf repräsentativen Stichproben beruhenden Meinungsumfragen nach nationalen Wahlen, aus denen die oben angegebenen Dominanten in der sozioprofessionellen Struktur der RPR-Wählerschaft hervorgehen (vgl. Mermet 1995, 23).

Wichtig ist weiterhin die Religionszugehörigkeit: Der RPR besitzt Wählerhochburgen in den stärker katholisch geprägten Regionen Westfrankreichs (z. B. Bretagne) und Ostfrankreichs (z. B. Lothringen). Stark verankert ist er auch in den „Bastionen" Chiracs: dem Département Corrèze, aus dem er stammt, dem Cantal in der südlichen Auvergne und vor allem der Pariser Region, wo er als Bürgermeister der Hauptstadt beträchtliche Prozenterhöhungen in der Wählerschaft seiner Partei erreichte.

Im Juni 1990 beschlossen der RPR und das Parteienbündnis UDF, in der Nationalversammlung eine *gemeinsame Fraktion* zu bilden: « Union pour la France». Das war eine Konsequenz aus den 1988 erlittenen Wahlniederlagen (Höhne 1993, 283 ff.).

Die *rénovateurs* um Michel Noir, den damaligen gaullistischen Bürgermeister von Lyon, wollten noch einen Schritt weitergehen und RPR und UDF zu einer großen, aber dezentral aufgebauten Sammlungspartei des bürgerlichen Lagers fusionieren. Das hätte die Entmachtung der bestehenden Parteiapparate bedeutet. Darum erhoben sich gegen die *rénovateurs* die *restructureurs*: ihnen gelang es im Verlauf des Jahres 1990, die bestehenden Parteistrukturen sogar zu festigen. Nicht die «fusion», sondern die «union» (gegen die Linke, aber auch gegen den *Front National*) wurde zur Devise. Michel Noir und manch anderer traten daher aus dem RPR aus (Dez. 1990). – RPR und UDF aber präsentierten sich als «Union pour la France» erstmals vereint im März 1992 auch zu Wahlen: den Regional- und Kantonalwahlen. Mit einem klaren Erfolg: sie errangen in 20 der 22 Regionen des Mutterlandes die Mehrheit der Mandate. Kaum war jedoch die Einheit der bürgerlichen Parteien gekräftigt, kam im Sommer und Herbst 1992 eine Zerreißprobe auf sie zu: die Debatte über den Maastrichter Vertrag zur Gründung der Europäischen Union (s. 7.3.1). Der Vertrag erforderte eine Änderung der Verfassung; er bedurfte der Ratifizierung durch die Nationalversammlung – sowie auf Wunsch des Staatspräsidenten Mitterrand eines verfahrenstechnisch gar nicht notwendigen Referendums, das am 22. 9. 1992 stattfand. (Es war u. a. als Demonstration für andere europäische Länder gedacht, und es sollte die bürgerliche Rechte spalten.) Konnte der traditionelle Nationalstaat auf eine bedeutende Reihe von Souveränitätsrechten zugunsten der europäischen Institutionen verzichten oder nicht? Hier ging der Riß schließlich quer durch die Parteien und damit auch durch die UPF. Eine Mehrheit in der RPR (Wortführer: Pasqua und Séguin) und eine Minderheit in der UDF (Wortführer: de Villiers) votierte gegen „Maastricht“, ebenso übrigens eine Minderheit der Sozialisten (unter Führung Chevènements); nur die Kommunisten wie auch der *Front National* waren geschlossen dagegen. Für die „Proeuropäer“, auf der anderen Seite, mußte die durch die weltweite Verflechtung bewirkte Einschränkung jeglicher nationalen Politik durch den Fortschritt der europäischen Integration kompensiert werden (Ziebura 1993, 262). Das heißt: Europa – unter entschlossener Führung Frankreichs oder des deutsch-französischen Duos – muß angesichts der geringeren nationalen Gewichte an die Stelle Frankreichs treten. Ein Grundsatz, welcher der Schlüssel zum Verstehen der französischen Europapolitik ist. – Erstmals trat also an die Stelle des Rechts-Links-Gegensatzes der Konflikt zwischen „Antieuropäern“ (genauer: EU-Gegnern) und „Proeuropäern“. Zu letzterer Position der meisten Sozialisten und Giscardisten hatten sich mit einigen Vorbehalten auch Chirac und Juppé durchringen können. Entsprechend knapp fiel das Referendum aus, mit 48,95 % Nein-Stimmen zum europäischen Einigungswerk. Um ein Haar wäre es damals an den Auseinandersetzungen in Frankreich gescheitert.

Wegen des Mehrheitswahlrechts gingen RPR und UDF 1993 – nach mühsamen Schlichtungsprozessen – mit jeweils einem gemeinsamen UPF-Kandidaten in über 500 der 577 Wahlkreise in die Parlamentswahlen. Sie hatten dabei ein leichtes Spiel, da die sozialistischen Minderheitsregierungen seit 1988 kein wirksames Mittel gegen die steigende Arbeitslosigkeit und das wachsende Haushaltsdefizit (und die damit notwendigen sozialen

Einschnitte) gefunden hatten, und errangen schließlich einen historischen Sieg: über vier Fünftel der 577 Sitze in der Nationalversammlung fielen an die «Union pour la France». Diese trennte sich im Palais Bourbon sogleich wieder in die beiden Fraktionen RPR und UDF (letztere nun unter Einschluß der Zentristen), s. Tab. 1. Daß der prominente Maastricht-Gegner Philippe Séguin zum Parlamentspräsidenten gewählt wurde, ist ein Signal des Integrations- und Versöhnungswillens im RPR, muß aber auch als Zeichen der weiterhin sehr verbreiteten Vorbehalte gegen eine vollständige Integration Frankreichs in die EU, gegen ein „Diktat aus Brüssel", gewertet werden. Die stärkere RPR-Fraktion stellte mit Edouard Balladur den Premierminister in der „zweiten cohabitation" mit dem noch immer sozialistischen Staatspräsidenten. Auch zu den vierten Europawahlen 1994 traten RPR und UDF mit der erfolgserprobten gemeinsamen UPF-Liste an. Aber wegen des Verhältniswahlrechts und wohl auch des „Testwahl"-Charakters schwächten überraschend viele Stimmen für die Dissidentenliste des katholischen UDF-Konservativen Philippe de Villiers und die Erfolge des *Front National* (s. 2.9.2) das bürgerlich-rechte Lager. Für die Präsidentschaftswahlen am 23. 4. und 7. 5. 1995 gelang der UPF trotz wiederholter Bemühungen ebenfalls keine Einigung auf einen gemeinsamen Kandidaten. Am Ende kandidierten die beiden führenden RPR-Politiker im ersten Wahlgang gegeneinander: der Premierminister Balladur, der von den UDF-Ministern in seinem Kabinett unterstützt wurde, und der Pariser Bürgermeister Chirac, der den Linksgaullisten Séguin als Wahlkampfstrategen für sich gewann und auch zahlreiche RPR-Mitglieder mobilisieren konnte (Ritzenhofen 1995). Da Balladur die rechte Mitte repräsentierte, setzte Chirac angesichts der innenpolitischen Probleme – Arbeitslosigkeit und soziale Ausgrenzung, Wohnungsnot usw. – auf die linke Mitte, d. h. auf die Attraktivität auch für linke Wählerschichten. Er stellte sich als Vertreter eines kämpferischen „Sozial-Gaullismus" dar und schlug damit den zuvor favorisierten Balladur. Nach Prozenten lautete das Ergebnis vom 23. 4.: Jospin (PS) 23,30, Chirac (RPR) 20,84, Balladur (RPR) 18,58, Le Pen (FN) 15,00 (!), fünf weitere zus. 22,8. Im zweiten Wahlgang aber funktionierte der Zusammenhalt des bürgerlichen Lagers mit 52,63 % der Stimmen für Jacques Chirac.

Auf die *Ära Mitterrand* folgt nun die *Ära Chirac.* Die Zukunft wird zeigen, ob es zu einer noch engeren Verbindung der Formationen in der UPF kommt. Angesichts der Solidität der Parteiapparate und der ideologischen Divergenzen dürfte, vorerst jedenfalls, eine wirkliche „Union" nach dem Vorbild der deutschen Christdemokraten oder der britischen Konservativen nicht zu erwarten sein. Sicherlich aber gilt, ähnlich wie für das wiedervereinigte Deutschland: „Auch Frankreich befindet sich am Anfang einer neuen Phase seiner Geschichte" (Ziebura 1993, 260). Denn die 1981 so hoch gestimmte Linke, bereits 1988 weitgehend systemkonform und pragmatisch geworden, hat 1995 die (begrenzte) Macht der Zukunftsgestaltung für mindestens ein Jahrzehnt – so schätzt man selbst im PS und im PCF – an die bürgerliche Rechte zurückgeben müssen.

2.5 Der liberal-konservative Parteienbund UDF

Obgleich in der Presse oft als *parti* bezeichnet, bildet die am 1. 2. 1978 noch rechtzeitig vor den damaligen Parlamentswahlen gegründete *Union pour la Démocratie française* lediglich ein Wahlbündnis kleinerer Parteien, dem es gelungen ist, ein Gegengewicht zum RPR zu bilden. Der Name, der nach Kempf (1983, 154) auf einen Vorschlag Servan-Schreibers zurückgeht, weist auf die programmatische Schrift *Démocratie française* des damaligen Präsidenten Giscard d'Estaing. Ihm sollte dieses Bündnis angesichts der Auseinandersetzungen mit den Gaullisten eine solidere parlamentarische Basis liefern. Die Erfolge bei den *Législatives* 1978 und den Europawahlen 1979 gaben der Bündniskonzeption recht (1978: 124 Abgeordnete gegenüber 150 gaullistischen, 1979: 25 gegenüber nur 16 gaullistischen Abgeordneten). Nach dem sozialistischen Sieg 1981 schien die UDF führerlos. Doch der Zwang, angesichts des RPR eine gewichtige Fraktion in der Nationalversammlung und in den *Conseils généraux* zu bilden, wie auch Erfolge bei den Gemeinde- und Kantonalwahlen hielten die UDF zusammen.

Im Hinblick auf den politischen, wirtschaftlichen und militärischen Aufbau Europas wirkte die UDF offener als der RPR (Colard 1984, 127), und in der Wirtschaftspolitik erschien sie als die liberalere Kraft (s. spätere Differenzierungen). Beide Positionen gehören eng zusammen, ja bedingen einander: Wer die Öffnung Frankreichs gegenüber der wirtschaftlichen Konkurrenz von Produkten anderer europäischer Länder will, muß auch gegen Staatsintervention und -protektion, d. h. für mehr wirtschaftliche Freiheit der Unternehmer, eintreten. Und eine solche Freiheit begünstigte vor allem die Finanzgesellschaften und Großunternehmen z. Z. der Präsidentschaft Giscard d'Estaings, der zu diesen recht gute, z.T. sogar verwandtschaftliche Beziehungen hatte (vgl. z. B. Le Nouvel Observateur 1. 12. 1980, Enquête «Giscard et Cie»). Daher die eindeutigen Zuordnungen der UDF zur „international ausgerichteten Finanz- und Industriebourgeoisie" i. U. zum RPR „als politischem Repräsentanten der traditionellen kleinen und mittleren Wirtschaftsbourgeoisie" bei Kolboom (1978, 125; ähnlich Morawe 1983, 189). Doch ist eine gewisse Skepsis gegenüber allen vereinfachenden Zuordnungen dieser Art angebracht. Ohne das sozioökonomische Modell bzw. die Tendenz politischer Parteien und Gruppen zur Interessenvertretung bestimmter Sozialschichten gänzlich zu leugnen (da im gegenwärtigen Frankreich lediglich ein

Trend zu Volksparteien und insofern ein Übergangsstadium besteht), erscheint doch ein „Spielmodell", ein *„Schachbrettmodell"* der um den Sieg konkurrierenden Parteien und der dabei in stetiger *Wechselwirkung aufeinander* gesuchten, eingenommenen und propagierten *Werte bzw. Wertpositionen* beschreibungsadäquater für die Ära der heraufziehenden Volksparteien. Es wird diese Leistung in Zukunft, mit dem weiteren Wandel der Parteientypen (s. 2.2 und 2.3), noch deutlicher erfüllen.

Dieses „Schachbrettmodell" erklärt, warum sich der RPR nach seiner empfindlichen Niederlage in den ersten Europawahlen 1979 – die UDF erreichte erstmals *mehr* Wählerstimmen und Abgeordnetensitze als der RPR (vgl. Tab. 1) – europafreudiger gab. Es erklärt auch, daß er nunmehr, um sich von den ohnehin liberalen Wirtschaftspositionen der UDF wie auch – besonders nach 1983 – der Sozialisten zu unterscheiden, sogar die UDF in puncto Liberalismus und Privateigentum zu übertreffen sucht. Er ist damit nicht urplötzlich zum speziellen Repräsentanten der „Finanz- und Industriebourgeoisie" geworden, sondern versucht nur die erfolgreiche Position der UDF durch einen stärkeren Wert in der Skala Liberalismus – Staatsinterventionismus zu überbieten und dadurch die „Herrschaftschancen" und Machtanteile der UDF zu verkleinern. Das ist dem RPR nach 1979 gelungen, allerdings nicht im erhofften Ausmaß (vgl. Tab. 1).

Da zudem schon die Wählerschaft von RPR und UDF nur wenig differiert – allenfalls kann für den RPR ein größerer Schwerpunkt bei den Landwirten, im unabhängigen Kleinbürgertum und in den Führungsschichten ausgemacht werden –, war die noch engere *wahltaktische Annäherung* und eine auch offizielle *programmatische Angleichung* nur die logische Konsequenz: Zu den zweiten Europawahlen 1984 präsentierten sich beide Formationen mit einer gemeinsamen Liste. Auch 1988, zu den Parlamentsneuwahlen mit Mehrheitswahlrecht, traten RPR, UDF sowie unabhängige Rechte gemeinsam an: als «Union du Rassemblement et du Centre». Das gegenwärtige Bündnis (unter dem Namen «Union pour la France», UPF, s. 2.4) hat also Tradition.

Dadurch aber gerät auch die UDF in einen Profilierungszwang. Wenn sie weiterhin gaullistischen Konzepten in der Verteidigungs- und Innenpolitik folgt (vgl. 2.4) und in der Europa- und Wirtschaftspolitik infolge des gaullistischen Kurswechsels ihrer Eigenheiten verlustig geht, wie soll sie dann ihre Stammwähler halten und neue Wähler hinzugewinnen? Hierin zeigt sich die Schwierigkeit, vielleicht sogar die Unmöglichkeit eines noch engeren Zusammengehens in einem Wahlbündnis, das aus organisatorisch völlig selbständigen Parteien besteht.

Die einzelnen UDF-Parteien seien im folgenden dargestellt.

2.5.1 Die Republikaner (PR)

Der *Parti républicain* ging im Mai 1977 in erster Linie aus der *Fédération nationale des Républicains indépendants* hervor (gegr. 1966, später Hausmacht Giscard d'Estaings), die ihrerseits durch Abspaltung vom antigaullistischen bürgerlich-bäuerlichen *Centre national des Indépendants et Paysans* (CNIP) entstanden war (siehe Abb. 20). Der CNIP, jetzt CNI, spielt seither eine eher marginale Rolle.

Der Begriff *Parti républicain* enthält die Zielvorstellung einer Lösung von einem Verband relativ selbständiger Honoratioren, wie er im CNI noch immer existiert. Er sollte und soll dem Wunsch nach einer stärkeren Fraktionsdisziplin und nach einer durchorganisierten Mitgliederpartei Ausdruck verleihen. Zeitweise pflegte man sogar den Traum, eine „mächtige Volkspartei zu werden" (Kempf 1983, 153). Angeblich ist die Mitgliederzahl von 60000 im Juni 1977 über 165000 Anfang 1980 (ebd., 153) auf 190000 im Jahr 1984 (Quid 1985, 612) gewachsen. Ähnlich ist mit 185000 der Stand nach Quid 1992, 707. Nur 80000 aber gibt Quid 1995, 774 an.

Die Programmatik des PR hat gerade in der Europapolitik und in der Abkehr vom Staatsprotektionismus die UDF-Programmatik so stark geprägt, daß keinerlei Besonderheit des PR mehr zu erkennen ist. Die Wähler- und Mitgliederwerbung ist entsprechend unspezifisch und personenorientiert (z. B. dominierten im Wahlkampf 1986 Bilder und Zitate ihres damaligen Parteichefs François Léotard), auch wenn sich besondere Hoffnungen auf den (wachsenden) lohnabhängigen Mittelstand richten.

2.5.2 Das *Centre des démocrates sociaux* (CDS)

Das 1976 gegründete *Centre des démocrates sociaux* ist als ähnlicher Versuch zu werten, eine bürgerlich-zentristische „dritte Kraft" zwischen Linksparteien und Gaullisten zu bilden. Doch liegt hier der Akzent im katholischen Christentum und in sozialreformerischen Vorstellungen, die denen der CDU-Sozialausschüsse ähneln (Kempf 1983a, 37). In seiner Parteielite entstammt das CDS dem MRP, jenem bedeutenden katholischen *Mouvement Républicain Populaire*, das nach dem Zweiten Weltkrieg unter de Gaulle eine Koalitionsregierung mit Sozialisten und Kommunisten gebildet hatte und im Juni 1946 sogar mit 28,2 % vorübergehend zur stärksten französischen Partei geworden war. Nach einem fortschreitenden Wählerverlust an die Gaullisten erlosch das MRP als politische Kraft, obgleich es offiziell bis heute nicht aufgelöst ist; nur kleine Relikte – heute als CDS erscheinend – überlebten. Wie beim MRP liegt die Wählerbasis in denjenigen katholischen Gebieten Ost- und Westfrankreichs, in denen noch ein signifikanter Teil der Bevölkerung am kirchlichen Leben teilnimmt. Hier überschneidet sie sich wahlgeographisch also mit gaullistischen Bastionen.

Für 1990 meldete das CDS einen Mitgliederstand von 49430 (Quid 1992, 701), für 1993 52220 (Quid 1995, 767).

Nach den Parlamentswahlen 1988 scherte das CDS, geleitet von Pierre Méhaignerie, mit seinen 41 Abgeordneten in der Nationalversammlung (1986: 46) aus der UDF-Fraktion aus. Die CDS-Fraktion nannte sich «Union du centre» (UDC); unter diesem (damals häufiger erscheinenden) Namen ist sie in Abb. 20 eingetragen. Die erhoffte Bildung einer großen Zentrumspartei ist jedoch mißlungen: magere 8,5% „erntete" man beim Test einer von Simone Veil angeführten eigenen Liste in den Europawahlen 1989 (s. Höhne 1993, 274ff. und 281f.). So hat sich das CDS wieder stärker zur UDF zurückgewandt und daher bei den Regionalwahlen 1992 wie die anderen UDF-Parteien im Bündnis UPF (s. 2.4) mitgewirkt. Nach den Parlamentswahlen 1993 sind die Abgeordneten der katholisch-sozialreformerischen Partei wieder in den Schoß der UDF-Fraktion zurückgekehrt.

2.5.3 Die Radikalen

Frankreichs älteste noch existierende Partei, der seit der Jahrhundertwende in der III. Republik tonangebende *Parti radical-socialiste,* ist dagegen *laizistisch.* Der Name, in Deutschland leicht Mißverständnissen ausgesetzt, erklärt sich aus dem radikalen Kampf gegen den Einfluß der Kirche, auf den u.a. die 1905 zum Gesetz gewordene Trennung von Kirche und Staat zurückgeht (Defrasne 1975, 72f.). Aus der Zeit der Affaire Dreyfus (1894–1906, s. Miquel 1973 und Gallo 1984, 158ff.) wie auch aus antiklerikalen Sammlungsbewegungen vor wie nach dem offiziellen Parteigründungsjahr 1901 datieren die engen Kontakte zwischen dem Radikalismus und dem Freimaurertum Frankreichs.

Im wirtschaftlichen Bereich aber verfolgte der PRS als Partei des mittleren Bürgertums, der Freiberuflichen und z.T. auch der Bauern meist eine liberale, gelegentlich allerdings auch eine staatsinterventionistische, Nationalisierungen nicht ausschließende Politik. Konstant blieb nur der Laizismus. Daher zeigt sich durch die gesamte Geschichte der Radikalen ein Schwanken zwischen Bündnissen mit Links- oder Rechtsparteien und die entsprechende Bildung interner Fraktionen (Rémond 1982, 305–307), die auch bekannte „radikale" Politiker wie J. Ferry, Clemenceau, Daladier und Mendès-France nicht verhindern konnten. Die Spannungen verstärkten sich in der V. Republik mit ihrem Druck zur Bipolarisierung. Auch der Versuch von J.-J. Servan-Schreiber, die Partei um ein „modernes", antizentralistisches Programm und die Betonung aufgeschlossener unternehmerischer Privatinitiative zu einen, gelang daher nicht: Als sich 1971 eine den *nationalisations* feindliche Verbindung zwischen den Radikalen und dem *Centre démocrate* Lecanuets anbahnte *(Mouvement réformateur)*, kam es zur *Spaltung*.

Eine damalige Minderheit um Maurice Faure und Robert Fabre schloß sich 1972 als dritte Kraft der *Union de la Gauche* (PCF-PS) unter der Bezeichnung *Mouvement des Radicaux de Gauche* (MRG) an. Seither behauptet sich das MRG nicht ohne Mühe in einer Wahl- und Fraktionsgemeinschaft mit den Sozialisten, mit Wählerschwerpunkten im laizistischen und regionalistischen Bürgertum des Südwestens und der Insel Korsika. Seit 1994/95 tritt das MRG unter dem Signum «Radical» auf.

Die damalige Mehrheit hingegen, die 1974 und 1981 Giscard d'Estaing als Präsidentschaftskandidaten unterstützte, behielt den traditionsreichen Namen bei (sie pflegt in der Presse auch als «les Valoisiens» nach dem Sitz an der Place des Valois in Paris bezeichnet zu werden). Doch ist sie inzwischen nahezu bedeutungslos geworden. Sie gibt 15 000 (zum Vergleich das MRG: 25 000) Mitglieder an (Quid 1995, 771 und 775).

Insofern haben die Radikalen eine Umorientierung ihrer Strategie nach dem Rückgang des alten Mittelstandes, dem sie ihre Herrschaftsposition in der III. Republik verdankten, versäumt.

2.5.4 Weitere UDF-Bestandteile

Anläßlich des *Programme commun de gouvernement* zwischen PS und PCF spaltete sich ein *Mouvement démocrate socialiste de France* von den Sozialisten ab; es hatte 4000 Mitglieder. Heute heißt es *Parti social-démocrate* (PSD), weist nach eigenen Angaben 7000 Mitglieder auf und rechnet sich selbst zu den sozialdemokratischen Parteien Europas. Der PSD gehört zu den entschiedenen Befürwortern einer wirtschaftlichen und politischen Vereinigung Europas und der Dezentralisierung Frankreichs (vgl. Quid 1985, 612). Die u. a. im Elsaß wichtige Partei hat sich der UDF noch 1978, kurz nach ihrer Gründung, angeschlossen.

Weiterhin gehören die 1965/66 von Giscard d'Estaing ins Leben gerufenen, heute landesweit verbreiteten *Clubs Perspectives et Réalités* (s. 2.8.5), deren Mitglieder sich nicht an eine der drei Hauptkonstituenten der UDF binden wollen, zum Umfeld des liberal-konservativen Bündnisses. Diese *clubs* wie auch der PSD sind im politischen Büro der UDF, das nach der neuen Satzung von 1991 36 Personen umfaßt, direkt vertreten.

Nach der Abgeordnetenzahl im Gefolge der Parlamentswahlen 1993 – ein allerdings nicht hundertprozentiges Kriterium wegen der UPF-Listen (vgl. 2.4) – dominiert innerhalb der UDF-Fraktion nun eindeutiger als früher der PR (106 Abgeordnete) gegenüber dem CDS (59), den UDF-Direktmitgliedern (23), dem Parti Radical (14) und dem PSD (8), s. Höhne 1993, 291 f.

2.6 Die Sozialisten (PS) und ihr Verhältnis zu den Kommunisten

Deutlicher noch als bei den Radikalen zieht sich durch die gesamte Geschichte der Sozialisten die „Schicksalsfrage", mit welchen Kräften zur Durchsetzung politischer Ziele ein Bündnis einzugehen sei:

- mit den Kommunisten, also in einer «alliance à gauche»,
- oder mit bürgerlich-fortschrittlichen Kräften, in einer «alliance au centre».

Diese Frage reicht weit über taktische Erwägungen hinaus ins Prinzipielle und Ethische. Sie wurde immer wieder heftig und erbittert diskutiert. Sie erfuhr schon bei der Vorgängerin der heutigen Partei, der SFIO *(Section Française de l'Internationale Ouvrière)* bald diese, bald jene Mehrheitsbildung und Entscheidung. Und es ist hierfür bedeutsam, daß die 1905 gegründete SFIO selbst erst durch die Vereinigung zwischen dem dogmatisch-marxistischen *Parti socialiste de France* unter *Jules Guesde* und dem reformistischen, zur Regierungsbeteiligung bereiten *Parti socialiste français* unter *Jean Jaurès* zustande gekommen war. In der Parteicharta der SFIO fanden beide Tendenzen ihren Ausdruck, allerdings unter deutlicher Betonung des Klassenkampfes nach Guesde:

> «Par son but, par son idéal, par les moyens qu'il emploie, le Parti socialiste, tout en poursuivant la réalisation des réformes immédiates revendiquées par la classe ouvrière, n'est pas un parti de réforme, mais un parti de lutte de classe et de révolution.» (Defrasne 1975, 75)

Insofern wurzeln die Spannungen zwischen linken und zentristischen Tendenzen bei den Sozialisten tief in der Vergangenheit; sie lassen sich letztlich auf den Antagonismus zwischen Revolutionären und Revisionisten im 19. Jahrhundert zurückführen (Ligou 1962). Scheinbar erfolgte die endgültige Trennung beim *Parteikongreß in Tours* im Dezember *1920* (vgl. Abb. 20). Die Mehrheit bejahte den Beitritt zu der 1919 im Gefolge der Sowjetunion entstandenen III. (kommunistischen) Internationale; sie wurde zur französischen KP, die somit von Anfang an die Chance besaß, eine Massenpartei zu bilden. So wurde auch die Parteizeitung *L'Humanité* zum Zentralorgan der KP. Nur eine Minderheit blieb sozialistisch, im großen Unterschied zu Deutschland. Aber auch in dieser Minderheit rangen weiterhin die linksrevolutionäre Tendenz (nur unter Ablehnung des sowjetischen Modells) und die zentristischrevisionistische Tendenz um die Herrschaft. Zur ersteren gehörte Jules Guesde, „einer der Altväter des französischen Sozialismus, der zu Beginn unseres Jahrhunderts seine marxistischen Konzeptionen bei Karl Kautsky, dem deutschen sozialdemokratischen Theoretiker, entlehnt hatte und der den 'sozialistischen Humanismus' eines Jean Jaurès scharf bekämpfte". Bis heute hat Guesde seine Anhänger unter den französischen Sozialisten. Der Begriff der Klassenfront „geht direkt auf ihn zurück und schließt implizite die Allianz mit den Kommunisten ein" (Sandoz 1985, 49).

Die Minderheit von 1920 bewahrte den alten Namen SFIO und eine dominant marxistische Programmatik, die aber in der Praxis – hierin der SPD der Zwischenkriegszeit ähnlich – nicht auf eine bewaffnete Revolution abzielte, sondern auf soziale Reformen zur Verbesserung der Arbeits- und Lebensbedingungen der Volksmassen. Vor allem das Verhältnis zur kommunistischen Konkurrenz (besonders im Hinblick auf die Arbeiterschaft) bzw. zu den kommunistischen Mitstreitern (wenn es um die Aktionseinheit gegen konservative oder faschistische Kräfte ging) hat die Sozialisten geprägt – so stark, daß eine separate Darstellung beider Parteien schwierig wird.

Dreimal arbeiteten seit dem Trennungsparteitag die Sozialisten mit den Kommunisten zusammen. Wichtig aber ist, nicht nur diese Phasen zu kennen, sondern auch die Hauptgründe der *Trennung*:

1. In der III. Republik ab 1934 einigten sich beide Kräfte angesichts der faschistischen *Ligues* zu machtvollen gemeinsamen Gegendemonstrationen. Diese *«unité d'action»* führte nach der Integration der antifaschistischen bürgerlichen Radikalen Partei und dem Wahlsieg der drei Parteien von 1936 zur ersten Regierung eines *front populaire* unter dem Sozialisten *Léon Blum*; der PCF unterstützte freilich nur die von Sozialisten und Radikalen gebildete Regierung. Dank dieser Mehrheit wurden mehrere Verstaatlichungen durchgesetzt (Rüstungsfabriken, Banque de France, SNCF) und wesentliche Sozialreformen erreicht, darunter die 40-Stunden-Woche, ein bezahlter 15-Tage-Urlaub, Lohnerhöhungen von 7 auf 15 %, die Schulzeitverlängerung auf 14 Jahre. Woran aber zerbrach die Volksfront zwei Jahre später? Noch besteht keine Einigkeit unter den Historikern. Einige Faktoren seien genannt: Trotz des Drängens der Kommunisten weigerte sich die Regierung, im spanischen Bürgerkrieg die Republikaner zu unterstützen, während die faschistischen Staaten (Deutsches Reich, Italien) massiv den Franco-Truppen zu Hilfe kamen. Aber auch die Moskauer Schauprozesse unter Stalin, die finanziellen Schwierigkeiten der Linksregierung besonders aufgrund der Sozialreformen und der folgenden Preissteigerungen

(Blum forderte eine *«pause»* im sozialen Bereich) und die Scheu vor weiteren Nationalisierungen spielten eine Rolle. Wie zu erwarten, werden in der Darstellung der außen- und innenpolitischen Beweggründe der Trennung von den kommunistischen Historikern neben den Manövern der Hochfinanz bzw. aller besitzenden Kräfte die Fehler der Sozialisten hervorgehoben (z. B. in Köller/Töpfer 1978, 580–584), während die bürgerlichen Historiker naturgemäß den Akzent auf die Risiken einer linken Wirtschaftspolitik legen, die nur zum Scheitern führen könne (so z. B. Sieburg 1975, 409).

2. Zu Beginn der IV. Republik, bis Mai 1947, setzte eine Regierungskoalition aus SFIO, PCF und MRP – bis zum 20. 1. 1946 unter dem Präsidenten de Gaulle – die gemeinsame Arbeit der Résistance-Zeit fort, bis wiederum außenpolitische Gründe („Kalter Krieg" und allem Anschein nach ein amerikanischer Druck auf Frankreich) und ein wirtschaftspolitischer Lohnstopp (gegen den Willen des PCF) zum Bruch führten. – Zu den Resultaten dieses *tripartisme* gehörten einige wichtige Innovationen: die empfehlende staatliche Wirtschaftsplanung, zahlreiche Verstaatlichungen und die Einführung der gesetzlichen Sozialversicherung (s. 3.5). – In der Folge arbeitete die SFIO teils mit dem MRP, teils mit den Radikalen oder den Linksgaullisten zusammen.
3. In der V. Republik, deren Verfassung auch die SFIO-Mehrheit den Bürgern anzunehmen empfahl (was zur Abspaltung einer – 1990 aufgelösten – marxistischen und *autogestion*-orientierten Gruppe führte, die sich ab 1960 *Parti socialiste unifié* [PSU] nannte, vgl. Abb. 21 und Goguel/Grosser 1976, 110f.), suchte die SFIO unter dem Zwang des neuen Mehrheitswahlrechts ein Gegengewicht zu den Gaullisten aufzubauen, bezeichnenderweise mit bürgerlichen Kräften *oder* mit den Kommunisten. Die Strategie eines Bündnisses der nichtkommunistischen Linken unter Mitterrand – bei lediglich wahltaktischen Absprachen mit dem PCF – führte nicht zum Erfolg. Mit diesem „bürgerlichen" Kurs verlor die SFIO zudem Mitglieder und Wähler. So versuchte man die Machtgewinnung auf die andere Weise: Infolge einer programmatischen Umorientierung nach links, welche auf die Zusammenarbeit mit den Kommunisten zielte, wurde der *Parti socialiste* gegründet – offiziell bereits 1969, obwohl die viel wesentlichere Vereinigung mit der von Mitterrand geführten *Convention des institutions républicaines* erst im Juni 1971 *(congrès d'Épinay)* stattfand.

Die Neugründung des PS veränderte das gesamte Parteiensystem. Mit einem deutlichen Linkskurs strebte die nun von Mitterrand geleitete Partei eine konsequente Interessenvertretung der Lohnabhängigen an, deren Zahl und damit Wählerpotential durch die Verwandlung Frankreichs in einen modernen Industriestaat stark gewachsen war. Sie wollte als Massenpartei für die Überwindung des Kapitalismus kämpfen – gemeinsam mit den Kommunisten.

Die Kommunisten, damals noch in der Mitglieder- und Wählermehrheit (bei den *élections législatives* vom Juni 1968 erhielten sie 20%, die Listenverbindung von Sozialisten und Radikalen gewann nur 16,6%), gingen auf das Angebot ein: Es kam zum berühmten *Programme commun de gouvernement* von 1972 angesichts der Wahlen im darauffolgenden Jahr. Von dieser Zeit an datiert der kontinuierliche Aufstieg des PS bis zum Sieg 1981. Auch die programmatischen Werte spielten dabei eine gewichtige Rolle, als Konsenssignale an die Adresse der kommunistischen Wählerschaft (für die zweiten Wahlgänge) wie als Werbebotschaften an die unteren und mittleren Sozialschichten und die Intellektuellen. Es waren vor allem: das Fernziel eines Strukturwandels zu einer nichtkapitalistischen Gesellschaft und im Hinblick hierauf die Nahziele einer Nationalisierung der Großunternehmen und einer Angleichung der noch starken Unterschiede in Einkommensverteilung und Bildungschancen. Außenpolitisch sollte die gaullistische Unabhängigkeitspolitik fortgesetzt werden, jedoch unter Betonung der Solidarität mit der Dritten Welt. Noch wichtiger aber war, *wie* man sich auf sozialistischer Seite – im Gegensatz zum dirigistisch-staatssozialistischen PCF – den Strukturwandel vorstellte: Von der Gewerkschaft CFDT, dem PSU und Studentenbewegungen des Mai 1968 übernahm der PS die Leitidee der *autogestion,* die ursprünglich vom Anarchosyndikalismus propagiert worden war. Nicht etwa Mitbestimmung *(cogestion),* sondern Selbstverwaltung sollte in den Betrieben und in allen gesellschaftlichen Bereichen herrschen (z. B. in Gemeinden, Stadtteilen, *départements,* Schulen, Universitäten, Medien, aber auch hinsichtlich der Frauenemanzipation). Und diese Befreiung des Menschen aus den Abhängigkeiten durfte nicht in ferner Zukunft, sondern mußte *hic et nunc* beginnen (s. Jäger 1978, 94–100; Schmidt u. a. 1981, 70–73). Mit dieser Programmatik gewann der PS viele Jugendliche, Lehrer und CFDT-Gewerkschaftler. Es gelang ihm zwar nicht, den PSU aufzusaugen, wie dies 1974 geplant war. Doch gingen viele aktive Mitglieder einschließlich seines Parteiführers Rocard zum PS über (Baron 1977, 84).

Da zudem die Stimmenübertragung zugunsten des besser plazierten Kandidaten der Linken zumeist dem PS zugute kam, überstand der globale Aufwärtstrend der Sozialisten auch den Bruch der Linksunion im Herbst 1977 und das darauffolgende mäßige Abschneiden der Linksparteien bei den 1978er-Wahlen.

Der sensationelle Sieg Mitterrands bei den Präsidentschaftswahlen im Mai 1981 und das Rekordergebnis der 37,5 % für die Sozialisten (zusammen mit dem MRG) im Juni 1981, im *premier tour* der von Mitterrand verfügten Neuwahlen zur *Assemblée nationale*, schließlich die wahlrechtsbedingte absolute Mehrheit der Sozialisten nach dem *deuxième tour*: sie haben Frankreich verändert. Es gibt zahlreiche Gründe für diese Siege. Hier können sie nur in Stichworten genannnt werden: bedenkliche Wirtschaftssituation mit beträchtlichem Außenhandelsdefizit, hoher Inflation und Arbeitslosigkeit und ein genau kalkulierter, für viele Wähler daher glaubwürdiger Plan von Gegenmaßnahmen Mitterrands; Attraktivität der *autogestion* und damit auch des Dezentralisierungskonzepts in den *régions* und *départements*; autokratischer Regierungsstil Giscard d'Estaings und daraus folgende Zerstrittenheit der Rechten, dagegen Einigkeit der Linken und absprachengetreue Stimmenübertragung kommunistischer Wähler in den zweiten Wahlgängen. Günstig wirkte sich für die Sozialisten aus, daß vor den Präsidentschaftswahlen kein Bündnis mit dem PCF existierte und daß dieser in den ersten Wahlgängen sehr schlecht abschnitt. So konnten RPR und UDF die Wähler nicht von einer „kommunistischen Gefahr" bzw. dem Schreckgespenst eines *«régime socialo-communiste»* überzeugen. Mitterrand und die Sozialisten wurden auch für konservativere, des Giscard-Regimes überdrüssige Wähler akzeptabel. (Näheres s. u. a. bei Sandoz 1981 und besonders Chapsal 1984, 707–713, 718–734.)

Das stärkere *Geschichtsbewußtsein der Linken* im Vergleich zur RPR und UDF wurde für die Weltöffentlichkeit besonders deutlich mit Mitterrands symbolträchtigem Besuch des «Panthéon», jenes Monuments des laizistischen Patriotismus ganz Frankreichs (s. die detailreiche semiotische Interpretation von Kimmel/Poujol 1982, 194–198).

Von Mitte 1981 bis Mitte 1984, drei Jahre nur, währte die von vornherein asymmetrische gemeinsame Linksregierung in Frankreich. Wegen der erdrückenden Wähler- und Parlamentsmehrheit der Sozialisten wurde der PCF nur mit vier Ministern beteiligt. Vergleicht man diese Zeit mit den beiden anderen und echteren „Volksfront"-Epochen, so fällt auf, daß wiederum – bei aller Veränderung der geschichtlichen Konstellationen – das *Zusammenwirken von wirtschafts- und innenpolitischen Konflikten im Rahmen einer Wirtschaftskrise und außenpolitischen Orientierungsdifferenzen* das Bündnis gesprengt hat.

Wirtschaftspolitisch führte der Umschwung zum Austeritätskurs, beginnend im Sommer 1982 und verstärkt ab Frühjahr 1983, zu nahezu den gleichen unpopulären Maßnahmen (Lohnstopp, Entlassungen, s. 3.8), die schon 1937 und 1947 zum Protest der Kommunisten, zu von ihnen unterstützten Streiks und ihrem Ausscheren aus dem Bündnis geführt hatten.

Innenpolitisch wurde namentlich ihr weiterer Stimmenrückgang bei den Gemeinde-, Kantonal- und Europawahlen (hier 1979 noch 20,5 %, 1984 lediglich 11,18 %), vor allem zugunsten der Sozialisten, ihren „Juniorpartnern" in der Linksunion von 1972, für die Kommunisten intolerabel. So betonte Marchais (1985, 78) in seiner Rede zum 25. Parteikongreß des PCF, «que la réduction systématique de la vie politique nationale à un soi-disant affrontement droite-gauche conduit à une bipolarisation mutilante, qui étouffe la voix des communistes et de tous ceux qui refusent de se soumettre à la crise», und erinnerte schon im Verlauf der Einleitung die Delegierten – ebenso geschichtsverbunden wie Mitterrand, aber bezeichnenderweise bis 1789 zurückgehend – an den Spaltungsparteitag 1920 und die historischen Antezedenten (T. 9).

T. 9:
Oui, le choix historique du Congrès de Tours fut le bon! Oui, les militants qui décidèrent en 1920 de manifester leur fidélité aux combats des révolutionnaires de 1789, des insurgés de 1848, des communards et de Jean Jaurès, ces militants qui, tel Marcel Cachin, choisirent de rompre avec la politique de collaboration de classes et de fonder le Parti communiste français eurent raison! (Marchais 1985, 7)

Aus der Optik der französischen Kommunisten ließen sich also die Trennungsgründe aus den alten ideologischen Gegensätzen (Klassenkampfpartei vs. Klassenkollaborationspartei) herleiten.

Außenpolitisch schließlich trug Mitterrands dezidiert antisowjetische Strategie (u. a. die Verurteilung der „Unterdrückung Afghanistans und Polens" und die Billigung der Stationierung amerikanischer Atomraketen in Europa) zum Bruch bei: Diese Strategie zielte deutlich auf die Rechte, die stets die „kommunistische Unterwanderung" der Linksregierung anprangerte, und war insofern auch vom innenpolitischen Abgrenzungsbedürfnis gegenüber dem PCF diktiert.

So ergeben sich trotz der jeweils völlig unterschiedlichen welt- und innenpolitischen Konstellationen auffallende Parallelen im Verhältnis der beiden großen Linksparteien zueinander. Sie zeigen nicht nur, daß man die eine Partei nie ohne die andere betrachten und verstehen kann, sondern sie machen auch die in der „Natur" der Bündnispartner liegende Divergenz deutlich: Seit jeher zwischen reformistischen und revolutionären Erbtendenzen, zwischen der «alliance à gauche» und der «alliance au centre» pendelnd, kann sich der PS nur schwer mit einem Partner verbinden, der sich nur um den Preis eines völligen Identitätsverlusts von seinem Selbstverständnis lösen könnte, die „Avantgarde der Arbeiterklasse" und damit den Motor der im eigenen Land zu vollziehenden weltweiten Revolutionsbewegung darzustellen. Dieser Identitätsverlust aber droht dem PCF ohnehin – unter einem zunehmenden Übergewicht der Sozialisten (s. 2.7).

Von den programmatischen Grundsätzen des PS war nach 1981 nur der *autogestion*-Gedanke lebendig geblieben. Er wirkte sich jedoch weniger in den Betrieben als im politischen Bereich aus: in der Dezentralisierung und damit der weitgehenden Selbstverwaltung der «communes, départements et régions». Ein Mehr an *autogestion* prägte auch den kulturellen Bereich, besonders in den *départements* und *régions,* in denen die Sozialisten ihre Mehrheit bewahren konnten. Es gab z. B. eine weitgehende Selbstbestimmung der Theater und Museen; es gab durch die Maßnahmen der Linksregierung anfänglich zahllose *radios libres* in Eigenregie und wesentlich mehr Gestaltungsfreiheiten des Fernsehens als vor 1981 (s. 6.2).

Der wieder reformistisch gewordene PS hat sich nach einer jahrelangen Programmdiskussion (Leggewie 1986, 92ff.) schließlich, auf dem außerordentlichen Parteitag vom Dezember 1991 in Paris, zu einem „Bad Godesberg" analog zur SPD durchgerungen: Das neue Programm „Horizon 2000" lehnt eine *einseitige* Bindung an den Marxismus ab und propagiert die soziale Marktwirtschaft. Dennoch fehlen dem PS noch immer zwei konstitutive Merkmale der „Sozialdemokratie": 1) „die Existenz einer soliden Mitgliederorganisation mit starkem Arbeiteranteil", 2) „deren enge Verbindung mit den Gewerkschaften" – ein Mangel, der darin sichtbar wird, daß sich nach 1982 selbst die sympathisierende C.F.D.T. (vgl. 4.6.3) vom PS entfernt hat (Bock 1988, 81). Auch der PS kann sich, bei aller Manövrierfähigkeit, weder bei seinen Mitgliedern noch bei seinen Stammwählern eine Identitätsaufgabe leisten. Die Revolution von 1789 und ihre drei einander bedingenden Grundprinzipien bleiben der Referenzpunkt jeder Linkspartei im geschichts- und traditionsbewußten Frankreich (Wiede-Bouvier 1993, 241). Sie wird an ihren Erfolgen in der weiteren, schrittweise vorgehenden Realisierung dieser Ideale gemessen. Daher darf sie im Zeitalter der Elektronik, des Managertums und der Energie- und Ökologieprobleme zwar „modern" sein wollen, aber niemals die historische Dynamik der Revolution in Frage stellen.

In den sozialistischen Minderheitsregierungen seit 1988 wurden drei Strategien versucht, die mit den Namen der jeweiligen Premierminister verbunden sind. Die Regierung Rocard versuchte eine „Öffnung zur Mitte", unter Mithilfe der Zentristen (CDS) bei den Abstimmungen im Parlament. Die Regierung Cresson warb dagegen um eine kommunistische Unterstützung, die jedoch öfter ausblieb. Die dritte Regierung unter Pierre Bérégovoy, zuvor Wirtschafts- und Finanzminister, suchte – nachdem sowohl die *alliance au centre* als auch die *alliance à gauche* gescheitert waren – sich durch Berufung zahlreicher Fachleute eine eher „überparteiliche" Note zu geben. Ebenso erfolglos.

In der *Mitgliederstruktur* des PS überwiegen die lohnabhängigen Mittelschichten (besonders Lehrer und *cadres*). Arbeiter und Bauern sind gegenüber den Intellektuellen und Kadern eindeutig unterrepräsentiert. Die aktiven „neuen" Sozialisten stammen zu einem großen Teil aus bürgerlichen und christlichen Familien (Jäger 1978a, 8). Schon diese Verankerung weist auf die Möglichkeit eines Nebeneinanders von revolutionären und reformistischen Tendenzen bzw. revolutionärer Theorie und kompromißbereit-beweglicher Praxis und Taktik hin. Gegen einen bloßen Opportunismus wirkt aber neben der Verpflichtung durch das historische Erbe auch das Gewicht der Protestanten – u. a. Rocard, Mermaz, Jospin – in der Partei (vgl. Willaime 1985, 41–46). – Nach Selbstangaben des PS ist die Mitgliederzahl von 90000 (1971) auf das Doppelte (1980) und schließlich, nach dem Wahlsieg 1981, auf 230000 gestiegen (Quid 1983, 787); nach der wirtschaftspolitischen Kurswende nahm sie etwas ab: von 215000 (1983) über 210000 (1984) auf 187000 (1986) (Quid 1987, 711) und 1991 155000 (Maaß 1993, 227). Eine wohl realistische, nicht allein auf Selbstangaben beruhende Berechnung nennt ca. 125 000 Mitglieder (Bock 1993, 302). Die *courants* im Innern der Organisation – sichtbar bei Abstimmungen auf den alle zwei Jahre stattfindenden Parteitagen – wechseln relativ stark. Eine gewisse Konstanz besitzen dabei aber die Mitte-Links-Strömungen um Mauroy und Jospin und diverse sozialdemokratische *courants* um Rocard und andere Persönlichkeiten. Auf das verwirrende Spiel der Personen und *courants* im weiten Vorfeld der Präsidentschaftswahlen 1995 braucht hier nicht eingegangen zu werden (s. Maaß 1993 und Guérot 1995). – Der linkssozialistische *courant* «Socialisme et République», der 1968 aus der früher einflußreichen CERES-Gruppierung entstanden war *(Centre d'Études, de Recherches et d'Éducation Socialistes)* und sich um Chevènement sammelte, ist aus dem Parteileben verschwunden. Chevènement mißbilligte die französische Beteiligung am Golfkrieg und den Maastrichter Vertrag (s. 7.3.1). Sein «Mouvement des citoyens» (gegr. Sept. 1992) konstituierte sich im Dez. 1993 als eigene politische Partei, doch blieb diese Dissidentenbewegung unbedeutend (s. Höhne 1995, 88). Der *courant* Chevènement ist also ausgeschieden. – Satzungsgemäß dürfen sich diese *courants* keine eigene Organisationsform geben. Das Stimmenverhältnis zwischen ihnen entscheidet aber über die Zusammensetzung leitender Organe in den *sections* (Ortsverbänden), den *fédérations* (deren Verbindung auf Département-Ebene) wie auch dem Vorstand und dem Exekutivbüro. Insofern besitzen die *courants* im PS ein außergewöhnliches Gewicht; ein *durchgebil-*

detes demokratisches Proporzsystem dieser Art ist in anderen französischen und deutschen Parteien unbekannt. – Nach der katastrophalen Niederlage des PS erst bei den Regionalwahlen 1992, dann auch bei den Parlamentswahlen 1993, in denen sie praktisch 20 % der Stimmen einbüßten (zu den Ursachen s. Bock 1993), übernahm Michel Rocard, „langjähriger Rivale François Mitterrands und Repräsentant der «zweiten sozialistischen Generation», die Führung des PS [. . .]. Sein Ziel bildete die Neugründung der gesamten Linken durch die Sammlung aller linken Reformkräfte einschließlich der Grünen. Der von ihm prophezeite «Big Bang» trat ein, aber anders, als er es erwartet hatte. Aus dem Urknall entstand nicht eine neue Linke, sondern ein Scherbenhaufen. Er zog daraus die Konsequenzen und trat als Vorsitzender zurück" (Höhne 1995, 87f.). Die Europawahlen nämlich ließen die Sozialisten auf 14,49 % der Stimmen (1989: 23,61 %) schrumpfen. Eine Analyse der Wählerschaft zeigt die Verluste noch deutlicher, zumal die *Wählerstruktur* des PS früher annähernd ein Spiegel der Sozialstruktur Frankreichs war: „Für die sozialistische Liste stimmten lediglich 13 % der Arbeiter und 12 % der Angestellten, aber 21 % der Freien Berufe und der leitenden Angestellten. Die Sozialisten verloren so ihren traditionellen Rückhalt in den Unterschichten, deren Repräsentanten sie einst waren. Aber auch unter den Jungwählern hat sich ihr Einfluß erheblich reduziert, denn nur 13 % von ihnen wählten sie. Der PS erscheint so als eine Interessenvertretung der etablierten Mittelschichten, die weder die Massen noch die Jugend zu mobilisieren vermag" (Höhne 1995, 88). – Einen Aufwärtstrend zeigten allerdings die Kommunalwahlen 1994, mit 22,7 % der Stimmen für die Sozialisten, und das überraschend gute Abschneiden Lionel Jospins bei den Präsidentschaftswahlen 1995, mit 23,3 % der Stimmen im ersten Wahlgang und sogar 47,37 % in der Stichwahl. – Die regionalen Schwerpunkte des PS haben sich kaum gewandelt: sie liegen im Südwesten mit seinen Wachstumsproblemen und -hoffnungen, in der Region Nord-Pas de Calais und im Großraum Paris, in dem jedoch zumeist „rechte" Mehrheiten herrschen.

– Zum *MRG*, dem konstanten kleineren Bündnispartner der Sozialisten seit 1972, s. 2.5.3.

2.7 Die Kommunisten (PCF)

Die Grundzüge der Geschichte des PCF wurden bereits im vorigen Abschnitt genannt. Da der PCF zudem nicht mehr jenen Angelpunkt des französischen politischen Lebens bildet, als den ihn Goguel/Grosser früher (1976, 98) darstellen konnten, liegt das Schwergewicht dieses Abschnitts in der kulturhistorischen Bedeutung der Partei.

Die französische KP stand bei zahlreichen Künstlern und Intellektuellen der Zwischenkriegszeit, der Résistance und der Nachkriegszeit in hohem Ansehen: Sie durfte seit 1920 als *die* Partei der französischen Linken das Erbe der Aufklärung und der nationalen revolutionären Kämpfe und Lernprozesse beanspruchen. Eine Entwicklung führte in dieser Sichtweise direkt von den Jakobinern über Babeuf, die 1848er Revolution und die Kommune von 1871 zum Leninismus und zur russischen Oktoberrevolution von 1917 als dem eigentlichen Beginn des Weltkommunismus. Der PCF führte diese revolutionären Impulse – mit ihrer „Wurzel" in Frankreich – nun in der eigenen Nation fort (vgl. Caute 1967). Zu dieser nationalen Komponente kam das internationale Engagement, z. B. im spanischen Bürgerkrieg und allgemeiner in der Verteidigung der demokratischen Normen und Werte gegen den „Faschismus" inner- und außerhalb Frankreichs. Die fortschrittlichen Schichten Frankreichs im Bündnis mit der Sowjetunion als Bollwerk gegen den „Faschismus" und an der Seite aller unterdrückten Völker dieser Erde: Diese beglückende, hoffnungsreiche Vision endete für wenige durch die Dogmatik des PCF, für einige mit den Schauprozessen unter Stalin, für die meisten aber höchst abrupt mit dem Hitler-Stalin-Pakt vom 23. 8. 1939 ... Erst der überraschende Überfall deutscher Truppen auf die Sowjetunion (22. 6. 1941) setzte die fast zwei Jahre lang durch den genannten Pakt gebundenen Kräfte des PCF und seiner Sympathisanten für die Résistance frei (s. 7.1.2).

Ihre bedeutende Rolle und die hohe Zahl ihrer Opfer in der Widerstandsbewegung blieben unvergessen. Und in den fünfziger Jahren bildete der PCF die damals einzige große Oppositionspartei im Kampf gegen den Algerienkrieg. Zahlreiche Intellektuelle und Künstler solidarisierten sich deshalb mit den französischen Kommunisten.

In diesem Zusammenhang seien wenigstens einige Persönlichkeiten genannt, die dem PCF zeitweise oder über Jahrzehnte hinweg nahestanden (T. 10).

T. 10:
Ab 1920 gibt es eine erste Welle von Sympathieadressen und Eintrittserklärungen unter den Schriftstellern für den neuen PCF, und zu den Herausgebern der kommunistischen Literaturzeitschrift *Clarté* gehören von der ersten Stunde an Anatole France, Henri Barbusse, Georges Duhamel und Jules Romains. 1927 bekennen sich die Surrealisten, allen voran Breton, Aragon und Eluard, zur Partei und ab 1932/33 sogar so individualistische Geister wie Gide und Malraux. Eine neue Eintrittswelle in den PCF ist

nach dem Sieg der Volksfront zu verzeichnen, breit über die Kultur hinweg, der Maler Fernand Léger, der Physiker Paul Langevin, der Kritiker Julien Benda, der Architekt Le Corbusier und der Regisseur Jean Renoir sind einige der prominentesten Anhänger des PCF und damit Moskaus in Paris. Die letzte Eintrittswelle erfolgt schließlich 1944/45 unter dem Eindruck der *Libération*. Symbolfiguren sind das Physikerehepaar Joliot-Curie für die Wissenschaft und Picasso für die Kunst, für die Literatur aber zweifellos Jean-Paul Sartre, der zwar der Partei nie offiziell beitrat, ihre Politik aber bis zum Ende der fünfziger Jahre unterstützte und nur gelegentlich kritisierte. (Reichel 1984, 398; vgl. hierzu außerdem Caute 1967 und u. a. die Nummern 9 [Aragon], 29 [Malraux], 33 [Résistance], 42 [Front populaire, Sartre] und 60 [Sartre] der Zeitschrift *Lendemains*.)

Seit einem Kulminationspunkt im November 1946 (PCF als stärkste Partei mit ca. einer Million Mitgliedern und mit 5,5 Millionen Wählern, d. h. 28,3 % der Stimmen) hat der Einfluß des PCF fast kontinuierlich abgenommen; 1986 sank die Stimmenzahl erstmals unter die 10 %-Grenze (s. Tab. 1). Verschiedene Gründe lassen sich für den Rückgang des PCF anführen, obwohl – wie hier zu betonen ist – in Frankreich wie in den eigentlichen Mittelmeerländern auch Leitungsfunktionen von Kommunisten im Gemeinde-, Betriebs-, Gewerkschafts- und Kulturleben eine gewohnte Erscheinung bleiben:

- der von de Gaulle aufgenommene und von diversen Kräften und Medien weiterhin propagierte Antikommunismus seit der Zeit des Kalten Krieges; besonders deutlich ist der Einschnitt nach de Gaulles Machtübernahme (vgl. Tab. 1 und Goguel/Grosser 1976, 100);
- eine zu wenig deutliche „eurokommunistische" Lösung des PCF vom Kurs der Sowjetunion, besonders nach dem XX. Parteitag der KPdSU im Jahre 1956, der den KPs diese – von der KP Italiens genutzte – Chance eröffnete (Baron 1977, 90–92, vgl. hierzu die „Selbstkritik" in Marchais 1985, 10–12; zum „Eurokommunismus" s. Jäger 1980, 73–83);
- die Überalterung der Parteiführung, die schon Ehrmann (1976, 163) im Hinblick auf Thorez betont hatte und die gerade bei einer strikt hierarchisch organisierten Partei zu Anpassungsschwierigkeiten führt; mit anderen Worten: Bilden ganze Gremien aus meist älteren Politikern die Entscheidungsträger, so sind Innovationen schwerer durchsetzbar, als wenn es sich um ältere Einzelpersönlichkeiten – z. B. die Präsidenten de Gaulle und Mitterrand – handelt, die sich mit einem Stab von ausgewählten und darunter auch jüngeren Beratern umgeben;
- die durch viele Ausschlüsse und Austritte aus der Partei signalisierte Schwierigkeit, den traditionellen Marxismus in der Theorie wie in der Praxis den gewandelten Sozialstrukturen anzupassen;
- der *Rückgang der Industriearbeiterschaft* als der eigentlichen sozialen Basis der Partei; allein zwischen 1975 und 1982 ist fast eine Million industrieller Arbeitsplätze verlorengegangen, besonders in Stahlindustrie,

Werften und Bergbau, also traditionellen Bastionen des PCF und der CGT (vgl. 3.5 und Martelli 1985, Morawe 1985) sowie – wohl eher als Oberflächenphänomene –

– die Stimmenübertragungen zugunsten der Sozialisten.

Insofern läßt sich hier eine Parallele zum Niedergang der einst so bedeutsamen, höchst einflußreichen Radikalen Partei ziehen, auch wenn er im Falle des PCF nicht das gleiche Ausmaß angenommen hat. Ein Wiederaufschwung des PCF läge, von der Gegenwart aus gesehen, nur innerhalb einer anderen sozioökonomischen und politischen Konstellation und mit einer sichtlich veränderten Programmatik, Strategie und Führung im Bereich des Möglichen.

Ein *Rückgang des kulturellen Einflusses* des PCF bei den und über die Intellektuellen entspricht diesem Prozeß. Der von Reichel (1984, 400ff.) detailliert dargestellte Vorgang verläuft in mehreren Phasen und hängt mit dem wiederholten Ausschluß divergierender Intellektueller zusammen. Am wichtigsten ist, daß der für die Gegenwart folgenreichste „Paradigmawechsel" nicht bereits im Mai 1968 erfolgte, als der PCF als „Partei der Ordnung" durch sein Verhalten an die Seite de Gaulles trat und so bei vielen Franzosen – vgl. vor allem die beiden gewichtigen und deutlichen Stimmen von Jean-Paul Sartre und Simone de Beauvoir – das Image einer revolutionären Partei verlor. Vielmehr geschah der eigentliche „Paradigmawechsel" erst unter dem Eindruck der französischen Übersetzung von Solschenizyns *Archipel GULAG*. Weitere sowjetische Dissidenten sprachen und publizierten in Paris, und die von der GULAG-Lektüre beeinflußte Totalitarismus-Kritik der *nouveaux philosophes* (u. a. André Glucksmann, Bernard-Henri Lévy, Jean-Marie Benoist, s. das ihnen gewidmete Juni-1982-Heft der Zeitschrift *Dokumente*) verstärkte den Vertrauensschwund gegenüber dem PCF.

Wie stark der kulturelle Faktor zu gewichten ist, muß offenbleiben. In der *Mitgliederstruktur* des PCF jedenfalls dominieren nicht die Intellektuellen (im Unterschied zum PS), sondern die Arbeiter (36%), die einfachen Angestellten (*employés*, 21%) und die Rentner wie auch andere statistisch als *inactifs* bezeichnete Gruppen (27%) – so die Angaben des PCF 1979 (Menyesch/Uterwedde 1982, 167). Um 1970 war der offizielle Arbeiteranteil noch wesentlich höher (60%), der Anteil der *employés* etwas geringer (18,5%, Borella 1973, 177); demnach würde der Arbeiteranteil zur Schrumpfung um fast die Hälfte, die Ausdehnung unter den *employés* aber nur zu einer mäßigen Steigerung tendieren.

Von den für 1982 angegebenen 710000 Mitgliedern – Ende 1984 gemäß

Marchais 1985, 83, nur noch 608543 – zahlten nach Ph. Robrieux lediglich ca. 200000 ihre Beiträge (*Quid* 1985, 610); auch Kempf schätzte die „tatsächliche“ Mitgliederzahl auf 150000 bis 200000 (1983a, 35). Für 1985 wurden 608000 Mitglieder, davon nur 104000 als beitragzahlende, gemeldet (Quid 1989, 709). Nach „revidierten“ Angaben der Partei wurden daraus für 1985 352000, 1988 aber gleich 702864, darunter 54% Berufstätige ... (Quid 1995, 773). Die *Wählerstruktur* weist entsprechende Rückgänge auf, selbst in den traditionellen Hochburgen des PCF: dem Industriegebiet der *région du Nord,* der industrialisierten «ceinture rouge» um Paris (vgl. Fallstudie zu Ivry-sur-Seine von Lojkine/Viet-Depaule 1984), aber auch der Mittelmeerküste, deren Winzer, Kleinbauern und Landarbeiter ihrem Protest gegen Absatzschwierigkeiten und zentralistische Überfremdung oft durch ein PCF-Votum Ausdruck verliehen.

Angesichts der Mitglieder- und Wählerkrise strebte der PCF zwar eine stärkere Verankerung unter den *travailleurs immigrés* an (vgl. Marchais 1985, 73f.). Doch geschah dies unter *Einhaltung des „rechten Maßes“*: Der „heimliche Rassismus“ in Frankreich bzw. die weitverbreiteten Vorbehalte gegen die ausländischen Arbeiter verboten dem PCF hier ein exzessives Engagement. Erst seit 1987/88 tritt der PCF stellenweise massiver für die Rechte der «immigrés» ein – sei es aus humanitärem Engagement, sei es mit dem Mut des Verzweifelten, der infolge des Wählerrückgangs nur noch wenig zu verlieren hat. Die in Frankreich sehr bekannten Aktivitäten der Bewegung «S.O.S. Racisme» haben den Umschwung zugunsten der «immigrés» zweifellos stimuliert.

Zur *Parteiorganisation* nach dem Leninschen Prinzip des „demokratischen Zentralismus“ s. Goguel/Grosser 1976, 103 und Jäger 1978, 50–54. Zu unterscheiden ist zwischen dem theoretischen Bekenntnis zum von der Parteispitze aus wahrgenommenen Willen der in demokratischen Abstimmungen zustande gekommenen Mehrheit (so zuletzt Marchais 1985, 86f.) und der Praxis, daß zwar in den *Parteizellen* der Wohnorte und Betriebe freie Diskussionen stattfinden, aber in den *höheren Organisationsniveaus* (*départements,* Parteitag, Zentralkomitee) die Leitungs- und Kontrollfunktionen jeweils „von oben aus“ wahrgenommen werden, d. h. letztlich vom *Politbüro* (21 Mitglieder) aus gesteuert werden. Hier aber besteht – ähnlich wie in der ehemaligen KPdSU und in den höchsten Entscheidungsebenen der katholischen Kirche in Rom wie in Frankreich – eine schon Jahrzehnte währende Tendenz zur Gerontokratie.

Abschließend seien knapp die wichtigsten Gründe dafür festgehalten, daß dem PCF trotz seines Rückgangs eine noch immer weit höhere Bedeutung als z. B. bis 1989 der bundesrepublikanischen DKP zukommt:

- stärkere Sozialkonflikte in Frankreich – ähnlich wie in Spanien, Portugal, Italien, Griechenland – wegen einer jahrzehntelang extrem ungleichen Einkommens-, Besitz- und Steuerlastverteilung, verbunden mit einer erst in der Mitte unseres Jahrhunderts einsetzenden „Vollindustrialisierung“ (s. Kap. 3 und 4 sowie Ehrmann 1976, 163);

- von vornherein größere Bedeutung als Mehrheit in und nach dem Spaltungsparteitag von Tours, als unterstützende Kraft der Volksfront, als *Résistance*-Partner;
- andere geopolitische Situation Frankreichs; Grenzlage der Bundesrepublik und massiver Antikommunismus seit der Ära Adenauers;
- „revolutionär-demokratische Tradition" Frankreichs;
- gute Verbindung zur größten französischen Gewerkschaft CGT bzw. vor 1936 zur *CGT unitaire* als „Transmissionsriemen" der PCF-Politik (Schmidt u. a. 1981, 117); den bundesdeutschen Kommunisten hingegen fehlte aus den vorgenannten Gründen und angesichts der Geschlossenheit des DGB-Apparats (i. U. zur gewerkschaftlichen Zersplitterung Frankreichs) jede Möglichkeit einer ernstzunehmenden Einflußnahme auf die gewerkschaftliche Aktionsbasis.

Die Präsidentschaftswahlen 1988 führten zu einem äußerst enttäuschenden Ergebnis für den PCF: Sein Kandidat André Lajoinie erhielt am 24. 4. 1988 lediglich 6,76% der Stimmen. Bei den folgenden Parlamentswahlen verzeichnete der PCF jedoch einen leichten Aufschwung, mit 11,32% Stimmenanteil im ersten Wahlgang. Ein Teil der innerparteilichen Kritiker wandte sich jedoch vom PCF ab, unterstützte im Präsidentschaftswahlkampf einen Konkurrenten Lajoinies, Pierre Juquin (dieser bekam 2,10% der Stimmen, Näheres s. Bock 1988, 80), und gründete im Dezember 1988 mit Trotzkisten und linken *écologistes* die Partei «Nouvelle Gauche». Sie blieb aber marginal. Allen Unkenrufen zum Trotz hat der PCF – aus den oben genannten Gründen – sogar den Zusammenbruch des Kommunismus im Osten Europas überlebt. Er präsentiert sich jetzt als moralische Kraft (angesichts der Finanz- und Korruptionsskandale in Frankreichs politischer Landschaft) mit demokratisch-pluralistischen Zielen. Der Wählerstimmenanteil der PCF hielt sich bisher bei ca. 8 bis 9% (s. Tab. 1).

2.8 Weitere Parteien in Frankreich

Im Blick auf die übrigen Linksparteien, die an Wahlen teilnehmenden ökologischen Bewegungen, den *Front National,* die *divers droite* und die politischen Clubs, die für die Genese und Entwicklung bestimmter Parteien und Parteiengruppen wesentlich sind, zeigen sich weitere charakteristische Züge und Veränderungen im politischen Leben Frankreichs.

2.8.1 Weitere Linksparteien

Unbedeutend geworden sind inzwischen – im Unterschied zu den Jahren um 1968 – die trotzkistischen und maoistischen Parteien (s. Schmidt u. a. 1983, 31 f., 52, 129 f., 172, 238). 2,06 % der Stimmen erhielt z. B. die von Arlette Laguiller angeführte Liste der trotzkistischen *Lutte ouvrière* bei den Europawahlen 1984, 2,3 % erhielt sie bei den Europawahlen 1994. Im ersten Wahlgang der Präsidentschaftswahl 1995 konnte sie sich jedoch, wohl wegen des Anwachsens der Sozialkonflikte, auf 5,3 % steigern. – Der PSU (s. unter 2.6), dessen Ideen und Konzepte bis Ende der sechziger Jahre die Diskussion in der gesamten nichtorthodoxen Linken stimulierten, löste sich 1990 auf (vgl. Abb. 20). (Zum PSD, der „zentristischen" Abspaltung vom PS, s. 2.5.4.)

2.8.2 Ökologische Parteien

Die ökologischen Bewegungen und Parteien Frankreichs litten darunter, daß die großen Linksparteien im Unterschied zum *programme commun* von 1972 längst für die Kernkraftwerke und die *force de frappe* eintreten, mit der Zielvorstellung einer Unabhängigkeit Frankreichs in seiner Energieversorgung und Verteidigung, und daß die Linksparteien für eine „wirtschaftliche" Realisierung nationaler Prestigevorhaben (z. B. große Staudammprojekte, Autobahnenausbau, TGV = *trains à grande vitesse*) auf Kosten des Umweltschutzes votieren. Hier fanden sie also – im Unterschied zu den deutschen Grünen bei der SPD (und verdeckt gelegentlich sogar bei FDP und CDU) – aufgrund des *„patriotischen" Erbes in allen großen Parteien Frankreichs* keinerlei Unterstützung für ihre Anliegen. Erst 1985 begann unter dem Einfluß von Konsultationsgesprächen mit den deutschen Sozialdemokraten (vgl. 2.9.3) ein Prozeß des „Umdenkens" im *Parti socialiste.* Darüber hinaus hat die Sensibilisierung für den Umweltschutz in Frankreich jahrelang in geringerem Maße als in der Bundesrepublik zugenommen. Für eine wichtige und besonders vordringliche Aufgabe hielten ihn im März/April 1986 nach der Umfrage der EG-Kommission 84 % der Bundesbürger. Sie rangierten damit nach Italien (86 %) an zweiter Stelle der EG-Skala; ganz an deren Ende standen die Franzosen mit 59 %. Das hat einerseits *strukturelle Gründe*: Frankreich besitzt bei weniger Einwohnern eine weit größere Fläche – zudem mit einem schmaleren Bewaldungsanteil – als die Bundesrepublik (F. 1986: 55,4 Mio. E., 547 026 km^2 = 101,3 E. je km^2; D. 1986: 61,1 Mio. E., 248 678 km^2 = 245,9 E. je km^2). Selbst die deutsche Einigung hat *dieses* Verhältnis nur wenig gewandelt (F. 1990: 56,6 Mio. E., 551 700 km^2 = 102 E. je km^2, D. 1990: 79,7 Mio. E., 356 945 km^2 = 223 E. je km^2).

Aber auch *kultur- und geistesgeschichtliche* Gründe dieser geringeren Sensibilisierung sind zu nennen: Der Naturkult Goethes und der Romantik, eine auch hiervon beeinflußte bürgerlich-antibürgerliche „alternative" Lebensreform- und Jugendbewegung bereits seit Ende des 19. Jahrhunderts und verwandte Traditionen haben in Frankreich nie in diesem Maße existiert. Es scheint, als sei in Frankreich nach dem Industrialisierungsschub der sechziger Jahre eine naive Fortschritts- und Wachstumsgläubigkeit weit verbreitet – und das Vertrauen in den Staat und seine Fähigkeit rationaler Bewältigung der Umweltprobleme nahezu unerschütterlich. Entsprechend reduziert oder sogar verzerrt wirkt die Information über ökologische Probleme in den französischen Medien (vgl. Keller 1986). Hat sich daran viel geändert? Wer auf Berichte zu dieser Thematik achtet, kann sie mittlerweile gelegentlich lesen bzw. sehen – jedoch mit Sicherheit seltener als in den deutschen Medien. Auch der Sinneswandel im Erziehungswesen verläuft in Frankreich sehr langsam (Große/Rappenecker 1991, 38).

Neben diese noch immer weit verbreitete Fortschritts- und Staatsgläubigkeit traten die starken traditionellen *Rechts-Links-Konflikte* (trotz der Tendenz zur Mitte): Sie ließen für ökologische Parteien wenig Raum. – Hinzu kommt die *politische Zersplitterung* der französischen *écologistes.* Auch bei den Europawahlen 1984 konnte man sich nicht auf eine gemeinsame Liste einigen. Daher verfehlten die französischen *écologistes* – im Unterschied zu den deutschen Grünen – den in dieser Verhältniswahl bereits möglichen Sprung ins Europaparlament. Das aber hat ihnen damals sehr geschadet.

Die 1984 gebildete Partei «Les Verts» besitzt lediglich ca. 6000 Mitglieder (Quid 1995, 777). Da ihre Mitgliederzahl also äußerst niedrig ist und sie kaum andere Quellen als die Beiträge zur Verfügung haben, leiden die französischen Grünen unter gravierendem Geldmangel. Das schränkt ihre Werbungsmöglichkeiten stark ein. Die (sehr begrenzten) Parteienfinanzierungsgesetze von 1988 und 1990 sowie deren Neuregelung 1991 haben diese Lage der *Verts* kaum verbessert, zumal sie nur die Wahlen zur Assemblée nationale (Mehrheitswahlrecht) betreffen und die dort vertretenen Parteien privilegieren.

Bei den *elections municipales* von 1989 erreichten die französischen Grünen in einer Reihe von Städten über 10% der Wählerstimmen, in den Europawahlen 1989 sogar landesweit 10,6%. Auch bei den Regionalwahlen vom 22. 3. 1992 erhielten sie 6,8% bzw. mit einigen «divers écologistes» 7,5% der Stimmen; hinzu trat die 1990 gegründete, mit ihnen konkurrierende «Génération Écologie» um den – anschließend aus der Regierung ausgetretenen – Umweltminister Brice Lalonde mit 7,1% der Stimmen. (Letztere hat nach Quid 1995, 770 z. Zt. 3700 Mitglieder.) Nach diesem Erfolg bei den Regionalwahlen (insgesamt ja 14,3%) kam es zu einem Wahlbündnis für die Parlamentswahlen 1993, deren Ergebnisse für die *écologistes* jedoch äußerst enttäuschend waren (zus. 7,70% im 1. Wahlgang, davon *Verts* 4,05, *GE* 3,65%). Nach gegenseitigen Schuldzuweisungen ging man die Europawahlen 1994 wieder getrennt an, mit noch geringerem Erfolg (*Verts* 2,95%, *GE* 2,01%): der Wiedereinzug ins Europaparlament wurde verfehlt. Bei den Präsidentschaftswahlen schließlich traten sogar drei ökologische Kandidaten an. Doch selbst die grüne Kandidatin Dominique Voynet brachte es nur auf 3,32 % – eine bittere Enttäuschung für die *Verts*. Gewiß trägt die Zersplitterung zu den Mißerfolgen bei, aber auch die genannten allgemeinen Faktoren müssen beachtet werden. Knapper gesagt: Die Situation der *écologistes* ist wegen des französischen Zentralismus und der Wahlrechts- und Jurisdiktionsunterschiede gegenüber der Bundesrepublik (Große/Rappenecker 1991, 18f.) wesentlich schwieriger als die der deutschen Grünen.

Die bisher strikt basisdemokratischen *Verts* haben sich bereits eine Parteistruktur geschaffen; sie situieren sich größtenteils außerhalb des Links-Rechts-Gegensatzes. Die von versierten Politprofis aus früher anderen Lagern unterstützte GE dagegen neigt insgesamt mehr zur „Linken" (trotz entschiedener Ablehnung des *basisme*, d. h. der Basisdemokratie); die in ihren Strukturen ohnehin rudimentäre Partei erscheint nun zersplitterter denn je (Fuchs/Scholze 1995). Angesichts dieser Gegensätze wie auch des Fehlens einer breiten Stammwählerschaft sind die Zukunftsaussichten der *écologistes* nicht eben rosig. Sie könnten allerdings als neue Kräfte und „potentielle Mehrheitsbeschaffer" sowohl vom PS als auch von der moderaten Rechten (der UPF) umworben werden, wie dies schon 1989–1993 geschah.

2.8.3 *Front national*

Die rechtsextreme Partei *Front national* (FN) verbuchte bereits 1984 bei der Europawahl einen großen Erfolg. Mit 10,98 % der Stimmen und zehn Abgeordneten wurde sie zur *viertstärksten Partei* (da RPR/UDF mit einer gemeinsamen Liste antraten). 1986 konnte sie sogar die französische KP übertreffen (vgl. Tab. 1). Im Hintergrund dieser spektakulären Erfolge des FN stand die Polemik gegen die *„Überfremdung"* Frankreichs, d. h. gegen die Vielzahl von Ausländern und „Gastarbeiterfamilien" namentlich nordafrikanischen Ursprungs in einer Zeit steigender *Arbeitslosigkeit*. Insofern hat der FN ein anderes Profil als die kleinbürgerliche Protestbewegung der *Poujadistes* (s. Kempf 1989, 170), auch wenn Le Pen und manche seiner Anhänger einst in deren Reihen mitwirkten (vgl. Abb. 20).

Mit der Behauptung, die „Gastarbeiter" nähmen den Franzosen die rarer gewordenen Arbeitsplätze weg, erzielte der FN Einbrüche nicht allein im „rechten", sondern auch im „linken" Wählerpotential. Wirkungsvoll war weiterhin die Kampagne gegen die *Kriminalität* (die Ausländerkriminalität „werbewirksam" eingeschlossen), d. h. für eine Verschärfung des Strafvollzugs. So wünschen z. B. 88 % der rechtsextremen Wähler die Wiedereinführung der unter Mitterrand aufgehobenen Todesstrafe. Und schließlich: Mit der Polemik gegen die «bande des quatre» appellierte der FN erfolgreich an ein weit verbreitetes Mißtrauen gegenüber den vier etablierten „Parteien“ (RPR – UDF – PS – PCF) und ihren Politikern. Die Ansicht, «qu'une fois élus les hommes politiques oublient leurs promesses», genießt breite Zustimmung auch außerhalb der Wählerschaft des *Front national*.

„Der heimliche Rassismus, der im republikanischen Frankreich stärker verbreitet ist, als viele wahrhaben möchten, hat in Le Pen ein verführerisches Sprachrohr gefunden“, urteilt Kolboom (1984, 230). Bei den Europawahlen 1989 erzielten die Anhänger Le Pens 11,7 %, bei den Regionalwahlen 1992 sogar 13,9 % – mit einem besonders hohen Anteil unter den Angestellten und Arbeitern und der höchsten Stammwählerquote unter allen Parteien (72 %: seit Monaten zu diesem Votum entschlossen, dazu 11 %: seit Wochen, s. Libération 24. 3. 1992, 4). Daß der FN eine stabile Anhängerschaft hat und mittlerweile einen festen Faktor in Frankreichs politischem Leben bildet, können selbst seine entschiedensten Gegner nicht mehr leugnen.

Nach Angaben des FN stieg die Mitgliederzahl zwischen 1976 und 1984 von 7000 auf etwa 25 000 und schließlich ab 1988 auf über 100 000 (Quid 1985, 607; Quid 1995, 769). Seine Wählerhochburgen hat er in den Großstädten, die auf dem Hintergrund der zunehmenden Arbeitslosigkeit von den Problemen der Einwanderung und der Kriminalität besonders betroffen sind (z. B. 1984: Paris 15 %, Lyon 17 %, Marseille 21 %). Marseille ist *das* Studienobjekt in der sehr bekannt gewordenen Arbeit von Loch (1990, ^{2}1991) über den FN. Regionale Schwerpunkte besitzt er in den stärker von der *immigration* gekennzeichneten Gebieten der Mittelmeerküste, des Südostens und der Ile de France. Auch für die Parlamentswahlen von 1986 läßt sich eine auffällige Konkordanz zwischen *immigration*-Ziffern und Wahlerfolgen des FN nachweisen (Le Nouvel Observateur 4. 4. 1986, 28 f.; zur Biographie des Parteigründers Le Pen s. de Weck 1986).

Bei den Präsidentschaftswahlen 1988 erzielte der FN erstmals Einbrüche in ländlichen Gebiete (besonders deutlich im Elsaß mit über 20 % der Stimmen). Es gelang Le Pen, mit seinen Warnungen vor dem Europäischen Binnenmarkt als «Waterloo pour la France» verunsicherte Landwirte und Gewerbetreibende anzusprechen. Im zweiten Wahlgang scheiterte Chirac besonders deshalb, weil er weder dem Druck seines zuvor unterlegenen Konkurrenten Barre (klare Distanzierung vom FN) noch den Forderungen des FN entsprechen wollte (s. Le Monde 26. 4. 1988 und Kempf 1988, 108). Das kostete ihn Stimmen aus beiden Lagern, vor allem aber dem der „Lepenisten“. Hier hat der FN indirekt – bei den Auseinandersetzungen in den bürgerlichen Parteien – wie auch direkt eine Schlüsselrolle gespielt. Der Rückgang des FN in den folgenden Wahlen bewirkte, daß die für den RPR und die UDF unangenehme Bündnisfrage vorläufig ihre Dringlichkeit verloren hat – im Unterschied auch zu 1986: Damals erreichten die „Bürgerlichen“ z. B. in fünf Regionalparlamenten nur mit FN-Hilfe eine Mehrheit bei den Wahlen der *présidents*. 1992 erteilte das RPR-UDF-Bündnis jedem Zusammengehen mit dem FN eine rigorose Absage. Diesen Kurs behielt es bei den *législatives* 1993 und danach bei; der FN erreichte hier 12,5 % der Stimmen im ersten Wahlgang, jedoch wegen des Mehrheitswahlrechts keinen einzigen Abgeordnetensitz in der Nationalversammlung. Auch bei den Präsidentschaftswahlen 1995 blieb die FN-Wählerschaft ganz deutlich konstant, ja sie stieg sogar mit genau 15 % der Stimmen für Le Pen im ersten Wahlgang. Le Pens Schwerpunkte liegen nun noch deutlicher als zuvor in den bevölkerungsreichen Zonen der gesamten Osthälfte Frankreichs, von den *départements* Nord und Oise über die *banlieues* der Rhonefurche bis zum Mittelmeer (s. Le Monde dossiers et documents: L'élection présidentielle de 1995, Karten S. 44 und 68). Erstmals stellt der FN aufgrund der Kommunalwahlen vom Juni 1995 auch *mehrere* Bürgermeister: in der Hafenstadt Toulon, in Marignane bei Marseille und Orange im Rhonetal. (1989 war es nur das Städtchen Saint-Gilles.) Er hätte noch mehr Städte „eingenommen", hätten sich nicht die traditionellen Parteien – dort klüger – in letzter Minute auf „Anti-FN-Listen" für den zweiten Wahlgang einigen können. Und die Zahl seiner Gemeinderatssitze (bisher 1100) hat der FN nun verdreifacht. Nichts zeigt deutlicher sein zunehmendes Gewicht an der Basis.

Als tieferer Grund der Erfolge des *Front National* läßt sich die verbreitete Angst vor gesellschaftlichen Umbrüchen und damit die Sehnsucht nach einem mythischen „heilen Frankreich" anführen. Darauf weisen auch wohlüberlegte Wahlparolen wie «Français, libérons la France!» (Benoit/Benoit/Lech 1986, 210) und rednerische Kreuzzüge gegen die *immigrés* oder gegen ein *Empire de l'Europe* hin. Mit ihnen kann der FN zahlreiche Protestwähler gewinnen. Hinzu kommt der Vertrauensverlust der Bevölkerung gegenüber den etablierten Parteien und die Unfähigkeit der moderaten Rechten, ihr wirkliche Alternativen zur „sozialistischen" Politik seit 1988 aufzuzeigen. – Mitterrand hatte dem FN die Rolle zugedacht, „Störfaktor im Lager des Gegners" zu sein, und zwar besonders ersichtlich mit Einführung des Verhältniswahlrechts bei den *législatives* 1986, das dem FN damals prompt 34 Abgeordnete in der Nationalversammlung bescherte. Dieser Präzedenzfall wird immer wieder angeführt. Die italienische Tageszeitung La Repubblica (24. 3. 1992, 4) hat in diesem Zusammenhang eine hochinteressante Umrechnung veröffentlicht. Sie betraf die Ergebnisse der Regionalwahlen, die gerade stattgefunden hatten (genauer: die Umfrageergebnisse unmittelbar *vor* den Wahlen). Wäre damals die Nationalversammlung nach dem gleichen *Verhältniswahlrecht* gewählt worden, so hätte der *Front National* 89 der 555 Abgeordnetensitze erhalten. Das *Mehrheitswahlrecht* dagegen hätte ihm aller Wahrscheinlichkeit nach nur zwei Sitze verschafft. Dies erklärt, warum sowohl RPR und UDF als auch fast alle Sozialisten ein *scrutin proportionnel* für die Wahlen zur Nationalversammlung zurückweisen und warum sie auch seine dosierte Mischung mit dem *scrutin majoritaire* (von Mitterrand zeitweise wieder in die Debatte geworfen) entschieden ablehnen.

2.8.4 *Divers droite, divers gauche*

Bezeichnend für das französische politische Leben ist weiterhin die Bedeutung der *divers droite.* Man versteht darunter parteilose Lokalpolitiker der „Rechten", die aufgrund ihrer Bekanntheit auf eigene Faust bei Gemeinde-, Kantonal-, Regional- oder selbst nationalen Wahlen kandidieren. Diese *divédés* erhielten bei den Kantonalwahlen 1979 10,3 % der Stimmen, 1982 12,95 %, 1985 sogar 14,6 %, 1988 immerhin 11,5 %: Je enger sich RPR und UDF zusammenschließen, desto größer wird ihre Chance als Outsider und Wahlalternative, zumal sie als „Unabhängige" auch Stimmen von der Linken erhalten. Nur die Verwaltung bzw. die offizielle Statistik stuft sie, gelegentlich gegen ihren Willen, als *divers droite* ein. In der *Assemblée nationale* fungieren sie als *«apparenté au groupe RPR»* bzw. *«apparenté au groupe UDF».*

Gesunken ist hingegen die Bedeutung der *divers gauche.* Durch das strukturierte Parteiensystem der V. Republik wurde ihre Wählerschaft während der siebziger Jahre weitgehend von den Sozialisten (regional auch vom MRG, s. 2.5.3) oder von UDF-Parteien (u. a. dem PSD, s. 2.5.4) aufgesogen. So sank ihr Anteil bei den Kantonalwahlen. Dementsprechend gelangten 1985 von den Kandidaten der *divers gauche* nur 59 in die *conseils généraux,* dagegen 425 *divers droite* (Höhne 1985, 145). – Bei den Regionalwahlen 1992 war das Stimmenverhältnis 2,5 % div. g.: 4,5 % div. d., bei den Kantonalwahlen 1994 5,4 % zu 13,8 %.

2.8.5 Politische *clubs*

Eine Möglichkeit zur Teilnahme am politischen Leben ohne direkten Parteieintritt bieten weiterhin die *clubs,* welche sowohl im Umkreis der Sozialisten und der *radicaux de gauche* existieren als auch relativ nahe des RPR *(Club de l'Horloge, Club 89)* oder der UDF (s. 2.5.4) beheimatet sein können. Diese flexibel organisierten Diskussionszirkel, aus denen Aktionsgruppen werden können, veranstalten auch Schulungskurse, Arbeitstagungen, interne Vorträge und geben eigene Zeitschriften heraus. Wie einer der Namen *(Club 89)* sagt, blühte das Phänomen in der Großen Revolution auf; es war im England und Frankreich des 18. Jahrhunderts aufgekommen. Die *clubs* sind eigentlich Vorläufer linksgerichteter Honoratiorenparteien; so standen dem *Club des Jacobins* andere, z. T. „gemäßigtere" *clubs* gegenüber. Neue Blütezeiten waren die 1848er Revolution, die Zeit der Commune und z. T. die Epoche zwischen den beiden Weltkriegen. Nach einer längeren Pause lebten die *clubs* ab 1951 wieder auf, zunächst „aus Unzufriedenheit mit der politischen Linie des *Parti Radical* oder der SFIO; ab 1958 lautete das Ziel, eine Alternative zum Gaullismus vorzuschlagen und vorzubereiten" (Kowalsky 1983, 82). Ihr Fortleben verdanken sie dabei einerseits dem Ansehen der republikanischen Revolutionen (so nannte sich z. B. der 1951 von Charles Hernu – Verteidigungsminister 1981–1985 – gegründete, inzwischen eingeschlafene Zirkel *Club des Jacobins*), andererseits der Möglichkeit einer Einflußnahme auf die Parteien. Es ist z. B. bekannt, daß sie bei Mitterrands Präsidentschaftskandidatur 1965, bei der Gründung des *Parti socialiste* 1969, seiner Erweiterung 1971, aber auch bei der Gründung des *Parti républicain* 1977 eine wesentliche Rolle gespielt haben (Schmidt u. a. 1981, 143 und 145). Wie das letzte Beispiel zeigt, führten die Erfolge linker *clubs* bei der Kaderrekrutierung und Strategievorbereitung der Parteien zum Aufblühen ähnlich ausgerichteter *clubs* im Umfeld der Giscardisten. Giscard d'Estaing selbst hatte z. B. 1965/66 die *Clubs Perspectives et réalités* ins Leben gerufen. Als letzte zogen die gaullistischen Tendenzen nach, u. a. mit dem elitären, 1974 offiziell von hundert jungen *«énarques»* und *«polytechniciens»* (vgl. 5.3.1) gegründeten *Club de l'Horloge*, der ideologische und strategische Gegenoffensiven zum PS und zu sozialistisch orientierten *clubs* vorzubereiten hilft. Hier ist jedoch die Wechselwirkung zu betonen: Die *clubs* fördern die Parteien und bereiten Parteienbündnisse zur Herrschaftsgewinnung oder -erhaltung vor. Sie dienen dabei besonders als programmatisch-strategische „Ideen-Labors" und als Instrumente zur Rekrutierung politischer Begabungen (Fabre-Rosane 1984, 53f.). Ebenso fördern aber auch Politiker und Parteien die *clubs*, zur Gewinnung einer „Hausmacht" oder eines Werkzeugs zur Propagierung ihrer Ziele in gebildeten und einflußreichen Kreisen.

2.9 Zum Vergleich zwischen französischem und bundesdeutschem Parteiensystem

Auf mehrere Parallelen und Unterschiede wurde schon hingewiesen. Im Rahmen dieser Einführung können zwei vergleichende Skizzen genügen. Sie gehen von zwei Kriterien aus: 1. den Systemwandlungen, 2. der Zuordnung und Zusammenarbeit der Parteien in dem seit 1979 existierenden Europaparlament. Zu weiteren Gesichtspunkten s. Jäger 1980 und Große 1987.

2.9.1 Wandlungen der Parteiensysteme

In beiden Staaten verläuft die Entwicklung vom Vielparteiensystem unmittelbar nach dem Zweiten Weltkrieg zur Konzentration, zur Reduzierung. Dies gilt, wenn man nicht nach der Zahl der vorhandenen Parteien fragt, sondern nach „ihrer realen Möglichkeit des Zugangs zur politischen Macht" und damit nach ihrer Fähigkeit, durch Wahl- und Koalitionsabsprachen in die direkte Regie-

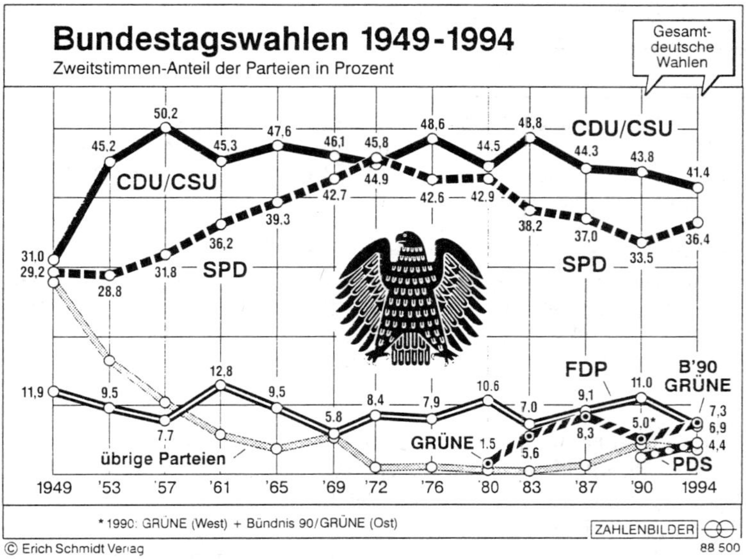

Abb. 21: Der Weg der Parteien bei den Bundestagswahlen.
(Prozentanteile der Zweitstimmen)

rungsverantwortung zu gelangen (Schlangen 1977, 124). Nach dieser *qualitativen* Sichtweise steht dem dargestellten *mehrfachen Systemwandel in Frankreich* eine erstaunliche *Kontinuität in der Bundesrepublik* gegenüber. Sie läßt sich bereits aus der Konstanz der großen Parteien in Abb. 21 ablesen.

Diese Kontinuität hat verschiedene Gründe.

Das Scheitern der Weimarer Republik und ihrer Parteienvielfalt bewog die bürgerlichen Kräfte zu größeren Zusammenschlüssen. So bei der CDU/CSU; der Name „Union" betonte ihren überkonfessionellen Charakter. Die CDU stand zwar in der Tradition des Zentrums, integrierte aber protestantische Kräfte und sog kleinere bürgerliche Parteien zunehmend in sich auf. Ebenso gewann die zu großen Teilen aus der Bayerischen Volkspartei hervorgegangene CSU mehr und mehr die Wähler und Anhänger der Bayernpartei. Auch die FDP entstand aus einem Zusammenschluß, der 1948 erfolgte. In ihm verband sich eine vor allem im Süden beheimatete fortschrittlich-linksliberale Tradition der Deutschen Demokratischen Partei mit stärker altliberal-konservativ orientierten Gruppierungen, die vorwiegend im Norden Deutschlands verwurzelt waren, u. a. der rechtsliberalen Deutschen Volkspartei. Bereits diese Zusammenschlüsse bewirkten eine wachsende Konzentration auf wenige Parteien. Die KPD, anfangs noch im Bundestag vertreten, verlor durch den Kalten Krieg und den ver-

Tab. 2: Mitgliederzahlen deutscher Parteien (mit Frauenanteil in %)

	1987	1991	1993
SPD	910063 (25,9% Fr.)	920618 (27,3% Fr.)	861480 (27,9% Fr.)
CDU	718590 (22,2% Fr.)	655200 (22,9% Fr.)	675783 (25,0% Fr.)
CSU	184565 (14,0% Fr.)	186197 (15,3% Fr.)	177289 (15,7% Fr.)
FDP	64756 (24,0% Fr.)	178625 (o. %-Ang.)	91472 (27,3% Fr.)
Grüne	43543 (o. %-Ang.)	42142 (o. %-Ang.)	40686 (o. %-Ang.)

(Aus: Haefs 1988, 175f.; Fischer Weltalmanach 1992, 310f., darin nur Angaben für FDP *mit* neuen Bundesländern, ebd.: PDS ca. 250000, Bündnis 90/Grüne (Ex-DDR) ca. 110000; Fischer-Weltalmanach 1995, 185ff., darin Zahl für Bündnis 90/Die Grünen vom 4. 5. 1994; PDS: 132600, davon in den alten Bundesländern 1200)

breiteten Antikommunismus viele Stimmen, die der SPD zugute kamen. So wurde die SPD in ihrem Anspruch bestärkt, die alleinige Repräsentantin der Arbeitnehmerinteressen auf Bundesebene zu sein.

Der Abb. 21 ist ein kontinuierlicher Stimmenzuwachs für die SPD von 1957 bis 1972 abzulesen. Darin kommt, nach den klaren Siegen der CDU/CSU 1953 und 1957, die Anpassung der Sozialdemokraten vor allem mit dem Godesberger Programm (1959) an die Marktwirtschaft und an die Westintegration der Bundesrepublik zum Ausdruck. Auch die SPD wurde zu einer von bürgerlichen Schichten gewählten Volkspartei. Diese Beseitigung der Asymmetrie zwischen Unionsparteien und Sozialdemokraten wurde an der Regierungsbeteiligung der SPD sichtbar: zunächst in der Großen Koalition mit der CDU/CSU (1966–69), danach in der sozialliberalen Koalition mit der FDP (1969–82). Zu dieser Mehrheit auf Bundesebene konnte die CDU/CSU allerdings durch ihre wachsende Mehrheit in den Ländern und im Bundesrat ein Gegengewicht bilden, das oft zu *Allparteienkompromissen* führte. Diese „Stagnation" im Zusammenhang mit der Wirtschaftskrise, der wachsenden Staatsverschuldung und anderen Faktoren führte zu Stimmenverlusten der SPD und einem erneuten Aufschwung der CDU/CSU.

Ihren Höchststand in den Mitgliederzahlen hatte die SPD 1976 (1022000) erreicht. Danach erlitt sie eine Austrittswelle, z. T. auch zugunsten der Bürgerinitiativen und später der Grünen. Dennoch blieb sie die traditionell mitgliederstärkste Partei. Vgl. die Tabelle 2, welche generell die höheren Mitgliederzahlen deutscher Parteien im Vergleich zu Frankreich (sowie eine etwas stärkere Partizipation der Frauen) zeigt, aber z. T. auch einen Abnahmetrend verdeutlicht.

Besonders auffällig in der vorangehenden knappen Skizze der Entwicklung des bundesdeutschen Parteiensystems ist die Tatsache, daß der SPD erst durch die „Anpassung zur *Mitte*" der Gewinn der Regierungsmacht gelang. Betrachtet man nur die V. Republik, so verzeichneten die französischen Sozialisten ab 1972 durch ein *Links*bündnis bzw. durch Wahlabsprachen mit dem PCF zunehmende Erfolge, bis sie – nun ohne ein solches Bündnis – 1981 die Macht errangen. Dieser Unterschied widerspiegelt die stärkeren *Sozialkonflikte* im erst seit de Gaulle und Pompidou voll industrialisierten Frankreich und die in diesem Spannungsfeld zusätzlich durch das *Mehrheitswahlrecht* polarisierte politische Kultur. Weiteres zum Vergleich SPD – PS s. Wiede-Bouvier 1993.

Mit seinem Kurswechsel seit 1982 steuerte der PS in die vieldiskutierte und häufig genug negierte Richtung eines „Bad Godesberg“: Er holte nach, was die SPD gegen viele innere Widerstände schon 1959 vollzog. 1991 verkündete der PS diesen Wechsel offiziell (s. 2.6). So ergibt sich für das französische Parteiensystem z. Z. die schematisierte Grundstruktur

PCF – Parteien der „Mitte“ – FN
PS | UDF – RPR

(vgl. Abb. 18, Abs. 2.5 und 2.8.3). – Auf die noch sehr unsichere Rolle der *centristes* (s. 2.5.2) und der *écologistes* (s. 2.8.2) als möglichen Koalitionspartnern oder doch „Mehrheitsbeschaffern“ muß in diesem Zusammenhang nochmals hingewiesen werden.

Für die Bundesrepublik gilt eine reduzierte Struktur. Fungierte bisher die FDP als „dritte Kraft“ und Korrektiv zum Machtmonopol einer Partei, so tendiert dieses De-facto-Zweiparteiensystem seit dem Aufkommen der Grünen und ihrem erneuten Regierungsbündnis mit der SPD in Hessen zu einem labilen Zwei-Blöcke-System, in dem die Grünen kaum mehr (wohl dagegen die SED-Nachfolgepartei PDS) eine Außenposition gegenüber den etablierten Parteien einnehmen:

Parteien der „Mitte“
PDS Grüne – SPD | FDP – CDU/CSU

In seiner *relativen Position* im Parteiensystem ist dabei der RPR aufgrund der Existenz des *Front national* deutlicher „rechts in der Mitte“ angesiedelt als z. B. aus grüner, sozial- oder freidemokratischer Optik die CSU.

Eine neue Entwicklung hat sich bei den Grünen angebahnt. In ihrer Duisburger Bundesversammlung vom 3.–5. 3. 1989 entschieden sie sich für einen Kurs der Koalitionsbereitschaft (mit der SPD). Innerhalb der drei wichtigsten Strömungen (Fundamentalisten, Realpolitiker, undogmatischer und zur Blocküberwindung angetretener „Grüner Aufbruch“) bildete sich eine Allianz der zwei letzteren heraus. Damit endete eine mehrjährige Epoche dominant fundamentalistischer, gegen Koalitionen und Regierungsmitverantwortung gerichteter Tendenzen. Näheres s. Raschke, 1993, 575–591 und 917. Nach dem Debakel der West-Grünen bei der Bundestagswahl 1990 traten die Fundamentalisten im Mai 1991 aus der Partei aus. Die Grünen befinden sich aber auf dem Wege zu einer links ausgerichteten ökologischen Bürgerpartei: *der Abstand zur Mitte wird kleiner.* – Die

Wandlung der Grünen in Richtung Mitte, die von vielen Krisenerscheinungen begleitet war, hat zur festen Verankerung in den Länderparlamenten und z. T. sogar zur Regierungsbeteiligung in diversen Bundesländern geführt, s. Raschke 1993. Über die Ost-West-Fusion Bündnis 90/Die Grünen (1993) urteilt Keller (1993, 229): «Après la fusion [. . .], les Verts sont encore moins socialistes, les écologistes est-allemands introduisent une pensée qui rappelle le conservativisme des valeurs. Cette force politique a de bonnes chances de s'incruster dans la nouvelle Allemagne.»

Es sei hier betont, daß gerade *die Bezeichnung centre bzw. Mitte* eine Konnotation des 'rechten Maßes' weckt. Mit ihr arbeiten die Parteien der UDF, des RPR, die FDP und die CDU/CSU namentlich zu Wahlkampfzeiten gern und häufig. Zwischen „Mitte" als strukturellem Terminus und „Mitte" als persuasivem Schlagwort ist gerade wegen der Wortidentität zu unterscheiden. Menschen und Gruppen (also auch Politiker und Parteien) machen Fehler – sei es aus Dummheit, Egoismus, Prestigestreben, verhärtetem Rivalitätsdenken, finanzieller Abhängigkeit oder falscher Nachgiebigkeit. Die Maßnahme oder die Vorgehensweise einer Partei der Mitte kann durchaus jedes „rechten Maßes" entbehren und sich damit weit entfernen von einer maßvollen, vernunftgeleiteten, dem Gemeinwohl dienenden *aurea mediocritas.* (Es ist unnötig, hier einen Beispielkatalog anzufügen.)

Hintergrund dieser wachsenden Konkurrenz um die „Mitte" mit ihrer hohen Zahl der Wechselwähler ist das beträchtliche Wachstum der *lohnabhängigen Mittelschichten* der Angestellten und Beamten. Von nur 20,6 % der Bevölkerung der Bundesrepublik im Jahre 1950 haben sie sich auf 45,6 % 1980 und sogar 50,7 % 1988 ausgedehnt (Schultze 1983, 9; Fischer Weltalmanach 1992, 326). Eine ähnliche, wenngleich etwas geringere Zunahme erfuhren sie in Frankreich (s. 4.5.2).

Auch die Tatsache, daß sich die FDP jahrzehntelang auf der politischen Bühne halten konnte, erfährt so eine gewisse Begründung. Früher besaß sie ihren Schwerpunkt im alten Mittelstand (Selbständige und Freiberufler). Doch wußte sie sich rechtzeitig auf die Angestellten und Beamten umzuorientieren, im Unterschied zu anderen Parteien des alten Mittelstands, z. B. der DP. (Nach sieben gescheiterten Landtagswahlen in Folge ist sie bei der Bundestagswahl 1994 allerdings eher durch unionsnahe „Koalitionswähler" gerettet worden, s. Jung/Roth 1994, 14.) Die gleiche Verlagerung gelang dem *Parti républicain* im Vergleich zu den *Républicains indépendants,* vor allem aber zum bürgerlich-bäuerlichen CNI der fünfziger Jahre. Bei der SPD-Wählerschaft sind ohnehin – neben den Arbeitern und Facharbeitern – die *mittleren* Angestellten und Beamten *über*repräsentiert, im Unterschied zur Dominanz der Selbständigen, Freiberufler, Landwirte und *leitenden* Angestellten und Beamten in der CDU/CSU-Wählerschaft, die aber bei den mittleren Angestellten und Beamten ebenfalls einen beträchtlichen Anteil aufweist (vgl. die Auswertungen wahlsoziologischer Forschungsresultate in Schultze 1987 und Feist/Krieger 1987; wachsende Bedeutung haben nach diesen Untersuchungen die „ökologische Konfliktlinie" und der Sicherheitsgrad des Arbeitsplatzes). Der soziale Wandel hat sich auch stark auf die erste gesamtdeutsche Bundestagswahl 1990 ausgewirkt (s. Gibowski/Kaase 1991, 15–19) und die Bundestagswahl 1994 mitgeprägt (s. Jung/Roth 1994).

In beiden Staaten läßt sich also die Tendenz der Parteien zu einer breiten Mitte mit dem Wachstum der lohnabhängigen Mittelschichten in Verbindung bringen. Aber auch die Marginalisierung der französischen Kommunisten hängt, wie dargestellt (2.7), mit einem sozialen Prozeß direkt zusammen: dem Rückgang der Industriearbeiterschaft. Ob und inwieweit soziale Wandlungsprozesse auch bei den *professions libérales* und den *cadres supérieurs* Verschiebungen im Parteiensystem mit sich bringen, ist derzeit noch nicht abzusehen. Auf die Bedeutung dieser Prozesse und den geradezu erdrutschartigen Anteil dieser Wählerkategorien am Erfolg des PS 1981 weisen jedenfalls die Analyseansätze von Capdevielle u. a. 1981, Grossmann 1983 und Chapsal 1984, 750 hin.

2.9.2 Zuordnungen im Europaparlament

Verwendet man schließlich die Vertretung und Zuordnung im Europaparlament als Vergleichskriterium und beachtet dabei die Entwicklung seit den dritten Europawahlen 1989, so fallen folgende charakteristische Besonderheiten auf (vgl. Tab. 3 und 4).

1. Nur in Frankreich ist die Kommunistische Partei vertreten. Auf der rechtsextremen Seite hält der Front National seine Abgeordnetenzahl, doch bekam er 1989 ein Pendant aus Deutschland mit dem Einzug von 6 Republikanern. Ihr Leiter Schönhuber zerstritt sich freilich bald in der Fraktion der Europäischen Rechten mit dem Front National, der ihm zu „radikal" erschien. Das führte zum Parteiaustritt (außer bei Schönhuber) und zur Zersplitterung, wie die Tab. 3 zeigt. Festzuhalten bleibt jedenfalls, daß nur Frankreich in beiden Extremen des Parteienspektrums repräsentiert ist. Spezieller im rechtsextremen Lager steht der Kristallisation um den FN eine Zersplitterung gegenüber, die sich bis in die Anfänge der Bundesrepublik, ja sogar der Weimarer Republik zurückverfolgen läßt. Bei den neuen Europawahlen 1994 scheiterten die Republikaner an der 5%-Klausel (3,9%, 1989: 7,1%). Der FN hat nun im Europaparlement weder einen deutschen noch einen sonstigen Partner; es gibt

Tab. 3: Dritte Legislaturperiode 1989–1994 (Stand: 10. 6. 1991)

Komm.	Soz.	Reg.	Grüne	Lib.	EVP-CD	SdED	ER	Unabh.
PCF (7)	PS (17) o. P. (5)	Verts- UPC (1)	Verts (8)	UDF (3) PR (4) Rad (3) o. P. (3)	CDS (5)	RPR (12) CNI (1)	FN (10)	o. P. (2)
–	SPD (31)	Grüne (1)	Grüne (7)	FDP (4)	CDU (25) CSU (7)	–	o. P. (3)	o. P. (2) Rep (1)

(Aus: Mitgliederliste des EP vom 10. 6. 1991, Luxembourg: Office des publications officielles des Communautés européennes 1991, 3–75 sowie Druckschrift Parlement Européen n° 155.962, März 1992)

Erklärung der Abkürzungen: *Reg.* = Regenbogenfraktion, umfaßte diverse ökologische, minderheitenorientierte und pazifistische Parteien mit den deutschen Grünen als stärkste Kraft; 1989 spaltete sich die Fraktion: in *Reg.* blieben besonders die minderheitenorientierten Parteien, während die Grünen aus nun insgesamt 6 Ländern eine eigene Fraktion bildeten. UPC = Unione di u populu corsu, korsische Autonomistenpartei. – *Lib.* = Liberale und Demokratische Fraktion . – *EVP* = Fraktion der Europäischen Volkspartei (*CD* = Christliche Demokraten). – *SdED* = Sammlungsbewegung der Europäischen Demokraten; CNI = s. 2.5.1; hierzu gehören noch die irische Fianna Fail Party, die Scottish National Party und eine spanische Gruppe. – *ER* = Technische Fraktion der Europäischen Rechten; Rep = Republikaner; o. P. = ohne Parteizugehörigkeit.

– jedenfalls z. Z. – keine Fraktion der Europäischen Rechten mehr.

2. Ebenso zeigt sich in der „Mitte“ nur im Falle Frankreichs eine größere Vielfalt. Sie liegt in erster Linie am Verhältniswahlsystem, das für die Europawahlen (sowie die Regionalwahlen) gilt. Während der RPR (sowie das CNI) geschlossen in einer Fraktion arbeitet, erschien die Parteienföderation UDF 1989 besonders zersplittert. Ein Teil gehörte den Christdemokraten an: *Europapolitisch* nämlich deckt sich die mächtige CDU/CSU nur mit dem „ausgezehrten“ MRP-Nachfolger CDS; das Kräfteverhältnis zwischen deutschen und französischen Christdemokraten entsprach sich nur in den ersten Nachkriegsjahren. Hinzu

Tab. 4: Vierte Legislaturperiode 1994–1999 (Stand: 18. 7. 1994)

Komm.	Soz.	Rad.	Grüne	Lib.	EVP-CD	SdED	Unabh.	EN
PCF (7)	PS (15)	MRG (13)	–	UDF (1)	UDF (13)	RPR (14)	FN (11)	De V. (13)
–	SPD (40)	–	Grüne (12)	–	CDU (39) CSU (8)	–	–	–

Neue Fraktionen 1994: *Rad.* = Radikale Europäische Union, die MRG-Abgeordneten – damals von B. Tapie geführt – stellen darin die große Mehrheit; *EN* = Europa der Nationen, die von Ph. de Villiers (= De V.) geführte Gruppe «Autre Europe» bildet mit zwei kleineren dänischen und niederländischen Anti-Maastricht-Parteien diese Fraktion. – Das wiedervereinigte Deutschland entsendet nunmehr 99 (statt 81) Abgeordnete; auf Frankreich wie auch Großbritannien und Italien entfallen dafür je 87 (statt 81) Abgeordnete.

kamen auf französischer Seite einige *divers droite* (2.8.4). Ein anderer Teil der UDF (einschließlich PR und weiteren *divers droite*) gehörte dagegen ebenso traditionsgemäß den Liberalen an, mit denen die FDP-Abgeordneten des ersten Europaparlaments (ab 1979) wie auch des dritten (ab 1989) zusammenarbeiteten. Der Trend zur Konzentration bei den großen Fraktionen zeigt sich nun an der (fast) geschlossenen Mitarbeit der UDF-Abgeordneten, die für die Europäische Union („Maastricht", s. 7.3.1) eintreten, bei den ebenso gesinnten Christdemokraten, zumal die FDP 1994 (4,1 %) ausgeschieden ist. Auch dadurch hat im Parlament die Stimme Frankreichs doch ein wenig Bedeutung. Doch ist zu betonen, daß UDF und RPR 1994 wie schon 1984 und 1989 mit einer *gemeinsamen Liste* zu den Europawahlen antraten. Die postelektorale Trennung in Christdemokraten und Gaullisten sowie Liberale war vorauszusehen. Insgesamt widerspiegelt das französische Mitte-Rechts-Spektrum des Europaparlaments gerade in seiner Diversität und Instabilität den Charakter der französischen Parteien im Mutterland selbst, während die deutschen Parteien CDU/CSU (und FDP) feste Größen bilden.

Für die zusätzliche Aufsplitterung der französischen Kräfte im Europaparlament seit 1994 sorgten im konservativen Lager die Wahlerfolge des katholisch-traditionalistischen UDF-Dissidenten Philippe de Villiers (12,3 %, 13 Sitze), der „die bürgerlichen

Gegner eines integrierten Europa“ (Höhne 1995, 87) für sich gewinnen konnte, sowie in der Linken der Husarenritt des inzwischen bankrotten, einst als „linker Meisterunternehmer“ geltenden Bernard Tapie mit seinem MRG (12 %, 13 Sitze): ihm kam der Vertrauensverlust der durch Korruptionsaffären und erfolglose Sozialpolitik belasteten Sozialisten zugute.

3. 1984 waren nur deutsche Grüne vertreten. Der Einzug der französischen Grünen 1989 ist nicht nur auf das gerade bei Europawahlen häufige „spontanere“ Verhalten („Protestwähler“) zurückzuführen, sondern zeigt auch – mit einer charakteristischen Phasenverschiebung gegenüber Deutschland – das in Frankreich beträchtlich gewachsene ökologische Bewußtsein. Im Gefolge des Mai 1968 entstanden zwar in beiden Staaten ökologische Bürgerinitiativen, die in Frankreich zeitweise eine größere Resonanz fanden. Durch die Macht der französischen Verwaltung (Kernkraftwerksbau etc.) und die politische Bipolarisierung verebbte aber der Protest in Frankreich. Die Erfolge der deutschen Bürgerinitiativen und Grünen bei Klagen vor Gericht gegen die Administration, ihr Einzug in den Bundestag 1983, danach der verstärkte Widerhall ökologischer Forderungen bei den etablierten Parteien und in der Bevölkerung ließen die Grünen wachsen. Als der von der französischen Regierung und den Medien verharmloste Tschernobyl-Unfall (1986) schließlich auch in Frankreich in seiner ganzen Tragweite Schritt für Schritt aufgedeckt wurde und die Luft- und Müllprobleme der Ballungsräume, der Treibhauseffekt und das Ozonloch ins öffentliche Bewußtsein gelangten, wirkte sich dies schlagartig zugunsten der *Verts* aus. Diese Phasenverschiebung gegenüber den deutschen Grünen gilt übrigens – wie dies gerade die Europawahlen von 1989 als „Stimmungsindiz“ sehr gut zeigen – auch für die anderen Industrieländer Kontinentaleuropas (Italien, Benelux). – Zum Scheitern der französischen Ökologisten s. 2.8.2. Daß im Unterschied zur Periode 1989–1994 weder französische Grüne noch deutsche Liberale oder „Entsprechungen“ zum FN vertreten sind, reduziert für den Zeitraum 1994–99 die Bedeutung der EP-Zusammenarbeit für den französisch-deutschen Vergleich der Parteien. *Und* es vermindert auf der Parteienebene die „Kanäle“ der deutsch-französischen Kooperation in europäischen Fragen.

4. Am auffälligsten wirkt, daß der RPR, obwohl eher konservativ bzw. „mit Maßen innovationsbereit“, nicht der EVP-Fraktion

angehört. Die „neugaullistische" Partei kann trotz einiger Konzessionen nach 1978 das EVP-Programm unmöglich unterschreiben: Es fordert u. a. Kompetenzerweiterungen des Europäischen Parlaments, die Umwandlung der EU in einen Europäischen Bundesstaat und „eine Europäische Regierung, die willens und fähig ist, wirklich zu regieren" (EVP 1983, 32). Insofern behält der RPR – bei aller Annäherung seiner wirtschafts- und verteidigungspolitischen Zielvorstellungen an diejenigen der liberal-konservativen Parteien Westeuropas – seine Sonderstellung bei. Alle Anzeichen sprechen dafür, daß in der Siebenjahresperiode der Präsidentschaft Chiracs ab 1995 eine Art Aufgabenteilung erfolgt: die UDF sorgt für den parlamentarischen Kontakt zu den Christdemokraten, der RPR und der Präsident selbst dagegen für eine Bewahrung der Entscheidungs- und Handlungsfreiheit Frankreichs, wo immer sie im größeren Rahmen der EU noch möglich bleibt.

3. MODERNER INDUSTRIESTAAT FRANKREICH?
(Heinz-Helmut Lüger)

Die wirtschaftliche Entwicklung Frankreichs wird aus bundesdeutscher Sicht häufig in schwarzen Farben gezeichnet; auffallend war diese Darstellungstendenz vor allem während der Zeit der Linksregierung von 1981–1986. Frankreich, obgleich viertgrößte Handelsmacht unter den Industrieländern, als der „kranke Mann Europas", wirtschaftliche Rückständigkeit, mangelnde internationale Konkurrenzfähigkeit – so etwa lauten nach wie vor einige der bevorzugten Bewertungsmuster (vgl. auch die folgende Mitterrand-Karikatur).

Der Mann im gelben Trikot

Abb. 22
(Die Zeit 17. 6. 1983)

Eine derart pauschale und oberflächliche Sehweise zu kritisieren bedeutet indes nicht, Schwierigkeiten der französischen Wirtschaft – und insbesondere auch der aktuellen Wirtschaftspolitik – zu verharmlosen. Nur erscheint es zum angemessenen Verständnis unerläßlich, zuerst vom Kontext der landesspezifischen Entwicklungsbedingungen auszugehen und als Beurteilungsmaßstab nicht allein die bundesrepublikanischen Verhältnisse zu sehen.

3.1 Außenhandelsdefizit, Inflation, Arbeitslosigkeit

Die zentralen wirtschaftspolitischen Bemühungen Frankreichs zielen seit längerem darauf ab, die Außenhandelsbilanz zu verbessern sowie die Inflation und die Arbeitslosigkeit zu bekämpfen. Die Bewältigung dieser Aufgaben galt und gilt nicht nur als entscheidendes ökonomisches Erfolgskriterium, sondern markiert gleichzeitig den engen politischen Handlungsspielraum. «Entre le risque d'une reprise de l'inflation, celui d'une persistance d'un déficit extérieur élevé et celui d'une récession, la voie que peut suivre l'économie française est, à court terme, très étroite», prognostizierte etwa das Statistik-Institut INSEE schon zu Beginn der 80er Jahre.

Die *negative Handelsbilanz* zeigte 1982 mit mehr als 100 Milliarden Francs einen dramatischen Tiefpunkt und löste einige einschneidende Regierungsmaßnahmen aus (vgl. 3.8). Die Ursachen der notorischen Außenhandelsprobleme sind allerdings wesentlich komplexer, als daß man sie allein mit hohen Energieeinfuhrkosten oder punktuellen wirtschaftspolitischen Fehlentscheidungen erklären könnte. Wesentliche Nachteile für die französische Wirtschaft ergeben sich ebenso aus der vergleichsweise geringeren Exportintensität, aus Wettbewerbsschwächen der Industrie in bestimmten Branchen und aus dem ungleichen Handelsaustausch mit der Bundesrepublik. Auf diese Faktoren wird noch zurückzukommen sein.

Das *Inflationsrisiko* steht zwar seit einigen Jahren nicht mehr im Mittelpunkt, doch bestimmte es jahrzehntelang die wirtschaftspolitische Diskussion. Bereits in der Wiederaufbauperiode nach dem Zweiten Weltkrieg galt es als ein ungelöstes Problem der französischen Wirtschaft, und auch in den 70er und 80er Jahren lag die Inflationsrate eindeutig höher als in den meisten anderen europäischen Industrieländern. 1981 betrug sie gar 14 %, konnte dann aber – u. a. durch einen Lohn- und Preisstopp und verschiedene Sparmaßnahmen – stufenweise gesenkt werden, 1988 auf unter 3 %. 1991 lag die Preissteigerungsrate sogar erstmals unter der der Bundesrepublik. Unmittelbare Folgen der Inflationstendenz sind die Verteuerung der Exporte – mit entsprechenden Auswirkungen auf die Handelsbilanz – sowie eine geradezu permanente Währungsschwäche.

Mit Beginn der weltweiten Wirtschaftskrise 1973/74 rückte das Problem der strukturellen (also nicht nur konjunkturell bedingten) *Arbeitslosigkeit* für alle europäischen Industrieländer zunehmend in den Vordergrund. Dies gilt auch für Frankreich, wo man für 1994 3,3 Millionen Arbeitslose verzeichnete (BRD: in den letzten Jahren 3,4–3,8 Mio.). Trotz erheblicher Bemühungen gelang es nicht, einen entscheidenden Rückgang der Zahlen zu erreichen.

Die kurze Überblicksskizze deutet an, daß insgesamt die Folgen der Krise für Frankreich nicht die gleiche Ausprägung haben wie für die Bundesrepublik. Andere Ausgangsbedingungen und vor allem ein unterschiedliches Anpassungsniveau an die sog. „internationale Arbeitsteilung" dürften hier u. a. eine wichtige Rolle spielen. Andererseits zeigt aber z. B. die anhaltende Massenarbeitslosigkeit, daß bestimmte Probleme nicht als länderspezifisch anzusehen sind, sondern die europäischen Industriegesellschaften generell betreffen.

Um genaueren Einblick in diese Zusammenhänge zu erhalten, d. h. um den Symptomcharakter der obengenannten Phänomene aufzuzeigen, ist es notwendig, etwas ausführlicher auf die *Wirtschaftsstruktur* beider Länder (Sektoren, regionale Verteilung, Konzentrationsgrad) einzugehen. Eine weitere Einordnung wird, da sich vieles nur als Resultat eines langen Entwicklungsprozesses begreifen läßt, sodann der Rückgriff auf Daten der Wirtschafts*geschichte* ergeben. Vor diesem Hintergrund sollen schließlich einige aktuelle ökonomische Schwierigkeiten und politische Lösungsversuche diskutiert werden.

3.2 Industrieller Rückstand im Vergleich zur Bundesrepublik

Als grundlegende Ursachen für ökonomische Probleme Frankreichs werden in erster Linie die starke Importabhängigkeit und mangelnde Wettbewerbsfähigkeit wichtiger Industriebranchen genannt. Exemplarisch läßt sich eine solche These zunächst an ausgewählten Bereichen verdeutlichen:

T. 11:

In der Tat ist die Importabhängigkeit Frankreichs beträchtlich, im Einzelfall hat sie sogar etwas Absurdes. Bei Schuhen und Lederwaren beträgt der Auslandsanteil 38 Prozent, obwohl das Land über eine lange Tradition in dieser Branche und über ausreichende Verarbeitungskapazität verfügt. Der entsprechende Anteil bei Möbeln ist zwar mit fünfzehn Prozent bescheidener; doch gleichzeitig ist nicht einzusehen, warum die Franzosen Holz exportieren, um es in Gestalt von Möbeln wieder zu importieren.

Besonders spektakulär ist das Beispiel des Textilsektors. 1970 lagen die

Importe für Kleidungsstücke noch bei 6,3 Prozent des französischen Marktes, zehn Jahre später war er auf 22,7 Prozent angestiegen. Dahinter verbirgt sich der Niedergang eines ganzen Industriezweiges mit Massenentlassungen und der wirtschaftlichen Verödung ganzer Regionen. Kein Wunder, daß die Regierung einem solchen „Ausverkauf nationaler Interessen" nicht tatenlos zusehen will.

Die Problematik im Maschinenbau, wo der Importanteil bei 58,4 Prozent liegt (1970: 37,9 Prozent), wird als besonders gravierend angesehen, weil dieser Bereich als strategisch wichtig gilt. Eine Industrienation mit den Ambitionen Frankreichs glaubt es sich nicht leisten zu können, in diesem technologischen Schlüsselsektor vom Ausland abhängig zu sein, wenn es den Anschluß an die industrielle Entwicklung nicht verpassen will. (H. H. Bremer/K. P. Schmid, Die Zeit 26. 3. 1982)

Die angesprochenen Beispiele machen auf verschiedene Aspekte aufmerksam: Eingeführt werden Verbrauchsgüter, über deren Rohstoffe man zwar verfügt, deren Verarbeitung (und damit verbundene Wertschöpfung) aber im Ausland stattfindet (vgl. Holz – Möbel); für einen anderen Verbrauchsgüterbereich (Textilbranche) wird die Produktion zunehmend in sog. Niedriglohnländer verlagert; der hohe Importanteil eines wichtigen Investitionsgüterbereichs (Maschinenbau) geht einher mit technologischer Abhängigkeit vom Ausland; schließlich besteht für die genannten Mängel insgesamt kein Ausgleich durch entsprechende Positiva anderer Branchen.

So plausibel die Beispiele auch sein mögen, so wenig sagen sie jedoch aus über ihren Stellenwert innerhalb des Wirtschaftsgefüges. Ist etwa ein geringer Anteil des Textilbereichs gleichbedeutend mit dem niedrigen Stand der holzverarbeitenden Industrie? Welche Funktion kommt generell dem Anteil von Investitionsgütern zu? Um Fragen dieser Art zu beantworten, sei zunächst eingegangen auf die *sektorale Wirtschaftsstruktur*, auf die Verteilung der drei großen Sektoren:

- Landwirtschaft und Forsten, Fischerei (primärer Sektor),
- Industrie im weiten Sinne (sekundärer Sektor),
- Dienstleistungen (tertiärer Sektor).

Bereits die allgemeinen Sektorenprofile (Tab. 5) weisen sowohl hinsichtlich des Beschäftigungsstands als auch bezüglich des Anteils am Bruttoinlandsprodukt einige charakteristische Unterschiede auf.

Mit rund 6 % der Beschäftigten ist der Anteil des Agrarsektors in Frankreich für sich genommen zwar gering, aber gegenüber der

Tab. 5: Sektorenprofile

	Erwerbstätigen-struktur F	BRD	Anteile am Brutto-inlandsprodukt F	BRD*
	%	%	%	%
Landwirtschaft	5,9	3,0	3,4	1,1 (1,4)
Industrie	30,0	36,3	29,1	35,3 (36,6)
Dienstleistungen	64,1	60,7	67,5	63,6 (62,0)

* in Klammern: neue Bundesländer

(Zusammengestellt nach: INSEE 1994, BMWI 1994, Statist. Bundesamt 1992)

Bundesrepublik (und auch im internationalen Vergleich) noch relativ hoch. Den weitaus größten Sektor stellt der Dienstleistungsbereich dar; die deutschen Werte liegen hier eindeutig niedriger. Ein umgekehrtes Verhältnis ergeben die Anteilswerte des sekundären Sektors. 1970 hatte der Anteil des produzierenden Gewerbes in der BRD noch bei rund 54 % gelegen (Ambrosius 1983, 244 ff.); seitdem kann man in beiden Ländern, wenn auch auf unterschiedlichem Niveau, einen kontinuierlichen Rückgang feststellen. Einige der Daten, z. B. der vergleichsweise hohe Agrar- und der niedrige Industrieanteil Frankreichs, stehen durchaus im Zusammenhang mit dem ökonomischen Entwicklungsstand (Braudel/Labrousse 1982; Voss 1984). Allerdings ist auch ein Sektorenvergleich, der zudem nur relative Werte erfaßt, für präzise Schlußfolgerungen noch viel zu allgemein. Zu berücksichtigen wäre weiterhin,
- wie die einzelnen Bereiche sich in den letzten Jahrzehnten herausgebildet bzw. in ihrer Gewichtung verändert haben (Vergleich verschiedener *Entwicklungsetappen*, s. 3.7) und
- wie die Verteilung einzelner Branchen innerhalb der jeweiligen Sektoren aussieht (Analyse der *Branchenstruktur*).

Über Art und Bedeutung einzelner französischer Industriezweige enthält Tab. 6 erste Anhaltspunkte. Die Aufteilung der Produktionsbereiche erfolgt dabei im allgemeinen nach folgenden Kategorien: Zur Industrie im engeren Sinne gehören a) die *industries intermédiaires*/„Zwischenproduktindustrien" (u. a. Chemie, Eisen und Stahl, Papier, Glas), b) die *industries d'équipement*/Investitionsgüterindustrien (u. a. Maschinen-, Schiffs- und Flugzeugbau,

Elektro- und Automobilindustrie; wie in Tab. 6 ersichtlich, werden einige Investitionsgüterbereiche in neueren Statistiken separat aufgeführt), c) die *industries de biens de consommation*/Konsumgüterindustrien (u. a. Textil, Bekleidung, Leder, Holz- und Papierverarbeitung, pharmazeutische Produkte). Hinzu kommen außerdem d) die *industries agricoles et alimentaires*/Landwirtschafts- und Nahrungsmittelindustrien, e) die Bereiche *énergie* (u. a. Bergbau, Elektrizität, Erdöl, Gas) und f) *bâtiment*/Bauwirtschaft. Eine direkte Übertragbarkeit der Daten auf deutsche Statistiken ist nur begrenzt möglich, da die verwendeten Kategorien und Unterscheidungen nicht deckungsgleich sind und oft auf anderen Grundlagen basieren. Die im folgenden vorgenommenen Vergleiche sind insofern mit einigen Vorbehalten zu betrachten.

Innerhalb der Industriebranchen nehmen in Frankreich die Investitionsgüter (mit rund 22% der Wertschöpfung) eine führende Stellung ein. Und zwar ist es vor allem das Gewicht von Elektroindustrie, Fahrzeug- und Maschinenbau, also überwiegend von Wachstumsbranchen, das hier als ein wichtiger Indikator auf eine relativ „moderne" Industriestruktur Frankreichs verweist. Eine relativ günstige Entwicklung verzeichnet ebenfalls, dank der Chemie-Industrie, der Bereich der *biens intermédiaires*. Leicht rückläufig sind dagegen bis etwa 1990 – wie auch in der Bundesrepublik (vgl. Tab. 7) – die Anteile der Nahrungsmittel- und Konsumgüterindustrie. Dennoch bestehen gegenüber der BRD einige wesentliche Unterschiede:

- Wie dem Industriesektor insgesamt kommt speziell auch dem Investitionsgüterbereich eine vergleichsweise geringere Bedeutung zu; insbesondere die Zuwachsraten liegen deutlich niedriger (vgl. Tab. 6). In einigen Branchen reichen die Kapazitäten nicht einmal aus, um die Inlandsnachfrage zu decken.
- Das strukturelle Handicap verstärkt sich dadurch, daß Frankreich gerade in den entwicklungsträchtigen Konsum- und Investitionsgüterbranchen (z. B. Werkzeug, Maschinenbau, Elektro- und Elektronikbranche), für die in der Zukunft noch eine verstärkte Nachfrage erwartet wird, gegenüber seiner Konkurrenz eher schwach vertreten ist. In der Tat kann man hier von einer „Nicht-Anpassung der französischen Industrie an die Entwicklungsperspektiven der weltweiten Nachfrage" sprechen (Lebas 1981, 91). Diese Feststellung schließt nicht aus, daß Frankreich in einigen Branchen sehr wohl eine technologische Spitzenstellung erreicht hat; man denke nur an die Atomtechnologie, den Loko-

Tab. 6: Industriebranchen in Frankreich

	Anteil an der Gesamtbeschäftigtenzahl der Industrie (in %)					Anteil an der Wertschöpfung (in %)				
	1959	1972	1980	1990	1993	1959	1972	1980	1990	1993
Industries agricoles et alimentaires	8,5	8,0	7,8	8,2	8,6	11,2	10,2	9,3	9,5	10,8
Energie	5,7	4,2	3,6	3,8	3,9	11,2	15,6	11,6	12,9	15,2
Bâtiment	21,9	24,8	24,9	26,2	26,2	22,6	17,1	20,5	17,3	18,5
Industrie au sens strict:	(63,9)	(63,0)	(63,7)	(61,8)	(61,3)	(55,0)	(57,1)	(58,6)	(60,3)	(55,5)
– Biens intermédiaires	20,4	11,6	20,3	19,7	19,6	21,2	14,3	20,6	20,9	17,5
– Biens d'équipement professionnel			16,2	17,1	17,1			16,9	17,6	15,5
– Biens d'équipement ménager	18,8	28,7	1,1	0,9	1,0	17,7	27,7	0,8	0,5	0,6
– Matériels de transport terrestre			6,8	6,2	6,2			5,8	5,9	5,4
– Biens de consommation courante	24,7	22,7	19,3	17,9	17,4	16,1	15,1	15,5	15,4	16,5
	100	100	100	100	100	100	100	100	100	100

(Berechnet nach: Min. de l'Industrie 1982ff.; INSEE 1980ff.; Ferrandon/Waquet 1979)

Tab. 7: Industriebranchen in der Bundesrepublik

	Anteil an der Gesamtbeschäftigtenzahl der Industrie (in %)						Anteil am Gesamtumsatz der Industrie (in %)					
	1950	1960	1970	1980	1990	1993*	1950	1960	1970	1980	1990	1993*
Bergbau	12,1	7,9	3,4	3,0	2,3	2,6	5,6	4,5	2,7	2,4	1,5	1,8
Grundstoffindustrie	22,9	21,9	21,0	20,2	18,4	18,5	28,0	31,1	30,5	31,8	26,3	25,6
Investitionsgüterindustrie	29,9	38,8	45,5	49,6	54,1	52,9	22,8	32,6	38,1	39,4	46,7	45,6
Verbrauchsgüterindustrie	27,8	24,9	23,7	20,8	18,7	18,6	25,2	18,3	16,2	14,5	14,2	14,3
Nahrungs- und Genußmittelindustrie	7,3	6,5	6,4	6,4	6,5	7,4	18,4	13,5	12,5	11,9	11,3	12,7
	100	100	100	100	100	100	100	100	100	100	100	100

* einschließl. neuer Bundesländer

(Zusammengestellt nach: Ambrosius 1983, 261; BMWI 1994, 54; Inst. der deutschen Wirtschaft 1994, 64 ff.)

motiven- und Triebwagenbau (TGV, Métro), die Rüstungs- und Raumfahrtindustrie oder Teile der Chemieindustrie.

– Andererseits nehmen rückläufige und damit *krisenbedrohte Branchen* (z. B. Textil/Bekleidung, Lederverarbeitung, Stahl; vgl. Capul/Meurs 1988, 174ff.) noch einen relativ wichtigen Platz ein; in der BRD liegen hier die Beschäftigungsanteile bereits erheblich niedriger. Für die französische Wirtschaft muß in diesen Bereichen wahrscheinlich mit weiteren „Anpassungsmaßnahmen", d. h. mit Betriebsschließungen und Massenentlassungen gerechnet werden, auch wenn man staatlicherseits vielfach versucht, diese Entwicklung mit Subventionen hinauszuzögern.

In Zeiten wirtschaftlichen Wachstums blieben die genannten strukturellen Defizite praktisch ohne große Auswirkung. Doch mit der Verteuerung der Energieimporte („Ölschocks" 1973 und 1979), der Verschärfung der internationalen Konkurrenzsituation und der Entwicklung neuer Rationalisierungsmethoden traten die Schwachpunkte der französischen Industrie, nämlich die ungünstige Spezialisierung und die damit verbundene Abhängigkeit in technologischen Schlüsselbereichen, besonders drastisch hervor.

3.3 Regionales Ungleichgewicht: «Paris et le désert français?»

Nach der Betrachtung der Sektoren- und Branchenstruktur ergibt sich für Frankreich das Bild einer hochentwickelten Industrieproduktion, die in einigen Punkten noch bestimmte Modernisierungsrückstände aufweist. Einen weiteren Gesichtspunkt zur Beschreibung des wirtschaftlichen Entwicklungs- und Leistungsstands stellt nun die *Regionalstruktur* dar. Denn von dem Gleichgewicht zwischen den verschiedenen Wirtschaftsräumen hängt es u. a. ab, inwieweit sich alle Landesteile gleichmäßig entwickeln, Unterschiede im Lebensstandard der Bevölkerung nicht zu groß werden und wie sich eventuelle Krisen bewältigen lassen.

3.3.1 Verteilung der Ballungsgebiete

Ein Blick auf die Industriekarte Frankreichs läßt folgende Ballungsgebiete erkennen (Abb. 23):

– Die *Région Parisienne,* die rund 28 % des Bruttoinlandspro-

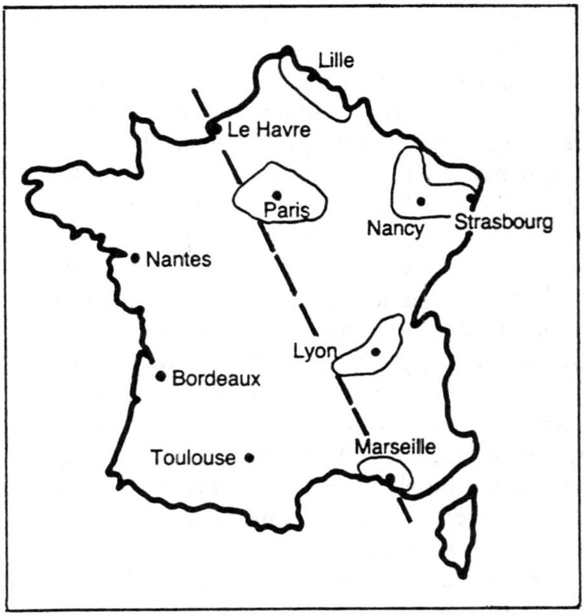

Abb. 23: Verteilung der industriellen Schwerpunkte.

dukts erwirtschaftet und in der etwa ein Fünftel der Bevölkerung Frankreichs wohnt, ist das wichtigste Zentrum. Hier konzentrieren sich vor allem die Elektro-, Automobil-, Flugzeugbau- und Chemieindustrie; hinzu kommt noch die starke Zentralisierung im Dienstleistungsbereich (Verwaltung, Forschung, Hochschulen), ebenso wie auch die meisten größeren Unternehmensgruppen, Banken und Versicherungen hier ihren Hauptsitz haben.

Die übrigen Ballungsräume erreichen nur erheblich niedrigere Anteile an der Wirtschaftsleistung des Landes: im Norden die Region *Nord* 6% (Kohle, Eisen und Stahl, Textil, Fahrzeugbau), im Osten *Alsace* und *Lorraine* 6,5% (Kohle, Eisen und Stahl, Textil, Maschinenbau), im Süden *Rhône-Alpes* 9% (Metallverarbeitung, Chemie, Energie, Textil, Nahrungsmittel) und *Provence-Côte d'Azur* 7% (Chemie, Energie, Schiffbau, Stahl) – wobei sich die ähnlichen Bruttoinlandsproduktwerte aus unterschiedlich leistungsstarken Wirtschaftsbranchen ergeben. Geographisch gesehen, beschränken sich die Schwerpunkte praktisch auf eine Hälfte des französischen Territoriums östlich der *Linie Le Havre–Mar-*

seille. Der gesamte Westen und Südwesten hat, von einigen Subzentren wie Nantes, Bordeaux oder Toulouse abgesehen, überwiegend seine landwirtschaftliche Produktionsstruktur beibehalten und weist einen sehr geringen Industrialisierungsgrad auf.

In der Bundesrepublik dagegen fehlt die Herausbildung eines dominierenden, der Pariser Region vergleichbaren Wirtschaftszentrums. Kennzeichnend ist vielmehr eine größere Zahl gleichrangiger Ballungsgebiete und damit eine eher dezentrale Verteilung der wirtschaftlichen Aktivität. Nichtindustrialisierte Gebiete fallen dadurch – sieht man einmal ab von den Übergangsproblemen der neuen Bundesländer – von vornherein weniger ins Gewicht.

Die absolute Vorrangstellung des Pariser Raums hat für die französische Wirtschaft erhebliche Konsequenzen. Mit der ökonomisch-administrativen Konzentration gehen nicht nur zahlreiche Verkehrs-, Wohnungs- und Umweltprobleme einher, sondern vor allem auch eine weitreichende *Blockierung der Entwicklung anderer Regionen*: „Der . . . auf das Umland und ganz Frankreich ausgehende Sog, die anhaltende Zuwanderung von Menschen und Betriebsstätten sind das Haupthindernis für eine harmonische regionale Verteilung des Industriepotentials und stehen damit einer gleichmäßigen Entwicklung aller Landesteile entgegen. Es ist dies einer jener Pferdefüße, wie sie zentralistisch ausgerichteten Staatswesen im allgemeinen eigen sind. Abhilfe könnte hier nur eine energische und weitgehende Regionalisierung schaffen" (Kuntze 1978, 41). Und gerade in dieser Richtung hat es in den letzten Jahrzehnten zahlreiche, aber bislang nur wenig erfolgreiche Versuche gegeben. Im Rahmen des *Aménagement du Territoire*, einer 1963 begonnenen staatlichen Regionalplanung (s. 1.3), sollte z. B. mit der gezielten Schaffung industrieller Arbeitsplätze die Wirtschaftsentwicklung des Westens und Südens vorangetrieben werden. Das Ungleichgewicht Paris–Provinz veränderte sich auf diese Weise allerdings nicht grundlegend: Es kam weder zu einer wirklichen Entflechtung der Pariser Region noch zur Bildung eines industriellen Gegengewichts im West-Südwest-Raum Frankreichs. Die von den Linksregierungen seit 1982 durchgeführten Reformen hatten insbesondere die Verlagerung wichtiger Entscheidungskompetenzen auf die Regionalebene zum Ziel. Hier sind immerhin erste Wandlungen festzustellen: Die Regionen haben mehr Handlungsspielräume bekommen, verfügen über eigene Finanzmittel und können vor allem Programme zur Modernisierung der Wirtschaftsstruktur entwickeln (vgl. Marcou u. a. 1994 sowie Becquart-Leclercq 1989). Trotz dieser Fortschritte bleibt jedoch der Zentralismus nach wie vor präsent.

Einen diesbezüglich stabilisierenden Faktor stellt außerdem das ganz auf Paris ausgerichtete Verkehrsnetz dar (Flug- und Eisenbahnlinien, Autobahnen). Dies um so mehr, als auch neue Streckenführungen primär nur die *Anbindung der Provinz an das Zentrum* anzustreben scheinen. So hieß es z. B. anläßlich des T.G.V. Atlantique: «Enfin, en rapprochant l'Aquitaine et la Bretagne du centre de la France, c'est une grande opération d'aménagement du territoire qui est lancée et qui concerne neuf millions d'habitants.» (Le Monde 17. 9. 1983) Angesichts solcher Maßnahmen kann man in der Tat die Auffassung vertreten, daß hier eine verselbständigte Zentralismus-Idee immer noch stärker wiegt als gegebene ökonomische Erfordernisse: „Da sich das auf Paris konzentrierte, sternenförmige Kommunikationsnetz bis in die Gegenwart hinein ständig reproduziert, das Netz der Poststraßen aus dem 18. Jahrhundert also mit dem Netz von Hochgeschwindigkeitszügen (TGV) am Ende des 20. Jahrhunderts praktisch identisch ist, müssen wir uns fragen, ob diese zentralistische Struktur wirklich nur aus den Sachzwängen erklärt werden kann. Haben wir hier nicht doch eine Denkhaltung vor uns, für die der Zentralismus eine Notwendigkeit ist?" (Ammon 1989, 139; vgl. Abb. 24)

Die oben angesprochenen Disparitäten können sich drastisch verschärfen, wenn regional- und branchenstrukturelle Probleme zusammenkommen, etwa im Falle industrieller Monostruktur. Hier führt die Krise einer Branche leicht zur Krise einer ganzen Region, wenn keine anderen Industriezweige vorhanden sind, um zum Beispiel Entlassungen von Arbeitskräften aufzufangen; Abwanderungstendenzen der aktiven Bevölkerung *(«exode industriel»)* sind eine weitere Folge (vgl. Todd 1988, 189ff.). Krisenindustrien dieser Art stellen vor allem der im Norden Frankreichs konzentrierte Textil- und der Eisen/Stahl-Bereich dar.

T. 12:
SIDERURGIE
De désastre en désastre

A Denain, les cheminées des hauts fourneaux ne fument plus. Seul le panneau «sidérurgie» planté sur le bord de l'autoroute signale encore aux voyageurs qui traversent la plaine froide du Nord la vocation de Denain. Usinor, qui faisait vivre hier 10000 ouvriers, a fermé depuis 1976 ses immenses ateliers, et aujourd'hui la dernière aciérie est condamnée. Le gouvernement a décidé de l'arrêter le 1er janvier 1984.

Le 26 novembre, M. Pierre Mauroy est venu annoncer les premières mesures de son plan de sauvetage industriel pour la région. Un plan mal accueilli par les quelques centaines de sidérurgistes massés devant l'hôtel de ville, qui n'en ont retenu qu'une chose: le gros des investissements sidérur-

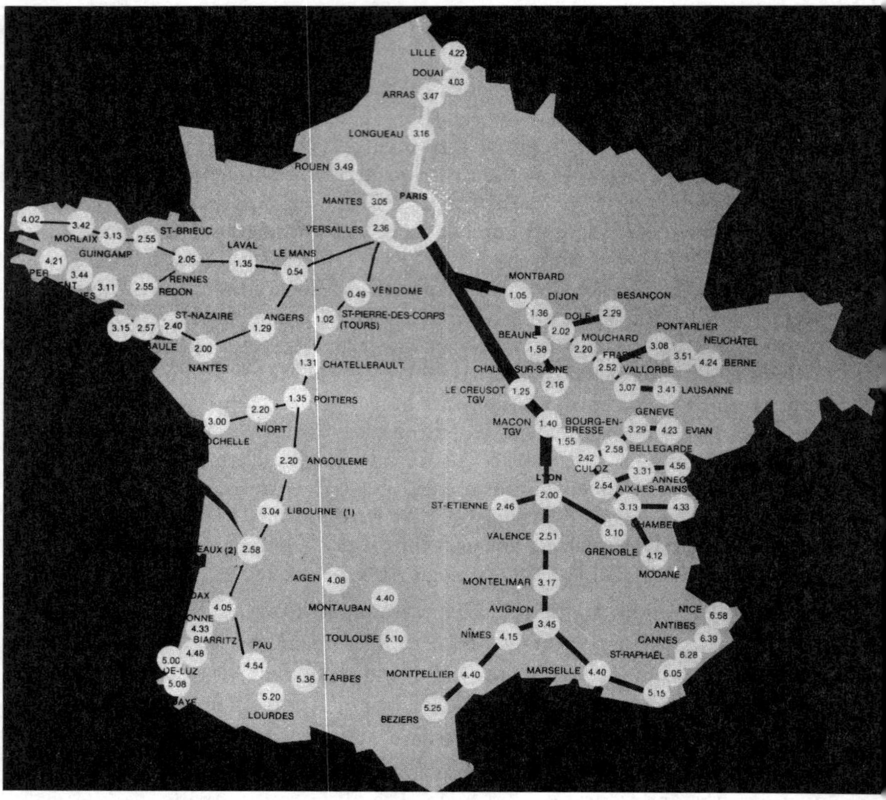

Abb. 24: Französisches TGV-Netz.
(Aus: Echos 57/1990)

giques ira ailleurs, à Dunkerque et en Lorraine. Eux auront droit à des emplois de remplacement: un centre de recherche et une unité de robotique de Renault, des heures de sous-traitance de Thomson, un laboratoire de matériels de la SNCF, etc. . . .

Après sept ans de chute spectaculaire de la production et des effectifs, la sidérurgie européenne n'a jamais été plus mal en point. En octobre, la production est tombée au plus bas niveau depuis 1973: 8,4 millions de tonnes, 24 % de moins qu'il y a un an. Au total, selon la Commission, l'Europe des Neuf ne peut plus espérer produire et vendre, à l'horizon 1985, que 120 millions de tonnes d'acier. Pour une utilisation correcte des usines, une capacité de production européenne de 142 millions de tonnes suffirait largement: 35 % de moins qu'aujourd'hui . . . (C. Bunodière, Le Nouvel Economiste 6. 12. 1982)

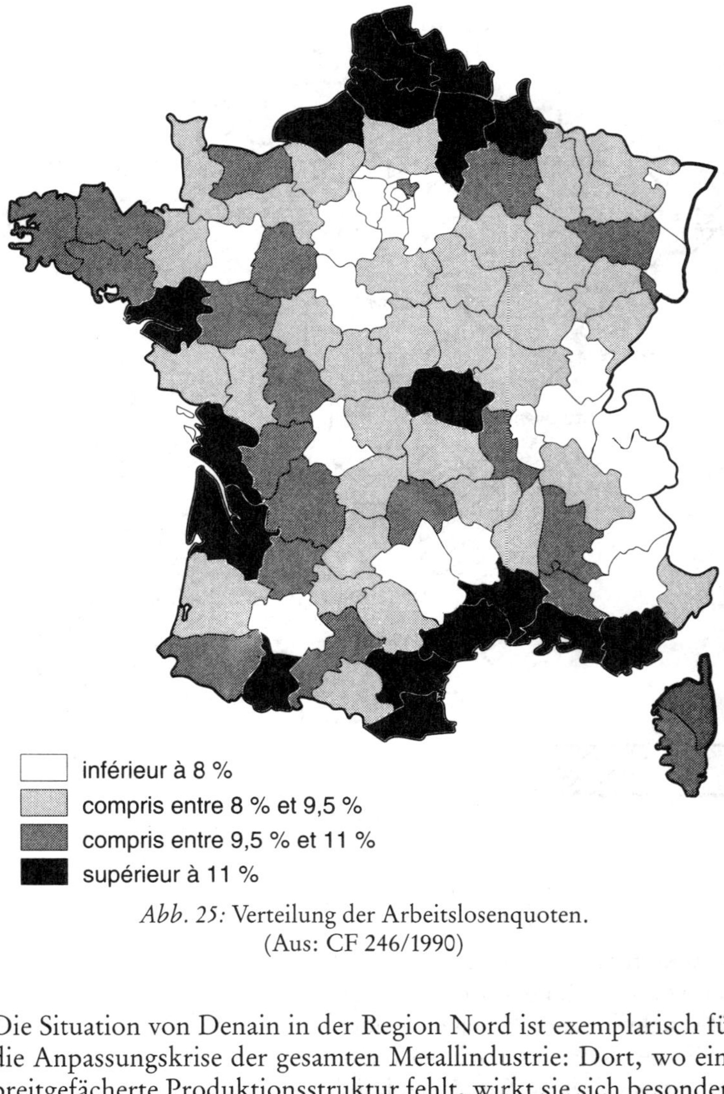

Abb. 25: Verteilung der Arbeitslosenquoten.
(Aus: CF 246/1990)

Die Situation von Denain in der Region Nord ist exemplarisch für die Anpassungskrise der gesamten Metallindustrie: Dort, wo eine breitgefächerte Produktionsstruktur fehlt, wirkt sie sich besonders durchschlagend aus. Ähnliche Probleme ergeben sich in Lothringen, wo der Bergbau sowie die Stahl- und Textilindustrie zu einem drastischen Abbau von Kapazitäten gezwungen sind. Gleiches gilt für Küstengebiete mit einem hohen Anteil der Schiffbauindustrie. Langfristig wirksame Lösungen werden vor allem in der Ansiedlung neuer Wachstumsindustrien gesehen. Die Krisenanfälligkeit

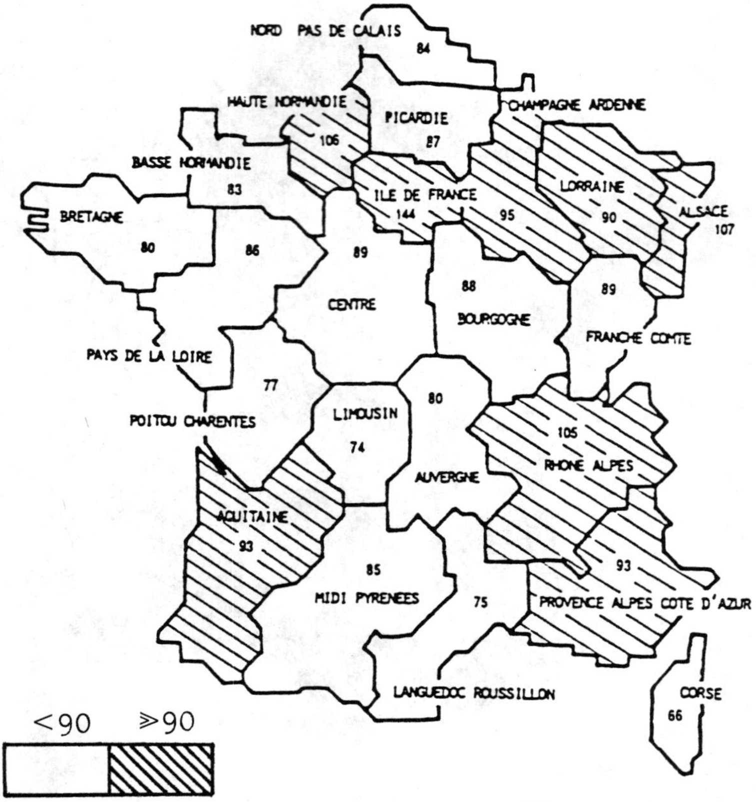

Abb. 26: Bruttoinlandsprodukt pro Einw. nach Regionen.
(Durchschnittsindex für ganz Frankreich = 100)
(Nach: Uhrich 1987, 56)

bestimmter Regionen (mit Unterindustrialisierung oder Abhängigkeit von rückläufigen Branchen) drückt sich nicht zuletzt, wie die Übersicht in Abb. 25 zeigt, in einer hohen Arbeitslosenquote aus.

Ein gewisser Ausgleich der regionalen Unterschiede scheint sich seit einiger Zeit im Westen und Südwesten Frankreichs abzuzeichnen. Während sich in den 50er Jahren die industrielle Tätigkeit mehr oder weniger auf das Gebiet nördlich der Linie Le Havre–Marseille konzentrierte, kam es in den 60er Jahren zu einer Reihe größerer Industrie-Ansiedlungen im Westen, vor allem in den Regionen Basse-Normandie, Pays de la Loire, Poitou-Charentes. Eine weitere Verschiebung ergab sich dadurch, daß die Krise der Industrie, die seit 1973/74 einsetzte und zu einem relativen Rückgang dieses Sektors insgesamt führte, am stärksten die alten Spitzen-Regionen (Nord, Lorraine) betraf. Gerade die traditionellen Branchen der Textil- und Stahlindustrie sowie des Bergbaus mußten hier, wie bereits oben erläutert, starke Einbußen hinnehmen. Demgegenüber konnten sich der Westen und der Südwesten relativ gut behaupten. Dies lag zum einen daran, daß die dort vertretenen High-Tech-Branchen (Fahrzeugbau, Elektronik, Metallverarbeitung) weniger krisenanfällig waren und durch den hohen Anteil von Klein- und Mittelbetrieben flexibler auf die veränderten Bedingungen reagieren konnten (Uhrich 1987, 13ff.; Ammon 1989, 187ff.). Darüber hinaus verzeichneten insbesondere einige Südwest-Regionen (Aquitaine, Midi-Pyrénées, Languedoc-Roussillon) einen deutlichen Zuwachs im tertiären Bereich, eine Entwicklung, die im übrigen noch anhält. Die Veränderungen lassen sich veranschaulichen, wenn man das Bruttoinlandsprodukt pro Einwohner in den einzelnen Regionen miteinander vergleicht (Abb. 26). Die Karte bestätigt zwar die erwähnten Ungleichheiten – die Mehrzahl der „reicheren" Regionen befindet sich nach wie vor nördlich der Linie Le Havre–Marseille –, doch liegen die Werte nicht mehr in allen Fällen weit auseinander. Dieser Eindruck verstärkt sich, wenn man Daten der 70er Jahre mit heranzieht: Abgesehen von der absoluten Ausnahmestellung des Pariser Großraums, kann man feststellen, daß die Werte der meisten nördlichen Regionen rückläufig, die der südlichen Regionen dagegen überwiegend ansteigend sind (Uhrich 1987, 57); d. h., die regionalen Strukturschwächen und die daraus resultierenden Ungleichgewichte nehmen tendenziell ab.

3.3.2 Regionale Strukturschwächen in der Bundesrepublik

Das ökonomische Gefälle zwischen einzelnen Gebieten der alten Bundesrepublik ist zwar längst nicht so groß, doch gibt es auch hier einige regionale Strukturprobleme:

- In einige industrieschwachen, vornehmlich landwirtschaftlich geprägten Regionen (Emsland, Ostfriesland, Ostbayern) fehlt es weiterhin an dauerhaften, qualitativ hochwertigen Arbeitsplätzen.
- Im Ruhrgebiet und im Saarland haben mit dem Rückgang von Bergbau, Eisen- und Stahlindustrie tiefgreifende Umstrukturie-

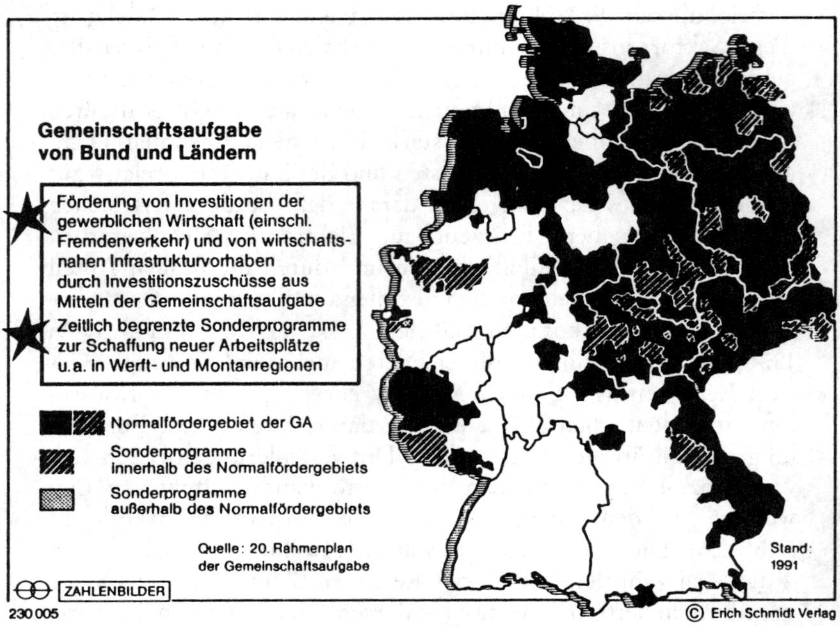

Abb. 27: Regionale Strukturpolitik.

rungen begonnen – begleitet von hohen Arbeitsplatzverlusten, Bevölkerungsabwanderung, zum Teil aber auch von Ansiedlungen neuer Industriezweige. Dieser Prozeß dauert praktisch seit Beginn der Krise des Kohlebergbaus in den 50er Jahren an und ist noch nicht abgeschlossen.

- Bis zum Jahre 1990 galten ebenfalls die Grenzgebiete zur DDR aufgrund ihrer Randlage (und der nach 1945 abgeschnittenen Verkehrswege) als strukturschwach und krisengefährdet. Sie profitierten danach von der deutschen Einheit, besonders der Konsumgüterhandel.

Die genannten regionalen Probleme haben im westlichen Bundesgebiet zweifellos zu einer Verschärfung der Unterschiede beigetragen, die häufig verkürzend als *Nord-Süd-Gefälle* bezeichnet werden. Die wirtschaftlichen Ungleichgewichte schlagen sich dabei nicht zuletzt auch in den jeweiligen Arbeitslosenquoten nieder. Im Vergleich zu Frankreich bleibt aber dennoch festzuhalten, daß die regionalen Ungleichheiten insgesamt weniger gravierend sind. Die wirtschaftliche Aktivität stützt sich zudem auf eine größere Zahl von Ballungsgebieten, wobei natürlich auch der politische Föderalismus einer zu starken Zentralisierung entgegenwirkt.

Seit der Einigung Deutschlands kann man nunmehr auch von einem *West-Ost-Gefälle* sprechen. Nach dem weitgehenden Zusammenbruch der Produktion in den Ost-Bundesländern zeichnet sich hier vorerst ein äußerst düsteres Bild ab: Die Wertschöpfung liegt in allen Sektoren deutlich unter den Werten von 1989, ganze Regionen sind von einer beispiellosen Entindustrialisierung bedroht, und die Arbeitslosigkeit, zunächst noch durch statistische Kosmetik („Kurzarbeit Null"), Vorruhestandsregelungen und arbeitsmarktpolitische Maßnahmen wie Fortbildung, Umschulung, Arbeitsbeschaffung in gewissen Grenzen gehalten (1993: Arbeitslosenquote von 15,8%), dürfte sich nur langsam entschärfen (vgl. Priewe/Hickel 1991, Christ/Neubauer 1991). Aus diesem Grunde wurden die neuen Bundesländer in ihrer Gesamtheit als förderungsbedürftige Gebiete eingestuft und erhalten im Rahmen der von Bund und Ländern gemeinsam getragenen regionalen Strukturförderung erhebliche Zuwendungen insbesondere für gewerbliche Investitionen und Infrastrukturvorhaben. (Eine Übersicht über die Gemeinschaftsaufgabe „Verbesserung der regionalen Wirtschaftsstruktur" gibt Abb. 27.) Prognosen über ein Ende der ostdeutschen Transformationskrise bzw. über die Möglichkeit eines „zweiten deutschen Wirtschaftswunders" scheinen indes verfrüht; ebensowenig läßt sich abschätzen, ob erste positive Trends den Aufbau neuer, leistungsfähiger Wirtschaftsstrukturen anzeigen und eine Fortsetzung westdeutscher Finanztransfers bald überflüssig machen (vgl. Wehner 1994).

3.4 Nebeneinander zweier Volkswirtschaften

3.4.1 Staatliche Konzentrationsförderung

Zusammenschlüsse von Unternehmen unterliegen in der BRD einer Kontrolle durch das Bundeskartellamt, d. h., nach dem Kartellgesetz (einem Gesetz gegen Wettbewerbsbeschränkungen) können im Prinzip Fusionen ab einer bestimmten Größenordnung unterbunden oder sogar rückgängig gemacht werden. Wenn auch die Wirksamkeit solcher Regelungen nicht überschätzt werden darf, denn auf den Konzentrationsprozeß hatten sie nur einen geringen Einfluß, so ist doch der Kontrast zu entsprechenden wirtschaftspolitischen Prioritäten in Frankreich bemerkenswert: Zur Verbesserung der Wettbewerbsfähigkeit forderte beispielsweise der V. Wirtschaftsplan (1966–70), in jeder Branche eine kleine Zahl von Unternehmen oder Unternehmensgruppen solcher Größenordnung zu schaffen, daß sie sich in der internationalen Konkurrenz behaupten können. Der VI. Plan (1971–75) setzte diese *Politik systematischer Konzentrationsförderung* fort und zielte durch staatliche Interventionen (Steuermaßnahmen, Kreditvergabe) auf eine grundlegende Umstrukturierung des Industriesektors ab. Spektakuläres Beispiel: die 1974 staatlich „begünstigte" Fusion der privaten Automobilunternehmen Citroën und Peugeot.

Die Maßnahmen haben ihre Ursache darin, daß in Frankreich lange Zeit die kleinen und mittleren (Familien-)Betriebe das Bild der Unternehmen bestimmten (Jetter 1979, 83f.; Uterwedde 1979, 32ff.). Und gerade auf diese teilweise anachronistischen Strukturdefekte wird eine der Hauptschwächen der französischen Wirtschaft zurückgeführt:

T. 13:
Nur 1100 Betriebe von insgesamt 1,6 Milionen, also nur 7 auf 10000, erwirtschafteten mehr als ein Drittel des Gesamtumsatzes aller Betriebe, weitere 1300, also 8 auf 10000, gewährleisten ungefähr 7% dieses Gesamtumsatzes. Daraus folgt, daß *15 Unternehmen auf 10000 insgesamt 42,2%*

Tab. 8: Unternehmensgrößen im Industriesektor

Größenklasse	Zahl der Unternehmen		Beschäftigte	Umsatz
		%	%	%
10– 19	22163	35,7	5,9	3,6
20– 49	22411	36,1	12,8	8,7
50– 99	8008	12,9	10,1	7,3
100–199	3973	6,4	9,9	7,8
200–499	2669	4,3	14,4	13,5
500 und mehr	1490	2,4	46,0	56,8
nicht zugeordnete Unternehmen	1366	2,2	0,9	2,3
		100	100	100

(Nach: Min. de l'Industrie 1991, 15ff.)

der gesamten Umsätze in Industrie und Handel erwirtschaften ... Umgekehrt tragen mehr als 1,5 Mill. Firmen (93 %) weniger als ein Sechstel (15,9 %) zum Gesamtumsatz bei! Das bedeutet, daß praktisch diese 1 540 000 Betriebe einen Markt kontrollieren, der über die Hälfte geringer ist als derjenige der 2400 Großen, mit anderen Worten: 1300 kleine Betriebe erarbeiten weniger als eines der großen Unternehmen. Diese Zahlen lassen sich durch die Aufteilung der Arbeitnehmer auf die Betriebe zusätzlich erhärten, denn 39 % aller Arbeitnehmer arbeiten in 0,3 % der Unternehmen, also in solchen mit mehr als 500 Beschäftigten; *90 % aller Firmen haben weniger als 10 Arbeiter*, und im Handel haben 80 % aller Geschäfte keinen einzigen Angestellten. Über ein Drittel aller Arbeitnehmer sind in Betrieben mit 1–50 Kollegen beschäftigt, ein weiteres Drittel in Firmen mit 51–500 Erwerbstätigen. (Kempf 1980, 277f.; Hervorhebung H. H. L.)

Die in T. 13 beschriebene Situation, basierend auf Daten von 1972, hat sich insofern verändert, als aufgrund fortschreitender Konzentration und Monopolisierung die Zahl der kleineren Handwerks-, Landwirtschafts- und Einzelhandelsbetriebe inzwischen beträchtlich verringert wurde – eine Tendenz, die im übrigen bereits am Ende des 19. Jahrhunderts einsetzte und die Position des traditionellen französischen Mittelstandes *(agriculteurs, artisans, petits commerçants)* schwer erschütterte (vgl. Kolboom 1975). Dennoch – und man könnte hinzufügen: trotz der intensiven Bemühungen, möglichst schnell das Konzentrationsniveau anderer Länder, insbesondere der Bundesrepublik, zu erreichen – blieben einige nationale Besonderheiten und Gegensätze erhalten. Das Gewicht der Kleinunternehmen ist nach wie vor sehr groß (rund 90 % haben weniger als 10 Beschäftigte); im Industriesektor arbeiten ca. 70 % der Unternehmen mit weniger als 50 Beschäftigten (vgl. Tab. 8, die Kleinstbetriebe sind hier nicht mitberücksichtigt), ihr Umsatzanteil liegt jedoch nur bei ca. 12 %. (In der BRD erwirtschaften die industriellen Kleinbetriebe, obwohl weniger stark vertreten, einen vergleichsweise höheren Umsatzanteil.) Auf der anderen Seite erreicht eine sehr kleine Zahl von Großunternehmen (0,8 %) fast 50 % des gesamten Umsatzes sowie einen Beschäftigungsanteil von rund 40 %. (Zu weiteren Einzelheiten vgl. Morvan 1972, 275ff.; Jeanneney 1989; Min. de l'Industrie 1991, 13ff.)

3.4.2 Traditioneller Mittelstand

Mehr noch als diese Zahlen dürfte das Exportverhalten der Klein- und Mittelbetriebe von Belang sein: Man kann feststellen, daß sich – im Unterschied zur BRD – die Exporttätigkeit praktisch nur auf größere Unternehmen beschränkt; der Anteil der *petites et moyennes entreprises* (PME) bleibt dagegen verschwindend gering, dies vor allem wegen ihrer „traditionellen“ Produktions- und Geschäftsführungsmethoden. In diesem Gegensatz spiegelt sich eine der „Ungleichzeitigkeiten“ wider, die in der Literatur verschiedentlich zu kritischen Bemerkungen Anlaß gegeben hat: „In Frankreich existieren in einem spannungsgeladenen Nebeneinander zwei Volkswirtschaften, eine moderne, die zum größten Teil seit dem Kriege von den Technokraten und einigen wenigen großen privaten und staatlichen Unternehmungen aufgepfropft wurde, und darunter eine alte brüchige Infrastruktur, die sich auf Handwerk, niedrigen Absatz bei hohen Gewinnspannen und das Ideal des kleinen Familienbetriebs gründet“ (Ardagh 1969, 27). Und es scheint, als hätte die vielzitierte Beobachtung John Ardaghs auch heute kaum an Berechtigung eingebüßt.

Symptomatisch für das „spannungsgeladene Nebeneinander zweier Volkswirtschaften“ sind weiterhin die scharfen Konflikte, wie sie durch den Widerstand des traditionellen französischen Mittelstandes gegen die strukturellen Veränderungen zutage treten.

Einen ersten Höhepunkt stellte in den 50er Jahren der sog. *Poujadismus* dar, eine nach dem Gründer Pierre Poujade benannte „tendenziell antiparlamentarische und antifiskalische Protestbewegung“ gegen den „existenzbedrohenden industriestaatlichen oligopolkapitalistischen Transformationsprozeß Frankreichs“ (Bock 1975, 54; vgl. Haupt/Koch 1978; Weisenfeld 1982, 112ff.). Ausgangspunkt war zunächst die Forderung von Schutzmaßnahmen gegen die zunehmende Ausbreitung von Verbrauchermärkten *(supermarchés, hypermarchés)*; die Bewegung mündete aber bald in eine parlamentarisch „gezähmte“ Organisation mit allgemein restaurativem Programm. Zu einer erneuten Radikalisierung kam es 1968/69 mit der von *Gérard Nicoud* geführten Bewegung; Hintergrund war wiederum die sich verschlechternde soziale Lage des *petit commerce*. Die Auseinandersetzung wurde mit äußerster Militanz geführt, zum Arsenal des Widerstands gehörten neben Demonstrationen, Verkaufs- und Steuerstreiks ebenso auch spektakuläre illegale Aktionen (wie z. B. Straßensperren, Besetzung von Finanzämtern, Vernichtung von Steuerakten u. ä.). Organisatorisch wurde die Bewegung auf nationaler Ebene in der *CID-UNATI* (Comité d'Information et de Défense – Union Nationale des Travailleurs

Voie ferrée arrachée par les producteurs de scaroles, près du Boulou (P.-O.).

Abb. 28
(Aus: L'Express 12. 2. 1982)

Indépendants) zusammengefaßt – unabhängig von dem Verband der Klein- und Mittelunternehmer (CGPME) und dem eher großindustriellen CNPF (vgl. 4.6.4). Ihre ideologische Grundlage orientierte sich an den traditionellen Werten des Kleinbürgertums, den «dernières libertés» (Nicoud 1972): Plädoyer für den Familienbetrieb, einhergehend mit der Kritik an der Verschwörung mächtiger Finanzgruppen, Bedeutung der individuellen Verantwortung und Möglichkeit des sozialen Aufstiegs allein durch individuelle Fähigkeiten und Leistungen. Der politische Erfolg schlug sich nicht zuletzt in der 1973 verabschiedeten *loi d'orientation du commerce et de l'artisanat*, nach dem damaligen Minister für Handel und Handwerk auch *Loi Royer* genannt, nieder. Das noch heute geltende Gesetz sichert dem französischen Kleinhandel bedeutende Steuervorteile und vor allem einen weitgehenden Schutz gegen die Neuansiedlung sog. *grandes surfaces* zu; letzteres über die *commissions d'urbanisation*, in denen Vertreter des Handels (zusammen mit Vertretern der Gebietskörperschaften) selbst über die Niederlassung größerer Handelsbetriebe mitentscheiden können. Daß jedoch solche Schutzmaßnahmen nicht geeignet sind, die Ursachen für die Existenzbedrohung vieler Kleinbetriebe zu beseitigen, liegt auf der Hand. Von daher verwundert es nicht weiter, wenn der französische Mittelstand, einschließlich der Landwirte, immer wieder mit spektakulären Protestaktionen auf sich aufmerksam macht (vgl. Abb. 28). Parolen wie «Désossez Mitterrand!», «Socialistes, chienlit!», «Contrôle des prix, KGB» (Le Point 9. 5. 1983) sind dabei keine Seltenheit.

3.5 Nationalisierungen und indikative Planung

Darstellungen der französischen Wirtschaftsordnung heben als Hauptkennzeichen gewöhnlich den großen staatlichen Einfluß hervor. Bisweilen ist auch von einer ungebrochenen Traditon des staatlichen Dirigismus die Rede. Eine solche Charakterisierung wird zumindest dann fragwürdig, wenn sie – etwa im Sinne einer zentralen Planwirtschaft – einen grundsätzlichen Unterschied zum wirtschaftlichen System der Bundesrepublik nahelegt. Denn weder funktioniert das Konzept der bundesdeutschen „freien Marktwirtschaft“ ohne Eingriffe des Staates (man denke nur an langfristige Struktur- und Forschungspolitik, an Preissubventionen im Agrarsektor oder an Sozialisierungen von Verlustbranchen), noch sind in der französischen Wirtschaft Markt und Konkurrenz vollständig außer Kraft gesetzt.

Anlaß kontroverser Beurteilungen ist vor allem die Frage der *Nationalisierungen*. In der Bundesrepublik sieht zwar das Grundgesetz ausdrücklich die Möglichkeit der Vergesellschaftung von Produktionsmitteln vor (Art. 15), aber in der wirtschaftspolitischen Diskussion sind Vorschläge dieser Art praktisch tabu. (Das darf andererseits natürlich nicht darüber hinwegtäuschen, daß sich auch hier einige wichtige Bereiche wie z. B. die Wasser- und Energieversorgung in öffentlicher Hand befinden.)

In Frankreich kann man grob vier Phasen unterscheiden, in denen Nationalisierungen in größerem Umfange stattfanden oder wo zur Realisierung bestimmter wirtschaftpolitischer Zielsetzungen der nationalisierte Bereich eine hervorragende Rolle spielte.

3.5.1 Ausweitung des öffentlichen Sektors seit 1936

Bereits 1936 unter der *Volksfrontregierung* hatte es einige Nationalisierungen, und zwar im Bereich der Rüstungs- und der Luftfahrtindustrie, gegeben; 1937 wurden außerdem nach dem Rücktritt Léon Blums die Eisenbahngesellschaften zur SNCF zusammengefaßt und unter staatliche Oberaufsicht gestellt.

Eine umfangreiche Neuordnung der französischen Wirtschaft fand 1944–46 nach der *Libération* statt; insbesondere wurde der öffentliche Sektor ausgeweitet.

Die im *Conseil National de la Résistance* (CNR) vereinigten Parteien und Gewerkschaften hatten sich 1944 eindeutig für die Ausschaltung der «féodalités économiques», denen man die Verantwortung für das Debakel von 1940 sowie Kollaboration mit der deutschen Besatzungsmacht anlastete, ausgesprochen und verlangten die Übernahme der großen monopolisierten Produktionsmittel durch das Volk («retour à la nation de tous les grands moyens de production monopolisés»). Dieser Forderung stimmte ebenfalls die provisorische Regierung unter de Gaulle zu. In der Präambel zur Verfassung von 1946 hieß es dann: «Tout bien, toute entreprise dont l'exploitation a ou acquiert les caractères d'un service public national ou d'un monopole de fait doit devenir la propriété de la collectivité.»

Mit den – von allen wichtigen politischen Kräften getragenen – Maßnahmen sollten die Voraussetzungen für einen raschen Wiederaufbau geschaffen und eine gezielte staatliche Wirtschaftspolitik mit Investitionsschwerpunkten in bestimmten Schlüsselbereichen ermöglicht werden. Betroffen von den Nationalisierungen waren im einzelnen: der Kohlebergbau, die Banque de France, mehrere Depositenbanken (u. a. Crédit Lyonnais, Société Générale), die Elektrizitäts- und Gasversorgung (Gründung von EDF/GDF), die größten Versicherungsgesellschaften sowie Unternehmen der Luftfahrt- und Automobilindustrie (Gnome et Rhône, Renault), deren Besitzer kollaboriert hatten.

Als Instrument zur Umsetzung der beschlossenen Prioritäten wurde 1946/47 die *planification* eingeführt. Sie stellt eine Art mittelfristiger Wirtschaftsplanung dar, die für die Wirtschaft insgesamt oder für einzelne Branchen bestimmte Leitziele und Schwerpunkte für Investitionen vorgibt. Entworfen werden diese von einem dem Premierminister unterstehenden Plankommissariat *(Commissariat général au plan)*; die konkrete Ausarbeitung erfolgt in verschiedenen Kommissionen, an denen u. a. auch Vertreter der Gewerkschaften und der Unternehmerverbände mitwirken können. Der für den Zeitraum von mehreren Jahren aufgestellte Plan hat für die private Wirtschaft allerdings keinen imperativen, sondern lediglich empfehlenden Charakter *(indikative Planung)*, auch wenn staatlicherseits natürlich gewisse Steuerungsmöglichkeiten bestehen, z. B. über die Vergabe von Krediten und Aufträgen. Die französische *planification* hat also mit Formen zentraler Planwirtschaft nur wenig gemein.

Die Aufgabe des I. Plans (1947–53) bestand vor allem darin, die Programme zur Ankurbelung der Wirtschaft zu koordinieren (Wiederaufbau, Einsatz der Marshallplan-Gelder) und die Modernisierung des Produktionsapparats voranzutreiben. Der Schwerpunkt lag dabei zunächst auf den Grundstoffindustrien und dem infrastrukturellen Ausbau (insbesondere des Verkehrswesens). Die Tatsache, daß einige Schlüsselbereiche dem nationalisierten Sektor angehörten, kam hier den staatlichen Lenkungsmaßnahmen entgegen.

Eine dritte bedeutende Phase staatlicher Wirtschaftspolitik begann *1957* mit der *Gründung der Europäischen Wirtschaftsgemeinschaft* (EWG), die Frankreich zu einer vollständigen Umorientierung der Außenwirtschaftsbeziehungen zwang. War die französische Wirtschaft bis dahin vor allem auf Länder der Franc-Zone ausgerichtet (und damit dem internationalen Konkurrenzdruck zum Teil entzogen), so wurde nun eine Öffnung gegenüber dem europäischen Markt mit Abbau der Zollschranken notwendig. Das bedeutete in erster Linie: Erhöhung des wirtschaftlichen Wachstums, Beschleunigung der industriellen Modernisierung, Neuordnung bestimmter Branchen (u. a. durch die Schaffung größerer Unternehmensgruppen), Anpassung des Spezialisierungsprofils (z. B. im Agrarsektor), Kontrolle ausländischer Direktinvestitionen (um den ausländischen Kapitaleinfluß in wichtigen Branchen zu begrenzen). Ohne staatliche Programme und ohne Interventionen über den öffentlichen Sektor wäre ein so fundamentaler wirtschaftlicher Wandlungsprozeß kaum durchführbar gewesen.

Obwohl ein Erfolg der staatlichen Wirtschaftsplanung in den genannten Phasen nicht zu bestreiten ist, verlor die *planification* seit Ende der 60er Jahre doch wesentlich an Bedeutung, was sich nicht zuletzt auch am Auszug der großen Gewerkschaften aus den Planungskommissionen (ab 1968) zeigte. Eine weitere Relativierung folgte mit der „Ölkrise" 1973/74, die nicht nur das Energieproblem sichtbar machte, sondern ebenso die hochgesteckten Ziele des VI. Plans (Beseitigung der Strukturschwäche der französischen Industrie, jährliches Wachstum von 5,8–6 %) zur Illusion werden ließ. Die gleichsam offizielle Rücknahme staatlicher Wirtschaftsplanung wurde dann unter Giscard d'Estaing und seinem Premierminister Raymond Barre (1976–81) vollzogen. Die jeweiligen Institutionen blieben zwar erhalten, aber die aufgestellten Pläne wurden durch einen dezidiert liberalen Kurs (mit rigoroser „Gesundschrumpfung" bestimmter Unternehmensbranchen, Erhöhung der Arbeitslosigkeit, Abbau von Sozialleistungen) faktisch unterlaufen.

3.5.2 Nationalisierungs-Programm von 1981

Mit dem *Wahlsieg Mitterrands 1981* kam es auch in der staatlichen Wirtschaftspolitik zu einem erneuten Kurswechsel. Als eine der ersten Strukturreformen führte die sozialistisch-kommunistische

Regierung ein im Vergleich zu den früheren Phasen wesentlich umfassenderes Nationalisierungs-Programm durch. (1977 hatte die Frage der Nationalisierungen noch zum Bruch des Linksbündnisses beigetragen; vgl. Leithäuser 1978.) Dabei wurden der Großteil des privaten Bankwesens, zwei durch jahrelange Subventionen faktisch bereits im Staatsbesitz befindliche Stahlunternehmen sowie eine Reihe weiterer Industriekonzerne in den öffentlichen Sektor überführt. Die Unternehmensgruppen im einzelnen:

a) industrieller Bereich
- *La Compagnie générale d'électricité* (viertgrößte Unternehmensgruppe; Elektroprodukte, Elektromechanik, Informatik; 1980 Umsatz von 46,5 Mrd. F),
- *Saint-Gobain* (Glas, Baustoffe, Elektronik; 43,5 Mrd. F Umsatz),
- *Péchiney-Ugine-Kuhlmann* (Metall, Chemie; 38,1 Mrd. F Umsatz),
- *Rhône-Poulenc* (Chemie, Textil; 30,2 Mrd. F Umsatz),
- *Thomson-Brandt* (Elektroprodukte, Elektronik; 36,5 Mrd. F Umsatz),
- *Usinor* und *Sacilor* (Eisen, Stahl; 22,0 bzw. 16,8 Mrd. F Umsatz),
- *Dassault-Bréguet* (Flugzeugbau, Rüstung; 10,7 Mrd. F Umsatz),
- *Matra* (Rüstung, Elektronik; 6,8 Mrd. F Umsatz)

b) Bank- und Kreditwesen

Insgesamt wurden 39 Banken nationalisiert, darunter u. a. der *Crédit du Nord*, der *Crédit Commercial de France*, die *Banque de Paris et des Pays-Bas*. Damit war praktisch der gesamte Kreditsektor unter staatlicher Kontrolle. (Zahlenangaben nach: Regards sur l'actualité 79/1982, 35 ff.)

Im industriellen Bereich befanden sich dadurch 13 der 20 größten Unternehmensgruppen in öffentlicher Hand, d. h. die gesamte Stahlindustrie, ein Großteil der Aluminiumerzeugung, der Chemiebranche und der Rüstungsindustrie, 50 % der Glasherstellung sowie ein hoher Anteil der Pharmabranche. Der Umsatz des nationalisierten Sektors erreichte so rund 30 % des Gesamtumsatzes der französischen Industrie.

Die Kosten der Nationalisierungen, vor allem für die Entschädigung der Aktionäre, beliefen sich auf ca. 40 Mrd. F. (Die Entschädigungssumme war von der Regierung ursprünglich niedriger angesetzt; aufgrund eines

Abb. 29
(Aus: L'Aurore 18. 2. 1982)

Einspruchs des Conseil constitutionnel, den die Opposition zur Überprüfung der Verfassungskonformität angerufen hatte, wurde sie jedoch um etwa 15% erhöht.) Das Mißverhältnis zwischen finanziellem Aufwand und ökonomischem Nutzen stand dann auch im Zentrum der öffentlichen Kritik (Abb. 29); insbesondere wurde der Regierung vorgeworfen, daß sie sich nicht generell mit Mehrheitsbeteiligungen von 51% begnügt hatte.

Mit den Nationalisierungen verfolgte die Regierung mehrere gesellschafts- und wirtschaftspolitische Ziele. Eine gleichsam klassische Begründung, wie sie etwa 1944 anläßlich der Nationalisierungspläne vorherrschte oder wie sie später im Gemeinsamen Regierungsprogramm von 1972 formuliert wurde, war die *Kontrolle von Unternehmensgruppen, die mit ihrer Produktion eine marktbeherrschende Stellung erlangt hatten* und deren Einfluß auf andere volkswirtschaftlich wichtige Branchen es zu begrenzen galt:

T. 14:
En cette année 1981, plus d'un siècle et demi après le développement du capitalisme en France, les phénomènes d'accumulation et de concentration du capital, de la multinationalisation du capital dans le monde, me conduisent à considérer comme juste et nécessaire qu'un certain nombre d'entreprises devenues des monopoles ou tendant au monopole et fabriquant des produits nécessaires à la nation soient nationalisées, fassent corps avec la nation; qu'elles ne disposent pas d'un pouvoir économique, et donc politi-

que, qui leur permette de prévaloir sur les décisions de l'intérêt général, et pas davantage, ayant aboli toute concurrence nationale au-dessous d'elles, d'être maîtresses du marché ... (François Mitterrand, Pressekonferenz vom 26. 9. 1981)

Darüber hinaus sollte die Ausdehnung des öffentlichen Sektors Rahmenbedingungen schaffen, die eine bessere Koordination der industriepolitischen Prioritäten, insbesondere der Förderung internationaler Wettbewerbsfähigkeit, der Entwicklung neuer Technologien usw., erlaubte. Mit den Worten des damaligen Industrieministers Pierre Dreyfus:

«L'enjeu est donc de créer les conditions permettant de construire un outil industriel novateur capable de prendre l'offensive dans deux directions: le progrès technologique, facteur de progrès social, et le face-à-face avec les multinationales. Objectif ambitieux dont il est clair que seule la nation peut l'accomplir.»

Und da die Nationalisierungen zu einem großen Teil Branchen und Unternehmensgruppen mit großer Bedeutung für die Zukunftsentwicklung betrafen, waren so im Vergleich zur BRD auch leichter staatliche Eingriffe und Ansätze für eine langfristig angelegte Technologiepolitik möglich. Entsprechendes galt auf europäischer Ebene für die Lösung größerer Forschungs- und Entwicklungsaufgaben, die die Koordination nationaler Ressourcen erforderten. Verbunden mit den Nationalisierungen war schließlich auch die Hoffnung, auf diese Weise die weltweite Rezession besser bewältigen und einen neuen Wirtschaftsaufschwung herbeiführen zu können.

Ohne hier pauschal urteilen zu wollen, kann man sagen, daß die erreichten Resultate des Programms meist hinter den gesteckten Zielen zurückblieben. Eine kurzfristige Wiederankurbelung der Wirtschaft erwies sich als unmöglich, und die nationalisierten Unternehmen wurden der ihnen zugedachten Schrittmacherrolle nicht gerecht. In einer Gesamtsituation, in der die Arbeitsmarktprobleme unvermindert weiterbestanden und die oben aufgezeigten strukturellen Defizite mit ihren negativen Auswirkungen auf die Handelsbilanz sich nicht von heute auf morgen beseitigen ließen, blieb das Modell von Sozialismus und Marktwirtschaft weitgehend Illusion. Dies um so mehr, als sich auch hinsichtlich Unternehmensführung und Mitwirkungsmöglichkeiten von Arbeitnehmerseite keine wesentlichen Änderungen ergeben hatten. Außerdem zeigte sich, daß eine vom internationalen Machtgeschehen abgelöste, rein nationale Wirtschaftspolitik angesichts der staatenübergreifenden Wirtschaftsverflechtungen nicht mehr möglich ist.

3.5.3 Reprivatisierungen – Ende der *économie mixte*?

Einen grundsätzlichen Kurswechsel mit der *Abkehr von einer staatlich gelenkten Wirtschaft* kündigte 1986 in der ersten Cohabitation die neue konservative Regierung unter Chirac an. Sie beschloß sogleich die Denationalisierung von 65 staatlichen Unternehmensgruppen. Die Kritik in der französischen Öffentlichkeit richtete sich dabei zunächst nicht so sehr gegen die Privatisierungen als solche als vielmehr gegen die Tatsache, daß auch der Verkauf von nach 1945 nationalisierten Unternehmen inbegriffen war und daß französische Firmen unter die Kontrolle ausländischen Kapitals kommen konnten.

Nach dem New Yorker Börsenkrach vom Oktober 1987 mußte jedoch das Privatisierungsprogramm abgebrochen werden. Rund 20 Unternehmensgruppen hatte die Regierung bis dahin in Form von Aktien verkauft, darunter Saint-Gobain, die Compagnie Générale d'Electricité und den Medienkonzern Havas. Die Privatisierungen erfolgten jeweils zu 100 Prozent (und nicht etwa über stufenweise Aufstockungen durch privates Kapital). Die Beteiligung ausländischen Aktienkapitals wurde auf maximal 20 Prozent begrenzt; 10 Prozent waren für die Unternehmensangehörigen reserviert, 70 Prozent konnten zum Verkauf an der Pariser Börse angeboten werden. Der Erlös aus den Privatisierungen betrug mehr als 90 Milliarden Francs, eine willkommene Entlastung für den Staatshaushalt (vgl. Capul/Meurs 1988, 243ff.).

Die Maßnahmen waren getragen von dem Ziel – so die offiziellen Verlautbarungen –, die Wirtschaft zu liberalisieren und dadurch wettbewerbsfähiger zu machen, mit der Tradition des staatlichen Dirigismus zu brechen und durch breite Streuung der Aktien den Staatskapitalismus in einen Volkskapitalismus umzuwandeln. Doch eine vollständige Abkehr von althergebrachten colbertistischen Gepflogenheiten wollte auch diese Regierung nicht vollziehen: Einmal behielt der Staat über einen Genehmigungsvorbehalt bei größeren Kapitalbeteiligungen eine gewisse Einflußmöglichkeit auf die Zusammensetzung der Investorengruppen. Zum andern wurde die angekündigte Liberalisierung auf groteske Weise dadurch in Frage gestellt, daß der zuständige Wirtschafts- und Finanzminsiter *Balladur* in den privatisierten Unternehmen einen sog. „harten Kern" finanzstarker Aktionäre *(groupes d'actionnaires stables)* bildete, der jeweils die Geschäftspolitik maßgeblich bestimmen sollte. Wie sich bald herausstellte, bestand dieser Kreis privilegierter Aktionäre weitgehend aus Freunden und Gönnern der gaullistischen Partei, so daß sich die Regierung dem Vorwurf ausgesetzt sah, die Unternehmen seien nicht privatisiert, sondern lediglich „chirakisiert" worden. Auf jeden Fall waren durch die einseitige Auswahl der Hauptaktionäre wichtige Kontrollmöglichkeiten in der Hand der Regierung verblieben.

Die seit 1986 vorgenommenen Privatisierungen wurden 1988 unter der Mitte-Links-Regierung nicht wieder rückgängig gemacht. Zur Diskussion stand vor allem eine Auflösung der „harten Kerne" in den Kapitalbeteiligungen – nicht aber der vollständige Verzicht auf staatliche Einflußnahmen.

Mit der zweiten Cohabitations-Regierung begann 1993 auch die zweite Privatisierungswelle. Der Staat behielt sich wiederum einige entscheidende Interventionsmöglichkeiten vor:

- Eine Privatisierungskommission wachte über die Bildung „harter Aktionärskerne" *(groupes d'actionnaires stables)*, zu denen nur Investoren mit langfristigem Engagement gehören sollten;
- über die Einrichtung einer sog. „goldenen Aktie" *(action spécifique)* konnte das Wirtschaftsministerium die Zusammensetzung der Aktionäre kontrollieren und ein Einspruchsrecht bei bestimmten Beteiligungen ausüben;
- eine Begrenzung ausländischen Kapitals blieb zwar bestehen, allerdings verzichtete man im Hinblick auf Investoren aus EU-Ländern auf die 20%-Grenze.

Privatisiert wurden vor allem Banken (Banque Nationale de Paris, Crédit Lyonnais) und Versicherungen (AGF: Assurances Générales de France, GAN: Groupe des Assurances Nationales, UAP: Union des Assurances de Paris) sowie verschiedene Industriekonzerne (Aérospatiale, Air France, Péchiney, Rhône-Poulenc, Elf Aquitaine, Thomson). Beim Automobilkonzern Renault gab man lediglich 28% der vorherigen 79% staatlicher Kapitalanteile ab; das Unternehmen blieb also mehrheitlich im Staatsbesitz – dies in erster Linie aufgrund von Protesten der Gewerkschaften und der sozialistischen Opposition.

Auch 1995, nach Amtsantritt des Präsidenten Chirac, wurden die Privatisierungen fortgesetzt. Den Auftakt bildete der Stahlkonzern Usinor-Sacilor. Mit den Maßnahmen sollen nicht nur die Wettbewerbsbedingungen der betreffenden Unternehmen verbessert, sondern ebenso die großen Defizite des Staatshaushalts – 1994: 275 Mrd. Francs – verringert werden.

Trotz aller Liberalisierungs- und Privatisierungspolitik darf jedoch nicht übersehen werden, daß der französische Staat im Wirtschaftsleben nach wie vor eine wichtige Rolle spielt. Lenkende Einflußnahmen, sei es durch Förderung von Rahmenbedingungen, sei es durch direkte Eingriffe, gezielte Investitionstätigkeit oder durch Finanzierung bestimmter Forschungsvorhaben, sind daher an der Tagesordnung. Gewisse Ordnungs- und Steuerungsfunktionen von seiten des Staates gehören offensichtlich – und zwar über die Parteigrenzen hinweg – zur Tradition des französischen Wirtschaftsstils: „Der Staat und seine Administration haben auch heute noch einen sakralen Charakter. Vielfach erwarten die Menschen, daß der Staat als Unternehmer auftritt, eine Ordnungsfunktion erfüllt und als Kontrolleur agiert, weil der Glaube an die Privatinitiative fehlt und ein freies Aushandeln der partikularen Interessen in ihren Augen nur Ungleichheiten hervorbringt. Der Staat ist in den wirtschaftlich schwierigen Zeiten nach dem Zweiten Weltkrieg – einer langen Tradition folgend – in diese Rolle geschlüpft und hat sie in den Phasen des Wachstums eher noch ausgebaut. Die bedeutende Stellung des Staates in der französischen Wirtschaft hat nur am Rande mit der politischen Ausrichtung der Regierungen zu tun." (Ammon 1989, 157)

Zwischen diesen Auffassungen und Erwartungen einerseits und bestimmten Liberalisierungsmaßnahmen im Hinblick auf den EU-Binnenmarkt und die internationale Konkurrenzfähigkeit andererseits schwankt die staatliche Wirtschaftspolitik hin und her; einen kontinuierlichen, über mehrere Wahlperioden hinweg verfolgten Kurs gibt es bislang nicht.

3.6 Dauerprobleme im Außenhandel

Obgleich sich die französische Wirtschaft seit langem am internationalen Handel orientiert, konnte sie ein Problem erst in letzter Zeit lösen: die Beseitigung des chronischen Außenhandelsdefizits. Von einigen kurzen Perioden abgesehen, blieb die Warenausfuhr – im Unterschied etwa zur Bundesrepublik – bis 1991 hinter der Einfuhr zurück, eine Entwicklung, die bis in die 60er Jahre zurückreicht (Abb. 30). Bis 1982 erfuhren die Außenhandelsschwierigkeiten sogar noch eine drastische Verschärfung. Erst danach ging das Defizit allmählich zurück, um zeitweilig bei einer Art «équi-

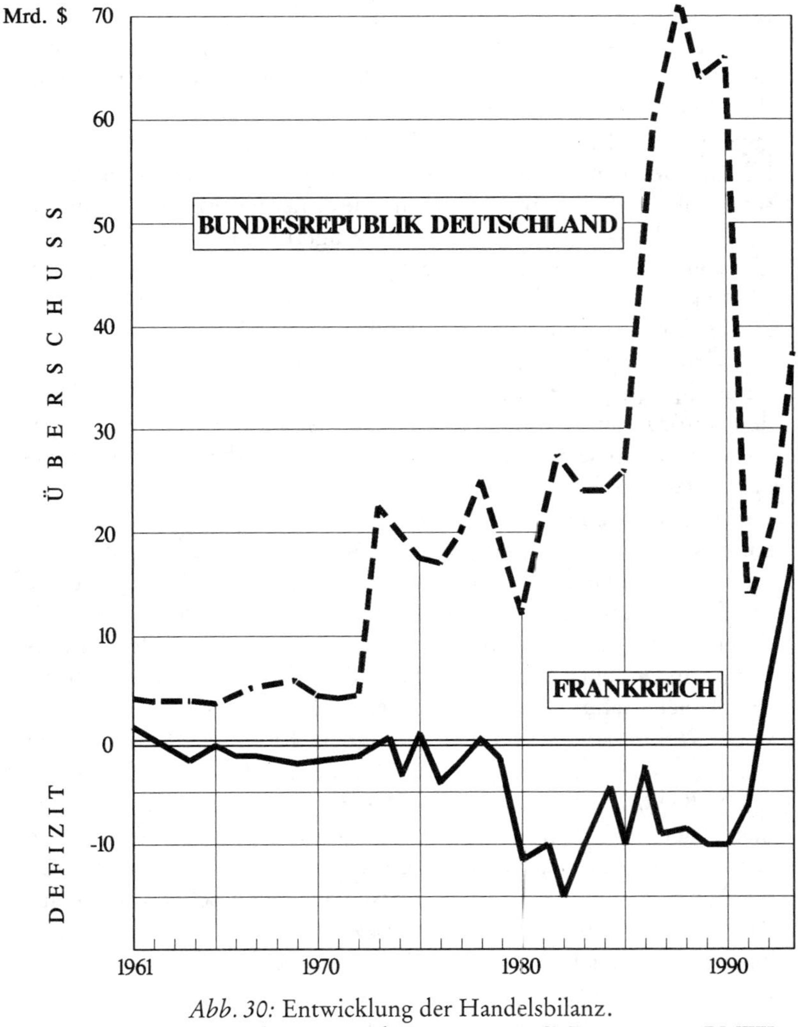

Abb. 30: Entwicklung der Handelsbilanz.
(Zusammengestellt nach: Le Monde 1979, 19; INSEE 1994, 177; BMWI 1994, 91)

libre dans le déséquilibre» stehenzubleiben. Seit 1992 kann man dann eine gewisse Trendwende mit Exportüberschüssen feststellen.

Als erste Erklärung der lange Zeit negativen Handelsbilanz wird gewöhnlich die *Abhängigkeit von ausländischen Energieimporten* angeführt. Dies trifft auch insofern zu, als 1984 die Energieeinfuhren mit ca. 25 % noch den größten Anteil am Gesamtimport ausmachten (in der BRD betrug der Anteil im gleichen Zeitraum ungefähr 18 %). Durch den Dollar- und den Ölpreisverfall seit 1986 sind die Importe jedoch um ca. 100 Mrd. Francs auf unter 10 % zurückgegangen – daher die in dieser Zeit nahezu ausgeglichene Handelsbilanz. Einen entscheidenden Einschnitt für die französische Wirtschaft gab es 1973: Für die Deckung des Energieverbrauchs wurden 78 % des Bedarfs, vor allem Erdöl, eingeführt (BRD: 55 %), und die von den Förderländern beschlossenen drastischen Ölpreiserhöhungen machten die starke Importabhängigkeit deutlicher als je zuvor. Seitdem ist das besonders rohstoffarme Frankreich bemüht, den Erdölbedarf radikal zu senken und mit der Entwicklung anderer Energiequellen langfristig eine größere Unabhängigkeit von den Ölförderländern zu erreichen. Kernstück dieser Bemühungen wurde unter Giscard d'Estaing der forcierte Ausbau der Atomenergie; innerhalb weniger Jahre setzte man – praktisch unbeeinflußt von Einsprüchen der Bevölkerung oder ökologischen Bedenken – ein gewaltiges Nuklearprogramm durch, so daß Frankreich inzwischen über mehr als doppelt so viele Atomkraftwerke verfügt wie die Bundesrepublik und rund 75 % des Strombedarfs aus der Atomenergie gewinnt. Wegen der Handelsbilanz und der mittlerweile entstandenen Überkapazitäten der *Electricité de France* hofft Frankreich daher, die bereits fließenden Atomstromexporte in seine Nachbarländer erhöhen zu können. Besondere Erwartungen richten sich auf den europäischen Binnenmarkt.

Die Rohöleinfuhr ist zwar, gemessen am gesamten Importvolumen, nach wie vor hoch, aber deutlich im Rückgang begriffen; sie vermag daher auch als alleinige Ursache nicht die Schwierigkeiten im Außenhandel zu erklären. Ausschlaggebend scheint vielmehr, daß viele *Importe nicht durch eine entsprechende Exportintensität ausgeglichen* werden können. Näheren Aufschluß gibt zunächst ein Blick auf die Handelsstruktur (Tab. 9).

Die Warenausfuhr spiegelt in etwa die bereits angesprochenen Schwächen der französischen Produktionsstruktur wider: relativ hoher Anteil von Produkten der Landwirtschaft und der Nahrungsmittelindustrie (16,7 %) und im Vergleich zur BRD ein wesentlich geringerer Prozentsatz der Investitionsgüter (41,4 % gegenüber 56,7 %; vgl. Tab. 10); und aufgrund solcher Exportstruktur fallen die Importausgaben natürlich stärker ins Gewicht. Hier liegt für die französische Industrie einer der wichtigsten Anpassungsmängel (vgl. Plihon 1987, 52 ff.; Uterwedde 1988 a, 38 ff.; Ca-

Tab. 9: Außenhandel Frankreichs

	Exporte (Mrd. F)	Exporte (%)	Importe (Mrd. F)	Importe (%)
Agriculture, sylviculture, pêche	79,2	6,6	46,5	4,0
Industries agricoles et alimentaires	120,2	10,1	95,9	8,2
Energie	36,2	3,0	104,2	9,0
Biens intermédiaires	280,5	23,4	279,3	24,0
Biens d'équipement professionnel	319,8	26,7	278,7	23,9
Biens d'équipement ménager	21,7	1,8	31,3	2,7
Matériel de transport terrestre	154,8	12,9	128,2	11,0
Biens de consommation courante	185,7	15,5	200,5	17,2
	1198,1	100	1164,6	100

(Berechnet nach: INSEE 1994, 177)

pul/Meurs 1988, 65ff. sowie die Auszüge aus einem Interview mit Edith Cresson, früher Europa-, dann Premierministerin, in T. 15).

T. 15:
Le coup de colère du ministre des Affaires européennes
Edith Cresson: «La dégradation de nos échanges est spectaculaire»
Les Français n'ont toujours pas la fibre industrielle. Pour Edith Cresson, ils risquent de le payer cher.

L'Evénement du jeudi: Le mark s'envole, et notre déficit commercial se creuse. La France n'est-elle pas en train de prendre un retard dangereux par rapport à l'Allemagne, juste au moment où celle-ci est portée par la situation internationale?
Edith Cresson: C'est un événement sans précédent! La dégradation de nos échanges industriels est spectaculaire . . . Il n'y a jamais eu un tel effondrement. En 1984, nous avions un solde positif de 100 milliards de francs. Cette année, le déficit dépassera les 60 milliards de francs. Je ressens cette situation comme une faiblesse dans certaines négociations. (. . .) Nous ne pourrons être crédibles face à nos partenaires, pour entraîner l'Europe, qu'avec une situation de notre balance industrielle en redressement.

● Mais l'économie française n'est-elle pas en plein boom?
– Quand le matin, à la radio, j'entends déclarer que la situation économique est brillante et que maintenant on peut se consacrer au social, j'en avale mon café de travers. On ne peut faire réellement du social qu'en redistribuant des excédents industriels. C'est ce que fait l'Allemagne qui, ainsi, peut rémunérer plus cher ses ouvriers et ses cadres avec les marges prises sur son énorme excédent industriel.
● La France néglige ses ouvriers et son industrie?
– C'est l'une des explications de notre faiblesse. En France, on a toujours davantage poussé les jeunes vers l'administration que vers l'industrie. Aujourd'hui, le secteur public attire moins, mais ce sont les activités financières qui ont pris le relais, pas l'industrie. Or sans base industrielle, la finance et les activités de services en général ne peuvent que faciliter l'introduction de produits étrangers. Autre déficience: le mode d'organisation des entreprises. Les structures d'encadrement sont obsolètes, les méthodes de promotion reposent sur les diplômes et non sur l'efficacité . . . Il y a pléthore de cadres intermédiaires, beaucoup plus qu'en Allemagne. (. . .)
● Prêchez-vous pour un retour du dirigisme?
– Pas du tout. Les pages des journaux sont pleines du débat sur le „ni-ni" (ni privatisation ni nationalisation), ou des arbitrages sur les dotations aux entreprises publiques . . . Ce n'est pas le problème essentiel. Ce qui l'est, c'est d'inciter les entreprises à mieux se mobiliser, et à bien définir leurs stratégies dans la construction européenne et l'environnement mondial. (. . .)
(Aus: L'Evénement du jeudi 30. 11. 1989)

Die Lücken in der Produktionsstruktur und die Wettbewerbsdefizite sind in den letzten Jahren nicht geringer geworden. Seit 1984 kann man vielmehr feststellen, daß die Marktanteile der französischen Exportwirtschaft bei den wichtigsten Handelspartnern abnehmen. Das hängt einerseits mit der *länderspezifischen Verteilung des Außenhandels* zusammen: Denn einen großen Teil des Exports wickelte Frankreich mit den Dritte-Welt- und den Ölförder-Ländern ab, die nun durch Schuldenkrise und negative Entwicklung des Ölpreises stark an Kaufkraft einbüßten. Andererseits dürfte die entscheidende Ursache in *Mängeln des Produktangebots* liegen: Gerade im Vergleich zu anderen Industriestaaten ist die französische Wirtschaft häufig nicht in der Lage, auf die Nachfrage des Marktes (sowie auf Nachfrageänderungen) in angemessener und ausreichender Weise zu reagieren. Diese Feststellung gilt besonders für den Bereich der Industriegüter, wo die Exportüberschüsse nicht nur schrumpfen, sondern wo seit 1987 sogar ein Defizit zu verzeichnen ist.

Tab. 10: Außenhandel der Bundesrepublik

	Exporte (%)	Importe (%)
Land-, Forst- und Jagdwirtschaft	1,0	4,8
Nahrungs- und Genußmittel	4,8	6,1
Bergbauliche Erzeugnisse, Energie	0,4	6,3
Grundstoff- und Produktionsgütergewerbe	23,0	21,3
Investitionsgüter (mit Fahrzeugbau)	56,7	40,7
Verbrauchsgüter	12,6	18,6
andere	1,5	2,2

(Zusammengestellt nach: Inst. d. dt. Wirtschaft 1994, 44)

«Contrairement au Japon et à la RFA, qui ont su se spécialiser et constituer des pôles de compétitivité dans des secteurs porteurs (comme industrie chimique et mécanique en RFA), la France a gardé une *structure industrielle peu spécialisée avec des points forts* (industries du nucléaire, de l'aéronautique et de l'équipement militaire) *moins nombreux et plus limités* que ces deux pays.» (Plihon 1987, 54; Hervorhebung H. H. L.)

Die aufgezeigte Wettbewerbsschwäche tritt noch deutlicher zutage, wenn man speziell vom *deutsch-französischen Handelsaustausch* ausgeht. Auffällig ist zunächst das quantitative Ungleichgewicht, da die Bundesrepublik nach Frankreich wesentlich mehr Waren exportiert als umgekehrt. 1987 kam es hier zu einem Minusrekord, inzwischen liegt der deutsche Handelsüberschuß bei rund 9 Mrd. DM (Abb. 31; detaillierter: Lasserre 1986, Nivollet 1987). Die Bilanzen der letzten Jahre zeigen durchweg Fehlbeträge zu Lasten des französischen Handels. Den größten Anteil an den Defiziten haben industrielle Produkte, vor allem Investitionsgüter (z. B. Maschinen), dauerhafte Konsumgüter (z. B. Haushaltsgeräte), Fahrzeuge, laufende Konsumgüter (z. B. Textilien); an ihnen werden die Lücken des französischen und die Stärken des deutschen Industriegefüges erkennbar.

Hinzu kommt aber auch ein *strukturelles Defizit,* das wiederum vom Handelsaustausch im Investitionsgüterbereich herrührt: „Hier führte der Internationalisierungsprozeß zu einer Angleichung der Produktionstechniken. Da die französische Investitionsgüterindustrie in den modernsten und hochspezialisierten Bereichen nicht ausreichend vertreten war und zudem über zu geringe

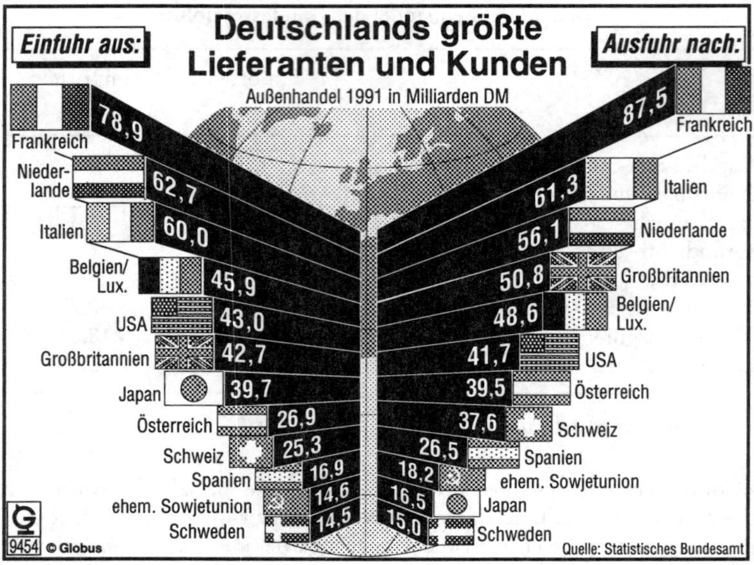

Abb. 31: Die größten Handelspartner der Bundesrepublik.

Produktionskapazitäten verfügte, mußten die für die Modernisierung des französischen Produktionsapparats notwendigen Maschinen aus anderen Ländern, vor allem aus der Bundesrepublik, importiert werden" (Deubner u. a. 1978, 108 f.). Daraus resultierte ein deutliches Abhängigkeitsverhältnis, welches – trotz partieller Verringerung der Defizite seit 1982 – nach wie vor existiert. Werden z. B. für Modernisierungen in der Industrie technisch hochentwikkelte Anlagen benötigt, kommt das vorrangig dem deutschen Export zugute, ganz abgesehen davon, daß mit der Einführung solcher Investitionsgüter häufig auch die Übernahme bestimmter Normen und Verfahren und damit eine weitere technologische Abhängigkeit verbunden sind. Mit anderen Worten: Die strukturelle Dominanz der Bundesrepublik, verursacht durch die Spezialisierung auf Güter mit hohem Verarbeitungs- und Entwicklungsgrad, trägt also nicht unerheblich zu den Schwierigkeiten des französischen Außenhandels bei.

Ein zusätzlicher Grund für die geringere Exporttätigkeit Frankreichs liegt in den *Problemen bei der Vermarktung*. Geradezu bezeichnend ist in dem Zusammenhang auch die Tatsache, daß dem Erwerb von Fremdsprachenkenntnissen generell immer noch eine relativ untergeordnete Bedeutung beigemessen wird. Dieser Mangel dürfte zusammen mit anderen Kritikpunkten (Unzulänglichkeiten in der Berufsausbildung, Image schlechterer Produktqualität, Nichteinhaltung von Lieferfristen u. ä.) die französischen Exportchancen zusätzlich beeinträchtigen.

T. 16:
Schwer tun sich die französischen Unternehmer aber vor allem damit, ihre Waren im Ausland zu vermarkten. Eine Umfrage der Pariser Industrie- und Handelskammer bei den bundesdeutschen, italienischen, britischen, belgischen und amerikanischen Handelspartnern über deren Einschätzung der französischen Wettbewerbsfähigkeit hat Beunruhigendes zutage gefördert. Einhellig bemängelten die Befragten bei den Franzosen „Schwächen der Handelsorganisation und in der Anpassung an die Marktbedürfnisse".

Als alte Kolonialmacht eher an ein bequemes Verteilersystem als an aggressive Verkaufsmethoden gewöhnt, scheitern Exportbemühungen häufig bereits an Sprachbarrieren. Erst langsam nämlich setzt sich bei den Franzosen die Erkenntnis durch, daß ihr Motto „Macht's wie alle, sprecht französisch" wohl nicht mehr ganz zeitgemäß ist.

[. . .]

Die Regierung läßt unterdessen nichts unversucht, den Wettbewerbssinn der französischen Wirtschaft anzustacheln. Mit einer großangelegten Werbekampagne versucht derzeit das Industrieministerium das Bewußtsein für Wertarbeit im Volk zu schärfen. Auf riesigen Plakatwänden – unter anderem in der Pariser Metro – wird den Franzosen vorkonjugiert, was „Qualität" ist. Das liest sich dann so: „Ich vermeide Pannen. Du vermeidest Mängel. Er vermeidet Lieferverzögerungen . . ."
(M. L. Hauch/M. Fleck, Die Zeit 3. 7. 1987)

Eine Zusammenfassung der in den Abschnitten 3.2 bis 3.6 ausgeführten Merkmale und Hauptunterschiede gegenüber der Bundesrepublik findet sich in Tab. 11.

Die Schwierigkeiten der französischen Wirtschaft im allgemeinen und des Außenhandels im besonderen haben also tieferliegende Ursachen, die sich nicht von heute auf morgen beseitigen lassen. Spektakuläre Vorschläge und Radikalmaßnahmen, wie sie bisweilen in der öffentlichen Diskussion erörtert werden, greifen daher meist zu kurz. So mag es auf den ersten Blick zwar nachvollziehbar erscheinen, einen Zusammenhang zwischen *Arbeitszeitverkürzung* und wirtschaftlicher Konkurrenzfähigkeit zu sehen: «Nos industries sont malades du temps de travail. Et c'est la France qui s'affaiblit . . .» – wie Victor Scherrer in seinem mit viel Aufmerksamkeit bedachten Buch *La France paresseuse* (1987, 11) meint; etwas weniger pathetisch fügt der Autor konkretisierend hinzu:

Tab. 11: Wirtschaftsstruktur Frankreich–Bundesrepublik

	Frankreich	Bundesrepublik Deutschland
Wirtschaftsordnung:	Marktwirtschaft mit indikativer staatlicher Planung (planification) zahlreiche Unternehmensgruppen in staatlicher Hand, Anteil durch Privatisierungen jedoch stark rückläufig	Leitbild der „sozialen Marktwirtschaft" Investitionslenkung abgelehnt, nur „Globalsteuerung"
Wirtschaftssektoren allgemein:	Dominanz des Dienstleistungssektors, relativ großer Agrar-, vergleichsweise geringer Industrieanteil	Dominanz des Dienstleistungssektors, vergleichsweise hoher Industrieanteil
Industrie:	Investitionsgüteranteil geringer, in Wachstumsbereichen generell schwächer vertreten, noch großes Gewicht von Krisenbranchen Importabhängigkeit in bestimmten technologischen Schlüsselbereichen	Vorrangstellung des Investitionsgüterbereichs vergleichsweise fortgeschrittene Anpassung an internationale Nachfrage
Regionalstruktur:	Ballungsräume nordöstlich der Linie Le Havre – Marseille, Pariser Region wichtigstes Zentrum Unterindustrialisierung des Westens und Südwestens	kein dominierendes Zentrum, dezentrale Verteilung der Ballungsgebiete Problemgebiete – von den neuen Bundesländern abgesehen – begrenzter und über das Bundesgebiet verteilt
Unternehmenskonzentration:	staatliche Konzentrationsförderung hoher Anteil von (nicht exportorientierten) Klein- und Mittelbetrieben scharfe soziale Konflikte (Neopoujadismus)	hoher Konzentrationsgrad schon früher erreicht Exportbeteiligung von Klein- und Mittelbetrieben
Außenhandel:	Außenhandelsdefizit geringere Exportintensität	Exportüberschuß, vor allem durch Investitionsgüter Frankreich wichtigster Handelspartner

«Si l'on quitte les statistiques, on découvre une réalité bien vivante, ancrée dans nos habitudes et nos schémas mentaux: une France égoïste, indolente, une France de petits ponts et de grands week-ends, de champions du temps libre, de stakhanovistes des repos compensateurs et des congés maladie, de combinards du calendrier. Une France qui déifie les avantages acquis aux dépens des autres.» (1987, 14)

Sehr rasch entpuppt sich jedoch das Plädoyer für eine längere Wochenarbeitszeit als schlecht getarnte Neuauflage eines alten Stereotyps über Arbeitsmoral und Arbeitsqualität. Sicherlich ist zuzugestehen, daß einzelne Beobachtungen Scherrers durchaus zutreffen; dennoch berührt seine Kritik in keiner Weise die zentralen Ursachen dessen, was er als *«déclin»* oder *«décadence»* beschreibt. Im übrigen ließe sich die genannte These leicht mit Vergleichszahlen aus anderen Ländern, z. B. der Bundesrepublik, entkräften. Großer Resonanz erfreut sich ebenfalls das von Unternehmerseite immer wieder vorgetragene Argument, zu hohe *Lohn- und Lohnnebenkosten* würden die französische Exportfähigkeit beeinträchtigen. Auch hier ergibt der internationale Vergleich ein ganz anderes Bild: Bezüglich der Lohnnebenkosten rangiert beispielsweise die BRD bei deutlich höherem Lohnniveau noch vor Frankreich, und bei den Arbeitskosten insgesamt zählt Frankreich nicht einmal zu den zehn Spitzenländern (die Bundesrepublik nimmt nach der Schweiz den zweiten Platz ein).

Die eigentlichen Schwächen der französischen Wettbewerbsposition sind auf diese Weise nicht erklärbar. So erfolgversprechend die Forderungen nach längerer Arbeitszeit und Senkung der Lohnnebenkosten als antigewerkschaftliche Strategie auch sein mögen, so sehr lassen sie die strukturellen Ursachen im dunkeln. Um die festgestellten Produktionslücken zu schließen, die allgemeine Produktivität zu steigern und die Anpassungsfähigkeit an Erfordernisse des internationalen Marktes zu verbessern, ist vielmehr eine weitere Modernisierung des Produktionsapparates vonnöten. Nur so dürften sich langfristig die Ungleichgewichte im Außenhandel verringern.

3.7 Protektionismus, verzögerte Industrialisierung, dynamische Nachkriegsentwicklung

Die obige Darstellung wirtschaftlicher Tendenzen ergibt leicht ein schiefes Bild, solange sie nicht auch die jeweiligen Ausgangsbedingungen und Entstehungszusammenhänge mit erfaßt. Hierzu ist ein kurzer Blick auf die historische Entwicklung notwendig.

3.7.1 Bevölkerungswachstum und Wirtschaftsentwicklung

Im 19. Jahrhundert war Frankreich, wirtschaftlich gesehen, überwiegend ein Agrarland. Ungefähr 45–50 % der Erwerbstätigen arbeiteten im Landwirtschaftssektor, die Industrialisierung schritt nur langsam voran, und insgesamt blieb das Wirtschaftswachstum auf einem niedrigen Niveau. Die stagnierende Entwicklung dauerte praktisch bis zum Ende der III. Republik an und ist kennzeichnend vor allem für den industriellen Rückstand, den Frankreich im Vergleich zu anderen europäischen Ländern nach dieser Periode aufwies.

In Deutschland fand dagegen bereits in der zweiten Hälfte des 19. Jahrhunderts eine starke Industrialisierung statt, und um 1900 arbeiteten schon mehr Erwerbstätige im sekundären als im primären Sektor (letzteres wurde in Frankreich erst nach dem Zweiten Weltkrieg erreicht). Hinzu kam, daß insbesondere auch moderne Industriebranchen (Chemie, Maschinenbau, Optik, Elektro) großen Anteil an dieser Entwicklung hatten: Sie ermöglichten eine intensive Außenhandelstätigkeit (Ausfuhr von industriellen Fertigwaren, Einfuhr von Rohstoffen). Das durchschnittliche Wirtschaftswachstum lag dann auch wesentlich höher als in Frankreich (vgl. Tab. 12).

Eine der Hauptursachen dieser stark abweichenden Industrialisierungsmuster ist in der jeweiligen *demographischen Entwicklung* zu sehen. Während noch um 1800 beide Länder eine etwa gleich große Bevölkerungszahl aufwiesen, zeichnete sich bereits in den folgenden Jahrzehnten eine entgegengesetzte Tendenz ab. In Deutschland gab es ein explosionsartiges Wachstum der Bevölkerung (1800: 24,5; 1850: 35,0; 1900: 56,3 Mio. Einwohner), begleitet von einem starken Urbanisierungsprozeß. Im Vergleich dazu blieb die französische Bevölkerungsexpansion weit zurück, und zwar bis in die Mitte des 20. Jahrhunderts: Von 1850 bis 1950 nahm die Einwohnerzahl nur um ca. 16 % zu. (Die deutsche Zuwachsrate betrug, bezogen auf das Gebiet der Bundesrepublik, für den gleichen Zeitraum 179 %.) Das schnelle Bevölkerungswachstum führte in Deutschland zu einer beträchtlichen Steigerung der Güternach-

Tab. 12: Durchschnittliches jährliches Wirtschaftswachstum (gemessen am Bruttoinlandsprodukt) 1870–1990

	Frankreich	Deutschland (ab 1950: BRD)
1870/71–1913	1,6 %	2,9 %
1914–1949	0,7 %	1,2 %
1950–1960	4,8 %	8,5 %
1961–1970	5,8 %	4,8 %
1971–1980	3,6 %	2,7 %
1981–1990	2,1 %	2,1 %

(Zusammengestellt nach: OCDE 1974, 14; Frankreich-Jahrbuch 1991, 262)

frage, damit zur Ausdehnung der industriellen Produktion, wofür wiederum mehr Arbeitskräfte zur Verfügung standen.

Ein hohes Industrialisierungstempo, zunehmende Unternehmenskonzentration sowie große Wachstumsraten charakterisierten in der Folge den ökonomischen Strukturwandel. Für Frankreich waren die Auswirkungen der demographischen Entwicklung eher ungünstig: „Es gab keinen Bevölkerungsschub, der sich als Stimulans der wirtschaftlichen Produktion ausgewirkt hätte; die Investitionsbereitschaft nahm nicht zu, da die Massenkaufkraft ausblieb; die Wirtschaft schuf keine neuen Arbeitsplätze, da die Zahl der Arbeitskräfte stagnierte“ (Menyesch 1978, 34). Auf diese Zusammenhänge gehen schließlich der langsame industrielle Entwicklungsrhythmus und der allgemeine politisch-soziale Immobilismus der französischen Gesellschaft während der III. Republik zurück.

3.7.2 Protektionistische Vergangenheit

Die mangelnde Dynamik der französischen Wirtschaft ging einher mit einem gewissen Hang zu *protektionistischen Maßnahmen,* die in erster Linie die eigene Warenproduktion vor ausländischer Konkurrenz abschirmen sollten. Als klassisches Beispiel sei hier die 1892 von Jules *Méline* verordnete drastische Erhöhung der Zolltarife genannt: Ihr Ziel bestand darin, durch Verteuerung ausländischer Importe die Absatzchancen der heimischen Wirtschaft, insbesondere der Landwirtschaft, im eigenen Lande zu verbessern und einer Reihe bedrohter Branchen zu einem (wenn auch begrenzten) Aufschwung zu verhelfen.

T. 17:
Toute l'industrie ne progresse pas au même rythme. Certains secteurs sont à la traîne: les cuirs et peaux, l'habillement, le textile, dont la production passe de l'indice 85 en 1900 à l'indice 100 seulement en 1913. Or ces secteurs emploient de nombreux ouvriers: 2465000 dans le textile et l'habillement, 704000 dans le bois et l'ameublement, contre 828000 pour l'ensemble de la sidérurgie, de la métallurgie et des constructions mécaniques.

D'autre part, l'agriculture piétine, avec des rendements faibles (13,6 quintaux à l'hectare pour le blé en moyenne, de 1901 à 1910). Or elle représente 40% du produit physique de l'économie française en 1910.

Le protectionnisme (Méline, 1892) est donc nécessaire, non seulement pour défendre les produits agricoles français contre la concurrence des pays neufs qui provoque une baisse des prix depuis 1882–1885, mais aussi pour réserver le marché intérieur et colonial aux industries cotonnières et même métallurgiques. Encore qu'on ne puisse le dire de toute l'économie, dans l'ensemble, la mentalité dominante est davantage celle du rentier que de l'entrepreneur. (Prost, 1979, 9)

Die protektionistischen Maßnahmen hatten Tradition, waren sie doch bereits charakteristisch für den *französischen Merkantilismus des 17. Jahrhunderts.* Um eine aktive Handelsbilanz zu erreichen, hatte der Wirtschafts- und Finanzfachmann Ludwigs XIV., Jean-Baptiste *Colbert,* eine intensive und staatlich reglementierte Förderung von Gewerbe und Außenhandel gefordert. Diese führte, abgesehen von einer beträchtlichen Stärkung der zentralen Staatsgewalt, zum Ausbau der bestehenden Manufakturen, zu zahlreichen staatlichen Neugründungen, die genauen Produktionsvorschriften unterlagen, zur Entfaltung neuer Industrien, Verbesserung der Infrastruktur (Straßen, Flußwege) und zur Aufhebung von Binnenzöllen. Parallel zur Förderung des inneren Marktes sollten Einfuhrverbote für Fertigwaren bzw. hohe Schutzzölle der Wirtschaft den Schonraum gewähren, den sie zu ihrem Wachstumsaufschwung benötigte. Obgleich dem Colbertismus ein durchschlagender Erfolg schließlich versagt blieb (vor allem wegen der hohen Kriegsausgaben unter Ludwig XIV.), so scheint sich eine entsprechende Geisteshaltung – „Protektionismus gleich schnelles Wachstum, ausländische Konkurrenz gleich Gefahr" (Lebas 1981, 83) – bis ins 20. Jahrhundert erhalten zu haben (vgl. Ammon 1989, 66ff.). Hiervon mag eine immer wieder beobachtbare Tendenz zu Einfuhrbeschränkungen für ausländische Waren sowie zu Preis- und Devisenkontrollen zeugen. Ob man allerdings ernsthaft behaupten kann, aufgrund von staatlichem Dirigismus, Investitionskontrollen usw. reihe sich die französische Wirtschaft nahtlos in die Tradition des Colbertismus ein und daß „Marktwirtschaft . . in Frankreich praktisch ein Fremdwort geblieben" sei (vgl. Schmidt 1983), muß bezweifelt werden. Dafür sind die strukturellen Übereinstimmungen mit anderen Industrieländern zu groß.

Einen relativen Schutz vor internationalen Marktbedingungen boten lange Zeit auch die Wirtschaftsbeziehungen zu den *Kolonien* bzw. seit 1945 zu den Ländern der *Franc-Zone*. Symptomatisch ist z. B., daß Frankreich noch Anfang der 50er Jahre mehr als 40 % des Außenhandels mit der Franc-Zone, also überwiegend mit Staaten Afrikas, bestritt, aber nur 15 % mit europäischen Industrieländern. Die privilegierten Handelsbedingungen (und die damit bewirkte Verzögerung industrieller Modernisierung) stellen somit einen weiteren Grund für die nur geringe Anpassung an die internationale Konkurrenz dar (vgl. u. a. Caron 1981, Cameron 1971).

3.7.3 Hinwendung zum europäischen Markt

Vor dem Hintergrund einer protektionistischen Vergangenheit, eines geringeren Industrialisierungsgrades und eines vergleichsweise rückständigen Produktionsapparats ist nun der grundlegende Strukturwandel der französischen Wirtschaft zu sehen, der ab *1957* mit der Unterzeichnung der *Römischen Verträge* notwendig wurde. Die Einbindung in den internationalen und vor allem europäischen Warenaustausch setzte eine tiefgreifende Umorientierung voraus, insbesondere aber eine Erhöhung des Industrie- und eine Verringerung des Agraranteils. In der Folge erlebte Frankreich in den 60er Jahren eine äußerst dynamische Entwicklung. Einige der wichtigsten Indikatoren:

- hohe Wachstumsraten (vgl. Tab. 13), die 1960–70 aufgrund des „Nachholbedarfs" die der Bundesrepublik übertrafen,
- Anpassung des Industrialisierungsniveaus an die übrigen EWG-Partner,
- Verschiebungen im Außenhandel (z. B. wurden die Exporte in EWG-Länder nahezu verdoppelt, die Bedeutung der Franc-Zone ging stark zurück).

Wie bereits erwähnt, hatten an der Realisierung dieses wirtschaftlichen Umbruchs die staatlichen Lenkungs- und Koordinationsinstrumente großen Anteil (s. 3.5). Trotz der unbestreitbaren Erfolge in dieser Periode sind andererseits einige wichtige Probleme erhalten geblieben; sie kommen nicht zuletzt in den permanenten Außenhandelsschwierigkeiten Frankreichs zum Ausdruck und verweisen sowohl auf die Krisenanfälligkeit einiger Branchen als auch auf allgemeinere Wettbewerbsschwächen.

Mit der Schaffung eines *europäischen Binnenmarktes ab 1993*, des *grand marché*, muß sich die Exportfähigkeit Frankreichs, und zwar vor allem gegenüber den entwickelten Industrieländern, erneut bewähren. Welcher grundsätzlichen Verbesserungen das Produktionsgefüge hierzu bedarf, wurde bereits in 3.6 erläutert (vgl. auch T. 15). Nicht minder wichtig ist die Entwicklung geeigneter Vermarktungsstrategien. Eine ungelöste Frage stellt derzeit noch die Angleichung bzw. die Annäherung der Mehrwertsteuersätze dar. Im Vergleich zu den meisten anderen EG-Ländern liegt die französische TVA *(taxe sur la valeur ajoutée)* wesentlich höher: Die einzelnen Sätze reichen von 2,1 % bis 33,3 %, der normale Satz beträgt 18,6 % (BRD: 7 % und als Normalsatz 14 %, ab 1993 15 %). Die Beibehaltung eines sehr hohen Satzes gefährdet die Wettbewerbsfähigkeit, eine drastische Senkung würde zu hohen Einnahmeverlusten für den Staatshaushalt führen.

3.8 Prioritätenwechsel in der Wirtschaftspolitik

1981 galten die Bemühungen der sozialistisch-kommunistischen Regierung natürlich zunächst der Wiederbelebung der Wirtschaft, der nationalen Überwindung einer weltweiten Krise (nach dem zweiten „Ölschock" 1979). Vorausgegangen war der gescheiterte Versuch der Regierung Giscard/Barre, durch vorrangig betriebene Inflationsbekämpfung (unter Inkaufnahme verschärfter Arbeitslosigkeit), durch Aufhebung von Preisbindungen, Druck auf Löhne und Abbau von Sozialleistungen einen Ausweg aus der Krise zu finden. Die wirtschaftliche Situation hatte sich bis 1981 weiter verschlechtert: Die Arbeitslosenzahl war auf 1,8 Mio. gestiegen, die Inflationsrate lag mit 13,6 % höher als je zuvor in der V. Republik, die Exportschwierigkeiten insbesondere im Investitionsgüterbereich vergrößerten das Außenhandelsdefizit, das Wirtschaftswachstum blieb weit hinter den Erwartungen zurück.

In dieser Lage setzte das Programm zur Konjunkturbelebung vor allem auf Maßnahmen, die die Kaufkraft der unteren Einkom-

ÇA MANQUE D'ÉLAN...
— On m'appelle la navette spatiale du pauvre...

Abb. 32
(Aus: Le hérisson 19. 11. 1981)

mensschichten steigerten (Anhebung der Renten und des gesetzlichen Mindestlohns um 10 %, Verbesserung zahlreicher Sozialleistungen); damit sollte eine *Erhöhung der Binnennachfrage* und eine Ankurbelung der Konsumgüterindustrie erreicht werden. Parallel zu dieser «reconquête du marché intérieur» hatte die *Bekämpfung der Arbeitslosigkeit* absolute Priorität. Im öffentlichen Dienst wurden allein 200 000 neue Stellen bewilligt, mit sog. „Solidaritätsverträgen" warb die Regierung bei Unternehmen und Gemeinden für die Schaffung weiterer Arbeitsplätze, die Wochenarbeitszeit wurde auf 39 Stunden verringert (ursprünglich sollte bis 1985 sogar die 35-Stunden-Woche eingeführt sein) und das Rentenalter auf 60 Jahre gesenkt. Mit umfangreichen Nationalisierungen im Banken- und Industriesektor und den dadurch gegebenen Interventionsmöglichkeiten versuchte die Regierung außerdem, eine entscheidende Veränderung des Investitionsklimas zu bewirken sowie eine Reihe von Strukturreformen in Angriff zu nehmen.

Der Maßnahmenkatalog erreichte die von der Regierung Mauroy gesetzten Ziele allerdings nicht wie erwartet: Es kam weder zu einer nachhaltigen Konjunkturbelebung noch zu einem umwälzenden arbeitsmarktpolitischen Effekt; die Arbeitslosigkeit stieg zunächst noch an und stabilisierte sich dann auf einem hohen Niveau von rund 2 Mio. Arbeitssuchenden. Insgesamt führte die Steigerung des Massenkonsums keineswegs zu einer Überwindung der Krise. Die Inlandsnachfrage war zwar erheblich gestiegen, doch kam dies in erster Linie ausländischen Unternehmen zugute – was wiederum auf die strukturellen Schwächen der französischen Industrie hinwies; die französischen Produzenten waren nicht in der Lage, auf die gesteigerte Binnennachfrage in ausreichendem Maße zu reagieren. In der Folge verschärften sich das Außenhandelsdefizit und der Preisauftrieb drastisch, der Franc-Kurs geriet zunehmend in Schwierigkeiten (es gab mehrere Abwertungen in relativ kurzer Zeit), so daß die Regierung sich schließlich zu einem radikalen Richtungswechsel gezwungen sah.

Die *Umkehr von der sozial orientierten Beschäftigungspolitik zu einer eher konservativen Stabilitätspolitik* erfolgte in mehreren Etappen. Eine erste Akzentverschiebung zeichnete sich ab, als im Juni 1982 ein Zusatzprogramm vor allem zur Bekämpfung von Inflation und Außenhandelsdefizit beschlossen wurde, das neben einer Reihe von Haushaltskürzungen auch einen viermonatigen Lohn- und Preisstopp verordnete. Darüber hinaus wurden die vorgesehenen Arbeitszeitverkürzungen bis auf weiteres ausgesetzt. Der entscheidende Schritt folgte dann im März 1983: Unter dem Eindruck einer dritten Franc-Abwertung verkündete die Regierung einen Austeritätsplan, der erstmals auf eine Reduzierung der Kaufkraft abzielte. Die Bemühungen sollten sich jetzt verstärkt auf die Eindämmung der immer noch hohen Inflationsrate sowie auf den Ausgleich von Budgetdefiziten konzentrieren. Obgleich in der öffentlichen Präsentation (s. T. 18) der Kampf gegen die Arbeitslosigkeit noch mit im Vordergrund stand, war der Prioritätenwechsel unübersehbar.

T. 18:

Mais maintenant nous avons plus que jamais à vaincre sur trois fronts: le chômage, l'inflation, le commerce extérieur . . .

En un an, exactement quatorze mois, le chômage s'est accru de 29 % en Allemagne, de 22 % aux Etats-Unis, en France: 4 %. Mais, la limitation de la croissance du chômage a entraîné pour nous un effort financier qui n'a pas permis de réduire l'inflation aussi rapidement que chez d'autres.

Quant à cette inflation, c'est une triste histoire qui a commencé avec le choc pétrolier en 1973. Ceux qui gouvernaient à l'époque ont vu le franc perdre en sept ans 40 % de sa valeur par rapport au mark et nous, nous avons dû, à notre tour, dévaluer trois fois. C'est la loi à laquelle nul n'échappe: un pays dont la hausse des prix dépasse celle de ses voisins est condamné à dévaluer d'une façon ou d'une autre.

Telle est la vérité. Je devais vous la dire sans chercher d'excuses trompeuses.

Mais elle nous dicte notre devoir.

Il est temps, grand temps, d'arrêter la machine infernale. Combattre l'inflation, c'est sauver la monnaie et le pouvoir d'achat.

Voilà pourquoi je lutterai, et le gouvernement avec moi, de toutes nos forces, contre ce mal, et mobiliserai le pays à cette fin. (François Mitterrand, Fernsehansprache vom 23. 3. 1983)

Konkret wurde – unter Federführung des damaligen Wirtschaftsministers *Delors* – an kaufkraftabschöpfenden Maßnahmen beschlossen: Zwangsanleihen in Höhe von 10% der Einkommensteuer, Sonderabgaben von 1% des steuerpflichtigen Einkommens zur Sanierung der Sécurité Sociale (niedrige Einkommen waren von diesen Abgaben ausgenommen), 8%ige Anhebung der öffentlichen Gebühren und Tarife, zusätzliche Anreize für langfristige Sparformen. Außerdem wurde eine Begrenzung der Devisenausfuhr (2000 F pro Person und Jahr) festgelegt – eine Maßnahme, deren ökonomische Wirkung von vornherein fraglich war, aber die dennoch auf das intensivste in den Medien diskutiert wurde.

Das Sparprogramm und die Fortsetzung der Austeritätspolitik unter der Regierung *Fabius* (1984–86) machten die Abkehr vom anfänglichen sozialpolitischen Kurs deutlich, die sozialistischen Reformvorhaben standen nicht mehr zur Debatte (vgl. auch Uterwedde 1988). Diese Kursänderung bedeutete nicht nur ein Einschwenken auf die Stabilitätspolitik der übrigen, sozialdemokratisch oder konservativ geführten Länder Europas, sondern auch eine bemerkenswerte Annäherung an Maßnahmen, wie sie bereits der *Plan Barre* ab 1976 vorgesehen hatte. Die notorischen Wettbewerbsschwächen der französischen Wirtschaft, wie sie z. B. in der Produktionsstruktur oder in dem ungleichen deutsch-französischen Handelsaustausch zum Ausdruck kommen, wurden dadurch natürlich nicht beseitigt. Dies ließ sich nur durch langfristig orientierte Umstrukturierungen und eine verbesserte Anpassung an internationale Konkurrenzbedingungen erreichen. Der IX. Plan (1984–89), der die *Modernisierung des Produktionsapparates* zur wichtigsten Priorität erklärte, sollte ein erster Schritt in diese Richtung sein.

Auch nach der politischen Akzentverschiebung von 1986 standen die gleichen wirtschaftlichen Probleme auf der Tagesordnung: Sicherung der Preisstabilität, Steigerung des Wachstums, Förderung der Wettbewerbsfähigkeit, Bewältigung der Massenarbeitslosigkeit. Ihre Lösung versuchte die Regierung *Chirac* (1986–88) mit

Abb. 33: Aus einer Anzeigenkampagne der Regierung Chirac (5. 11. 1987)

einem breitangelegten Liberalisierungsprogramm in Angriff zu nehmen, u. a. durch
- die Privatisierung staatlicher Unternehmensgruppen (s. 3.5.2),
- die vollständige Freigabe der Preise,
- eine Lockerung der Außenwirtschaftskontrollen und Steuererleichterungen für Unternehmen sowie
- die Aufhebung von Restriktionen im Entlassungsrecht (sog. „Flexibilisierung“, vgl. Bue u. a. 1987).

Einige der Vorhaben waren praktisch eine Fortsetzung von Liberalisierungsansätzen der Vorgängerregierung (vor allem die Maßnahmen zur Verbesserung der Rahmenbedingungen für Unternehmen). Die Terminierung des Programms orientierte sich von vornherein an den Präsidentschaftswahlen im Frühjahr 1988. Eine isolierte Bewertung ist naturgemäß nur begrenzt möglich, da viele Auswirkungen sich erst mittel- oder langfristig einstellen.

Zunächst einmal sei angemerkt, daß kein totaler Kontinuitätsbruch vollzogen wurde, die liberale „Wende“ hielt sich, gemessen an den ursprünglichen Ankündigungen, in Grenzen. Als Erfolg konnte die Regierung den Rückgang der Inflationsrate auf unter 4% verbuchen (obgleich dies nicht zuletzt auch eine Folge der seit 1982/83 betriebenen Austeritätspolitik war); hinzu kamen eine weitgehende Stabilisierung der Löhne sowie Verbesserungen des Investitionsklimas durch steuerliche Anreize und Rücknahme staatlicher Reglementierungen. Allerdings erreichten die Unternehmensinvestitionen weder die verkündete Rekordhöhe, noch gelang im Export ein entscheidender Durchbruch.

Bei den in Abb. 33 wiedergegebenen Erfolgsmeldungen bleiben die hier relevanten Gesichtspunkte gerade ausgespart. So mag es dem nationalen Selbstwertgefühl vielleicht schmeicheln, eine führende Position bei der Ausfuhr von Dienstleistungen, Agrarerzeugnissen und Produkten der Spitzentechnologie innezuhaben, doch zum dauerhaften Ausgleich des negativen Saldos beim Außenhandel reicht dies bei weitem nicht aus (vgl. u. a. die Ausführungen zum deutsch-französischen Warenaustausch in 3.6 und 7.2.1). Und wenn von einer Stabilisierung der Arbeitsmarktsituation gesprochen wird, ist natürlich zu ergänzen, daß diese auf einem sehr hohen Niveau von ca. 2,7 Mio. Arbeitslosen stattfindet. Außerdem gehört der größte Teil der neugeschaffenen Stellen zu den sog. *emplois précaires* (Teilarbeitszeit, befristete Verträge, Interimsarbeit, Praktika; vgl. Delarue 1987). Die Liberalisierungspolitik hat diesbezüglich – wiederum in Fortsetzung von Ansätzen der Regierung Fabius – für eine umfassende Verbilligung des Faktors Arbeit gesorgt. Eine weitere Kehrseite sind die Einkommensverschiebungen zugunsten der Spitzenverdiener und die damit verbundenen Kaufkraftverluste für untere Einkommensschichten.

Mit den Mehrheitsänderungen von 1988–1995 haben sich die wirtschaftspolitischen Schwerpunkte nur geringfügig verlagert. Dies war um so naheliegender, als der Weg einer konservativen Spar- und Stabilitätspolitik bereits 1983 beschritten wurde. Ein ungelöstes Problem stellt immer noch die hohe Arbeitslosenquote dar (vgl. Bruniaux/Tresmontant 1990). Gelingt es in absehbarer Zeit nicht, für eine spürbare Entlastung des Arbeitsmarktes, einschließlich einer Begrenzung des Anteils ungesicherter, prekärer Arbeitsverhältnisse, zu sorgen, dann dürften sich soziale Spannungen weiter verschärfen. Unabhängig davon hat sich angesichts des europäischen Binnenmarkts die Notwendigkeit zur Dynamisierung und zur Modernisierung des Produktionsapparats mit dem Ziel einer *«France compétitive»* als parteienübergreifender Konsens weitgehend durchgesetzt. Und diesbezügliche Anstrengungen können nunmehr, betrachtet man vor allem die anhaltende Preisstabilität und den bis 1994 erreichten Exportüberschuß, in einem Rahmen verbesserter Ausgangsdaten unternommen werden.

4. SOZIALER WANDEL – SOZIALE KONFLIKTE (Heinz-Helmut Lüger)

Frankreich hat seit 1945 einen Industrialisierungsprozeß durchlaufen, der sich in Deutschland in mehr als hundert Jahren vollzog. Diese Entwicklung war von tiefgreifenden sozialen Veränderungen begleitet. Besonderes Augenmerk verdient dabei wiederum der *sektorale Strukturwandel*; an ihm werden einige der wesentlichen Ursachen und Auswirkungen sichtbar.

4.1 Umschichtung zwischen den Sektoren

Die französische Wirtschaft besaß bis in die erste Hälfte des 20. Jahrhunderts eine überwiegend agrarische Ausrichtung; *nach Kriegsende* arbeiteten *noch 37% der Erwerbstätigen in der Landwirtschaft* (in der Bundesrepublik waren es nicht einmal mehr 25%). Allerdings ging dann der – vor allem gegenüber dem erwirtschafteten Bruttoinlandsprodukt – hohe Prozentsatz in Frankreich drastisch zurück. Allein zwischen 1946 und 1962 nahm die betreffende Erwerbstätigenzahl um fast die Hälfte ab. Die Zurückdrängung des Agrarsektors, häufig positiv als Ausdruck des Übergangs zu einer modernen Industriegesellschaft bewertet, bedeutete in großem Umfang die Abwanderung zahlreicher Landarbeiter in Regionen mit industriellen Arbeitsplätzen und insbesondere den Ruin vieler bäuerlicher Kleinbetriebe. Diese waren der Notwendigkeit stärkerer Mechanisierung und dem Aufbau größerer Produktionseinheiten nicht gewachsen. Letzteres nicht zuletzt auch deswegen, weil in der französischen Landwirtschaft vor 1940 Anpassungen bezüglich der Arbeitsmethoden sowie des Verkaufs- und Vertriebssystems vielfach unterblieben waren.

„Die Agrarbevölkerung bildete eine Gruppe, die nur geringe Fortschritte gemacht hatte, noch weitgehend Lebensformen ihrer Vorfahren fortführte, einen geringen Lebensstandard besaß, einer harten, wenig mechanisierten Arbeit nachging und in schlechten Wohnverhältnissen lebte, in denen Wasser und Elektrizität eine Seltenheit waren. Organisationsform und Modernisierungsstand hatten zur Folge, daß ein erheblicher Teil des landwirtschaftlichen Produktes dem *unmittelbaren Lebensunterhalt* diente. Noch zu Beginn des Jahrhunderts standen den über drei Millionen Unternehmen, die weniger als sechs Beschäftigte hatten . . ., nur 45000 Unternehmen mit mehr als sechs Beschäftigten gegenüber, und nur 250 Gutshöfe beschäftigten mehr als 50 Angestellte. Dieses Mißverhältnis veränderte sich nicht grundlegend bis zum Zweiten Weltkrieg. (Menyesch 1978, 34; vgl. Mendras 1970 und, wenn auch mit beschönigender Tendenz, Klatzmann 1980, 11ff.)

Die sozialen Folgen des wirtschaftlichen Strukturwandels trafen, insgesamt gesehen, den Agrarsektor daher um so nachhaltiger. – In Deutschland bzw. der Bundesrepublik erschienen die Auswirkungen einer solchen Entwicklungstendenz, da früher einsetzend und auf einen größeren Zeitraum verteilt, weniger drastisch. Der Abbau der Beschäftigtenzahl setzte sich zwar auch hier nach dem Krieg weiter fort, jedoch lag das Ausgangsniveau von vornherein niedriger. Zwischen 1945 und 1975 waren es in Frankreich etwa zwei Millionen Beschäftigte mehr, die ihre Erwerbsgrundlage in der Landwirtschaft aufgeben mußten.

Der Rückgang des Primärsektors vollzog sich zugunsten des Industrie- und Dienstleistungsbereichs. Dennoch kam es auch in diesen Sektoren zu erheblichen sozialen „Anpassungsproblemen"; sie betrafen besonders den traditionellen Mittelstand, d. h. die *Handwerker und Kleinhändler.* Als Unternehmensform herrschten, ähnlich wie in der französischen Landwirtschaft, Klein- und Familienbetriebe vor. Der Prozentsatz von *selbständigen Erwerbstätigen* lag somit außergewöhnlich hoch. Um 1900 betrug ihr Anteil insgesamt (in allen Sektoren) mehr als 40%, 1955 waren es noch 34%; innerhalb von zwei Jahrzehnten sank die Zahl der Selbständigen dann jedoch auf unter 16% ab. Diese Tendenz, die zudem für ständigen sozialen Konfliktstoff sorgte, ging in erster Linie auf den anhaltenden, unter de Gaulle und Pompidou staatlich noch forcierten Konzentrationsprozeß zurück. Begünstigt wurde sie durch rückständige Produktionsverfahren, geringe Umsatzanteile und mangelnde Exportorientierung der Kleinunternehmen (vgl. 3.4).

Parallel dazu nahm im gleichen Zeitraum die Zahl der *abhängig Beschäftigten* stark zu, und zwar in erster Linie durch den Zuwachs des Dienstleistungsbereichs (von 36% auf mehr als 50%). Diese Entwicklung hängt im wesentlichen wiederum mit dem Ausbau des Industriesektors zusammen: «Cette ‹explosion› du tertiaire est étroitement liée au développement industriel dont il est à la fois la conséquence induite et le moteur. C'est ainsi que depuis 1954 la

Tab. 13: Selbständige und abhängig Beschäftigte in der BRD

	1950	1960	1970	1980	1990
Selbständige (ohne mithelfende Familienangehörige)	14,5 %	12,0 %	10,5 %	9,0 %	8,8 %
Abhängig Beschäftigte	70,9 %	71,6 %	83,5 %	87,4 %	88,9 %

(Zusammengestellt nach: Fürstenberg 1978, 40f.; Claessens u. a. 1985, 216; Inst. der deutschen Wirtschaft 1994, 22)

population employée dans le commerce a augmenté de 35 %, celle employée dans les banques et les assurances de 70 %, celle employée dans le secteur des services rendus aux entreprises de 250 %» (Lasserre 1977, 244). Seit Mitte der 70er Jahre sind die genannten Zahlen jedoch zum Teil im Rückgang begriffen oder stagnieren. (Zur genaueren Betrachtung einzelner Sozialschichten und Berufsgruppen vgl. 4.5.)

Für die Bundesrepublik gilt hier entsprechend, was bereits im Hinblick auf den Agrarsektor in Frankreich festgestellt wurde: Die Umschichtung zwischen den Wirtschaftsbereichen verlief nicht so ausgeprägt und im Rahmen einer anderen Sektorenstruktur. Insbesondere aber lag wegen der weiter fortgeschrittenen Konzentration der Selbständigenanteil wesentlich niedriger (Tab. 13), und die prozentualen Verschiebungen hatten im Vergleich zu Frankreich keine so umwälzenden Konsequenzen.

4.2 Verstärkung regionaler Unterschiede

4.2.1 Konzentration auf Ballungsgebiete

Der skizzierte sozioökonomische Wandel findet seinen Niederschlag ebenfalls in regionalen Verschiebungen, und zwar einmal

- in der *Abwanderung aus ländlichen, wirtschaftlich benachteiligten Gegenden* sowie andererseits
- in der *zunehmenden Konzentration der Bevölkerung auf bestimmte Ballungsgebiete*.

In welchem Maße sich das quantitative Verhältnis von Land- und Stadtbevölkerung seit 1945 verändert hat, zeigt Abb. 34. Danach

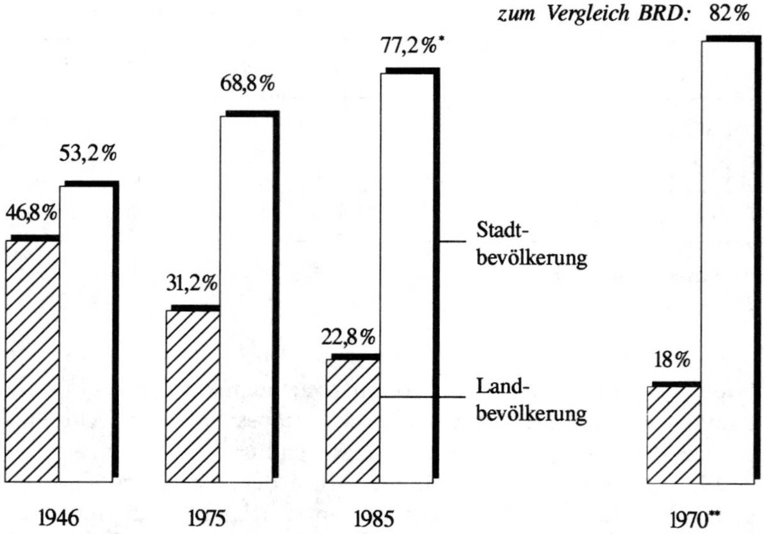

* Der Wert erscheint leicht überhöht, weil die INSEE-Unterscheidung von *communes rurales* und *unités urbaines* nicht mehr das gleiche Kriterium zugrunde legt; seit 1985 hat sich das Zahlenverhältnis praktisch nicht mehr verändert.

** Spätere Zahlen bleiben unberücksichtigt, da Eingemeindungen im Rahmen der Gebietsreform die Vergleichbarkeit der Werte einschränken.

Abb. 34: Verteilung von Land- und Stadtbevölkerung. (Zusammengestellt nach: Armengaud/Fine 1983, 109; INSEE 1984a, 60; Statist. Bundesamt 1992, 36)

lebte 1985 nur noch jeder vierte Franzose auf dem Lande (d. h. in einer Gemeinde mit weniger als 2000 Einwohnern). Hauptursache dieser allgemein unter dem Begriff 'Landflucht' *(exode rural)* bekannten Tendenz ist die Reduzierung des Agrarsektors: Nicht nur landwirtschaftliche Arbeitnehmer, auch viele Selbständige, die vor den zur Wettbewerbssteigerung nötigen hohen Investitionen zurückschreckten, sahen sich zur Aufgabe ihrer beruflichen Existenz gezwungen und wanderten größtenteils in städtische Regionen mit industriellen Arbeitsplätzen ab. Andere Gründe (Arbeitsbedingungen, Aufstiegsmöglichkeiten u. ä.) dürften eher sekundär sein. Diese Binnenmigration führte aber nicht zu einer generellen Urbanisierung Frankreichs, sondern verstärkte die Konzentration auf einige ökonomische Zentren (vgl. Abb. 35). Eine absolute Ausnahmestellung nimmt dabei die Pariser Region ein. Auf die *agglomération parisienne* – in der Literatur oft als «phénomène unique et monstrueux» apostrophiert – entfallen mit rund 10 Millionen Men-

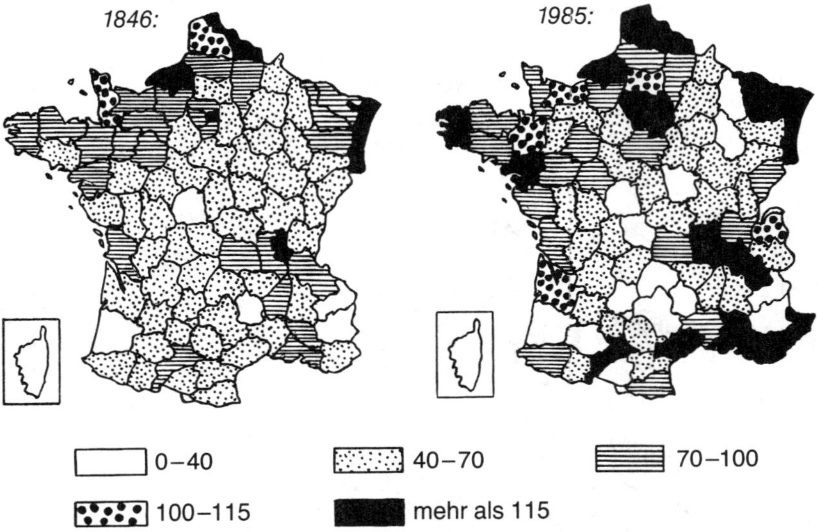

Abb. 35: Bevölkerungsdichte Frankreichs (E/km²) in den Jahren 1846 und 1985.
(Nach Angaben von: Armengaud 1976, 9; INSEE 1987, 11)

schen allein 18,5 % der Gesamtbevölkerung Frankreichs. Allerdings scheint hier der Zuwachs seit einiger Zeit zu stagnieren, eine Entwicklung, die auf recht unterschiedliche Trends zurückgeht:

- das Stadtgebiet von Paris verzeichnet seit der Mitte der 50er Jahre einen Bevölkerungsrückgang von rund 700000 Menschen;
- das Wachstum der *Petite Couronne* (mit den Départements Hauts-de-Seine, Seine-St. Denis, Val-de-Marne) verlangsamt sich seit Ende der 60er Jahre, vor allem aufgrund einer restriktiven Wohnraumpolitik,
- in den Départements der *Grande Couronne* (Seine-et-Marne, Yvelines, Essonne, Val d'Oise), wo zahlreiche neue Wohnbereiche mit mehreren sog. *Villes Nouvelles* gegründet wurden, kommt es dagegen zu einem relativ starken Bevölkerungszuwachs, seit 1968 um ca. 60 %. (Ausführlicher zu den insgesamt recht komplexen Verlagerungsprozessen und zum wirtschaftlichen Strukturwandel: Limouzin 1987, Pletsch 1991).

In den übrigen Ballungsgebieten Frankreichs nehmen die Bevölkerungszahlen weiterhin deutlich zu. Man kann jedoch, ähnlich wie bei der Entwicklung von Paris, allgemein feststellen, daß in den Zentren von Großstädten – nach Erreichen eines gewissen Sätti-

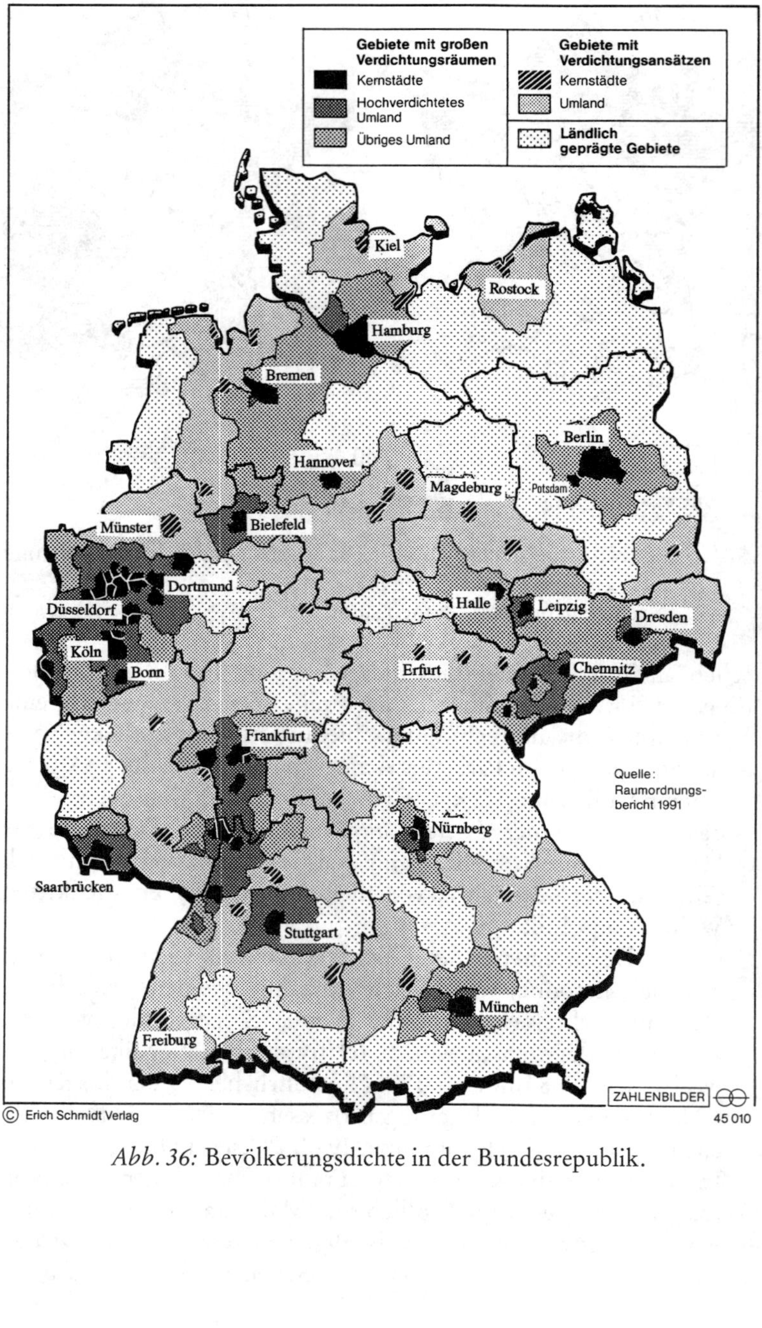

Abb. 36: Bevölkerungsdichte in der Bundesrepublik.

gungsgrades und mit zunehmender Verschlechterung der Lebensbedingungen (Albertin 1993) – die Einwohnerzahlen merklich zurückgehen, und zwar zugunsten umliegender Städte und ländlicher Gemeinden:

«Les villes s'installent à la campagne ... Tandis que les grands centres urbains se vident et que les banlieues stagnent, voici que les communes rurales, à la périphérie des villes, se mettent à champignonner. Dans la région parisienne, par exemple, c'est la ruée vers l'Oise. En Provence-Côte d'Azur, la population des communes de moins de deux cents habitants a augmenté de 15 %. Bref, le mouvement d'urbanisation vieux de plus de cent ans, a été stoppé net ...

C'est ainsi que le terroir français se repeuple.» (F. O. Giesbert, Le Nouvel Observateur 17. 2. 1984)

Ob man aber im Anschluß an Ergebnisse der Volkszählung von 1982 hierin gleich den Beginn einer *«rurbanisation»* Frankreichs, einen Trend zur Verstädterung ländlicher Regionen sehen sollte, darf bezweifelt werden, denn die Veränderungen betreffen bislang lediglich die Peripherie von Großstädten.

4.2.2 Hohe Bevölkerungsdichte und dezentrale Ballungsräume in der Bundesrepublik

Gemäß der wirtschaftlichen Entwicklung kam es in der Bundesrepublik wesentlich früher zu einer „Umkehrung der vorindustriellen Stadt-Land-Verteilung" der Bevölkerung. Anschließend setzte sich wie in Frankreich die Tendenz zur Verstädterung, d. h. vor allem die Konzentration auf bestimmte Verdichtungsräume und schließlich die Bevölkerungsabnahme in den Kernstädten, weiter fort – im Vergleich zu Frankreich allerdings mit zwei wichtigen Unterschieden:

a) Die durchschnittliche *Bevölkerungsdichte* liegt mit 252 Einwohnern pro Quadratkilometer (neue Bundesländer: 153 E/km^2) *wesentlich höher*, sie ist eine der höchsten in Europa (nach den Niederlanden und Belgien; Frankreich: 105 E/km^2).
b) Die *Verdichtungsräume* (s. Abb. 36), die gleichzeitig auch industrielle Schwerpunkte sind, weisen eine eher *dezentrale Verteilung* auf; nahezu die Hälfte der Bevölkerung wohnt in einem der Ballungsgebiete mit Dichtewerten von mehr als 2000 E/km^2. Der Raum Rhein-Ruhr ist zwar der bevölkerungsreichste Verdichtungsraum, hat aber wegen der Strukturprobleme des Ruhr-

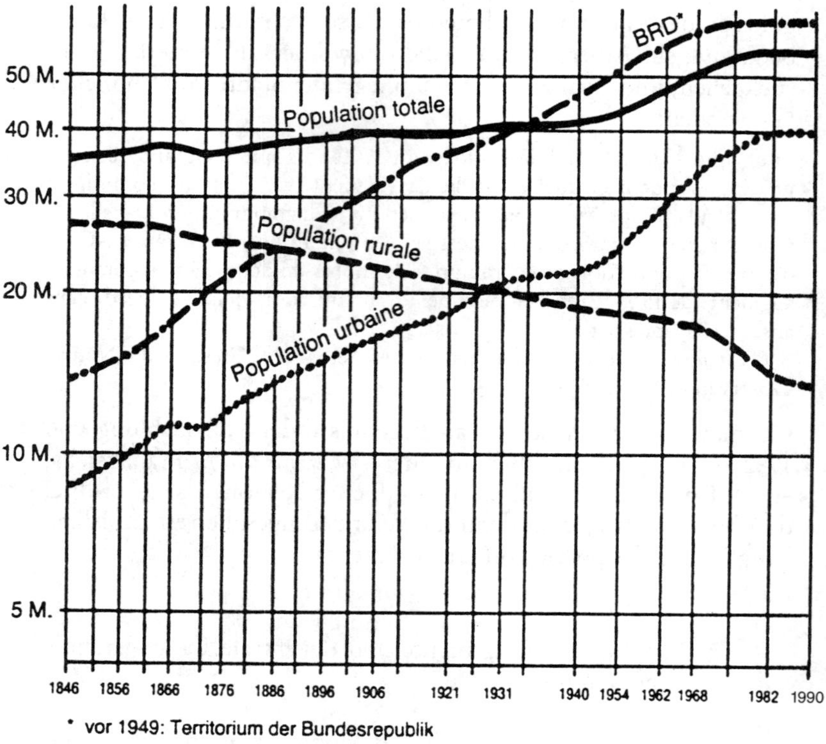

Abb. 37: Bevölkerungsentwicklung.
(Nach: Dupeux 1982, 20; INSEE 1984a, 60; Statist. Bundesamt 1992, 36)

gebiets (Krise von Bergbau und Schwerindustrie, Abwanderung der Bevölkerung) längst nicht eine so zentrale Bedeutung wie die Pariser Region für Frankreich.

4.2.3 Voraussetzungen des 19. Jahrhunderts

Verstädterung und Abnahme der Landbevölkerung bestimmen nicht allein die Nachkriegsentwicklung, sondern zeichneten sich als Folge zunehmender Industrialisierung bereits in der Mitte des 19. Jahrhunderts ab. Für Frankreich wurden entsprechende Erhebungen erstmals bei der Volkszählung von 1846 gemacht. Abb. 37 gibt die seitdem zu beobachtende kontinuierliche Entwicklung im Vergleich zum Territorium der Bundesrepublik wieder. Von der

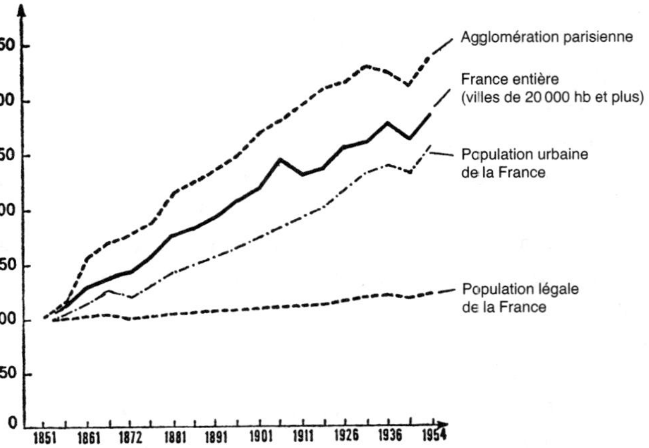

Abb. 38: Bevölkerungszuwachs der Städte Frankreichs (Vergleichsbasis: 1851 = 100).
(Nach: Carrière/Pinchemel 1963, 120)

Binnenwanderung profitierten, wie in Abb. 38 dargestellt, in erster Linie die Pariser Region und Städte mit mehr als 20000 Einwohnern.

Die Entvölkerung der ländlichen Regionen wird im allgemeinen auf die *sich verschlechternde Situation der Landwirtschaft* zurückgeführt. Zu den verschiedenen *crises agricoles* (Mißernten, Baisse der Getreidepreise, Konkurrenz ausländischer Produkte u. a. m.), vor allem im Zeitraum von 1850–1914, kamen die Auswirkungen technischer Neuerungen hinzu. Maschineneinsatz und Veränderung der Anbaumethoden führten eben nicht nur zu Ertragssteigerungen, sondern verdrängten auch einen Großteil der *ouvriers agricoles* aus der landwirtschaftlichen Produktion.

T. 19:
Surtout, cette époque est celle où l'action de la ‹révolution agricole› se fit pleinement sentir. Elle se traduisit par un accroissement des rendements, et donc des quantités produites. L'on cite toujours, à cet égard, l'emploi des machines, parce que son effet sur la quantité de main-d'œuvre employée est très apparent. Mais d'autres progrès – assolements complexes, semences sélectionnées, engrais artificiels, etc. – contribuèrent aussi à accroître les rendements. Autrement dit, on put produire davantage avec une maind'œuvre moindre: dès lors, une partie des travailleurs ruraux, devenue excédentaire, se trouva privée d'emploi. (Armengaud 1976, 68)

Auf der anderen Seite entstand durch größere Industrieansiedlungen, den Aufschwung des Handels und speziell auch durch den Ausbau des Eisenbahnnetzes in den betreffenden Regionen ein Bedarf an Arbeitskräften, der den *exode rural* zusätzlich beschleunigte. Insgesamt führte dies zu einer tiefgreifenden regionalen Umverteilung der Bevölkerung; diese Entwicklung dauerte bis in die 70er Jahre des 20. Jahrhunderts an und scheint erst in den letzten Jahren zu einem Stillstand zu kommen. Das Ausmaß des Wanderungsprozesses zeigt ein Vergleich der Bevölkerungsverteilung von 1846 und 1982 (Abb. 35). Eine weitere Konsequenz schlägt sich in der *Altersstruktur* der Bevölkerung nieder: Durch die anhaltende Abwanderung in industrialisierte Gebiete kam es in zahlreichen Regionen zu einer gewissen Überalterung der Bevölkerung. Ein bezeichnender Unterschied läßt sich diesbezüglich etwa zwischen dem Norden und dem Süden Frankreichs feststellen. Während die südlichen Départements generell einen stärkeren Anteil der Altersgruppe der über 65jährigen aufweisen, liegt im Norden der Anteil der Jugendlichen vergleichsweise höher. (Zu weiteren Details und entsprechender Binnendifferenzierung vgl. INSEE 1984a, 88ff.)

4.3 Probleme des Bevölkerungswachstums

Trotz der grundlegenden regionalen Umschichtungen muß man feststellen, daß sich in Frankreich, mit Ausnahme der Ile-de-France, die Urbanisierung wesentlich langsamer vollzog als in einigen Nachbarländern. In England z. B. übertraf die Zahl der Stadtbevölkerung die der Landbevölkerung bereits um 1850, in Deutschland war dies seit 1890 der Fall; in Frankreich jedoch wurde ein solcher Stand erst nach dem Ersten Weltkrieg erreicht.

Die genannten Abweichungen stehen außerdem in einem ganz anderen demographischen Gesamtzusammenhang. Ungefähr ein Jahrhundert lang, nämlich von 1845–1945 (vgl. Abb. 37), gab es in Frankreich nur ein minimales Bevölkerungswachstum; 1934–36 ging die Bevölkerungszahl sogar zurück. Dies führte zusätzlich zu den bestehenden regionalen Differenzen auch auf der Ebene der Gesamtbevölkerung zu einer *ungünstigen Altersverteilung* (vergleichsweise geringerer Prozentsatz der bis 20jährigen, erhöhter Anteil älterer Jahrgangsgruppen). Für 1911 z. B. ergeben sich die in Abb. 39 wiedergegebenen Alterspyramiden.

Die demographische Stagnation hatte darüber hinaus erhebliche

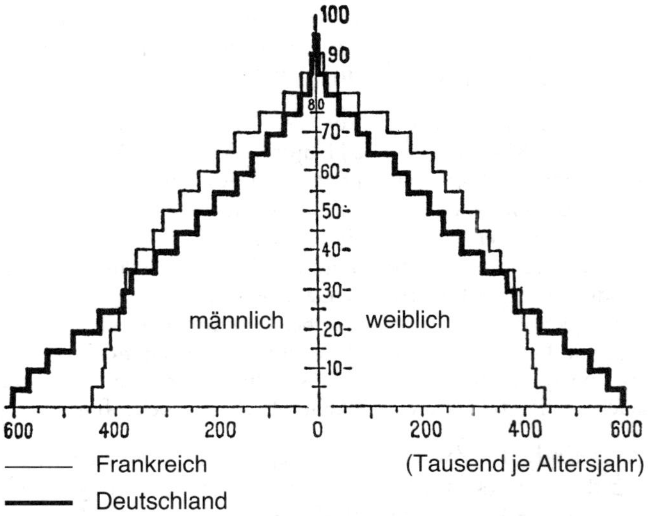

Abb. 39: Altersaufbau der Wohnbevölkerung Frankreichs und Deutschlands (1911).
(Aus: Armengaud/Fine 1983, 7)

ökonomische Konsequenzen – geringe Steigerung der Güternachfrage, Verzögerung der Industrialisierung, niedriges Wirtschaftswachstum – und war mitverantwortlich für die allgemein festgestellte Rückständigkeit Frankreichs nach dem Zweiten Weltkrieg. Als eine der Ursachen für den geringen Bevölkerungsanstieg kann man das Ideal der kinderarmen Familie ansehen und, in Verbindung damit, die verbreitete Furcht, hohe Geburtenzahlen würden den erreichten Besitzstand gefährden. Nach Alain Peyrefitte handelt es sich hier bis in die heutige Zeit hinein um einen entscheidenden Aspekt des *mal français* überhaupt: «Pourtant, les Français n'ont pas encore admis la corrélation entre la croissance démographique et la croissance économique ... Au contraire, dans les pays qui ont effectué leur décollage économique, l'accroissement de la population stimule l'activité économique ... L'inconscient des Français refuse ces réalités. Il conserve, profondément enracinée, la certitude que la croissance démographique entraîne le chômage et la misère. ‹Plus il y a de bouches à nourrir, moins on se nourrit.› *A la fin du XXe siècle, nous réagissons comme nos aïeux au XVIIIe. Nous n'avons toujours pas assimilé les règles du développement économique. Nous gardons la mentalité d'un pays sous-développé*, surpeuplé par rapport à ses ressources. *Notre malthusianisme remonte à ses propres sources, en provoquant un malthusianisme démographique, dont il se nourrit.*» (Peyrefitte 1976, 125)

Der Malthusianismus geht auf den englischen Sozialforscher Th. R. *Malthus* (1766–1834) zurück. Die Hauptthese seines einflußreichen *Essay on the Principle of Population* gipfelt in der Annahme, daß das Bevölkerungswachstum einer schnelleren Progression folge als die mögliche Vermehrung des Bodenertrags und daher notwendig zum Elend der Menschen führe. (Heute steht der Begriff 'Malthusianismus' meist nur noch für eine rückständige, historisch widerlegte Denkweise.)

Ob man jedoch andererseits – wie bei Peyrefitte der Fall – den Zusammenhang von Bevölkerungs- und Wirtschaftswachstum noch vorbehaltlos auf eine von Arbeitslosigkeit und Zerstörung natürlicher Ressourcen gekennzeichnete Periode übertragen kann, erscheint höchst fragwürdig.

Erst nach Ende des Zweiten Weltkriegs kam es zu einem erneuten Anstieg der Bevölkerungskurve, und in knapp zwei Jahrzehnten nahm die französische Bevölkerung um rund 10 Millionen zu (mehr als in den gesamten hundert Jahren zuvor). Hierzu trug nicht allein die allgemeine Verbesserung der äußeren Bedingungen, die Wirtschaftsbelebung während des Wiederaufbaus bei, entscheidenden Anteil hatten vermutlich auch die bevölkerungspolitischen Maßnahmen der Regierung; sie waren das Resultat intensiver Diskussionen der *crise démographique* (vgl. Trotignon 1968, 119ff.) und betrafen vor allem die rechtliche Besserstellung der Familie, die Gewährung von Beihilfen und infrastrukturelle Einrichtungen zur Kinderbetreuung. Ähnlich wie in anderen europäischen Ländern hielt die Tendenz jedoch nur bis in die 60er Jahre an; seit 1964 sind die Zahlen sogar rückläufig – und rufen wieder entsprechende Kritiker auf den Plan: «On retourne au malthusianisme, au suicide collectif» (Peyrefitte 1976, 123).

Nach der Volkszählung von 1982 hatte Frankreich etwa 54,3 Mio. Einwohner. Die Bevölkerungszahl nahm seitdem zwar noch leicht zu (1994: 57 Mio.), und zwar vor allem aufgrund der Zuwanderung von Ausländern, jedoch ging der Geburtenüberschuß stetig zurück. Einen Überblick zur Altersstruktur und zur jüngsten demographischen Geschichte gibt die folgende Graphik (Abb. 40). Auffallend sind die Verteilung der Altersgruppen (im Vergleich zur Nachkriegsperiode niedriger Anteil von 26,4 % der Jugendlichen unter 20 Jahren, relativ hoher Prozentsatz von 14,7 der über 65jährigen) sowie die demographischen Auswirkungen der beiden Weltkriege.

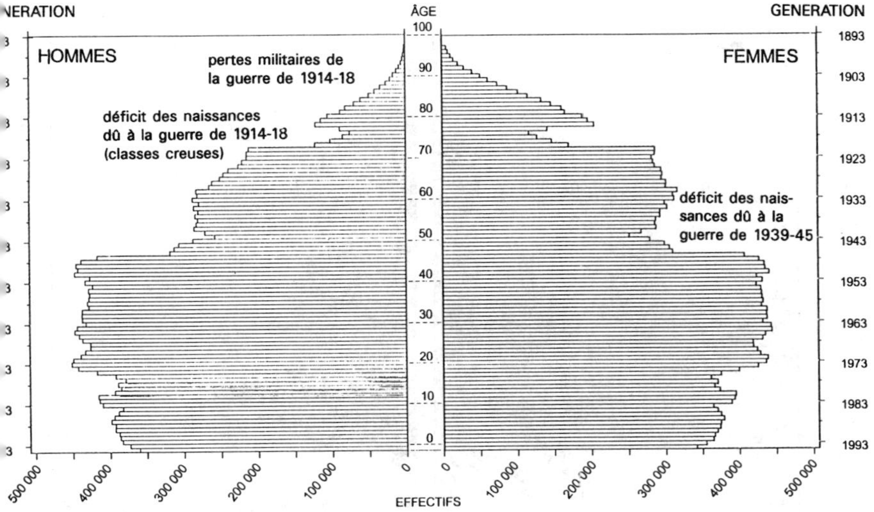

Abb. 40: Altersaufbau der französischen Bevölkerung.
(Nach: INSEE 1994, 25)

In der Bundesrepublik kann man infolge eines Geburtendefizits bis 1988 sogar eine leichte Abnahme der Bevölkerungszahl feststellen (1974: 62,1 Mio., 1978: 61,3 Mio., 1988: 61,1 Mio. Einw.). Dabei ist noch zu berücksichtigen, daß Zuwanderungen, insbesondere von Vertriebenen, Flüchtlingen aus der DDR (bis 1961 mehr als 3 Mio.) und von ausländischen Arbeitskräften, lange Zeit die schwachen Geburtenraten verdeckten.

Eine erneute Zuwanderungswelle ist seit Ende der 80er Jahre zu verzeichnen. Abgesehen von Übersiedlern aus der DDR (1989: 330000), kamen zwischen 1989 und 1994 rund 1,7 Mio. Aussiedler aus Osteuropa (vor allem aus Polen, Rumänien und der Sowjetunion) in die Bundesrepublik. Rechtlich wurde diese Gruppe „deutschstämmiger" Zuwanderer nach dem Bundesvertriebenengesetz den Vertriebenen gleichgestellt, und für ihre Eingliederung stellte die Bundesregierung erhebliche Mittel bereit (u. a. für Sprachförderung, Arbeitslosenunterstützung, Fort- und Weiterbildung). Aufgrund der günstigen Altersstruktur der Aussiedler (zwei Drittel im erwerbsfähigen Alter) versprach man sich von der Zuwanderung eine Verjüngung der Wohnbevölkerung und langfristig eine Verbesserung des „Erwerbspersonenpotentials". Andererseits führte die bevorzugte Wohnraumversorgung für Aus-

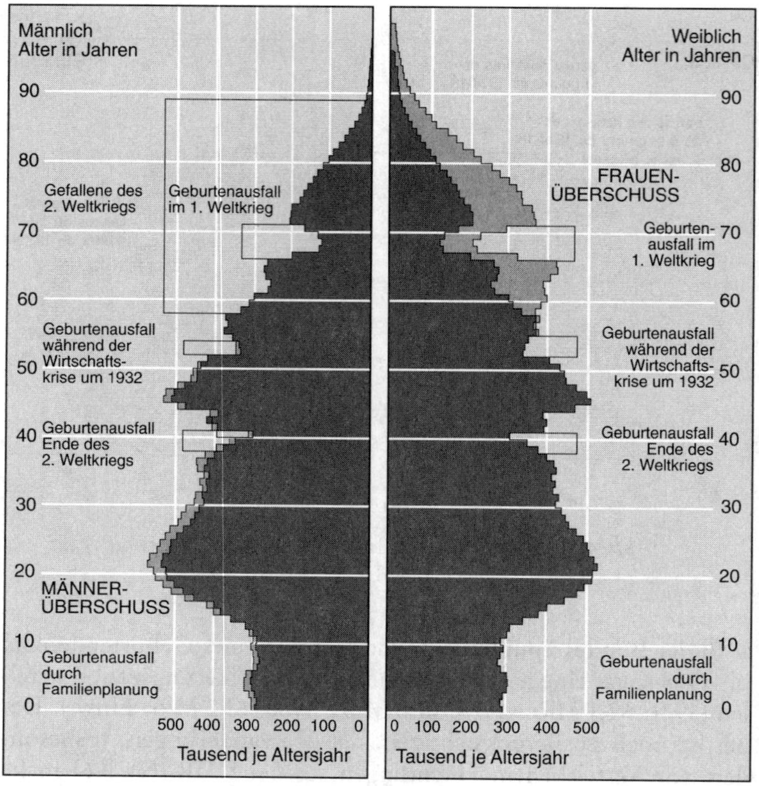

Abb. 41: Altersaufbau der bundesdeutschen Bevölkerung.
(Aus: Bulka/Lücking 1989, 19; vgl. Cornelius 1988, 23)

siedler zu einem fast völligen Zusammenbruch des Wohnungsmarkts.

Die hieraus erwachsenen sozialen Spannungen entluden sich dann vor allem gegen eine andere Gruppe von Zuwanderern, die Asylbewerber – dies nicht zuletzt auch infolge einer gezielten Kampagne der christlichen Volksparteien gegen „Asylanten“ und gegen ein uneingeschränktes Asylrecht. In der Tat betrug allein für den Zeitraum von 1989–91 die Zahl der Asylsuchenden rund 570000, und der Anteil sog. Wirtschafts- oder Armutsflüchtlinge insbesondere aus den Ländern Ost- und Südosteuropas war beträchtlich. Mit der Einschränkung des Asylrechts (Art. 16 GG) im Jahre 1993 ging jedoch die Zahl der Asylbewerber um mehr als die Hälfte zurück.

Wie sich an der Alterspyramide der Bundesrepublik (Abb. 41) insgesamt ablesen läßt, sind die demographischen Probleme (Überalterung, niedrige Geburtenraten) durchaus denen Frankreichs vergleichbar, zum Teil treten sie sogar noch deutlicher hervor.

Zur Relativierung sei jedoch hinzugefügt, daß die skizzierten Tendenzen nicht automatisch gleichbedeutend sind mit Schwierigkeiten späterer Rentenfinanzierung o. ä., um nur das häufigste Argument zu nennen. Entscheidender dürfte sich – gerade unter dem Kostenaspekt von Sozialleistungen – die Erwerbsquote, der Anteil der Beschäftigten an der Gesamtbevölkerung, auswirken. Nur scheint zur Eindämmung der anhaltenden Beschäftigungskrise in den Wirtschaftssystemen Frankreichs und der Bundesrepublik bislang keine bahnbrechende Lösung gefunden worden zu sein.

4.4 Bevölkerungsentwicklung, Arbeitskräftebedarf und *immigration étrangère*

4.4.1 Frühe Defizite auf dem Arbeitsmarkt

Bevölkerungsentwicklung und Ausländeranteil hängen indirekt miteinander zusammen. Stagnierende Geburtenraten und Überalterungstendenzen führten seit der Mitte des 19. Jahrhunderts wiederholt dazu, daß der steigende Bedarf an Arbeitskräften nicht mehr befriedigt werden konnte. In dem Maße nämlich, wie in bestimmten französischen Regionen die Industrialisierung voranschritt, Betriebe Maschinen einführten und auf Massenproduktion umstellten, benötigte man insbesondere eine große Zahl ungelernter Arbeiter. Hierzu reichten die aus der Landwirtschaft abgewanderten Arbeitskräfte bei weitem nicht aus.

Deshalb kam es auf Initiative der Unternehmen in großem Umfang zur Beschäftigung von Ausländern, zunächst überwiegend von Belgiern, Deutschen, Schweizern, Italienern und Spaniern. Ihre Arbeitsplätze konzentrierten sich auf Paris und einige Départements in Grenznähe (Nord, Moselle, Bas/Haut-Rhin, Var, Bouches-du-Rhône). Seit etwa 1880 betrug die Zahl der Ausländer mehr als eine Million, sie stellten 7–8 % der Erwerbstätigen. Um die Jahrhundertwende wurde der Arbeitskräftemangel so groß, daß die französische Industrie die Anwerbung von Ausländern noch intensivierte; allein für den Kohlebergbau wurden in kurzer Zeit Zehntausende von Italienern ins Land geholt. Da in den Schwerpunktgebieten die Industrie einen Großteil der verfügbaren Arbeitskräfte absorbierte (nicht zuletzt wegen der höheren Löhne), entstand hier für die Landwirtschaft eine prekäre Situation, die sich auch durch verstärkten Einsatz von Saisonarbeitern aus angrenzenden Regionen nicht beheben ließ. So ist zu erklären, daß z. B. mit Polen entsprechende Anwerbeverträge geschlossen wurden und 1913 mehr als 20000 polnische Arbeiter in der französischen Landwirtschaft tätig waren.

Vor dem Ersten Weltkrieg lag die Ausländerquote bei rund 3% der Gesamtbevölkerung, die Einbürgerungen (*naturalisations*) nicht mitgerechnet. Dies verweist einmal auf die wirtschaftliche Notwendigkeit der sog. «importations de main-d'œuvre» und die Behinderung der industriellen Entwicklung durch eine stagnierende Bevölkerungskurve. Andererseits ist die Einwanderung von Ausländern nicht nur wirtschaftlich, sondern auch demographisch als wichtiger Faktor zu beurteilen – trotz der fremdenfeindlichen Reaktionen, die sie praktisch von Beginn an im 19. Jahrhundert auslöste (vgl. Gaspard/Servan-Schreiber 1984, 70ff.).

Eine ganz andere Funktion bekam die *Rekrutierung von Ausländern in Kriegszeiten*. Während der beiden Weltkriege (aber bereits auch 1870/71) griff Frankreich massiv auf seine Kolonien, vor allem die Maghreb-Länder Algerien, Marokko, Tunesien, zurück, um die als Soldaten eingezogenen französischen Arbeitskräfte zu ersetzen. «La guerre (de 1914–18) fut l'occasion d'une déportation de travailleurs maghrébins vers la France pour remplacer les soldats et les travailleurs français absents. 132000 Maghrébins sont alors recrutés pour travailler dans les fermes et les usines d'armement ... Lorsque éclata le deuxième conflit mondial, la France puisa de nouveau dans ses colonies du Maghreb pour renforcer ses effectifs» (Benchenane 1984, 209f.). Und nicht ohne Verbitterung fügt der Autor hinzu: «Pour la troisième fois en moins d'un siècle, les Maghrébins musulmans allaient verser leur sang pour défendre la France qui, par ailleurs, les colonisait, les dominait, les exploitait et les humiliait. Plus même, on peut affirmer – et l'Histoire est là pour l'attester – que les Maghrébins firent plus pour libérer la France que beaucoup de Français eux-mêmes dont le gouvernement officiel avait choisi la voie de la collaboration, alors que la majorité des citoyens français optaient pour le désarmement moral et l'attentisme.»

Nach 1918 fehlten der französischen Wirtschaft etwa 3 Millionen Arbeitskräfte, so daß in den folgenden Jahren die Ausländerzahl von 1,1 auf 2,7 Millionen rasch anstieg. 1931 lag ihr Anteil bei 6,6% der Gesamtbevölkerung, ein Wert, der dem der 80er und 90er Jahre gleichkommt (Tab. 14; vgl. Lebon 1990, 25f.); lediglich die nationale Zusammensetzung hat sich verschoben.

Tab. 14: Ausländische Wohnbevölkerung Frankreichs (in Mio. Einw.)

	1931	1975	1990
Gesamtbevölkerung	41,23	52,60	56,58
Ausländer	2,71 (= 6,6 %)	3,44 (= 6,5 %)*	3,60 (= 6,4 %)*
Herkunft:			
– *Europa*	2,46 (= 90,5 %)	2,10 (= 61,1 %)	1,62 (= 45,0 %)
davon:			
Belgien	0,25	0,06	0,05
Deutschland/BRD	0,07	0,04	0,04
Italien	0,81	0,46	0,33
Polen	0,51	0,09	0,06
Portugal	0,05	0,76	0,70
Spanien	0,35	0,50	0,30
– *Afrika*	0,11 (= 3,9 %)	1,19 (= 34,6 %)	1,59 (= 44,2 %)
davon:			
Algerien }		0,71	0,62
Marokko }	0,09	0,26	0,57
Tunesien }		0,14	0,21
– *Sonstige*	0,14	0,15	0,39

* Die INSEE-Werte liegen um ca. 10–15 % unter den vom Innenministerium veröffentlichten Zahlen.

(Nach: INSEE 1984 a, 90; CF 259/1993; Gehring/Saint-Dizier 1993, 24)

Eine ähnliche Lage entstand wieder nach 1945: Die Kriegsverluste, der Wiederaufbau und ein geringer Geburtenüberschuß in der Zwischenkriegsperiode sorgten erneut für eine andauernde Einwanderungswelle. Sie erreichte ihren Höhepunkt in den 60er Jahren, in der Phase hohen wirtschaftlichen Wachstums. Hinzu kamen mehr als 1 Million sog. «rapatriés» aus dem unabhängig gewordenen Algerien.

Mit Beginn der Rezession verfügte die französische Regierung 1974 einen Einwanderungsstopp. Seitdem hat sich die Ausländerzahl im wesentlichen nur noch durch Familienzuzug verändert; die Größenordnung illegaler Einwanderung, der *immigration clandestine*, wird meist überschätzt. Die genaueren Zahlenverhältnisse gehen aus Tab. 14 hervor (die Werte haben sich seitdem kaum verändert). Die größte Gruppe stellen die *Maghrébins* (vor allem Alge-

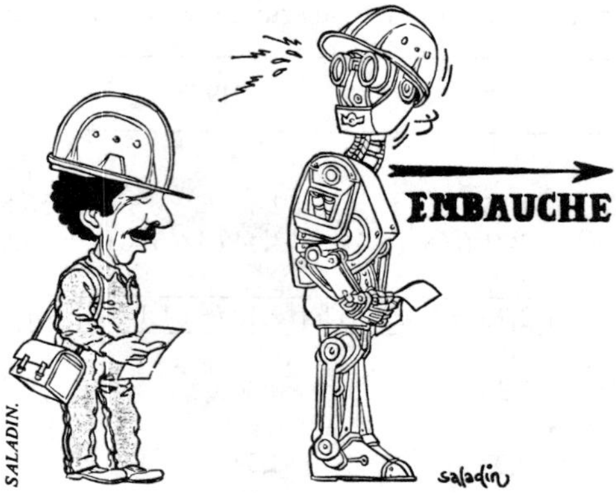

Abb. 42
(Aus: Le Monde 1984, 12)

rier und Marokkaner); sie sind auch in erster Linie Zielscheibe ausländerfeindlicher Forderungen. Diese verschärfen sich gelegentlich noch, wenn die Diskussion um restriktive Maßnahmen der Regierung mit fremdenfeindlichen Klischees geführt wird, so etwa 1993 (vgl. 2.8.3 sowie Costa-Lascoux 1994). Bezeichnend ist die regionale Verteilung der Ausländer: Fast zwei Drittel leben in den Regionen Ile-de-France, Rhône-Alpes und Provence-Côte d'Azur; der Ausländeranteil beträgt hier oft mehr als 20 %.

Von der Arbeitslosigkeit sind die *travailleurs immigrés* stärker als einheimische Arbeitskräfte betroffen, da sie zum großen Teil für Arbeiten mit geringen Qualifikationsanforderungen eingesetzt werden und Rationalisierungsmaßnahmen als erste zum Opfer fallen (vgl. Abb. 42).

Obwohl man bislang noch nicht von einer Substituierbarkeit der Ausländer durch einheimische Arbeitskräfte sprechen kann (wie etwa extreme und andere Rechte mit der Formel «2 millions d'immigrés – 2 millions de chômeurs» nahelegen), scheint sich die Konkurrenzsituation auch für weniger attraktive Arbeitsplätze doch zu verschärfen; d. h., um die typischen Ausländerarbeitsplätze bemühen sich zunehmend ebenfalls inländische Arbeitnehmer.

Dieser Entwicklung dürfte – neben ethnischen und sozialen Faktoren – zur Erklärung ausländerfeindlicher Tendenzen vermutlich eine größere Bedeutung zukommen als der häufigen Berufung auf gewisse Toleranzgrenzen. Gerade die sog. *Tipping-point*-Forschung, die bestimmte, nicht zu überschreitende Grenzwerte für den Zuzug von Ausländern postuliert, basiert zum Teil auf nicht übertragbaren Voraussetzungen (vgl. Gaspard/Servan-Schreiber 1984, 149ff.; Tsiakalos 1983, 78ff.).

4.4.2 Ausländerbeschäftigung in der deutschen Wirtschaft

Während die Zuwanderung von Ausländern in Frankreich eine lange, mit demographischen Problemen verbundene Tradition hat, die praktisch bis zu den Anfängen der Industrialisierung zurückreicht, stand die deutsche Entwicklung aufgrund der Bevölkerungsexplosion des 19. Jahrhunderts zunächst im Zeichen von Massen*aus*wanderungen. Erst um die Jahrhundertwende bahnte sich ein gewisser Wandel vom Auswanderungs- zum Einwanderungsland an (Bade 1983, 29ff.). Und zwar entstand in einigen Regionen für die Landwirtschaft (aufgrund der Landflucht) sowie für die Industrie und das Bauwesen (aufgrund anhaltender Hochkonjunktur) ein Arbeitskräftebedarf, der mit dem einheimischen Angebot nicht mehr zu decken war. Insbesondere betraf dies den Bergbau Oberschlesiens und des Ruhrgebiets sowie die Landwirtschaft im preußischen Osten. 1910 betrug so die Zahl der Ausländer mehr als 1 Million, davon waren allein 800000 polnische Arbeitskräfte. Gleichzeitig – und den wirtschaftlichen Interessen widersprechend – wurden von seiten der preußischen Administration Bemühungen verstärkt, die Zuwanderung zahlenmäßig und auch regional einzugrenzen, vor allem um, wie es hieß, der Gefahr einer weiteren „Polonisierung“ entgegenzuwirken. Darüber hinaus sollten einschränkende Maßnahmen (Rückkehrzwang, Verbot des Familiennachzugs) verhindern, daß aus den *saisonalen Wanderarbeitern* seßhafte Arbeitsimmigranten würden.

In der Weimarer Republik bestand dieses System der Ausländerbeschäftigung bis zur Weltwirtschaftskrise weiter fort. Mit dem Zweiten Weltkrieg setzte dann die *nationalsozialistische Fremdarbeiterpolitik* ein: Sie war im wesentlichen eine Zwangsrekrutierung in den besetzten Gebieten, um der Rüstungsindustrie und der Landwirtschaft die fehlenden Arbeitskräfte zuzuführen. Allein aus Polen wurden in dieser Zeit ca. 2 Millionen Zwangsarbeiter deportiert; insgesamt lag die Ausländerzahl bei rund 7,5 Millionen.

Eine mit Frankreich vergleichbare Situation entstand für die Bundesrepublik seit Ende der 50er Jahre: Zur Sicherung des Wirtschaftswachstums war eine massive Anwerbung zusätzlicher Arbeitskräfte notwendig (vgl. u. a. McRae 1980, 11ff.; Knight/Ko-

Tab. 15: Ausländische Wohnbevölkerung in der Bundesrepublik

	1961 (%)	1970 (%)	1980 (%)	1991 (in 1000)	1991 (%)
Türken	1,0	15,8	32,8	1613	33,3
Jugoslawen	2,4	17,3	14,2	611	12,6
Italiener	28,7	19,3	13,9	520	10,7
Griechen	6,1	11,5	6,7	294	6,1
Spanier	6,4	8,2	4,0	135	2,8
Übrige	55,4	27,9	28,4	1681	34,5

(Zusammengestellt nach: Hübner/Rohlfs 1988, 61 ff.; Schumacher 1992, 61 ff.)

walsky 1991, 43 ff.). So fand in der Folge ein mit allen Mitteln geförderter „Arbeitskräfteimport" statt, wobei die meisten Ausländer aus Agrarregionen der Mittelmeerländer, insbesondere der Türkei, kamen. Der Einwanderungsstopp von 1973 brachte diese Entwicklung dann zu einem vorläufigen Stillstand. 1991 lebten etwa 4,9 Mio. Ausländer in Westdeutschland (davon 1,7 Mio. Erwerbstätige), ihr Anteil an der Gesamtbevölkerung betrug 7,7%. Die Hauptnationalitäten sind in Tab. 15 zusammengefaßt.

In den östlichen Bundesländern dagegen liegt der Ausländeranteil deutlich niedriger. Ende 1989 hielten sich in der DDR rund 191 000 Ausländer (in erster Linie Vietnamesen und Polen) auf, nicht einmal 1,2% der Gesamtbevölkerung. Trotz dieses geringen Prozentsatzes nahmen indes ausländerfeindliche Tendenzen in den neuen Bundesländern nach der Einigung stark zu. – Einen Überblick über die regionale Verteilung der ausländischen Bevölkerung im Jahre 1993 gibt Abb. 43.

Die Ausländerbeschäftigung, die über viele Jahre erhebliche wirtschaftliche Vorteile brachte, wird heute, wie in Frankreich, ablehnender beurteilt; das kommt nicht nur in zunehmenden xenophoben Tendenzen, sondern ebenso in restriktiven Regierungsmaßnahmen (Zuzugsbeschränkungen, Verschärfung des Aufenthaltsrechts, Rückkehrförderung) zum Ausdruck. In der Tat scheint „ein erheblicher Teil der ausländischen Bevölkerung unter ökonomischen Gesichtspunkten 'überflüssig' zu werden" und nunmehr den Folgen des Fehlens einer langfristig angelegten Ausländerpolitik ausgesetzt zu sein (vgl. Böhme u. a. 1994). Dies um so mehr, als auch die Segmentierung auf dem Arbeitsmarkt, die weitgehende Trennung

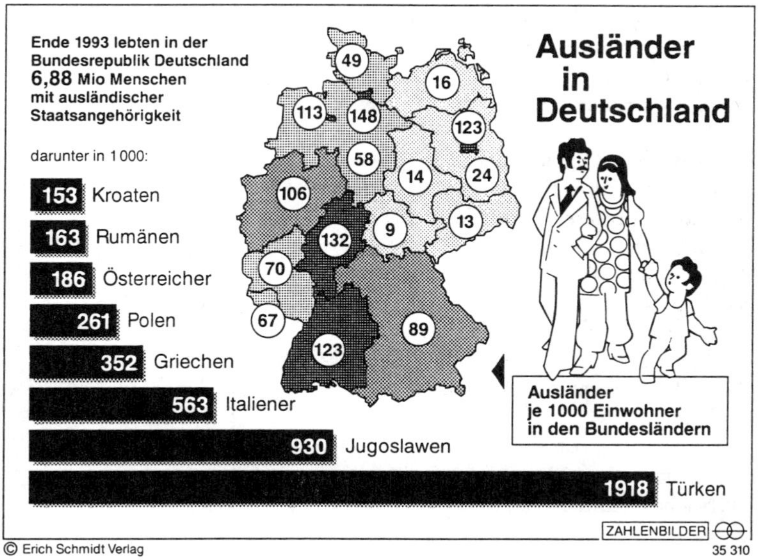

Abb. 43: Regionale Verteilung der Ausländer (und Asylbewerber).

von Arbeitsplätzen für Ausländer und für Inländer, mit der Dauer der Massenarbeitslosigkeit an Bedeutung verliert (vgl. Dohse 1983).

4.5 Erwerbstätigenstruktur und soziale Schichtung

Wie sehr die spezifischen Industrialisierungsbedingungen Frankreichs mit gesellschaftlichen Gegebenheiten zusammenhängen, ist an verschiedenen Stellen sichtbar geworden; vor allem das Wechselverhältnis von ökonomischer und demographischer Entwicklung war dafür ein aufschlußreiches Beispiel. Diese Interdependenz wirtschaftlicher und sozialer Faktoren läßt sich nun weiter anhand eines Überblicks zu den Sozialstrukturen veranschaulichen.

4.5.1 Daten zur Erwerbstätigkeit

Als entscheidenden Anhaltspunkt legen entsprechende sozialstatistische Arbeiten in der Regel Daten zur *Erwerbstätigkeit* bzw. zur *Erwerbsquote* zugrunde. Wie stellt sich diese relativ zu den

Tab. 16: Verteilung der Berufsgruppen in Frankreich (niveau 8)

catégories socioprofessionnelles	(milliers)	(% des actifs)
1. Agriculteurs exploitants	1056	4,1
2. Artisans, commerçants, chefs d'entreprise	1877	7,3
3. Cadres, professions intellectuelles supérieures	2815	11,0
4. Professions intermédiaires	4868	19,0
5. Employés	7156	27,7
6. Ouvriers (y compris agricoles)	7918	30,9
7. Retraités	9560	
8. Autres sans activité professionnelle	23461	
Total	58652	
dont actifs (postes 1 à 6)	25631	100

(Nach: INSEE 1994, 37)

Wirtschaftssektoren dar? Wie verteilen sich die jeweiligen Berufsgruppen, und welche Entwicklungstendenzen lassen sich erkennen? Die allgemeinen Verschiebungen und Austauschprozesse zwischen Landwirtschaft, Industrie und Dienstleistungsbereich wurden bereits in 4.1 behandelt, so daß sich die Darstellung hier auf die einzelnen sozialen Gruppen konzentrieren kann.

Die statistische Erfassung von Berufsgruppen erfolgt in Frankreich gewöhnlich nach einem standardisierten Raster, welcher je nach Differenzierungsstufe zunächst 8, 24 oder 42 *catégories socioprofessionnelles* aufweist und dann auf noch feinerem Niveau 489 bzw. – wenn man sich auf den reinen Erwerbspersonenbereich beschränkt – 455 *professions* unterscheidet. In diesen Kategorien werden u. a. Angaben zur beruflichen Tätigkeit, Qualifikation, Funktion, zur Unternehmensgröße und zum ökonomischen Sektor zusammengefaßt; sie dienen gleichzeitig als Auswertungsbasis der etwa alle sechs bis acht Jahre durchgeführten Volkszählungen *(recensements).* In das Gliederungsschema gehen naturgemäß bestimmte Vorannahmen und Interpretationen mit ein; die Abgrenzbarkeit einzelner Größen sowie die Zuordnung und die Homogenität verschiedener Gruppen wurden wiederholt problematisiert. Dennoch scheint sich das nach den beruflich-sozialen Kategorien aufgeschlüsselte Datenmaterial für weiterführende soziologische Arbeiten (auch unterschiedlicher theoretischer Provenienz) zu eignen. Eine leichte Revision mit Anpassung an neue Berufsbezeichnungen erfolgte für die Auswertung der Volkszählung 1982 (vgl. INSEE 1984a, 30f.; Desrosières u. a. 1983); um eine Vergleichbarkeit

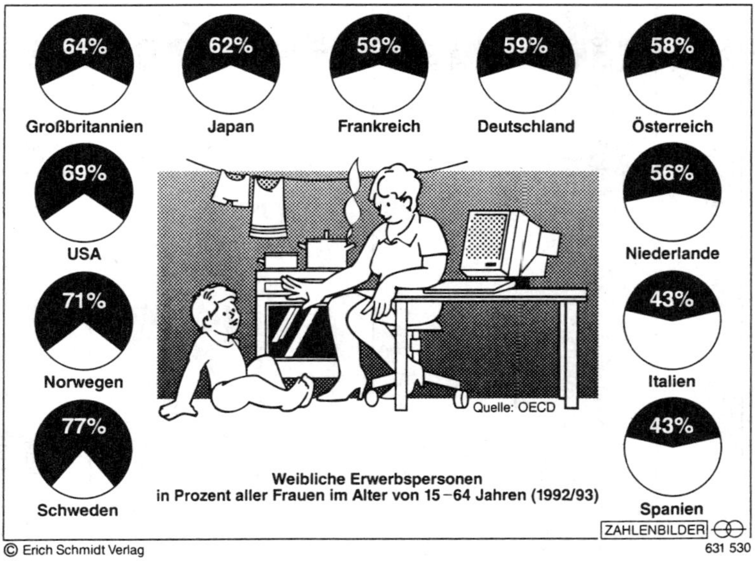

Abb. 44: Frauenerwerbstätigkeit im internationalen Vergleich.

mit älteren Daten zu gewährleisten, wurde jedoch auch eine Aufschlüsselung nach dem vorher gültigen Schema beibehalten. Eine Auflistung der betreffenden *catégories socioprofessionnelles* findet sich für das *niveau 8* in Tab. 16, für die *niveaux 24* und *42* in Tab. 17.

Bevor auf die Daten genauer eingegangen wird, zunächst eine Bemerkung zur Erwerbsquote allgemein. Der Anteil der Erwerbspersonen (= Erwerbstätige + Arbeitslose) an der Gesamtbevölkerung beträgt seit mehreren Jahren rund 44 % und liegt damit nur geringfügig unter der Quote der Bundesrepublik. Dabei fällt auf, daß die Erwerbsbeteiligung der Frauen mit 44 % immer noch wesentlich niedriger ist als die der Männer (56 %). Der Unterschied wird noch deutlicher, wenn man den größeren Frauenanteil an der Gesamtbevölkerung mitberücksichtigt: Auf 100 Frauen im erwerbsfähigen Alter (15–64 Jahre) kommen so nur etwa 59 Erwerbspersonen; bei den Männern beträgt der Prozentsatz rund 76 %. Allerdings ist zu berücksichtigen, daß in der Altersgruppe der 17–25jährigen Personen kaum noch Unterschiede bezüglich der Erwerbsquote bestehen (zur Frauenerwerbstätigkeit im internationalen Vergleich s. Abb. 44).

Entgegen anderslautenden Feststellungen nimmt die Erwerbsbe-

Tab. 17: Berufsgruppen in Frankreich (niveaux 8/24/42)

catégories socioprofessionnelles niveaux 8 et 24	niveaux 42	hommes (milliers)	femmes
1. Agriculteurs exploitants		*634*	*378*
10. Agriculteurs exploitants	11. Agriculteurs sur petite exploitation	193	146
	12. Agriculteurs sur moyenne exploitation	193	116
	13. Agriculteurs sur grande exploitation	248	116
2. Artisans, commerçants, chefs d'entreprise		*1240*	*582*
21. Artisans	21. Artisans	662	204
22. Commerçants et assimilés	22. Commerçants et assimilés	441	349
23. Chefs d'entreprise 10 salariés et plus	23. Chefs d'entreprise 10 salariés et plus	137	29
3. Cadres, professions intellectuelles supérieures		*1847*	*844*
31. Professions libérales	31. Professions libérales	221	97
32. Cadres de la fonction publique, professions intellectuelles et artistiques	33. Cadres de la fonction publique	221	87
	34. Professeurs, professions scientifiques	276	291
	35. Professions de l'information, des arts et des spectacles	100	68
36. Cadres d'entreprise	37. Cadres administratifs et commerciaux d'entreprise	515	233
	38. Ingénieurs et cadres techniques d'entreprise	514	68
4. Professions intermédiaires		*2619*	*2094*
41. Professions intermédiaires de l'enseignement, de la santé, de la fonction publique et assimilés	42. Instituteurs et assimilés	276	494
	43. Professions intermédiaires de la santé et du travail social	193	611

	44. Clergé, religieux	28	29
	45. Professions intermédiaires administratives de la fonction publique	193	204
46. Professions intermédiaires administratives et commercial des entreprises	46. Professions intermédiaires administratives et commerciales des entreprises	744	640
47. Techniciens	47. Techniciens	662	87
48. Contremaîtres, agents de maîtrise	48. Contremaîtres, agents de maîtrise	523	29
5. Employés		*1544*	*5381*
51. Employés de la fonction publique	52. Employés civils et agents de service de la fonction publique	413	1600
	53. Policiers et militaires	386	29
54. Employés administratifs d'entreprise	54. Employés administratifs d'entreprise	358	1978
55. Employés de commerce	55. Employés de commerce	194	785
56. Personnels des services directs aux particuliers	56. Personnels des services directs aus particuliers	193	989
6. Ouvriers		*6009*	*1600*
6. Ouvriers qualifiés	62. Ouvriers qualifiés de type industriel	1415	213
	63. Ouvriers qualifiés de type artisanal	1451	139
	64. Chauffeurs	606	26
	65. Ouvriers qualifiés de la manutention, du magasinage et du transport	386	29
66. Ouvriers non qualifiés	67. Ouvriers non qualifiés de type industriel	1296	844
	68. Ouvriers non qualifiés de type artisanal	634	291
69. Ouvriers agricoles	69. Ouvriers agricoles	221	58

Tab. 17: (Forts.)

catégories socioprofessionnelles niveaux 8 et 24	niveaux 42	hommes (milliers)	femmes
7. *Retraités*		*4631*	*4596*
71. Anciens agriculteurs exploitants	71. Anciens agriculteurs exploitants	587	699
72. Anciens artisans, commerçants, chefs d'entreprise	72. Anciens artisans, commerçants, chefs d'entreprise	386	407
73. Anciens cadres et professions intermédiaires	74. Anciens cadres	451	116
	75. Anciennes professions intermédiaires	561	465
76. Anciens employés et ouvriers	77. Anciens employés	799	1891
	78. Anciens ouvriers	1847	1018
8. *Autres personnes sans activité professionnelle*		*9041*	*13613*
81. Chômeurs n'ayant jamais travaillé	81. Chômeurs n'ayant jamais travaillé	89	175
82. Inactifs divers (autres que retraités)	83. Militaires du contingent	231	–
	84. Elèves, étudiants (de 15 ans ou plus)	2619	2646
	85. Personnes diverses sans activité professionnelle de moins de 60 ans	6019	8872
	86. Personnes diverses sans activité professionnelle de 60 ans et plus	83	1920
	Total	*27565*	*29088*
	dont actifs (postes 1 à 6)	*13893*	*10879*

(Berechnet nach: INSEE 1994, 37)

teiligung der Frauen in Frankreich also keinen wesentlich höheren Rang ein als in der BRD, wo die Quote nahezu identisch ist. (Anders verhält es sich lediglich bei der Erwerbstätigkeit von Müttern mit Kindern unter 18 Jahren: Hier liegt die Quote in Frankreich bei über 50%, in der BRD bei knapp 35%.) Vergleichbar scheint darüber hinaus eine gewisse Konzentration der Frauenerwerbstätigkeit auf relativ wenige Berufsgruppen. Abgesehen von einigen *professions intermédiaires* im Schul-, Gesundheits- und Verwaltungsbereich, arbeiten die meisten Frauen als Angestellte oder ungelernte Arbeiterinnen und üben Tätigkeiten aus, die zwar weniger berufliche Qualifikation erfordern, dafür aber mit schlechterer Bezahlung und geringerer Arbeitsplatzsicherheit einhergehen (vgl. Tab. 17). Aus diesem Grunde waren und sind weibliche Arbeitskräfte von Rationalisierungsmaßnahmen im Dienstleistungs- und vor allem im produzierenden Bereich stärker betroffen; ihre Arbeitslosenrate hat zwar die der Ausländer noch nicht erreicht, liegt jedoch – und das gilt sowohl für Frankreich als auch für die Bundesrepublik – eindeutig höher als die der männlichen Arbeitskräfte (Commission 1990, 87ff.; Statist. Bundesamt 1992, 52ff.).

4.5.2 Verteilung der Berufsgruppen

Hinsichtlich der Verteilung von Berufsgruppen und der dadurch indizierten sozialen Struktur läßt sich insgesamt für Frankreich folgendes festhalten:

Die mit Abstand größte Gruppe ist nach wie vor die der *Arbeiterschaft*; ihr Anteil liegt bei ca. 30% der Erwerbstätigen. Innerhalb dieser Gruppe nehmen wiederum die Facharbeiter *(ouvriers qualifiés)* im industriellen und handwerklichen Bereich den wichtigsten Rang ein. Erstaunlich hoch ist ebenfalls die Zahl ungelernter Arbeiter (*ouvriers non qualifiés*, vormals *ouvriers spécialisés* und *manœuvres*), die vor allem in der industriellen Produktion beschäftigt sind. Unter der letztgenannten Kategorie findet sich zudem ein hoher Anteil von Ausländern und Frauen. Die Zahl der landwirtschaftlichen Arbeitskräfte (*ouvriers agricoles*) ist dagegen, der zurückgegangenen Bedeutung des Agrarsektors entsprechend, äußerst gering.

Ein Blick auf die Entwicklung der letzten Jahrzehnte zeigt, daß die absolute Zahl der als Arbeiter Beschäftigten stagniert und ihr relativer Anteil sogar abnimmt (Abb. 45). Diese Tendenz ist Aus-

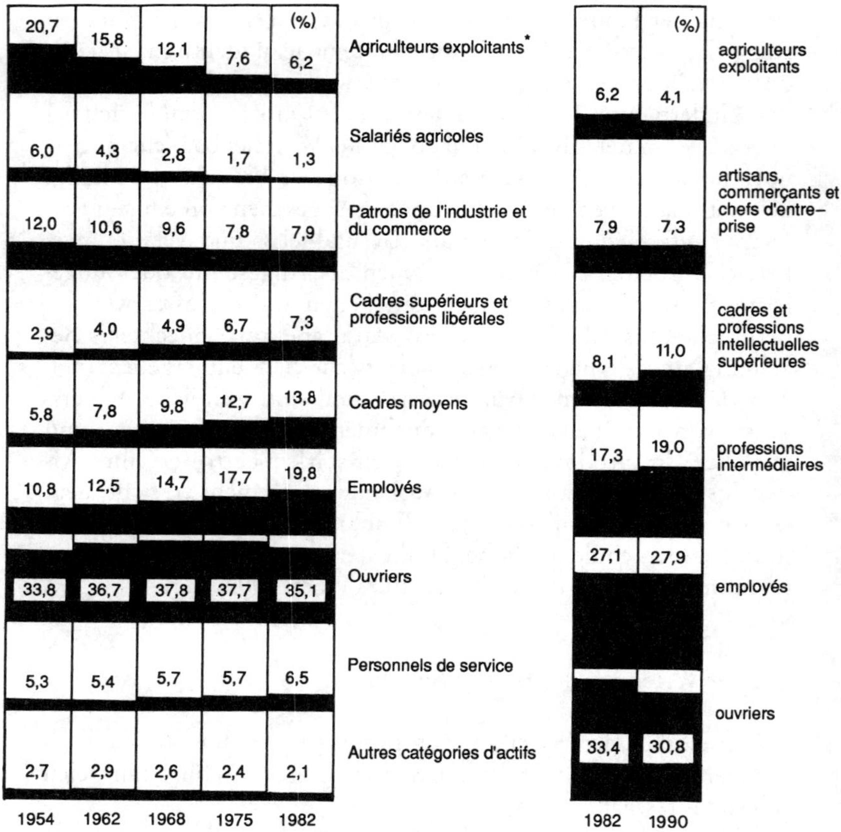

* Kategorien nach alter Nomenklatur (gegenüber Tab. 16 abweichende Prozentzahlen erklären sich aus unterschiedlichen Zuordnungen)

Abb. 45: Entwicklung der Berufsgruppen in Frankreich. (Nach: Armengaud/Fine 1983, 116; INSEE 1984a, 1994)

druck einer weitgreifenden Umschichtung; und zwar haben sich im Gefolge einer intensiven Produktionserweiterung durch verstärkten Maschineneinsatz und zunehmende Spezialisierung des Arbeitsprozesses grundlegende Veränderungen der beruflichen Anforderungen, nämlich in Richtung Dequalifikation einerseits und Erhöhung des technischen Qualifikationsniveaus andererseits, ergeben: «L'automation s'est en effet traduite par un double processus: d'une part elle a permis la création d'emplois nouveaux, requérant une qualification technique beaucoup plus poussée; d'autre part elle a entraîné une déqualification générale des autres emplois par la parcellisation des tâches, devenues simples tâches d'exécution» (Lasserre 1977, 246). Unmittelbare, statistisch ablesbare Folge der veränderten Produktionsweise und des Tertiarisierungsprozesses war die relative Abnahme des Arbeiteranteils zugunsten von Angestellten und mittleren Führungskräften (*professions intermédiaires*, vormals *cadres moyens*).

Der erhöhte Bedarf an technisch geschultem und zum Teil auch wissenschaftlich qualifiziertem Personal brachte also, über die genannten Differenzierungen innerhalb der Arbeiterschaft hinaus, eine beträchtliche Ausweitung entsprechender Berufe mit sich, insbesondere von Technikern, Ingenieuren und von sog. Führungs- und Aufsichtskräften (vgl. die Kategorien 54, 46–48, 36 in Tab. 17), einer Gruppe, für die Serge Mallet den mißverständlichen Begriff der *nouvelle classe ouvrière* prägte. Gleichzeitig fand, bedingt durch neue Funktionsaufteilungen am Arbeitsplatz, eine gewisse Annäherung einiger von der Stellung her getrennter Berufsgruppen statt:

T. 20:
De même, le changement des fonctions du travail a pour corollaire un certain rapprochement entre ouvriers et cadres: entre l'ingénieur du pétrole, parfois sorti du rang, qui assure le contrôle d'une unité de distillation, et les quelques ouvriers techniciens en blouse blanche qui sont sous ses ordres n'existe qu'un rapport de hiérarchie à l'intérieur du même groupe social. Rien de commun avec la position de l'ancien ingénieur d'exploitation (directeur de fosse dans les charbonnages par exemple) commandant à une armée d'O. S. anonymes, et séparé d'eux par une barrière de classe. L'industrie moderne facilite d'ailleurs les gradations et la séparation entre l'ouvrier, le technicien, et le cadre tend à s'amenuiser. (Mallet 1969, 85)

Zieht man weitere Parameter wie Einkommen, politisches Selbstverständnis oder Sozialprestige mit heran, wird diese Zuordnung zu einer sozialen Gruppe oder Klasse, wie Mallet sie vornimmt, jedoch zweifelhaft (dazu kritisch: Hinrichs/Kolboom 1976, 103 ff.; vgl. auch Dupeux 1982, 221 ff.).

Während infolge des wirtschaftlichen Strukturwandels der Anteil der Arbeiter langsam zurückgeht, nimmt vor allem der der *employés*, der Angestellten und der einfachen Beamten, wie man übersetzen könnte, weiter zu: Seit 1954 hat sich die Quote mehr als verdoppelt. Dabei ist noch zu berücksichtigen, daß die Kategorie *employés* hier vorwiegend Erwerbstätige mit untergeordneten Tätigkeiten im öffentlichen Dienst, in Unternehmen, im Handel sowie nach der neuen INSEE-Nomenklatur das sog. Dienstpersonal (Hausangestellte usw.) umfaßt. Eine genaue Abgrenzung gegenüber der Arbeiterschaft erscheint mitunter schwierig (Hummel 1993). Der rasche Anstieg dieser Berufsgruppe ist zudem gekennzeichnet von einem außerordentlich hohen Frauenanteil (72,7 %). Umgekehrt überwiegt mit 73,5 % in mittleren und leitenden Angestelltenpositionen (in Tab. 17 klassifiziert als *professions intermédiaires* und *cadres* unter 33, 37–38, 46–48) eindeutig der Männeranteil.

Als drittgrößte Beschäftigungsgruppe haben die *professions intermédiaires* einen erheblichen Bedeutungszuwachs erfahren; sie machen 18,3 % der Erwerbsbevölkerung aus. Unter der recht heterogenen Kategorie faßt man sowohl Grundschullehrer, Geistliche, mittleres Führungspersonal in Verwaltung, Wirtschaft und im Sozialbereich als auch Techniker und Meister zusammen. Die hohen Zuwachsraten insbesondere von mittleren Führungskadern, Technikern usw. resultieren aus den oben beschriebenen veränderten Qualifikationsanforderungen und gelten als ein Zeichen des industriellen Fortschritts Frankreichs. Zusammen mit einem Teil der Angestellten werden die *professions intermédiaires* gemeinhin der *couche moyenne salariée* zugerechnet, einer Schicht, der rund ein Drittel aller Erwerbspersonen angehört.

Gegenüber der expandierenden Tendenz der abhängig beschäftigten Mittelschicht unterliegt die „traditionelle" selbständige Mittelschicht einem starken Schrumpfungsprozeß:

- Von 1954 bis 1990 ging die Zahl selbständiger Landwirte *(agriculteurs exploitants)* auf weniger als ein Fünftel zurück;
- im gleichen Zeitraum nahm ebenfalls der Anteil selbständiger Unternehmer, speziell der Handwerker und Kaufleute *(petits artisans et commerçants)* deutlich ab, und zwar von 12 % auf 7,3 %. Bezüglich des zahlenmäßigen Verhältnisses von selbständiger und unselbständiger Mittelschicht fand also seit den 50er Jahren gewissermaßen eine Umkehrung statt.

Die Zahlen verweisen auf zwei grundlegende Tendenzen: Die *Ausweitung des Anteils abhängig Beschäftigter* und den zunehmenden *Funktionsverlust von Landwirtschaft, Kleinhandel und -handwerk* (in geringerem Maße auch der kleineren Industrieunternehmen) im Rahmen eines von Konzentration und Zentralisation bestimmten wirtschaftlichen Umfeldes. Der Niedergang des traditionellen Mittelstandes, einst wichtigste Stütze der III. Republik und mit protektionistischen Maßnahmen weitgehend von wirtschaftlicher Konkurrenz ferngehalten, ist bis heute Ursache zahlreicher Konflikte (vgl. 3.4.2). Dies um so mehr, als vor dem Hintergrund kleinbürgerlicher Wertvorstellungen Verzicht auf Selbständigkeit und Aufnahme von Fabrikarbeit vielfach als unannehmbare soziale Deklassierung gesehen werden (zur daraus resultierenden politischen Radikalisierung bis hin zu faschistischen Neigungen vgl. auch Kühnl 1979, 80ff.). Die Existenzgefährdung von Kleinbetrieben setzte gegen Ende des 19. Jahrhunderts ein, als diese gerade in ökonomisch dynamischen Bereichen wie Metallverarbeitung, Bergbau und Textilproduktion den technologisch fortgeschrittenen Großunternehmen weichen mußten (Haupt 1976, 75); für den Kleinhandel ergab sich eine vergleichbare Krisensituation erst ein halbes Jahrhundert später, als neue Distributionsformen, *centres commerciaux* u. ä., aufkamen.

Eine weitere, in sich heterogene Gruppe stellen die *cadres* und *professions intellectuelles supérieures* dar. Hierzu gehören zunächst alle freiberuflich Tätigen, die *professions libérales* wie Ärzte, Apotheker, Juristen usw., dann die zahlenmäßig stark expandierende Gruppe von Lehrern an Sekundar- und Hochschulen sowie schließlich die *cadres* im engeren Sinne. Dieser Begriff, der im Deutschen nur teilweise mit der Kategorie der 'leitenden Angestellten' übereinstimmt, bezeichnet auch in seiner (die *professions intermédiaires* nunmehr ausschließenden) Neufassung keine klar umrissene Erwerbstätigengruppe; er umfaßt sowohl leitende Führungskräfte in Unternehmen als auch wissenschaftliches Personal, Ingenieure und hohe Angestellte im öffentlichen Dienst. Gemeinsame Merkmale dieser Gruppe sind meist der Abschluß einer *Grande Ecole* sowie die überdurchschnittlich hohe Bezahlung.

Die Auswertung zur Erwerbstätigenstruktur in Frankreich mit Daten der Bundesrepublik in Beziehung zu setzen, ist nur begrenzt möglich; dafür weichen die Erhebungskategorien zu stark voneinander ab. Die Übersicht in Abb. 46 liefert so nur einige allgemeine Vergleichspunkte.

Tendenziell übereinstimmend sind zunächst der relative Rückgang der Arbeiterschaft sowie, infolge der zunehmenden Bedeutung von Dienstleistungstätigkeiten, der Anstieg der Angestelltengruppe. Allerdings vollzogen sich diese Entwicklungen, wie ausführlich in Kap. 3 dargestellt, in einem andersgearteten ökonomischen Kontext, insbesondere hinsichtlich der sektoriellen und branchenspezifischen Verteilung, so daß statistische Parallelen hier nicht notwendig gleichsetzbare Verhältnisse anzeigen. Signifikant ist der niedrige Anteil von Selbständigen; damit hängt zusammen,

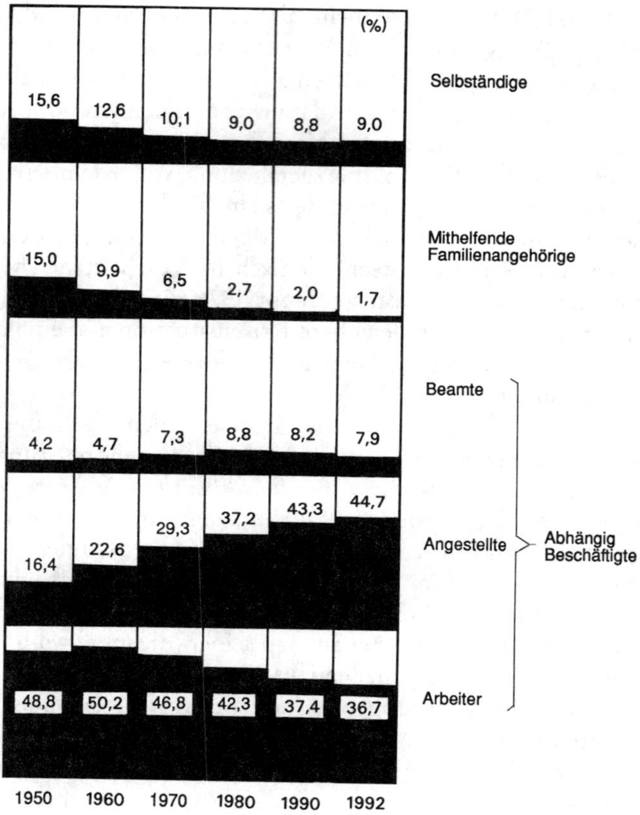

Abb. 46: Entwicklung der Erwerbstätigkeit in der BRD.
(Nach: BMWI 1990, 11; Inst. der deutschen Wirtschaft 1994, 22; die gewählten Kategorien stimmen nicht mit der französischen Klassifikationsbasis überein)

daß es keinen bedeutenden „alten Mittelstand" gibt. Der radikale Schrumpfungsprozeß, der vor allem die Landwirtschaft betraf, führte weniger zu sozialen Auseinandersetzungen als in Frankreich, wohl auch deshalb, weil die Entwicklung sich über einen längeren Zeitraum erstreckte, also weniger abrupt verlief, und von einem expandierenden Industriesektor weitgehend kompensiert werden konnte. Der Anteil der abhängig Beschäftigten insgesamt ist bis 1992 konstant gestiegen und veränderte sich seitdem nur noch geringfügig; mit nahezu 90 % erreicht er heute ein höheres Niveau als in Frankreich.

4.5.3 Modelle und Kriterien sozialer Schichtung

Es liegt auf der Hand, daß das Kriterium 'Stellung im Beruf' keine auch nur annähernd einheitliche soziale Gruppe benennt. Von daher wurden verschiedene Modelle entwickelt, die unter Hinzuziehung weiterer Bestimmungsmerkmale auf eine kohärentere Darstellung der sozialen Gliederung abzielen. Für das *Modell der sozialen Schichtung* sind in erster Linie Kriterien wie Einkommen, Ausbildung, Besitz und auch die Stellung im Beruf entscheidend; andere Schichtenanalysen gehen von der Selbst- oder Fremdeinschätzung innerhalb einer vorgegebenen Rangskala aus. Das Bild der Sozialstruktur der Bevölkerung, die Einstufung nach Schichten wie Oberschicht, oberer/mittlerer/unterer Mittelschicht, oberer/unterer Unterschicht und sozial Verachteten kann also erheblich variieren (Claessens u. a. 1985, 290ff.; vgl. auch Glass/König 1968).

Der *klassenanalytische Ansatz* basiert dagegen im Anschluß an die Marxsche Analyse auf der jeweiligen Stellung zum Eigentum an den Produktionsmitteln. Von diesem Faktor werden sowohl unterschiedliche Verteilungsverhältnisse (Vermögen, Einkommen, Konsumtion) als auch antagonistische Interessen der Individuen und gesellschaftlichen Gruppen, der Klassen, abgeleitet (Leisewitz 1980, 92). Analog zum Gegensatz von Kapital und Lohnarbeit bilden Arbeiterklasse und Bourgeoisie die beiden Grundklassen der bürgerlichen Gesellschaft. Daneben werden Zwischen- oder Mittelschichten angenommen, die eine in sich heterogene Gruppe darstellen und die selbständigen Mittelschichten (Bauern, Handwerker, Kleinhändler), die Intelligenz (Spezialisten) und die lohnabhängigen Mittelschichten (Aufsichts-, Leitungspersonal) umfassen.

Die genannten Ansätze, die sich keineswegs so konträr gegenüberstehen, wie oft behauptet wird, und durchaus Parallelen aufweisen, wären noch hinsichtlich ihrer Prämissen, der Indikatorenwahl sowie ihrer schichten- bzw. klassenspezifischen Zuordnungen weiter zu präzisieren. Hierzu kann aus Raumgründen nur auf die entsprechende Spezialliteratur verwiesen werden; vgl. Bischoff 1976, Leisewitz 1980; einen kurzen Überblick für Frankreich geben Menyesch/Uterwedde 1982, 98ff.; vgl. auch Fossaert 1980. Beiden Modellen gemeinsam ist, daß sie der These einer *nivellierten Mittelstandsgesellschaft*, die durch „universalen Konsum der industriellen und publizistischen Massenproduktion" soziale Schichtungen eingeebnet habe (Schelsky 1979, 328), klar widersprechen. Wie wenig in Frankreich und in der Bundesrepublik von einer solchen Nivellierung die Rede sein kann, zeigt auch ein kurzer Blick auf die Einkommensverteilung.

Unbestreitbar hat in den Nachkriegsjahrzehnten eine reale Steigerung des Lebensstandards und der Einkommensverhältnisse stattgefunden, doch profitierten hiervon nicht alle Gruppen in gleichem Maße. Insbesondere in den fünfziger und sechziger Jahren vergrößerte sich in Frankreich die „Einkommensschere" beträchtlich, da die oberen Einkommensschichten weitaus höhere Zuwachsraten verzeichneten als die unteren (Freiberufler verdienten durchschnittlich achtmal soviel wie Landarbeiter; geht man von Extrem- und nicht von Durchschnittswerten aus, wird die Kluft noch deutlicher). Eine vorübergehende Trendänderung brachte 1968 mit den *Accords de Grenelle* die 35%ige Anhebung des SMIG, des gesetzlich garantierten Mindestlohns (seit 1970 *SMIC, salaire minimum interprofessionnel de croissance*). Allerdings reichte diese Maßnahme nicht aus, ebensowenig wie spätere Anpassungen an den Lebenshaltungsindex und die 10%-Erhöhung von 1981, um eine grundsätzliche Umverteilung zu bewirken und die teilweise gravierenden Diskrepanzen abzubauen.

Seit 1984 läßt sich, als Folge der *politique de rigueur* (s. 3.8), sogar eine gegenläufige Tendenz feststellen: Die Schere zwischen Spitzen- und Niedrigeinkommen beginnt sich wieder zu öffnen. Das heißt konkret: In den letzten Jahren lag die Steigerungsrate der höchsten Löhne/Gehälter rund 0,5 % höher als die der niedrigsten Gruppe.

Ein Indikator der Einkommensentwicklung ist der sog. *Dispersionsindex.* Zur Bestimmung werden zwei Werte zugrunde gelegt: a) das Ge-

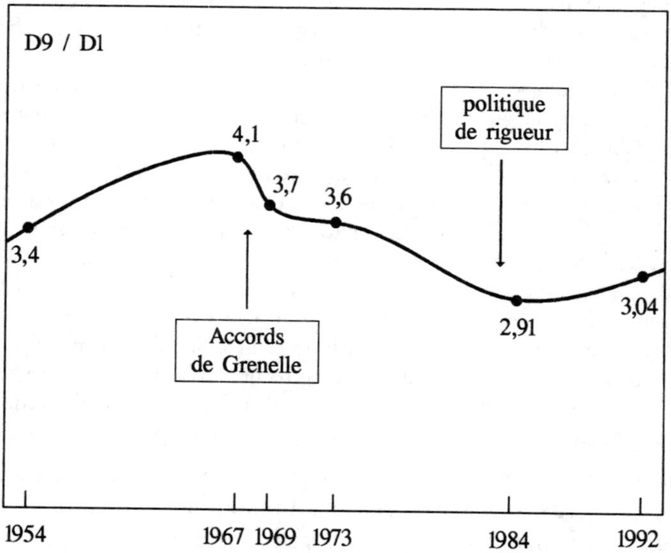

Abb. 47: Einkommensstreuung.
(Nach: Uterwedde 1991, 130; INSEE 1994, 83)

haltsniveau, das *über* dem von 90 % der Lohn- und Gehaltsempfänger liegt (= D9), b) das unterste Niveau, das von 90 % der Personen übertroffen wird (= D1). Der 1992 erreichte Index 3,04 bedeutet also: Das Gehalt der oberen Einkommensgruppe (D9) ist etwa dreimal so hoch im Vergleich zur unteren Einkommensgruppe (D1). Der Kurvenverlauf in Abb. 47 verdeutlicht noch einmal die zuvor genannten Phasen:
- die Begünstigung höherer Einkommensgruppen in der Wiederaufbau- und industriellen Modernisierungsphase bis Mitte der 60er Jahre,
- die Trendwende nach den sozialen Protestbewegungen von 1968,
- die neuerliche Umkehr der Entwicklung nach der wirtschaftspolitischen Kurskorrektur der Linksregierung im Jahre 1983.

Das Bild bestätigt sich, wenn man eine Aufteilung nach Berufsgruppen hinzunimmt. Einen Überblick über die Einkünfte aus nichtselbständiger Tätigkeit, aufgeschlüsselt nach sozioprofessionellen Kategorien, gibt Tab. 18 (zu weiteren Differenzierungen vgl. CERC 1993).
Die Zahlen belegen zum einen, wie erheblich die Verdienstspannen immer noch sind und welche Berufsgruppen dabei die besten Positionen einnehmen. Zum andern zeigen sich beträchtliche Lohn- und Gehaltsunterschiede zwischen männlichen und weiblichen Beschäftigten; für Männer liegt der Verdienst um fast ein Drittel höher. Zu ergänzen wäre, daß große Spannen ebenfalls zwischen bestimmten Branchen und Sektoren (z. B. zwischen Industrie und Landwirtschaft) sowie verschiedenen Regionen (z. B. zwischen Paris und der französischen Provinz) vorkommen. Deutliche Unterschiede können zudem noch innerhalb der obigen Berufsgruppen bestehen.

Tab. 18: Durchschnittsverdienste

catégories	salaires (F / an)		
socioprofessionnelles	hommes	femmes	ensemble
cadres, chefs d'entreprise	265 500	193 300	248 900
techniciens, agents de maîtrise	135 800	114 300	133 500
autres professions intermédiaires	143 400	118 800	130 600
employés	95 200	85 400	87 900
ouvriers qualifiés	95 000	78 300	93 400
ouvriers non qualifiés	82 300	66 500	76 400
ensemble	*129 500*	*99 000*	*118 400*

(Aus: INSEE 1994, 83)

Wesentlich erscheint bezüglich der Ausprägung sozialer Ungleichheiten weiterhin, daß diese nur teilweise durch eine entsprechende Steuerprogression abgemildert werden. Die direkten Steuern *(impôts sur le revenu)* liegen im internationalen Vergleich relativ niedrig; während sie in der Bundesrepublik fast 50 % der Steuereinnahmen ausmachen, liegt der Anteil in Frankreich unter 25 %. Eine wesentlich wichtigere Einnahmequelle des Staates sind die indirekten Steuern, vor allem die Mehrwertsteuer *(taxe sur la valeur ajoutée,* T.V.A.). Das französische Steuersystem wurde, da gerade einkommensschwache Schichten belastend, oft als unsozial kritisiert. In dieser Hinsicht bezeichnend ist daher auch die Ankündigung der Regierung Juppé, eine Verbesserung des Staatshaushaltes in erster Linie über eine zweiprozentige Mehrwertsteuererhöhung erreichen zu wollen. (Zur möglichen Änderung der französischen Mehrwertsteuersätze im Hinblick auf den europäischen Binnenmarkt vgl. 3.7.3.)

Die Ungleichheiten wirken noch krasser, wenn man weitere Vorteile und Vorrechte (wie z. B. Sonderprämien, Arbeitsplatzsicherheit, niedriges Ruhestandsalter, besondere Sozialleistungen u. ä.) hinzuzieht. Hier hat François de Closets in seinem Bestseller *Toujours plus!* (1982) ausführlich dargelegt, in welchem Maße die *facteurs non monétaires* bestehende Unterschiede zusätzlich verstärken.

Aus der Sicht mehrerer internationaler Studien sind als Resultat vor allem der Einkommensverteilung die *inégalités sociales* gravierender als in vergleichbaren Ländern (z. B. zweimal so groß wie in der Bundesrepublik, dreimal so groß wie in den Nachbarländern usw.). Jedoch scheinen die Kriterien solcher Erhebungen zu uneinheitlich, als daß sich ihre Ergebnisse in arithmetischen Gleichungen resümieren ließen.

Festzuhalten bleibt indes: Ausgleichende Wirkungen durch Steuermaßnahmen und auch durch Sozialleistungen bleiben relativ gering. Am unteren Ende der Sozialhierarchie vergrößert sich der Anteil derer, die über keine ausreichenden Einkünfte mehr verfügen; man denke nur an das Phänomen der *nouveaux pauvres,* vor allem mittelloser Langzeitarbeitsloser, die keine Unterstützung mehr erhalten, oder an das Dauerproblem der Jugendarbeitslosen (vgl. 5.2). Durch die anhaltende Massenarbeitslosigkeit und die Segmentierung des Arbeitsmarktes mit einer Vielzahl ungeschützter Beschäftigungsformen (vgl. 3.8) sehen sich immer mehr Menschen an den Rand der Gesellschaft gedrängt. Die Gefahr der sozialen Ausgrenzung *(exclusion sociale)* rückt daher zunehmend in den Blickpunkt sozialpolitischer Überlegungen (vgl. Cordellier 1994, 22 ff.).

Man hat versucht, der besorgniserregenden Entwicklung mit verschiedenen staatlichen Maßnahmen zu begegnen. So beschloß 1988 die Regierung Rocard per Gesetz die Einführung eines *revenu minimum d'insertion* (RMI). Damit wird allen in Frankreich wohnenden Personen über 25 Jahren, deren Einkünfte eine bestimmte Grenze nicht übersteigen, ein finanzielles Minimum garantiert (1994 lag dies bei 2298 Francs). Gleichzeitig will man die berufliche (Wieder-)Eingliederung fördern; jeder RMI-Bezieher ist verpflichtet, Maßnahmen zur *«insertion»* nachzuweisen. (Dies unterscheidet das RMI-Konzept auch von anderen Unterstützungen wie: *minimum vieillesse, allocation aux adultes handicapés* oder *allocation de parent isolé,* API.) Bis 1993 haben mehr als zwei Millionen Personen die RMI-Leistungen in Anspruch genommen. So wichtig das Programm für die Betroffenen auch sein mag, so wenig bietet es jedoch einen Ansatz, die strukturellen Ursachen der Beschäftigungskrise und der bestehenden Tendenz zur „dualistischen Gesellschaft" zu beheben.

«Avec la montée irrésistible du chômage de longue durée, et la diminution des vieilles solidarités familiales dans une société où le déracinement et la solitude sont devenus le lot de beaucoup, la pauvreté fait des dégâts de plus en plus visibles dans nos pays riches. L'immobilier flambe à Paris et les profits des entreprises s'envolent, tandis que les ‹restaus de cœur› ont bien du mal à servir tous ceux qui frappent à leur prote: le RMI permet au moins d'apaiser la bonne conscience de ceux qui sont du bon côté du manche. [. . .] Ainsi, le revenu minimum peut-il déboucher sur une société durablement dualiste, où le minimum accordé aux uns permet de gérer l'exclusion . . .» (D. Clerc, in: Verdié 1989, 366 ff.)

Eine zweite wichtige Regierungsintervention erfolgte 1990 mit der Einführung eines allgemeinen Pflichtbeitrags für die Sozialversicherung, der *contribution sociale généralisée* (CSG). Es handelt sich um eine steuerähnliche Abgabe von 1,1 %, die auf alle Einkommen erhoben wird. Damit soll nicht nur die Finanzierung der *Sécurité sociale* abgesichert, sondern zugleich ein gewisser Umverteilungseffekt zu Lasten der höheren Einkommen erzielt werden. Diese Korrektivwirkung könnte sich sozialpolitisch als höchst bedeutsam erweisen, dann nämlich, wenn man die CSG als ersten Ansatz für weitere Umschichtungen im Steuer- und Abgabensystem betrachtete. Allerdings machen die Widerstände, die bei der Einführung zutage traten, einen Ausbau in dieser Richtung zur Zeit eher unwahrscheinlich.

Nicht alle Ungleichheiten sind auf das gegebene Lohn- und Gehaltsgefüge zurückzuführen. Zu berücksichtigen ist ebenfalls, daß sich in den letzten Jahren die Lohnquote insgesamt (= Anteil des Bruttoeinkommens aus unselbständiger Arbeit am Volkseinkommen) beträchtlich zugunsten der Unternehmensgewinne verschoben hat. Hinzu kommen hohe Zuwachsraten der *Einkommen aus Immobilien und Kapitalanlagen;* letztere profitierten vor allem von der gesunkenen Inflationsrate. Bezüglich der sozialen Disparitäten bedeutet dies eine weitere Verstärkung; der Abstand zwischen den Einkommensklassen wird noch größer:

«Le chômage et la désinflation ont donc accru considérablement les inégalités: le chômage, en fragilisant la situation des plus défavorisés, les a creusés ‹vers le bas›; la désinflation, en gonflant les revenus du patrimoine, les a creusés ‹vers le haut›.» (Szij 1994, 39)

Betrachtet man die Einkommensverhältnisse in der BRD, so weist die Verteilungsstruktur gewisse Ähnlichkeiten auf; nur die unteren Einkommensgruppen scheinen in Frankreich einen größeren Anteil auszumachen. Für einen direkten Vergleich reichen die

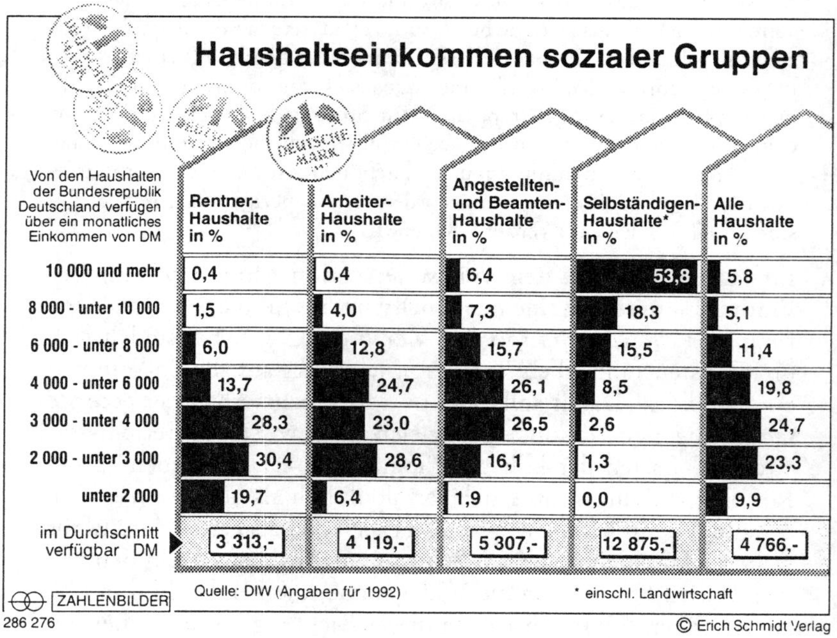

Abb. 48: Verteilung der durchschnittlichen Jahreseinkommen in der Bundesrepublik.

statistischen Angaben allerdings nicht aus, dazu divergieren die Analysegrößen zu stark. Kennzeichnend ist, daß bis Ende der 70er Jahre die Lohnquote beständig stieg, dann aber zugunsten von Einkommen aus selbständiger Tätigkeit zurückging (und zwar von 73,4 auf 65,7%). Der Einkommensabstand zwischen Selbständigen und Arbeitnehmern hat sich seitdem vergrößert: Während 1970 die durchschnittlichen Einkommen von Unternehmern (Landwirte ausgenommen) etwa doppelt so hoch lagen wie bei Arbeitnehmerhaushalten, übertrafen sie diese 1978 um das Zweieinhalbfache (Claessens u. a. 1985, 232); seitdem hat sich diese Tendenz noch verstärkt (vgl. Abb. 48). Außerdem entfielen auf die 6000 DM übersteigenden Einkommen mehr als 45% der Selbständigenhaushalte, bei den Angestellten und Beamten waren es nur knapp 10%, bei den Arbeitern weniger als 4%.

Ähnlich wie in Frankreich liegen auch die Einkommen weiblicher Erwerbspersonen deutlich unter denen der Männer (um ca. 30%), wobei die Ursachen jedoch nicht simplifizierend auf Benachteiligungen am Arbeitsplatz zurückzuführen sind, sondern eher in Unterschieden der Qualifikation, der Branchenzugehörigkeit und des Karrierestrebens liegen. Insgesamt haben die Ungleichheiten zwischen den einzelnen Gruppen eine zunehmende Tendenz, hiervon zeugt ebenfalls seit einigen Jahren die Zuspitzung des Problems der „neuen Armut“ (vgl. Werth 1991); die Situation stellt sich jedoch weniger dramatisch dar als in Frankreich (vgl. die Daten bei Krause 1992). Ein weiteres, in seinen Konsequenzen noch nicht abzusehendes Problemfeld sind seit 1990 die Einkommens-Disparitäten zwischen Ost- und Westdeutschland. Das Gefälle hat zwar abgenommen, aber die monatlichen Durchschnittseinkommen der ostdeutschen Arbeitnehmer erreichen immer erst drei Viertel des West-Niveaus; dabei sind allerdings deutliche branchenspezifische Unterschiede festzustellen.

4.6 Arbeitskonflikte und Interessenvertretung

Die skizzierten materiellen Bedingungen und Ungleichheiten unterliegen einem permanenten Wandel, und die Teilhabe am erwirtschafteten Sozialprodukt sowie die damit verbundenen Lebens- und Machtverhältnisse sind Gegenstand häufiger Auseinandersetzungen zwischen den gesellschaftlichen Gruppen. Die Austragung solcher Interessenunterschiede wirft Probleme auf, für deren Lö-

T. 21:

E.G.F. : GRÈVES LA SEMAINE PROCHAINE

● La C.G.T. Electricité-Gaz de France a appelé, hier, à des grèves les 27, 28 et 29 novembre successivement dans trois grands groupes de régions. Ces arrêts de travail « en principe » de vingt-quatre heures pour chacune des régions se traduiront par une baisse de la production

Au cours d'une conférence de presse au siège de la Fédération C.G.T. de l'E.G.F., à Pantin (Seine-Saint-Denis), François Duteil, secrétaire général, a précisé que le 27 seront concernées les régions Ouest, Centre et Sud-Ouest ; le 28, l'Est, Rhône-Alpes et le Sud-Est ; le 29, le Nord, la Normandie et la région Ile-de-France.

(23. 11. 1984)

T2C : GRÈVE DE DEUX FOIS DEUX HEURES AUJOURD'HUI

La société T2C informe sa clientèle qu'elle est saisie d'un nouveau préavis de grève déposé pour la journée du 6 décembre, aux heures suivantes : de 7 heures à 9 heures et de 16 h. 30 à 18 h. 30.

Elle ne peut donc garantir aucun service aux jours et heures indiqués.

(6. 12. 1984)

ÉTAT DES ROUTES

L'ensemble des réseaux est enneigé et glissant. Les équipements spéciaux sont recommandés. Sont fermés : les cols du pas de Peyrol, de la Croix-Saint-Robert, les départementales 149 de Besse à Picherande et 15 entre Le Puy et Valence.

Dans certains secteurs de la Haute-Loire, en raison d'une grève des agents, le déneigement ne sera pas assuré entre 17 heures le 14 janvier et 7 h. 30 le 15 janvier.

(15. 1. 1985)

(Aus: La Montagne)

sung jede Gesellschaft bestimmte, mehr oder weniger institutionalisierte Wege vorsieht. Die sozialen Beziehungen in Frankreich, vor allem im Hinblick auf das Verhältnis von Unternehmern und Arbeiterschaft, werden überwiegend als konfliktträchtig und wenig konsensorientiert beurteilt. Symptomatisch komme das in der hohen Zahl von Arbeitskonflikten, dem weitgehenden Fehlen überregionaler Tarifvereinbarungen und in der Militanz politisierter Gewerkschaften zum Ausdruck. Der Realitätsgehalt solcher Einschätzungen läßt sich nur schwer eindeutig bestimmen und geht oft erst aus Vergleichen mit anderen Ländern hervor. Bevor näher auf entsprechende Hintergründe eingegangen wird, sei zur Illustration auf die Zeitungsnotizen unter T. 21 hingewiesen.

In der Tat haben Streikmaßnahmen keinen Ausnahmecharakter. Sie finden oft spontan, ohne breite gewerkschaftliche Unterstützung statt und betreffen mitunter nur bestimmte Gebiete, einzelne Unternehmen bzw. relativ kleine Berufsgruppen (hier: einen Teil der E.G.F.-Mitarbeiter und des Straßenräumdienstes in der Haute-Loire sowie die Busfahrer in der Stadt Clermont-Ferrand). Landesweite, zentral gesteuerte Aktionen sind dagegen weitaus seltener. Die Aufsplitterung in mehrere Richtungsgewerkschaften verhindert zudem häufig eine gemeinsame Strategie.

4.6.1 Traditioneller Gewerkschaftspluralismus

Der für Frankreich typische *Gewerkschaftspluralismus* hat seinen Ursprung im 19. Jahrhundert. Bereits vor 1884, als mit der *Loi Waldeck-Rousseau* (so benannt nach dem damaligen Innenminister) Berufsverbände endlich legalisiert wurden, gab es etwa 500 verschiedene Gewerkschaftskammern *(chambres syndicales)*. Mit der Verstärkung der Arbeiterbewegung und der Verbesserung der gesetzlichen Lage stieg zwar auch die Tendenz zu Zusammenschlüssen – etwa in Form der *Fédération Nationale des Syndicats* oder der *Fédération des Bourses du Travail* –, doch blieben die kontroversen Strömungen von revolutionären *Marxisten, Reformisten* und der von Proudhon inspirierten *Anarchosyndikalisten* erhalten (zu Einzelheiten vgl. Lefranc 1967, Goldschmidt 1974, Schäfer 1989).

Im Vergleich zu anderen Ländern, in denen sich schon früh eine starke Lohnarbeiterschaft herausbildete, setzte die Gewerkschaftsbewegung in Frankreich verzögert ein und stand lange Zeit im Zeichen einer restriktiven Gesetzgebung. Von großer Bedeutung war zunächst die *Loi Le Chapelier* aus dem Jahre 1791, die über das Verbot der Handwerkerzünfte hinaus ein allgemeines *Koalitionsverbot* vorsah:

«L'anéantissement de toutes espèces de corporations des citoyens du même état ou profession étant une des bases fondamentales de la constitution française, il est défendu de les rétablir de fait, sous quelque prétexte et quelque forme que ce soit.» (Abdruck des Gesetzes in Dupeux 1982, 98; vgl. auch Kolboom 1984a.)

Das Gesetz Le Chapelier, welches als Ausdruck einer liberalen und individualistischen Wirtschaftskonzeption jede Art von beruflicher Vereinigung untersagte, wurde im *Code Napoléon* (1804) noch weiter zuungunsten der Arbeiter verschärft, später jedoch in mehreren Etappen abgeschwächt: 1864 teilweise Aufhebung des Koalitionsverbots, 1884 Anerkennung der Berufsverbände. In seinen Folgen wirkte es praktisch bis 1936 fort.

Zu einem ersten Einigungsversuch verschiedener Gewerkschaftsbewegungen kam es, als sich die Nationale Föderation der Arbeitsbörsen mit Teilen der Nationalen Gewerkschaftsföderation zusammenschloß und *1895* die *Confédération Générale du Travail* gründete. Zwar war diese zunächst nicht mehr als eine lose Verbindung der bestehenden ideologischen Tendenzen unter Führung der Anarchosyndikalisten (vgl. Moissonnier 1977, 46ff.), sie erfuhr aber schon in den folgenden Jahren eine organisatorische Konsolidierung.

Die anarchosyndikalistische Richtung bestimmte 1906 auch die *Charta von Amiens*: Und zwar beschloß die C. G. T. zur Durchsetzung ihrer Ziele eine Strategie der „*action directe*“ (mit spontanen Streiks, Fabrikbesetzungen) und legte sich auf eine strikte Unabhängigkeit gegenüber politischen Parteien fest. Diese Prinzipien kennzeichnen im Grunde bis heute das Selbstverständnis der meisten französischen Gewerkschaften und erklären sowohl die oben genannte Vorliebe für bestimmte Aktionsformen als auch die Vorbehalte gegen jede Art der Vereinnahmung (z. B. durch Formen der Mitbestimmung nach deutschem Muster).

Die weitere Entwicklung ist, ohne daß hier auf Details eingegangen werden kann, wesentlich geprägt von politischen Spaltungen und (Wieder-)Annäherungen der einzelnen gewerkschaftlichen Gruppen (Reynaud 1975, Goldschmidt 1974, Droz 1977; vgl. Abb. 49). Im Anschluß an die auf dem *Parteitag von Tours* vollzogene Trennung von Sozialisten und Kommunisten spaltete sich die C.G.T. 1922 in einen mehr kommunistisch und einen reformistisch-sozialistisch orientierten Verband. Die Bedrohung durch den Faschismus führte 1936 wieder zu einer Vereinigung, die jedoch nach dem Scheitern der Volksfront und dem deutsch-sowjetischen Nichtangriffspakt von 1939 mit dem Ausschluß der Kommunisten erneut auseinanderbrach. Während des Zweiten Weltkrieges wurde in den *Abkommen von Perreux* (1943) noch einmal die alte organisatorische Einheit beschlossen, eine Einheit, die im Gefolge des Kalten Krieges und der Auseinandersetzung um den Marshallplan bereits 1947 wieder in Frage gestellt war und schließlich zu der heute noch bestehenden Trennung von *C.G.T.* und *F.O.* führte.

Parallel zu den marxistischen und reformistischen Richtungen existiert als dritte Tendenz ein *christlicher Syndikalismus*, welcher sich 1919 in der *C.F.T.C.* als Gewerkschaft konstituierte. Seit den fünfziger Jahren gewannen allerdings Befürworter eines laizistischen, linksorientierten Kurses zunehmend an Einfluß und setzten 1964 ein Programm ohne konfessionellen Bezug und die Umbenennung in *C.F.D.T.* durch; die traditionelle Linie formierte sich 1965 als *C.F.T.C.-Maintenue*.

Als weitere grundsätzliche Richtungen des pluralistischen Gewerkschaftssystems seien noch die *Standesorganisationen* (die C.G.C. als Vertreter der leitenden und mittleren Angestellten) und die *autonomen Berufsverbände*, z. B. die F.E.N. als Einheitsgewerkschaft für Lehrer, genannt. (In der Lehrergewerkschaft kam es

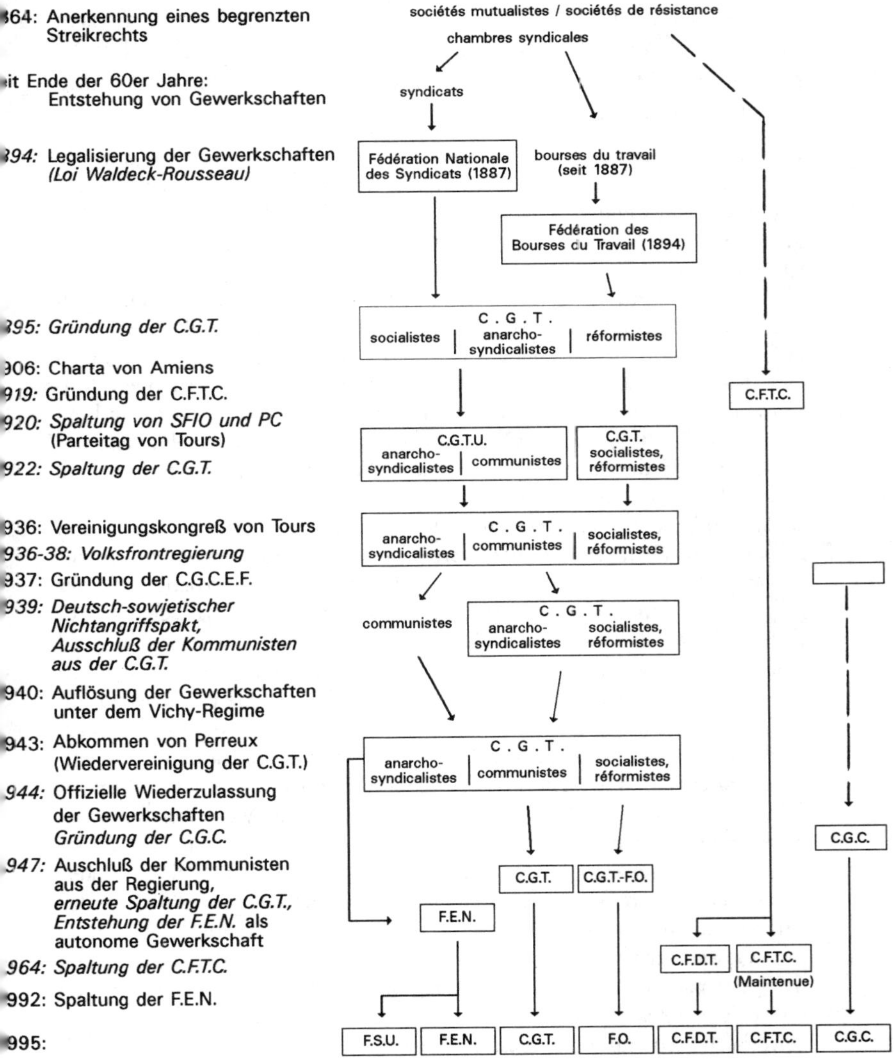

Abb. 49: Entwicklung der französischen Gewerkschaften.
(Nach: Capdevielle/Mouriaux 1976, 28f.; Menyesch/Uterwedde 1982, 114f.)

jedoch, nach Ausschluß von zwei mehrheitlich kommunistisch orientierten Verbänden, zu einer Spaltung: Neben der Rest-F.E.N. gibt es seit 1992 nun auch die etwa gleich starke Fédération syndicale unitaire, F.S.U.)

Die *Entwicklung des deutschen Gewerkschaftswesens* hing im 19. Jahrhundert ebenfalls eng mit dem Kampf um das Koalitionsrecht zusammen. Da dies nur in wenigen Staaten, im gesamten Deutschland sogar erst 1871, gewährt wurde, wobei das Verbindungsverbot, das überlokale politische Organisationen untersagte, noch in Kraft blieb, unterlagen insbesondere die gewerkschaftlichen Aktivitäten starken Einschränkungen. Dennoch hatte sich aufgrund der verschärften sozialen Verhältnisse bereits in der ersten Jahrhunderthälfte neben den traditionellen Gesellenvereinigungen eine Reihe von Zusammenschlüssen gebildet. Einen kurzfristigen Aufschwung bewirkte die Revolution von 1848 und führte u. a. zur Gründung der ersten Berufsverbände. Obwohl diese durch die Niederschlagung der Revolution wieder zerstört und restriktive Verordnungen erlassen wurden, entstanden in der Reaktionsphase auf lokaler Ebene zahlreiche gewerkschaftsähnliche Organisationen. 1863 gründete Ferdinand Lassalle den *Allgemeinen Deutschen Arbeiterverein*, als Gegenorganisation wurde der *Verband deutscher Arbeitervereine* geschaffen. Weitere Verbände wie der *Allgemeine Deutsche Arbeiterschaftsverband* und die „wirtschaftsfriedlichen" *Hirsch-Dunckerschen-Gewerkvereine* folgten. Insgesamt bestand eine große Zersplitterung der Gewerkschaftsbewegung, so daß seit den 70er Jahren verstärkte Bemühungen zur organisatorischen Konzentration einsetzten. Ausdruck dieser Bestrebungen war etwa der *Allgemeine Deutsche Metallarbeiterverband* von 1874, in dem sich Lassalleaner und Sozialdemokraten zusammenfanden. Trotz der Vereinheitlichungsbemühungen blieben verschiedene ideologische Tendenzen bis zur Weimarer Republik bestehen: die freien, sozialistisch orientierten Gewerkschaften, eine christliche, den Klassenkampf ablehnende Richtung, dann die Hirsch-Dunckerschen Gewerkvereine. Im Unterschied zu Frankreich gab es also weder eine starke anarcho-syndikalistische noch eine bedeutende kommunistische Gewerkschaftsrichtung. – Ein Ende der Zersplitterung wurde praktisch erst nach dem Zweiten Weltkrieg mit der Gründung des *Deutschen Gewerkschaftsbundes* erreicht, der als Dachorganisation mehrere Einzelgewerkschaften zusammenfaßt und die Mehrheit aller gewerkschaftlich Organisierten vertritt. (Zur Gewerkschaftsentwicklung vgl. Deppe u. a. 1981, Klönne/Reese 1984, Schuster 1974; einen Überblick über Gewerkschaftsmodelle in verschiedenen Ländern gibt v. Beyme 1980, bes. 75ff.)

4.6.2 Schwacher Organisationsgrad

Die große Zahl gewerkschaftlicher Verbände geht in Frankreich nicht einher mit einem hohen *Organisationsgrad*: Das durchschnittliche Niveau von inzwischen rund 9 % der abhängig Beschäftigten liegt eindeutig niedriger als in der Bundesrepublik (35 %) und in anderen vergleichbaren Ländern (Peter 1985, Kowalsky 1986, Noblecourt 1990).

Bezeichnend für die Mitgliederstruktur ist dabei, daß nur 7 % der weiblichen Beschäftigten und nur 1 % aller Beschäftigten zwischen 18 und 21 Jahren gewerkschaftlich organisiert sind. Dieser Befund nimmt sich – aus der Sicht der Gewerkschaften – noch alarmierender aus, wenn man die jüngste Entwicklung mit hinzuzieht: Noch in den 70er Jahren betrug die Organisationsrate 25 %, seitdem nehmen die Mitgliederzahlen ständig ab. Darüber hinaus bestehen oft noch erhebliche Unterschiede zwischen einzelnen Branchen, Sektoren und Berufsgruppen (z. B. sind im öffentlichen Sektor etwa dreimal so viel Beschäftigte Mitglied einer Gewerkschaft wie im privaten Sektor).

Mitgliederzahlen sind jedoch nicht das alleinige Kriterium, um das Gewicht der französischen Gewerkschaften einzuschätzen. Eine bedeutende Rolle spielen weiterhin verschiedene „Sozialwahlen“, z. B. für Betriebsausschüsse (*Comités d'entreprise*), Arbeitsschiedsgerichte (*Conseils de Prud'hommes*), bei der Sozialversicherung (*Sécurité sociale*). Die Ergebnisse der letzten Betriebsausschußwahlen gibt Tab. 19 wieder.

Die Sozialwahlen stellen bis heute eine wichtige Legitimationsbasis dar, und offenbar verfügen die Gewerkschaften hier noch über einen starken Rückhalt: Immerhin erhielten bei den letzten Betriebsausschußwahlen alle Gewerkschaften zusammen mehr als 70 % der Stimmen (bei den übrigen Wahlen fiel das Stimmenverhältnis sogar noch deutlicher aus). Die eindrucksvollen Zahlen dürfen jedoch nicht darüber hinwegtäuschen, daß die Anteile der Gewerkschaften insgesamt stark rückläufig sind. Profitieren konnten hiervon die nichtorganisierten Vertreter, sie erreichten 1992 allein 28 % der Stimmen (1984 noch 19,7 %, 1966 nur 12 %). Hinzu kommt, daß die Wahlbeteiligung regelmäßig abnimmt und häufig mangels Kandidatenlisten überhaupt keine Arbeitnehmervertreter gewählt werden. All dies deutet darauf hin, daß die französischen Gewerkschaften sich in einer schweren Krise befinden und möglicherweise sogar in ihrer Existenz bedroht sind.

Die Ursachen für diesen Niedergang sind sehr vielfältiger Natur.

Tab. 19: Betriebsausschußwahlen (Stimmenanteile in %)

	1984	1988	1990	1992
CGT	29,3	26,7	24,9	23,1
CFDT	21,0	20,7	19,9	20,2
CFTC	3,8	3,7	3,6	3,8
CGT-FO	13,9	13,7	12,8	12,9
CFE-CGC	7,1	6,8	6,5	6,1
autres syndicats	4,8	4,8	5,6	5,9
non syndiqués	19,7	23,5	26,6	28,0

(Aus: Libération 27. 7. 1991; Rehfeldt 1993)

Der schwache Organisationsgrad dürfte einmal mit den geringen Mitwirkungsmöglichkeiten und der Tendenz, soziale Fortschritte häufig auf dem Gesetzeswege einzuführen, zusammenhängen, schließlich aber auch mit den Zielsetzungen und den konfliktorientierten Aktivitäten der Gewerkschaften. Nach Meinungsumfragen findet ebenso die Rivalität zwischen den einzelnen Gewerkschaften immer weniger Zustimmung. In den letzten Jahren gingen deshalb die Mitgliederzahlen noch weiter zurück, und man kann annehmen, daß mit den sich verschlechternden Bedingungen auf dem Arbeitsmarkt und dem geringer werdenden politischen Einfluß ebenfalls bestimmte Programmvorstellungen der Gewerkschaften (wie z. B. die Selbstverwaltungsforderungen der C.F.D.T.) an Attraktivität verloren haben: „Die Erfahrungen der letzten Jahre . . . haben vielmehr den Widerspruch zwischen gesellschaftsverändernder Programmatik und reformistischer Praxis deutlich hervortreten lassen und Zweifel an dem Anspruch genährt, zur Umsetzung ihrer weitreichenden Ziele ein schlüssiges Konzept zu haben. Insofern hat die Linksregierung – ungewollt und für viele überraschend – die Krise des französischen Gewerkschaftswesens, die in starkem Maße eine Identitätskrise ist, verstärkt“ (Wurm 1985, 60).

Als weitere allgemeine Ursachen sind zu nennen:
- die anhaltende Massenarbeitslosigkeit mit ihren für gewerkschaftliche Aktivitäten demobilisierenden Folgen sowie
- die Veränderungen der Beschäftigungsstruktur, hervorgerufen durch den Tertiarisierungsprozeß (s. 4.5.1) und einen tiefgreifenden technischen Wandel: „Er fördert den Anstieg hochtechnologischer Bereiche mit traditionell niedrigem gewerkschaftlichen

Abb. 50
(Aus: Le Nouvel Observateur 3. 11. 1988)

Organisationsgrad, macht die traditionellen Branchen obsolet und provoziert damit die Krise und den Niedergang altindustrialisierter Regionen mitsamt ihren gewerkschaftlichen Bastionen." (Rehfeldt 1991, 102; vgl. Noblecourt 1990, 147ff.; Cordellier 1994, 477ff.)

Wie sehr die Gewerkschaften an Attraktivität und Mobilisierungskraft eingebüßt haben, wurde bereits augenfällig, als 1987 die Eisenbahnerstreiks und dann vor allem im Herbst 1988 die *grèves des infirmières* praktisch ohne jede gewerkschaftliche Beteiligung abliefen. Die Organisation lag dabei in den Händen ad hoc gebildeter Komitees, der sog. «coordinations»; die Gewerkschaften wurden von der Bewegung förmlich überrollt (vgl. Abb. 50). Daß solche «coordinations» immer nur punktuell und zeitlich begrenzt in Aktion treten können, versteht sich. Sie haben weder einen über lokale Konflikte hinausreichenden Organisationsapparat, noch sind sie an weiterreichenden Zielen oder längerfristig zu verfolgenden Programminhalten interessiert.

«La coordination est au syndicat ce que le Kleenex est au mouchoir. Toujours neuve, mince et résistante à la fois, elle se jette après usage. [. . .]

La coordination se targue avec agressivité de n'avoir d'autre préoccupation que professionnelle. Point de projet social, point de raisonnement global, point de principes généreux valables pour toute la société. Il s'agit de la défense étroite et vigoureuse des intérêts instantanés d'un groupe professionnel, ici et maintenant.» (Joffrin 1992, 185f.)

Es steht freilich dahin, ob diese *crise syndicale* mit ihrem Mitglieder- und Vertrauensschwund auch in Zukunft weiter anhält oder ob sich mit neuen Strategien und veränderten Zielen, eventuell auch mit einer Neuformierung der Gewerkschaften, die alte Stärke zurückgewinnen läßt. Wesentliche Umorientierungen dürften sich ebenfalls aus der Perspektive des europäischen Binnenmarkts ergeben (vgl. Rose 1989, Steinkühler 1989). Gegenwärtig mehren sich offenbar die Stimmen derer, so wenigstens verschiedene Umfragen, die einflußreiche, stärker um Arbeitsplatzsicherung bemühte, dafür aber weniger politisierte Gewerkschaften für notwendig halten. Auch dies könnte schon bald zu einer veränderten Gewerkschaftslandschaft führen.

4.6.3 „Repräsentative" Gewerkschaften

Von den heute existierenden Gewerkschaften sind auf nationaler Ebene sechs als „repräsentativ" anerkannt: C.G.T., C.F.D.T., F.O., C.F.T.C., F.E.N., C.G.C. Das Kriterium der *représentativité* regelt u. a. den offiziellen Status als Verhandlungspartner von Staat und Unternehmern; bei Tarifverträgen ist wenigstens die Unterschrift einer repräsentativen Gewerkschaft notwendig.

Die *C.G.T. (Confédération générale du travail)* ist, obwohl sie in letzter Zeit starke Verluste hinnehmen mußte, mit 600000 aktiven Mitgliedern nach wie vor die bedeutendste Gewerkschaft (die Zahlenangaben sind – wie auch bei den übrigen Gewerkschaften – jedoch mit Vorbehalt zu betrachten, je nach Quelle schwanken sie sehr stark); ihr Anteil bei Betriebsausschußwahlen sank jedoch von über 55 % auf rund 23 % ab. Dieser Rückgang scheint seine Ursachen nicht allein in aktuellen Entwicklungen, sondern auch in dem anhaltenden Schrumpfen der „traditionellen" Arbeiterschaft, der Hochburg der C.G.T., zu haben; hier dürfte eines der noch ungelösten strukturellen Probleme der C.G.T. liegen. Historisch geht sie auf die 1895 gegründete, verschiedene Strömungen vereinigende C.G.T. zurück (vgl. Abb. 49). Heute repräsentiert sie, auch wenn nur 20 % der Mitglieder gleichzeitig der kommunistischen Partei angehören, eine dem PCF nahestehende politische Richtung und strebt als Fernziel die Überwindung der kapitalistischen Gesellschaft an. (In der engen Bindung an die – ebenfalls krisengeschüttelte – kommunistische Partei ist ein weiterer Grund für die starken Verluste zu sehen; vgl. Leggewie 1986, 83ff.). Bei Arbeitskämpfen nimmt die C.G.T. häufig eine unnachgiebigere und weniger kompromißbereite Position ein als andere Gewerkschaften.

Zwischen der C. G. T. und der eher sozialistisch orientierten *C. F. D. T. (Confédération française démocratique du travail)* haben des öfteren Aktionsbündnisse bestanden, unter der Austeritätspolitik der sozialistischen Regierung wurden diese allerdings zur Ausnahme. Von dem Mitgliederschwund der C.G.T. konnte die C.F.D.T. nicht profitieren und verzeichnete 1984 erstmals wieder weniger als eine Million Mitglieder (1990: 470000). Zentraler Programmpunkt der C.F.D.T., die 1964 aus der vormals christlichen Gewerkschaft C.F.T.C. hervorging, ist die Einführung demokratischer Strukturen, eines *socialisme autogestionnaire*, in der Arbeitswelt; von daher auch die Offenheit für spontane, basisdemokratische Aktionsformen (z. B. anläßlich der Interventionen bei der Besançoner Uhrenfabrik LIP im Jahre 1973 bis hin zur späteren Produktionsübernahme). Die Enttäuschung über die sozialpolitischen Maßnahmen der Linksregierung seit 1982 traf, wie Verluste bei den Sozialwahlen anzeigten, die C.F.D.T. ebenso wie die C.G.T.

Einen starken Aufschwung verzeichnete in den 80er Jahren die Gewerkschaft *Force ouvrière (C.G.T.-F.O.)*. Sie hat sich sowohl bei Betriebsausschußwahlen als auch nach der Mitgliederzahl zur drittstärksten Organisation entwickelt. Die F.O. spaltete sich 1947/48 von der mehrheitlich kommunistisch orientierten Gesamt-C.G.T. ab, als deren einzige legitime Nachfolgerin sie sich sieht (daher die Abkürzung C.G.T.-F.O.), und zwar unter Berufung auf die *Charta von Amiens* (1906) und die dort festgelegte strikte Trennung von den politischen Parteien. Wichtigste Kennzeichen der F.O., die sich selbst als reformistisch versteht, sind ein strikter antikommunistischer Kurs, der weitgehende Verzicht auf gesellschaftspolitische Ziele mit klarer Trennung von politischem und gewerkschaftlichem Mandat und das Bemühen um Konzertierung mit Regierung und Unternehmern. Auf europäischer Ebene bestehen enge Kontakte zum DGB.

Eine ungleich geringere Rolle als die drei genannten Verbände spielt die *C.F.T.C. (Confédération française des travailleurs chrétiens)*. Sie ist, obwohl die Mehrheit 1964 mit der C.F.D.T. eine laizistische Gewerkschaft gründete, weiterhin der katholischen Soziallehre verpflichtet und propagiert ein sozialpartnerschaftliches, Kampfmaßnahmen vermeidendes Vorgehen. Bei den Sozialwahlen erreicht sie, außer in traditionell katholischen Regionen, nicht mehr als 5% der Stimmen.

Als 1947 die F.O. aus dem Dachverband C.G.T. ausschied, blieb für die Lehrerschaft die *F.E.N. (Fédération de l'éducation nationale)* als autonome Einheitsgewerkschaft bestehen. Sie vereinigte bis zur Spaltung von 1992 verschiedene politische Strömungen sowie zahlreiche Einzelverbände (letztere gegliedert nach den Verbänden von Grundschul-, Sekundarschullehrern usw.). Die F.E.N. steht in der Tradition des Laizismus und beteiligt sich aktiv an der Auseinandersetzung um die staatliche Förderung konfessioneller Privatschulen (zur *querelle scolaire* vgl. 5.1.4). Die Vertretung beruflicher Interessen geschieht gewöhnlich über die Einzelverbände; über das Streikrecht verfügen französische Beamte seit 1946.

Die Mitgliederschaft der *C.G.C.* (*Confédération générale des cadres*, seit 1981 offiziell: *C.F.E.-C.G.C.*, Confédération française de l'encadrement – C.G.C.) setzt sich hauptsächlich aus Führungskräften, Ingenieuren, Technikern sowie Meistern und Handelsvertretern zusammen – was jedoch nicht ausschließt, daß ein größerer Teil dieser Berufsgruppen in C.G.T., C.F.D.T. und F.O. organisiert ist. Die C.G.C., in deutschen Presseberichten oft als „gemäßigt" bezeichnet, wurde 1944 in Abgrenzung von der Arbeitergewerkschaft C.G.T. gegründet; sie setzt ganz auf Konzertation und lehnt die Arbeitskampfmittel anderer Gewerkschaften, da klassenkämpferischer Natur, ab. (Eingehender über die französischen Gewerkschaften informieren: Caire 1971, Lefranc 1969, Reynaud 1975, Steiert 1978, Peter 1985, Noblecourt 1990, Haensch/Tümmers 1991, 288ff.)

4.6.4 Unternehmerverbände

Auf der Unternehmerseite stellt der *C.N.P.F. (Conseil national du patronat français)* den wichtigsten Dachverband dar; gegenüber den verschiedenen Richtungsgewerkschaften kann er also als zentrale, geschlossene Interessenvertretung auftreten. Die Mitgliedschaft der Unternehmen erfolgt über Branchen- und Regionalverbände. Zusammenschlüsse von Unternehmern existierten praktisch schon zu Beginn des 19. Jahrhunderts: Während die Arbeiterschaft durch das bestehende Koalitionsverbot daran gehindert war, eigene Interessenvertretungen aufzubauen, wurden Organisationen der Unternehmer stillschweigend geduldet. Ein erster Zentralverband

Abb. 51
(Aus: Laurent-Atthalin 1983, 18)

entstand 1919 mit der *Confédération générale de la production française*. Nach dem Zweiten Weltkrieg organisierte sich das Patronat neu im C.N.P.F. Da sich die französische Unternehmerschaft zum großen Teil durch enge Zusammenarbeit mit Vichy-Regierung und Besatzungsmacht kompromittiert hatte, sah man sich nach der Befreiung zunächst zu einigen Zugeständnissen *(planification, sécurité sociale)* gezwungen. Ansonsten nahm die französische Arbeitgeberschaft durchweg eine konservative Position in dem Sinne ein, daß sie sozialen Fortschritten und der Ausdehnung gewerkschaftlicher Rechte größten Widerstand entgegensetzte (vgl. Brizay 1975, Lefranc 1976, Weber 1988, Kowalsky 1991).

Diese restriktive Interessenpolitik ist auch Gegenstand der folgenden Karikatur (Abb. 51): Die Ablehnung der *Lois Auroux*, die 1982 die Personalvertretungsrechte geringfügig erweiterten, und der *Accords Matignon*, die 1936 die 40-Stunden-Woche, Tarifverträge und bezahlten Urlaub einführten, entspringen der gleichen arbeitnehmerfeindlichen Haltung.

Im C.N.P.F. sind die Großunternehmen tonangebend. Die kleinen und mittleren Betriebe mit weniger als 500 Beschäftigten gehören zwar offiziell dem gleichen Verband an, haben sich aber zu einer eigenen Organisation, der *C.G.P.M.E. (Confédération générale des petites et moyennes entreprises)* zusammengeschlossen. Ihre Hauptforderungen konzentrieren sich auf protektionistische Maßnahmen, Steuererleichterungen und Vergünstigungen für die Kreditaufnahme. Die Kleinunternehmen unterliegen in besonderem Maße dem Konzentrations- und Konkurrenzdruck größerer Unternehmensgruppen. Die C.N.P.F. zielt in seiner Strategie daher – wie sich an verschiedenen Verlautbarungen des Verbandes aufzeigen läßt (vgl. Kolboom 1978) – darauf ab, eine gemeinsame Interessenlage zu betonen sowie die «liberté d'entreprendre» und deren Bedrohung durch die Linksparteien in den Vordergrund zu stellen. Darüber hinaus werden verstärkt Annäherungen an die Cadres-Gewerkschaft C.G.C. sowie an die F.O. gesucht.

Der bedeutendste Verband im Agrarsektor ist die *F.N.S.E.A. (Fédération nationale des syndicats d'exploitants agricoles)*, in der sich etwa zwei Drittel der selbständigen Landwirte organisiert haben. In ihm finden sich ähnliche Interessenunterschiede wieder wie im C.N.P.F.: zwischen den dominierenden exportorientierten Großbetrieben *(grands exploitants)* und den um die wirtschaftliche Existenz kämpfenden kleinen Familienbetrieben.

4.6.5 Soziale Akteure in der Bundesrepublik

Anders als in Frankreich, wo mit dem C. N. P. F. praktisch nur eine Organisation die Interessenvertretung der Unternehmerschaft wahrnimmt, bestehen in der Bundesrepublik mehrere zentrale Dachverbände mit getrennten Aufgabenbereichen. Der *Bundesvereinigung der Deutschen Arbeitgeberverbände (BDA)* obliegt die tarifpolitische Repräsentation, sie ist – über die ihr angeschlossenen Fachverbände (insgesamt 46) – Verhandlungspartner der Gewerkschaften; der *Bundesverband der Deutschen Industrie (BDI)* vertritt, ebenfalls über Fach- und Regionalverbände, die Industrieunternehmen in wirtschaftspolitischen Fragen und sorgt für die Repräsentation gegenüber politischen Organen; im *Deutschen Industrie- und Handelstag (DIHT)* sind schließlich auf Bundesebene die Industrie- und Handelskammern (als Anstalten des öffentlichen Rechts) zusammengeschlossen, im *Zentralverband des Deutschen Handwerks (ZVDH)* die Handwerkskammern. Darüber hinaus verfügen die Verbände natürlich über zahlreiche informelle Möglichkeiten der Interessenvertretung, sei es über den Zugang zu einem Teil der Presse und zu politischen Parteien, sei es über die „vielfältigen personellen Repräsentanzen der Kapitalseite in dem Geflecht von Beiräten, Kuratorien, Beratergremien usw., das sich

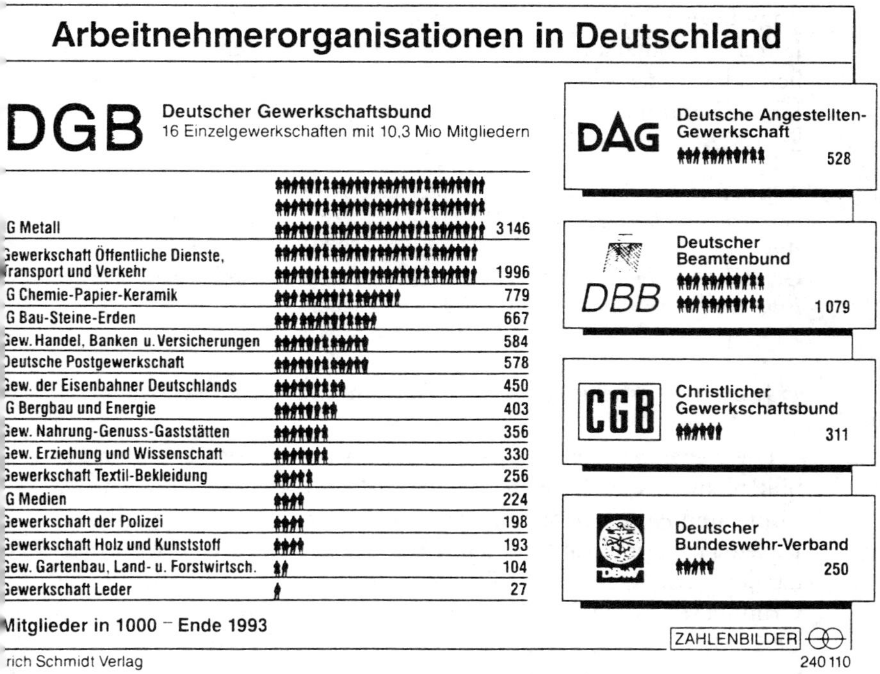

Abb. 52: Deutsche Gewerkschaften.

um die staatliche Willensbildung gelagert hat" (Claessens u. a. 1985, 238).

Das *deutsche Gewerkschaftssystem* weist gegenüber dem französischen ebenfalls einige charakteristische Unterschiede auf: Es gibt weder eine vergleichbare Zersplitterung der Arbeitnehmerorganisationen noch das Phänomen politisch konträrer Richtungsgewerkschaften. Der 1949 als Einheitsgewerkschaft gegründete *Deutsche Gewerkschaftsbund (DGB)* vertritt mit rund 10 Mio. Mitgliedern allein mehr als 80 % aller Gewerkschaftsangehörigen; bei Betriebsratswahlen liegt der Prozentsatz bei über 65 %. Die Organisationsstruktur ist im Vergleich zu französischen Gewerkschaften relativ straff, ihr liegt eine Einteilung in 16 Einzelgewerkschaften zugrunde (vgl. Abb. 52); allerdings wird eine Neuordnung mit der Fusion bestimmter Einzelgewerkschaften diskutiert. 66 % der DGB-Mitglieder sind Arbeiter, 23 % Angestellte und 11 % Beamte. Der DGB gilt als eine reiche Gewerkschaft und verfügt über eigene Unternehmen und eigene Bildungseinrichtungen. Durch fragwürdige Praktiken im Management hat er freilich in den letzten Jahren erheblich an wirtschaftlicher Macht verloren. Weltanschaulich oder parteipolitisch ist der DGB zwar unabhängig, doch sind Übereinstimmungen mit der Sozialdemokratischen Partei unverkennbar.

Außer dem DGB bestehen noch folgende Gewerkschaftsorganisationen: der *Deutsche Beamtenbund* (*DBB*, ca. 1,1 Mio. Mitglieder), die *Deutsche Angestellten-Gewerkschaft* (*DAG*, ca. 528000 Mitglieder), der *Christliche Gewerkschaftsbund Deutschlands* (*CGB*, ca. 311000 Mitglieder) sowie der *Bundeswehr-Verband* (mit ca. 250000 Mitgliedern).

4.6.6 Arbeitsbeziehungen und Verfahren der Konfliktlösung

Die Regelung der Arbeitsbeziehungen fällt in der Bundesrepublik nicht in den Bereich staatlicher Verantwortung. Fragen der Lohn- und Arbeitsbedingungen werden somit von den betroffenen Parteien im Prinzip autonom und ohne Intervention des Staates verhandelt. Die Grundlage für diese *Tarifhoheit* bieten Art. 9 des Grundgesetzes sowie das Tarifvertragsgesetz in der Fassung von 1952. Man unterscheidet Lohn- und Gehaltstarifverträge und Manteltarifverträge, letztere regeln die Arbeitsbedingungen im weiteren Sinne. Die von den betreffenden Unternehmer- und Gewerkschaftsverbänden für eine bestimmte Branche oder Region getroffenen Vereinbarungen haben Gesetzeskraft, sie gelten zunächst aber nur für die von den Tarifpartnern repräsentierten Mitglieder; erst eine staatliche *Allgemeinverbindlichkeitserklärung* dehnt ihre Geltung auch auf Nichtorganisierte aus. Jeder Tarifvertrag enthält ebenfalls Angaben über seine Laufzeit, während der Arbeitskampfmaßnahmen untersagt sind *(Friedenspflicht)*. Kommt eine Einigung zwischen Arbeitgebern und Arbeitnehmern nicht zustande, wird ein Schlichtungsverfahren eingeleitet. Erst wenn auch diese Möglichkeit nicht zum Erfolg führt, kommen Streikmaßnahmen in Betracht. Voraussetzung ist allerdings, daß sich bei einer Urabstimmung wenigstens 75 % der gewerkschaftlich Organisierten dafür aussprechen. Beendet wird ein Streik, wenn mindestens 25 % der Gewerkschaftsmitglieder dem Ergebnis neuer Verhandlungen zustimmen. Die stark *institutionalisierten Konfliktlösungsverfahren* bringen es mit sich, daß – obwohl ein staatlicher Schlichtungszwang nicht besteht – Tarifvereinbarungen in den meisten Fällen auf dem Verhandlungswege erreicht werden und Arbeitskampfmaßnahmen wie Streik und Aussperrung vergleichsweise selten zur Anwendung kommen (vgl. Neumann 1981; ausführlich: Kißler/Lasserre 1987).

Tarifautonomie bedeutet indes nicht, daß der Staat über keinerlei Eingriffsmöglichkeiten verfügen würde. Abgesehen von der Steuerung allgemeiner Rahmenbedingungen (z. B. durch Steuergesetzgebung, Außenhandelspolitik usw.) erfolgen auch direkte Einflußnahmen. So ist die Regierung insbesondere an der Einhaltung bestimmter Orientierungsdaten interessiert, um die eigenen wirtschaftspolitischen Prioritäten abzusichern. Hierzu gehören bei Lohnverhandlungen u. a. Mäßigungsappelle an die Gewerkschaften und Hinweise auf die Exportabhängigkeit der deutschen Wirtschaft. (Die Tradition solcher „Empfehlungen" von Bismarck bis Kohl illustriert Kessler 1984.) Als Beispiele seien ebenfalls die Eingriffe der Bundesregierung bei der Auseinandersetzung um die Arbeitszeitverkürzung 1984 oder bei der 1985/86 geführten Diskussion um die Neutralitätspflicht des Staates bei Arbeitskämpfen (Änderung des § 116 Arbeitsförderungsgesetz) genannt.

In Frankreich nehmen Tarifverträge *(conventions collectives)* für die Organisation der Arbeitsbeziehungen nur eine untergeordnete Stellung ein. Im Vergleich zur Bundesrepublik fallen dabei vor allem zwei Merkmale auf: Die ungleich *größere Bedeutung des Arbeitskonflikts gegenüber der Tarifverhandlung* sowie der ständige *Interventionismus von seiten des Staates* (Adam/Reynaud 1978, Lasserre 1981, Kißler/Lasserre 1987). Zwar hat es seit 1936 mehrere Ansätze gegeben, ein Tarifverhandlungssystem zu etablieren, doch existiert nach wie vor keine für alle Wirtschaftszweige einheitliche Praxis der Tarifbeziehungen. Und selbst wenn auf Branchenebene entsprechende Vereinbarungen vorliegen, werden diese auf dem Niveau der Unternehmen nicht automatisch angewandt, oder aber sie sind in ihrer Tragweite von vornherein zu unverbindlich. Speziell Beschäftigte kleinerer Betriebe bleiben auf diese Weise oft ohne tarifvertraglichen Schutz; «il y a encore des vides conventionnels qui ressemblent à des déserts. C'est très sensible quand on descend de la branche à l'entreprise: seulement près de 10 % des établissements de dix salariés et plus déclarent appliquer une convention ou un accord propre à l'entreprise ou à l'établissement» (Laurent-Atthalin 1983, 57). Dabei geht der Widerstand gegen kollektive Verpflichtungen sowohl von Patronats- als auch von Gewerkschaftsseite aus. Aufgrund ihrer ausgeprägten patriarchalisch-autoritären Einstellung begegnen viele Unternehmer – die Bedeutung des Familienbesitzes ist in der französischen Wirtschaft immer noch sehr groß – bilateralen Tarifabschlüssen mit grundsätzlichem

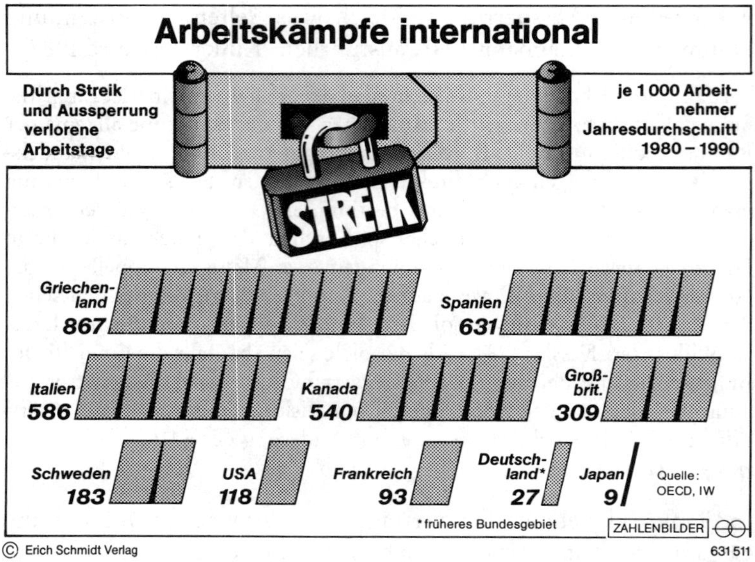

Abb. 53: Streikhäufigkeit im Vergleich.

Mißtrauen (zu gewissen Wandlungen vgl. Kowalsky 1991). Akzeptiert werden allenfalls globale Vereinbarungen auf nationaler Ebene, die den eigenen Handlungsspielraum nur wenig einschränken. Für die Gewerkschaften steht die Gefahr, durch sozialpartnerschaftliches Verhalten allmählich in das bestehende Wirtschaftssystem integriert zu werden, im Vordergrund; der gewerkschaftliche Pluralismus (mit dem dadurch implizierten Konkurrenzverhältnis) erschwert zudem die Konsensfindung. Ein weiteres Hindernis ergibt sich schließlich aus der Tatsache, daß die Gewerkschaftsverbände nur einen relativ kleinen Teil der Arbeitnehmerschaft repräsentieren und Aktivitäten der nicht organisierten Basis eine bedeutend größere Rolle spielen.

Die Institutionalisierung von Schlichtungsverfahren, wie sie in der BRD besteht, wird aus französischer Sicht oft als bürokratisch und als Hemmnis für spontane Aktionen kritisiert (vgl. Lasserre 1983, 269). Andererseits ist es in Frankreich gerade der Mangel an solchen Verfahrensregelungen, der die Entschärfung von Arbeitskonflikten vielfach erschwert und staatliche Interventionen auf den Plan ruft. Streiks haben in diesem Zusammenhang den Vorrang vor Verhandlungen; sie demonstrieren das jeweilige Kräfteverhältnis und die Unterstützung konkreter Forderungen.

Dabei hängt – auch das ist zu bedenken – die Durchsetzbarkeit von Forderungen oft nicht primär von deren Berechtigung, sondern eher von den Druckmitteln ab, über die eine Berufsgruppe verfügt. Als klassische Beispiele seien nur die Ausstände der *centres de tri*, der *conducteurs de métro* oder der *éboueurs parisiens* erwähnt. «La grève est l'arme des forts et non des faibles», «pours se faire rendre justice, il faut au moins tenir Paris» – so der treffende Kommentar von François de Closets (1982, 55ff.). – Dieser Tatbestand steht zweifellos in engem Zusammenhang mit den nach wie vor sehr ausgeprägten korporatistischen Strukturen, also einer berufsständisch eingeschränkten Interessenvertretung, doch lassen sich gewerkschaftliche Aktivitäten deshalb noch nicht – wie de Closets an anderer Stelle (1985) mit seinem Rundumschlag gegen die *«syndicratie»* nahelegt – auf die Austragung gruppenegoistischer Interessen reduzieren.

Aus den oben genannten Gründen erscheint es keineswegs ungewöhnlich, wenn in Statistiken über Streikhäufigkeit Frankreich generell vor der Bundesrepublik rangiert (Abb. 53). Nur sagen solche Zahlenvergleiche wenig aus, da im Rahmen der Arbeitsbeziehungen die Funktion von Streikmaßnahmen sehr unterschiedlich ist. Hinzuzufügen wäre außerdem, daß sich die französischen Zahlen im internationalen Vergleich erheblich relativieren und daß die Häufigkeit von Streiks in den letzten Jahren beständig abgenommen hat.

4.6.7 Mitwirkungsrechte der Arbeitnehmer

Die institutionelle Fixierung von Schlichtungsverfahren einerseits und das weitgehende Fehlen festgelegter Verhandlungsschritte andererseits spiegeln sich wider in der Regelung von *Mitbestimmung und Mitwirkung der Arbeitnehmer*; die für deutsche Unternehmen geltenden Bestimmungen zielen ebenfalls stärker auf eine Vermittlung gegensätzlicher Interessen ab, als das in Frankreich der Fall ist.

Auf der innerbetrieblichen Ebene werden nach dem deutschen Betriebsverfassungsgesetz die Interessen der Beschäftigten von einem *Betriebsrat* wahrgenommen. Er ist vorgesehen für Betriebe mit mehr als fünf Beschäftigten und setzt sich aus gewählten Vertretern der Belegschaft zusammen (die Anzahl der Betriebsräte hängt von der Unternehmensgröße ab); er hat ein Informationsrecht bei wirtschaftlichen Fragen, wirkt mit bei Personalentscheidungen und kann mitbestimmen bei sozialen Angelegenheiten. Die Rechte sind zwar sehr begrenzt (das Gesetz wurde daher 1952 auch von den Gewerkschaften abgelehnt), doch gehen die Befugnisse des Betriebsrates über die des *comité d'entreprise* hinaus, welcher in Betrieben mit wenigstens 50 Beschäftigten gebildet werden muß. Letzterer ist eher ein Betriebsausschuß als eine Arbeitnehmervertretung im eigentlichen Sinne; den Vorsitz führt der Unternehmensleiter oder ein von ihm benannter Vertreter, hinzu kommen je nach Betriebsgröße 3–11 gewählte Belegschaftsmitglieder sowie (in Betrieben mit wenigstens 300 Beschäftigten) ein oder mehrere *représentants syndicaux*, die von den vertretenen Gewerkschaften ernannt werden.

Die Rechte des *comité d'entreprise* erstrecken sich, grob zusammengefaßt, auf: Information über die wirtschaftliche Situation (jährlicher Tätigkeitsbericht), Konsultation bei Umstrukturierungen des Unternehmens und bei Fragen, die Arbeitszeit und -bedingungen betreffen; der Schwerpunkt liegt bei den *activités sociales et culturelles* (wie Berufsfortbildung, Verwaltung von Sporteinrichtungen, Ferienheimen u. ä.), hier sind auch eigenverantwortliche Initiativen möglich. Zur Finanzierung seiner Aufgaben erhält ein *comité d'entreprise* 0,2 % der Bruttolohnmasse eines Unternehmens. Obwohl die Einrichtung solcher Ausschüsse erst ab einer Belegschaftsgröße von mindestens 50 Beschäftigten erfolgt und für die Anteilseigner praktisch keine nennenswerte Einschränkung ihrer Entscheidungskompetenz bedeutet – hieran haben auch die *Lois Auroux* von 1982 nichts geändert –, stoßen sie bei der Unternehmerseite auf großen Widerstand. In vielen Fällen wird entweder die Ausschußarbeit behindert oder die Einberufung eines Betriebsausschusses von vornherein umgangen; letzteres war 1981 noch bei 18 % der betroffenen Unternehmen der Fall. (Zur detaillierten Darstellung vgl. Laurent-Atthalin 1983, Bachy 1981; zur Auroux-Reform vgl. auch Kißler/Lasserre 1987, 68 ff., Schäfer 1989, 41 ff.)

In Betrieben mit wenigstens 10 Beschäftigten werden jährlich *délégués du personnel* gewählt. Ihre Funktion besteht darin, die Belange der Belegschaft, soweit sie Fragen der Entlohnung, der Arbeitsbedingungen und die Anwendung von Tarifvereinbarungen betreffen, gegenüber dem Arbeitgeber zu vertreten; bei Entlassungen haben sie außerdem ein Konsultationsrecht.

Parallel zur Personalvertretung ist seit 1968 auch die Gründung von *sections syndicales* in Unternehmen möglich (seit 1982 sogar unabhängig von der Unternehmensgröße). Ab 50 Beschäftigten kann jede Sektion einer repräsentativen Gewerkschaft einen *délé-*

gué syndical benennen. Dieser vertritt ebenfalls – im Unterschied etwa zu den gewerkschaftlichen Vertrauensleuten in der BRD, die sich in erster Linie um die Verbindung von Gewerkschaft und Arbeitnehmern kümmern – die betreffende Gewerkschaft bei der Unternehmensführung und übernimmt teilweise Aufgaben des Personalvertreters; in Unternehmen mit 300 und mehr Beschäftigten gehört er als Gewerkschaftsvertreter automatisch dem *comité d'entreprise* an.

Bezüglich der Kontrolle von Unternehmensentscheidungen und der Mitwirkung in Aufsichtsgremien bestehen in der Bundesrepublik verschiedene Mitbestimmungssysteme. Die stärkste Arbeitnehmerbeteiligung gewährt das *Montan-Mitbestimmungsgesetz von 1951*. Es entstand aus der zur Zeit der Gründung der Bundesrepublik noch bei allen politischen Parteien vorherrschenden Einsicht, daß wirtschaftliche Machtkonzentration leicht zu politischen Gefahren führen könne. Das Gesetz sieht für Großunternehmen (mit über 1000 Beschäftigten) im Bereich des Bergbaus und der Eisen- und Stahlindustrie eine gleichgewichtige Vertretung von Kapitalseigner und Arbeitnehmerschaft vor, d. h., beide Seiten entsenden in den Aufsichtsrat die gleiche Anzahl von Vertretern, dazu kommt ein sog. neutrales, von beiden Parteien gewähltes Mitglied. Diese Form der Mitbestimmung wurde – als ein Schritt zur Gleichberechtigung von Kapital und Arbeit – auch von den Gewerkschaften befürwortet. Allerdings konnten sie angesichts des verstärkten Widerstands gegen die Mitbestimmung das paritätische Modell in späteren Gesetzen nicht mehr durchsetzen. Das *Betriebsverfassungsgesetz von 1952* führte für Unternehmen mit 500 bis 2000 Beschäftigten eine Drittelbeteiligung (zuungunsten der Arbeitnehmervertreter) ein; nach dem *Mitbestimmungsgesetz von 1976* (für Kapitalgesellschaften mit mehr als 2000 Beschäftigten) setzt sich der Aufsichtsrat zwar aus gleich vielen Vertretern von Anteilseignern und Arbeitnehmern zusammen, doch wird diese Parität dadurch, daß unter den Arbeitnehmervertretern ein leitender Angestellter sein muß und bei Stimmengleichheit der von der Kapitalseite gestellte Aufsichtsratsvorsitzende ein Doppelstimmrecht hat, praktisch aufgehoben. (Ausführlichere Darstellung bei Barthel/Dikau 1980, Nutzinger 1981.)

Unter die genannten Mitbestimmungsgesetze fallen etwa 26 % aller abhängig Beschäftigten, für 60 % gilt nur die innerbetriebliche Mitbestimmung (über Betriebs- bzw. Personalräte), und für 14 % bestehen keine Mitbestimmungsrechte.

Auch wenn die institutionelle Mitbestimmung für die Arbeitnehmerschaft faktisch nur eine sehr begrenzte Beteiligung an Unternehmensentscheidungen bewirkt hat (von dem paritätischen Montanmodell sind nur 2,8 % betroffen), wird hier doch erneut die Tendenz sichtbar, Interessengegensätze und -konflikte auf dem

Verhandlungswege und mit rechtlich fixierten Mechanismen zu entschärfen, also „den Kooperationsbereich gegenüber dem Konfliktbereich auszudehnen“ (Nutzinger 1981, 211). Letzteres tritt noch deutlicher im Vergleich zu Frankreich hervor, wo Mitbestimmung im oben beschriebenen Sinne praktisch nicht existiert: Vertreter der *comités d'entreprise* sind in Aufsichtsgremien nur als nicht stimmberechtigte *observateurs* zugelassen. Die Mehrzahl der Gewerkschaften bevorzugt, wie oben skizziert, andere Formen der Interessenvertretung; ebenso erschweren die Vorbehalte des französischen Patronats gegen jede Art von Autonomieverlust Änderungen der gegebenen Strukturen. In diesem Sinne gibt auch das folgende Zitat zu denken, obgleich der Autor, ein ehemaliger gaullistischer Minister, seine Folgerungen nur aus Oberflächenphänomenen herleitet.

T. 22:
Dans les pays de tradition romaine, le progrès social, comme la démocratie, est né de la violence. Il a été une conquête sanglante arrachée à l'ordre immuable. Les ouvriers, faute d'avoir été traités en véritables partenaires, sont toujours tentés de s'emparer de vive force de ce qui, ailleurs, est accordé comme un droit. Ils se persuadent que, sans la lutte des classes, et sans des actions violentes, leurs intérêts ne seraient pas défendus. Ils ne veulent pas savoir que les pays où les ouvriers ont le plus haut niveau de vie, comme la Suisse, l'Allemagne occidentale, les Pays-Bas ou la Suède, sont précisément ceux où la grève a disparu à peu près complètement de l'arsenal syndical, et la «lutte des classes» de l'idéologie ouvrière.

Chacun s'enferme dans cette logique absurde. Les patrons ont raison de se défier des syndicats, qui ont raison de se défier des patrons; c'est pourquoi chacun continue. (Peyrefitte 1976, 421)

5. DAS BILDUNGSWESEN: TRADITIONEN UND INNOVATIONEN
(Ernst Ulrich Große)

Im Jahre 1985 arbeiteten die Professoren des *Collège de France,* der ältesten und ranghöchsten Institution im französischen Bildungswesen, pädagogische und strukturelle Reformvorschläge aus. Der Staatspräsident persönlich hatte sie damit beauftragt. Die Vorschläge gipfelten in der Aufforderung, den Lernenden in den Schulen und Hochschulen endlich einmal mehr Selbsterfahrung und Eigenentscheidung einzuräumen. Sie erinnerten in diesem Zusammenhang an die Alternativen, die bereits Rabelais, Rousseau und Freinet, Comenius, Pestalozzi und zahlreiche andere Reformer den herrschenden Erziehungsformen gegenübergestellt hatten. Und sie betonten, die Quintessenz dieser Alternativen liege in «les vertus de l'apprentissage par l'expérience, inlassablement exaltées, depuis Rousseau et Pestalozzi, par tous les réformateurs» (Collège de France 1985, 49).

Ähnliche Vorschläge – und auf ihnen beruhende Innovationen, die jedoch größtenteils bald wieder „begraben" wurden – lassen sich zu Dutzenden in der französischen (wie auch deutschen) Bildungsgeschichte des 20. Jahrhunderts finden. Ein Beispiel: In den siebziger Jahren sollte ein Zehntel des Unterrichts («les 10 %») in den französischen Schulen der Gestaltung der Schüler überlassen, d. h. ihren «activités personnelles librement agréées et poursuivies» anheimgestellt werden. Bei vielen seit eh und je an Stofftransfer und memorisierendes „Pauken" gewöhnten und dadurch demotivierten Schülern fand diese Neuerung einen großen Widerhall (vgl. die Karikatur von Plantu, Abb. 54). In der Praxis wurde die Maßnahme jedoch weitgehend unterlaufen, und seit langem ist es still geworden um die «10 %» wie um die meisten Vorschläge des *Collège de France* (abgesehen von der bereits vor 1985 begonnenen Einbeziehung der technologischen Innovationen in den Unterricht der Schulen und Hochschulen: Frankreichs Bürger von morgen sollen – zum Wohle der Nation – gut vorbereitet in das elektronische Zukunftszeitalter hineinwachsen).

Als Nachfolger der «10 %» wurden 1981 die «Projets d'action éducative» geschaffen. Sie sollten für eine bessere Motivation der Schüler sorgen und

Abb. 54: Zur Resonanz lehrplanbestimmten und selbstbestimmten Lernens.
(Aus: ME, Febr. 1978, 46)

die Schulen für die Probleme ihrer Umgebung öffnen. Mit viel Idealismus und Einsatz kamen 1983/84 12283 solcher Projekte, in ganz Frankreich, zustande. Danach wurden gerade sie umorientiert: zu Einführungen in die Wirtschaft und Technik. Ihr Umfang ging wieder zurück (ME, Febr. 1988, 23).

Es scheint, als habe die faktische Tradition (Lernen als *piochage* 'Pauken, Büffeln, Ochsen' bzw., im *lycée*, als *bachotage* 'Pauken im Hinblick auf das künftige *«bachot»*, das Abitur') erneut über die alternative Tradition der großen pädagogischen Utopien und Reformversuche gesiegt. Die richtige *Mischung* zwischen der Erziehung zu (letztlich fremdbestimmter, aber einsehbarer) Pflicht, Disziplin und Verantwortung und der Bildung der Heranwachsenden zu entscheidungsgewohnten und mündigen Persönlichkeiten – sie ist noch nicht gefunden worden. So ist ein Großteil der *adolescents*, mit achtzehn Jahren zwar juristisch mündig, manchem äußeren Anschein zum Trotz noch lange nicht erwachsen – und diese Ambivalenz setzt sich, auch aufgrund der Defekte des Bildungssystems, im anschließenden Berufsleben bzw. Studium fort. Die beredten Klagen zahlreicher Jugendlicher, Eltern und Lehrer (z. B. in

Vincent 1974, einer wegen der Traditionsorientiertheit des französischen Bildungswesens aktuell bleibenden Dokumentation und Reflexion) belegen das Gesagte in hinreichender Weise.

Was zuvor am Beispiel der Opposition fremdbestimmmtes vs. selbstbestimmtes Lernen ausgeführt wurde, gilt mutatis mutandis auch für die Verhältnisse in der Bundesrepublik. Es gibt mittlerweile zahlreiche Gemeinsamkeiten zwischen den Bildungssystemen beider Länder. Doch sind auch tiefe, historisch entstandene Strukturunterschiede erhalten geblieben. In das Verständnis der Gemeinsamkeiten wie der Hauptunterschiede soll der folgende Abschnitt einführen.

5.1 Gemeinsame Probleme und Hauptunterschiede

Drei gemeinsame und miteinander zusammenhängende Probleme (Quantität, Inhalte und Zugänge zum Bildungswesen) und fünf Hauptunterschiede (in Stichwörtern: *éducation, centralisation, querelle scolaire, collège jésuite* und *système binaire* der Hochschulen) werden nunmehr behandelt.

5.1.1 Gemeinsame Probleme

Seit den fünfziger Jahren gelangten die Schulen, seit den sechziger Jahren die Universitäten beider Länder unter den Druck der geburtenstarken Nachkriegsjahrgänge. Ein Beispiel hierzu gibt die Tab. 20 für vier Schul- und Universitätsjahre in Frankreich, wo sich die quantitativen Probleme des Bildungswesens schon ca. 5 Jahre früher als in Deutschland abzeichneten.

Tab. 20: Sekundarschüler (S II) und Studierende (Stud.) in Frankreich

1963/64	2,9 Mill. S II	383 500 Stud.
1972/73	4,6 Mill. S II	910 000 Stud.
1980/81	1,9 Mill. S II	1 176 000 Stud.
1993/94	2,2 Mill. S II	2 064 000 Stud.

(Aus: Nieser 1977, 21; Cordellier 1994, 80; in Deutschland WS 1993/94: 0,662 Mill. S II, 1 875 184 Stud., so Fischer Weltalmanach 1995, 210)

Gleichzeitig entstand durch das Wirtschaftswachstum und den technischen Fortschritt ein erhöhter Bedarf an „mobilen“, anpassungsfähigen Angestellten, an naturwissenschaftlich und technisch geschulten Kräften. Dieser Bedarf erforderte eine inhaltliche Änderung des Bildungswesens, besonders eine Aufwertung der mathematisch-naturwissenschaftlichen und technischen Fächer. Sie führte wegen der begrenzten Stunden- und Lernkapazität zu einer faktischen Abwertung der philologischen und historischen Fächer, das Englische als international führende Handels- und Verständigungssprache vielleicht ausgenommen. (In diesem Rahmen kann dem – doch zentralistischen – Frankreich eine breitere Skala der Wahlmöglichkeiten für die 1. und 2. Fremdsprache bescheinigt werden als der Bundesrepublik.)

Der Wechsel in Frankreich zum liberal-kapitalistischen Giscardismus, in der Bundesrepublik zur sozialliberalen Koalition (Ära Brandt, Ära Schmidt) verschaffte den Forderungen nach mehr Chancengleichheit in den Zugängen zur Bildung und zu den berufsrelevanten Qualifikationen die nötige Resonanz. Die Steuereinkommen durch den Wirtschaftsaufschwung ermöglichten die erforderlichen finanziellen Hilfen.

Die Quantität, die Inhalte und der „soziale" Aufbau des Erziehungswesens bildeten also gemeinsame Probleme beider Staaten. Man mußte versuchen, sie zu lösen. Beiden Staaten „gelang" (?) eine beträchtliche Erweiterung und Umorientierung ihres Bildungswesens.

Nach dem Wirtschaftsaufschwung folgte jedoch die Rezession. Nach den geburtenstarken Jahrgängen kamen, mitverursacht durch den „Pillenknick", geburtenschwächere Jahrgänge. Der Vorwurf ist zu prüfen, ob die verantwortlichen Politiker zwar rechtzeitig auf diese Trends aufmerksam wurden, jedoch aus klientel- und wahltaktischen Gründen vor ihnen die Augen schlossen. Wie dem auch sei: Als die Phase der Euphorie und des Bildungsausbaus bereits längst beendet war, lösten 1983 in der Bundesrepublik und 1986 in Frankreich konservativer orientierte Regierungen die bisherigen ab. So führten wiederum drei Faktoren in ihrer Verbundwirkung, nämlich Wirtschaft, Demographie und Politik, zu einer Trendwende. Sie betrifft erneut die Quantität, die Inhalte und die Zugänge zu Bildung und Erziehung. Der Schul- und Hochschulausbau, den zuvor schon die „liberaleren" Regierungen angesichts der Rezession und der sinkenden Geburtenzahlen schließlich gebremst hatten, wurde nun endgültig „gestoppt"; lediglich gewisse technologisch oder medizinisch „zukunftsträchtige" Bildungsstätten blieben davon ausgenommen. Die seit 1973/74 abnehmenden Schülerzahlen sowie das stagnierende bzw. nur geringfügige Wirtschaftswachstum (und damit die angespannte Finanzlage aller „Schulträger“) hatten *fünf gravierende Konsequenzen*:

1. Es wurden kaum noch neue Lehrerstellen bewilligt. Infolge der Stellenaufstockungen bis etwa Mitte der siebziger Jahre und der folgenden Einstellungsrestriktionen wurden die Lehrerstellen blokkiert; sie verwandelten sich in beiden Staaten in begehrte Raritäten. (Die Trendwende, die nun Frankreich trifft [s. 5.3.2], wird in wenigen Jahren auch in Deutschland sichtbar werden.)

2. Die Lehrerstudiengänge an den Hochschulen waren daher umzuorientieren. Hier scheint Frankreich *bisher* mehr Geschick als die Bundesrepublik bewiesen zu haben (s. 5.3 und 5.3.2; s. auch 5.3.5).

3. Manche Schulen (besonders Grundschulen und Gymnasien bzw. *lycées*) mußten schließen, und infolge der internen *Konkurrenzsituation* der Schulen einer Stadt *und* möglicherweise auch der anderen sozialen *Zusammensetzung* der Schülerpopulation seit der Ausbauphase *milderte* man die Anforderungen und gab *bessere* Noten als früher. Diese Veränderungen dauern noch an. Sie scheinen auch durch die Studien- und Berufsperspektiven motiviert zu sein: Jede Schule scheint ihren Schülern den Zugang zu den begehrtesten Bildungs- und Ausbildungszielen erleichtern zu wollen – den *Numerus-clausus*-Fächern an den deutschen Universitäten, den *classes préparatoires* bzw. den *Grandes Écoles*, den medizinischen Fächern und den „Fachhochschulen“ in Frankreich, aber auch schlicht und einfach den Arbeits- und Ausbildungsplätzen im Dienstleistungsbereich (Banken, Versicherungen, Handel, Krankenhäuser, staatliche Ämter etc.). Die Haupt- und Realschulen und Gymnasien, die *collèges* und *lycées* öffnen ihre Pforten also so weit wie möglich, um im Konkurrenzkampf untereinander überleben zu können und geben ihren *Absolventen* einen möglichst optimalen Notenpegel für deren spätere Konkurrenz um Studien- bzw. Arbeitsplätze mit auf den Weg – im Vertrauen auf die „Mundpropaganda“, die auch im Falle der Schulen noch immer das beste Werbungsmittel ist und bleibt . . .

4. Dies alles wirkt sich unmittelbar auf die *Bildungsinhalte* aus. Da nur Wissen und auf Wissen beruhende Fähigkeiten leicht meßbar und somit in einer Notenskala „situierbar“ sind, werden die Bildungsinhalte in relativ leicht konsumierbare und reproduzierbare Häppchenserien zerlegt. Gefragt ist nicht der *kreative* und über sich selbst reflektierende und *entscheidende* Schüler und Stu-

dent, gefragt ist auch nicht die *soziale*, auf Hilfe und Kooperation ("Teamwork") eingestellte Persönlichkeit. Eine Folge davon ist, daß in diesem System mehr der flinke Reprodukteur, das möglichst vollgestopfte Gedächtnisfaß, der anpassungsfähige, aber dabei eher „konkurrentielle" als „kooperative" Mnemotechniker Erfolg hat und weniger der selbständig Denkende – gegen den Willen vieler Lehrer. Mag es auch hier Gradunterschiede zwischen Frankreich und der Bundesrepublik geben (s. 5.4.2), die Tendenz ist in beiden Ländern die gleiche. Alle an sich begrüßenswerten Gegenmaßnahmen engagierter Lehrer und Hochschullehrer (z. B. Schülerkonzerte, Studienreisen, Schüleraustausch mit anderen Ländern, Hobby- oder Arbeitsgruppen am Nachmittag, Einladungen, Wochenendseminare) können unter solchen Arbeitsbedingungen nur Tropfen auf heißen Steinen darstellen. Mehr denn je gilt für das denaturierte Bildungswesen der Gegenwart die bekannte Umkehrung: non vitae, sed scholae discimus.

5. Mag man der „Notenlaxheit" der Schulen auch durch schärfere zentralistische Kontrollen (wie sie zumindest beim *baccalauréat* in Frankreich und z. B. beim *Zentralabitur* in Baden-Württemberg üblich sind) entgegenzusteuern suchen: Das Resultat liegt in solchen Fällen nur in der Erhöhung der Leistungsanforderungen, in der noch stärkeren Selektion der „konkurrentiellen Mnemotechniker", kurz gesagt: im noch stärkeren Abriegeln der kreativ-innovativen, der selbstbestimmenden und der sozialen Fähigkeiten auch der Begabten und Hochbegabten. Wenn die guten Noten nicht mehr denselben Wert wie vor zwanzig Jahren haben und wenn der Typ des fleißigen, anpassungsfähigen, wissenhortenden und -reproduzierenden Jugendlichen vom „Bildungs"-System herangezüchtet und sogar prämiert wird, dann ist der Ruf nach der Herausbildung einer wirklichen Elite im Nationalinteresse, nach einer Elite mit mehr Können, Souveränität, Entscheidungsfähigkeit und Engagement eine Folge der Fehler in den Bildungssystemen. Zunächst einmal aber wollen die „konservativen" Regierungen die *Zugänge* zur höheren „Bildung" und Erziehung erschweren, d. h. die Haupt- und Realschulen bzw. die Berufsbildung attraktiver machen und die stärker berufsorientierten Fachhochschulen mehr als die Universitäten fördern. Sie wollen dadurch die Zahl der Arbeitslosen mit Abitur, Zwischenprüfung, *licence/maîtrise* bzw. Staats- oder Magisterexamen senken. Dafür soll eine besser für Führungsaufgaben innerhalb der nationalen Gesellschaft geeignete *„neue Elite"* entstehen, die mit moderner Technologie, mit Wirt-

schaftsrecht, mit Personalführung, mit Verhandlungstaktiken etc. wohlvertraut ist und die staatstreu und *konservativ* (im Hinblick auf den internationalen Wirtschaftswettbewerb und die Exportinteressen des eigenen Staates aber *innovativ*) gesonnen ist: ein neuer Beamten- oder Manageradel sozusagen. So kraß wird man die „neue Elite" selbstverständlich nicht beschreiben. Man wird die bildungspolitische Wende vom Egalitären zum Elitären sehr vorsichtig vollziehen, mit dem nötigen Takt (d. h. der Rücksichtnahme auf Wählerstimmen und Lobbies) und den nötigen Konzessionen an die nichtökonomisch-technologischen Fächer, Fachvertreter und Bildungsstätten. Die traditionellen Gymnasien bzw. *lycées*, die altehrwürdigen wie die neuen Hochschulen produzieren weiter eine solide Halbbildung ohne unmittelbare Verwertbarkeit. Daneben wird aber an Bildungsstätten für die „neue Elite" gearbeitet, wobei Frankreich durch die *Grandes Ecoles* weiter fortgeschritten ist als die Bundesrepublik, die mit der Einrichtung von Elitehochschulen und Elitestudiengängen z. Z. noch große Schwierigkeiten durchlebt. Kein Wunder: Würde man mündige Abiturienten und Hochschulabsolventen zu den Problemen und Problemlösungsfähigkeiten unserer Zeit heranbilden, so wären Elitehochschulen und -studiengänge unnötig. Dies freilich würde neue Gewichtungen im gesamten Bildungssystem erfordern: eine Änderung der Erziehungsziele, eine in den „Lehrplänen" wohlverankerte Einbeziehung von Erfahrungsfeldern der Kreativität, Selbstentscheidung und Gruppenarbeit, einen weiten Ausbau des Fachs Geschichte, eine Integration von Fächern wie Technologie, Betriebswirtschaft, Psychologie und Angewandter Psychologie (im Hinblick auf die genannten Erfahrungsfelder) – und zwar auf den verschiedensten Schwierigkeitsstufen von der Hauptschule bis zu den völlig zu reformierenden Hochschulstudiengängen. Aus Frankreich werden ähnliche Desiderate genannt. Als erforderliche «aptitudes que l'école ne développe guère» bezeichnete z. B. François Périgot, damals Präsident des CNPF: «faculté d'adaptation, créativité, capacité de travailler en commun» (ME, Okt. 1988, 11).

Der frühere hessische Kultusminister Ludwig von Friedeburg brachte die bildungspolitische Wende vom Egalitären zum Elitären, die sich ja auch in Frankreich abspielt, auf die Formel vom „Pendelschlag zwischen Veränderung und Restauration" und urteilte:

„Nach Phasen gesellschaftlicher Öffnung, vermehrter Bildungs- und Aufstiegschancen, folgen Zeiten der Reaktion. Wenn die Mittel knapp und die besseren Plätze rar geworden sind, geht es darum, erreichte Positionen zu halten, den Zustrom von unten zu drosseln. Im Wirtschaftsaufschwung wurden die Gymnasien und Hochschulen geöffnet. Fördern statt Auslese war das Gebot. Nun soll wieder scharf sortiert werden. Mit der Wirtschaftsflaute kam die Elitediskussion zurück." (Die Zeit 6. 4. 1984)

Beide Staaten haben also unter dem Eindruck der wachsenden Schüler- und Studentenzahlen und des wirtschaftlichen Aufschwungs ihr Bildungswesen a) ausgebaut und b) demokratisiert. Sie stehen nunmehr vor der Frage, ob und wie sie angesichts der veränderten wirtschaftlichen und demographischen Situation diese Strukturen aufrechterhalten können oder eventuell umgestalten müssen. Bis sich die Einsicht durchsetzt, daß die Gesetzgeber angesichts des gewaltigen Anstiegs der Studentenzahlen (vgl. Tab. 20) wirksamere und für die Betroffenen sinnvollere Steuerungsmöglichkeiten schaffen müssen, wird allerdings noch viel Wasser die Seine und den Rhein hinunterfließen.

5.1.2 Unterschiedliche Bildungskonzepte

Im französischen Bildungswesen lauten die Grundbegriffe *éducation* und *enseignement*: Sie setzen einen *Erzieher* voraus, der die *„Zöglinge"* zu bestimmten im Interesse der Nation oder einer Gruppe in der Nation liegenden Normen, Werten und Fähigkeiten führt – also eine Zweiheit von wissenden und lenkenden Erziehern und ihnen anvertrauten, durch sie herangebildeten Zöglingen. Im deutschen Bildungswesen beinhaltet das Konzept der *Bildung* noch immer die Dominanz der „Selbstreifung". Der Erzieher gibt der „Pflanze", der werdenden Persönlichkeit nur Hilfestellungen. Entwickeln muß sie sich durch ihre Wesensart, ihre Entscheidungen, ihr Engagement im *studium*, in sich selbst und zu sich selbst. Die *éducation* wird insofern als gesellschaftlich bestimmter, dualer und transitiver Prozeß, die *Bildung* als individueller, „monadenhafter" und intransitiver Entwicklungsvorgang hin zu einer eigenen Form und einem eigenen Beruf bzw. einem eigenen Sein im Leben gesehen – nicht anders, als man von der Bildung von Kristallen oder Blütentrieben spricht. Insofern haftet dem Konzept der *éducation* eine kommunitätsbezogene und gesellschaftliche, dem Begriff der *Bildung* eine individualistisch-monadologische und letztlich biologisch orientierte Ideologie an (ebenso wie dem Begriff der *Reife* und damit auch dem früheren Terminus der *Reifeprüfung*). Mehr hierzu s. 5.4.2.

In den heutigen Schul- und Hochschulwelten zeigen die unterschiedlichen Lernformen im *lycée* und in der reformierten Oberstufe, in den französischen und den deutschen Universitäten *Residuen* dieser beiden grundverschiedenen Konzepte an – Residuen, die sich trotz der zuvor kritisierten Fehlentwicklungen auf beiden Seiten des Rheins erhalten konnten (vgl. Rappenecker 1990, 375f.). Daß in philosophischer Sicht *éducation* und *Bildung* nicht mit dem Eintritt ins Berufsleben aufhören, daß Geformtwerden und Sichformen bzw. Sichumformen eigentlich lebenslange Prozesse sind, sei abschließend ergänzt. Diese Wahrheit hat jedoch, sieht man von den Volkshochschulen, der *éducation permanente* und den teils staatlichen, teils innerbetrieblichen Umschulungskursen und Weiterbildungsseminaren und dem beginnenden Seniorenstudium ab, bisher nur wenig Konsequenzen auf der Ebene der Institutionen gefunden. Das Bewußtsein für diese neuen Aufgaben ist in allen Parteien vorhanden. Aber in der Realisierung der damit verbundenen Pläne bestehen erhebliche Schwierigkeiten. Die Erwachsenenbildung wird vorwiegend ökonomische und soziale Aufgaben haben. Hält der Trend zur Reduktion der Arbeitszeit („35-Stunden-Woche") und zur Ausweitung des sog. Freizeitbereichs an, dann dürfte sich auch der sog. *quartäre Sektor* der institutionalisierten Erwachsenenbildung differenzieren und erweitern.

5.1.3 Zentralismus und Föderalismus

In der Bundesrepublik bestimmen die Länder über das Bildungswesen, und ein Gegengewicht hierzu, zum Ausgleich der ärgsten Unterschiede, bildet in der Praxis lediglich die Kultusministerkonferenz der Länder (KMK). In Frankreich wurde das Bildungswesen schon im 19. Jahrhundert schrittweise zentralisiert. Die Anfänge liegen im ersten Kaiserreich. Unter Napoleon wurde im *Sekundar- und Tertiärbereich (lycées, facultés, Grandes Ecoles)* eine einheitliche und hierarchische Verwaltungsstruktur geschaffen und das Staatsmonopol der Bildung durchgesetzt. In diesen Bereichen wurden, unter strikter Kontrolle und Disziplin, die künftigen administrativen und militärischen Führungskräfte erzogen (Näheres s. Green 1990, 146–154). Der *Primarbereich* blieb dagegen de facto den «Frères des Ecoles Chrétiennes», einem katholischen Mönchsorden, überlassen. Er wurde erst in der 3. Republik zu einem Teil der zentralisierten Bildungs- und Schulverwaltungsstruktur, als im

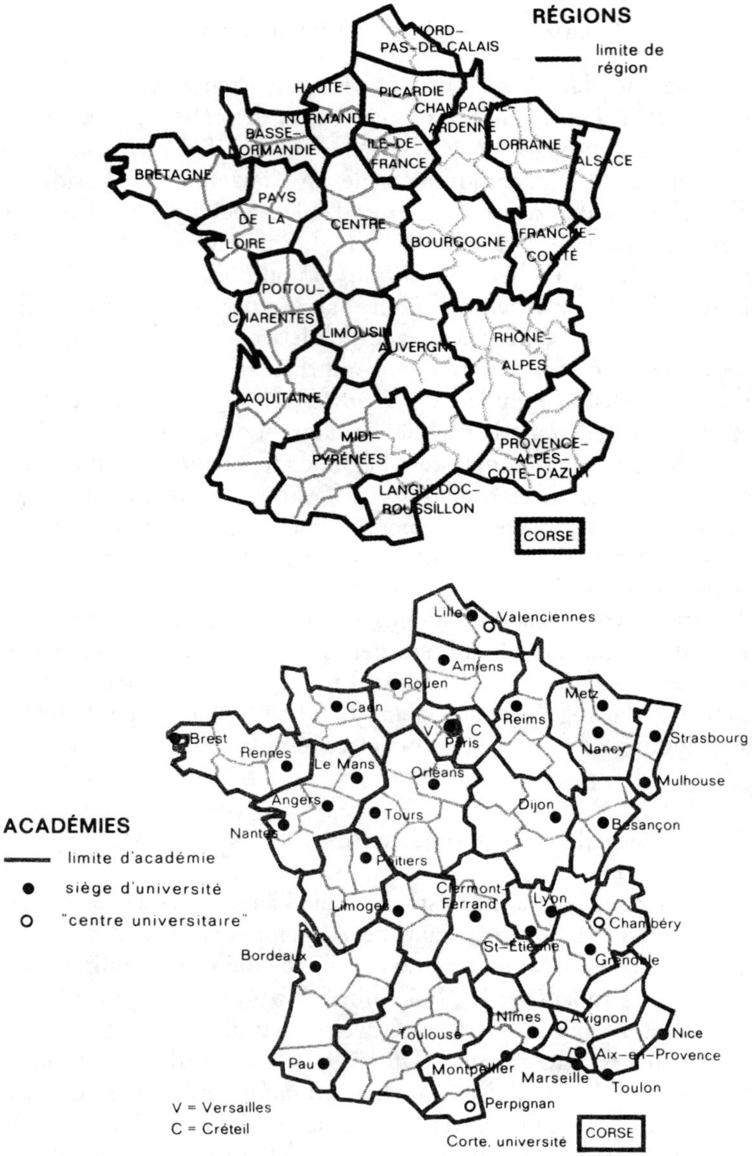

Abb. 55: Régions und *académies* im französischen Mutterland.
(Aus: Petit Larousse illustré 1981, 1801)

Die «centres universitaires» der obigen Karte wurden inzwischen in «universités» verwandelt. In diversen Großstädten hat sich „die" Universität nach Wissenschaftsbereichen in drei gespalten; Paris besitzt 13 Universitäten. – Der Plan «Université 2000» (s. 5.3.4) schuf sieben neue Universitäten: vier in der Region Ile-de-France, zwei im Département Nord, eine in La Rochelle.

c/o NeXXus Communications
4247 Ikebukuro, Toshima-ku
171 Tokyo - Japan

Peter Kiefer
General Representative
of IAA® (Far East)

Institute of Applied Acoustics
Germany

fon: +813 3984-5200
fax: +813 ~~3986-6850~~ 3985-4763

Kampf gegen Monarchie und „Klerikalismus“ die allgemeine, d. h. für alle Kinder obligatorische staatliche Primarschule mit den Gesetzen von 1881/82 entstand (Näheres s. 5.2).

Diese *Verwaltungsstruktur* ist in folgender Weise aufgebaut: An der Spitze steht der Erziehungsminister. Ihm unterstellt sind 25 (früher 21) *académies*, d. h. regionale Verwaltungseinheiten des Bildungswesens (s. Abb. 55). Ihre Grenzen decken sich weitgehend mit denen der administrativen *régions* (z. B. académie de Rennes: région Bretagne). Jede *académie* wird von einem *recteur* geleitet. Er ist dem Minister gegenüber für alle Schulen in seinem Bezirk verantwortlich. Bis 1968 leitete er auch die betreffende(n) Universität(en), was seither dem gewählten Universitätspräsidenten obliegt; hier ist seine Funktion auf die Kontrolle eingeschränkt worden. In jedem Département der *académie* überwacht ein dem *recteur* unterstellter *inspecteur d'académie* (für *lycées* und *collèges*) bzw. *inspecteur départemental* (für *écoles primaires*) die Lehrenden. Er sorgt für deren Benotung (wichtig für ihre Karrieremöglichkeiten) wie auch für die Bildungsplanung und -kontrolle. Diese auf Napoleon zurückgehende Zentralisierung kommt auch in folgenden Gegebenheiten zum Ausdruck:

1. Es gibt einheitlich ein Schul- und Studienjahr *(année scolaire, année universitaire)* i. U. zu den nach Bundesländern unterschiedlichen Anfangs- und Schlußterminen der Schuljahre und zur Semestereinteilung deutscher Hochschulen. Das französische Studienjahr reicht vom Oktober bis zum Juni, das Schuljahr beginnt einige Wochen früher. Für die Schulen wurde von 1990/91 an für ganz Frankreich der Rhythmus 7:2 probeweise eingeführt: Auf 7 Unterrichtswochen folgen stets ca. 2 Wochen Ferien. Das gilt jedoch nicht für die *grandes vacances.* – Die Sommerferien der Schulen *(les grandes vacances/vacances d'été)* dauern länger als in der Bundesrepublik: rund zehn Wochen, gegenüber durchschnittlich sechs Wochen hierzulande. Die Sommerferien bestimmen nicht nur den Rhythmus des Schullebens, sondern in größerem Maße als in der Bundesrepublik auch den des Wirtschaftslebens. Mit ihrem Beginn schließen zahlreiche Fabriken und Büros; die Großstädte leeren sich, da ungefähr 25 Millionen Franzosen ihren Urlaub im Sommer nehmen. – Ein entsprechendes Ereignis ist die Rückkehr ins Schulleben, *« la rentrée »* – bereits optisch wahrnehmbar durch die entsprechende Aufmachung der Schaufenster aller Warenhäuser. Sie beginnt in ganz Frankreich am gleichen Septembertag. War im August jegliche berufliche Aktivität (nicht allein der größeren Be-

triebe, sondern z. B. auch der Geschäfte und der Bibliotheken) eingeschränkt, so gerät mit der Schule nun auch wieder das Wirtschaftsleben in Bewegung.

2. Das Niveau beim *baccalauréat* ist überall in Frankreich einheitlich, durch die zentral gelenkten Prüfungen. (Für den Hochschulbereich gilt dies nicht: Jede *université* und jede *Grande École* lehrt und prüft im Prinzip, was sie für richtig hält.)

In der Bundesrepublik haben die Kultusminister wenigstens einen Kompromiß hinsichtlich der Oberstufe und des Abiturs gefunden und im Oktober 1987 einen Katalog gemeinsamer Regelungen beschlossen, durch die man vom Schuljahr 1989/90 an die Bandbreite der Allgemeinbildung zu stärken hofft. Die *wechselseitige Anerkennung des Abiturs* – nicht mehr und nicht weniger – bleibt dadurch gesichert.

Durch den deutschen Einigungsprozeß hat sich ein weiteres Problem ergeben: das Abitur erfolgt nach 12 Jahren in den *neuen*, nach bisher 13 Jahren in den *alten* Bundesländern. Daher ist eine neue Diskussion entbrannt, die noch lange nicht endgültig entschieden ist. Auch an diesen Divergenzen zeigt sich die Bildungshoheit der Länder und die Schwierigkeit von Einigungen in der Kultusministerkonferenz.

3. Frankreichs *éducation nationale* darf als größtes zentral gelenktes Unternehmen der Welt bezeichnet werden: Das Pariser Ministerium leitet und entlohnt über eine Million Beschäftigte. (Eine neuere Tendenz, die man als vorsichtige Dezentralisierungspolitik bezeichnen könnte, steht dazu nicht unbedingt im Widerspruch. Diese Politik kommt zwar den Wünschen der Regionen und Départements entgegen, ist aber stets zentral gesteuert.)

In der Bundesrepublik gibt es wegen der bildungspolitischen Kompetenz der Bundesländer zwar Angleichungen (wie beim Abitur), aber nicht ebenso einheitliche Regelungen. Die bildungspolitischen Grundsatzentscheidungen hängen, sieht man einmal vom Mitspracherecht des Bundes in der Berufsbildung ab, eng mit den jeweiligen Parteienkonstellationen und Mehrheitsverhältnissen zusammen. Das betrifft z. B. die Frage: Gesamtschule oder gegliedertes Schulsystem?

Die sozialliberale Koalition (s. 2.9.1), unterstützt vom DGB, hatte sich vorgenommen, die Gesamtschulen als Regelinstitutionen zu etablieren – und ebenso, im tertiären Bereich, die Gesamthochschulen. Dies sah daher der Bildungsgesamtplan vor, der ab Mitte 1970 erarbeitet und 1973 verabschiedet wurde. Später fielen – schrittweise – manche SPD-FDP-Bastionen. Die der SPD verbliebenen Länder bzw. Bildungsministerien führten um so erbittertere Nachhutgefechte zugunsten der Gesamtschule. Wie ist der heutige Stand? Für die integrierte Gesamtschule (i. U. zur kooperativen, mehrere Schultypen „unter einem Dach" vereinenden) ergibt sich ungefähr ein Anteil von 8 % an den Schülern der siebten Jahrgangsstufe (alte Bundesländer, Schulj. 91/92). Man kann also nur schwerlich von einem „Zerfall" der Bundesrepublik „in zwei Bildungslandschaften" sprechen. Deutlich wird jedenfalls der Kontrast zwischen den Verhältnissen in den einzelnen Bundesländern und den einheitlichen Regelungen in Frankreich.

4. Vor allem durch die obligatorische und einheitliche Staatsschule (s. 5.2), weiterhin durch die Verkehrs- und Handelswege und die Medien hat sich das standardsprachliche Französische im ganzen Land so stark ausgebreitet, daß der Anteil *anderer* Idiome (Regionalsprachen, s. 1.1.3, Einwanderersprachen) selbst in den Haushalten bzw. den Familien auf unter 5 % zurückgegangen ist (Mermet 1995, 112). Bestehen bleiben lediglich, wenn man von Korsika und den DOM-TOM absieht, die sog. regionalen *accents* der Hochsprache, namentlich in Ost- und Südfrankreich.

5.1.4 «Séparation des Eglises et de l'Etat» vs. „Staatskirchen und Staat"

In der Bundesrepublik gehören der Religionsunterricht in den Schulen und die Theologischen Fakultäten in den Universitäten zu den normalen Erscheinungen. Zudem werden zwei Drittel der Kindergärten von der evangelischen und katholischen Kirche geleitet und finanziert oder teilfinanziert. Kirche und Staat bilden keine Gegensätze. Aufgrund der Länderkonkordate mit dem Vatikan (Bayern 1924, Preußen 1929, Baden 1932), die in der BRD weiter gelten, und des 1933 geschlossenen Konkordats zwischen Staat und Vatikan, das analog auch auf andere Konfessionen angewendet wurde, erhebt der Staat von jedem einer Konfession angehörenden Beschäftigten eine Kirchensteuer. Sie stellt nach wie vor die wichtigste Einkommensquelle der deutschen Kirchen dar: Es sind insofern „Staatskirchen" (freilich nicht offiziell, da das Grundgesetz in Art. 4 die Freiheit des Glaubens und der Religionsausübung gewährleistet). Ihre Vertreter spielen im öffentlichen Leben eine keineswegs zu unterschätzende Rolle. Nach der Norm aktiven christlichen Engagements arbeiten sie mit in den Parteien, in den Interessenverbänden, in der Friedensbewegung und – dort sogar als offizielle Delegierte der Kirchen – in den Rundfunkräten, die über die öffentlich-rechtlichen Rundfunk- und Fernsehprogramme entscheiden.

Anders liegen die Verhältnisse in Frankreich (vom Sonderfall Elsaß-Lothringen abgesehen). 1905 wurden dort Staat und Kirche völlig getrennt: ein Sieg der *républicains*, besonders der *radicaux* (s. 2.5.3) und der in der III. Republik überaus einflußreichen Freimaurer. Seitdem existieren dort zwei Systeme: das der Staatsschule *(école publique)* ohne jeden Religionsunterricht und das – in den Lehrprogrammen zumeist staatlich orientierte – der sog. Privatschule (*école privée*, von ihren Befürwortern *école libre* genannt). Rund 2,05 Millionen Schüler (d. h. zur Zeit 18,6 %) besuchen eine Privatschule, und zwar zu über 90 % eine katholische. Auffallend ist der hohe, über 20 % liegende Anteil der Privatschulen an der Sekundarstufe II *(collèges, lycées, lycées professionnels)*. Dies mag an der verbreiteten und zugleich umstrittenen Meinung liegen, die Privatschulen achteten stärker auf die Disziplin und Leistungsfähigkeit der Schüler. Eine wichtige Rolle spielt auch, daß die Kinder ausländischer Arbeiter durch das erhobene Schulgeld dort überwiegend ausgeschlossen sind und die Kinder aus dem Bürgertum und dem Großbürgertum mehr oder weniger „unter sich" bleiben. Dies gilt vor allem für die Regionen, in denen ein ausgebautes Privatschulsystem rezenten Ursprungs ist. In dieser Hinsicht muß man also zwischen „neuen" und „alten" Regionen der *écoles privées* unterscheiden (Rouault 1990).

Die uralte *querelle scolaire* zwischen den antiklerikalen Anhängern einer einheitlichen Staatsschule *(« laïcs »)* und den Befürwortern staatlich subventionierter Privatschulen *(« cathos » = catholiques)* hat ihre Wurzeln in der Französischen Revolution und im 19. Jahrhundert: Der Klerus stand auf seiten der Monarchie, die Republikaner waren daher gleichzeitig Antiklerikale. Seitdem entzündet sich die *querelle scolaire* immer wieder aufs neue. Rechtsorientierte Regierungen suchen die Privatschulen zu fördern, linksorientierte sie einzuschränken (s. Schmidt u. a. 1981, 263; 1983, 13–16). Gegenüber allen Erhöhungen staatlicher Subventionen durch die Rechte, unter Protest der Linken, versuchten die Linksregierungen – bisher hierin stets erfolglos –, den egalitären Anspruch der Verfassungen von 1948 und 1958 einzulösen. (So heißt es in der Präambel von 1958: « La Nation garantit l'égal accès de l'enfant et de l'adulte à l'instruction, à la formation professionnelle et à la culture. ») Der letzte Versuch größerer staatlicher Einflußnahme auf das Privatschulwesen und die Vermittlungsbemühungen des damaligen Erziehungsministers Savary führten zu heftigsten Reaktionen beider Seiten (s. Abb. 56). Der Rücktritt des Ministers und

(Dessin de PLANTU.)

Abb. 56: Karikatur zur *querelle scolaire.*
(Aus: Le Monde 29. 11. 1983)

bald darauf der gesamten Regierung Mauroy im Juli 1984 hing direkt mit den katholischen Massendemonstrationen zusammen – und wohl auch mit strategischen Fehlern der Sozialisten, die derartige Widerstände nicht vorausgesehen hatten.

Zu Massendemonstrationen – diesmal der Linken am 16. 1. 1994 – führte aber auch der Versuch der Regierung Balladur, die Grenzen der finanziellen Unterstützung der Privatschulen durch die Gemeinden und *départements* (10 % der erforderlichen Geldmittel gemäß der *loi Falloux* von 1850) angesichts der baulichen Mängel vieler Privatschulen anzuheben. Und die Baumängel der Staatsschulen? Wo blieb da das *équilibre*? Auch der *Conseil constitutionnel* hatte bereits am 13. 1. nein gesagt. Die Regierung mußte ihre Gesetzesvorlage daraufhin zurückziehen. Weiteres s. im *dossier* von Le Monde, 16. 1. 1994.

Natürlich wirkt – aus deutscher Sicht zumindest – die *querelle scolaire* antiquiert. Solange aber unbestreitbare soziale Privilegien der Privatschulen und -schüler bestehen, Privilegien, die dem in Frankreich nicht zu tötenden Geist der Großen Revolution widersprechen, bleibt die *querelle scolaire* virtuell lebendig. Sie kann sich „schon morgen" von neuem entzünden.

Der 1882 beschlossene schulfreie «*jeudi libre*» (seit 1972: «*mercredi libre*»; von den lycées ab nur eingeschränkt) erklärt sich aus einem Kompromiß zwischen dem republikanischen Lager und dem der Kirche. 1882 war das erstere noch nicht so stark, daß es eine vollständige Trennung von Staat und Kirche erwirken konnte. Es war nur mächtig genug, die allgemeine Schulpflicht an Staatsschulen durchzusetzen *(enseignement primaire: gratuit, obligatoire et laïque). Ein* Tag in der Woche blieb dafür „frei", nämlich dem Religionsunterricht außerhalb der Schule vorbehalten. Dieser Kompromiß erhielt sich auch nach der 1905 vollzogenen Trennung von Kirche und Staat. Er wird allerdings von den *écoles publiques* in wachsendem Maße – und zur Verärgerung der katholischen Kirche – zugunsten eines schulfreien Samstags und des darauf verlegten «catéchisme» durchbrochen. – (Vollständig ist diese Trennung im übrigen nicht. Das zeigt sich nicht nur an den staatlichen Subventionen für die Privatschulen, sondern auch z. B. an der Weitergeltung des Konkordats für Elsaß-Lothringen und an den Sonntagmorgenübertragungen von Gottesdiensten verschiedener Konfessionen im Staatsfernsehen.) – Der Trennung von Kirche und Staat entsprechend erfolgt die Ausbildung katholischer Geistlicher an verschiedenen «universités libres», welche offiziell *Instituts catholiques* heißen.

Erst aus der Trennung Staat – Kirche werden auch die Wogen der Erregung verständlich, die der «foulard islamique» vor allem zwischen 1989 und 1994 auslöste: trotz aller Verbote trugen Mädchen arabischen Ursprungs damals das islamische Kopftuch im Unterricht der Staatsschulen. Zu den vielfältigen Aspekten der Debatte s. Le Monde, 13. 10. 1994, Sonderteil «La France et l'Islam».

Von der Trennung zwischen Staat und Kirche ab 1905 sind die drei *départements* Haut-Rhin, Bas-Rhin und Moselle (= damals deutsches Elsaß-Lothringen) ausgenommen. Dort existieren daher weiterhin der Religionsunterricht an Staatsschulen, die Bezahlung der Geistlichen über den Staat sowie je eine protestantische und katholische Fakultät an einer der drei Straßburger Staatsuniversitäten. Den Kirchen in diesen *départements* geht es dadurch besser als im übrigen Frankreich, und sie sind stärker in der Bevölkerung verankert.

5.1.5 Der Geist des Jesuitenkollegs vs. Einfluß des Protestantismus

Die französischen Kinder besuchen *Ganztagsschulen*, von der *école maternelle* bis zum *lycée*. Der Unterricht beginnt um 8 Uhr (in den „Vorschulen" z. T. um 9 Uhr) und geht, bei einer Mittagspause zwischen 12 und 14 Uhr, meist bis 16.30 Uhr, bei einer Dauer von 55 oder 50 Minuten pro Unterrichtsstunde (und nicht nur 45 wie in der Bundesrepublik). Der Schultag ist also lang; Jugendzeit heißt – in höherem Maße als in Deutschland – Schulzeit. (S. den aufschlußreichen französisch-deutschen Vergleich in Hesse/Kodron 1991, bes. 85–95 und hierzu Große/Verheyen 1992.) Dazu kommt, daß an den Wochentagen eine große Zahl der Schüler (in ländlichen Gegenden: fast die Hälfte) im *internat* verbleibt, das zu nahezu jedem *lycée* gehört. Es sind die «internes» i. U. zu den «externes». Den Schülern aus ländlichen Gegenden bleibt so der lange tägliche Anfahrtsweg erspart. Wichtig ist i. U. zum meist elitären deutschen Internat weiterhin, daß das französische *internat* auch viele Schüler finanziell schwacher Eltern aufnimmt. Betrachtet man die Einrichtungen der *école maternelle*, der durchgehenden Ganztagsschule und des *internat* zusammen und bedenkt den daraus resultierenden geringen Elterneinfluß, so läßt sich sagen: In Frankreich wird die Schule schon in der Regel vom 3. Lebensjahr an zur *primären* Erziehungsinstanz; frühzeitig muß sich das Kind an den Schulrhythmus gewöhnen. Angesichts der langen Schultage und Unterrichtsstunden einerseits, der im Vergleich zu anderen Ländern höheren Zahl schulfreier Tage – die langen Sommerferien eingeschlossen – andererseits (Frankreich hat durchschnittlich nur 180 Schultage, die Bundesrepublik zwischen 200 und 226) ist die Kritik am *«malmenage scolaire» («année scolaire trop courte, journées d'école trop longues»)* keineswegs neu (ME, Jan. 1983, 9).

Nach Berichten von Medizinern läßt die Aufnahmefähigkeit der Schüler nach spätestens 40 Minuten sowie besonders am Freitagnachmittag und am Samstag nach. Und die langen Sommerferien führen, so heißt es, zu einer «perte rapide de connaissances et d'attitudes scolaires» (ME, Jan. 1983, 8–9). – Was die Wertung der 55-Minuten-Unterrichtsstunden anbelangt, so sollte man allerdings differenzierter vorgehen. Sie sind nicht a priori zu verurteilen, sondern können sich für bestimmte Aktionsformen (z. B. Stunden mit intensiver Erarbeitungsphase) und für bestimmte Fächer (z. B. *éducation manuelle* und *éducation physique*, dt.: „Werken" und

„Sport“) sogar sehr vorteilhaft auswirken, gerade im Vergleich zum 45-Minuten-System deutscher Prägung. Weder die „längere“ noch die „kürzere“ Unterrichtsstunde bildet das didaktische Optimum; entscheidend sind vielmehr die Fächer, die Stundeninhalte und -gestaltungen, ganz besonders aber die Möglichkeiten der Erziehung zu einer gründlichen und *vertieften Aneignung* von miteinander *verbundenen* Erkenntniskategorien und Fähigkeiten. Gerade die *rigiden* 55- bzw. 45-Minuten-Systeme, die noch immer beiderseits des Rheins herrschen, zeigen sehr deutlich, wie wenig sich die meisten Staats- und Privatschulen trotz mancher wichtiger Reformen den Impulsen pädagogischer Erneuerungsbewegungen (z. B. Ecole Freinet, Waldorfschule, Montessorischule) geöffnet haben.

Insgesamt fast nur negativ wird dagegen auch in Frankreich der lange „Sommerferienblock“ beurteilt. Die Reduktion der Sommerferien scheitert teils am Widerstand der Lehrergewerkschaften, teils an den Urlaubswünschen der Eltern bzw. der gewohnten Anpassung der Betriebe an diesen Schulrhythmus (ME, Jan. 1983, 8–9). – Zum ansonsten eingeführten Rhythmus 7:2 s. 5.1.3.

Ganztagsschule und Internat gehen vor allem auf die *Jesuitenkollegs* des 17. und 18. Jahrhunderts zurück, deren Anfänge in der Gegenreformation *(Contre-Réforme)* und der 1599 erlassenen und bis heute in allen Jesuitenschulen der Welt (mit Modifikationen) gültigen *Ratio atque institutio studiorum* liegen (s. Dolch 1959, 238–242). Die Funktion dieser Ganztagsschulen mit Internaten war freilich eine ganz andere als heute: „Die Kinder sollten in einer sündenfreien Welt hinter Schulmauern mit einer eigenen perfekten Organisation gesellschaftlichen Lebens aufwachsen. Die Mittel dazu waren ein völliges Aufgehen des einzelnen in der Gruppe, die Überwachung aller durch alle, Disziplin und ein strenger Formalismus“ (Stephan 1978, 148). Als in der Zeit Napoleons das staatliche *lycée* das zuvor dominante *collège jésuite* ersetzte, wurden Formen und Disziplin übernommen. Auch der Geist des Jesuitenkollegs lebte und lebt weiter: im Prinzip der *aemulatio* (*émulation*, anstachelnder Wettbewerb der Schüler untereinander), der Förderung des Intellekts und spezieller in der Betonung der Fähigkeit zur systematischen und logischen schriftlichen Darstellung.

Vor allem von den Jesuitenkollegs, die lateinisch unterrichteten, stammt auch die (auf das Französische übertragene) Bedeutung der Rhetorik, des wirkungsvollen Argumentierens und der kultivierten, normgerechten Hochsprache (zur Beurteilung s. Green 1990, 160). Die Gedankenführung und der Duktus der Reden von Jaurès, de Gaulle, Pompidou oder Mitterrand – um nur einige eminente Beispiele zu nennen – wäre ohne diesen Bildungshintergrund undenkbar. *Diese eigentlich auf das Jesuitenkolleg und das lycée ausgerichteten Formen und Ziele haben sich später generalisiert, von der Primarschule bis zu den Grandes Ecoles.* Es ist dies ein typisches Beispiel der gerade für Frankreich charakteristischen Vielzahl der Phänomene „*gesunkener*" (man kann auch sagen: demokratisierter) *Hochkultur*, die von den Anredeformen «Madame/Mademoiselle/Monsieur» über die Hochsprache als solche bis zur Gastronomie (einschl. Weißbrot und Rotwein „für alle") und zur populär gewordenen Jagd- und Pferderennenkultur reichen. Mit der „Demokratisierung" der Bildungsinhalte und der formalen *politesse* (wörtliche Übersetzung: Schliff) haben im übrigen die Jesuitenkollegs begonnen. Privilegiert blieb in ihnen zwar das Bürgertum der Städte, doch boten sie begabten Kindern aus unteren Schichten (Handwerker, Bauern, Schulmeister) soziale Aufstiegsmöglichkeiten besonders in den Klerus (Frijhoff/Julia 1975). Die bonapartistischen Regimes haben diese Tendenzen fortgesetzt und insofern die Brücke zu den Erziehungsinstitutionen der III., IV. und V. Republik gebildet. Ob mit der konservativen Wende, die sich in Frankreichs Bildungspolitik bereits unter der Linksregierung nach der Ära Savary mit dem damaligen Erziehungminister Chevènement abzeichnete, eine Rückkehr zu stärkerer Auswahl *(sélection)*, zu mehr Arbeit und Disziplin, zum gediegenen, wohlstrukturierten *exposé* und zum korrekten Sprachgebrauch mit sicherer Orthographie, ja sogar eine Wiedereinführung der früher üblichen «distribution des prix» und «tableaux d'honneur» (*aemulatio*-Prinzip) vollzogen wird oder überhaupt realisierbar ist, ob also diese deutlich, ja vehement vorgetragenen Forderungen der Schul- und Universitätskritiker konservativer Provenienz (s. z. B. Nouvel Observateur 2. 3. 1984, 24) sich je durchsetzen können, bleibt abzuwarten. Es hat ein wohl irreversibler Umbruch vom Geist des *humanistischen Jesuitenkollegs* zur nicht – wie im 17. und 18. Jahrhundert – von unten nach oben orientierten, sondern von oben nach unten hin „demokratisierten" *Erziehung der Volksmassen* stattgefunden, mit einer – zudem – inzwischen dominanten mathematisch-naturwissenschaftlich-technischen Komponente.

Der Prozeß ähnelt dem in der Bundesrepublik zu beobachtenden Verlauf.

Ist Frankreichs Bildungswesen in vielen Zügen vom (für die *Gegenreformation* und deren Glaubenspropaganda arbeitenden) *Jesuitenkolleg* aus herleitbar, so hat man für das Bildungswesen der Weimarer Republik und der Bundesrepublik in erster Linie vom *protestantischen Gymnasium* und der *protestantisch geprägten Universität* seit dem Neuhellenismus W. v. Humboldts auszugehen. Der lutherische und der calvinistische Gnadenbegriff legen den Schwerpunkt auf das Individuum, nicht auf eine durch „propaganda fide" zu erobernde Gruppe. Und ist auch das religiöse Heil ein Geschenk göttlicher Gnade, so zeigen doch – um an Max Webers bekannten Kapitalismus-Essay zu erinnern – Fleiß, Ausdauer, Sparsamkeit, Selbstdisziplin und der dadurch errungene irdische Erfolg, dazu in den „besseren Kreisen" eben auch eigene Bildung, eigene „Tiefe" (die natürlich vornehm und unaufdringlich zu sein hat), das Wirken Gottes in und an der eigenen Person. Aus dem protestantischen Kaufmannssohn von einst ist das karriereerträumende Angestellten- oder Beamtenkind der bundesdeutschen Wohlstandsgesellschaft geworden. Die damalige lutherische bzw. calvinistische Ethik der bereits von den Schulstuben und Pfarrershäusern aus hochgezüchteten Gloria Gottes und Preußens auf Erden hat sich in den Glanz der rein materiellen Statussymbole verwandelt. Aber ein wenig von der idealistischen Bildungsbeflissenheit hat sich in Deutschlands Schulstuben und Hörsälen wohl bewahrt; es läßt sich aus den Seelen mancher Lehrer, Schüler und Studenten (hier besonders -innen) einfach nicht ausmerzen ... Selbst in Familien, in denen bereits Großväter und Großmütter kaum noch zur Kirche gingen, hat sich ein unleugbar existentes protestantisches Arbeits- und Bildungsethos von Generation zu Generation erhalten. Verhaltens- und Lebensnormen scheinen *gerade im Erziehungs- und Bildungsbereich* weit zählebiger zu sein als die Weltbilder, die großen Ideologien und Ziele, welche diese Normen einst schufen und begründeten ... Dies gilt für den französischen wie den deutschen „Fall". Spezieller im deutschen Falle ist allerdings ein Negativum zu vermerken, das in 5.4.2 näher ausgeführt wird: Die Allianz von Protestantismus und Neuhellenismus im deutschen Bildungsideal, die einstmals zweifellos zu Gymnasien, Universitäten und Forschungen von Weltrang geführt hat, besitzt auch eine höchst fatale Seite. Diese „Nachtseite" wurde und wird dann sichtbar, wenn an die Stelle Gottes oder des platonisch Guten, Wahren und Schönen, zu dem die suchende und sich bildende, d. h. sich in Gestalt und Verhalten ausprägende Seele strebt, sakralisierte Profanitäten wie Preußens Gloria oder das ewige Vaterland des Dritten Reiches oder auch die Michael-Kohlhaas-Mentalität der Spartakisten, der Weltrevolutionäre oder der RAF treten.

5.1.6 „Duales“ vs. „einheitlicheres“ Hochschulsystem

Den fundamentalen Dualitäten im tertiären Bildungssystem Frankreichs (*Grandes Ecoles* vs. *universités*) steht die „Monokultur“ deutscher Universitäten gegenüber, an deren Tradition wohl auch die neueren Bestrebungen nach Elitehochschulen und -studiengängen (vgl. 5.1.1) bis auf wenige Ausnahmen scheitern werden. Gleichzeitig läßt sich die französische Tendenz der Teilung in Forschung und Lehre mit der bundesdeutschen, noch immer von den Idealen W. v. Humboldts geprägten Verbindung beider Aktivitäten kontrastieren. (Im Idealfall geben deutsche Gymnasial- und Hochschullehrer auch dem „forschenden Lernen“ der Schüler und Studenten genügend Spielraum – etwa in der Quellenlektüre des Fachs Geschichte, in der Landeskunde der Philologien, in der Biochemie, in der Computertechnik). Der qualitative Vergleich der *Gesamtleistung* von *Grandes Ecoles* und *universités* mit der Gesamtleistung der Universitäten ist schwierig, wenn nicht gar unmöglich. Der Leistungsvergleich der Tendenz zur Trennung von Forschung und Lehre mit der Tendenz zu deren Verbindung fällt für Frankreich – leider – vernichtend aus. Wer die Wirklichkeit beider Hochschulsysteme kennt, kann das bestätigen, auch wenn er Ausnahmen in Frankreich wie in der Bundesrepublik zu nennen vermag. (Reine Forschungsstätten bilden in Deutschland z. B. die Max-Planck- und die Fraunhofer-Institute. In Frankreich ist nach dem Mai 1968 eine *sehr lebendige* und die landeswissenschaftlichen Aspekte betonende *Verbindung* von Forschung und Lehre z. B. im *Institut d'Allemand d'Asnières* entstanden, das zur *Université de Paris III* gehört. Zur Wertung dieser Verbindung aus französischer Sicht s. Bertaux 1973, bes. 55 und 66f.)

Im Hintergrund der besprochenen Unterschiede steht die Tatsache, daß in Frankreich die Forschung vorwiegend durch das staatliche CNRS (Centre National de la Recherche Scientifique) organisiert ist. Das CNRS ist eine zentral gelenkte, von den *universités* wie den *Grandes Ecoles* unabhängige Institution. Sie entstand aus der staatlichen « Caisse des recherches scientifiques » (1901); die eigentliche Gründung erfolgte 1939. Ihre Erfolge liegen u. a. in der Atomphysik und der „Kernkraftnutzung“, in der Ozeanographie, im aeronautischen Bereich und in der Medizin – weniger (zumindest international) in den „sciences humaines“. In diesem Zusammenhang pflegen auch unbeteiligte Franzosen auf die niedrige Bezahlung vieler Mitarbeiter hinzuweisen; die Hochschullehrer verdienen weit mehr. Jedenfalls hat die Konzentration der Forschung (und der Forschungsgelder) im CNRS-Organismus die *universités* jahrzehntelang gelähmt. Zur Lähmung beigetragen hat sicherlich auch ein ganz anderer Faktor: die besonders lange Dauer der *thèse d'Etat*. Ihre Fertigstellung erforderte oft acht bis zehn Jahre, d. h. viel mehr Zeit als die deutsche Habilitation (s. 5.3.2). Danach war häufig die Lust an der Forschung erloschen. Oder man verharrte – auch in den Publikationen – mehr oder weniger ausschließlich in seiner *spécialité*. – Nun aber regen sich neue, eigene Kräfte – übrigens nicht nur in den *universités*, sondern selbst in den bisher fast ausschließlich „praxisorientierten“ *Grandes Ecoles*.

Zum Vergleich zwischen Fachhochschulen und *Grandes Ecoles* s. 5.3.4.

5.1.7 Schlußfolgerung: Unterschiedliche Traditionen – unterschiedliche Systeme

Steht das Bildungswesen in beiden Staaten auch in einem gewissen Maße unter dem Druck der Parteipolitik, so sind doch, neben schwankenden aktuellen Erfordernissen und Bestrebungen in den quantitativen, inhaltlichen und sozialen Dimensionen (die je nach Regierung „liberal-konservativ“ oder „sozialistisch-sozialdemokratisch“ interpretiert und gelenkt werden), ältere Traditionen für die Rahmenbedingungen beider Bildungssysteme maßgebend. In Frankreich sind in erster Linie der Zentralismus, das Jesuitenkolleg der Gegenreformation und der Gegensatz zwischen egalitär-revolutionärer und elitär-konservativer Tradition zu nennen. Letzterer Gegensatz zeigte sich an der *querelle scolaire*; er hat besonders im 20. Jahrhundert aber auch eine neue Ausprägung in der Dualität *universités* – erweiterte, mächtigere und zahlreichere *Grandes Ecoles* gefunden. Als typischste Ausprägung des französischen Bildungswesens galt lange Zeit eine bestimmte Grande Ecole: die *Ecole Normale Supérieure* in der Pariser rue d'Ulm (s. 5.3.1); nach dem Maßstab des Prestigewertes rangiert heute nicht mehr die (wieder stärker auf ihre Domäne hochrangiger Lehrberufe eingeengte) E.N.S., sondern die E.N.A. auf Platz eins (s. ebd., vgl. Bourdieu 1989, 188). In der Bundesrepublik haben der Föderalismus, der Protestantismus und der seinerseits ja protestantisch gefärbte Neuhellenismus (beide in erster Linie über Preußen) die Traditionen des Bildungswesens geprägt. Auch der Gegensatz zwischen alten elitären und alten egalitären Bestrebungen lebt weiter: auf der Ebene der Verbände z. B. in der Opposition Philologenverband (pro Gymnasium) vs. GEW (pro Gesamtschule). Auf der Ebene der Parteien ist dieser Gegensatz wegen des Volksparteientrends weniger scharf artikuliert. Er läßt sich aber als bloße *Tendenz* ausmachen in der Bildungspolitik christdemokratisch regierter Länder (pro gegliedertes Schulsystem; die Kennzeichnung „elitär" würde von dessen Anhängern entschieden zurückgewiesen; Erwägung von Elitestudiengängen, Stärkung der Rolle der Professoren in den Universitätsgremien) und in der Bildungspolitik sozialdemokratisch regierter Länder (pro Gesamtschule, contra Elitestudiengänge und „Machtmonopol" der Professorenschaft). Jedoch ist zu betonen, daß diese Fronten ebensosehr von den wesentlicheren Problemen und Fragen ablenken und abstrahieren wie die Fronten in der französischen *« querelle scolaire »* (s. 5.1.4).

Als die gegenwärtig wohl auffälligste Ausprägung der dargestellten Traditionen im deutschen Bildungswesen und als Beispiel seiner Vielfältigkeit darf die expandierende *Waldorfschulbewegung* bezeichnet werden (s. Leber 1985). Ihre Grundzüge sind: ein *Föderalismus* mit nur lockeren Verbindungen (jede Waldorfschule hat ihr eigenes „Gesicht", ihre eigenen – jedoch eng begrenzten – Experimentierfelder), ein deutlich vom Gedankengut *Goethes* (nicht nur Steiners) und vom *Neuhellenismus* geprägtes *Individualbildungsideal*, ein noch näher zu erforschender Anteil *protestantischer Bildungsethik* (Appell an die eigene Bemühung des Individuums, d. h. individuelles Lernethos; Einbeziehung der Impulse der Reformpädagogen vor 1933; württembergisch-pietistische Prägung der Stuttgarter Keimzelle der Bewegung ab 1919). In bildungssoziologischer Hinsicht haben sich die Waldorfschulen gewandelt. Auch sie wurden von den Umschichtungsprozessen betroffen. So kam es zum schwierigen *Versuch eines Ausgleichs* zwischen den älteren, bildungsbürgerlich-*elitären* und den neueren sozial-*egalitären* oder sogar grünalternativen Tendenzen, die in der Zusammensetzung der Lehrer- und Schülerschaft zu starken und in der Öffentlichkeit z. Z. noch kaum bekannten Veränderungen geführt haben. – Stehen auch den 157 deutschen Waldorfschulen mittlerweile 659 Waldorfschulen im europäischen und außereuropäischen Ausland (Zahlen von 1995) – darunter auch 11 in Frankreich – gegenüber, so dürfen doch Geist und Grundlagen der Bewegung als „typisch deutsch" bezeichnet werden. Im Hochschulbereich gesellt sich ihr die innovationsfreudigere Privatuniversität Witten-Herdecke zu. – Andere Schultypen mit ähnlich „deutschen" Zügen bereichern die in Wahrheit recht vielgestaltige Bildungslandschaft der Bundesrepublik. Ihre curriculare Varianz verdankt sie dem Föderalismus und einem Privatschulwesen, das im Vergleich zu Frankreich durch die weit weniger häufige Bindung an eine Kirche flexibler auf Veränderungen und neue Bildungswünsche und -erfordernisse reagiert.

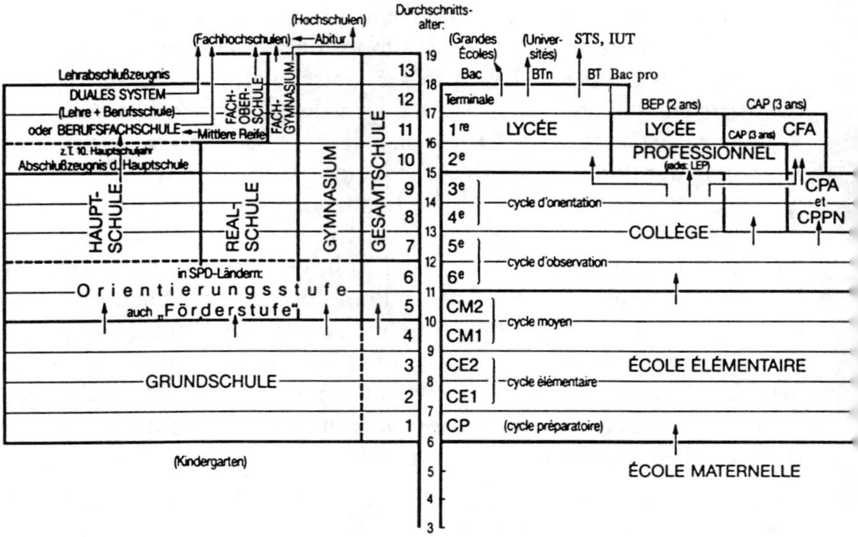

Abb. 57: Schulwesen in der Bundesrepublik und in Frankreich.

5.2 Die schulischen Bildungssysteme in Frankreich und in der Bundesrepublik: ein Überblick

Aus der Abb. 57 gehen die folgenden noch nicht erwähnten weiteren Unterschiede hervor:

1. Die *écoles maternelles* gelten i. U. zu den Kindergärten als *Teil des Schulsystems*; daher wurden die an ihnen tätigen Erzieher (fast ausschließlich Frauen) an den «Ecoles Normales», den Pädagogischen Hochschulen, ausgebildet und wie Grundschullehrerinnen besoldet – seit der per Dekret vom 18. 1. 1887 verfügten Gleichstellung der *école maternelle* mit der *école primaire* in Ausbildung und Entlohnung der «institutrices». Darum brauchen sie jetzt drei Jahre Studium und zwei Jahre an einem IUFM (s. 5.3.5). Jedes kleine französische Dorf hat seine *école maternelle* wie auch seine *école primaire* (bzw. *élémentaire*). 35 % der Zweijährigen, 99 % der Dreijährigen und 100 % der Vier- und Fünfjährigen erhalten hier eine Vorschulerziehung, die besonders zwischen den beiden Weltkriegen als Modell für ähnliche Bestrebungen in anderen Ländern galt, die aber heute sowohl von der Problematik früher Verschulung als auch vom «garderie»-Effekt her (beide Eltern können arbeiten gehen, schmälern damit aber ihren Erziehungseinfluß) sehr

kritisch gesehen werden kann. Hier differieren die französischen und die deutschen Beurteilungen (vgl. z. B. ME, Nov. 1982, 21ff. und Doll in: Schmidt u. a. 1981, 236).

2. Der vierjährigen Grundschule, der sich allerdings in sozialdemokratisch regierten und z. T. auch in ehemaligen SPD-Bundesländern eine zweijährige Orientierungs- oder Förderstufe anschließt, steht die längere, nämlich fünfjährige *école élémentaire* gegenüber.

Aufbau und Wandlungen s. Gilsoul-Bézier 1989, 48f.; ME, Sept. 1991, 20–34; BO 3. 10. 1991; Cordellier 1994, 84f.

Noch allgemeiner: In Frankreich herrscht eine zumindest äußerliche Gleichheit für alle Schüler bis – umgerechnet – zur neunten Klasse einschließlich, da auf die *école élémentaire* das vierklassige *collège unique* folgt. Bereits dessen Vorgänger, das «Collège d'Enseignement Secondaire» (CES), war seit der «Réforme Fouchet» ab 1963 als Schule für alle ca. 11- bis 15jährigen Kinder konzipiert. Erst mit der *Réforme Haby*, die im Juni 1975 verabschiedet und ab 1977 schrittweise realisiert wurde, ist das *collège* zur regulären Schule für sämtliche Kinder dieser Jahrgänge geworden, und nun erst wurde das *lycée* – übrigens gegen den erbitterten Widerstand vieler Eltern, aber mit Unterstützung des damaligen bürgerlichen Staatspräsidenten Giscard d'Estaing und seiner Anhänger – endgültig auf die drei oberen Klassen eingeschränkt.

Die vom 6. bis zum 13. Lebensjahr obligatorische laizistische Volksschule, die durch den Unterrichtsminister Jules Ferry in den Gesetzen von 1881/82 verankert wurde, um junge Republikaner zu erziehen, setzte Volksschullehrer als Missionare der Republik voraus. Sie wurden in den *«Ecoles normales»* ausgebildet. Auch das *collège* gründet auf der egalitär-republikanischen Tradition; es hat seinen historischen Ursprung im Linksparteienprogramm einer Einheitsschule *(«école unitaire»)* für die Jugend Frankreichs (vgl. Curtius 1931, 149). Es ist zu vermuten, daß die Einrichtung des sog. «collège Haby» u. a. erfolgte, um den Linksparteien nach dem nur sehr knappen Wahlsieg Giscard d'Estaings über Mitterand 1974 auf diesem Sektor den Wind aus den Segeln zu nehmen. Der damalige Erziehungsminister Haby nämlich stellte dieses Hauptstück seiner Reform zusammen mit der Grundschule als «l'école commune à tous» dar und nahm dabei das Schlagwort von der Chancengleichheit auf: «l'égalité des chances doit y être toujours recherchée» (Haby 1975, 18). – Das *collège* bildet allerdings das größte Sorgenkind des französischen Bildungssystems. Das verordnete «enseignement commun» ist angesichts der noch immer unzureichenden didaktischen Aus- und Weiterbildung der Lehrer und angesichts der Niveauunterschiede schwer zu realisieren. Etwa 25 % der Schüler wandern deshalb schon nach der 5ᵉ in Ausweichzweige ab (bes. 3-Jahres-LP, s. Abb. 57). Durch die Einführung spezieller Klassen, die eigentlich dem Einheitsprinzip widersprechen (sog. *4ᵉ et 3ᵉ technologiques)*, meist an einem LP, hat man die Zahl der Sitzenbleiber wie auch der Abgänger in den vorberuflichen Unterricht (CPA/CPPN, nur theoretisch aufgehoben) von 42 % (1980) auf 24 % (1993) – so zumindest in der 4ᵉ und 3ᵉ – senken können. Die «mobilisation contre l'échec» durch eine Niveaudifferenzierung und eine Beratung gefährdeter Schüler nimmt großen Raum in der Diskussion ein (Näheres s. Oerter/Hörner 1995, 55–58).

Besonders schwierig ist die Situation in den *banlieues* vieler Großstädte. Vor allem in ihnen wurden daher seit 1981 554 *«Zones d'Education Prioritaires»* (*Z.E.P.*) geschaffen. Sie umfassen 5500 *écoles élémentaires*, 800 *collèges*, 130 *lycées professionnels* sowie 30 *lycées*. Nach der seinerzeit von Alain Savary lancierten Devise «donner plus à ceux qui ont moins» werden hier 12 % der Schüler Frankreichs intensiver zu betreuen versucht. Die Lehrerzahl ist höher als üblich, diverse weitere Vergünstigungen kommen hinzu. Im «mal-vivre des banlieues» sollen die Staatsschulen als Ausstrahlungszentren der Hoffnung wirken. Daher wird an ihnen auch die Erwachsenenbildung besonders gefördert (s. die *enquête* in ME, Dez. 1991, 18–35 sowie Gilsoul-Bézier 1989, 133).

Im Vergleich zum *collège* bzw. zu den *Z.E.P.* kann man die Hauptschule (nicht die Gesamtschule s. 5.1.3) als größten Krisenbereich bzw. als instabilstes Glied des deutschen Bildungswesens bezeichnen. Wegen des dreigliedrigen Schulsystems ist hier das Grundproblem allerdings anderer Natur: Diese Schule leidet an fortschreitender Auszehrung. Noch Anfang der siebziger Jahre besuchten sie bis 70 % der Kinder; 1991 waren es bundesweit nur noch 31,5 % und jeder zweite Hauptschul-Standort gilt inzwischen als gefährdet (Badische Zeitung, 21. 2. 1992). „Die wissenschaftlich-technologische Entwicklung in allen Lebens- und Arbeitsbereichen wie auch die rasante Zunahme der Wissensbestände auf allen Ebenen führen zu einem gesteigerten Bedarf an höher qualifizierten Bildungsabschlüssen", diagnostiziert der Erziehungswissenschaftler W. Heldmann (Die Welt, 14. 12. 1991, 23). In der Diskussion ist daher das Vorgehen der meisten neuen Bundesländer, wo Haupt- und Realschule in der *Mittelschule* bzw. *Regelschule* zusammengelegt wurden und anschließend der Besuch eines technischen oder wirtschaftswissenschaftlichen Gymnasiums ermöglicht wird. Das dreigliedrige Schulsystem würde also ersetzt durch ein „*Zwei-Säulen-Modell*" . . . In Frankreich dagegen ist es das „einheitliche" *collège* in egalitärer Tradition, das – im Hinblick auf die gleichen Altersjahrgänge – die größten Schwierigkeiten verursacht. Insofern bringen beide Schulformen, innerhalb des dreigliedrigen Systems die *Hauptschule* mit ihrem Schwundprozeß und damit auch dem zunehmenden Leistungsträger-Verlust in den Klassen, ebenso aber auch im französischen System das *collège* mit seinen ungelösten Problemen, geradezu idealtypisch die unterschiedlichen Traditionen (und die Schwierigkeiten ihrer Aufrechterhaltung in der Gegenwart) zum Ausdruck. – Bleibt man beim Vergleich, so sind die Zukunftsaussichten allerdings unterschiedlich. Das Problem Hauptschule könnte sich bei weiterem Wachstum der „neuen Mittelschichten" und weiterem Schülerschwund eines Tages – überspitzt gesagt – von selbst erledigen. Das *collège* wird dagegen ein „Dauerbrenner" bleiben, solange Frankreichs tiefere Sozialkonflikte (s. Kap. 4) fortexistieren. Ein Extrembeispiel beleuchtet dies. In einem Bericht vom *collège*-Praktikum einer künftigen Lehrerin heißt es: « Laure a constaté que les classes de sixième, théoriquement hétérogènes, étaient parfois très homogènes, les unes regroupant les enfants des milieux aisés, d'autres étant ‹de véritables classes ethniques composées exclusivement d'élèves maghrébins›» (ME, Dez. 1991, 49).

Fazit: Die Schulsysteme beiderseits des Rheins können gar nicht umhin, sich im Hinblick auf die Kinder bzw. Jugendlichen zwischen 6/7 und 14/15 Jahren, also im zweiten Zeitraum der „prägenden" Chancensteuerung nach der frühen Kindheit, mehr als bisher den sozialen (wie auch den wirtschaftlichen) Veränderungen anzupassen. Alle Systeme (auch die Parteiensysteme, die Sprachen, die Wirtschaft eines Landes) müssen sich fortwährend – und rechtzeitig – den größeren Systemen anpassen, innerhalb derer sie existieren. Das lehrt das Leben . . .

3. Nach dem *collège* gelangen die Schüler in das dreijährige *lycée* oder das zweijährige *lycée professionnel* (bis zum RPR-UDF-Wahlsieg 1986: *L.E.P. = lycée d'enseignement professionnel*). Sowohl in der reformierten Oberstufe deutscher Gymnasien (seit 1977 in allen Bundesländern, aufgrund eines 1972 gefaßten Beschlusses der Kultusministerkonferenz) als auch in dem seit 1973 bis 1975 schritt-

weise realisierten dreijährigen *lycée* dürfen die Schüler *Schwerpunkte* nach Leistungsfähigkeit und Interesse setzen. Diese meist mit dem Anwachsen der wissenschaftlichen Erkenntnisse und der Stoffe sowie mit der Berufswahl „nach Neigung" begründete Tendenz hängt zugleich mit dem hohen Ziel der Erziehung zur Selbständigkeit, zur eigenen Verantwortung zusammen, zumal das Mündigkeitsalter in beiden Staaten auf 18 Jahre herabgesetzt wurde. Auf die Denaturierung dieses Ziels durch Wissensportionierungen, Notenkalküle und höheren Leistungsdruck (schmaleres Arbeitsplätzereservoir, Hinarbeiten auf künftige *concours* schon im *lycée*, Rolle der Abitursgesamtnote für die Numerus-clausus-Fächer) wurde von verschiedensten Seiten hingewiesen. Die *lycées* stehen im Zeichen fortschreitender Spezialisierung: Von der *seconde* zur *première*, von dieser zur *terminale* nehmen die Kernfächer ab, die Wahlfächer in Kurssystemen zu. Es gibt dabei folgende Züge (frz. *séries* mit entsprechendem *baccalauréat*):

ES (économique et social)
L (littéraire)
S (scientifique)

sowie als Domänen der „technischen Gymnasien" *(lycées technologiques)*, die i. U. zur Bundesrepublik in nur drei Jahren fast ein Drittel aller Abiturienten ausbilden, wahlweise mit einem studienbegleitenden *baccalauréat technologique* (= Btn) oder allein einem Technikerabschluß (*brevet de technicien*, BT):

STI (sciences et technologies industrielles)
STT (sciences et technologies tertiaires)
STL (sciences et technologies de laboratoire)
SMS (sciences médico-sociales)

Diese neuen Züge beruhen auf einer Strukturreform; sie soll die Vorrangstellung des bisherigen elitären und dominant mathematischen «série C» durch deren Einschmelzung in die jetzige «série scientifique» aufheben. Auch hofft man, mehr künftige Lehrer besonders aus der «série littéraire», den bisherigen drei A-Zügen, zu gewinnen. Es gibt also nur noch *sieben* große Züge. Sie enthalten dafür aber, neben den Pflichtfächern (*matières dominantes*), mehr „Wahlpflichtfächer" *(options obligatoires)*, *Wahlfächer (options)* sowie – eine Neuerung – Zusatzstunden in kleinen Gruppen (*modules*). Einzelheiten s. ME, Sept. 1991, 38–40 und die vom Erziehungsministerium herausgegebene Informationsschrift *La rénovation pédagogique du lycée* vom März 1992 sowie aus deutscher Sicht Neifeind 1995. – Zur Geschichte s. Melde 1989. – Die Erfahrungen eines deutschen Austauschlehrers, besonders mit dem Fach *allemand* in den drei Klassen, schildert anschaulich Rappenecker 1990.

Die Schüler aller Zweige legen einen Teil des *baccalauréat* schon am Ende der *première* ab: im Fach Französisch *(« épreuve anticipée de français »)*, zur Entlastung der *terminale*. Schriftliche wie mündliche Prüfungsteile des *baccalauréat* unterliegen einer strengen Anonymität: Die Prüflinge kennen die beurteilenden Lehrer nicht. Die Programme bis zum *baccalauréat* sind landeseinheitlich; die Vorbereitung darauf führt zu einem dozierenden Unterrichtsstil und bereits deshalb auch zu einem größeren Abstand zwischen Lehrern und Schülern, als er in der Bundesrepublik denkbar und üblich ist. (Zwar haben inzwischen einige Bundesländer ein Zentralabitur. Doch ist der Lehrer der Abitursklasse 1. Erstkorrektor für die schriftliche Abitursarbeit, 2. Mitprüfender an der eigenen Schule und bei seinen Schülern im mündlichen Abitur.) Der Schüler in Frankreich dagegen soll und kann sich „nicht auf die Besonderheiten und Vorlieben seines Lehrers einstellen“ (Kodron 1980, 13). Das Anonymitätsprinzip soll die gerechte und gleiche Behandlung aller Prüflinge gewährleisten. Es stammt aus der *égalité*-Forderung der Französischen Revolution und bleibt bis heute, in dieser formalisierten Weise, grundlegend für die meisten Prüfungen in Frankreich, besonders für die *concours* zu den tertiären Bildungsinstitutionen.

4. Auch in der *Berufsbildung* liegen große Unterschiede. Die deutsche Berufsschule ergänzt nur die praktische Ausbildung in den Betrieben durch – in der Regel – acht bis zwölf Unterrichtsstunden pro Woche (Teilzeitschule). Stellenweise alterniert auch die Ausbildung am Betrieb und in der Schule (zeitweilige Vollzeitschule). Die beruflichen Vollzeitschulen (Berufsfach- und Fachoberschulen) nehmen demgegenüber eine Minoritätsposition ein (Stooß 1981, 287). Da in der Bundesrepublik bis zum 18. Lebensjahr eine Schulpflicht besteht, erlernen ca. 60–65 % der sechzehn- bis achtzehnjährigen Jugendlichen ihren Beruf in diesem *dualen System* (Aurin 1978, 153). Und weil die Betriebe dabei die Hauptrolle spielen, stand die Suche nach genügend *Ausbildungsplätzen* im Zentrum des Kampfes von Bund (er hat hier wichtige Kompetenzen), Ländern und Gemeinden gegen die Jugendarbeitslosigkeit. Sie hatte einen relativen Erfolg. Zwar waren 1987 etwa 128 000 Jugendliche unter 20 Jahren arbeitslos (1983: 192 000), doch lag erstmals zumindest statistisch ein Überangebot von Ausbildungsplätzen vor (Haefs 1989, 192 und 203). Dieses Überangebot hat – mit Ausnahme der neuen Bundesländer – wegen des allgemeinen Drangs zu höheren Bildungsabschlüssen zugenommen; daher

entstehen in verschiedenen Berufssparten jetzt ernsthafte Nachwuchsprobleme (Zahlen s. Fischer-Weltalmanach 1995, 211 f.). Im Jahre 1991 gab es in den alten Bundesländern sogar erstmals mehr Studenten als Auszubildende; hier wird die Bildungspolitik gegensteuern müssen.

Im Zusammenhang mit dem allgemeinen Arbeitsplätzeabbau und anderen Faktoren ist zwischen 1993 und 1995 die Zahl der angebotenen Lehrstellen erneut zurückgegangen. In den alten Bundesländern kamen Ende Mai 1995 auf 411000 Bewerber 472000 gemeldete Ausbildungsplätze, in den neuen Bundesländern wurden zum gleichen Zeitpunkt 170000 Bewerbern nur 73000 Lehrstellen angeboten. Nach Geißler 1994 ist das einst hoch gelobte duale System nicht etwa in eine vorübergehende, sondern in eine tiefere strukturelle Krise geraten. Solche Kritiken werden aber vor allem von der Arbeitgeberseite vehement zurückgewiesen.

Die französische Berufsschule heißt offiziell, in bewußter Angleichung der Termini, *«lycée professionnel»*. Es ist eine zweijährige Ganztagsschule mit 31 bis 36 Wochenstunden Unterricht. Da die Arbeitslosigkeit bei den Jugendlichen unter 25 Jahren in Frankreich bei rund dreißig Prozent (!) lag und 1994 noch immer 25 Prozent betraf und damit weit über der durchschnittlichen Arbeitslosenquote von ca. 11,7% lag, hat man große Anstrengungen zur Verbesserung der Kontakte zwischen den später arbeitssuchenden Jugendlichen und den Betrieben unternommen. Durch «jumelages école-entreprise» sind Unterrichtswochen im Betrieb nun zumindest für einen Teil der Berufsschüler zum festen Bestandteil ihrer Ausbildung geworden. Drei Viertel der auszubildenden jungen Franzosen besuchen eine Vollzeitschule, nur ein Viertel absolviert eine duale Lehrlingsausbildung *(apprentissage)* in einem Betrieb und einem C.F.A. (Centre de Formation d'Apprentis). Zur Wertung s. Oerter/Hörner 1995, bes. 117ff. sowie Lasserre 1994, 60. Eben weil die große Mehrheit bisher ein vollzeitliches *lycée professionnel* besucht, ist nicht ein „Ausbildungsplatz", sondern die Arbeitsplatzsuche *nach* den Jahren in der Berufsschule das große Problem vieler junger Franzosen. Die Chancen richten sich nach dem erworbenen Diplom.

Am beliebtesten war das in früher 3, heute 2–3 Jahren zu erwerbende *CAP* (Certificat d'aptitude professionnelle), das die Ausbildung zu einem von 500 (heute: 309) speziellen Berufen bescheinigt und von der Arbeitgeberseite am ehesten anerkannt wurde. Das zweijährige *BEP* (Brevet d'études professionnelles) beinhaltet mit seinen ca. 44 Fachrichtungen die Ausbildung zu einer ganzen Berufssparte, macht die künftigen Arbeitssuchenden insofern flexibler, erfuhr aber geringere Anerkennung von Arbeitgeberseite. Das hat sich erstmals im Schuljahr 1986/87 geändert. Das breitere *BEP*, bei dem der Anteil des Dienstleistungsbereichs zudem ⅔, der des industriellen Sektors nur ⅓ beträgt, hat das spezialisiertere *CAP* mit seiner umgekehrten Verteilung beider Sektoren deutlich überrundet (Abschlüsse 1992/93: 4:1). Nun also, mit einiger Verzögerung, wirkt sich das starke Wachstum des Dienstleistungsbereichs (vgl. 3.2) und seiner Mobilitätsanforderungen auch auf das Verhältnis zwischen den berufsbildenden *formations* und ihren Abschlüssen aus. – Eine Höherqualifizierung für begabte BEP- oder CAP-Inhaber am gleichen *lycée professionnel* gestattet ein 1985/86 geschaffener zweijähriger Ausbildungsgang zum „Berufsabitur“ *(baccalauréat professionnel = bac pro)*, der insgesamt mindestens vier Praktikumsmonate in örtlichen Betrieben enthält. Er sollte zur Aufwertung des beruflichen Unterrichts beitragen und hochqualifizierte Facharbeiter und -angestellte hervorbringen. Das ist auch gelungen. 90 % aller Absolventen mit einem *bac pro* fanden z. B. 1992 sofort eine Arbeitsstelle (Oerter/Hörner 1995, 79).

Die dargestellten Unterschiede zwischen französischer und deutscher Berufsbildung haben tiefere historische Gründe: Wegen seiner früheren, bereits im 19. Jahrhundert sehr umfangreichen Industrialisierung hat Deutschland eine *längere* Tradition in der Berufsbildung. So konnte die Zusammenarbeit zwischen den Unternehmern und dem Staat – sichtbar im dualen System, das nach Stooß (1981, 282) letztlich auf die Regelungen der Zünfte und Kaufmannsgilden zurückgeht – eine lange Reifezeit erfahren. Frankreich dagegen wurde im großen Umfang erst nach dem Zweiten Weltkrieg industrialisiert (vgl. Kap. 3). So entwickelte sich auch ein modernes Berufsbildungswesen nur langsam und relativ spät. Und es lag dabei von vornherein vorwiegend in den Händen des zentralistischen *Staates*, ebenso wie die Initiativen zur Modernisierung und Konzentration in der Wirtschaft vom Staat und seiner *planification* ausgingen. Die Arbeitgeber fühlten sich hierfür also – i. U. zu den deutschen Kammern – nicht verantwortlich, und die weitgehend linksorientierten Lehrergewerkschaften waren ohnehin allergisch gegen ein Eindringen „der Kapitalisten“ in die Berufsbildung als eine ihrer Domänen. Diese Kräftekonstellationen und Mentalitäten wirken bis heute nach, vgl. Lasserre 1994, 63. Daher die dominant staatliche Vollzeit- und Ganztagsberufsschule in Frankreich.

5. Man *zählt* in Deutschland die Schuljahre bzw. Klassen *von unten nach oben*. In Frankreich zählt man im Prinzip umgekehrt *von oben nach unten*, ähnlich wie im früheren deutschen Gymnasialsystem (Prima, Sekunda, Tertia, hier jedoch noch weiter in Ober- und Unterprima usw. unterschieden). Lediglich die Abitursklasse heißt « terminale ».

5.3 Der Hochschulbereich in Frankreich und in der Bundesrepublik

Durch das starke Wachstum der Studentenzahlen in beiden Staaten (Verdoppelung in Frankreich allein zwischen 1976/77 und 1981/1982, Übersteigen der Millionengrenze in der Bundesrepublik im gleichen Zeitraum, nochmaliges Ansteigen auf ca. 2 Mio. 1993 in Frankreich und 1,875 Mio. im Wintersemester 1993/94 in Deutschland) stellte sich die Grundfrage: Wie können so viele Hochschulabsolventen vom Arbeitsmarkt aufgenommen werden, zumal dieser aller Voraussicht nach durch neue Technologien langfristig schrumpft? Die Antwort: Der Arbeitsmarkt ist damit überfordert, selbst wenn man hier und da neue Möglichkeiten entdeckt und realisiert. Man muß also bei der Absolventenzahl ansetzen – entweder *vor* dem Studium (Stipendienpolitik, Frage der Ausdehnung des Numerus clausus in der BRD bzw. seiner Einführung in Frankreich, die 1983 diskutiert, aber verworfen wurde) oder *während* des Studiums durch „Herausprüfen" *(sélection)* und „Umleiten" bzw. „Umschulung" der Herausgeprüften (aber wohin?). Ein Versuch der Regierung Chirac, hier wieder beim Studienbeginn anzusetzen – mit einem Gesetzentwurf («loi Devaquet»), der den Universitäten die Möglichkeit *direkter* Zulassungsbeschränkungen für ihre Lehrbereiche geben sollte –, wurde im Dezember 1986 durch Massendemonstrationen von Schülern und Studenten hinweggefegt. Die Schwierigkeiten aber erhöhen sich. Trotz der drängenden Probleme hat sich die Bundesrepublik in der Frage der Studentenzahlen – jedenfalls in den philologischen, den juristischen und wirtschaftswissenschaftlichen Fächern – für überhaupt nichts entschieden; man sucht nur mit dem Numerus clausus gegenzusteuern. Man überläßt also die Studierenden nach dem Examen ihrer *„Eigenverantwortung"* bzw. den hierin ebenfalls überforderten *Arbeitsämtern . . .* Es gibt weder einen roten Faden noch einen schwarzen, weil beide Volksparteien nicht den Verlust von Wählerstimmen durch Maßnahmenkataloge für die Zeit vor und/oder während des Studiums riskieren wollen. Viele Studenten würden zwar als erste von „undemokratischen Maßnahmen" sprechen. Ihr eigentliches wie auch das nationale Interesse müßte aber im *Ausbau der Fachhochschulen* liegen, z. B. von der Krankenschwester- und Krankengymnastinausbildung bis zu den sozialtherapeutischen und kaufmännischen Berufen. Frankreich verwendet, im Unterschied zur Bundesrepublik, im wesentlichen das Mittel der *sélec-*

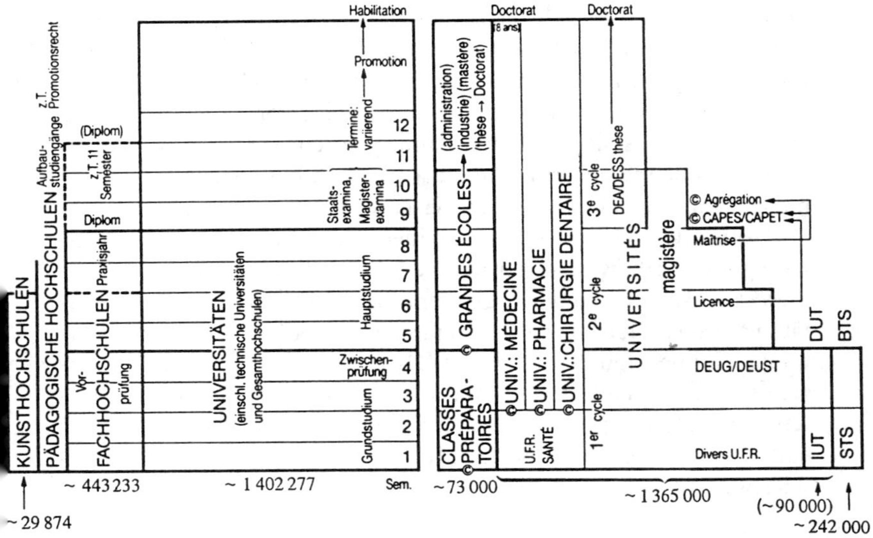

Abb. 58: Hochschulwesen in Frankreich und in der Bundesrepublik. (Zahlen für Deutschland im WS 93/94: Fischer-Weltalmanach 1995, 210. Univ. einschl. päd. u. theol. Hochschulen. Zahlen für Frankreich in der *année universitaire* 1993/94: Cordellier 1994, 80. Hinzu kommen ca. 97 000 Absolventen der *Grandes Ecoles* und anderer Ingenieur- und Handelsschulen sowie ca. 287 000 Studierende an sonstigen Institutionen.)

tion. Sowohl bei den *concours* zu den *Grandes Ecoles* und zu vielen Fach- und Aufbaustudiengängen als auch *während* des Studiums (besonders deutlich im Fach Medizin nach dem ersten Jahr, aber auch in dem der Zwischenprüfung funktional entsprechenden, inhaltlich breiteren *DEUG* – dem *«Diplôme d'études universitaires générales»*) werden zahlreiche Kandidaten bzw. Absolventen „herausgeprüft". Dann allerdings läßt man sie – hierin ähnlich wie in der Bundesrepublik nach dem ersten bzw. dem zweiten Examen – mit ihren Problemen allein; Ausnahmen bestätigen die Regel. Im Rahmen der *Anpassung von Hochschulbildung und Arbeitsmarkt* sind die seit den späten sechziger Jahren in beiden Staaten unternommenen Versuche zu sehen, durch *Fachhochschulen* (und deren Aufwertung) stärker berufsbezogene Alternativen zur herkömmlichen Universität zu bieten.

In Frankreich reicht die Sekundarschule schon institutionell viel stärker in den postsekundären Bereich hinein als in Deutschland:

durch die überaus begehrten *classes préparatoires aux grandes écoles* und die ebenfalls selektiven STS (vgl. 5.3.3). Es gibt noch einen zweiten Unterschied: Generell zeigt das französische Hochschulsystem mehr Möglichkeiten des Überwechselns von einer Institution zur anderen, als sie in Deutschland geboten werden bzw. üblich sind. Man nennt sie *passerelles*, also Stege, kleine Brücken. Besitzt man bestimmte Leistungsnachweise, so kann man z. B. von den IUT oder den STS (s. 5.3.3) zu einer *université* oder nach einem Aufnahmewettbewerb sogar in eine *Grande École* gelangen. Der in diesem Zusammenhang oft genannte Begriff „horizontale Mobilität“ meint das gleiche wie die Metapher *passerelles*, welche die horizontale Dimension betont. Diese Übergänge dienen aber in der Regel der Höherqualifizierung; mit ihnen ist eine vom System gestattete vertikale Mobilität verbunden. Man spräche also besser und einfacher von einer größeren Mobilität im französischen Hochschulwesen.

5.3.1 Frankreichs «Grandes Ecoles»

Das Hochschulwesen Frankreichs ist durch die herausragende Stellung der *Grandes Ecoles* gekennzeichnet. Hier umfaßt die Studiendauer, rechnet man die zweijährigen, allerdings meist an *lycées* angesiedelten Vorbereitungsklassen *(classes préparatoires)* hinzu, in der Regel fünf Jahre. Über 200 der ca. 300 Institutionen dieser Art sind «écoles d'ingénieurs». Insofern könnte man von *„Spezialhochschulen“* sprechen. Doch gibt es sie nicht in allen Bereichen. Jura und Medizin z. B. sind Domänen der Universitäten geblieben. – Auch eine Übersetzung mit *„Elitehochschulen“* träfe zu. Denn in fast allen gesellschaftlichen Bereichen Frankreichs (Verwaltung, Politik, Armee, Wirtschaft und Handel, Technik) stammen die Spitzenkräfte zum weitaus größten Teil aus den Grandes Ecoles (Bourdieu 1989). Ein beträchtlicher Teil der Grandes Ecoles untersteht direkt dem Erziehungsministerium. Außerdem besitzt fast jedes Ministerium „seine“ Grande(s) Ecole(s) und überwacht und lenkt somit die Ausbildung der Spitzenkräfte in seinem Bereich. Dies zeigt die Abb. 59.

Im Aufnahmewettbewerb *(concours d'entrée, concours d'admission)* nach der meist zweijährigen Vorbereitung gelangen nur ca. 10% der Kandidaten ans Ziel – wegen der wie in jedem *concours* in Frankreich sehr begrenzten Aufnahmezahl (Einzelheiten s. ME,

März 1992, 95–129.). Die Erfolgreichen haben damit die entscheidende Hürde hinter sich. Die staatlichen Grandes Ecoles finanzieren ihre Ausbildung gänzlich (die „Schüler" erhalten ein Beamtengehalt). Die anderen Grandes Ecoles unterstützen ihre Ausbildung zum Teil, u. a. aus der *taxe d'apprentissage*, die in Frankreich jedes Unternehmen zur Förderung der Berufsbildung zahlen muß und deren Verteilung es bestimmen bzw. mitbestimmen kann (Henry-Gréard 1982, 328). Nach dem *concours* erhalten die Absolventen zunächst eine theoretische, dann eine stärker praxis- und berufsorientierte Ausbildung, welche die Flexibilität und Kreativität durch ein problemorientiertes Studieren in Kleingruppen fördert. Nach der Abschlußprüfung werden die Absolventen eines Jahrgangs (einer «*promotion*«) nach ihren Leistungen in eine Rangliste eingeordnet. Die besten können sich dann eine gut dotierte Stellung in der Verwaltung oder der Wirtschaft aussuchen. „Obgleich die Verbundenheit unter den ehemaligen Studenten dieser Hochschulen zu Arroganz und Günstlingswirtschaft führt, entstand dadurch eine geeinte und tüchtige Elite, die oft imstande ist, einander über die hemmenden Schranken des französischen öffentlichen Lebens hinweg die Hände zu reichen, und das gilt für die Privatindustrie wie für den Staatsdienst" (Ardagh 1969, 419). Bourdieu (1989, 159) spricht von einer «noblesse d'Etat» bzw. «noblesse d'école». Ein Interview, das der frühere Renault-Leiter B. Hanon gab, veranschaulicht den Ruf intellektueller Beweglichkeit der Absolventen auf Grund ihrer vielseitigen und problemorientierten Ausbildung. Es begründet zugleich, warum man bei Renault für die Positionen der höheren Angestellten seit Jahren die Absolventen des Grandes Ecoles bevorzugt, und zwar zu 75 %:

«Nous avons surtout besoin de généralistes, des gens qui ont à la fois la capacité d'apprendre ce qui se passe autour d'eux, qui ont une flexibilité d'esprit et qui savent communiquer. Les grandes écoles nous fournissent des individus à peu près convenablement calibrés, possédant un minimum de connaissances garanti, sachant travailler . . . On peut dire tout le mal qu'on veut des classes préparatoires dont le contenu d'enseignement est sûrement à revoir, mais les élèves y apprennent à se dépasser, à se défoncer. Etre capable de passer un concours de grande école, c'est être capable d'aller vite. Les gens très forts vont très vite.

L'aptitude à manier des problèmes difficiles et à réagir rapidement est une qualité particulièrement appréciée dans l'industrie.» (CEN, Mai 1983, 22)

Die Pointe: Zwei Jahre danach mußte Monsieur Hanon seinen Hut nehmen . . .

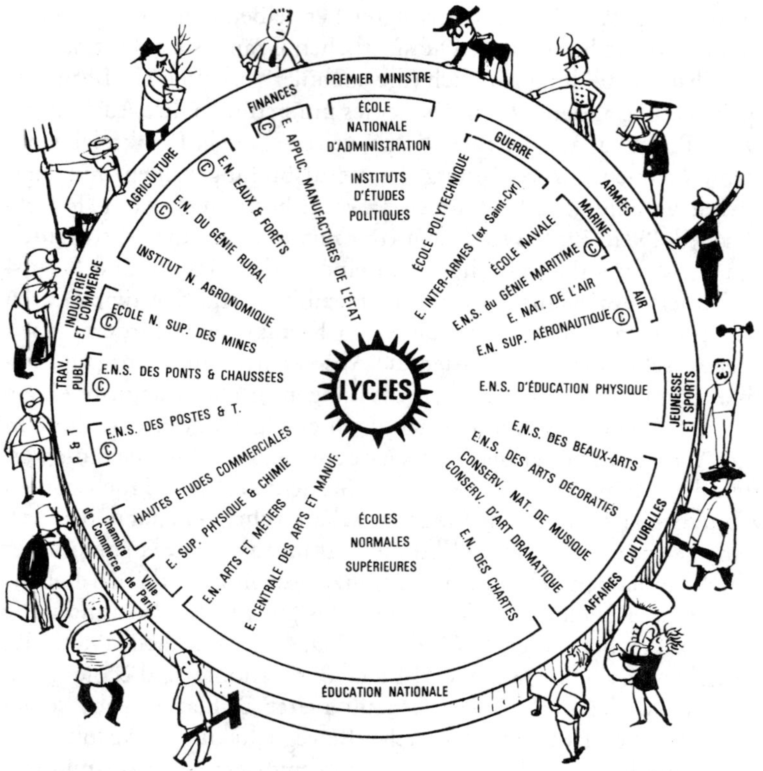

Abb. 59: Grandes Ecoles in Frankreich.
(Aus: Michaud/Torrès 1978, 173)

Der CNRS (s. 5.1.6) hat 1992 eine vergleichende Studie zu den Karrieren der Geschäftsführer in den (je) 200 größten französischen und deutschen Unternehmen veröffentlicht, die u. a. die eminente – und in solcher Quasi-Ausschließlichkeit fragwürdige – Bedeutung der *Grandes Ecoles* zeigt. Verwiesen sei auf ein knappes, aber sehr instruktives Resumé in: Die Welt, 18. 1. 1992, 5.

Die ersten Ingenieurhochschulen entstanden im 18. Jahrhundert, um dem Staat qualifizierte und spezialisierte Kräfte für den Brücken-, Straßen- und Bergbau etc. zu geben – Kräfte, welche ihm die veralteten Universitäten nicht ausbilden konnten. Im 19. Jahrhundert und in der ersten Hälfte des 20. Jahrhunderts herrschte ein Gleichgewicht, eine Art „Arbeitsteilung" zwischen Grandes Ecoles und *universités*. Die *« héritiers »*, die Abkömmlinge reicher Familien, studierten eher Jura und Medizin an den Universitäten. Die Grandes Ecoles dagegen boten wegen ihrer Vollstipendien vor allem den *« boursiers »*, die meist aus ärmeren Schichten stammten, den Weg zum sozialen Aufstieg (Curtius 1931, 136). Zu den ENS-Absolventen, die nach der eigentlichen Bestimmung der ENS Lehrer oder Hochschullehrer werden sollten, gehörten z. B. viele Schriftsteller (Péguy, Romains, Giraudoux, Sartre, Simone Weil), Wissenschaftler (Pasteur, Taine, Fustel de Coulanges, Bergson) und Politiker (u. a. Jaurès, Herriot, L. Blum, Pompidou). – Erst nach dem Zweiten Weltkrieg erreichten die Grandes Ecoles ein eindeutig höheres Prestige. Dies lag einerseits an der unveränderten Beibehaltung ihrer höchst selektiven *concours* und an der Wandlung der traditionellen zur Massenuniversität (ohne Numerus clausus), andererseits an der Leitbildwandlung vom humanistischen Bildungsbürger zum beweglichen, anpassungsfähigen (und „jungbleibenden", sportlich joggenden) Technokraten, der dennoch einen feinen Geschmack für Literatur und bildende Kunst besitzt . . . (vgl. CEN, Mai 1983, 24). In der eindeutigen Präferenz des C-Zuges gegenüber dem A-Zug in den *lycées* (Melde 1989) und trotz der *lycée*-Reform nun wohl des S-Zuges gegenüber dem L-Zug zeigt sich dieser Leitbildwandel ebenso deutlich.

Die bekanntesten Grandes Ecoles heißen:
Ecole des Ponts et Chaussées (gegr. 1747)
Ecole des Mines (1783)
Ecole Polytechnique (1794, in der Presse: « l'X » für die Schule, « les X » für deren Absolventen, von der mathematischen Größe X)
Ecole Normale Supérieure (ENS, 1794)
Ecole Centrale (1829, Industrie)
Ecole Nat. Sup. des Télécommunications (ENST, 1878, neuer Name seit 1942)
Ecole des Hautes Etudes Commerciales (HEC, 1881, privat)
ENS de garçons de Saint-Cloud (1880)
ENS de jeunes filles (1881/82), nun mit St-Cloud zusammengelegt
Ecole Supérieure d'Electricité (1891)
Ecole Supérieure d'Aéronautique (1909)
ENS de l'enseignement technique (1912)
Ecole Nationale d'Administration (ENA, 1945, Name der Absolventen in der Presse: « les énarques », da sie Frankreich wie « monarques » regieren; bekannte ENA-Schüler sind z. B. Chirac, Giscard d'Estaing, Peyrefitte, Balladur, Juppé, Rocard, Chevènement, Fabius und Jospin); 1992 wurde die ENA größtenteils in die „Europastadt" Straßburg verlegt, nun aber erfolgt der Unterricht wieder hauptsächlich in Paris.

Als Quasi-Vorstufe zur ENA gelten die 9 Instituts d'Etudes Politiques (« Sciences-po »), d. h. die eigentlichen Ausbildungs- und Forschungsstätten für die Politologie in Frankreich. Am bedeutendsten ist das IEP Paris.

Von den ENS gibt es inzwischen vier: rue d'Ulm-Sèvres, Fontenay-Saint Cloud, Cachan, und als jüngste die ENS Lyon.

Die Wirtschaftshochschulen (*Grandes Ecoles de Commerce et de Ges-*

tion) werden zunehmend begehrter. Inzwischen gibt es, neben der Pariser HEC und ähnlichen Institutionen im Zentrum, bereits sehr angesehene Ausbildungsstätten dieser Art in der Provinz. Auch die *Grandes Ecoles* sind inzwischen also auf einem vorsichtigen Wege der Dezentralisierung.

5.3.2 Die Universitäten im Zeichen der Diplome und *concours*

Man studiert an den Universitäten Frankreichs meist nur *ein* Fach, allerdings mit Nebenfächern, außer Deutsch z. B. Englisch und französische Literatur. Die traditionelle Konzentration auf ein (solchermaßen erweitertes) Einfachstudium ist Gegenstand der Diskussion. Ein weiterer Unterschied zur Bundesrepublik liegt in der strengeren Reglementierung des Studiums. Es gibt weitaus mehr vorgeschriebene Lehrveranstaltungen, u. a. Vorlesungen *(cours magistraux)*, „Seminare" *(travaux dirigés)*, Übungen *(travaux pratiques)*. Strenger ist auch der äußere Organisationsrahmen. Er enthält drei Zyklen, die am Beispiel der Geistes-, Natur-, Rechts- und Wirtschaftswissenschaften dargestellt wurden (s. Abb. 58).

Das DEUG wurde vor allem geschaffen, um vielen Studierenden angesichts der hohen Studienabbruchsquoten zumindest ein staatlich anerkanntes Diplom zu geben. Aber lediglich 30 % der Studenten erreichen das DEUG nach den vorgesehenen 2 Jahren, noch einmal 15–20 % nach 3 Jahren. Diese geringe Erfolgsquote hat vielfältige Gründe (ME, April 1984, 15; Quid 1984, 1381). – *Licence* und *maîtrise* bilden die Voraussetzungen zur Teilnahme an bestimmten *concours*: das *CAPES* bzw. *CAPET* (s. Abb. 58) und die aus der napoleonischen Zeit stammende *agrégation*. Das *CAPES* setzt die *licence* voraus, die *agrégation* die durch ein schriftliches *mémoire*, dessen mündliche „Verteidigung" und die Beantwortung einiger Fragen erwerbbare *maîtrise*. Die Zahl der mit diesen *concours* erreichbaren Stellen wurde stark erhöht. Außerdem wurde 1988 die Aufspaltung in ein *CAPES interne* (für bereits Unterrichtende, einschl. *collège*-Lehrer) und ein *CAPES externe* (für die anderen Bewerber) vorgenommen, um mehr *lycée*-Lehrer angesichts der wachsenden Abiturientenzahlen zu gewinnen. Eine ähnliche Regelung erfolgte für die *agrégation*. Es besteht sogar die ehrgeizige Absicht, im Jahr 2000 57 % einer Altersgeneration zum Abitur und – durch Schulzeitverlängerung – insgesamt 80 % zu einem noch nicht präzisierten «niveau bac» zu führen (*loi Jospin*, 1989).

Dieses Ziel ist in Frankreich auf dem Hintergrund der «compétition europénne et mondiale», aber auch der Dialektik zwischen den egalitären Tendenzen seit der Revolution («mass education» als Aufgabe des Staates und als "a national obsession in France", s. Green 1990, 146 und 161) und den elitären Tendenzen (mit den *Grandes Ecoles* als deren deutlichste Manifestation im Bildungsbereich) zu sehen. Wer nach dem CAPES eine pädagogische Ausbildung genossen hat, wird *professeur certifié*; im glücklichen Besitz der *agrégation* wird man nach einem Ausbildungsjahr (ohne zweite Prüfung) zum höher besoldeten und zu weniger Wochenstunden verpflichteten «professeur agrégé». Der Sicherung der Privilegien der *agrégés* hat sich die «Société des Agrégés» verschrieben. Die Programme für beide *concours* (viele Kandidaten nehmen an beiden teil) wechseln jedes Jahr. Sie werden ca. ein Jahr vor den Prüfungsterminen bekanntgegeben und in besonderen Vorbereitungskursen der Ecoles Normales Supérieures (sie sind hier privilegiert, da vor allem aus ihren Reihen die Prüfer stammen) sowie der Universitäten behandelt. Zur Veranschaulichung des Spezialisierungsgrades dieser *concours* sei der Themenkatalog für das Fach *«Allemand», session de 1987,* wiedergegeben:

1. Hartmann von Aue: *Gregorius* (nur *agrég.*)
2. Fr. Hölderlin: *Poésies* (beide *c.*)
3. G. Büchner: *Dantons Tod* (beide *c.*)
4. Fr. Nietzsche: *Die Geburt der Tragödie* (beide *c.*)
5. Les relations franco-allemandes entre les deux guerres mondiales (*CAPES:* «cette question n'est pas exclue, à l'écrit, de l'épreuve de commentaire dirigé»; *agrég.:* ohne «explication de texte» im mündlichen Examen)
6. Th. Bernhard: *Verstörung* (nur *agrég.*)

Option linguistique (nur *agrég.*):
1) La comparaison
2) Le subjonctif II

(Nach: BO 8. 5. 1986, 1529 und 12. 6. 1986, 1755)

Zum Vergleich das Programm der *agrégation* 1995:

1. Walther von der Vogelweide: *Sämtliche Lieder*
2. La littérature autobiographique en Allemagne au XVIIIème siècle
3. La question de l'unité allemande: 1806–1890
4. La littérature autrichienne aut tournant du siècle: Arthur Schnitzler
5. Esthétique, Politique et Histoire dans la pensée allemande au XXème siècle: Walter Benjamin
6. L'œuvre lyrique de Günter Eich

Option linguistique:
1) Les participes I et II avec leurs groupes éventuels
2) L'interrogation
(Nach: BO 26. 5. 1994, 1539–1541)

Nicht nur im Umfang des Themenkatalogs, sondern auch im Niveau der Anforderungen im schriftlichen und mündlichen Teil differieren CAPES und *agrégation*. – Betrachtet man nur die *Anforderungen*, so ließe sich – jeweils der offiziellen und nicht gerade sehr ernst zu nehmenden Äquivalenzen – das CAPES dem Staatsexamen, die *agrégation* einem Staatsexamen für besonders motivierte und begabte Studierende vergleichen. A noter: Landeskundliche Fragen gehören in Frankreich zum Studium und zu den *concours*, und niemand behauptet dort, Mittelhochdeutsch und Landeskunde schlössen einander aus . . . Der dritte Studienzyklus der Universitäten betrifft nur eine Minorität der Studierenden. Das DEA-Jahr *(Diplôme d'Etudes Approfondies)* führt in die Forschungsmethoden und -ansätze ein (!) und bildet eine notwendige Zwischenstufe zur *thèse* (zwischen Dissertation und Habilitation stehend), die seit einer Verordnung vom 5. 7. 1984 die bisherigen *thèses* (de 3e cycle = Dissertation/d'Etat = Habilitation) ersetzt. Ihre Vorbereitung soll nur zwei bis vier Jahre dauern. Nach ihrer mündlichen Verteidigung *(soutenance)* erwirbt man das *doctorat*. Die Termini *licence, maîtrise, doctorat* gehen, ähnlich wie dt. *Magister* und *Doktor*, auf die Scholastik zurück; die *soutenance* einer *thèse* entwickelte sich aus den Disputatio-Verfahren des Mittelalters. Die mit der Habilitation gleichwertige *thèse d'Etat* wurde abgeschafft, um die künftigen Wissenschaftler nicht mehr zu dieser oft zehnjährigen Spezialarbeit, sondern zu einer diversifizierteren Forschungstätigkeit zu animieren.

Um den Studierenden mehr Chancen auf dem Arbeitsmarkt zu geben und sich gegen die Vorherrschaft der Grandes Ecoles zu wehren, bemühen sich die Universitäten um eine stärkere Berufsbezogenheit des Studiums («professionnalisation»). Neben dem DEUG wurde ein praxisorientiertes DEUST geschaffen («Diplôme d'Etudes Universitaires Scientifiques et Techniques»). Stark ausgebaut wurden die «Maîtrises de Sciences et Techniques» (MST) und die berufsbezogenen Aufbaustudiengänge zum «Diplôme d'Etudes Supérieures Specialisées» (DESS), deren Absolventenzahlen pro Jahr um 10% ansteigen (ME, Juli 1987, 57), sowie die nach dem DEUG streng selektiven und besonders leistungsorientierten dreijährigen «magistères«; letztere wurden 1985 nach dem Vorbild der Grandes Ecoles geschaffen und genießen inzwischen bei den Unternehmen einen guten

Ruf (Bernard 1988). Auf diese Herausforderung haben die Grandes Ecoles seit 1986 mit einem sehr teuren einjährigen Aufbau- und Spezialstudium namens « mastère » reagiert. Sie bleiben einer „Elite der Elite“ vorbehalten. – Nach dem bisherigen Stand haben die « magistères » unter den Studierenden wenig Anklang gefunden. Die exklusiven « mastères » hingegen prosperieren, was sich auch in der zunehmenden Werbung für sie in der Presse zeigt.

Einen deutsch-französischen Vergleich des Verhältnisses zwischen Universitäten und Ministerien (am Beispiel der Entscheidungsprozesse bei der Entwicklung von Studiengängen) bietet Beckmeier 1991, bes. 145.

5.3.3 Alternativen zur Universität: I.U.T., S.T.S. und Fachhochschulen

In der Bundesrepublik sind die Fachhochschulen ab 1969 durch Umwandlung von Ingenieurschulen und ehemaligen Höheren Fachschulen für Sozialpädagogik, Betriebswirtschaft u. a. entstanden. Der Name *Fachhochschule* wie auch das meist dreijährige (mit Praxisjahr: vierjährige), teils sogar fünfeinhalbjährige Studium wertet sie auf. Ingenieure von Fachhochschulen können durchaus zu hohen oder sogar leitenden Stellungen in Unternehmungen aufsteigen. Diese Perspektive bleibt in Frankreich in aller Regel den Absolventen der *Grandes Ecoles* vorbehalten. Die partielle funktionale Äquivalenz, die Parallelität der Fächer, die Praxisorientierung im stark gelenkten Lernen und das Interesse füreinander, das im Zeichen des Europäischen Binnenmarkts ab 1993 sprunghaft gestiegen ist: sie sind die Gründe für die Kontakte und z. T. regen Austauschprozesse zwischen deutschen Fachhochschulen und französischen *Grandes Ecoles* (Beispiele und Problematik s. Meyer-Kalkus 1990, 508–510; s. ebd. die Beziehungen *Grandes Ecoles*/dt. Universitäten).

So gut wie gar nicht vergleichbar sind die deutschen drei- bis vierjährigen Fachhochschulen mit den zweijährigen Berufsbildungsstätten Frankreichs, genannt I.U.T. und S.T.S. Die *Instituts Universitaires de Technologie* (I.U.T.), die seit 1966 existieren, bilden mittlere Angestellte *(cadres moyens)* aus. Ursprünglich sollten sie ¼ der Abiturienten aufnehmen und eine beruflich verwertbare, die Arbeitsplatzfindung erleichternde Alternative zur Universität darstellen. Doch bald mußten die z. Z. 82 I.U.T., die zum D.U.T. (D = diplôme) führen, die Zugänge drosseln. Nicht durch *concours*, sondern durch die Auswertung der eingereichten Zeugnisse und

Abb. 60: Fachhochschulabsolventen in Frankreich.
(Aus: ME, Jan. 1983, 13)

das Aufnahmegespräch mit einer Jury gelangt – je nach Ort und Jahr – nur ein Achtel bis ein Zehntel der Kandidaten in die „Fachhochschule". Die ca. 1700 S.T.S. *(sections de techniciens supérieurs)* haben z. T. ähnliche, ebenfalls zweijährige Ausbildungsgänge – aber orts- und betriebsnahe an Schulen, zumeist an einem *lycée technologique*. Zum Vergleich: 1993 studierten (in Tausendern) 90 Absolventen an einem I.U.T., 242 an einer S.T.S., 73 an einer *classe préparatoire aux Grandes Ecoles*, 44 an einer staatlichen *école d'ingénieurs*, 53 an einer (meist privaten) *école de commerce,* 287 in anderen (z. B. nichtuniversitären medizinischen) Ausbildungsgängen – und 1275 an einer *université* (Cordellier 1994, 80).

Die Ausbildung an den S.T.S. ist spezialisierter: sie führen zu mittlerweile 130 BTS (Brevets de Technicien Supérieur). Die I.U.T. sind polyvalenter: An ihnen kann man Studiengänge zu inzwischen 21 DUT (Diplômes universitaires de Technologie) wählen. Viele Inhaber eines BTS oder DUT bevorzugen nun ein Zusatzstudium an einer *université* oder sogar an einer *Grande Ecole*. Durch die höhere Qualifikation winkt ihnen ein besseres Gehalt (Le Nouvel Observateur, 10. 10. 1991, 172). Dies ist ein charakteristisches Beispiel für die sog. *passerelles* (s. 5.3).

Die Konkurrenzsituation der beiden Arten von „Fachhochschulen", aber auch ihr Inseldasein, das eine gewisse Sicherheit in einer Zeit wachsender Arbeitslosigkeit bietet, zeigt die Karikatur in Abb. 60.

Aus diesen Gründen erscheinen, pointiert formuliert, die französischen Universitäten sogar als Auffangbecken für die Masse all derer, denen der Sprung in ein I.U.T., in eine S.T.S. oder gar in den Vorbereitungskurs zu einer *Grande Ecole* nicht gelang: «il (le lycéen) s'inscrit dans un établissement universitaire parce qu'il n'a pas pu se faire accepter dans une classe préparatoire aux grandes écoles, ou a été écarté d'un I.U.T. [. . .] ou d'une classe de techniciens supérieurs» (Le Monde hebdomadaire 21.–27. 10. 1982, 10). Daran hat sich nichts geändert (ME, Okt. 1988, 3). Durch einen energischen, wenn auch nicht bedarfsdeckenden Ausbau der S.T.S. (zu ca. 60 % staatlich, 40 % privat) ist deren Absolventenzahl im Vergleich zu den (nur staatlichen) I.U.T. auf weit über das Doppelte gestiegen (s. Abb. 58). Beide Institutionen besitzen «une image de marque positive auprès des entreprises» (Haut Comité Education – Economie 1988, 41).

Die Wahl der tertiären Bildungseinrichtungen hängt in Frankreich sehr stark vom vorher durchlaufenen Abiturzweig ab. Die *classes préparatoires aux grandes écoles* waren lange Zeit eine Domäne der *série C* und werden wohl ganz überwiegend den Absolventen der neuen *série S* vorbehalten bleiben (s. 5.2). 1990 gelang nur 12,9 % der Abiturienten mit einem *bac général* der Sprung in eine solche Vorbereitungsklasse. 12,3 % erreichten immerhin die Aufnahme in eine STS, 8,5 % in ein IUT. Die weitaus meisten aber begannen das Studium an einer *université.* Unter den Abiturienten mit einem *bac technologique* lernten dagegen fast die Hälfte in einer STS weiter, oft ja am gleichen *lycée.* Lediglich 20,8 % unter ihnen gingen an eine *université.* Und nur 1,1 % gelang die Aufnahme in eine der begehrten *classes préparatoires* (Oerter/Hörner 1995, 73). – Französische Schüler wie Arbeitgeber denken mit erstaunlicher Fixiertheit in Qualifikationsstufen und den entsprechenden Diplomen, die erreicht werden müssen. Die Wertigkeit dieser Diplome wird in den üblichen Kurzformeln «bac + 2», «bac + 3» etc. ausgedrückt.

5.3.4 «Université 2000»

Im Mai 1991 stellte der damalige sozialistische Erziehungsminister Lionel Jospin seinen Plan «Université 2000» – nach ersten Entwürfen des Jahres 1990 – dem Ministerrat vor. Durch ein ganzes Bündel von Maßnahmen sollen die *universités* aufgewertet und ausgebaut werden. Bestimmte Aufgaben sind darin auch den Regionen, Départements und Städten zugewiesen. Die *collectivités locales* – der Begriff schließt die Regionen ein – stimmten inzwischen den Entwicklungsplänen bis 1995 zu; sie trugen teilweise sogar mehr Kosten als der Zentralstaat. (Die Hintergründe und Einzelheiten sind am übersichtlichsten dargestellt in: Le Monde, dossiers et documents n° 192, Okt. 1991: « L'explosion scolaire et universitaire », 12–16. – Ein Vergleich mit der umfangreichen Schrift „Bildung 2000" der Bundestags-Enquêtekommission – s. die Themenausgabe der Zeitschrift Das Parlament, 21. 12. 1990, 1–16 – ist hier nicht möglich.) Mit der neuen Regierung Bérégovoy (Frühjahr 1992), d. h. dem Kultur- und sodann Erziehungsminister Jack Lang, wurden einige Teile des Plans gestrichen, andere nicht. L. Jospin wollte die hohen Studienabbruchsquoten in den ersten beiden Jahren (« DEUG »-Jahren) durch einige Innovationen senken und den « premier cycle » berufsorientierter machen. Dagegen erhob sich heftiger Widerspruch – nicht allein von Studentenverbänden, sondern auch von Hochschullehrern, die die strikteren Studienregelungen seitens der « Rue de Grenelle » – des Erziehungsministeriums also – kritisierten. Das Resultat: J. Lang gab dem Druck nach. (Der Weg der Zulassungsbeschränkungen zu Beginn scheint in Frankreich aber ebenso unbegehbar zu sein: das zeigt das Schicksal der « loi Devaquet » 1986, s. 5.3). Das nun bereits jahrzehntealte Problem bleibt also ungelöst . – Andere vorgesehene Maßnahmen des Plans « Université 2000 » sind dagegen, wegen des Konsens der Betroffenen und aller Parteien, realisiert worden. Hierzu gehört der Aufbau sieben weiterer Universitäten, s. Abb. 55, und ebenso der Ausbau der I.U.T. Geschaffen wurden zudem zwei neue berufsbildende Institutionen an den Universitäten. Auch sie sollen dazu beitragen, der Imageaufbesserung der *universités* unter der Devise der „professionnalisation" zu dienen.

5.3.5 Neue berufsbildende Universitätsinstitute

Ob man nun 54 % einer Altersgeneration (so 1990 in der *terminale*, 9 % weniger bestanden) oder gar 80 % (s. 5.3.2) zum Abitur führen will: der Lehrerbedarf ist in Frankreich schon jetzt beträchtlich. Gleichzeitig muß die fachdidaktische Ausbildung der künftigen Pädagogen verstärkt werden. Nach drei Modellversuchen 1990/91 hat das Erziehungsministerium darum im Universitätsjahr 1991/92 landesweit 28 *Instituts universitaires de formation des maîtres*

(I.U.F.M.) geschaffen. *Maîtres*: so hießen bisher nur die Grundschullehrer. Nun sollen alle Lehrer pädagogische „Meister" werden. An den I.U.F.M. unterrichten in der Regel Universitätsangehörige. Eingangsvoraussetzung ist die *licence*. Die Kandidaten können innerhalb ihrer zwei- bis dreijährigen Ausbildung mit obligatorischen Praktika nach dem ersten Jahr zwischen zwei *concours* wählen. Der eine ist für künftige Elementarschullehrer gedacht, Erzieher(innen) an der *école maternelle* eingeschlossen. Hier leistet die Ausbildung am I.U.F.M. das, was früher die Aufgabe der *Ecole normale* war. Der andere *concours* betrifft die künftigen «professeurs de collège et de lycée»: es ist der wohlbekannte CAPES bzw. CAPET, zu dem man jedoch auch ohne Absolvierung des ersten I.U.F.M.-Jahres antreten kann (Einzelheiten s. ME, Dez. 1991, 48f. und L'Etudiant, Jan. 1992, 54f.)

Im gleichen Unterrichtsjahr 1991/92 wie die I.U.F.M. wurde ein wirkliches Pendant zu den Fachhochschulen in Deutschland und anderen Ländern einzurichten versucht: das «Institut universitaire professionnalisé» (I.U.P.). Rechtzeitig vor den Neuwahlen 1993 und damit einer aller Voraussicht nach konservativen Regierungsbildung wurde so ein weiteres Faktum – auch aus dem Plan «Université 2000» hervorgehend – geschaffen. An den Universitäten Frankreichs existieren nun 122 Institute, die je nach Ort in diversen Fachbereichen (ingénierie, communication, administration, commerce, gestion financière) die «sur dossier» ausgewählten Absolventen in drei Jahren zum «ingénieur-maître» ausbilden; Praktika sind darin eingeschlossen. Die Studierenden müssen beim Eintritt in ein I.U.P. schon ein Jahr Fachstudium vorweisen. Die neue Formel lautet also „bac+1+3". Unter den Kandidaten 1991 besaßen viele sogar ihr IUT- oder STS-Diplom (d. h. bereits „bac+2"). Diese neuen Institute scheinen also zugkräftig zu sein. Das erklärt sich daraus, daß die *Grandes Ecoles*, zu deren traditionellen Domänen ja die genannten Fachbereiche gehören, schon den jetzigen Bedarf Frankreichs an «ingénieurs» nicht befriedigen können, ganz zu schweigen vom errechneten Bedarf im Jahre 2000 (ME, Nov. 1991, 22). Die Entwicklungschancen der I.U.P. sind daher besser, als man sie ohne Kenntnis dieses Umstands taxieren würde. Die Pädagogik (u. a. Tutorate, Arbeit an Projekten) und die Lehrkörperstruktur (die Hälfte stammt aus Unternehmen) sind zudem sehr deutlich den *Grandes Ecoles* bzw. besonders den *écoles d'ingénieurs* angepaßt worden.

Selbstverständlich existieren große Unterschiede zwischen den schulformübergreifenden I.U.F.M. und den deutschen Studienseminaren bzw. der Referendarausbildung. Auch sind die I.U.P. räumlich und curricular in die *universités* integriert, die deutschen Fachhochschulen dagegen eigenständige Institutionen. Es gibt aber auch Parallelen. Nur ist es für einen Vergleich noch zu früh. Hierfür ist die weitere Entwicklung der I.U.F.M. und der I.U.P. abzuwarten.

Die vorangehenden Ausführungen zeigen, gerade auch bei den Innovationen, Frankreichs Tendenzen zum Egalitären einerseits (I.U.F.M.), zum Elitären andererseits (I.U.P.). Das spezifisch französische Widerspiel der Gegensätze kommt stets erneut zum Vorschein. In Deutschland dominiert dagegen das Widerspiel zwischen zentralistischen und starken partikularistischen Tendenzen (s. 1.2). Der jeweilige Bildungsbereich der Staaten ist, wie sich auch an den neuesten Entwicklungen gezeigt hat, ein Musterbeispiel für diese unterschiedlichen Spannungsverhältnisse.

5.3.6 Staatliche Hochschulen mit Sonderstatus

Das *Collège de France*, gegründet 1530 von Franz I., steht im Prestige seiner Lehrer an der Spitze der französischen Hochschullandschaft. Die forschungsorientierte *Ecole Pratique des Hautes Etudes* (E.P.H.E., 1868 nach deutschen Vorbildern errichtet) und die 1974 davon abgespaltene *Ecole des Hautes Etudes en Sciences Sociales* (E.H.E.S.S.) bilden als Aufbaustudienstätten ranghöhere Anstalten als die deutschen Universitäten (Verheyen 1992, 22f., 28f.). Aus der E.H.E.S.S. stammten der „französische Strukturalismus" (u. a. Barthes, Greimas, s. Große 1992) und die Strukturgeschichte der sog. „Annales"-Schule (Verheyen 1992, 44–55). Als ebenso elitär wie die *Grandes Ecoles* dürfen einige Architektur-, Übersetzer-, Kunst- und Musikhochschulen gelten.

Die größte Ehre für einen Wissenschaftler oder Künstler ist, sieht man vom *Collège de France* ab, die Aufnahme ins «institut». Gemeint ist das Pariser *Institut de France*, das neben der *Académie française* (1635) vier weitere Akademien beherbergt: die der «Inscriptions et Belles-Lettres» (1663), der «Sciences» (1666), der «Beaux-Arts» (1795) und der «Sciences morales et politiques» (1795).

5.4 Abschließende Betrachtung

Mit einer reinen Institutionenkunde kann man das Bildungswesen nicht verstehen. Man muß es vom Gesamtkontext des jeweiligen Landes und von den geschichtlichen Wandlungen und Erfordernisssen her zu begreifen suchen, weil es ja die neue Generation auf *dieses* Land und seine Normen, Attitüden und Erwartungen hin zu erziehen sucht. Die größten Gefahren und die häufigsten Mißverständnisse bestehen in *faux amis* und in unreflektierten Vokabelgleichungen.

5.4.1 «Faux amis»

Ecole heißt nicht nur 'Schule', weil das Wort auch die *Grande Ecole* impliziert. Mit Absicht wurde zuvor im Hinblick auf Frankreich *université*, nicht Universität als Begriff verwendet, und zwar wegen des „dualen" Hochschulsystems Frankreichs (vgl. 5.1.6). Die Kategorien *instituteur/professeur* sind anders aufgeteilt als dt. *Lehrer/Professor* – von Österreich abgesehen; seit der Gründung der I.U.F.M. (s. 5.3.5) dürfen die neuen Primarschullehrer sich allerdings als *professeurs d'école* bezeichnen. In der *université* ist die *gewählte* Spitze «le président», in der Universität der „Rektor"; die *staatliche* Aufsicht übt «le recteur» in jeder «académie» aus (vgl. 5.1.3), in Deutschland hingegen der „Kanzler". *«Collège»* (jésuite, unique, de France) hat vielfältige Bedeutungen, die auf das Collegium der Scholastik und der Jesuiten zurückgehen, nur eine nicht: Kolleg (cours). Zwischen der *dissertation* (Erörterungsaufsatz) und der Dissertation liegen mittlerweile Welten – bei gemeinsamer Abstammung, nicht anders als zwischen *thèse* (tatsächlich ein Thesengebäude, fundiert durch argumentative Grundlagen und Stützpfeiler) und These (bloßer Behauptung). Ebenso meint das Wort *promotion* etwas völlig anderes als dt. *Promotion* (s. 5.3.1). Das *baccalauréat*, das *D.E.U.G., licence, maîtrise, D.E.A.* und *doctorat* und andererseits selbst jedes CAP und BEP (s. 5.2) bilden «diplômes nationaux», aber in der Regel keine Diplome (von Ingenieuren etc.) im deutschen Sinne. In den Begriffen *lettres* und *sciences* schließlich stecken – ebenso wie im deutschen Gesamtbegriff *Wissenschaft(en)* – eine ganze Philosophie und ein unterschiedliches Ethos, die hier nicht dargestellt werden können.

5.4.2 «Education» vs. „Bildung“

Bei den Schlüsselwörtern gibt es keine Zufälle. Aus dem bereits von Saussure „angedeuteten“ Wortfeld *apprentissage, culture, éducation, enseignement, formation, initiation, (institution), instruction* wurde *éducation* zum tonangebenden Begriff erhoben. Das Wort hat allerdings Konkurrenten um diese Spitzenposition, nämlich *enseignement* und *instruction*. Die gegenwärtige Spitzenposition, zumindest im offiziellen Sprachgebrauch, ist ablesbar an den Bezeichnungen é. nationale, Ministère de l'é. nationale, Fédération de l'é. nationale, é. artistique/civique/physique/professionnelle etc. Dazu kommen Redewendungen wie avoir de l'é., recevoir une bonne é., manquer d'é. und zahlreiche Glieder der gleichen Wortfamilie: *éduquer, in-/éducable, éducateur, éducatif, rééduquer, rééducation.*

Es heißt jedoch: *enseignement public ou privé, enseignement primaire, secondaire et supérieur.* – Im 19. Jahrhundert war Jules Ferry *ministre de l'Instruction publique;* man debattierte über die Ausweitung der *instruction civique* – gegenüber der *i. religieuse* – und über die Probleme der *i. primaire, secondaire* und *professionnelle*. – Der Begriff der *éducation* hat den der *instruction* weitgehend verdrängt, während sich zwischen dem gelehrten Wort *éducation* (Erstbeleg 1495) und dem aus dem Erbwort *enseigner* abgeleiteten Substantiv *enseignement* (Erstbeleg um 1180) eine Funktionsteilung – jedoch mit einer Dominanz von *éducation* bei der Bezeichnung des zentralistisch-hierarchischen Systems und einem Monopol dieses Wortes (gegenüber *enseignement*) bei der Wertung einer Person hinsichtlich ihres „Erzogenseins“ – durchgesetzt hat. – Die herausragende Stellung von *éducation* hängt mit der Französischen Revolution, mit dem starken Einfluß Rousseaus (*Emile ou de l'Education*, «On façonne les plantes par la culture, et les hommes par l'éducation») und, gräbt man noch tiefer, mit den Wirkungen von Port-Royal, Pascal und Fénelon zusammen. Das Wort verrät insofern eine Sehnsucht, ein Ideal – nicht die Wirklichkeit. Wesentlich ist weiterhin: Die drei Oberbegriffe *éducation, enseignement* und *instruction* enthalten eine Transitivitätsvorstellung. Historisch-etymologisch verweist *éducation* auf das 'Heraus-ziehen', das 'Auf-ziehen', die züchtende Verwandlung gleichsam der positiven Keime in fruchttragende Pflanzen. «Aucune éducation ne transforme un être: elle l'éveille» (Barrès, zit. nach Robert unter *éducation*). Der historische Hintergrund der Bedeutung dieses Begriffs war das *cultura*-Konzept einer agrarwirtschaftlichen Gesellschaft, das sich auch im obigen Rousseau-Zitat widerspiegelte. – Demgegenüber betonten *enseignement* (etymologisch: 'Ein-zeichnen', 'Zeichen in die Seele setzen') und *instruction* (etymologisch: 'Ein-bauen', 'Hineinfügen', 'Ausstatten mit etwas') den Lehrstoff-, Gesinnungs- oder Kompetenzentransfer vom Erzieher zum Zögling. Es handelt sich um komplementäre, aber stets transitive Aspekte des Erziehungsprozesses. – Der Begriff der *formation* ist heute im wesentlichen dem Bereich vorbehalten, den man in Deutschland berufliche Weiterbildung nennt (*formation professionnelle* oder *f. continue,* sie betraf 1993 ein Drittel aller Beschäftigten, s. Mermet 1995, 107). Die zumeist ja staatliche Vollzeit-Berufsschule (s. 5.2), also die berufliche Erstausbildung, kann demgegenüber theoretisch zwar «formation initiale» heißen, wird üblicherweise aber – was sehr bezeichnend ist – *enseignement professionnel* genannt.

Im Deutschen wurde aus dem Wortfeld *Ausbildung, Bildung, Erziehung, Kultur, Lehre, (Lernen), Schulung, Unterweisung, Unterricht* in der Bundesrepublik der Begriff der *Bildung* zum dominierenden Wort (vgl. Bildungswesen, Bildungsminister/-in, berufliche Bildung, Allgemeinbildung, Bildungspolitik, eine große/höhere/ nicht die geringste B. haben). „Bilde Dich selbst und wirke auf andere durch das, was Du bist", lautete die Devise Wilhelm von Humboldts. Es gibt kein transitives Verb „jdn. bilden" (sondern: jdn. ausbilden, erziehen etc.). Man kann nur „sich bilden". Der vom Verb abgeleitete Begriff der Bildung enthält, wenn man ihn hinterfragt, eine verräterische „Reflexivvorstellung".

Der Begriff geht auf sehr „deutsch" anmutende Traditionen zurück – zunächst einmal auf die Mystik der Spätscholastik: den Meister Eckhart (Magister an der Pariser Universität!) und seine Schüler Johannes Tauler und Heinrich Seuse. Ahd. *bildunga*, mhd. *bildunge* hatte ursprünglich die Bedeutung 'Schöpfung, Verfertigung' (also Prozesse des Erschaffens, der Formgebung) und 'Bildnis, Gestalt' (also geformte Ergebnisse dieser Prozesse). Ahd. *biliden* 'einer Sache Gestalt geben' und ah. *bilidōn* 'eine Gestalt nachbilden' flossen in mhd. *bilden* – dem Ausgangswort von *bildunge* – zusammen. Darin stecken als kulturgeschichtlich erklärbare Konnotationen das aristotelische Paar von Formgebungskraft und Materie (der Bildhauer z. B. erschafft aus Holz oder Stein ein Bildnis, eine Gestalt) wie auch das aristotelische Mimesiskonzept: Die erschaffene Gestalt ist der „wirklichen" nachgebildet, in künstlerischer Transformation. (Sprachliche Einflüsse von lat. *formare, plasmare, imprimere* sind dabei möglich; sie werden im Grimmschen Wörterbuch [II, 14f.] jedoch erst für die Lutherzeit erfaßt und nachgewiesen.) Unter mystischem Einfluß erhält *bildunge* die Bedeutung 'Geistesformung'; der göttliche Funke oder Keim in der Seele – als morphé, Formgebungskraft – erschafft aus der hýlē, seinem Stoff: der Seele und dem Geist des Individuums einen ihm gemäßen, zu Gott hinstrebenden Charakter. Der individuumbezogene Gnadenbegriff des lutherischen Protestantismus und später der Sturm und Drang, die protestantisch-neuhellenistisch geprägte Klassik, die auch den Katholizismus, die Esoterik und einen Patriotismus mit sakralen Wurzeln einbeziehende Romantik gestalten diesen von den Mystikern angelegten Bildungsbegriff weiter aus. Mit dieser „Ladung“ gelangte der Begriff an Wilhelm von Humboldt und entfaltete seine Breitenwirkung mit dessen Reform des Gymnasial- und Universitätswesens und später der allgemeinen Schulpflicht.

Das phonetisch im Vergleich zu den dreisilbigen Termini kürzere Wort vereint sich in Anschaulichkeit (vgl.: Bildung eines Kristalls, eines Eiszapfens, einer Wolke) und Tiefsinn. Insofern ließe es sich einem Symbol im Sinne Goethes vergleichen. Es enthält eine gefährliche Leerstelle: die Gesellschaft. Angelsächsisch-soziale wie auch französisch-instruierende Züge (zur *éducation* gehören mindestens zwei Akteure) kommen in ihm nicht vor. Das Wort ist an Aristoteles' Vorstellung der Entelechie – etwas moderner gesagt: am *homo faber* – orientiert. Es blendet den *homo politicus* aus. Gleich ob man von der Sprachkonzeption Wilhelm von Humboldts, Weisgerbers und Whorfs oder von der marxistischen Theorie der Sprache als Überbau- und „Widerspiegelungs“-Phänomen soziohistorischer Entwicklungsprozesse ausgeht: Die „Bildung“ kann – als keineswegs unschuldige Kategorie oder als Inbegriff eines Komplexes von Verhaltens- und Erziehungstraditionen – eine „Monaden-Gesellschaft“ erzeugen, die – auch und gerade im Zeitalter der Technologien – den notwendigen Impfstoff gegen den Totalitarismus und gegen die Entartung der Monade zum Untertan nicht rechtzeitig erhalten hat.

Freilich darf man das Sprachliche nicht überbewerten; wiederholt wurde ja auf Annäherungsprozesse und Parallelen hingewiesen. Aber ebensowenig sollte man das Sprachliche unterbewerten. Die Wörter sind Kulturträger – und Indizien. Sie weisen auf unterschiedliche „Prägungen“ der „Bildungssysteme“ beider Länder nach der weitgehend gemeinsamen Mittelalterkultur hin. Sie deuten auf unterschiedliche Traditionen, die nunmehr – im Zeitalter der EU und der Technologien – allmählich zusammenfließen.

6. ENTWICKLUNGSTENDENZEN DER MASSENMEDIEN

Wie kaum ein anderer Bereich sind die Massenmedien ständigen Veränderungen unterworfen. Endgültiges über ihre Struktur zu sagen, fällt somit schwer; dies um so mehr, als eine Reihe technischer Neuerungen gerade erst begonnen hat, den Medienmarkt von Grund auf neu zu gestalten. Die audiovisuellen Medien scheinen hiervon stärker betroffen, doch sind die Auswirkungen gleichermaßen in der geschriebenen Presse feststellbar. Der Kampf um die wirtschaftliche Existenzsicherung, wie er nicht zuletzt auch in der intensiven Werbung um Leser, Hörer und Zuschauer ablesbar wird, hat zum Teil neue Dimensionen erreicht und ist in seinen Konsequenzen noch nicht absehbar.

Die folgenden Abschnitte stellen aus dieser Sicht einige Daten und Hintergründe zusammen und sollen einen ersten Einblick geben in Entwicklungstendenzen von Presse, Rundfunk, Fernsehen und Film.

6.1 Die Presse – publizistische Ansprüche und ökonomische Abhängigkeiten (Heinz-Helmut Lüger)

6.1.1 Stabilität oder Krise?

Die Lage der französischen Presse wird je nach Perspektive höchst unterschiedlich beurteilt:

- „Frankreichs gegenwärtige Presse macht insgesamt nicht den Eindruck, als ob sie finanz- und staatsabhängig sowie in ihrer freien Meinungsbildung eingeschränkt sei. Dafür sorgt allein schon die weite politische Streuung von den kommunistischen bis zu den gaullistischen Blättern, welche sich gegenseitig äußerst scharf überwachen und mit großem Eifer alle Mißstände ans Licht der Öffentlichkeit ziehen." (Röper 1977, 246)
- „Die französische Presse befindet sich in einer so bewegten und schwierigen Phase, daß es üblich geworden ist, von einer Krisensituation zu sprechen. In der Tat hat dieser Sektor eine tiefgreifende und abwechs-

lungsreiche Entwicklung durchgemacht. Dies betrifft vor allem die Modernisierung ihrer Strukturen, die jetzt um so härter erscheint, als sie hinausgezögert wurde ..." (Rozenblum 1980, 283)

Der Unterschied in der Bewertung verweist auf zwei für die Presse konstitutive Aspekte: einen publizistischen (welche Tendenzen sind repräsentativ, wie pluralistisch ist das Spektrum?) und einen ökonomischen (wie hoch liegen Verkaufs- und Anzeigenerlös, wie steht es um Produktions- und Vertriebsstrukturen?). Die Presse, die unter den gegebenen Verhältnissen eine privatwirtschaftlich organisierte ist, orientiert sich an zwei Märkten; es gilt, über die Verbreitung von Informationen, über das Erreichen eines bestimmten Käufer- und Leserkreises ebenso Zugang zum wirtschaftlich attraktiven Markt der Anzeigenkunden zu gewinnen. Diesem *doppelten Warencharakter* sind in mehr oder weniger starkem Maße praktisch alle Presseerzeugnisse verpflichtet. Wie schwierig es ist, sich den genannten Bedingungen zu entziehen, zeigen z. B. in Frankreich der Werdegang der Tageszeitung *Libération* und in der Bundesrepublik die sog. Alternativpresse (vgl. Seul 1981, Beywl/Brombach 1982, 555ff.).

Eine Darstellung des französischen Pressewesens kann sich infolgedessen nicht auf eine Bestandsaufnahme aktueller Nachrichtenorgane beschränken, sondern muß gleichermaßen Bezug nehmen auf eine Reihe ökonomischer Faktoren wie Auflagenentwicklung, Konzentrationsgrad, Werbeaufkommen und deren Einfluß auf Tendenzen inhaltlicher Ausrichtung. Hinzu kommen relativierende Vergleiche mit früheren Entwicklungsstadien und mit Daten zur bundesdeutschen Presse.

6.1.2 Positive Auflagenentwicklung bei der Zeitschriftenpresse

Insgesamt betrachtet, weisen die Auflagenzahlen der französischen Presse eine stagnierende Tendenz auf, wobei ein solcher Befund jedoch auf zwei gegenläufige Entwickungen zurückgeht: a) einen kontinuierlichen *Rückgang der Tagespresse*, b) einen deutlichen *Anstieg der presse périodique*, der Zeitschriften und Magazine. Und im letzten Falle sind es nicht etwa politisch informierende Nachrichtenmagazine *(magazines d'actualité, presse hebdomadaire d'informations générales)*, sondern in erster Linie Programmzeitschriften, Illustrierte *(presse de radio-télévision, ma-*

Tab. 21: Auflagenvergleich der Zeitschriftenpresse

magazines d'actualité, magazines illustrés . . .		*Magazine, Illustrierte u. a.*	
Femme Actuelle	(1821)	Bild der Frau	(2102)
Prima	(1186)	Neue Post	(1675)
Messages du Secours Catholique	(1125)	Tina	(1650)
Notre Temps	(1077)	Bravo	(1312)
Modes et Travaux	(852)	Freizeit Revue	(1285)
Paris-Match	(821)	Stern	(1275)
Maxi	(759)	Das Neue Blatt	(1202)
Voici	(745)	Der Spiegel	(1073)
⋮		Auto-Bild	(905)
Le Nouvel Observateur	(425)	Bunte	(833)
L'Express	(419)	Frau im Spiegel	(766)
Le Canard enchaîné	(410)	Quick	(705)
⋮		Bella	(702)
Le Point	(303)	⋮	
⋮		Die Zeit	(493)
L'Evénement du jeudi	(206)	Focus	(478)
presse de radio-télévision		*Programmzeitschriften*	
Télé 7 jours	(2922)	Auf einen Blick	(2812)
Télé-Star	(2009)	Hör zu	(2635)
Télé Z	(1940)	TV Hören und Sehen	(2340)
Télé Loisirs	(1496)	Fernsehwoche	(2020)
Télé Poche	(1437)	Funk-Uhr	(1823)

(Zusammengestellt nach: Médiapouvoirs 37/1995, 169ff.; L'Echo de la Presse 62/1995, 35ff.; Röper 1994; Kappler/Grevel 1994, 391)

gazines illustrés), Freizeitblätter *(presse des sports et des loisirs),* die den Hauptanteil an dieser Steigerung ausmachen. Überhaupt nimmt der Trend zu reich illustrierter und leicht rezipierbarer Unterhaltungslektüre weiter zu: «L'évolution récente de la presse magazine se caractérise en effet par une modification de son contenu général. La part de l'image et de la photo couleur est beaucoup plus importante dans tous les nouveaux magazines lancés depuis 1975 . . .» (Boulnois 1984, 43). Für die Zeitschriftenpresse der Bundesrepublik zeichnet sich – auf höherem Auflagenniveau – eine ähnliche Entwicklung ab, nur scheint sich in den letzten Jahren bei insgesamt stagnierenden Verkaufszahlen der Verdrängungswettbewerb noch verschärft zu haben. In der Auflagen-Spitzengruppe bislang nicht vertreten sind ostdeutsche Zeitschriften, von denen die beiden größten, *Super Illu* und *Super TV*, sich im Besitz westdeutscher Verlage (Burda und Gong zu je 50 %) befinden. Tab. 21 stellt die auflagenstärksten französischen und deutschen Zeitschriften gegenüber (in Klammern jeweils die verkaufte Auflage bzw. für Frankreich die *diffusion*, die Zahl der verbreiteten Exemplare in Tsd. Stück).

In der Aufstellung nicht enthalten sind Angaben zu Fachzeitschriften und zur Verbandspresse. Zu ergänzen wären weiterhin die *Sonntagszeitungen (quotidiens du septième jour)*. Ihre Auflage schwankt in beiden Ländern zwischen 3,5 und 4 Mio. Exemplaren. Die vor allem im Vergleich zur Tagespresse hohen Verkaufszahlen in Frankreich werden meist mit der regen Nachfrage nach Informationen über Pferderennen in Verbindung gebracht; « n'était le tiercé, les journaux du dimanche français ne trouveraient guère de lecteurs » (Albert/Leteinturier 1979, 110).

Der Überblick in Tab. 21 macht immerhin deutlich, welch bescheidenen Rang die Nachrichtenmagazine innerhalb der *presse périodique* einnehmen. Im Rahmen einer Gesamtauflage von rund 50 Mio. Exemplaren machen sie in Frankreich einen Anteil von weniger als 5 % aus. Da ihnen unabhängig davon als primären landeskundlichen Informationsquellen jedoch eine zentrale Bedeutung zukommt, seien die wichtigsten unter ihnen hier kurz charakterisiert.

Der *Express*, 1953 von Jean-Jacques Servan-Schreiber und Françoise Giroud gegründet, stellt in gewissem Sinne die „Keimzelle" der französischen Nachrichtenmagazine dar. Er erschien zunächst als linksliberal orientiertes Wochenblatt, wandte sich – mit Pierre Mendès-France – gegen den Indochina- und später gegen den Algerienkrieg und setzte sich schon früh für eine grundlegende Modernisierung der ökonomischen Strukturen Frankreichs ein. Seine heutige Form, die von der Aufmachung stark an die *Time* oder den *Spiegel* erinnert, erhielt der *Express* 1964; die Umwandlung in ein Nachrichtenmagazin war verbunden mit einer politischen Positionsverschiebung nach rechts (Antikommunismus, Kritik der SFIO, aber auch des Gaullismus). 1977 wurde der *Express* von der britischen Goldsmith-Gruppe aufgekauft; heute gehört er, ebenso wie das Magazin *Le Point*, zum Elektronikkonzern Alcatel-Alsthom. Bezüglich der Auflagenhöhe hat der *Express* zwar seine Vorrangstellung eingebüßt, konnte aber einen vorderen Platz unter den Nachrichtenmagazinen behaupten. Mehr als 50 % der Leserschaft gehören den (zahlungskräftigen) neuen Mittelschichten an. Von seiner inhaltlichen Ausrichtung her ist der *Express* einer libera-

Abb. 61

len Wirtschaftskonzeption verpflichtet (F. Giroud wurde 1974 unter Giscard d'Estaing Regierungsmitglied) und wird allgemein als der „gemäßigten Rechten" nahestehend eingeordnet (Jamet 1983, 75) – so problematisch eine solche pauschale Etikettierung auch sein mag.

Der *Nouvel Observateur*, das inzwischen größte Nachrichtenmagazin, entstand in seiner heutigen Form 1964, als das bis dahin existierende Wochenblatt *France-Observateur* seinen Besitzer wechselte und sich infolge starker Auflagenverluste zur Herausgabe einer völlig neu aufgemachten Zeitschrift nach dem Muster des *Express* entschloß. Die Chefredaktion übernahm Jean Daniel, der zuvor mit einer Gruppe politisch engagierter Journalisten den *Express* nach dessen Kurswechsel verlassen hatte. Im Unterschied zu seinen Vorgängern *L'Observateur* (seit 1950) und *France-Observateur* (seit 1954) vertrat der *Nouvel Observateur* seit der Neuherausgabe politisch eine wesentlich zurückhaltendere Position – und sorgte damit für einen breiteren Leserkreis und mehr Anzeigenaufträge. Gegenwärtig ist der *Nouvel Observateur* das einzige größere Nachrichtenmagazin, das nicht von einem Industriekonzern aufgekauft wurde. Als wichtiges Ziel stand lange Zeit die Förderung eines mehrheitsfähigen Linksbündnisses unter Führung des PS im Vordergrund; heute überwiegt eher eine regierungskritische Position. Gelesen wird der *Nouvel Observateur*, ähnlich wie der *Express*, vor allem von Mittelschichtangehörigen mit Hochschulabschluß.

Ebenfalls mit dem *Express* eng verbunden ist die Entstehung der Zeitschrift *Le Point*: Sie wurde 1971/72 im Anschluß an Auseinandersetzungen um Konzeption und redaktionelle Unabhängigkeit von ehemaligen Mitarbeitern des *Express* gegründet; die entscheidende finanzielle Unterstützung kam vom Hachette-Verlag. Das Konzept sah ein politisch unabhängiges Nachrichtenmagazin vor, das durch einen „nicht vorhersehbaren" Journalismus, durch neue Erklärungsansätze und neue Rubriken (z. B. «ville et environnement») sowohl die Abonnenten der beiden bestehenden

Abb. 62

Zeitschriften, vor allem aber des *Express*, als auch neue Leserkreise ansprechen sollte. *Le Point* erreichte rasch eine Auflage von mehr als 200 000 Exemplaren und verzeichnete ebenso beträchtliche Anzeigengewinne. 1974, anläßlich der Präsidentschaftswahlen, ergriff das Magazin offen für den gaullistischen Kandidaten Chaban-Delmas und dessen Programm der «nouvelle société» Partei, später verzichtete *Le Point* jedoch auf eine solche richtungsmäßige Festlegung zugunsten einer offeneren, rechtsliberalen Orientierung. Positionsunterschiede gegenüber dem *Express* scheinen meist nur gradueller Natur.

Obwohl der Markt für Nachrichtenmagazine bereits als gesättigt galt, entstand 1984 auf Initiative von Jean-François Kahn noch die Zeitschrift *L'Evénement du jeudi*. Die Finanzierung des Unternehmens wurde nicht etwa über einen Großverlag, sondern über die Vergabe von Anteilscheinen gesichert; diese Maßnahme, die die Leser zu Aktionären machte, fand eine erstaunliche Resonanz. Der Herausgeber versprach einen totalen Bruch mit überkommenen Denk- und Präsentationsschemata: unabhängige und kritische Berichterstattung, einfache, anschauliche Darstellung und vor allem Abkehr von der Rechts-Links-Polarisierung. «Nous avons donc appelé de nos vœux non pas un consensus général et mou, mais la redéfinition de nouvelles alliances susceptibles de faire sauter les verrous conservateurs que la coupure de la France en deux camps antagonistes et d'égale force ne faisait que renforcer», so Kahn anläßlich des 5jährigen Bestehens seines Magazins (L'Evénement du jeudi 9. 11. 1989). Mit dieser Konzeption kam man offensichtlich einem gegebenen Leserbedürfnis entgegen, so daß die Auflagenzahlen rasch anstiegen (1991 wurde erstmals sogar die 200 000-Grenze überschritten). Hierzu mag nicht zuletzt auch die unkonventionelle Aufmachung mit oft reißerischen Titeln und einem Sprachstil, der mitunter eher an eine Boulevardzeitung erinnert, beigetragen haben. Be-

QU'EST-CE QUI FAIT VENDRE LES HEBDOS ?

Les sous, Chantal Nobel, le sexe, Grégory, les maladies, Delon, Caroline ?

(page 4)

70e ANNÉE – N° 3 377 – LE N° 4,50 F – 10 juillet 1985

Le Canard enchaîné

Journal satirique paraissant le mercredi

Drame du Heysel : le gouvernement belge n'a pas pu...

... écraser

Maurice et Jeanne MARECHAL, fondateurs.

R. TRENO, ancien directeur.

PAS DE SUITE A CHÂTEAUVALLON »

Mais le feuilletonton continue

PATÈRE AUSTÈRE

– Passez-moi la Constitution et un escabeau !

Mais qu'est-ce donc qui le chatouille ?

Un petit sourire, svp, M. le Président !

Le mur du çon

Francohabitation

La République vendue par appartements

L'ACADÉMIE ROULE

Ton rock, Tonton ?

ÇA N'ARRIVE QU'AUX AUTRES

ROCK RACKET

LA FAR EN VEDETTE

Abb. 63

kannt geworden sind ebenso die Dossiers zu gesellschaftlichen Themen in jeder Nummer des Magazins.

Eine absolute Sonderstellung innerhalb der *presse périodique* nimmt der *Canard enchaîné* ein. (*Canard* kann umgangssprachlich sowohl «journal» als auch «fausse nouvelle» bedeuten.) Er ist nicht als Nachrichtenmagazin im obigen Sinne anzusehen, sondern stellt – auch nach eigenem Selbstverständnis – eine satirische Wochenzeitung dar. Seine Bedeutung resultiert einmal aus der hohen Auflage und der relativ großen wirtschaftlichen Unabhängigkeit (der *Canard enchaîné* veröffentlicht keine Anzeigen, Aktien der Besitzergesellschaft dürfen nicht außerhalb des Mitarbeiterkreises veräußert werden), insbesondere aber auch aus der politischen Brisanz seiner in der Regel gut recherchierten Artikel. Spezialität ist das Aufdecken von

Skandalen bzw. die Ausbreitung von Hintergründen, die in der übrigen Presse verschwiegen werden; Hauptstoßrichtung waren und sind, allgemein ausgedrückt, etablierte Herrschaftsstrukturen und damit einhergehender Machtmißbrauch, « l'autoritarisme au sommet et un affairisme tous azimuts au-dessous » (zit. nach Jamet 1983, 48). Seit seiner Gründung im Jahre 1915/16 durch Maurice Maréchal zeichnet sich der *Canard enchaîné* durch eine kritische, betont antimilitaristische und laizistische Haltung aus, deren Kontinuität auch stärkeren politischen Pressionen widerstand. Sprachlich ist man um eine originelle und anspielungsreiche Diktion bemüht, ein Moment, das gerade dem ausländischen Leser oft den Zugang erschwert. Gelegentlich stößt der Hang zu Lächerlichmachung und Ironisierung auch auf Kritik: « La lecture du *Canard* n'est pas drôle chaque semaine, et le parti pris de dérision systématique qui est le sien reste à la fois sain et insuffisant: en cela, le *Canard* est bien le dernier surgeon de la pensée anarchiste, qui n'est ni de droite ni de gauche mais contre tous les pouvoirs. » (Stoll 1990, 8)

Die für spezielle landeskundliche Themenbereiche in Frage kommenden *wissenschaftlichen Zeitschriften* können hier nicht im einzelnen vorgestellt werden; die wichtigsten sind bei Schmidt u. a. (1983, 459ff.) unter den jeweiligen Sachgebieten aufgeführt. Über die Presse informiert außerdem seit Ende 1985 (als Nachfolgerin von *Presse Actualité*) die vierteljährlich erscheinende Zeitschrift *Médiaspouvoirs*. Eine Besprechung französischer Fachzeitschriften zur Deutschlandkunde, zur deutschen Sprache und Literatur findet man bei Bertrand 1984.

6.1.3 Stagnation und Auflagenrückgang bei der Tagespresse

Wie bereits angedeutet, geht der Zuwachs der französischen Zeitschriften weitgehend zu Lasten der *Tagespresse*. Während hier in den 50er und 60er Jahren noch ein Anstieg festzustellen war und 1968 eine Gesamtauflage von rund 13 Mio. Exemplaren erreicht wurde, nahmen danach die Zahlen kontinuierlich ab; 1984 lag der Auflagenstand bei 9,6 Mio. und schwankt seitdem zwischen 9 und 10 Mio. Exemplaren (CFPJ 1988, Hirsch 1988, Große/Seibold 1994). Für die Bundesrepublik kann man eine eher gegenläufige Tendenz feststellen, und zwar wird seit den Anfängen der Lizenzpresse ein stetiges Auflagenwachstum registriert (Abb. 64). Erst in den letzten Jahren flachte die Kurve auf einem Niveau von ca. 20–21 Mio. Exemplaren ab. Im Anschluß an die deutsche Einigung ergibt sich zunächst eine Verkaufsauflage von insgesamt rund 27 Mio., danach scheint sich aber ein Niveau von ca. 25 Mio. Ex. einzupendeln. Hiermit dürfte vorerst eine Sättigung des Zeitungsmarkts erreicht sein (vgl. Holtmann 1980, 247ff.; Schulze 1991, 36ff.).

Die unterschiedliche Entwicklung mag man zum Teil darauf zurückführen, daß sich die bundesdeutschen Tageszeitungen durch frühzeitige Modernisierungen im Herstellungsbereich gegenüber dem Konkurrenzdruck anderer Medien, speziell der Zeitschriften und des Fernsehens, bislang besser behaupten konnten. Ebenso wichtig dürfte aber noch folgender Grund sein: Die absoluten Auflagenzahlen sowohl der Zeitungen als auch der Presse insgesamt liegen in Frankreich deutlich niedriger als in der Bundesrepublik, d. h., die hier zur Diskussion stehenden Druckmedien finden generell ein geringeres Käuferpotential als in der BRD. Bezeichnend in dem Zusammenhang ist z. B., daß von ungefähr einem Drittel der 14- bis 34jährigen nie eine Zeitung oder eine Zeitschrift gekauft wird. (Durch Verkabelung, verstärkte Nutzung des Satellitenfernsehens, Ausbau privater Programmangebote kann sich diese Tendenz noch wesentlich verschärfen.) Und auch im internationalen Vergleich ergibt sich für die Leserdichte (Zeitungsexemplare je 1000 Einwohner) in Frankreich nur ein relativ niedriger Wert (Tab. 22). Frankreich nimmt hier lediglich den 28. Rang ein (hinter fast allen europäischen und verschiedenen asiatischen Ländern). Analog zur geringen Nutzung der Tagespresse ist auch – wie Meinungsforscher mehrfach feststellten – die Glaubwürdigkeit dieses Mediums deutlich geringer als die des Fernsehens (*Médiaspouvoirs* 37/1995, 182ff.).

Erschwerend kommt für die meisten Tageszeitungen der *schwankende Kundenkreis* hinzu (Rozenblum 1980, 316). Im Durchschnitt lassen sich nicht einmal 20% der Tagesauflage über Abonnements verkaufen, der Großteil entfällt auf die *vente au numéro* (von daher auch die aufwendigere Titelblattgestaltung). In der Bundesrepublik dominiert eindeutig die Abonnementzeitung, lediglich 30% der Auflage werden über den Straßenverkauf abgesetzt (jedoch ist die Tendenz hier steigend).

Die rückläufige Auflagenentwicklung betrifft die Pariser Presse wesentlich stärker als die Provinzpresse. Lag zu Beginn des Jahrhunderts die Auflage der in Paris gedruckten Presse noch um einiges höher als die der regional erscheinenden, so glich sich das Verhältnis bereits in den 30er Jahren aus. Heute macht die Provinzpresse mit etwa gleichbleibender Auflagenhöhe mehr als zwei Drittel der Gesamtauflage der französischen Tageszeitungen aus, der Anteil der Hauptstadtpresse sinkt dagegen weiter. Tab. 23 enthält

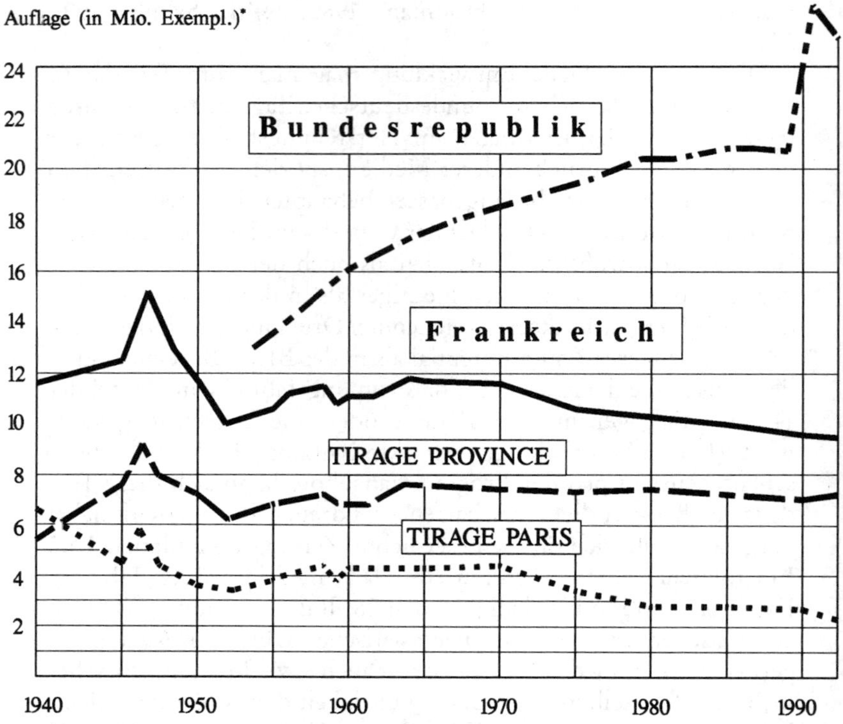

* Bei den Angaben zur französischen Presse liegt die Gesamtauflage *(tirage)* zugrunde, bei der deutschen Presse die verkaufte Auflage.

Abb. 64: Auflagenentwicklung der Tagespresse.
(Nach: Guéry 1992, 11; Médiaspouvoirs 37/1995, 168ff.; Schütz 1994)

eine Aufstellung der jeweils zehn größten Tageszeitungen, nur drei davon werden in Paris herausgegeben. Der Hauptgrund für den Strukturwandel dürfte weniger in einer abnehmenden Zentrierung auf Paris als vielmehr in der Tatsache zu suchen sein, daß die Regionalpresse es mit einer relativ klar abgrenzbaren Leserschaft zu tun hat und ihre Informationsgebung darauf abstimmen kann: «La particularité de la presse quotidienne régionale est fondée sur le fait qu'elle s'adresse à l'individu, sujet intégré et participant à une *communauté géographique délimitée* dont il est possible de connaître de façon plus précise que dans une mégalopole comme Paris, les caractéristiques: mentalités, habitudes, manières de vivre, niveaux de vie, préoccupations culturelles et sociales dominantes, etc.» (Mathien 1983, 41). Damit einher gehen eine höhere Leser-Blatt-

Tab. 22: Leserdichte

		Tageszeitungsexemplare/ 1000 Einw. (1974/75)	(1990)
	Frankreich	214	162
	Bundesrepublik	289	343
zum Vergleich:	Schweden	572	(673)*
	Japan	526	591
	Großbritannien	443	393
	Finnland	440	562
	USA	287	253
	Italien	113	118
	* 1987		

(Nach: Albert/Leteinturier 1979, 26; Erdmann/Fritsch 1990, 26; Cordellier 1994, 199)

Bindung und eine größere Attraktivität für Inserenten, die ihre Produktwerbung bevorzugt an klar umrissene Zielgruppen richten. Unabhängig davon werden heute natürlich auch ursprüngliche Aufgaben der nationalen Presse, die Verbreitung überregionaler Nachrichten, sowohl von Rundfunk und Fernsehen als auch von den Regionalzeitungen wahrgenommen.

Die Pariser Presse hat versucht, dem durch regelmäßige Suppléments, Sonderpublikationen oder durch eine leserfreundlichere graphische Aufmachung entgegenzuwirken; außerdem paßte sie sich den veränderten Medien-Bedingungen insofern an, als sie sich immer mehr zur Regionalpresse für den Pariser Raum gewandelt hat. Eine *presse quotidienne nationale* gibt es praktisch nicht mehr; eine Ausnahme bildet *Le Monde.*

Die auch über die Grenzen Frankreichs hinaus angesehene Zeitung besticht durch ihre umfassende, inhaltlich fundierte und thematisch vielfältige Berichterstattung; für große nationale Debatten ist sie gleichsam zu einem institutionellen Forum geworden, außerdem sorgen regelmäßig publizierte Stellungnahmen bekannter Autoren aus Wissenschaft und Politik für ein breites Meinungsspektrum. *Le Monde* gilt vielen – und zwar weltweit – daher als eine der besten Tageszeitungen.

Als modellhaft bei *Le Monde* galten – zumindest bis 1995 – ebenfalls die Besitz- und Entscheidungsstrukturen: Die Zeitung befindet sich nicht im Besitz eines privaten Verlegers, sondern wurde 1944 von Hubert Beuve-Méry als eine GmbH (SARL «Le Monde») gegründet, deren

Tab. 23: Auflagenhöhe der größten Tageszeitungen

quotidiens	diffusion (en milliers d'exempl.)	Tageszeitungen	verk. Aufl. (in Tsd. Exempl.)
1. Ouest-France	792,4	1. Bild	4493,1
2. Le Parisien	423,0	2. Westdeutsche Allgemeine	621,0
3. Le Figaro	386,2	3. Freie Presse	501,1
4. La Voix du Nord	372,3	4. Mitteldeutsche Zeitung	438,8
5. Sud-Ouest	360,8	5. Sächsische Zeitung	428,4
6. Le Monde	354,9	6. Süddeutsche Zeitung	402,9
7. Le Dauphiné libéré	285,5	7. Frankfurter Allgemeine	383,7
8. La Nouvelle République du Centre Ouest	265,0	8. Rheinische Post	344,3
9. Nice-Matin	251,3	9. Volksstimme	331,1
10. La Montagne	240,8	10. B.Z.	312,3

(Nach: Médiaspouvoirs 37/1995, 168ff.; Schütz 1994, 187)

Grundkapital sich nach einem bestimmten Schlüssel auf die Redakteure, Gründungsmitglieder, Herausgeber und die übrigen Angestellten verteilte. Angesichts großer wirtschaftlicher Schwierigkeiten mußte allerdings 1985 zusätzlich eine «Société des Lecteurs» ins Leben gerufen werden. Durch den Verkauf von Anteilscheinen erreichte man eine beträchtliche Kapitalaufstockung und konnte eine Reihe von Modernisierungen in Angriff nehmen. Die redaktionelle Unabhängigkeit blieb insofern unangetastet, als in den Statuten die Einflußnahme zeitungsexterner Interessengruppen, einschließlich der Lesergesellschaft, ausgeschlossen blieb. Doch schon Anfang 1995 wurden nach hohen Defiziten neue, einschneidende Maßnahmen notwendig: Man gründete die Aktiengesellschaft «Le Monde S.A.» und öffnete sich erstmals für Beteiligungen von Großinvestoren. U. a. erwarb der Medienkonzern Compagnie Luxembourgeoise de Télédiffusion (CLT, bekannt vor allem durch Radio RTL und den deutschen Fernsehsender RTL) einen Aktienanteil von 2 % an *Le Monde*. Um negative Auswirkungen auf die redaktionelle Arbeit zu verhindern, sollen die neuen Kapitalbeteiligungen breit gestreut und auf Anteile von wenigen Prozenten begrenzt bleiben.

Die Direktion der Zeitung wird von den Belegschaftsmitgliedern gewählt, wobei die Gruppe der Redakteure praktisch ein Vetorecht hat, das

Le Monde

Le Monde des livres
Albrecht Dürer
pages I à XII

CINQUANTE ET UNIÈME ANNÉE – Nº 15672 – 7 F — VENDREDI 16 JUIN 1995 — FONDATEUR : HUBERT BEUVE-MÉRY – DIRECTEUR : JEAN-MARIE COLOMBANI

Désaveu public du patron de la Compagnie de Suez

L'ASSEMBLÉE GÉNÉRALE de Suez a révélé au grand jour, mercredi 14 juin, une rupture au sein du conseil d'administration de la compagnie. Elle a opposé, d'un côté, l'UAP, Elf Aquitaine et Saint-Gobain, les principaux actionnaires, partisans d'un projet de fusion entre l'UAP, la BNP et Suez et, de l'autre, les alliés du président de la compagnie, Gérard Worms, qui a envisagé un rapprochement avec le groupe Pinault. Fait unique dans les annales, Jacques Friedmann, président de l'UAP, a pris la tête de la fronde, suivi par Philippe Jaffré et Jean-Louis Beffa, respectivement patrons de Elf Aquitaine et de Saint-Gobain, infligeant à M. Worms un désaveu public au cours d'une séance survoltée. Ils ont obtenu *in extremis* la modification d'une résolution qui rend impossible le projet de rapprochement entre le groupe Pinault et Suez.

Lire page 18 et notre éditorial page 15

M. Chirac a reçu le soutien de M. Clinton sur la Bosnie

La Maison Blanche n'a pas critiqué la reprise des essais nucléaires français

LES DIRIGEANTS des sept pays les plus industrialisés étaient attendus, jeudi 15 juin en fin de journée, à Halifax (Canada), pour l'ouverture de leur sommet annuel. Ils traiteront de la situation de l'économie mondiale, affaiblie par les crises monétaires et par le différend nippo-américain à propos de l'automobile, et passeront en revue les grands sujets de l'actualité internationale, à commencer par la crise en Bosnie.

Celle-ci a été au centre des entretiens que le président de la République, Jacques Chirac, a eus, mercredi, à Washington. M. Chirac a pu vérifier le soutien de Bill Clinton à sa politique en Bosnie. L'annonce, faite la veille à Paris, d'une reprise des essais nucléaires français dans le Pacifique sud n'a apparemment pas altéré le bon climat de la rencontre entre les deux présidents. Le chef de l'Etat français a d'autre part plaidé en faveur de la Force de réaction rapide (FRR) auprès de représentants du Congrès américain réticents, qui restent partisans d'un retrait des forces de l'ONU et d'une levée de l'embargo sur les armes au profit du gouvernement bosniaque. La Bosnie, ainsi sans doute que la Tchétchénie, devrait également figurer parmi les sujets qui seront abordés à Halifax devant le président russe. Boris Eltsine doit en effet rejoindre les dirigeants du G7, vendredi.

IL M'A DIT QU'IL AVAIT ENLEVÉ LE GYROPHARE POUR FAIRE DES ÉCONOMIES !...

Lire pages 2 et 3 et les points de vue en pages 16 et 17

La Ville de Paris contrôle 150 000 appartements

La municipalité loge le quart des Parisiens

LE PATRIMOINE foncier et immobilier contrôlé par la Ville de Paris représente, avec 5 120 hectares de terrain, près de la moitié de la surface de la commune et 10 450 immeubles. 150 000 appartements sont ainsi gérés par la Ville et par ses services, offices ou sociétés d'économie mixte. Directement ou indirectement, la municipalité loge plus de trois cent mille Parisiens, soit 26 % de la population. Cette situation, qui apparaît au terme d'un recensement systématique du parc immobilier administré par la Ville, permet de mesurer l'ampleur du problème posé par les attributions de logements ayant, ou non, un caractère social.

Le domaine privé de la Ville est mis en cause par les révélations de la presse à propos des faveurs dont bénéficient les élus. Au premier rang de ceux-ci figurent le premier ministre, Alain Juppé, adjoint aux finances de Paris jusqu'à son élection à Bordeaux le 11 juin, et Jean Tiberi, devenu maire après l'élection de Jacques Chirac à la présidence de la République. On peut y ajouter des hauts fonctionnaires et les protégés des uns et des autres. Ce domaine ne représente toutefois qu'une petite partie – mille trois cents logements – de l'énorme masse d'appartements placés sous l'autorité de l'Hôtel de Ville et de ses dépendances.

Les conditions d'attribution des appartements à caractère social souffrent en outre, dans la capitale, d'une opacité que l'on n'observe pas toujours ailleurs. La pénurie explique, selon les responsables des services municipaux, que les « recommandations » et le « piston » soient déterminants pour obtenir, à Paris, un logement de type HLM ou intermédiaire, alors que rôle des commissions prévues par la loi est réduit à peu de chose. Dans l'entretien qu'il nous avait accordé avant le premier tour des élections municipales (*Le Monde* du 7 juin), M. Tiberi reconnaissait la nécessité de *« mieux expliquer et de clarifier »* les procédures d'attribution. Il défendait néanmoins le rôle des élus, dont le droit d'intervention, disait-il, *« ne doit pas être remis en question »*.

Lire pages 8 et 9

Le rêve américain et le basket-ball

HAKEEM OLAJUWON

LE BASKETTEUR d'origine nigérianne Hakeem Olajuwon n'a pas grandi sur les terrains de fortune aménagés au pied des immeubles où naissent les stars du basket-ball américain.

Le football a été le sport de prédilection de son enfance, à Lagos (Nigéria), où un recruteur américain a repéré sa grande taille et son adresse sous les paniers. Contacté par le Saint-John College de New York, il a préféré le Texas et

Le dérapage anti-écologique de Shell scandalise l'Allemagne

BONN
de notre correspondant

Rien ne suscite autant d'indignation, en Allemagne, que le mépris de l'environnement. Les pollueurs sont considérés comme des criminels en puissance, et leur insouciance comme un mépris suprême du prochain. La compagnie Shell est en train d'en faire l'amère expérience. A 250 kilomètres au nord de l'Ecosse, dans l'Atlantique nord, ses ingénieurs ont décidé d'enfouir sous la mer, par 2 000 mètres de fond, une plate-forme pétrolière hors d'usage. En raison de cette opération, qui risque de provoquer le rejet de résidus pétroliers en mer, Shell fait subitement l'objet d'un boycott très largement suivi en Allemagne. L'église luthérienne du nord de l'Allemagne et le club des automobilistes allemands appellent les consommateurs à changer de stations-service.

« Arrêtez cette folie ! », s'exclame le secrétaire général de la CSU (branche bavaroise de la Démocratie-chrétienne), dans une lettre à John Jernings, président de la Royal Dutch Shell. Enfin, le ministre des finances, Theo Waigel, entend bien aborder le sujet au cours du sommet du G 7 à Halifax (Canada). Les Allemands sont d'autant plus choqués que l'opération d'immersion de la plate-forme a été annoncée au lendemain d'une conférence sur la protection de la mer du Nord, qui s'est tenue la semaine dernière à Esbjerg, au Danemark.

Le nom de la plate-forme – « Brent Spar » – rejoint déjà confusément, dans l'imaginaire collectif des Allemands, d'autres incarnations du mal telles que Tchernobyl (le mal absolu), le trou dans la couche d'ozone (le mal invisible), ou les essais nucléaires de Mururoa (le mal guerrier). L'excellente image de marque de la reine Béatrix en Allemagne risque d'en prendre un coup : la Royal Dutch Shell est à hauteur de 60 % propriété de la maison royale des Pays-Bas.

Ce phénomène collectif est d'autant plus étonnant que les côtes allemandes ne sont absolument pas menacées par une éventuelle marée noire. Aucun autre pays d'Europe n'a réagi jusqu'ici à la menace supposée. Sur place, seul un bateau de Greenpeace tente d'empêcher l'immersion de la plate-forme et de forcer son déplacement sur les côtes. La compagnie Shell se défend en soulignant que la méthode de l'immersion est *« la plus sûre, la moins chère, mais aussi la plus recommandable du point de vue de l'environnement »*. La compagnie commence une campagne publicitaire pour expliquer ses arguments et limiter les dégâts provoqués en termes d'image.

Shell aurait donc mieux fait, au plan des coûts financiers, de déplacer la plate-forme sur la côte. Désertées, les stations-service à l'enseigne en forme de coquille Saint-Jacques se plaignent d'un brutal recul de leur chiffre d'affaires. L'une d'entre elles, dans la région de Gross-Gerau (non loin de Francfort-sur-le-Main), a été la cible, en pleine nuit, d'un commando terroriste qui a ouvert le feu sur deux pompes à essence, la vitre du magasin et une enseigne publicitaire. L'attaque, commise en pleine nuit, n'a heureusement provoqué aucune victime.

Lucas Delattre

Le retour économique du « balladurisme »

POUR CAUSE d'élections municipales, la France aura donc vécu … tiques – budgétaire, monétaire et des revenus – cette ambition re… rapport franc-deutschemark ou une vague stabilité monétaire au … *« retour de Balladur »*... Depuis son élection, Jacques Chirac n'a certes …

Un raid meurtrier en Russie

Moscou attribue à des *« terroristes tchétchènes »* l'opération militaire contre Boudenovsk, ville du sud de la Russie, mercredi 14 juin. De deux cents à trois cents personnes auraient été prises en otage et on aurait relevé des dizaines de morts. Le président tchétchène dément toute participation de ses troupes à ce raid. p. 4

Mutinerie en Irak

Une rébellion a été réprimée, mercredi 14 juin, à Abou Gharib, près de Bagdad. Des blindés avaient attaqué des émetteurs de la radio irakienne. p. 32

Augmentation du tabac le 1er août

Les cigarettes devraient être vendues …

Abb. 65

gleiche gilt für grundsätzliche Fragen, die die Organisation oder die politische Linie betreffen. Auch dies soll Einflüsse von außen geringhalten. (Die obige Regelung mag in der Durchführung viele Schwierigkeiten aufwerfen, im wesentlichen verwirklicht sie aber die innere Pressefreiheit, wie sie von Journalistengewerkschaften seit Jahren für andere Presseorgane erfolglos gefordert wird; man vgl. ebenfalls in der Bundesrepublik die Auseinandersetzung um die Abschaffung des sog. „Tendenzparagraphen", der laut Betriebsverfassungsgesetz von 1952 Mitbestimmung in Tendenzbetrieben, darunter auch der Presse, ausdrücklich einschränkt.)

Die höchste Auflage erreichte *Le Monde* 1968 mit rund 800000 Exemplaren. Seitdem traten erhebliche Verluste ein und verursachten schwere Krisen, die nicht nur die finanzielle Unabhängigkeit, sondern sogar die Existenz des Blattes gefährdeten. Als Erklärung für diese Entwicklung reichen zu hohe Personalkosten, wie oft behauptet, sicher nicht aus. Entscheidender dürften die verschärfte Konkurrenz anderer Zeitungen, v. a. von *Libération* und *Le Figaro*, sowie der Eindruck vieler Leser sein, *Le Monde* habe es seit 1981 an der gebotenen kritischen Distanz zur Regierung fehlen lassen. Sicherlich hat auch die graphische Aufmachung, die von der Vorkriegszeitung *Le Temps* übernommen wurde und die im Unterschied zu anderen Zeitungen auf rezeptionserleichternde Mittel wie z. B. Fotos und große Titel weitgehend verzichtet, eine Rolle gespielt. In dieser Hinsicht ist vor allem der Konkurrenzzeitung *Libération* – zumindest, was die Verkaufssteigerung betrifft – eine wirksamere Anpassung an die veränderten Lesegewohnheiten gelungen (vgl. Liehr 1990, Freytag 1992).

Seit Jan. 1995 erscheint jedoch auch *Le Monde* in einer *nouvelle formule:* Mit einem neuen Schrifttyp und einer übersichtlicheren horizontalen Seitengliederung soll schon auf der Titelseite ein schnelleres Erfassen des Informationsangebots ermöglicht werden. Im Vergleich zu den Konkurrenzzeitungen wird man diese Änderungen kaum als radikal bezeichnen können; sie markieren aber das Bemühen, schon am Kiosk stärker auf sich aufmerksam zu machen und neue Leser anzusprechen, ohne dabei das bewährte seriöse Image zu gefährden (vgl. Abb. 65). Seine Beilagen für spezielle Zielgruppen führt *Le Monde* wie früher fort.

Eine Entsprechung zu *Le Monde* gibt es in der westdeutschen Presse nicht, ganz abgesehen davon, daß sich hier aus naheliegenden Gründen keine Hauptstadtpresse im Stile Frankreichs entwickelt hat. Als Pendant die nun seit einigen Jahren in Berlin erscheinende *Welt* heranzuziehen, wie im französischen Fernsehen bei Korrespondentenberichten üblich, ist kaum berechtigt und zeugt eher von der landeskundlichen Problematik bestimmter «faux amis».

Gewissermaßen das Gegenstück zu *Le Monde* stellt die 1994 neu auf den Markt gekommene Morgenzeitung *InfoMatin* dar (Abb. 66). Die Anpassung an gewandelte Rezeptionsbedingungen wird hier besonders deutlich: Kurze Artikel, viele Bilder und Graphiken, Farbdruck, eine auffällige Typographie – all das steht für einen Trend zur Visualisierung, zur Auflockerung und zur schnellen Orientierung über die gebotenen Inhalte. Der Kaufpreis (z. Zt. 3,80 F) liegt eindeutig unter dem anderer Zeitungen. Man hofft, auf diese Weise speziell auch jüngere Leser gewinnen zu können. Das sehr kleine Format soll zudem dafür sorgen, daß die Zeitung ebenfalls in öffentlichen Verkehrsmitteln, z. B. auf dem Weg zur Arbeit, gelesen werden kann. (Eine Formatreduzierung hat im übrigen auch *Le Monde* bei seiner Neuausgabe vorgenommen.) Die verbreitete Auflage von *InfoMatin* beläuft sich gegenwärtig auf etwa 65000 Exemplare, für das Überleben des Blattes also noch zu wenig.

CYBERSEX, QUAND INTERNET VIRE AU ROSE

InfoMatin

L'abbé Pierre, plus rapide que la Force

Chirac en Afrique. Week-end marathon

Mendicité. Le précédent de Montpellier

Guide. Faire de belles photos avec les nouveaux jetables

Tour. Erik Zabel remporte le sprint… à l'ancienne

JOUEZ AVEC INFOMATIN ET Philippe VANDEL

350000 DE CADEAUX

Abb. 66

Die Veränderungen der deutschen Presselandschaft seit 1990 können hier nur kurz skizziert werden. Nach der Einigung übernahm die Treuhandanstalt die Rechtsnachfolge u. a. auch der Zeitungen in den neuen Bundesländern und begann sogleich mit dem Verkauf der Verlage. Dieser Prozeß war 1991 so gut wie abgeschlossen, der ostdeutsche Pressemarkt befand sich danach fast vollständig in der Hand westdeutscher (oder multinationaler) Konzerne.

Großes Interesse bestand vor allem an der Übernahme auflagenstarker Zeitungen der SED; von deren Regionalzeitungen hatten allein sieben eine Auflage von mehr als 300000 Exemplaren erreicht (vgl. Tab. 24). Wie an den Zahlen zur Leserdichte erkennbar, wurden in der DDR, gemessen an der Bevölkerungszahl, erheblich mehr Zeitungen vertrieben als in den alten Bundesländern; und auch die Vielfalt, wenigstens bezüglich der Zahl der Titel, war deutlich größer. Mit der Öffnung der Grenzen boten sich den interessierten Großverlagen also verlockende Bedingungen, und es verwundert nicht, daß sofort ein großer Ansturm auf die Ost-Zeitungen einsetzte. Außerdem wurde versucht, sich mit dem Vertrieb überregionaler West-Zeitungen oder mit der Gründung neuer Zeitungen (vgl. das verlustreiche und daher schon 1992 wieder aufgegebene Experiment des Boulevardblatts *Super!* von Burda/Murdoch) Teile des potentiellen Leser- und Anzeigenmarkts zu sichern. Ein vorläufiges Ergebnis solcher «colonisation des journaux est-allemands» (Thibaut 1992) zeigt Tab. 24. Bezeichnend ist da-

Tab. 24: Zeitungsmarkt der neuen Bundesländer

alte Titel	Auflage 1988 (in Tsd. Ex.)	neue Titel (+ neue Besitzer)	Aufl. 1991/1993 (in Tsd. Ex.)
ehemalige SED-Zeitungen			
Neues Deutschland	1100	Neues Deutschland (eigenständig, PDS)	128/ 83
Freie Presse (Chemnitz)	661	Freie Presse (Medien Union, Ludwigshafen)	586/501
Freiheit (Halle)	585	Mitteldeutsche Zeitung (DuMont Schauberg, Köln)	527/439
Sächsische Zeitung	566	Sächsische Zeitung (Gruner & Jahr/ Rhein. Post, WAZ)	513/428
Leipziger Volkszeitung	484	Leipziger Volkszeitung (Springer-Verlag/ Madsack, Hannover)	380/302
Volksstimme (Magdeburg)	451	Volksstimme (Bauer-Verlag)	375/331
Berliner Zeitung	425	Berliner Zeitung (Gruner & Jahr/Maxwell)	304/258
Das Volk (Erfurt)	401	Thüringer Allgemeine (WAZ 50 %)	350/298
Märkische Volksstimme (Potsdam)	348	Märkische Allgemeine (FAZ)	265/243
Zeitungen der Blockparteien			
Neue Zeit (CDU)	113	Neue Zeit (FAZ)	25/ 40
Bauern-Echo (Deutsche Bauernpartei)	94	Deutsches Landblatt (FAZ)	25/ –
Thüringische Landeszeitung (LDPD)	68	Thüringische Landeszeitung (WAZ)	80/ 47
Sächsisches Tageblatt (LDPD)	65	Leipziger Tageblatt/ Chemnitzer Tageblatt (Springer-Verlag)	41/ –
Die Union (CDU)	63	Die Union (Süddeutscher Verlag, München)	35/ –
Der Morgen (LDPD)	62	Der Morgen 1991 eingestellt (Springer-Verlag)	24/ –
Liberal-Demokratische Zeitung (LDPD)	57	Hallesches Tageblatt (Springer-Verlag)	44/ –
National-Zeitung (NDPD)	56	1990 fusioniert mit: Der Morgen, 1991 eingestellt (Springer-Verlag)	–

(Zusammengestellt nach: Röper 1991, 422 f.; BDZV 1991, 113 ff.; Schütz 1994 u. 1994 a) bei, daß nunmehr auch einige Zeitschriftenverlage sowie internationale Medien-Multis auf dem ostdeutschen Zeitungsmarkt vertreten sind.

Gegenstand wiederholter Kritik war in dem Zusammenhang die Verkaufspraxis der Treuhand. So wurde sehr schnell deutlich, daß bei der Entscheidung über Kaufangebote nicht nur wirtschaftliche oder publizistische Kriterien eine Rolle spielten. Ein prominentes Beispiel: Die in Chemnitz erscheinende *Freie Presse* (Auflage 1988: 661 000) wurde gleichsam unter der Hand der Ludwigshafener *Rheinpfalz* (Medien Union), dem „Heimatblatt" von Bundeskanzler Kohl, zugesprochen. Weitere Beispiele, wo bestimmte Zeitungsverlage von dem vorgesehenen Ausschreibungsverfahren ausgenommen waren, ließen sich anfügen (Die Zeit 8. 3. 1991, 26; vgl. Röper 1991, 426f.).

Ein anderer, weiterreichender Vorwurf betraf die Entscheidung der Treuhandanstalt, bei der Privatisierung praktisch die ursprüngliche Zeitungsstruktur der DDR zu übernehmen. So wurden z. B. die auflagenstarken SED-Bezirkszeitungen als ganze zum Verkauf angeboten. Durch ihre große Verbreitung und nunmehr ausgestattet mit der fachlichen Kompetenz ihrer neuen westdeutschen Besitzer waren die betreffenden Zeitungen so von vornherein in einer marktbeherrschenden Position. Damit wurde gleichzeitig auch die hohe Konzentration, wie sie jetzt für die ostdeutsche Presse typisch ist (s. Tab. 24), festgeschrieben.

Für die Entwicklung insgesamt zeichnen sich bislang folgende Tendenzen ab:
- Bedingt durch den Wegfall der hohen staatlichen Subventionen sind die Tageszeitungen in den neuen Bundesländern wesentlich teurer geworden; hierin dürfte eine der Ursachen für den Rückgang der Gesamtauflage zu sehen sein.
- Für die Regionalzeitungen mit hoher Auflage wird eine allmähliche Konsolidierung erkennbar; dagegen sind kleinere Blätter weitgehend vom Markt verschwunden, die Zahl selbständiger Zeitungen hat sich fast halbiert.
- Die Zeitungsdichte ist in kurzer Zeit stark zurückgegangen, Neugründungen konnten sich gegen die etablierte Konkurrenz in der Regel nicht durchsetzen.

6.1.4 Wirtschaftliche und publizistische Konzentration

Die allgemein gegebenen Konkurrenzbedingungen und das Eingebundensein von Presseunternehmen in die Kosten-Nutzen-Rationalität bringen es mit sich, daß sich im Bereich der Druckmedien

Tab. 25: Daten zur Konzentration der Tagespresse

	Zahl publizistischer Einheiten Frkr.	BRD*
1949	155	169
1954	128	225
1958	123	201
1964	107	183
1967	98	158
1976	84	121
1981	82	124
1985	82	126
1991	76	118+40
1993	75	114+23

* ab 1991: West- und Ostdeutschland

(Zusammengestellt nach: SJTI 1990, 111 f.; Médiaspouvoirs 37/1995; Medienbericht '85, 163; Schütz 1994, 198)

die gleichen Konzentrationstendenzen niederschlagen wie in anderen Wirtschaftssektoren. Die Zahl der Käufer und Abonnenten läßt sich nur noch geringfügig ausweiten, der Erhöhung der Verkaufspreise sind, obwohl längst nicht kostendeckend, enge Grenzen gesetzt, andererseits steigen die Kosten für Produktion und Modernisierungsinvestitionen – die Sicherung von Rentabilität konzentriert sich so in erster Linie auf verstärkte Rationalisierung in Herstellung und Vertrieb sowie auf verbesserte Ausnutzung des Anzeigenmarkts. Die hierbei zu lösenden Aufgaben haben viele Presseverlage schon früh veranlaßt, entweder bestimmte Publikationen aufzugeben oder Fusionen mit anderen Verlagen einzugehen bzw. andere Formen des Zusammenschlusses oder der Kooperation zu suchen (vgl. Schütz 1974, 66 ff.; Holzer 1980, 21 ff.). *Diese wirtschaftliche Konzentration geht einher mit einer publizistischen: der Reduktion selbständiger Titel.* Im Bereich der *Zeitschriftenpresse* hat diese Entwicklung – trotz steigender Auflagenzahlen – seit langem zu einem hohen Konzentrationsniveau geführt, und zwar sowohl in Frankreich als auch in der Bundesrepublik. Heute teilen sich in beiden Ländern nur wenige Konzerne rund zwei Drittel des gesamten Marktes (zu weiteren Einzelheiten vgl. Albert 1991; Röper 1994 a).

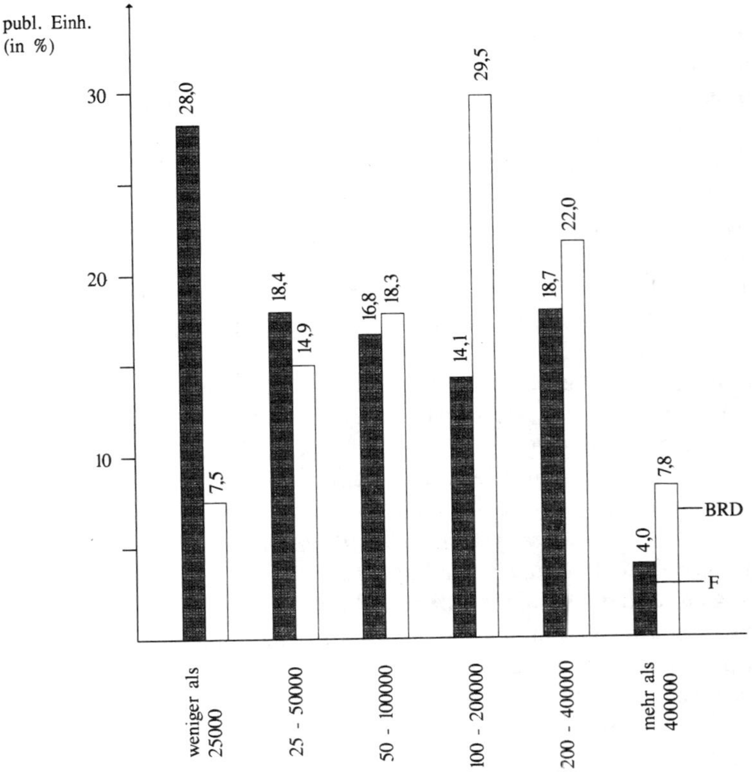

Abb. 67: Verteilung der publizistischen Einheiten nach Auflagengrößenklassen.
(Berechnet nach: Guéry 1992, 12f.; Médiaspouvoirs 37/1995; Schütz 1994a)

Mit besonderer Aufmerksamkeit werden die Folgen der Konzentration für die *Tagespresse* registriert. Tab. 25 gibt einen Überblick zur Entwicklung publizistischer Einheiten. (Unter 'publizistischen Einheiten' werden Vollredaktionen verstanden, die – im Unterschied zu den redaktionellen Ausgaben – den Zeitungsmantel, die ersten Seiten mit den aktuellen politischen Nachrichten, noch selbständig herstellen; die französischen Statistiken gehen von einer entsprechenden Zählweise aus.)

Seit Beginn der 50er Jahre hat sich die Zahl selbständiger Zeitungen um die Hälfte verringert, in der Bundesrepublik allerdings, sieht man von der Zeit der Lizenzpresse ab, auf einem höheren

Niveau als in Frankreich. Der drastische Schrumpfungsprozeß führte auf beiden Seiten zur Herausbildung zahlreicher regionaler Monopole, sog. *Ein-Zeitungs-Kreise*. Andererseits gab es nur wenige Neugründungen; in den meisten Fällen handelte es sich um kleinere Zeitungen, die sich längerfristig nicht behaupten konnten. Ende der siebziger Jahre ist der Konzentrationsvorgang zu einem vorläufigen Stillstand gekommen, teilweise nahm die Zahl publizistischer Einheiten sogar wieder etwas zu. Für die deutsche Presse stellt Schütz optimistisch fest: „Der Trend zu weiterer Konzentration auf dem Sektor der Tagespresse in der Bundesrepublik Deutschland scheint vorerst beendet zu sein; der Zeitungsmarkt hat sich bei hohem Konzentrationsgrad stabilisiert" (1979, 612). Eine gegenläufige Tendenz gab es kurzfristig im Gefolge der deutschen Einheit (s. 6.1.3); doch kam es inzwischen wieder zu einer relativen Stabilisierung. Eine vergleichbare Schlußfolgerung läßt sich für die französische Presse trotz einiger Analogien nicht ziehen: Die Verteilung nach Auflagengrößenklassen (Abb. 67) deutet vielmehr auf gewisse *strukturelle Schwächen* hin. Fast jede zweite Zeitung weist ein geringeres Auflagenniveau als 50000 Exemplare pro Tag auf und droht damit unter die Rentabilitätsgrenze zu fallen und noch stärker von staatlicher Unterstützung anhängig zu sein; bemerkenswert ist vor allem der hohe Anteil kleinerer Zeitungen unterhalb der 25000-Marke (fast 30% gegenüber rund 8% in der BRD). Das Bild bestätigt sich, wenn man den jeweiligen Anteil an der Gesamtauflage mit heranzieht. Die auflagenstarke Tagespresse mit über 200000 Exemplaren/Tag, also rund 20% der Zeitungen insgesamt, erreicht allein 60% der Gesamtauflage, wogegen die auflagenschwachen Zeitungen (= ca. 50%) nicht einmal auf einen Anteil von 10% kommen. Die Daten legen durchaus den Schluß nahe, daß sich für Frankreich die Zahl der Vollredaktionen in den nächsten Jahren noch weiter verringern kann.

6.1.5 Dominanz weniger Pressekonzerne

Die Konzentrationstendenz hat auf wirtschaftlicher Seite zur Herausbildung weniger, einflußreicher *Pressekonzerne* geführt. Ihre Dominanz kennzeichnet sowohl die Zeitschriften- als auch die Tagespresse. Dabei sind die jeweiligen Zusammenschlüsse, Beteiligungen und Verflechtungen (auch mit branchenfremden Unternehmen) zu komplex, als daß sie sich hier in einer Übersicht ange-

Abb. 68
(Aus: Le Canard enchaîné 16. 1. 1985)

messen darstellen ließen. Auffallend ist seit einigen Jahren die wachsende Beteiligung ausländischer Gruppen am französischen Pressemarkt, darunter auch der deutschen Medien-Konzerne Bertelsmann/Gruner & Jahr (Prisma Presse), Bauer. Mit zunehmender Größe der Pressegruppen wachsen nicht nur die wirtschaftlichen Einflußnahmen auf Konkurrenzunternehmen, sondern ebenso die publizistischen Steuerungs- und Pressionsmöglichkeiten. Unter den wichtigsten Konzernen sind vor allem Hachette, Filipacchi, Editions Mondiales, Havas, Hersant (Socpresse), Bayard Presse, Editions Amaury zu nennen. (Nähere Einzelheiten zur Besitzstruktur: Albert 1991, 78ff.; Guéry 1992, 17ff.)

Im Zentrum öffentlicher Kritik stand bislang meist nur die *Hersant-Gruppe*. Der Konzern kontrolliert heute mehr als fünfzehn Zeitschriften (u. a. *Le Figaro Magazine, L'Auto-Journal, L'Ami des jardins et de la maison, La Revue nationale de la chasse . . .*), und sein Marktanteil an der Tagespresse wurde 1993 auf rund 30% geschätzt. Zahlreiche Aufkäufe und oft undurchsichtige Praktiken des Konzernchefs Robert Hersant sorgten wiederholt für großes Aufsehen. Die spektakulärste Veränderung der Presselandschaft stellte zweifellos der Erwerb dreier Pariser Tageszeitungen dar: 1975 *Le Figaro*, 1976 *France-Soir* (zunächst 50%), 1978 *L'Aurore.* Weiterhin gehören zum Konzern mehr als 20 Regionalzeitungen (u. a. *Le Dauphiné libéré, Paris-Normandie, Nord-Eclair . . .*). Aufsehen erregte auch Anfang 1986 der Erwerb von *L'Union* (Auflage 119000 Ex.) und *Le Progrès*, einer traditionsreichen Zeitung der Region Rhône-Alpes (Auflage seinerzeit 302500 Ex.). In provokanter Manier und ganz im Vertrauen auf einen baldigen Wechsel der Regierungsmehrheit («Je suis en avance d'une loi . . .») setzte

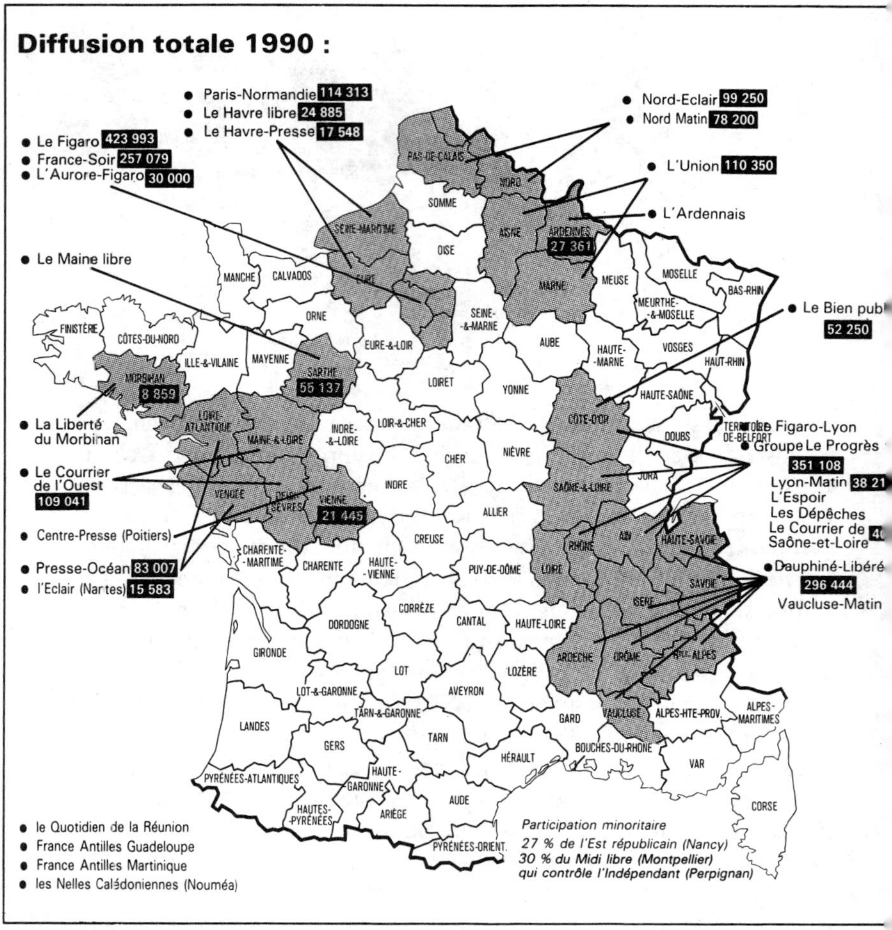

Abb. 69: Verbreitungsgebiet der Tagespresse Hersants.
(Aus: Le Monde 12. 3. 1992)

sich Hersant dabei über alle Auflagen des 1984 erlassenen Pressegesetzes (s. 6.1.7) hinweg. Vorläufig letzte Höhepunkte der Aktivitäten des *«papivore»* Hersant waren 1992 die Übernahme der Regionalzeitungen *L'Ardennais* (Charleville, verbreit. Aufl. 27000 Ex.), *Le Courrier de l'Ouest* (Angers, 109000 Ex.), *Le Maine libre* (Le Mans, 55000 Ex.) und 1993 der Erwerb der Kapitalmehrheit an den *Dernières Nouvelles d'Alsace* (Straßburg, 221000 Ex.).

Die wirtschaftliche Sogwirkung der Hersant-Gruppe wird von

vielen Konkurrenzblättern als existenzgefährdend gesehen. (Vgl. Abb. 68; in welchen Départements Hersant-Blätter etabliert sind, geht aus Abb. 69 hervor: Man kann darüber spekulieren, ob die Expansionspolitik im Westen langfristig nicht auf eine Schwächung der in Rennes erscheinenden *Ouest-France*, der bislang auflagenstärksten französischen Zeitung, abzielt.) 1993/94 geriet Hersant jedoch in eine schwere Finanzkrise, und der Konzern mußte eine Reihe von Zeitschriften sowie die gerade erworbenen Beteiligungen in Osteuropa wieder aufgeben. Möglicherweise stehen hier in naher Zukunft noch weitere Veränderungen der Presselandschaft bevor. Inhaltlich betrachtet, hat die Expansion des Konzerns stark zur Uniformierung der Presse beigetragen; die Betonung eines eindeutig rechtskonservativen Kurses und eine stärkere Ausrichtung an der Sensationspresse gehen gewöhnlich mit der Übernahme durch Hersant einher (vgl. aus unterschiedlichen Perspektiven Brimo/Guérin 1977, Miguet 1984).

Der Prozeß der wirtschaftlichen Konzentration erscheint in der Bundesrepublik noch ausgeprägter. Im Bereich der Zeitschriften besitzen allein vier Verlagsgruppen (Bauer, Springer, Burda, Bertelsmann/Gruner & Jahr) einen Marktanteil von rund 65 %, allerdings ist die Tendenz leicht rückläufig. In der Tagespresse gilt die Springer-Dominanz seit den 60er Jahren allgemein als Symbol für Pressekonzentration und Gefährdung von Meinungspluralismus schlechthin. Der Konzern verfügt u. a. mit den Tageszeitungen *Bild, Die Welt, Hamburger Abendblatt, Berliner Morgenpost, B.Z.* (Berlin) über ca. 25 % der Gesamtauflage. Bei den Sonntagszeitungen liegt der Anteil sogar bei rund 90 %. Kritisiert werden jedoch nicht nur die Ausmaße der Konzentration, sondern ebenso die Art des Verdrängungswettbewerbs und die praktizierten journalistischen Methoden (vgl. u. a. Alberts 1972, Wallraff 1977, 1979; Böll 1984).

Von den genannten Verlagsgruppen dringen besonders Springer und Bertelsmann/Gruner & Jahr inzwischen verstärkt auch in den audiovisuellen Bereich ein; sie nehmen daher immer mehr den Charakter von Multimedien-Konzernen an (vgl. 6.2.9 und Röper 1994 a).

6.1.6 Werbeabhängigkeit und Warencharakter von Nachrichten

Unter wirtschaftlichem Gesichtspunkt sind Werbeeinnahmen längst wichtiger geworden als der Vertriebserlös. Zwar steht für die

Tab. 26: Anteil der Medien am Werbeaufkommen

		Frankreich	BRD
presse		48,1 %	57,7 %
dont:	quotidiens	15,0 %	32,5 %
	périodiques	33,1 %	25,2 %
radio		7,6 %	3,4 %
télévision		31,9 %	15,5 %
cinéma		0,6 %	1,1 %
affichage et autres		11,8 %	22,3 %

(Nach: L'Echo de la Presse 62/1995, 7; Süddeutsche Zeitung 31. 5. 1995; vgl. Holtz-Bacha 1994)

Presse die Funktion als Informationsträger nach wie vor im Vordergrund, weil sich nur so die Käufer, Abonnenten und damit auch die Adressaten des werbenden Teils erreichen lassen, doch ökonomisch ist der Anzeigenmarkt entscheidend. Dieser Tatbestand illustriert auf markante Weise die bekannte These Karl Büchers, der redaktionelle Teil diene letztlich nur dem Verkauf von Anzeigenraum.

Die Abhängigkeit vom Werbegeschäft bahnt sich bereits zu Beginn des 19. Jahrhunderts an. Ihr folgen Einschränkungen publizistischer Autonomie, verstärkte Einflußnahmen auf die Nachrichtenvermittlung, und die Verflechtung kommerzieller und nichtkommerzieller Inhalte nimmt zu; in dem Maße, wie „der Absatz des redaktionellen Teiles mit dem Absatz des Annonceteils in Wechselwirkung steht", wird die Presse auch „zum Einfallstor privilegierter Privatinteressen in die Öffentlichkeit" (Habermas 1971, 221 f.).

Konkret stellt sich für die Presse die Werbeabhängigkeit heute folgendermaßen dar: In den meisten Fällen werden, je nach Größe der betreffenden Zeitung oder Zeitschrift, ca. 60–80 % der Einnahmen aus dem Anzeigenerlös bestritten. Dabei ist jedoch zu bedenken, daß die jeweiligen Quoten häufigen Schwankungen unterliegen und zwischen den einzelnen Werbeträgern eine starke Konkurrenz besteht. Betrachtet man die Verteilung der von der Werbewirtschaft insgesamt getätigten Investitionen, so nimmt die Presse mit 48,1 % in Frankreich und 57,7 % in der Bundesrepublik noch eine führende Position ein (Tab. 26); hiervon entfällt bei den französischen Werten wiederum der größere Teil auf die Zeitschriftenpresse, in der BRD ist die Relation umgekehrt. Gefährdet erscheint vor allem die französische Tagespresse: Ihre Werbeanteile sind rückläufig, und die schwindenden Leserzahlen könnten ihren Wert als Werbeträger noch weiter mindern. Am besten steht es noch um die Provinzpresse, und zwar wegen ihres Quasimonopols für die *publicité commerciale locale* und die *petites annonces*. Eine grundlegende Destabilisierung dieser Situation wäre jedoch denkbar, wenn mit der Ausbreitung der *radios privées* (vgl. 6.2.4) und einer weitgehenden Ablösung des staatlichen Fernsehens durch verschiedene, auch regional sendende *chaînes privées* neue Konkurrenzbedingungen entstehen. Als wie bedrohlich eine solche Möglichkeit auch aus der Sicht der Regionalpresse eingeschätzt wird, zeigt der folgende Aufruf einer Provinzzeitung (T. 23).

T. 23
La presse quotidienne régionale unie face au danger

La presse quotidienne régionale est en danger. Jamais depuis quarante ans, elle n'a autant qu'aujourd'hui affronté d'angoissants périls dans une période de haute turbulence. Si l'audiovisuel, symbole de modernité, doit se développer, cela ne doit pas se faire au détriment de la presse écrite qui, depuis des décennies, a servi et la démocratie et le pluralisme, en formant la diversité de l'opinion des citoyens, en leur donnant le temps et l'occasion de la réflexion.

[. . .]

Aujourd'hui, la presse écrite doit affronter un double défi. D'une part, l'accès à la télévision de nouveaux secteurs d'annonceurs publicitaires qui, amenés à répartir différemment des budgets malheureusement peu extensibles, réduiront la part actuellement allouée à vos quotidiens régionaux.

D'autre part, l'éventuelle apparition de télévisions dites «privées» qui pose le problème de la redistribution des budgets de publicité dans une période de crise économique et donc, une fois encore, entraîne une ponction sur les médias existants.

[. . .]

Une société qui détruit sciemment un de ses moyens de communication démocratique va-t-elle dans le sens du progrès et de l'approfondissement du champ de réflexion des hommes, où qu'ils habitent, où qu'ils travaillent? Les télévisions «privées» de demain pourront-elles fournir autant de «petites» informations locales, dans le moindre village, dans le moindre canton? La civilisation de l'écrit, cette mémoire qui transcende les générations, doit-elle disparaître, faute de moyens, et laisser place nette à une civilisation orale modernisée et nivellée à travers un modèle audiovisuel? Ne doit-on pas, au contraire, rechercher une coexistence enrichissante en assurant les équilibres nécessaires?

[. . .] (La Montagne 26. 4. 1985)

Das Angewiesensein auf Werbeeinnahmen bedeutet für die Presse nicht nur eine generelle *Abhängigkeit von konjunkturellen Wirtschaftsentwicklungen,* die „kapitalistische Dienstleistungsfunktion" (Hennig 1971) schlägt sich im Sinne der oben angesprochenen Einschränkung publizistischer Autonomie ebenfalls in der *inhaltlichen Ausrichtung* nieder. Man braucht dabei nicht ausschließlich an direkte Pressions- oder Boykottmaßnahmen zu denken, von größerer Tragweite sind vielmehr die eher stillschweigende Anpassung des redaktionellen Teils an Erwartungen und Bedürfnisse der Inserentenkunden und die *Schaffung anzeigenfreundlicher Umfelder,* wie sie z. B. in speziellen, nicht als Werbung ausgewiesenen Rubriken (*conseils pratiques, chroniques automobiles, articles de mode* etc.) zum Ausdruck kommen (Albert 1991, 49ff.; Meyn 1974, 56ff.). In diesen Ursachenzusammenhang gehört ferner die für einen Großteil der Presse konstatierte Tendenz zur Konformität, zur Entpolitisierung der Berichterstattung und zur Vermeidung bestimmter Meinungen oder Standpunkte, die erheblich von den für konsensfähig erachteten Grundpositionen abweichen und mit den Interessen der Werbungtreibenden kollidieren (vgl. Lüger 1987). Absatzoptimierung und Sicherung der ökonomischen Basis einerseits sowie Nachrichtenauswahl und -präsentation andererseits stehen hier eng miteinander in Beziehung.

Mit dem Anzeigenmarkt verbunden sind weiterhin *konzentrationsfördernde Effekte.* Sie ergeben sich ganz einfach daraus, daß insbesondere auflagenstarke Blätter hohe Wettbewerbsvorteile genießen: Je größer ihre Verbreitung, desto größer auch die erreichten Zielgruppen, die von der Werbung angesprochen werden sollen; außerdem können sie, relativ gesehen, günstigere Anzeigenpreise pro 1000 Leser bieten, denn der Preis pro Werbeeinheit steigt nicht proportional zur Auflage. Die Folge ist eine negative *Auflagen-Anzeigen-Spirale*, in deren Verlauf kleineren Presseunternehmen vielfach nur die Möglichkeit bleibt, sich Anzeigenringen *(couplages publicitaires)* oder anderen Kooperationsformen – oft bis hin zur redaktionellen Zusammenlegung – anzuschließen.

6.1.7 Gesetzliche Einflußnahmen

Um der Pressekonzentration und dem weiteren Abbau von Meinungspluralismus Einhalt zu gebieten, legte die französische Regierung 1983 einen Entwurf für ein neues Pressegesetz vor *(Loi*

PAS TROP DE VAGUES

– « Groupe Hersant », qui a frôlé la disqualification, arrive en tête suivi par « Loi sur la Presse », partiellement dématée...

Abb. 70
(Aus: Le Canard enchaîné 17. 10. 1984)

visant à limiter la concentration et à assurer la transparence financière et le pluralisme des entreprises de presse). Insbesondere zielte der Regierungsentwurf darauf ab, eine gesetzliche Handhabe gegen marktbeherrschende Konzerne (mit rückwirkendem Effekt) einzuführen. De jure bestanden zwar nach den *Verordnungen vom 26. August 1944* bereits entsprechende Einschränkungen (niemand sollte mehrere Publikationsorgane kontrollieren dürfen), doch in Ermangelung klarer Ausführungsbestimmungen war der Text praktisch folgenlos geblieben; außerdem war keine Regierung bereit gewesen, in die Entwicklung des wirtschaftlich ohnehin gefährdeten Pressesektors mit gesetzlichen Auflagen einzugreifen.

Die Reaktionen auf den Gesetzesentwurf von 1983 fielen äußerst heftig aus. Für den Gaullisten Claude Labbé stellte er ein «projet scélérat s'attaquant aux libertés sacrées de la communication et de la presse» dar, Alain Peyrefitte sah sogar den liberalen Staat in Gefahr: «Je ne dis pas que la France est un pays totalitaire. Ce n'est pas vrai. Mais elle n'est plus tout à fait, déjà, un pays libéral.» Den äußeren Anlaß gab u. a. der Umstand, daß bestimmte Formulierungen in der Tat nahelegen konnten, die geplanten Maßnahmen sollten in erster Linie den Hersant-Konzern treffen (vgl. auch Becker 1985, 159ff.).

Nach zahlreichen Änderungen und Einsprüchen (die Regierung mußte sich in insgesamt 166stündiger Debatte der rund 2600 Änderungsanträge der Opposition erwehren) wurde das Pressegesetz schließlich Ende 1984 verabschiedet und im *Journal Officiel* veröffentlicht. Eine wichtige Modifikation des *Conseil constitutionnel* bestand anschließend darin, daß bereits bestehende Konzentrationen nicht angetastet werden durften, d. h., für die ursprünglich geforderte Entflechtung der Hersant-Gruppe gab es keine rechtliche Grundlage (vgl. dazu Abb. 70).

Bezüglich der Konzentrationsbegrenzung sahen die wichtigsten Bestimmungen vor:

- Bei der nationalen Presse durften nicht mehr als 15 % der verbreiteten Auflage in einer Hand vereinigt sein (Art. 10);
- die gleiche Höchstgrenze galt für die Regionalpresse (Art. 11);
- nationale und regionale Zeitungen konnten sich in einer Hand befinden, sofern 10 % auf nationaler und 20 % auf regionaler Ebene nicht überschritten wurden (Art. 12 – diese Möglichkeit war im Erstentwurf nicht enthalten);
- die Besitzverhältnisse mußten offengelegt werden (Art. 7), und eine unabhängige Kommission, die *commission sur la transparence et le pluralisme de la presse,* sollte die Einhaltung der Bestimmungen überwachen (Art. 16).

Auch wenn die genannten Regelungen nur die Tagespresse betrafen und praktisch keine direkten Änderungen der Pressestruktur bewirkten, so konnte das Gesetzesprojekt dennoch nicht als vollständig gescheitert betrachtet werden. Es bot zumindest einen Ansatzpunkt, weitere Konzentrationsvorgänge zu erschweren und eventuell den Konzentrationsgrad auf dem erreichten Stand einzufrieren. Aufgrund des Regierungswechsels von 1986 kamen die Bestimmungen jedoch nicht mehr voll zum Tragen, und die Ereignisse um *L'Union* und *Le Progrès*, die, wie oben erwähnt, praktisch im Handstreichverfahren und unter völliger Mißachtung des Pressegesetzes an die Hersant-Gruppe verkauft wurden, deuteten bereits die neue pressepolitische Marschrichtung an. Das Pressegesetz wurde dann auch sogleich außer Kraft gesetzt und für Hersant, selbst Mitglied der rechten Parlamentsmehrheit (wie auch eine Reihe seiner Angestellten!), eine Amnestie erlassen. Insbesondere sollte im Zeichen der neuen Liberalisierungspolitik eine klare Begrenzung der Konzentration vermieden werden. Erst nach dem Einspruch des *Conseil constitutionnel* setzte dann die veränderte Gesetzesfassung vom 27. 11. 1986 eine Obergrenze von 30 % der Tagespresse fest (ausführlich: Blanc-Uchan 1987, Holtz-Bacha 1994).

Unabhängig von den Entwicklungen auf dem Pressesektor wird

für die Großverlage der Expansionsschwerpunkt in Zukunft eher im Ausland und im Bereich der neuen Medien und des privaten Fernsehens liegen. Dazu Hersant in eigener Sache: «Homme de presse écrite, je suis par la force des choses le général d'une armée en retraite, et si d'autres moyens de communication étaient libres, je dirigerais un groupe multimédia avec des chaînes de télévision et de radio» (Le Nouvel Observateur 10. 1. 1986, 24). Allerdings stellte sich Hersants Engagement beim Fernsehkanal *La Cinq* (vgl. 6.2.9) schnell als finanzielles Fiasko heraus.

Versuche, der Pressekonzentration in der BRD mit gesetzgeberischen Mitteln zu begegnen, sind praktisch allesamt erfolglos geblieben. Das seit 1957 bestehende „Kartellgesetz" hat nur in wenigen Fällen Fusionen verhindern können. Darüber hinaus kamen mehrere Kommissionen (vgl. etwa den Schlußbericht der Günther-Kommission 1968 und den Medienbericht der Bundesregierung von 1978) zu dem Ergebnis, daß bei den vorhandenen Konzentrationen und dem hohen Marktanteil einiger Konzerne die Meinungsvielfalt zwar gefährdet, eine unmittelbare Beeinträchtigung der Pressefreiheit aber noch nicht gegeben sei. Für einschneidende Maßnahmen fehlten bislang wohl auch die politischen Voraussetzungen.

6.2 Rundfunk und Fernsehen im Zeichen der Konkurrenz (Ernst Ulrich Große)

6.2.1 Nutzung der Medien

Unter den Massenmedien hat in Frankreich wie in Deutschland das *Fernsehen,* noch vor dem *Rundfunk* und der *Presse,* die weiteste Verbreitung. Die Franzosen über 15 Jahre sehen durchschnittlich drei Stunden 34 Minuten pro Tag fern, aber die Deutschen stehen ihnen kaum nach: 179 Minuten beträgt hierzulande die Sehdauer. An zweiter Stelle steht der Rundfunk, mit etwas über zwei Stunden Einschaltdauer jenseits und fast drei Stunden diesseits des Rheins. Die deutlichsten Unterschiede lassen sich bei der Presselektüre feststellen. In Deutschland lasen 1992 82 % aller Befragten täglich die Zeitung, eine Zahl, die wegen des gängigen Systems von Abonnement und Trägerzustellung durchaus einleuchtend ist. In Frankreich dagegen waren es im gleichen Jahr nur 53 %.

Diese Zahlen zeigen den *breiten Umfang des Medienkonsums* in beiden Ländern.

6.2.2 Vom O.R.T.F.-Monopol zum Wettbewerb

In Frankreich ist seit den siebziger Jahren eine zunehmende Liberalisierung und Privatisierung des audiovisuellen Bereichs festzustellen.

Bis 1974 unterstanden alle staatlichen Rundfunk- und Fernsehsender in Frankreich einer zentralen Leitung: der Monopolgesellschaft O.R.T.F. (Office de Radiodiffusion-Télévision Française). Unter Giscard d'Estaing wurde eine Gesetzesreform durchgeführt. Seitdem gab es sieben autonome Gesellschaften. Davon hatten drei vorbereitende und ausführende Funktionen (audio-visuelle Forschung, Fernsehfilmproduktion, Sendetechnik und Vertrieb), vier waren Programmgesellschaften:

1. Radio France (vor allem France-Inter, France-Culture und France-Musique),
2. TF 1 (Télévision Française 1),
3. A 2 (Antenne 2),
4. FR 3 (France Régions 3).

Um die Qualität der Programme zu verbessern, wurde mit dieser Reform das Konkurrenzprinzip eingeführt. Es wirkte sich besonders auf die Fernsehprogramme aus. Es gab kaum noch Absprachen zwischen den Sendern – daher noch heute die Gleichzeitigkeit der Abendprogramme von TF 1 und FR 2 (ehemals A 2), besonders deutlich in den *20-h-journaux*. Neben den Einschaltquoten, die über die Verteilung der vom Zuschauer zu zahlenden Fernsehgebühr entschieden, übte eine Jury durch ihre Beurteilung der Programmqualität Einfluß auf die gewährten Finanzmittel aus.

Die aus der Auflösung des O.R.T.F. hervorgegangenen Gesellschaften waren wohl *untereinander*, jedoch *nicht nach oben* zur Regierung und zum Präsidenten autonom. Unter Giscard d'Estaing wurden z. B. systematisch die Intendantenstellen mit dem Präsidenten gewogenen Personen besetzt: Es entstand hier wie in vielen anderen gesellschaftlichen Bereichen ein *« Empire Giscard »*.

Erst nach dem Wahlsieg der Linken änderten sich die Verhältnisse – zumindest offiziell. Das Gesetz vom *29. Juli 1982* schuf eine *Haute Autorité*, welche die Unabhängigkeit der Rundfunk- und Fernsehanstalten von der Regierung gewährleisten sollte und u. a. selbst die Intendanten der verschiedenen Anstalten ernannte. Doch wurden Zweifel an einer wahren Freiheit dieser Behörde geäußert:

„Denn schon die Zusammensetzung und die ersten Schritte dieses ‚Komitees der Weisen' haben Probleme aufgeworfen. Die Ernennung seiner Mitglieder, von denen jeweils drei vom Staatschef, drei vom Präsidenten der Nationalversammlung und drei vom Präsidenten des Senats bestimmt werden [. . .], hat bereits zu Besorgnis hinsichtlich der politischen Orientierung der *Haute Autorité* Anlaß gegeben. Tatsächlich bieten deren Mitglieder nicht alle wünschenswerten Garantien, da ihre Mehrheit dem Umfeld der Linken angehört." (Fabre-Rosane 1983, 45)

Da drei Mitglieder für drei, drei für sechs und drei für neun Jahre ernannt wurden, bedeutete dies, daß nach jeder Änderung der politischen Verhältnisse längerfristig auch die *Haute Autorité* sich zu einer anderen Seite umorientieren konnte. Zur weiteren Entwicklung s. 6.2.9.

Gleichzeitig wurden durch das genannte Gesetz über die audiovisuelle Kommunikation die lokalen *radios libres* legalisiert. *Damit endete* das (de facto bereits durch die *postes périphériques* – vgl. 6.2.5 – durchbrochene) *Staatsmonopol im audiovisuellen Bereich.* Die *Haute Autorité* entschied über die Zulassung der einzelnen *radios libres.* Ihre prinzipielle Legalisierung gehörte zum Dezentralisierungsprogramm der Linksregierung seit 1981 (vgl. 1.1.5). Tatsächlich wurden die lokalen und regionalen Probleme, „das Leben des Volkes in Frankreich", lange Zeit von den zentralisierten audiovisuellen Medien vernachlässigt.

6.2.3 Das bundesrepublikanische Vorbild einer Dezentralisierung

Diese Vernachlässigung des Regionalen solle, so forderte François Mitterrand schon im Verlauf seines Wahlkampfes gegen Giscard d'Estaing, durch eine Anlehnung an das deutsche Vorbild überwunden werden:

Er schlug vor, « qu'à l'exemple de l'Allemagne fédérale, les programmes nationaux ne soient plus fabriqués uniquement à Paris, mais conçus et produits par des chaînes régionales. Tel soir, Bordeaux s'adresserait à la France, tel autre soir ce serait Strasbourg ou Lyon» (Le Monde 5. 9. 1981, 8). – Der spätere Kultusminister Jack Lang bekräftigte diese Vorstellung: «Je suis pour une télévision polyphonique de toutes les Frances. Pas seulement de la petite société du spectacle parisien. Ouvrons les écrans à toutes les cultures, à toutes les formes d'expression, à toutes les régions . . . Je rêve d'un système à l'allemande, où les programmes nationaux seraient constitués par les apports de chacune des régions» (Le Monde 18. 1. 1982, 19).

Nun darf man aber das bundesdeutsche System nicht zu sehr idealisieren. Gewiß: „In der Bundesrepublik Deutschland unterliegt die

Rundfunkordnung der Zuständigkeit der Länder. Daraus leitet sich eine dezentralisierte, föderalistisch aufgebaute Rundfunkstruktur ab. Neun deutsche Landesrundfunkanstalten, deren Sendegebiete mit wenigen Ausnahmen mit den Hoheitsgebieten der Länder übereinstimmen, strahlen mehrere Hörfunkprogramme und eigene Landesfernsehprogramme (Regionalfernsehprogramme) aus. Daneben veranstalten alle Landesrundfunkanstalten ein bundesweites Gemeinschaftsprogramm, das Programm der ARD. Als Kontrastprogramm hierzu verbreitet eine in allen Ländern errichtete Fernsehanstalt – das Zweite Deutsche Fernsehen – bundesweit ein weiteres Fernsehprogramm" (so B. Vogel in: Rovan/Weidenfeld 1982, 123; seit 1992: elf statt neun Landesrundfunkanstalten).

Aber gibt es hier auch mehr Programme regionalen Ursprungs, so bewirkt doch das „Proporzsystem" in den Rundfunkräten (wo die repräsentative Vertretung der wichtigsten gesellschaftlichen Gruppen und Bereiche de facto in vielen Fällen nur zu einer CDU-SPD-„Ausgewogenheit" führt) oft einen „tödlichen Proporz": Viele politische und ökologische Tendenzen und Ereignisse werden so dargestellt, daß man nirgendwo auf Widerspruch stößt: „Meinung, gar anstößige, unausgewogene, ist derart unerwünscht, daß sie sich schließlich in den ängstlichen Köpfen der Redakteure und Kommentatoren nicht mehr bildet" (Die Zeit 4. 7. 1980, 1).

6.2.4 Erste Schritte zur Dezentralisierung ab 1981

Über die Dezentralisierungsvorhaben auch im audiovisuellen Bereich, ausdrücklich nach bundesdeutschem Vorbild, wurde oben berichtet. Wie sieht nun die Realität aus?

1. Es gibt heute mehr regionale Sendungen, besonders deutlich bei FR 3. Der Anteil der Sendungen in den ethnischen Landessprachen (z. B. Bretonisch, Baskisch) bei FR 3 bleibt allerdings gering.

2. Nachdem es noch im Dezember 1980 nur drei *radios locales publiques* gab, gestartet von Radio France als Versuche größerer „Bürgernähe", wuchs deren Zahl auf 48; langfristig soll – als Reaktion auf die *radios libres* – jedes Département ein öffentliches Lokalradio erhalten. In allen Teilen des Landes kann man jetzt solche Lokalsender hören.

3. Die Zahl der seit 1982 legalisierten *radios libres (radios privées)* liegt inzwischen bei etwa 1500 (Quid 1995, 1306). Die Regierung hat jedoch Normen aufgestellt, an die sie sich bei Strafe des Lizenz-

Abb. 71: Rundfunksender in Frankreich.
(Aus: Bär/Beutter: Horizons, Ernst Klett Schulbuchverlag, Stuttgart 1990, 155)

entzugs halten müssen: Der Senderadius muß auf maximal 30 km beschränkt sein, und es werden immer nur Genehmigungen für drei Jahre erteilt; danach ist ein erneutes Gesuch an die *Haute Autorité* zu richten. Die Ausstrahlung von Werbesendungen war lange verboten, so daß viele Stationen wegen Geldmangels vor der Schließung standen; im Mai 1984 ist sie gesetzlich gestattet worden. Außerdem – auch dies ein Zeichen guten Willens zu dezentralisierter Meinungsvielfalt – erhalten seit 1983 alle neu eingerichteten lokalen Privatsender eine *«subvention d'installation»*. Die UKW-Stereoqualität der Musiksendungen und die häufige Zusammenarbeit mit regionalen Zeitungen erleichtern zudem ihre Existenz. Stärker als die lokalen Sender (private: 16,4 %, von Radio France: 4,5 %) sind mit 30,7% Höreranteil aber 7 nun landesweite «programmes musicaux» geworden, allen voran NRJ (Quid 1995, 1313, s. auch Abb. 71 und Liehr 1993, 235).

4. Es sollten zahlreiche lokale Fernsehprogramme entstehen, die sich ausschließlich durch Werbeeinnahmen finanzieren. Die H. A. (nun der CSA) regelt auch hier die Zulassungen, zumal die noch freien Sendefrequenzen sehr begrenzt sind. Unter den terrestrisch (frz. *en hertzien*) ausstrahlenden Sendern hat sich nur Télé-Toulouse halten können (Meise 1995, 314f.). Hinzu kamen 1984 ein, 1986 zwei weitere landesweite private Fernsehprogramme, denen sich später diverse Kabelprogramme – darunter 23 lokale – hinzugesellten. So wird nun die für die Giscard-Ära typische *«concurrence des chaînes nationales»* von einem *neuen*, in der Mitterrand-Ära geschaffenen *Wettbewerbsgefüge* überlagert: dem zwischen privaten und öffentlichen Programmen im Rundfunk- wie im Fernsehbereich.

6.2.5 Die *postes périphériques*

Neben den *radios libres*, die in zunehmendem Maße Programme mit Werbung auf Mittelwelle (frz. *ondes moyennes*) oder noch häufiger im überfüllten UKW-Bereich (auch frz. FM = *frequency modulation*) senden dürfen, gibt es eine längst etablierte Kategorie kommerzieller, ausschließlich von der Werbung lebender Rundfunksender auf Langwelle (frz. GO = *grandes ondes*): die *postes périphériques*. Die Bezeichnung *périphérique* rührt aus der Lage ihrer Antennen am Rande – genauer gesagt: jenseits der Grenze – des

Tab. 27: Einschaltquoten (in %)

	Juni 1984	März 1987	Nov./Dez. 1991	Sept./Okt. 1994
RTL	23,6	21,3	21,4	17,8
Europe 1	17,6	14,7	9,0	11,2
France-Inter	13,5	15,9	8,7	11,7
RMC	7,8	7,7	4,0	4,4
weitere	21,8	28,5	?	?

(Aus: Quid 1989, 1130, Libération 13. 1. 1992, 8 und Le Figaro 16. 11. 1994, XII. Angegeben ist, wieviel von 100 Franzosen den jeweiligen Sender bevorzugten.)

französischen Territoriums: RTL sendet aus Luxemburg, Europe 1 aus dem Saarland, Radio Monte-Carlo (RMC) von Monaco aus, Sud-Radio aus Andorra (vgl. Abb. 71). Zusätzlich haben freilich RTL und Europe 1 Ausstrahlungsmöglichkeiten u. a. im Pariser Großraum, und ihre Studios befinden sich in Paris. Die *postes périphériques* bildeten zur Zeit der Präsidentschaft de Gaulles, Pompidous und Giscard d'Estaings die einzige wirkliche Konkurrenz zum Staatsmonopol; sie waren trotz ihres kommerziellen Charakters liberaler in ihrer politischen Information, boten ausgedehnte Interviews und Diskussionsrunden auch mit sozialistischen und kommunistischen Politikern. Dies hat, zusammen mit aktuellen Reportagen, mit Kommentaren bekannter Journalisten und stets „neuester" Popmusik, ihren Ruf begründet (vgl. auch das günstige Urteil bei Goguel/Grosser 1976, 156). Die Einschaltquoten sprechen eine deutliche Sprache.

Tab. 27 zeigt (neben den hier typischen kurzfristigen Schwankungen) die große Bedeutung der *postes périphériques*, mit denen beim Staatsrundfunk nur France-Inter konkurrieren kann. Spitzenreiter ist seit längerem RTL (in den siebziger Jahren war es Europe 1). Seine Einschaltquoten blieben relativ stabil; die der Konkurrenten gingen unter dem Andrang der *radios privées* zurück.

Deutlich wird auch, daß die mittlerweile stark kommerzialisierten *radios privées* einen wachsenden Höreranteil erreichen; auf sie entfallen z. B. 1987 26,3 der in der Rubrik „weitere" angegebenen 28,5 %, und allein die sieben «programmes musicaux nationaux» steigerten sich 1994 auf 31,3 % (davon NRJ 9,8 %, Fun 7,7 %). Die großen Kommerzsender reagieren auf die Konkurrenz mit verstärkter Hörerbeteiligung am Programm und einer Ausweitung der teureren internationalen Berichterstattung. Außerdem aber „durchtränken" sie auch die lokalen Radios. Europe 1 hat 1987 einen Dienstservice Europe 2 aufgebaut, der zur Nr. 3 der «programmes musicaux nationaux» geworden ist und außerdem zahlreichen, oft regionalen Zeitungen gehörenden Privatsendern ein komplettes "music and news"-Programm für bestimmte Tageszeiten liefert. RTL hat durch Assoziationsverträge mit vielen sog. *radios libres* die Quasiübernahme seines Programms – bei nur noch 20 % «fenêtres locales» – erreicht. Durch diese Absprachen blieb den Eignern von RTL und Europe 1 das Gros der Werbeeinnahmen erhalten.

Was die regionale Verteilung angeht, so dominieren RTL und Europe 1 eindeutig in der Nordhälfte Frankreichs. Der Staatssender France-Inter weist Schwerpunkte seiner Hörerschaft in der Bretagne, im Südwesten und an der Mittelmeerküste auf. Das ergaben die erstmals detaillierten Forschungen des Instituts Médiamétrie, die ganz Frankreich durch 55 000 Interviews umfaßten (Libération 7. 11. 1988, 14).

Knapp seien die einzelnen *postes périphériques* charakterisiert:

RTL (Radio-Télévision Luxembourg) sendet täglich 24 Stunden ohne Unterbrechung in französischer Sprache ein Rundfunkprogramm in bewußt populärem Stil, während das RTL-Fernsehen z. Z. nur in und um Lothringen terrestrisch empfangen werden kann. Der französische Staat übte durch seine Kapitalanteile an der verwaltenden *Compagnie luxembourgeoise de télévision* einen gewissen, aber nicht ausschlaggebenden Einfluß auf die Programmgestaltung aus, der durch die Privatisierung erloschen ist. Die CLT hat nun eine Diversifizierung nach Hörergruppen vorgenommen: RTL sendet vor allem für die Altersstufen ab 35, RTL 2 (zuvor: „M 40") für die 25- bis 35jährigen und Fun Radio zielt mit „musique rock" auf die 15- bis 25jährigen (Libération 4. 5. 1995, 44). – Zu den Eigentumsverhältnissen beim Multimedienkonzern CLT s. Meise 1995, 71–73.

Europe 1, bisher ein reiner Rundfunksender, bietet zur attraktiven Einbettung der Werbespots neben Musik-, Spiel- und Quizsendungen ebenfalls politische Diskussionsrunden, die besonders in Wahlkampfzeiten große Beachtung finden: Auch sie dienen natürlich den Einschaltquoten und damit der Plazierung der Wirtschaftswerbung. Der französische Staat besaß hier Mitspracherechte über die staatliche Gesellschaft SOFIRAD (SOciété FInancière de RADiodiffusion), die über 30 % der Aktien von «Europe 1 – images et son» innehatte. Diese wurden am 5. 3. 1986 dem von Jean-Luc Lagardère geführten Elektronik-, Luftfahrt- und Verlagskonzern Matra/Hachette verkauft. Er hatte bereits 17 % der Aktien von Europe 1 inne; z. Z. sind es 43 %. Durch diese engere Verbindung von Europe 1 und Hachette – dem bisher hinter Bertelsmann zweitgrößten Druckmedienkonzern Europas – ist ein „Medienriese" entstanden, der bereits jetzt auf den gesamten europäischen Markt – also weit über Frankreich hinaus – blickt. Europe 1 gründete Europe 2 als Reaktion auf die *radios privées* (s. 6.2.4).

Bei *RMC* (Radio Monte-Carlo) blieb der französische Staat präsent: Hier besitzt die SOFIRAD sogar 83,3 % der Aktien. Als «station de la Méditerranée» und «premier poste régional» versucht RMC sowohl bis in die Pariser Region (durch Langwelle) als auch weit in den Mittelmeerraum (mit Mittelwellensendungen in italienischer und arabischer Sprache und korsischem Dialekt) hineinzureichen. Seit 1984 existiert parallel zu RMC die Fernsehgesellschaft TMC (Télé Monte-Carlo), in der die SOFIRAD mit 50 % der Aktien beteiligt ist. Unter dem Druck der Privatisierungspolitik der Regierung Juppé soll RMC (1994: 11 Mio. FF Defizit) zusammen mit dessen 51 %-Anteil am Musiksendernetz *Nostalgie* (1994: 33 Mio. FF Gewinn) verkauft werden; s. Libération 12. 6. 1995, 44.

So zeichnet sich eine Medienlandschaft in Frankreich ab, in der die finanzkräftigen *postes périphériques* den Löwenanteil der Hörerzahlen und Werbeeinnahmen im Rundfunkbereich davontragen, auch wenn die kleineren „Privaten“ wachsen.

Im übrigen spielt die «chanson d'expression française» jenseits des Rheins eine wichtige Rolle. Ihr bleiben mindestens 40 % der Musikausstrahlungen in allen werbefinanzierten Musikprogrammen reserviert, laut Gesetz vom 1. 2. 1994. Auch die Unterhaltungsmusik gilt also als Teil der zu schützenden nationalen Kultur, wie der Film (s. 6.3). Aber der „Konsumentengeschmack“ kommt dem durchaus entgegen. So waren z. B. 1993 42,7 % der in Frankreich verkauften MCs und CDs französischer, nur 48,3 % internationaler (d. h. meist anglo-amerikanischer) Provenienz; in Deutschland dagegen betrug das Verhältnis ca. 30 : 70 (Mermet 1995, 400). Auch deshalb „lockt“ angelsächsische U-Musik die Hörer weit mehr diesseits des Rheins als jenseits.

Als reine Kommerzsender zeigen die *postes périphériques* am deutlichsten, wie hohe Profite kapitalkräftige Unternehmen durch Wirtschaftswerbung erreichen können. Das noch immer marktbeherrschende Hörfunkprogramm RTL z. B. erzielt jährlich Einnahmen von über 1 Mrd. FF, also umgerechnet über 300 Mio. DM (Meise 1995, 75). Eben dies erlaubte den *postes périphériques* – allen voran RTL – den Einstieg in den Satellitenhörfunk, das Satellitenfernsehen (s. 6.2.8) und die Multimedia-Ära.

Zugleich machen diese Kommerzsender eine Tendenz exemplarisch deutlich, die im Pressewesen nur verdeckt gegeben ist: daß nämlich die Wirtschaftswerbung nicht einen Anhang, sondern den eigentlichen *Kern* der Medien bildet. Dem Leser, Hörer, Zuschauer erscheint der redaktionelle Teil als Essenz des Mediums. Ihm wird nicht bewußt, daß dieser räumlich oder zeitlich größere Teil aus der Sicht der Medienmacher lediglich als *support publicitaire* dient. Nicht den mündigen und zu informierenden Bürger, sondern den potentiellen Käufer will man in erster Linie ansprechen.

6.2.6 Die staatlichen französischen Rundfunksender

France-Inter bietet dem breiten Publikum Unterhaltungs- und Nachrichtensendungen. Daneben ist 1987 das auf Informationen aller Art spezialisierte Programm *Radio France Info* getreten. Es hat inzwischen einen Höreranteil von 8,5 % errungen.

France-Culture ist in seinem Programm völlig anders strukturiert. Der Sender bietet viele Interviews mit Künstlern, Schriftstellern, Wissenschaftlern (und eignet sich daher besonders gut als landeskundliche Informationsquelle). Ferner kann man hier täglich ein Feuilleton hören: einen Roman in Fortsetzungen, ähnlich wie in den Tageszeitungen.

France-Musique widmet sich hauptsächlich der klassischen und zeitgenössischen „ernsten“ Musik, meist in Stereo. Unterhaltungssendungen lockern das Programm zwar auf, doch handelt es sich um „klassischen“ Jazz, gelegentlich auch um Operetten- oder Folkloremusik – Bereiche, welche die Verantwortlichen als dem Anspruchsniveau von France-Musique angemessen betrachten.

Alle französischen Rundfunksendungen, ob von staatlichen Sendern (mit Ausnahme von France-Culture) oder „peripheren“, weisen ein gemeinsames Charakteristikum auf, das sie von deutschen Sendern unterscheidet:

« La parole est rapide, hachée, laissant peu de place à la respiration; parfois, elle est soutenue par un support musical qui assure la continuité et remplit les silences éventuels . . . Pourquoi les stations importantes n'adoptent-elles pas . . . un style qui ferait place à des silences, à des pauses marquant la respiration du discours? » – Die Antwort liegt in der französischen Konkurrenzsituation: « Le style est ici une *arme* dans la stratégie de la conquête des auditeurs: la permanence d'émission sonore est nécessaire pour capter l'oreille de l'auditeur passager. » (Chr. Hermelin, PrAct, mars 1980, 49f.)

Durch ununterbrochenes Senden in schnellem Sprechtempo soll der Hörer gleichsam daran gehindert werden, während einer Pause ein anderes Programm zu wählen. « Fidéliser leurs auditeurs » (ebd.) – dazu soll nach dieser Studie das Allegro- oder gar das Presto-Tempo der rivalisierenden Radios beitragen.

6.2.7 Die Fernsehprogramme TF 1, FR 2 und FR 3

Trotz der offiziellen Unabhängigkeit von Präsident und Regierung sind die genannten Programme keineswegs „ausgewogen“ in ihrer politischen Information. Ein Beispiel: die Studie des « service d'observation des programmes », die sich auf das erste Halbjahr 1984 bezog:

«39 à 49% du temps d'antenne consacré à l'information sur TF 1 et Antenne 2 vont au gouvernement, 20 à 32% à la majorité de la gauche, et 28 à 36% à l'opposition. Les régimes changent, pas les habitudes.» (F. Quenin, PrAct, n° hors série, janv. 1985, 92f.) – Zu einem anderen Ergebnis gelangt freilich Schmid. Im Vergleich zur Giscard-Ära habe, so Schmid (1985, 128–133), in der Mitterrand-Ära zwar gelegentlich ein Rückfall in alte Gewohnheiten der Einflußnahme auf das Machtinstrument Fernsehen stattgefunden, auch seien die Spitzenpositionen mit der Linken wohlgesonnenen Personen besetzt worden, doch sei seit der Gesetzgebung von 1982 zumindest ein deutlicher Wandel spürbar: Die in manchen Sendungen feststellbare offene Kritik an der Regierung sei zur Zeit Giscard d'Estaings kaum anzutreffen gewesen, und Interventionen aus dem Elysée oder den Ministerien seien recht selten geworden. Auch wenn dies zutreffen sollte, belegt doch eine gründliche Studie aus dem Zeitraum Juni bis August 1988, daß in Frankreich alle Fernsehsender dem „Block" Präsident/Regierung/Parlamentsmehrheit wesentlich mehr Redezeit als der Opposition gewährten (Mauriat 1989, 46).

Die oben genannten Präferenzen und die Vorwürfe von „Schwerfälligkeit, ja Unbeweglichkeit eines mächtigen Apparats, Bürokratie und Korporativismus" bei einem Personalbestand von rund 18000 Beschäftigten (Fabre-Rosane 1984a, 321) wurden von den Oppositionspolitikern häufig angeführt, um ihrer Forderung nach Privatisierung der staatlichen Fernsehgesellschaften Nachdruck zu verleihen. Nach ihrem Wahlsieg konnte TF 1 (vorher war das zweite Programm in der Diskussion) privatisiert werden – gegen diverse Widerstände.

Das Ringen um TF 1 verlief dramatisch. Die Hoffnungen Hersants machte der von den Sozialisten angerufene Verfassungsrat am 17./18. 9. 1986 zunichte. Er entschied, daß die Meinungsvielfalt in der französischen Medienlandschaft bewahrt und eine einseitige Machtkonzentration vermieden werden müßten. Daran scheiterte auch der von Lagardère geführte Multimedienkonzern Hachette (vgl. 6.2.5). Den Zuschlag erhielt schließlich im April 1987, durch eine Entscheidung des CNCL, ein finanzstarkes Konsortium. Es wird von der Gruppe des weltweit größten Bauunternehmers, des „Betonkönigs" Francis Bouygues (ursprünglich 25%, nun 34% der Aktien), geleitet; Bouygues selbst verstarb 1993. Zum weiteren Verlauf der Privatisierung s. Meise 1995, 252–255 und Quid 1995, 1310. – Durch enorme Investitionen, zu denen auch die Anwerbung beliebter Fernsehstars zu Phantasiepreisen gehörte, gewann TF 1 zeitweise (Anfang 1988) über 50% der Zuschauer. Dadurch stiegen mit den Werbeeinnahmen die Möglichkeiten einer teuren Programmgestaltung. Um nicht völlig ins Abseits zu geraten, mußten sich die Staatsfernsehanstalten A 2 (jetzt FR 2) und FR 3 dem Massengeschmack anzupassen versuchen. Dennoch blieb TF 1 unbestritten mit ca. 40% der Einschaltquoten führend (zu den Zuschaueranteilen s. 6.2.9). Gleichzeitig erhält TF 1 den Löwenanteil des sog. „Werbekuchens". Fast sämtliche andere Sender müssen sehen, wie sie mit dem – zu geringen – Rest im Hinblick auf ihren Haushalt und ihr Programmangebot zurechtkommen. Die hohen Einnahmen erlaubten TF 1 den Start eines Nachrichten-Kabelprogramms ab Juni 1994: LCI *(La Chaîne de l'Information)* soll die Fernseh-Entsprechung zu Radio France Info werden.

Das dritte Programm, FR 3, hat sich auf die Probleme der französischen Regionen spezialisiert: Seit September 1983 wurden die Regionalsendungen von 35 Minuten auf ca. 1½ Stunden erweitert, mit zahlreichen unterschiedlichen Sendern (Alsace, Aquitaine, Normandie etc.). Die von der Linksregierung angestrebte Dezentralisierung des öffentlichen Lebens hat so zu einem kostspieligen Ausbau von FR 3 geführt. – Das gemeinsame Abendprogramm der Stationen von FR 3 wendet sich mit ausgesuchten Kinofilmen, ansprechenden Dokumentarsendungen und freien politischen Debatten vorwiegend an ein intellektuelles Publikum.

Besonders auffällig wirkt im Vergleich zur Bundesrepublik die *Gestaltung der Fernsehnachrichten.* Während *Tagesschau* und *heute* „die höhere Aufmerksamkeit der Zuschauer am Sendungsanfang für die wichtigen politischen und sozialen Meldungen nutzen" und einen „ernsten", sprachlich komplexen Stil pflegen (Kübler 1979, 261, vgl. Straßner 1982), werden die Nachrichten in Frankreich in freierem, weniger offiziell-seriös klingendem Stil vorgetragen. Sie enthalten, da in der Regel auf 30 bis 45 Minuten angelegt, ausführliche *faits-divers*-Darstellungen (Sportereignisse, Naturkatastrophen, Verbrechen) und sind auch in ihrem politischen Teil um eine stark personalisierte Faktenpräsentation bemüht. Den relativ umfangreichen Reportagen fehlt zudem oft eine problematisierende Komponente. Die Nachrichtengestaltung verstärkt so insgesamt die bereits in den Druckmedien festgestellte Tendenz der Entpolitisierung. Weiteres zum Nachrichtenvergleich s. Schroeder 1993.

Auf der anderen Seite beziehen die Nachrichtensendungen deutliche Impulse aus der Ästhetik des Werbespots, der in Frankreich einen größeren Innovationsreichtum aufweist (Kloepfer/Landbeck 1991). Sie sind überwiegend bildzentriert, i. U. zu den meist wortzentrierten deutschen Sendungen. Und sie arbeiten hierbei gern mit den Raffinessen wechselnder Kameraeinstellungen, schneller Schnitte, spielerischer Graphik- und Einblendungseffekte (Kloepfer/Landbeck 1988, 201–206; Details s. Landbeck 1991).

Generell versucht jedes Programm, mit publikumswirksamen Methoden – also auch mit Stilmitteln der Unterhaltung in Nachrichtensendungen – eine größtmögliche Zahl von Zuschauern anzusprechen.

6.2.8 Die „neuen Medien"

Satelliten- und Kabelfernsehen, Videobänder und Bildschirmtext: diese und andere „neue Medien" stellen eigentlich nur neue Techniken dar. Sie gelangen durch Zusatzgeräte auf den Bildschirm und eröffnen dem Fernsehen vielfältigere Möglichkeiten. (Anders die Multimedia-Ära, s. 6.2.9) Hinzu kommt für den Rundfunk der Satellitenhörfunk (Balle/Eymery 1984).

Die wichtigsten Einstiege von französischer wie deutscher Seite in diese neuen Kommunikationstechnologien waren zum einen die Kabelpilotprojekte, zum anderen die Beteiligung an Fernsehsatelliten.

Das Satellitenfernsehen und das Kabel hatten bisher in Frankreich kaum Erfolg. Die gemeinsamen, mit Deutschland entwickelten Fernsehsatelliten (Typ TDF für F., Typ TV-Sat für D.) enttäuschten die in sie gesetzten wirtschaftlichen und technischen Hoffnungen (Meise 1995, 158f.). Darum waren in Frankreich Anfang 1991 gerade 20000 Satellitenantennen verkauft. In Deutschland fanden auch nur ca. 20000 TV-Sat-Antennen ihre Abnehmer; ca. 500000 „Schüsseln" wurden dagegen zum Empfang der in Reichweite und Programmvielfalt überlegenen ASTRA-Satelliten erworben (Wenger 1991, 31). Ebenso ist der *plan câble* zu einem Desaster geworden. Ende 1990 waren in Frankreich nur 1,4 Mio. Haushalte potentiell verkabelt, und davon wurden lediglich 16 % der Anschlüsse genutzt (s. Østergaard 1992, 71; zu den tieferen Gründen: Meise 1995, 131–149 u. 503–514). 1993 war die Bilanz mit 5,3 Mio. verkabelten und 1,3 Mio. wirklich abonnierten Haushalten nur wenig besser (Quid 1995, 1305). Einen allmählichen Umschwung deutet die breitere Darstellung der Kabelprogramme in der Hauptstadtpresse seit 1994/95 an. In Deutschland (nur alte Bundesländer) hatten 1990 bereits 16 Mio. Haushalte die Möglichkeit der Kabelnutzung, die 53 % auch wahrnahmen (Truffart 1990, 10). Hier waren und sind eben viele Privatsender nur per Kabel bzw. per Satellit zu empfangen, während in Frankreich die großen Privatsender (vor allem TF 1) terrestrisch zugänglich sind. Außerdem beschränk(t)en i. U. zu Frankreich keine Quotenregelungen die Ausstrahlung amerikanischer Spielfilme und Serien.

Abb. 72: Logos französischer Fernsehsender (1995).

Mit Sicherheit endet die Epoche staatlicher Monopole und beginnt eine Ära, in der die finanzkräftigsten privaten Medienkonzerne allmählich die Oberhand bekommen – wie bereits in den USA. So werden z. B. den verkabelten Pariser Haushalten z. Z. 22 Fernsehkanäle – größtenteils privat-kommerzielle – angeboten. Aber bei alldem überwiegt „eher die Gleichförmigkeit der Programme" (Wenger 1991, 147). Um so wichtiger wird die Funktion ernsthafter lokaler wie auch staatlicher Rundfunk- und Fernsehprogramme als Informationsalternative und als – in der Konkurrenzsituation auf die großen Privatsender zurückwirkendes – Korrektiv.

In den USA hat diese Gegentendenz bereits eingesetzt; das Pendel schlägt dort mittlerweile zurück – zu den öffentlichen TV-Stationen: „Während in Europa das kommerzielle Fernsehen zunehmend an Boden gewinnt, geht der Trend in den USA, dem klassischen Fernsehland, in die andere Richtung. Immer mehr Zuschauer schalten um zum Public TV, dessen Programme lehrreich, bildend, dann und wann freilich auch langatmig sind. Nach einer kürzlich veröffentlichten Übersicht schalteten 1977/78 erst 18,6 Prozent der Fernsehhaushalte mindestens einmal wöchentlich zur Hauptsendezeit auf Public TV, 1984/85 waren es bereits 34 Prozent" (Badische Zeitung 8. 1. 1986, 11).

Das wohl deutlichste Symptom für die Aufgeschlossenheit gegenüber den „neuen Medien" in Frankreich wurde schnell das «Minitel»-Fieber. Durch ein ans Telefon gekoppeltes Minitel-Gerät werden die verschiedensten Dienstleistungen erleichtert: Banküberweisung, Einschreibung an Universitäten, Warenkauf, Urlaubs- und Hotelreservierung etc. (und sogar, per «Minitel rose», erotische Kontakte – woran Bucherfolge wie 1989 Roger Le Taillanters *Dans l'enfer du Minitel rose* anknüpften). Nach französischen Statistiken hat sich die Zahl der Minitel-Anschlüsse von etwa 1 300 000 (1985) über 2 237 000 (1986) auf 3 373 000, d. h. 14 % der Telefonabonnenten, im Jahr 1987 erhöht (de Montbrial 1988, 351) und ist 1993 bei 6 485 000 angelangt (Quid 1995, 1478). Ihnen standen in der hierin konservativeren Bundesrepublik 1987 nur 58365 (1989: 179831) und Anfang 1993 ca. 340000 Bildschirmtext-Anschlüsse gegenüber. Mehr Interessenten für „Btx" sucht die Telekom durch ein Mehr an Leistungen, einfacheren Zugang, geringere Zeitgebühren usw. zu gewinnen.

6.2.9 Neue Fernsehprogramme in Frankreich und in der Bundesrepublik

Da im audiovisuellen Sektor fast jede Woche Veränderungen stattfinden und der Kampf der Multimedienkonzerne nach dem Start des Binnenmarktes 1993 längst eine europäische Dimension erreicht hat, sollen im folgenden nur vier allgemeine Tendenzen bzw. Phänomene dargestellt werden.

1) Für das Verhältnis zwischen *Printmedien und audiovisuellen Medien* gilt im wesentlichen, daß nur die großen Verleger zur Beteiligung an landesweiten privaten Fernsehprogrammen tendieren. Die regionalen Zeitungen begnügen sich mit dem Aufbau von Lokalradios, um angesichts z. T. sinkender Leserzahlen an genügend Werbeeinnahmen teilzuhaben.

2) Es lassen sich, grosso modo, *vier Entwicklungsphasen* unterscheiden. In der ersten Phase (etwa bis 1984/85) koexistierten öffentliches Fernsehen, private Filmfirmen und private Printmedien. In der zweiten Phase (etwa 1986/87) wurde in Frankreich wie in der Bundesrepublik auf den Druck der „rechten" Parteien hin das Monopol der öffentlichen Anstalten endgültig aufgehoben und eine duale Medienlandschaft legalisiert. Kapitalkräftige Multimedienkonzerne boten von nun an neue Fernsehprogramme, die durch Werbespots finanziert wurden. In Frankreich waren dies vor allem: «La Cinq» um R. Hersant und den italienischen Fernsehmagnaten S. Berlusconi, «M 6» um die *Compagnie Luxembourgeoise de Télévision*, der bereits RTL gehört (vgl. 6.2.5), und die *Société Lyonnaise des Eaux*; «M 6» hat sich auf Musiksendungen spezialisiert. In der Bundesrepublik konkurrieren nun mit den öffentlichen Sendern: „RTL", wo sich gegenüber der CLT eine „deutsche Mehrheit" (z. Z.: Bertelsmann, WAZ, FAZ) gebildet hat und der Firmensitz daher von Luxemburg in die BRD verlegt wurde, „Sat 1" um den Münchner Filmmagnaten Leo Kirch und den Springer-Verlag sowie, z. Z. an dritter Stelle unter den Privaten, „Pro 7". Hinzu traten die von großen Medienkonzernen und Handelsketten finanzierten Sender „Premiere" und „Kabelkanal" (s. Tab. 28); bei „Pre-

miere“ hat Canal Plus 37% der Anteile. Den Löwenanteil bei den deutschen Privatsendern halten zwei große TV-Mediengruppen: CLT/Bertelsmann mit drei Sendern (RTL, RTL 2 und Vox) und Kirch/Springer mit vier Sendern (Sat 1, Pro 7, Kabelkanal, DSF). Hinsichtlich der Bruttowerbeeinnahmen sind beide Gruppen mit je ca. 1,4 Mrd. DM jährlich gleich stark. Die Konkurrenz zwischen Kino und Fernsehen wandelte sich gleichzeitig mit dem Wachstum der Privaten und deren Hunger nach publikumswirksamen Spielfilmen in eine immer stärkere „Verflechtung“ um: Ein Film wird nun von vornherein dadurch finanziert, daß er zuerst im Kino, dann auf Videokassetten und schließlich im Fernsehen erscheint. – Die dritte Phase läßt sich in beiden Ländern bereits beobachten. In Frankreich begann sie allerdings früher (Schulz 1990, Decker 1994): Großunternehmer außerhalb der „Kulturszene“ haben die Mittel, um in die besonders aussichtsreiche Wachstumsbranche der Medien einzudringen. (Diese holte mit einem Anteil von rund 6,5% der Arbeitsplätze und 6% des Bruttosozialprodukts bereits 1987 in Frankreich die Automobil- und die Ernährungsindustrie ein, vgl. Wenger 1987, 525). Das deutlichste Beispiel ist die Übernahme von TF 1 durch ein Konsortium unter Leitung Bouygues’ (vgl. 6.2.7). – Eine vierte Phase zeichnet sich in derzeit noch ferner Zukunft ab: Einige Giganten beherrschen durch ihre Verfügung über Datenautobahnen und modernste Technik, durch die Allianz mit den großen Verlagen und Filmproduktionen den „Medienmarkt“ in der EU. Diese Tendenz ist derzeit in bzw. ausgehend von Deutschland, wegen der enormen Wirtschaftskraft von Multimedienkonzernen wie Bertelsmann, Kirch und Springer, schon deutlicher spürbar als in Frankreich. – Ein erster Schritt zu dieser Phase ist jedenfalls die EU-weite und sehr liberale Richtlinie «Télévision sans frontières»/ „Fernsehen ohne Grenzen“, die mit dem 3. 10. 1991 verbindlich wurde (Das Parlament 19. 4. 1991, 2). Die deutschen Länder und Sender befürchten dadurch einen Einbruch in ihre Kulturdomäne (Europäische Zeitung, März 1992, 17).

3) Das Abonnentenfernsehen (“Pay-TV”) hat sehr gute Wachstumschancen – *wenn* es sich spezialisiert. Das hat in Frankreich das vierte Programm, der *Canal Plus*, seit dem Beginn der achtziger Jahre gezeigt. Es bietet zu 50% Spielfilme, dazu Nachrichtensendungen und Reportagen von besonderen Sportereignissen (z. B. im Golf oder im Eishockey), welche die «chaînes généralistes» auslassen müssen. In ganz Frankreich läßt es sich auf terrestrischen Frequenzen mit einem Dekoder empfangen. Durch seine

hohe Abonnentenzahl (z. B. 1993: 3,7 Mio.) ist der *Canal Plus* zu einem blühenden Geschäft geworden und hat sich bereits auf Spanien, Belgien, Deutschland wie auch verschiedene frankophone Länder Afrikas ausgedehnt. *TF 1* hat zwar die höchsten Einschaltquoten, *Canal Plus* aber macht die größten Gewinne (z. B. 1993 7 Mrd. FF mit 3,7 Mio. Abonnenten, was dem Jahresumsatz aller übrigen Anstalten zusammen entspricht, s. Bisselik 1995, 103). Die Film-Kabelprogramme *Ciné-Cinémas* (seit 1988) und *Ciné-Cinéfil* (seit 1991) gehören *Canal Plus.*

4) Die öffentlichen Sender haben auf den Druck der privaten Konkurrenz mit neuen Programmen zu reagieren versucht: die ARD mit „Eins plus“, gestaltet aus Film- und Dokumentar-„Konserven“ (inzwischen aufgegeben), das ZDF zusammen mit der SRG (Schweiz) und dem ORF (Österreich) mit „3 SAT“; der französische Staat baute den Kultursender «La SEPT» auf (Weiteres s. unten), dazu seit 1994 den Lehr- bzw. Erziehungssender «La Cinquième». Politisch umstritten ist die Frage der Werbeeinnahmen bzw. der Werbezeitlimitierung; sie ist auch für die öffentlichen Sender „brennender“ als das Problem der neuen Programme per Satellit und Kabel. In Frankreich haben die unter Finanzierungsmängeln und stärker begrenzten Werbezeiten leidenden Staatssender FR 2 und FR 3 keine Werbeeinnahmen entsprechend ihren Zuschaueranteilen erzielen können.

Die Frage der Werbezeiten und -einnahmen gab auch den eigentlichen Anstoß (oder den nötigen Vorwand?) dazu, daß die CNCL nach einem Beschluß der Regierung Rocard und einem entsprechenden Gesetz im Dezember 1988 durch einen kompetenzenreicheren «Conseil supérieur de l'audiovisuel» (CSA) ersetzt wurde (Mauriat 1989, 16–19). Die CNCL hatte sich als machtlos gegenüber den „Privaten“ erwiesen, die die erlaubte Werbezeit (z. B. sechs Minuten pro Stunde bei TF 1) regelmäßig überschritten und außerdem gegen die Auflagen für die Ausstrahlung von Spielfilmen und angloamerikanischen Serien verstießen. Der Wechsel der – angeblich unabhängigen – obersten Entscheidungs- und Kontrollinstanz und ihrer personellen Zusammensetzung mit der Couleur der Regierungen (nun schon zum dritten Male innerhalb von nur sechs Jahren) gehört zu den Symptomen für den noch immer bestehenden Einfluß von Staat und Parteien auf die audiovisuellen Medien (s. Østergaard 1992, 61 f.).

Dieser Einfluß machte sich auch beim kommerziellen Sender La 5 bemerkbar. Kurz vor dem Machtwechsel 1986 vergaben ihn die Sozialisten an „gewogene“ Persönlichkeiten (darunter übrigens Berlusconi). Die konservative Regierung in der Zeit der *cohabitation* sorgte für Hersants Einfluß auf La 5; sie wollte damit auch die Übermacht von TF 1 bekämpfen. Doch

Tab. 28: Überblick über die Rundfunk- und Fernsehprogramme in Frankreich und in der Bundesrepublik (Stand: Mai 1995)

Rundfunk

Frankreich	Bundesrepublik Deutschland
Radio France a) zentralistische Programme: France-Inter (mit Regionalsendungen) France Culture France-Musique France-Info Radio bleue b) dezentralisierte Programme: insgesamt 48, davon: – 39 Lokalsender – 5 Regionalsender von France-Inter – 4 Stadtsender (Lyon, Marseille, Nice und Toulouse) *Radio France Internationale* (für Ausland) *Postes périphériques (priv.):* RTL (Luxembourg, Studios: Paris) Europe 1 (aus Saarland, Sitz: Monaco, Studios: Paris) RMC (Monte-Carlo) Sud-Radio (Andorra, nur im Südwesten zu empfangen) *Radios privées:* insgesamt ca. 1500, davon 9 auf nationaler Ebene über *networks* (z. B. NRJ, Nostalgie, Europe 2)	*Arbeitsgemeinschaft der öffentlich-rechtlichen Rundfunkanstalten der Bundesrepublik Deutschland (ARD):* (meiste ARD-Sender: 3–4 Programme) NDR (Hamb., Nieders., Schl.-Holst., Meckl.-Vorp., Sitz: Hamburg) RB (Radio Bremen) WDR (Nordrhein-Westfalen, Sitz: Köln) ORB (Brandenburg, Sitz: Potsdam) SFB (Berlin) HR (Hessen, Sitz: Frankfurt) MDR (Thüringen, Sachsen, Sachsen-Anhalt, Sitz: Leipzig) SWF (Südbaden, Südwürtt., Rh.-Pfalz, Sitz: Baden-Baden) SDR (Nordbaden, Nordwürtt., Sitz: Stuttgart) SR (Saarland, Sitz: Saarbr.) BR (Bayern, Sitz: München) Deutschlandradio Berlin Deutschlandradio Köln (= Deutschlandfunk) Deutsche Welle (für Übersee, Sitz: Köln) *Private Veranstalter:* insgesamt 240 (diese Veranstalter mit Sendelizenzen kooperieren z. T. miteinander im Rahmen *eines* Senders)

Frankreich	Bundesrepublik Deutschland
TF 1 (1987 privatisiert) FR 2 FR 3 (regional, abends national) Canal Plus (priv., 1984 gegr., *télévision à péage*) TV 5 (1984, von FR 2, FR 3 sowie TF 1, belg. RTBF, schweiz. TSR und franko-kanad. CTQC, europaweit über Kabel oder Satellit zu empfangen) La Cinquième (staatl. Bildungsfernsehen, seit 1994), abends auf gleicher Frequenz: ARTE (staatl., terrestrisch seit 1992, zuvor in F. la SEPT, gegr. 1986) M 6 (priv., seit 1986, mit thematischer Ausrichtung [bes. Popmusik]) *Postes périphériques:* RTL (priv., Luxembourg) TMC (priv., Monte Carlo) *Satelliten- und Kabelsender* (z. Z. nur bei terrestrischem Empfang von Bedeutung): Canal J für Kinder/abends Canal Jimmy (z. T. auch terrestrisch) MCM-Euromusique (z. T. auch terrestrisch) Eurosport France (priv.) Ciné-Cinémas (priv., gehört Canal Plus) Ciné-Cinéfil (priv., gehört Canal Plus) Planète (priv. Kabelsender) Diverse weitere private Kabelsender *Regionale und lokale Fernsehprogramme:* TLT (priv., Toulouse, terrestrisch) Paris Première (priv. Kabelsender der Region Ile-de-France)	*Öffentlich-rechtliche Anstalten* ARD (= 1. Progr., Gemeinschaftsprogramm) ZDF (= 2. Progr., Sitz: Mainz) Dritte Programme (regionale Programme der ARD, z. T. mit gemeinsamen Programmen einzelner Anstalten, z. B. S 3 von SWF, SDR und SR; 1992 kamen die Sender ORB und MDR auch als Fernsehsender hinzu) 3 Sat (Kabel- und Satellitenkanal von ZDF, DRS und ORF, seit 1984, dazu ARD seit 1993) Über Kabel und Satelliten breiten sich auch die dritten Fernsehprogramme aus (z. B. WDR 3, B 3) ARTE (ab 1992 über Kabel, zus. erstellt von La SEPT und ARD/ZDF; Zentrale: Straßburg) *Private Fernsehprogramme:* RTL (1984, Sitz: Köln) und RTL 2 (1993, Sitz ab 1994: München) SAT 1 (1985, Sitz: Mainz) Pro 7 (1989, Sitz: Unterföhring) DSF (1993, Sitz: München, reines Sportprogramm statt des Vorläufers Tele 5) Premiere (1991, Sitz: Hamburg, deutsche Entsprechung zum frz. Canal Plus) Kabelkanal (Februar 1992, Sitz: München) n-tv (Dez. 1992, Sitz: Berlin, CNN größter Gesellschafter) Eurosport (brit. Eigner) Verschiedene weitere Sender, bundesweite wie auch regionale. *englischsprachig:* CNN International, MTV Europe, Super Channel *französischsprachig:* TV 5, z. T. auch TF 1, FR 2, FR 3 *türkischsprachig* (ebenfalls flächendeckend über Kabel): TRT 1

nahm das Defizit des Senders immer mehr zu; auch die Übernahme durch Hachette im Jahre 1990 änderte daran nichts. «Une chaîne généraliste de trop», so urteilte u. a. die Tribune de l'Expansion (12. 10. 1990, 3). Im Dezember 1991 mußte Konkurs angemeldet werden; im April 1992 endete erstmals in Westeuropa die Existenz eines großen kommerziellen Senders, was den Gesamtkonzern Matra-Hachette auf Jahre belasten wird. Hachette ist damit in seinem Streben, dem Multimedienkonzern Bertelsmann nachzueifern, erst einmal gescheitert.

Der Kulturminister Jack Lang, dem La 5 schon lange ein Dorn im Auge war, konnte nun triumphieren. Die terrestrischen Frequenzen des liquidierten Senders sind nun zur besten Sendezeit dem deutsch-französischen und künftigen europäischen Kulturkanal ARTE vorbehalten. Er ist zur Hälfte aus La SEPT, zur anderen Hälfte aus einer gemeinsamen Anstalt aus ARD und ZDF entstanden. Der anfangs von deutscher Seite zurückhaltend aufgenommene Sender bietet ab Ende Mai 1992 viele Neuproduktionen. Er könnte ein Mäzen für hochwertige Dokumentar- und Spielfilme werden und auch Kulturbereichen wie Oper, Theater und Tanz neue Impulse geben. Zur bisherigen Geschichte s. Gräßle 1995. Allmählich wandelt sich ARTE wirklich zu einem europäischen Kulturkanal: es konnten Kooperationsverträge mit dem belgischen und schweizerischen frankophonen Fernsehen und dem spanischen 2. Programm abgeschlossen werden. In Frankreich muß sich ARTE allerdings seit Dezember 1994 die Frequenzen mit dem staatlichen Bildungsprogramm «La Cinquième» teilen, das tagsüber bis 19 Uhr senden darf und auch schon einen europäischen Partner im Südwestfunk gefunden hat.

Abschließend Hinweise zu den *Einschaltquoten* in Frankreich: hier wird der Markt mit ca. 55 % von den *privaten Sendern* beherrscht. Unter ihnen nimmt seit Jahren der Privatsender TF 1 den vordersten Rang in der Zuschauergunst ein. Im November 1994 hatte er z. B. einen Marktanteil von 38,1 %. Die staatlichen Sender France 2 und France 3 konnten dagegen damals nur 25,0 bzw. 16,7 % für sich verbuchen, und verschwindend gering war mit 1,0 % die *part d'audience* von ARTE. (Weitere Zahlenangaben s. Médiaspouvoirs n° 37, 1995, 167.)

Im Unterschied zu Frankreich liefern sich *private* und *öffentlich-rechtliche* Programme in Deutschland ein *Kopf-an-Kopf-Rennen*. Jeder der vier Marktführer RTL und Sat 1 (private), ARD und ZDF (öffentlich-rechtliche) bewegt sich seit mehreren Jahren im Bereich zwischen 15 und 20 %, und der Spitzenreiter wechselt fast von Monat zu Monat. ARD und ZDF können also – nicht zuletzt dank der föderalen Struktur Deutschlands – durchaus „mithalten", was man vom französischen Staatsfernsehen längst nicht mehr behaupten kann. Die stärkste Bastion der ARD bleibt die „Tagesschau"; ihre Position konnte bisher von den Privaten weder durch Imitationen noch durch Programmumstellungen eingenommen werden.

Außerdem geriet auf deutscher Seite die Medienlandschaft durch den Einigungsprozeß in Bewegung. Der Deutsche Fernsehfunk der ehemaligen

DDR wurde aufgelöst. Zwei neue Sendeanstalten der ARD entstanden: der Mitteldeutsche Rundfunk (MDR) und der Ostdeutsche Rundfunk Brandenburg (ORB); s. Tab. 28. Die bisherigen Radiosender Deutschlandfunk, RIAS und DS-Kultur sind in einer Anstalt namens Deutschlandradio zusammengefaßt worden, die zwei werbefreie Hörfunkprogramme mit den Schwerpunkten Information und Kultur ausstrahlt. An der rigorosen „Verwestlichung" der gesamten Medienlandschaft in der Ex-DDR hat sich viel Kritik, auch in Frankreich, entzündet (Thibaud 1992).

Einem zusammenfassenden und vergleichenden Überblick über die Rundfunk- und Fernsehprogramme in beiden Staaten (Stand: Mai 1995) dient *Tab. 28*. Aus ihr werden sowohl die *Unterschiede im Rundfunkbereich* als auch die *partiellen Konvergenzen im Fernsehbereich* deutlich.

Für Frankreich wie für die Bundesrepublik gilt somit, daß zwar *technisch* eine Vervielfältigung der Programme möglich wird (besonders durch Satellitenausstrahlung und dann – mittels Spezialantennen – Verteilung per Kabel), daß aber die Schwierigkeiten ihrer *Finanzierung* aus dem Werbegeschäft wie auch die *Rechts-Links-Differenzen* unter den Parteien der Mitte die Programmvielfalt bremsen. – Wer von neuen Fernsehprogrammen spricht, muß nolens volens zuallererst von deren *Basis* sprechen: Kommerz und Politik. Künstlerische Innovationen, größere Bürgernähe, gut recherchiertes Informieren durch Bild und Wort: sie sind kleingeschrieben, sehr klein. Die meisten neuen Fernsehprogramme laufen Gefahr, zu Symptomen für die Degeneration verantwortlichen politischen, wirtschaftlichen und journalistischen Handelns zu verkommen.

Inzwischen vollzieht sich eine weltweite und folgenschwere Änderung gegenüber den „neuen Medien" (s. 6.2.8): die Multimedia-Technik (frz.: *le multimédia*). Drei Komponenten – Computer, Telephon und Fernsehbildschirm, also graphische, akustische und bildliche Signale – wachsen hier zu einem integrierten Kommunikationssystem (mit künftigen Misch- und danach Vielzweckgeräten) zusammen. Voraussetzung für die Datenfernübertragung sind gut ausgebaute Telefonnetze. Eine weitere Verbesserung bieten die sog. „Datenautobahnen" (frz. *autoroutes de l'information*, kürzer: *inforoutes*), d. h. Glasfaser-Kabelnetze mit Breitbandleitungen und dadurch großen Geschwindigkeiten und Übermittlungskapazitäten. In Frankreich beginnen die Pilotprojekte 1995, s. Libération 25. 2. 1995, 2–4 und Médiaspouvoirs 37/1995. In Deutschland sollen die ersten "highways" dieser Art Ende 1995 in der Frankfurter City und 1996 zwischen Berlin, Hamburg und Köln aufgebaut sein. Sie werden unter anderem weit über 100 Fernsehprogramme und das beliebige Ordern von Filmen und Computerspielen gestatten. Die Printmedien können mit Dokumentations- und Ratgeberangeboten einsteigen und bieten zum Teil schon jetzt – auch in Frankreich (z. B. *Libération* und *Le Monde diplomatique*) – „elektronische Parallelausgaben" ihrer Zeitungen und Zeitschriften an: der Leser zaubert die ihn interessierende Rubrik per Knopfdruck auf den eigenen Bildschirm.

Für die Fernsehsender haben die Datenautobahnen zur Folge, daß sie sich in mehrere Programme diversifizieren müssen. Marktanteile um 40 % (TF 1) oder um 18 % (ZDF, ARD, RTL) gehören dann der Vergangenheit an. „Schon in ein paar Jahren wird man in einem fragmentarisierten Markt mit Quoten von sieben oder acht Prozent sehr zufrieden sein. Und zwar bei allen Sendern" (so Lutz Hachmeister, Die Zeit, 26. 11. 1993, 13). Weltweite Multimedienkonzerne wie Bertelsmann, Burda, Time Warner und Matra-Hachette werden hier künftig den Ton angeben. Genauer: Text, Bild und Ton. Was sollen die nationale bzw. die europäische Politik dazu sagen? Ihnen gegenüber stecken sie noch in den Kinderschuhen.

6.3 Film und literarische Tradition (Ernst Ulrich Große)

Der „Tonfilmroman" steht nach der Auffassung Karl Vosslers am Ende einer langen Gattungsgeschichte des Romans, die mit dem mittelalterlichen Versroman in Achtsilbern beginne:

„1. Versroman.
2. Prosaroman.
3. Tonfilmroman. Dies ist die größte bisher erreichte Wirklichkeitsnähe. [. . .] Die Frage, ob der Film poesiefähig ist, beschäftigt heute jeden Denkenden. Zunächst bringt die Verfilmung eine Verrohung und Entfernung von der hohen Kunst – aber dies kann nur ein Ausholen sein zu einem desto höheren Aufschwung" (1951, 303). Ähnlich äußerte Boris Eichenbaum, einer der wichtigsten Vertreter des russischen Formalismus, die Ansicht, auf die Epochen des Theaters und des Buches folge nun, nach dem 19. Jahrhundert, eine Epoche der Filmkultur (dt. 1965, 74).

Beide Periodisierungen weisen auf die Bedeutung des Films hin. Vosslers Konzeption bedarf freilich zweier Korrekturen: Der Roman bleibt weiterhin die beliebteste schriftlich-literarische Gattung in Frankreich; als Beispiel sei auf den Kriminalroman (Simenon, Boileau/Narcejac, San Antonio) verwiesen. Und der Film steht nicht allein in der Nachfolge des *Romans*, der bestimmte filmkünstlerische Verfahren im 19. Jahrhundert antizipiert hat (Wagner 1972), sondern mehr noch des *Theaters*. Zahlreiche übernommene Termini, z. B. frz. *rôle, acteur, actrice, mise en scène, metteur en scène*, zeigen die anfängliche Orientierung am Theater (Uren 1952).

In *Frankreich* hat der kommerzielle Film seinen Ausgangspunkt in einer Erfindung der Brüder Lumière: dem *cinématographe*, einem Apparat zur Vorführung belebter Bilder. (Daraus entstanden als Bezeichnung für den Projektionsraum frz. *cinéma* und entsprechend engl. *cinema*, dt. *Kino*.) Nach der Entwicklung vom Stummfilm (1896) zum Tonfilm (1929) hat dieses Massenmedium seine Blütezeit in den USA wie in Europa während der dreißiger Jahre. Eingeleitet wurde die internationale Geltung des französischen Films von den Avantgardisten des Stummfilms in *Paris*: dem Spanier Luis Buñuel, dem französischen Dichter Jean Cocteau und besonders René Clair. Vor allem Surrealismus und Psychoanalyse – Assoziationen des Unbewußten in filmischer Darstellung – prägten ihre berühmten Experimente aus Licht und Bewegung. Sacha Guitry, Julien Duvivier und Jean Renoir (u. a. durch die Verfilmung von Zolas *La bête humaine* mit Jean Gabin und Simone Simon) wurden weitere berühmte Regisseure in dieser Zeit.

Bereits kurz nach dem Zweiten Weltkrieg erreichte der französische Film einen neuen künstlerischen Höhepunkt mit Jean Cocteaus surrealistischem Werk *La belle et la bête* (1946) und seinem symbolreichen Orpheus-Film (*Orphée*, 1949, beide Werke mit Jean Marais). Damit ist eine Konstante des französischen Nachkriegsfilms angedeutet: das Nachleben des künstlerisch fruchtbaren Surrealismus (Suche nach einer verblüffenden Fremdheit der Bilder-Folge, nach filmischer Erzeugung von Traum, *«fantasmes»*, *«mystères»*, oft in Vor- oder Rückblenden, welche die Handlung unterbrechen). Eine andere Konstante, ähnlich wie in Zolas Werken oder in Simenons Kriminalromanen, bildet die Milieuschilderung. So z. B. – mit der Liebe als Bindeglied zwischen zwei Milieus – weiterhin in Jean Renoirs Filmen: z. B. Schauspieler und Großbourgeoisie in *Le Carrosse d'Or* (1952), Intellektuelle und Bauern in *Le Déjeuner sur l'Herbe* (1959). Der letztere Titel weist auf das bekannte Bild Manets, und der Rekurs auf die *eigene* kulturelle Tradition – im Gegensatz zu den USA, zu Hollywood – zeigt sich auch in der

Verfilmung zahlreicher Romane. Betrachtet man, welche Stoffe dieser Kulturtradition am häufigsten verfilmt wurden, so fallen auf:

1. französische „Nationalhelden": Jeanne d'Arc, Napoléon;
2. eine Vorliebe für die populäre Romanliteratur des 19. Jahrhunderts, z. B. *Les Misérables* (V. Hugo), *Les Trois Mousquetaires* (A. Dumas), *Les Mystères de Paris* (E. Sue), *La Dame aux Camélias* (A. Dumas fils), *Germinal* (E. Zola).

Die „neue Welle" – *« la nouvelle vague »* junger Autoren, die meist aus der Filmkritik der *Cahiers du cinéma* stammten und zuvor nur Kurzfilme gedreht hatten – protestierte gegen das *« cinéma à papa »*. So nannte es François Truffaut, dessen Aufsatz « Une certaine tendance du cinéma français » (*Cahiers du cinéma*, 1954) als Kristallisationspunkt dieser Erneuerungsbewegung gilt. Jean-Luc Godards Film *A bout de souffle* betrachtet man als „Manifest" der *nouvelle vague* (Gerhold, in: *Film-Korrespondenz* 23/1984, 2). Zu dieser Richtung gehören weiterhin u. a. Claude Chabrol und Alain Resnais. Ihr gemeinsames Programm lautet: Wie ein literarischer Autor mit seinem *« stylo »*, so soll nun auch der Regisseur sein eigenes Drehbuch schreiben und es danach mit der Kamera und ihren vielfältigen Möglichkeiten – seiner *« caméra-stylo »* – als Autorenfilm realisieren (wobei allerdings Vorbilder wie Renoir und Cocteau anerkannt wurden). Die Orientierung an der Literatur wird also auch hier sichtbar – jedoch nur im *Anliegen*. Die Realisierung sollte dagegen gerade mit den spezifischen *visuellen* Mitteln des Films erreicht werden, in der Selektion und Umformung bildlicher Realität durch Kameraführung, Beleuchtung, Schnitt, Montage. Daher das Interesse französischer Semiotiker an der *nouvelle vague* (s. bes. die zahlreichen Arbeiten von Ch. Metz, vgl. Prokop 1979, 195). Sehr wichtig ist dabei die rechtliche Seite. In Frankreich hat der Regisseur das dingliche und geistige Eigentumsrecht an seinen Filmen. Auch daher die „literarische" Prägung. In den USA dagegen gilt die angelsächsische Copyright-Tradition, nach der der Verleger – beim Film also der in erster Linie kommerziell orientierte Produzent – über das Werk verfügt. Insofern hatte Frankreich schon immer ein „Autorenkino".

Inhaltlich wurde seitens der Regisseure der *nouvelle vague* das Schwergewicht nun gerade nicht auf die Schilderung möglichst vielfältiger, unterschiedlicher Milieus gelegt:

„Ihre oft in einem sehr begrenzten Milieu von Künstlern, Intellektuellen, bürgerlichen Jugendlichen und Müßiggängern zwischen Saint-Germain-des-Prés und Saint-Tropez angesiedelten subjektiv-intimistischen Filme ließen vielmehr ‚die Rebellen der Form letztlich als Vertreter der bourgeoisie à la mode‘ (L. Marcorelles) erscheinen. Das Thema ihrer Filme war noch viel ausschließlicher als früher die Liebe, in dessen Behandlung aber unterschieden sie sich radikal von ihren französischen Vorgängern. In den Neue-Welle-Filmen kam nämlich eine neue, unkonventionelle und vorurteilsfreie Sensibilität zum Ausdruck, die – sozial gesehen – den seit Mitte der 50er Jahre immer stärker werdenden sog. Neuen Mittelschichten zugeordnet werden kann. Durch die Enttabuisierung der Sexualität und der Partnerbeziehung, die weniger auf dem Wunsch nach Provokation als auf einer unvoreingenommenen Sicht der Wirklichkeit beruhte, wie durch die zentrale Darstellung selbstbewußter und unabhängiger Frauengestalten brachen die jungen Regisseure nicht nur mit dem Film, sondern insgesamt mit den Moralvorstellungen der zu Ende gegangenen Vierten Republik" (Doll, in: Schmidt u. a. 1983, 115).

Damit aber verhalfen die Autoren der *nouvelle vague* dem französischen Film wieder zu *Weltrang*. Das zeigte sich auch im weltweiten Echo auf den Tod François Truffauts im Oktober 1984. Die *nouvelle vague* hat zudem weitaus länger Aktualität besessen als der bereits früher aus der „Mode" gekommene *nouveau roman*.

Frankreichs Bedeutung für den Film manifestiert sich weiterhin in den *Césars*, welche die Pariser *Académie des Arts et Techniques du Cinéma* jährlich den „besten" französischen *und* ausländischen Filmen/Darstellern verleiht, in den international renommierten *Festivals* bes. von Cannes und Avoriaz und auf kommerzieller Ebene zudem im *Gaumont-Unternehmen*: Europas einzigem weltweit konkurrenzfähigen Filmkonzern, der nun auch ins Fernsehgeschäft einzusteigen sucht. Die französische Filmproduktion nimmt noch immer den ersten Platz in Europa ein. 1986 z. B. konnte sie zwar keineswegs mit der Produktion in den USA (515 Spielfilme) konkurrieren, ließ aber mit 134 Spielfilmen Italien (89), Spanien (77), die Bundesrepublik (64) und Großbritannien (37) deutlich hinter sich (Janin 1988, 123f.). Ähnliche Verhältnisse bestanden z. B. 1989 (Quid 1992, 487) und 1993 (Mermet 1995, 396).

Auch der *„Neue deutsche Film"* (die Unterzeichnung des „Oberhausener Manifests" 1963 gilt als sein Beginn) und seine schon seit vielen Jahren anhaltende internationale Fortüne erhielt von der *nouvelle vague* wichtige Anstöße. Als «cinéma d'auteur par excellence» (Sauvaget 1983, 206) ist er von ihren Erfahrungen angeregt. Und „Filmemacher" wie Volker Schlöndorff und Peter Fleischmann erlernten ihr Handwerk an der Pariser Filmhochschule (I.D.H.E.C.) und als Assistenten französischer Regisseure (ebd., 214). Etwa 1980 stand der Neue deutsche Film dank staatlicher und gewichtiger kommerzieller Förderung – auch z. T. gleichzeitigem Drehen von Film und Fernsehserie – durchaus auf eigenen Füßen. In Frankreich wurde er äußerst beliebt:

Zum Beispiel erschienen Ankündigungen von Werner Herzogs *Fitzcarraldo* und Wim Wenders' *Hammett* auf den *Titel*seiten von *Une semaine de Paris – Pariscope,* einer der beiden führenden Pariser Veranstaltungsprogramm-Zeitschriften; Wenders' *Paris, Texas* erhielt die *Palme d'or* beim Internationalen Filmfestival in Cannes 1984.

Der Neue deutsche Film war einst gegen die verklärenden Heimatschinken und andere Klischeeprodukte der Adenauerzeit angetreten. Statt den Evasions- und Kompensationswünschen (nach den Kriegserfahrungen und im harten Wirtschaftswunder-Alltag) zu dienen, wollte er eine unkonventionelle Filmkunst, eine kritische und aufrüttelnde Sicht der – vornehmlich deutschen – Realität bieten. Nach ihren Erfolgen im Lande und ihrem internationalen Bekanntwerden gingen jedoch viele Regisseure ins *Ausland* – oder drehten zumindest dort. Volker Schlöndorff z. B., der für *Die Blechtrommel* 1979 die *Palme d'or* und einen Oscar gewann, filmte danach in Frankreich und in den USA. Ähnliches läßt sich von Wim Wenders, Werner Herzog, Peter Lilienthal, Doris Dörrie (nach *Männer*) sagen. So scheint es, als sei mit dem Tode Rainer Werner Fassbinders (1982) eine Ära zu Ende gegangen. Die Weltgeltung des Neuen deutschen Films hatte die „Internationalisierung" der Filmemacher wie ihres Themenspektrums zur Folge. Ein weiterer und damit vielleicht zusammenhängender Aspekt wird sichtbar, wenn man auf Wolfgang Petersens von literarischen Bestsellern ausgehende Œuvres blickt, nämlich *Das Boot* (nach Lothar Günther Buchheim) und später *Die unendliche Geschichte* (nach Michael Ende): Die vom Neuen deutschen Film – noch? – geprägten Regisseure „amerikanisieren" sich. Die Aufnahme in die bestehenden Produktions- und Vertriebsstrukturen (begonnen hatte sie eigentlich bereits 1966 mit Franz Seitz' Unterstützung von Schlöndorffs *Der junge Törless*, doch erfolgte der weltweite Durchbruch erst 1979 mit dem Aufkauf mehrerer Filme durch amerikanische Gesellschaften) – sie wird erkauft mit einem wachsenden Verzicht auf das Gegen-den-Strom-Schwimmen, die kritische Anklage oder Satire. Den Vorrang erhalten effektvolle, leichtverständliche Geschichten: individuell vielleicht in der Gestaltung, möglicherweise auch von modischer Kritik durchzogen, ideologisch aber gänzlich unanstößig. Eine hollywoodähnliche Handhabung der Trick- und Pyrotechnik und die Realisierung aufwendiger Massenszenen sorgen zusätzlich für die Vermarktung im In- und Ausland. Das erklärt auch die schneidende Härte des Urteils eines Filmjournalisten über die als Beispiel genannten Werke Wolfgang Petersens:

„Solche Filme freilich haben nichts mehr zu tun mit Neuem deutschen Film, der stets unverwechselbar, individuell, in diesem Sinn Autorenfilm sein wollte. Solche Filme sind Produzentenfilme klassischen Zuschnitts

[. . .] Wer unter solchen Bedingungen funktioniert, landet denn auch wie Petersen oder Schlöndorff früher oder später im US-Kino (auch wenn es aus Kostengründen in München hergestellt wird)" (Wetzel 1987, 92f.).

So das Trend-Portrait für den eher „modernen" als Neuen deutschen Film der letzten Jahre; es handelt sich um Übergänge, nicht um bereits feststehende Epochengrenzen. – Man mag all dies (wie Sauvaget 1983, 238) der «récupération» des «nouveau cinéma allemand» durch die Filmindustrie zuschreiben oder es auch (wie Pflaum, in: Das Parlament 18. 4. 1987, 3) dem „gegenwärtigen politischen Klima in der Bundesrepublik" mitsamt seiner selektiver gewordenen Filmförderung anlasten . . .

Die Resonanz auf die Filme von Godard und Chabrol, Wenders und Herzog ließ hoffen, daß sich der künstlerische Autorenfilm – auch im Zeitalter des Fernsehens und des Vorrangs amerikanischer Filme in Frankreich und Deutschland – weiterhin national wie international behaupten kann.

Doch geht die Ära des Autorenfilms wohl allmählich ihrem Ende entgegen. Jean-Luc Godards Film «Nouvelle Vague» (1990; s. Leutrat 1990) hat fast nur eingefleischte Kenner und Spezialisten erreichen können. Sein Film «Allemagne Neuf Zéro» über Deutschlands Neuanfang nach der Wiedervereinigung fand keinen Verleiher jenseits des Rheins. Claude Chabrols Versuch einer Verfilmung des Romans «Madame Bovary» von Flaubert erhielt größtenteils schlechte Kritiken. Filme von Louis Malle, Eric Rohmer u. a. erreichen jedoch die Zuschauer weiterhin. – Zu aktuellen Tendenzen s. Mermet 1995, 392–396.

Und der Neue deutsche Film? Die Zusammenarbeit der Filmemacher mit dem Fernsehen nimmt immer mehr zu. Wim Wenders hat z. B. einen Vertrag mit der Filmproduktionsgesellschaft von Francis Bouygues (TF 1) geschlossen (Libération, 15. 1. 1992, 46). Alexander Kluge, einst *der* Theoretiker des Neuen deutschen Films, machte Karriere bei den privaten Fernsehsendern RTL, Sat 1 und Vox (Die Woche, 22. 4. 1993, 3). Der Spielfilmbedarf wächst mit der Zunahme der Fernsehsender; die Meister des künstlerischen Spielfilms aber wirken immer verlorener in dieser Flimmerwelt.

Zur entscheidenden Frage wird künftig, ob der künstlerische Film an das Medium Kino gebunden ist (so die Ansicht der meisten Regisseure von Rang) oder ob er auch den Bildschirm, im Fernsehprogramm oder als Videofilm, erträgt bzw. nutzen kann. Jedenfalls sanken die Zuschauerzahlen in den Kinos bereits in den fünfziger, noch deutlicher in den sechziger und siebziger Jahren (z. B. Frankreich: 1955 411 Mio., 1977 170 Mio. –

Wehrlin 1985, 36; 1989 119 Mio., Mermet 1990, 374). Der bisher niedrigste Wert – 116 Mio. – war für 1992 festzustellen. Dank einiger „Publikumsmagneten", nämlich Jean-Marie Poirés *Les Visiteurs,* Claude Berris *Germinal* und Stephen Spielbergs *Jurassic Park,* gelang 1993 mit 133 Mio. Zuschauern erstmals ein Aufschwung. In den Zuschauerzahlen und den Kinobesuchen pro Einwohner und Jahr steht Frankreich mittlerweile an der Spitze in Europa, vor Großbritannien und Spanien, während Deutschland und Italien im Hinblick auf den Kinobesuch wie auch die eigene Filmproduktion weit zurückgefallen sind (Mermet 1995, 394). Der Zuschauerrückgang im Vergleich zu den Nachkriegsjahren ist nicht allein durch die wachsende Konkurrenz von Fernsehen und Videofilm bedingt. Weitere Gründe bilden nach den Studien von Alexander (1979) und Wehrlin (1985) die Ausdehnung der Freizeitmöglichkeiten und die Monopolisierung von Filmproduktion und -verleih bei wenigen großen Gesellschaften, welche oft attraktive Wagnisse verhinderten, mit denen man der Konkurrenz des Fernsehens hätte begegnen können. Diese Situation führte teilweise zu einer künstlerischen Erstarrung. Dennoch wird, gerade in Frankreich, der Film als integraler Bestandteil der Kultur angesehen (Nowka 1983, 102). Daher die staatlichen Förderungsmaßnahmen, die einen Kompromiß zwischen den Kriterien des wirtschaftlichen Erfolgs und der künstlerischen Qualität anstreben: Es gibt eine sog. automatische Filmförderung, bei der die Subvention vom kommerziellen Erfolg abhängt, und eine selektive Förderung, die Filmprojekte nach qualitativen Maßstäben auswählt und ihnen *«avances sur recette»* gewährt (Nowka 1983, 109; Bisselik 1995, 108–110). Der nationalen Filmförderung soll auch die – leider z. T. durch „Sonderregelungen" durchbrochene – Vorschrift gelten, daß bei den Spielfilmen im Fernsehen 50% französischer, 60% europäischer Herkunft sind. Sogar weltweit hat Frankreich Ende 1993 (GATT-Verhandlungen) die Möglichkeit staatlicher Filmprotektion bewahrt und dazu 1995 die Beibehaltung der EU-Fernsehrechtlinie – 51% europäische Filme – in allen Ländern der EU durchgesetzt. Weiterhin dürfen in Frankreich im staatlichen und privaten Fernsehen nur mindestens zwei Jahre alte Filme gezeigt werden. (Die Regelung lautet: Jahr 0 = Kinostart, ein Jahr = Videokassettenstart und Beginn im Pay-TV, 2 bis 3 Jahre = Ausstrahlung im Fernsehen, nur 2 Jahre im Falle eines koproduzierenden Fernsehsenders. In Deutschland gilt sie ebenfalls, aber als ungeschriebener Brauch.) Damit sucht man die Attraktivität des Kinos zu erhalten. Am Samstagabend, dem „Ausgehabend" par excellence, darf das französische Fernsehen keine Spielfilme zeigen. Ebensowenig an Mittwoch-, Freitag- und Sonntagabenden vor 22.30 h (ausgenommen *Canal Plus,* der als Gegenleistung dafür besonders hohe Summen in die Filmfinanzierung investiert). Mit diesen Maßnahmen schützt Frankreich den Film besser als Deutschland. Und noch immer liegt der Anteil des französischen Films in den Kinos Frankreichs bei 35%, während der des deutschen Films in den Kinos der Bundesrepublik auf unter 9% gesunken ist (Mermet 1995, 395). Dazu kommt, daß sich Frankreichs staatliche, zentral gelenkte Produktionsunterstützung hier insgesamt günstiger auswirkt, vergleicht man sie mit der Vielfalt der Subventionsquellen (sog. „Hürdenlauf" der Produzenten) in der föderal strukturierten Bundesrepublik.

Ein täglich wechselndes Programm aus der gesamten französischen Filmgeschichte bietet die «Cinémathèque Française» im Pariser Palais de Tokyo ihren Besuchern. – Über die vielfältige Kinokultur in der Hauptstadt unterrichtet Schumacher 1986. – In Deutschland gibt das «Centre d'information cinématographique de l'Institut français de Munich» Rat und Hilfe.

Zum Thema „Film und literarische Tradition" sei weiterhin verwiesen auf die Studien und Darstellungen von Sauvaget 1983, Albersmeier 1992, Williams 1992 und Bierkandt 1994.

7. DEUTSCH-FRANZÖSISCHE BEZIEHUNGEN (Ernst Ulrich Große)

Womit sollte eine Orientierung über die Geschichte der deutsch-französischen Beziehungen beginnen? Mit den Franken, den napoleonischen Kriegen, der Teilung Deutschlands? Richtet man sich nach den historischen Reminiszenzen in den mittlerweile zahllosen Arbeiten und Reden zum Thema, so zeigt sich, daß gerade eine einführende Darstellung den Zeitraum zwischen den Karolingern und dem Zweiten Weltkrieg nicht ausklammern darf. Ein deutlicher Einschnitt liegt in den Folgen dieses Krieges: An die Stelle der Beziehungen zwischen rivalisierenden Nationalstaaten mit Weltmachtambitionen traten allmählich partnerschaftliche Bindungen Frankreichs zu einem der beiden Teilstaaten. Mit der deutschen Einigung 1989/90, d. h. dem Ende der Nachkriegszeit, wurden daraus Beziehungen zwischen zwei souveränen Ländern: Ein gemeinsames Interesse an der Stabilität und Einigkeit des Kontinents angesichts vielfacher Krisenherde verbindet sie miteinander. Diese Annäherung und der europäische Einigungsprozeß als ihr größerer Rahmen bleiben jedoch durch Strukturunterschiede und nationale Egoismen – auch sie ein „Erbe“ der Vergangenheit – bedroht. – Drei Zeittafeln über die Epochen bis 1945, bis 1989 und die Entwicklung danach (s. unter 7.1.1, 7.2 und 7.3) geben einen ersten Überblick. Sie werden im Text erläutert.

7.1 Die Beziehungen bis 1945: antagonistische Klischees oder historisches Verständnis?

Antagonistische Klischees vom eigenen Land und Volk (Autostereotype) und vom Nachbarland und -volk (Heterostereotype) haben sich seit dem Mittelalter entwickelt und im 19. Jahrhundert – namentlich nach dem Deutsch-Französischen Krieg von 1870/71 – verstärkt. Darunter waren nicht nur Feindbilder – etwa von den säbelrasselnden Deutschen und den friedfertigen Franzosen, vom „welschen“ „Erbfeind“ und dem nur nach der Wiederherstellung alten Rechts trachtenden Germanen. Nein, auch die auf Harmonie und Versöhnung beider Völker hoffenden Autoren entwarfen antagonistische Klischees. So etwa Victor Hugo: « La France et l'Allemagne sont essentiellement l'Europe. L'Allemagne en est le cœur; la France en est la tête . . . L'Allemagne sent, la France pense » (1841, in: Voss 1961, 35). So auch Henri Lichtenberger, welcher dem « affinement spirituel » und der « discipline intellectuelle » Frankreichs die « énergie nouvelle » und die « sève vitale » Deutschlands gegenüberstellte und die wechselseitige Befruchtung beider Völker im Verlauf ihrer Geschichte hervorhob (1929, in: Voss 1961, 7).

Die Vorurteilsforschung hat gezeigt, daß nicht nur die Feindbildprojektionen (s. zur „Erbfeindschaft": Pabst 1983, 27, 38ff., 94f., 97; Werner 1985, 311; Grunewald 1992, 377f.; Jeismann 1992), sondern auch antagonistisch-dichotomisch orientierte Freundschafts- und Harmoniewünsche auf das Ringen um Identitätsfindung (des einzelnen wie der Gruppe) und damit auch Abgrenzung (von anderen Personen, von anderen Gruppen) zurückgehen. Insofern entstehen Vorurteile aus Grundbedürfnissen des Menschen; sie lassen sich nur durch besseres Kennenlernen, viel Reflexion und ein Maximum an Geduld besiegen (Koch-Hillebrecht 1977, Picht 1980, s. auch Vorwort dieses Buches).

Will man an die Stelle der antagonistischen Klischees, die bis 1945 und teilweise sogar bis zur Gegenwart die deutsch-französische Geschichte bestimmten, eine vorurteilsfrei(er)e Sichtweise setzen, so muß man vor zwei Dingen warnen: a) der Generalisierung von Einzelzügen und Einzelpersonen, b) der Annahme einer über alle Zeiten hinweg bestehenden Wesensidentität der Völker („Volksseelen"). Völker wandeln sich historisch, Staaten ändern ihre Organisation und Gestalt, und so unterliegen auch die Beziehungen zwischen den Völkern bzw. Staaten zahlreichen Wandlungen. Es sind nicht Beziehungen zwischen einem gleichen Element A und einem gleichen Element B, nur in wechselnden größeren Konstellationen. (Hier wirken die über die Zeiten hinweg identischen oder fast identischen Länder- und Völkerbezeichnungen irreführend.) Es sind vielmehr Beziehungen zwischen wechselnden Elementen – gleichsam A 1 und B 1 im Feudalismus, A 2 und B 2 im Absolutismus, A 3 und B 3 nach der Französischen Revolution usw., wobei noch davon abgesehen werden muß, daß deutscherseits ein *relativ* homogenes „Element B" ja erst mit der Reichsgründung 1871 entstand. Man muß also die Beziehungen zwischen „Deutschland" und „Frankreich" differenzierter betrachten – in ihrer *historischen Entwicklung*.

Eine weitere Bemerkung ist zur Einleitung notwendig: Wenn der folgende Teil 7.1.1 von „imperialen Träumen“ seit der Zeit *Charlemagnes* spricht, so bezieht er sich auf solche Großmacht- und Kaiserreichsvisionen, in deren Zeitraum die Gestalt Karls des Großen und seines Imperiums stehen – oder auch auf das Weströmische Kaiserreich, welches das Vorbild des karolingischen Imperiums war. Auch *nach* der Französischen Revolution und *nach* Napoleon gab es eine Art „imperialer Träume“: Nun aber gingen sie in die Richtung eines *Weltreiches* mit vielen *Kolonien* – oder z. B. bei Hitler in eine erneuerte und erweiterte *„Ostkolonisation“*, d. h. in die Ausweitung Großdeutschlands vor allem gen Osten (und in geringerem Grade auch gen Westen).

Es fand ein *Einstellungswandel* statt – u. a. aufgrund der Industrialisierung (Bedarf an Rohstoffen und an Absatzmärkten) und, hiermit zusammenhängend, aufgrund der Internationalisierung des Handels und der Börsenspekulation.

Im 17. und 18. Jahrhundert waren die *europäischen* Ambitionen Frankreichs wie auch anderer Mächte vorherrschend gewesen; die kolonialen Bestrebungen gewannen zwar an Bedeutung, wurden aber ihnen gegenüber als sekundär betrachtet. Im 19. und 20. Jahrhundert dagegen kam es, nachdem Großbritannien die iberischen Länder aus der Führungsposition verdrängt hatte, auch in Frankreich und später in Deutschland zu „Weltreich“- und „Weltvolk“-Ansprüchen neuer (und mit den dazu notwendigen Ideologien legitimierter) Form. Hier führt eine Traditionslinie nicht nur vom *Second Empire* zur *III. Republik*, sondern auch – und das wird durch spezifisch „nachkriegsdeutsche“ Verdrängungsmechanismen gern übersehen – vom *Kaiserreich Wilhelms I.* zum *Dritten Reich*. Letzteres suchte in seiner „Ostlandpolitik“ an die „Burgen des Ritterordens“, die „großen Gründungen der Hanse“ und das „Preußen-Deutschland der Vorkriegszeit“ anzuknüpfen, dabei aber die Weltmachtwünsche früherer Art durch solche neuer Art zu ersetzen: „Im Osten liegt unsere Zukunft und nach Osten will der Führer unseren Blick richten . . . Hier wird es sich entscheidend erweisen, ob es uns gelungen ist, die Deutschen, die von Natur aus ein Weltvolk sind, auch im Denken und Handeln ganz zum Weltvolk zu erziehen. Im Interesse des deutschen Volkes und damit Europas tritt heute an uns wieder die Forderung heran, die große deutsche Sendung im Osten zu erfüllen“ (Löbsack 1939, 78).

Nach Napoleon also gab es neue, *imperialistische* Träume (Weltreich, „Lebensraum im Osten“ etc.) anstelle der *imperialen* Träume, die von der Vorstellung des *imperium Caroli Magni* ausgingen. Zwischen „imperial“ und „imperialistisch“ wird hier im gekennzeichneten Sinne zu differenzieren versucht.

7.1.1 Von *Charlemagne* bis Napoleon: ein Jahrtausend imperialer Träume

Deutschland und Frankreich entstanden aus Nachfolgestaaten des Karolingerreiches (s. Brühl 1990). Da der Begriff „deutsch“ erst seit dem 11./12. Jahrhundert endgültig zu einem politischen und nationalen Terminus wurde, kann man – mit einem Fragezeichen – frühestens von dieser Zeit an von deutsch-französischen Beziehungen sprechen. Zutreffender wäre wohl der II. Kreuzzug (1147–49) als erste Referenz: Hier begegneten sich französische und deutsche Ritter, als *milites Christi* und als Rivalen, hier entstanden die ersten Vorurteile.

Zeittafel 2: Deutsch-französische Beziehungen bis 1945

800	Kaiserkrönung des Carolus Magnus; karolingisches Imperium
843	Vertrag von Verdun (Westfrankenreich, Mittelreich Lotharingien, Ostfrankenreich)
962	Kaiserkrönung Ottos I. in Rom; Entstehung des „*Sacrum Imperium Romanum Nationis Germanicae*“
Ab 11. Jh.	Wandlung des Sprachbegriffs ‘deutsch’ zum politischen Begriff
12./13. Jh.	Ausstrahlung der süd- und nordfranzösischen Kultur in Europa
1477/1519	Zunehmende Verschärfung des Gegensatzes Habsburg vs. Frankreich (1477 Burgund an Habsburg; Rivalität zwischen Karl und Franz I. um die Kaiserkrone, 1519 Kaiserkrönung Karls V. in Aachen [Österreich/Burgund/Spanien vs. Frankreich])
Ab 1517	Luthers 95 Thesen; Ausbreitung der Reformation
Ab Mitte 16. Jh.	Bündnisse zw. frz. Königen u. protestant. dt. Fürsten
1618–1648	Dreißigjähriger Krieg; Ergebnisse u. a.: Aufstieg Frankreichs, weitere Zersplitterung Deutschlands
1661–1715	Regierungszeit Ludwigs XIV. (1670 Lothringen, 1681 Straßburg unter französischer Herrschaft)
1685	Aufhebung des Edikts von Nantes; Potsdamer Edikt: Aufnahme von 20000 Hugenotten in Brandenburg
17./18. Jh.	Zweite Phase starker französischer Kulturausstrahlung in Europa
Ab 2. H. 18. Jh.	„Sturm und Drang“ als Antithese; Entstehung auch der dt. Klassik und des dt. Neuhellenismus u. a. in Abgrenzung zum „römischen Erbe der Franzosen“
Ab 1789	Französische Revolution

1804–1814/15	Kaiserreich Napoleons I. (1804 Kaiserkrönung, 1806 Gründung des Rheinbundes und Ende des Heiligen Römischen Reiches Deutscher Nation, Okt. 1806 milit. Niederlage Preußens, 1813–15 Erhebung Preußens, sog. Befreiungskriege; Frankreich als Vorbild Preußens und anderer dt. Staaten)
Ab 1815	Konservative Ordnung Europas durch den Wiener Kongreß
1830/48	Ausstrahlung französischer Revolutionen in Deutschland (1848 Entstehung deutscher Arbeitervereine, bürgerliche Nationalversammlung in Frankfurt)
1866	Preußischer Sieg von Sadowa (nahe Königgrätz) gegen Österreich
1870/71	Deutsch-Französischer Krieg, Ausrufung des dt. Kaiserreichs in Versailles, frz. Abtretung Elsaß-Lothringens und Zahlung beträchtlicher Kriegsentschädigungen. Ab 1870/71: Zunehmende Verbreitung des Mythos von einer deutsch-französischen „Erbfeindschaft"
Ab 1870/75	III. Republik in Frankreich, Spaltung in *républicains* und *cléricaux*, Patriotismus als Kohäsionsfaktor
1914–1918	Erster Weltkrieg (21. 2.–21. 7. 1916 Schlacht bei Verdun)
1919	Versailler Friedensvertrag mit dem Deutschen Reich (bereits 9. 11. 1918: Thronverzicht Wilhelms II., Ausrufung der Republik)
1925	Verträge von Locarno
1933	Machtübernahme der Nationalsozialisten. Bes. ab 1933: Deutsche Emigranten in Paris
1938	Münchner Abkommen (frz.-engl. Versuch einer Friedenserhaltung)
1939–1945	Zweiter Weltkrieg (1940 dt.-frz. Waffenstillstand; Teilung Frankreichs, Résistance und Kollaboration, Aug. 1944 Befreiung von Paris, Provisor. Regierung de Gaulles, Mai 1945 Kapitulation der deutschen Wehrmacht)

Das frühere, ungeteilte Reich Karls des Großen aber blieb von den Ottonen des 10. Jahrhunderts und vom altfranzösischen und mittelhochdeutschen Rolandslied (s. Köhler 1968 und Ott-Meimberg 1980, 50) über Napoleon bis zur Zeit de Gaulles und Adenauers ein möglicher Projektionspunkt eigener Wünsche, Zielvorstellungen und Legitimationsbestrebungen unterschiedlichster Art.

Exemplarisch sei eine besonders aufschlußreiche Aktualisierung des Vergangenen im deutsch-französischen politischen Kontext am Beispiel der Karolingerzeit gezeigt. De Gaulle und Adenauer wurden von Anhängern wie Gegnern als „Karolinger" bezeichnet

Le rêve
d'une Europe unie:
L'EMPIRE CAROLINGIEN
Pendant trois quarts de siècle, France, Allemagne et Italie se trouvent réunies: un seul empire, une seule Église, – une seule langue et une seule culture aussi. Le rêve de Charlemagne était de refaire l'Empire romain. Son empire ne préfigurait-il pas plutôt «l'Europe des Six»?

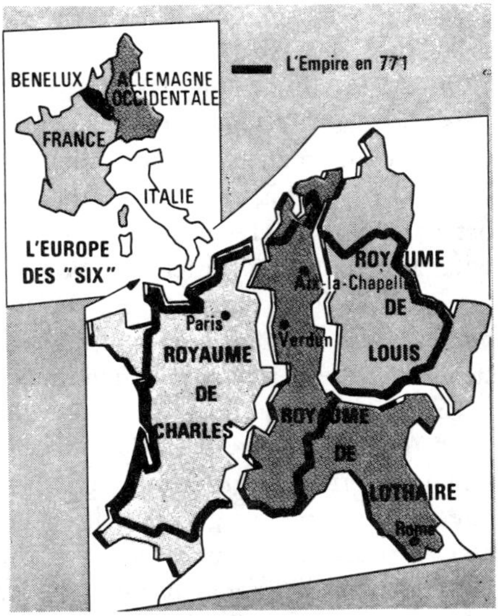

Abb. 73: «Partage de Verdun» und «Europe des Six».
(Aus: Michaud/Torrès 1978, 95)

(Herre 1983, 279). Ebenso häufig verglich man das „Kerneuropa" der ersten sechs EWG-Länder (1957) mit den karolingischen Nachfolgestaaten des Vertrags von Verdun (843) und verankerte die deutsch-französischen und europäischen Einigungsbemühungen im Vorbild des Karolingerreiches unter Karl dem Großen. Ein Beispiel dafür zeigt Abb. 73: die Verbindung zwischen der „pädagogischen" Aktualisierung des Vergangenen und der Rückprojektion des damals Gegenwärtigen.

Aachen als bevorzugter Aufenthaltsort Karls des Großen und seines Hofes, mit dem Marmorthron in der kaiserlichen Pfalzkapelle, gehört zu den deutsch-französischen Orten mit Symbolcharakter. Darum dient der 1949 in Aachen gestiftete Karlspreis zur Ehrung von Persönlichkeiten, die die westeuropäische Einigung förderten. 1988 z. B. wurde er gleich doppelt vergeben: an den französischen Staatspräsidenten Mitterrand und den deutschen Bundeskanzler Kohl. Darum auch wurde Aachen zum Ort der deutsch-französischen Regierungskonsultationen am 14./15. 9. 1978 gewählt (s. Weiss 1981, 47).

812 war für die Zeitgenossen ein symbolträchtiges Ereignis mit dem Ort verbunden. Das mächtigere und kontinuierliche Oströmi-

sche Kaiserreich erkannte im Vertrag von Aachen Karl den Großen als Kaiser des Weströmischen Imperiums an. In Aachen wurde Otto I. 936 zum König gekrönt, in Rom 962 zum Kaiser. Damit entstand das *Sacrum Imperium Romanum Nationis Germanicae*, das – rechnet man es (zu Unrecht) ab 800 statt 962 – tausend Jahre Bestand hatte, bis zum von Napoleon erzwungenen Verzicht des österreichischen Herrschers Franz II. auf die Kaiserwürde. Daran wieder orientierte Hitler die Vorstellung eines zu erneuernden „tausendjährigen Reiches"... Die imperialen Träume hatten immer nur kurzen Bestand, selbst im Falle der Ottonen. Sie waren stets von innergesellschaftlichen und äußeren Gegnern gefährdet.

Einer Rivalität um die Vormacht im Okzident zwischen Frankreich und dem Sacrum Imperium sollte eine von der cluniazensischen Reformbewegung und später der gesamten Kirche verbreitete Lehre von den gottgewollten *„duo regna"* entgegenwirken. Der Vorrang der Würde lag nach dieser Lehre beim Imperium. Noch der für die Herausbildung des französischen Zentralismus so wesentliche König Philipp II. August (vgl. 1.1.2) erkannte diesen Vorrang wie selbstverständlich an (Werner 1984, 14). Die Herrschertreffen fanden daher bis zum Ende des 13. Jahrhunderts zwar in Grenzregionen (außer 1191 in Mailand), jedoch dabei auf *Reichsgebiet* statt: „Der deutsche König und Kaiser hat für eine Begegnung mit dem französischen König nie sein Land verlassen" (Voss 1987, 85). Im übrigen wurde beim Zeremoniell der Treffen auf die Demonstration wechselseitigen Respekts durch reiche Präsente („ietweder dem andern sant gróz und rîch prisant") und durch Ausdrucksformen formaler Gleichrangigkeit geachtet (ebd., 159, 174f., 205). Dem *politischen* Primat des Sacrum Imperium stand jedoch ein *kultureller* Vorrang Frankreichs besonders im 12. und 13. Jahrhundert gegenüber. Die Gotik verbreitete sich von Nordfrankreich aus. Die höfische Kultur nahm ihren Ausgangspunkt in Südfrankreich und wurde dann mit ihren Verhaltensritualen, ihren literarischen Stoffen und Gattungen und ihrem Wortgut in ganz Europa rezipiert (wobei deutsche Germanisten die Verwandlung und Vertiefung von Stoffen französischer Herkunft zu betonen pflegen). Auch die Scholastik hatte ihr Zentrum in Paris; Paris wurde so zum Vorbild späterer deutscher Universitätsgründungen, zuerst in Prag 1348. Mit dem „Hundertjährigen" Krieg (1339–1453) verfiel jedoch das französische Kulturprestige zusehends. Wenn es einen „Erzfeind" Frankreichs gab, so war es im Spätmittelalter unter dem Eindruck dieses Krieges wie auch früherer Auseinandersetzungen

England, das daher bis zum 18. bzw. 19. Jahrhundert «la perfide Albion» genannt wurde – und nicht etwa Deutschland. Die Ansätze eines sich im Volk ausbreitenden französischen Patriotismus hatten daher einen eher antienglischen Akzent; sie sind vor dem Nationalhumanismus in der Zeit Jeanne d'Arcs entstanden. Im übrigen gingen nationale Rivalitäten jedoch bis zur Französischen Revolution stets nur von einer politischen und intellektuellen Elite aus. Die Territorien, das Volk, seine Boden- und Handwerkserzeugnisse waren Objekte und Mittel in der Konkurrenz der Staaten bzw. der sie tragenden Oberschichten um die Macht.

Eine neue Entwicklungsphase dieser Konkurrenz ist durch den Gegensatz zwischen Frankreich und den Habsburgern gekennzeichnet. Frankreich sah sich einer wachsenden Macht der Habsburger gegenüber: zunächst 1477, als Burgund z. T. an Habsburg fiel, noch deutlicher nach der Wahl Karls V. und nicht seines Konkurrenten Franz I. (François Ier) zum deutschen Kaiser. Im Südwesten (Spanien), im Norden (Niederlande) und Osten (Burgund, Oberitalien) umklammerten nun habsburgische Lande Frankreich (s. Abb. 78). Dadurch kam es wiederholt zu Bündnissen französischer Könige mit protestantischen deutschen Fürsten. Nicht Frankreich und „Deutschland" also kämpften um die Vormacht in Europa, sondern Frankreich und Habsburg. Dies zu betonen ist angesichts der „historischen" Rückprojektionen des Erbfeindschafts-Mythos im 19. und 20. Jahrhundert wesentlich.

Nach der Abdankung Karls V. (1556) wurde sein Bruder Ferdinand deutscher Kaiser. (Ihm hatte Karl V. schon zu Beginn seiner Herrschaft alle habsburgischen Erblande im Reich übertragen, was die künftige „Donaumonarchie" vorbereitete.) Karls Sohn Philipp II. wurde spanischer König. Ein „geeintes" habsburgisches Weltreich hatte zu existieren aufgehört. Die Gefahr einer Vereinigung des österreichischen und des spanischen Zweigs aber blieb bestehen, und damit die Furcht vor einer Umklammerung wie zur Zeit Karls V. „Aus dieser Auseinandersetzung ist Frankreich dank Heinrich IV., Richelieu, Mazarin und Ludwig XIV. siegreich, vor allem aber modernisiert in seinen Strukturen, mit einer 'modernen' Armee und einer relativ entwickelten Verwaltung hervorgegangen" (Werner 1984, 22). Bereits der Dreißigjährige Krieg hatte den Aufstieg Frankreichs zur Folge; vom Heiligen Römischen Reich Deutscher Nation unter den (österreichischen) Habsburgerkaisern blieb nur ein machtloser, auch konfessionell zersplitterter Staatenbund übrig.

Mit der erreichten Vormachtstellung Frankreichs und dem «siècle de Louis XIV» (1661–1715) begann die zweite große Phase französischer Kulturausstrahlung in Europa. Die Nachbildungen von Versailles und die (bürgerliche) Aufklärung seien als bekannteste Beispiele genannt. Leibniz im 17., Friedrich II. im 18. Jahrhundert bevorzugten die französische Sprache, und wieder gelangten viele kulturelle Impulse und zahlreiche Wörter ins Deutsche (s. z. B. Sauder/Schlobach 1986, Voss 1992 und spezieller zur Voltaire-Rezeption Brockmeier/Desne/Voss 1979). Gegen das sog. „Alamodewesen“ der Adelskreise reagierten die vorwiegend bürgerlichen Sprachgesellschaften. Doch existierten auch wichtige Vermittler zwischen französischer und deutscher Kultur (s. Mondot/Valentin/Voss 1992). Zu ihnen zählten die aus Frankreich vertriebenen, u. a. in Preußen (Brandenburg) aufgenommenen Hugenotten. (Die sog. preußischen Eigenschaften und Prinzipien, die ganz Deutschland später geprägt haben, entwickelten sich aus dem Zusammenwirken der calvinistischen Hohenzollernfürsten, der calvinistischen Hugenotten und der lutherischen Mehrheit der Staatsbürger; sie sind historisch-religiös begründet; vgl. T. 24.) – Die französische Annexion Lothringens, zahlreicher elsässischer Orte und schließlich Straßburgs geschah im Rahmen der *Reunionspolitik*: einer durch französische Gerichte vorbereiteten „Wiedervereinigung“ bestimmter Territorien mit solchen Gebieten, die bereits früher oder partiell zu Frankreich gehört hatten. Von nun an wurden Lothringen und das Elsaß zum Streitobjekt zwischen Frankreich und „Deutschland“. Ihre Zugehörigkeit wechselte mehrfach, die Bevölkerung blieb dabei unbefragt.

T. 24:

Obwohl Flucht aus Frankreich als todeswürdiges Verbrechen schwerste Strafen nach sich zog, verließen zwischen 1660 und 1760 etwa 300000 Menschen, ein Drittel aller Protestanten Frankreichs, um ihres Glaubens willen ihr Heimatland. Es waren durch Verfolgung und Drangsal gehärtete, fest in ihrem sittenstrengen calvinistischen Glauben verwurzelte Männer und Frauen. In allen nichtkatholischen Ländern Europas fanden sie Zuflucht. Circa 50000 kamen nach Deutschland. In Brandenburg-Preußen jedoch sollten sie geschichtlich bedeutsam werden, sie brachten das Land zur Blüte und prägten den Staat.

Es war eine europäische Sensation, als der Kurfürst Friedrich Wilhelm von Brandenburg, Herzog in Preußen, am 29. Oktober 1685 im Potsdamer Stadtschloß sein berühmtes Edikt unterzeichnete. Schon 1666 hatte der Kurfürst „gewagt“, beim Sonnenkönig gegen Verfolgungen seiner reformierten Glaubensbrüder zu protestieren. Nun bot er den Hugenotten eine Heimstatt an in seinen Landen. In Tausenden von Exemplaren fand das Edikt in Frankreich Verbreitung.

Die Flüchtlinge wurden in vornehmlich 47 Städten angesiedelt. Ihnen wurde ein privilegierter Koloniestatus gewährt [. . .].

Die Prinzipien Preußens beruhten letztlich auf dem festen und unerbittlichen Glaubensgrund der reformierten Konfession der Hohenzollernfürsten. In ihrem religiösen Glauben, der daraus sich ergebenden Lebensführung in Pflicht und Askese trafen sich die Hugenotten mit ihren Landesherren.

Sie wurden damit lebendige geistige Vorbilder für deren Erziehungsarbeit. Die harte, konsequente Prädestinationslehre Calvins mag für heutige Menschen schwer faßbar sein; sie hat ihre Spuren weltweit, nicht zuletzt im amerikanischen Lebensgefühl bis in die Gegenwart hinterlassen.

So wuchs auf dem Grunde französisch-reformierten Glaubens, dem asketisch-sittenstrengen Lebensgefühl der französischen Einwanderer, ihrem Esprit, Können und Fleiß, gepaart mit der Gründlichkeit und Opferbereitschaft der Deutschen in glücklicher Symbiose jenes Staatsethos und die spezifisch preußische Kultur.

Dieser Staat war fast immer der fortschrittlichste und modernste in Europa. Er zog selbst in seiner größten Unglückszeit Menschen aus nichtpreußischen Ländern magisch an, sich zu ihm zu bekennen.

Sie entwickelten die Eigenschaften, die eben „preußisch" waren: Nüchternheit, Arbeitsamkeit und Pflichterfüllung, Mäßigung und Einfachheit, Gemeinnützigkeit und Zusammengehörigkeit und eine Sache um ihrer selbst willen tun.

Französisch-deutsche Durchdringung und Ergänzung sind älter als Parolen unserer Tage. Im Blick auf ein freiheitlich demokratisches Europa stellen sie sich neu und drängender. Die preußischen Eigenschaften, mitgeformt aus französisch-hugenottischem Lebensgefühl, sind hierbei unverzichtbar.

Paul Jordan

(Aus: Welt-Report, Beilage zur Tageszeitung *Die Welt* 26. 1. 1985)

Ein deutsches „Nationalgefühl" ist auch durch die Sprachgesellschaften und die Reaktionen auf die Reunionspolitik, jedoch in stärkerem Maße durch einen Abgrenzungs- und Selbstfindungsprozeß in der deutschen Literatur und Kunst des „Sturm und Drang" und der Klassik vorbereitet worden. Er vollzog sich in klarer Antithese zu Frankreich: Es genügt, Goethes 1772 geschriebenen Aufsatz *Von Deutscher Baukunst* einmal unter diesem Gesichtspunkt zu lesen. Auch die Leitbildwandlung vom „Originalgenie" zum edlen Griechentum der Klassik und damit in späteren Zeiten zum Neuhellenismus ging auf die Suche nach einer von der französischen Kultur *divergierenden* Orientierung zurück. Da die herrschende französische Literatur in der lateinischen Antike verwurzelt war, betonten die zunächst von Adel wie Bürgertum gering geschätzten deutschen Dichter die geistige Verwandtschaft des *und* ihres Deutschtums mit dem Griechentum. Der Altphilologe Manfred Fuhrmann hat diese provokative, aber erhellende These aufgestellt (FAZ 27. 11. 1982). Sie wirft auch auf die Kulturgeschichte von Winckelmanns Kunsttheorie bis zur Universitäts- und Gymnasienreform seit W. v. Humboldt ein neues Licht.

Mit der Französischen Revolution fanden die kulturellen Prozesse der *Anziehung und Abstoßung* in Deutschland ihr Pendant im eigentlichen politischen Bereich.

Zahlreiche neuere Studien hierzu erschienen anläßlich der Zweihundertjahrfeiern der Revolution. Hingewiesen sei besonders auf die Sammelrezension von Erbe 1989 und die knappe Darstellung der prägenden Konfliktlinien im deutsch-französischen Verhältnis seit 1789 (bis nach 1945) von Bariéty 1989. Ausführlicheres zur historiographischen Rezeption in Deutschland findet man bei Dippel 1989, zur politischen Wirkung bei Thiele 1990, zu den tiefgreifenden kulturellen Prozessen bei Dau 1989, Koopmann 1989, Timm 1990 und Voss 1991, zu den Kontinuitäten und Wandlungen der französischen Deutschlandpolitik von 1789 bis nach 1945 bei Hudemann 1989.

Bundesdeutsche Geschichtsbücher pflegen die *Ablehnung* nach anfänglicher Sympathie zu betonen, z. B. bei Görres und Schiller. Darum seien hier zwei Aspekte der *Anziehung* und der positiven Aufnahme hervorgehoben. Der Einfluß der Französischen Revolution auf Deutschland ist immens, unübersehbar, kaum abgrenzbar. Sie rief ein deutsches Jakobinertum hervor, das erst seit den sechziger Jahren unseres Jahrhunderts genauer erforscht wird (Lit. s. Voss 1983, XII–XIV und Kreutz 1990). Sie beeinflußte zum anderen – eine Fernwirkung – die Prägung des Klassenkampfkonzepts im Marxismus und in der deutschen Arbeiterbewegung (s. Bouvier 1982): Aus dem Scheitern der Jakobiner, der Konspiration von Babeuf, der 1848er Revolution, der Kommune 1871 kann das Proletariat wesentliche Lehren ziehen; es befindet sich nun in der gleichen Situation gegenüber der inzwischen reaktionären Bourgeoisie wie das Bürgertum ab 1789 gegenüber dem Adel. In dieser – und nicht nur dieser – Betrachtungsweise kommt der Französischen Revolution die Bedeutung einer endgültigen Wende vom Feudalismus zum Kapitalismus bzw. allgemeiner einer Zeiten- und Bewußtseinswende zu. An die Stelle des Krieges der Nationen gegeneinander muß die Aufklärung des Volkes, muß der Klassenkampf treten. Das ist bereits in den nach 1793 geschriebenen Versen Bürgers angedeutet, die unter dem Eindruck antijakobinischer Kriegsvorbereitungen in Deutschland und ihrer „patriotischen" Maskierung stehen und die zugleich die Verbindung zwischen deutschem Jakobinertum und deutscher Arbeiterbewegung veranschaulichen können.

T. 25:
Für wen, du gutes deutsches Volk,
Behängt man dich mit Waffen?
. . .
Für Fürsten- und für Adelsbrut
Und fürs Geschmeiß der Pfaffen.
(Aus: Fink 1983, 277)

Ein anderer, aber ebenso wesentlicher Lernprozeß begann später in den Oberschichten Preußens unter dem Eindruck der Niederlagen gegen die Truppen Napoleons und der Einführung der bürgerlichen Freiheiten nach dem Vorbild des *Code Napoléon* in den Rheinbund-Satellitenstaaten. Die sozialen Veränderungen in Frankreich standen in Preußen Pate bei der sog. Bauernbefreiung, der Aufhebung der Zünfte, allgemeiner: der Einführung der bürgerlichen Rechte. Die Konzeption des Volksheeres und die militärische Organisation waren ebenfalls am französischen Modell orientiert. Teils auf Napoleons Initiative hin, teils nach seinem Vorbild wurden – weit über Preußen hinaus – die Herrschaftsverhältnisse in Deutschland neu geordnet. Geistliche Fürstentümer wurden säkularisiert, die meisten freien Reichsstädte aufgehoben und – allgemeiner – viele kleinere politische Einheiten größeren untergeordnet. Dazu kamen die bürgerlich-zivilrechtlichen und die militärischen Neuerungen. Erst der Einfluß napoleonischer Impulse hat Deutschland auf den Weg zu einer modernen Gesellschaft und zu einem modernen Staat gebracht. Insofern erweckte Frankreich in Deutschland Gegenkräfte, deren „Inspiration" die deutsche Geschichtsschreibung lange verschwiegen oder umgangen hat.

Trotz des völligen Wandels der gesellschaftlichen Strukturen zwischen 800 und 1800 lebte das alte Konzept eines geeinten Imperiums nach karolingischem und letztlich römischem bzw. weströmischem Vorbild weiter. Die Legitimationsbedürfnisse, die nunmehr die französische Hegemonie in Europa verursachte, aber auch die Langlebigkeit der Karolinger-Reminiszenz zeigt das folgende Zitat:

„Napoleon hielt sich mitunter für einen Carolus Magnus des 19. Jahrhunderts, den Kaiser eines nicht mehr christlichen, vielmehr aufgeklärten Imperiums. Nicht nur Franzosen meinten dies, auch Deutsche glaubten das.

Der Mainzer Fürstbischof und Erzkanzler des untergegangenen römisch-deutschen Reiches, Karl Theodor von Dalberg, setzte auf den französischen Empereur: ‚Könnte er doch Kaiser des Occidents sein, um den Russen zu widerstehen, und damit das occidentalische Reich wieder auflebe im Kaiser Napoleon, so wie es war unter Karl dem Großen, zusammengesetzt aus Italien, Frankreich und Deutschland.'" (Herre 1983, 13)

Auch in geographischer Hinsicht waren die Ähnlichkeiten zwischen den napoleonischen und den karolingischen Herrschaftsbereichen in der Tat frappierend (vgl. Abb. 73 und 79).

Nach der Rückführung des Leichnams Napoleons I. von Sankt Helena wurde der Leichenwagen mit dem Wappen des Kaisers und der Krone Karls des Großen (!) unter feierlichem Glockengeläut (Symbol der Verbindung von Krone und Kirche) durch die Stadt Paris geführt, zum Invalidendom als letzter Ruhestätte. Heinrich Heine stand unter den Franzosen am Straßenrand und dichtete später, seltsam berührt und ergriffen vom bonapartistischen Mythos (T. 26):

T. 26:
Die Menschen schauen so geisterhaft
in alter Erinnrung verloren –
der imperiale Märchentraum
war wieder heraufbeschworen.
Ich weinte an jenem Tag. Mir sind
die Tränen ins Auge gekommen,
als ich den verschollenen Liebesruf,
das « Vive l'Empereur » vernommen.
(Aus: Deutschland. Ein Wintermärchen. Caput VIII)

Wirkten im Mittelalter die Großvasallen (und oft auch die Brüder und Söhne), später die Päpste, die Patrizierstädte und die Landesfürsten als Zentrifugalkräfte in Europa, so wurden es besonders von Karl V. bis zu Napoleon die konkurrierenden Außenmächte. Eine Einigung Europas durch die Vorherrschaft *eines* Stammes (Franci), *einer* Dynastie (z. B. Staufer, Habsburger), *eines* Volkes (Franzosen) konnte nie auf Dauer erfolgen. So hatten die imperialen Einigungsträume von Carolus Magnus bis zu Napoleon allesamt nur einen kurzen Bestand.

7.1.2 Die Beziehungen von 1815 bis 1945: im Zeichen der nationalstaatlichen Volksheere

Der Gedanke der Volksheere überlebte die „konservative Neuordnung“ Europas im Wiener Kongreß. An die Stelle früherer Kabinettskriege mit angeworbenen Söldnern trat mit der Französischen Revolution und der Ausbreitung einiger ihrer Grundkonzepte in der napoleonischen Zeit zunehmend der „Volkskrieg“, der ohne die allgemeine Wehr- und Arbeitspflicht nicht denkbar gewesen wäre. Dies gab den deutsch-französischen Beziehungen eine andere Dimension. Seit Preußen die allgemeine Wehrpflicht eingeführt und die „Befreiungskriege“ gewonnen hatte, wurden die Völker von den jeweils Herrschenden als *aktive Subjekte* der Kriege angesprochen. Diese Strategie war nicht ohne Erfolg. Ein Sprung über hundert Jahre: Man denke nur an die Gewissenskonflikte der *französischen* wie der *deutschen* Sozialisten im Jahre 1914. Schon lange zuvor war der Patriotismus zu einer Komponente des Sozialismus geworden. Und als beide Lager – die deutschen Sozialisten mehrheitlich – schließlich die Kriegskredite bewilligten, hatte die „patriotische Pflicht“ über die „internationale“ Tendenz gesiegt. Das Beispiel weist darauf hin, daß die Volksheere nur einen, wenngleich wichtigen Faktor innerhalb der *nationalstaatlich organisierten Gesellschaften* bildeten. Auch die in beiden Ländern ganz unterschiedlichen Entwicklungen zur allgemeinen Schulpflicht und zum allgemeinen Wahlrecht konvergierten in einem Zielpunkt: der zunehmenden Identifikation der Bürger als Staatsbürger (citoyens) und als emporkommender Klasse (bourgeois) mit dem „Interesse der Nation“. Diesseits und jenseits des Rheins fand insofern eine ähnliche Veränderung statt. Im Falle Deutschlands aber war die Nationbildung und somit auch der Identifikationsprozeß äußerst langwierig und widerspruchsreich.

Daß sich schließlich die sogenannte „kleindeutsche Lösung“ der Nationalstaatsfrage schrittweise durchsetzte, hat die deutsch-französischen Beziehungen nach 1815 ebenso stark geprägt wie die Volksheer- und „Volkskriegs“-Konzeption. Unter Ausschluß Österreichs als eines Teilgebiets der katholisch-konservativen Donaumonarchie der Habsburger entstand ein preußisch geführtes Deutschland. Diesen Ausschluß hatten zwar die radikaldemokratischen Tendenzen des Vormärz (vor 1848) und die „antirömischen“ Strömungen im deutschen Protestantismus gewünscht, nicht jedoch die Konservativen und ebensowenig viele Sozialisten; Engels, Bebel und Liebknecht z. B. sahen ihr Ideal in einem demokratischen Großdeutschland (Rovan 1986, 24f.). – Darf man in diesem Zusammenhang von einer *„verspäteten Nation"* sprechen – und damit auch von einer Nation, die bei der „Aufteilung der Erde" unter den europäischen Ländern zu spät gekommen war? Rovan (1986, 24) sieht in solchen Formeln ein Produkt der kleindeutsch-nationalistischen Geschichtsschreibung, welche den deutschen „Polyzentrismus" und seine „fruchtbare Dialektik zwischen Zentrum und Peripherie" stets negiert habe.

Der damals entstandene Staat umfaßte jedenfalls nur einen *Teil* der Territorien des „Heiligen Römischen Reiches Deutscher Nation". Konnte er daher nicht Gebietsansprüche äußern und sie gar mit militärischen Mitteln durchsetzen wollen? Dies vor allem ließ ihn seinen Nachbarn als unberechenbare und gefährliche Größe erscheinen – und nicht bzw. nicht in erster Linie sein Wunschstatus einer Kolonialmacht.

Bis etwa zur österreichischen Niederlage von Sadowa gegen Preußen (1866, in der deutschen Geschichtsschreibung: Königgrätz, nach der entfernter vom Schlachtfeld liegenden Stadt) hatten dagegen in Frankreich die germanophilen Stimmen überwogen.

Besonders die Ausstrahlung des Sturm und Drang, der deutschen Klassik und später auch der deutschen Romantik auf Frankreich hatte eine deutschfreundliche Stimmung bewirkt (s. Leiner 1989, 79–85). Sie war – um nur den Text mit der größten Breitenwirkung zu nennen – u. a. von *Mme de Staëls* Werk *De l'Allemagne* (1810, Druck in Paris 1814) vorbereitet worden. Zahlreiche Übersetzungen deutscher Dichtungen ins Französische, viele Konzerte und Ausstellungen deutscher Künstler unterstützten die von Mme de Staël erweckte, als Kritik am napoleonischen Regime gemeinte Vorstellung eines «pays où règne la liberté de la pensée» und verlebendigten ihr faszinierendes Bild eines «peuple . . . passionné de musique, vertueux et sincère, méditatif et cultivé» (van Tieghem 1961, 150). Die Werke so unterschiedlicher Autoren wie Cousin, Michelet, Lamartine, Hugo, Nerval und Renan zeugten von der Breite und Intensität der deutschen Kulturausstrahlung auf Frankreich. In dieser Epoche hat der deutsche Kultureinfluß eindeutig überwogen. Dem widerspricht nicht, daß gerade Frankreich um 1830, im Vormärz und ab 1848 für viele kritische deutsche Intellektuelle, Handwerker und Arbeiter zu einem Vorbild geworden war, einem Vorbild, das jedoch später verblaßte. Dies gilt z. B. für Heine (s. Kortländer 1983, Oehler 1984) und ebenso später für Marx, Engels und die ab 1848 entstandenen Arbeitervereine (s. Bouvier 1982, 84–119).

Bald nach „Sadowa" änderte sich die Atmosphäre. Als das französische Kaiserreich unter Napoleon III. die sich abzeichnende Einigung unter preußischer Führung kaum noch verhindern konnte, ja sie sogar mit seinem Anspruch auf linksrheinische Gebiete (Pfalz,

Mainz) unfreiwillig gefördert hatte, bot die Frage der Kandidatur des Hohenzollern Leopold um den spanischen Königsthron einen Kriegsvorwand. Alte französische Befürchtungen einer «restitution de l'empire de Charles-Quint» wurden wach (Poidevin/ Bariéty 1977, 82). In Deutschland setzte sich durch taktische Manöver Bismarcks die von ihm geforderte „Blut und Eisen"-Politik gegenüber Frankreich durch.

Spätestens seit dem Deutsch-Französischen Krieg von 1870/71 war das französische Deutschlandbild zweigeteilt. Die frühere Vorstellung eines tiefsinnigen und friedlichen Volkes, der geistigen Heimat von Goethe und Kant, bildete jetzt lediglich die eine Seite eines Diptychons. Die andere Seite zeigte die «patrie» eines Bismarck oder Moltke, einen eiskalten, säbelrasselnden Feind im Macht- und Eroberungsrausch. Die scharfe Trennung zwischen beiden Aspekten, z. B. in der Schrift *Les Deux Allemagnes* des Pariser Philosophieprofessors E.-M. Caro, wurde von nun an zum Gemeinplatz in Frankreich (Gödde-Baumanns 1981, 110, zu Vorstufen seit Mme de Staël s. Mieck 1992, 291, 299f.). Im deutschen Bürgertum schätzte man weiterhin die Pariser Mode, Malerei und Literatur. Doch überwog für Jahrzehnte das Bild eines dekadenten, demographisch rückläufigen und alternden Frankreichs, das Ernst Robert Curtius später so „treffend" „berichtigte": nicht Dekadenz, sondern ruhige, gelassene Altersreife ... (Trouillet 1981, 223, Näheres s. Jehn 1977, 122 und Bock 1990).

Wie schlagartig sich mit dem Krieg von 1870/71 das Deutschlandbild in der französischen Literatur wandelte und wie zäh sich die düstere Seite der *deux Allemagnes* in einer nur selten aufgehellten Konzeption Preußens bis heute erhalten hat, wird in vier neueren Publikationen nachgewiesen (Reichel 1986, bes. 431f.; Gödde-Baumanns 1988, bes. 28; Leiner 1988; Leiner 1989, 140–186). Dadurch wird verständlich, daß bekannte französische Karikaturisten der Gegenwart gern anachronistische Preußenattribute wie Pickelhaube, Offiziersmonokel, Gesichtszüge Bismarcks oder Zündnadelgewehr verwenden, wenn sie personalisierend, in witzig-ernster Weise, vor den Gefahren einer bundesdeutschen „Ostabweichung" oder einer Bonner Überlegenheit über Paris warnen wollen (s. Beispiele in Fekl 1986).

Besonders *seit 1870/71* propagierten nationalistische deutsche Kreise den Mythos von der „Erbfeindschaft" (Jeismann 1992, 262–275). Ein allen „Ständen" des Volkes gemeinsamer äußerer Feind – zunächst nur Frankreich, später auch England – war vorzüglich dazu geeignet, die neue Nation zusammenzuschmieden. Vereinzelt war der Erbfeindmythos schon früher aufgetaucht: Belegt ist er erstmals 1507 bei Kaiser Maximilian (Trouillet 1981, 39). Nun aber wurde er wirklich gefährlich.

In Frankreich entzündeten sich antideutsche Tendenzen an der vorübergehenden Besetzung östlicher Territorien bis zur Zahlung umfangreicher Kriegsentschädigungen, an der deutschen Annexion Elsaß-Lothringens als ehemaligem „Reichsgebiet“ und vor allem an der systematischen Germanisierung, die dort betrieben wurde. «Le premier devoir de la France est de ne pas oublier l'Alsace et la Lorraine qui ne l'oublient pas», urteilte z. B. Lavisse in seinem 1884 erschienenen Geschichtsbuch *Cours d'Histoire de la France* (Poidevin/Bariéty 1977, 133). An solchen Schulgeschichtswerken und an der Jugendliteratur dieser Zeit zeigt sich besonders deutlich, daß Elsaß-Lothringen, der Patriotismus und der meist unterschwellige Revanchegedanke die Hauptfunktion eines internen Bindemittels für die III. Republik hatten, die zwischen «républicains» und «cléricaux» gespalten war (s. Trouillet 1981, 139 und Christadler 1979; Christadler 1981 a). Ein unterschwelliges Bindemittel und gleichzeitig eine Kompensation für die Niederlage von 1870/71 war auch die anschließend verstärkte koloniale Expansion Frankreichs (s. die von Lüsebrink 1992 entdeckten Quellen).

Mit dem wirtschaftlich starken wilhelminischen Kaiserreich und Nationalstaat entstand ein potenter Konkurrent der Weltmächte Großbritannien und Frankreich um Märkte, Einflußzonen, Kolonien. Trotz wiederholter Friedensbemühungen wuchs seit 1912 die Kriegslust in den nationalistischen Imperialstaaten; die ideologischen Kriegsvorbereitungen in den Medien betrommelten die Völker, die Rüstungsindustrien lieferten die Waffen. Im Ersten Weltkrieg, der äußerlich durch einen österreichisch-russischen und nicht etwa deutsch-französischen Konflikt ausgelöst wurde, kämpften beide Nachbarländer um die Vorherrschaft auf dem Kontinent. Es war in der Tat ein Krieg der Völker. Er wurde mit Erbitterung geführt. Allein der monatelange Kampf bei Verdun (21. 2.–21. 7. 1916) kostete etwa 362000 Tote und Verwundete auf französischer, 337000 auf deutscher Seite. In keinem der vier Kriege seit der napoleonischen Zeit verloren beide Länder so viele Menschen im Kampf gegeneinander (Abb. 74). Nach Auffassung eines europa- und nicht nationenorientierten französischen Historikers haben imperialistische Rivalitäten und wechselseitige Ängste vor einem existenzbedrohenden „Erbfeind“ diesen Krieg ausgelöst und geprägt. Die Schuldfrage spielt unter einer solchen Perspektive so gut wie keine Rolle mehr. Viel wichtiger ist das Endergebnis: die Schwächung der europäischen Mächte, die Entstehung der Sowjetunion, vor allem aber der wirtschaftlich-politische Aufstieg der

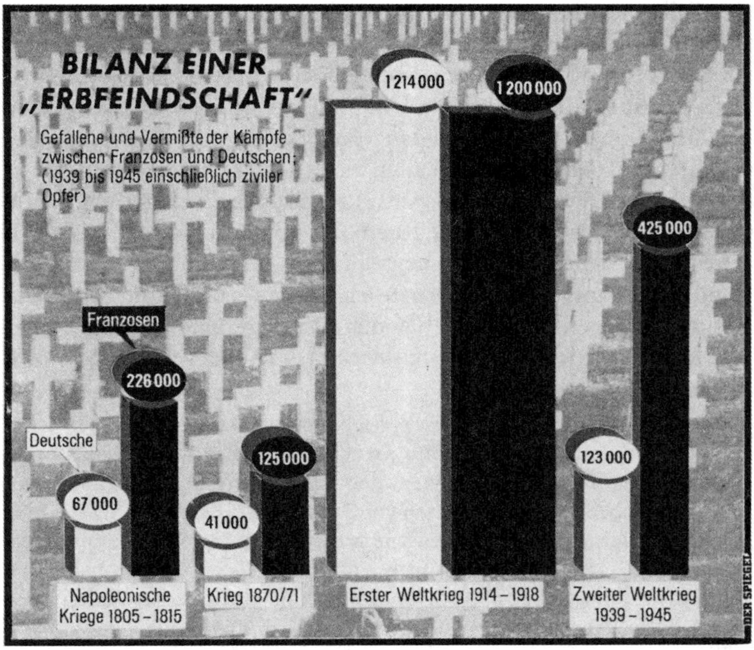

Abb. 74: Bilanz einer „Erbfeindschaft".
(Aus: Der Spiegel 21. 11. 1977, 134)

USA zum Hauptgläubiger Europas und zur eigentlichen Siegermacht (Ferro 1988).

Im gleichen Spiegelsaal von *Versailles*, in dem 1871 die Kaiserproklamation stattgefunden hatte, mußten nach der deutschen Niederlage die Vertreter der Weimarer Republik den *Friedensvertrag* unterzeichnen. Dafür hatte die Regie Clemenceaus gesorgt. Der Vertrag unterstellte Elsaß-Lothringen und die Ausbeutung der Saarkohle Frankreich. Deutschland sollte durch quasi unerfüllbare Reparationslasten auf Jahrzehnte hin in seiner Entwicklung gebremst, an einem Wiederaufstieg gehindert werden. Der vom Revanchegedanken geprägte Vertragstext und spätere Zusatzbestimmungen haben die deutsch-französischen Spannungen und Rivalitäten mit Sicherheit verstärkt, statt sie abzubauen. Darüber sind sich heute die Historiker beider Länder weitgehend einig (vgl. z. B. Poidevin/Bariéty 1977, 238).

Als bestimmte Reparationsforderungen von deutscher Seite nicht erfüllt wurden, besetzten französische und belgische Truppen mit Billigung Englands 1923 das Ruhrgebiet. Die deutschen antirepublikanisch-nationalistischen Kräfte bekamen ihre ersten Märtyrer der Gegenwart. Bald begannen jedoch von verschiedenen Seiten aus, Großbritannien und die USA eingeschlossen, die Bemühungen um Kompromisse. Die Ära von *Briand und Stresemann* gipfelte in den zwischen fünf Staaten ausgehandelten Abkommen von *Locarno* (1925). Sie garantierten u. a. Elsaß-Lothringen endgültig dem französischen, das linke Rheinufer von der Pfalz ab dem deutschen Staat. Und sie sahen Deutschlands Aufnahme in den Völkerbund und damit seine internationale Aufwertung und Anerkennung vor. Auch das Kulturleben der zwanziger und dreißiger Jahre war keineswegs von den Erbfeindschafts- und Revanchetendenzen beherrscht.

Der wechselseitige Kultureinfluß erreichte möglicherweise erstmals in der deutsch-französischen Geschichte ein echtes Gleichgewicht. Dem starken französischen Interesse für Wagner, den Expressionismus, die „Bauhaus"-Bewegung, aber auch Philosophen von Nietzsche bis Heidegger entsprach die Faszination, welche die moderne französische Malerei, Skulptur und Dichtung auf das deutsche Kunstschaffen und Geistesleben ausübte (s. Rovan 1986, 73f., Harrer 1987, Bock 1991 und Bock/Meyer-Kalkus/Trebitsch 1993). Zumindest erwähnt seien in diesem Zusammenhang

- die Frankreichfreundlichkeit zahlreicher deutscher Autoren (u. a. Rilke, Tucholsky, Heinrich Mann, Sieburg, Benn),
- die Hoffnung bekannter französischer Schriftsteller auf eine deutsch-französische Verständigung (u. a. Rolland, Giono, Romains, Lichtenberger, Giraudoux, Drieu La Rochelle),
- die Bemühungen elsaß-lothringischer Persönlichkeiten (z. B. Otto Flake, René Schickele, Yvan Goll) und deutscher Emigranten in Paris nach 1933 (z. B. Heinrich Mann und Alfred Döblin, s. Betz 1986) um einen Brückenschlag zwischen beiden Kulturen trotz wachsender Schwierigkeit ihrer eigenen Situationen,
- die damalige „Blüte" der Völkerstereotype nicht allein bei den Gegnern, sondern selbst bei den Befürwortern einer deutsch-französischen Annäherung (s. Trouillet 1981, 184–274, Hinrichs/Kolboom 1977b, Leiner 1989, 204–235; zur Funktion solcher Vorurteile s. Koch-Hillebrecht 1977 und Picht 1980, zu ihrem zeitgeschichtlichen Hintergrund Kaelble 1991, 235).

So waren selbst die deutsch-französischen Jugendbeziehungen der Zwischenkriegszeit „in politisch-ideologische Korsetts gezwängt"; ihnen blieb „der Weg in die Normalität verschlossen. Die angeblichen Vorreiter zur Gestaltung eines besseren Verhältnisses der beiden Nachbarvölker waren in Wirklichkeit trotz aller widerstreitenden Momente Gefangene ihrer nationalen politischen Kulturen. Insgesamt gingen von ihnen keine positiven

Aktivitäten aus. Sie lieferten nur rezeptive Reflexe ihrer Zeit" (Tiemann 1989, 374).

Aufgrund welcher Faktoren sich demgegenüber in Deutschland die nationalistischen und revanchistischen Kräfte und schließlich unter ihnen die Nationalsozialisten durchsetzten, kann hier nicht diskutiert werden (s. Poidevin/Bariéty 1977, 273–283; Hass 1975; Deist 1979). Wichtig für den deutsch-französischen Vergleich ist, daß sich das „Dritte Reich" auf den „Irredentismus" des „Zweiten" Reichs – des Kaiserreichs ab 1871 – gründete und daß es den schon im 18. und 19. Jahrhundert propagierten *biologischen Volkstumsgedanken* ins *Totalitäre* umdeutete (s. z. B. Löbsack 1939, 76f.). Dem von der „Vorsehung" auserwählten Führer hatten sich alle Volksschichten willig unterzuordnen: „ein Volk, ein Reich, ein Führer". Der französische Nationalstaat der III. Republik basierte dagegen auf der Konzeption der *Volkssouveränität,* der von Rousseau zwar nicht erfundenen, aber radikalisierten «souveraineté du peuple». Glied der „voluntaristischen Nation" war, wer sich zu ihren Werten und zu ihrer Kultur bekannte – auch als Elsässer, Bretone oder Baske. Der Kampf zwischen „Vernunft" und „ungebändigter Naturkraft", zwischen «civilisation» und «barbarie» (s. Victor Hugo 1871 und ganz ähnlich Charles de Gaulle 1934, in Pabst 1983, 48 und 94f.) bzw. aus nationalsozialistischer Sicht zwischen einer „entwurzelten" und rein rationalistischen Nation und einem „bodenständigen" und „organischen" Volkstum (vgl. Pabst 1983, 63 und 97ff.) war also auch in den ganz unterschiedlichen Staatskonzeptionen angelegt. So verwundert es nicht, daß sich die wechselseitigen Beziehungen schon seit dem ersten großen Erfolg der Nationalsozialisten bei den Reichstagswahlen 1930 brüsk verschlechterten.

Ein letzter und gescheiterter Versuch der Friedenssicherung war das *Münchner Abkommen* (1938). Mit ihm hofften die französische und die britische Regierung den Expansionswillen der Nationalsozialisten zu befriedigen. Hier ging der von Hitler übernommene „Reichsgedanke" zunächst in Richtung „Böhmen", sprich Habsburger-/Deutsches Reich. Aber in konsequenter Fortsetzung dieses Gedankens stand selbstverständlich auch die Forderung nach „altem" Reichsbesitz im Westen, d. h. Elsaß-Lothringen, im Raum. Die französische Regierung stützte sich bei ihrem Versuch der Friedenssicherung auf die in der Öffentlichkeit verbreitete Kriegsunlust, die im vielzitierten Schlagwort «Mourir pour Danzig?» zum Ausdruck kam. Die sudetendeutschen Gebiete der

Tschechoslowakei wurden an Deutschland abgetreten, nachdem die NS-Außenpolitik bereits den „Anschluß" Österreichs betrieben hatte. Dennoch marschierten bald darauf deutsche Truppen in die Tschechoslowakei ein; das „Reichsprotektorat Böhmen und Mähren" wurde errichtet, die Slowakei in einen Satellitenstaat verwandelt. „München 1938" gilt seitdem in Frankreich als warnendes Exempel (s. Hörling 1985). Alfred Grosser hat es in einem Interview knapp und energisch formuliert.

> „1938 haben wir vor einem Diktator kapituliert, wir haben auf Frieden gemacht. Wir kennen die Folgen. Wie blökende Schafe in der Friedensbewegung . . . das kann nur in die Katastrophe führen." (Grosser 1983, 116)

Wie auch immer man sich zu diesem ex- und impliziten Vergleich stellen mag: Er charakterisiert das Bestreben, sich auch in einer von Großmächten geprägten internationalen Welt nicht die Handlungen vorschreiben zu lassen, sondern selbst zu entscheiden; dafür wird eine starke Rüstung für unabdingbar gehalten. Dieser Vergleich charakterisiert aber auch das kriegsgeprägte *Geschichtsbewußtsein* in der «grande nation» und ist dort erstaunlich weit verbreitet (s. Picaper 1983, Sauzay 1985).

Aus der Sicht des Historikers urteilt Werner (1985, 323): «Quant à la responsabilité française dans l'avènement de Hitler, elle tient au passage d'une attitude trop implacable face à une Allemagne faible à la capitulation devant une Allemagne forte.»

Einen endgültigen Kurswechsel gegenüber dem Reich vollzogen Großbritannien am 31. 3. und Frankreich am 6. 4. 1939 mit ihren Garantien für das bedrohte Polen. Als am 1. 9. 1939 der deutsche Angriff auf Polen einsetzte, erklärten beide Mächte Deutschland den Krieg.

Der *Zweite Weltkrieg* läßt sich unter dem Aspekt der deutsch-französischen Beziehungen und der in Frankreich üblichen Termini in vier Phasen gliedern.

1. *«Drôle de guerre»* heißt die Zeit unmittelbar nach dem Kriegsausbruch (Sept. 1939–Mai 1940). Frankreichs damalige Regierung wagte angesichts der defätistischen Stimmung im eigenen Lande und eines in Rüstung und Technik überlegenen Gegners keine aktive Front im Osten ihres Landes zu eröffnen. Die Armee verschanzte sich hinter der Maginot-Linie. Näheres s. Heimsoeth 1990.

2. In einer *«guerre éclair»* oder *«offensive éclair»* – Lehnübersetzungen von dt. Blitzkrieg – stießen die deutschen Truppen über

Holland und Belgien, unter *Umgehung* der Maginot-Linie, am 10. Mai 1940 nach Frankreich vor und besiegten es in sechs Wochen. Der militärische Zusammenbruch *(la débâcle)* führte zu einer Massenflucht *(l'exode)* in den Süden Frankreichs.

3. Die folgende Phase wird meist verallgemeinernd als *« occupation »* bezeichnet (Amouroux 1976 ff.). Frankreich wurde nach dem Waffenstillstand (22. 6. 1940) im wesentlichen in eine größere *zone occupée* und eine kleinere, südöstliche sog. *« zone libre »* geteilt, getrennt durch eine fast unüberwindbare *ligne de démarcation* (s. Abb. 80). In der *« zone libre »* entstand bald ein autoritäres Regime unter Pétain, mit der Hauptstadt Vichy. Dieser paternalistische *« Etat français »* konnte anfangs (u. a. aufgrund der Aura Pétains als *héros de Verdun*) wohl „mit der Zustimmung der meisten Franzosen rechnen" (Kohut 1983, 111).

Bei einer Minderheit begann der Widerstand: Am 18. Juni 1940 rief de Gaulle von London aus die Franzosen zur *résistance* an der Seite der Alliierten auf. Als im November 1942 amerikanische und britische Truppen in den französischen Territorien Nordafrikas landeten und damit die Gegenoffensive einleiteten, ließ Hitler den restlichen Teil Frankreichs besetzen – unter offizieller Aufrechterhaltung des Vichy-Regimes. Diese Maßnahme steigerte den Widerstand beträchtlich. Sie erhöhte auch seine Koordination: Selbst die durch den Hitler-Stalin-Pakt (27. 8. 1939) bis zum deutschen Einfall in die Sowjetunion (22. 6. 1941) gelähmten französischen Kommunisten erklärten sich nun mit der Leitung der *résistance* durch de Gaulle einverstanden (Januar 1943). Daß neben dem Widerstand einer wachsenden Minderheit und dem unauffällig-abwartenden Verhalten der Mehrheit, dem sog. *attentisme*, auch die aktive Zusammenarbeit mit den deutschen Besatzern, die *collaboration*, zeitweise ein beträchtliches Ausmaß erreichte, blieb später jahrzehntelang aus dem Geschichtsbewußtsein der Franzosen verdrängt (s. Ory 1977, Klarsfeld 1989). Im Gedächtnis der Franzosen blieben die Repressionen und Vergeltungsmaßnahmen der deutschen Besatzung lebendig: Oradour, Geiselerschießungen, Deportationen, Zwangsarbeitsdienste, Judenverfolgung. – Doch stellte die *collaboration* – eine der bis dahin engsten Formen der Zusammenarbeit zwischen Deutschen und Franzosen – eine nicht immer unerfreuliche, praktisch gelebte Erfahrung zahlreicher Franzosen mit den Deutschen dar. Vor allem aus politisch-moralischen Gründen verbannte man sie aus der Erinnerung. Ihr Antipode, die *résistance*, wurde nach dem Zweiten Weltkrieg zur prägenden Kraft.

Zur Literatur der Résistance und der Kollaboration einschließlich ihrer Nachwirkungen s. Götz 1977, Zimmermann 1982, Kohut 1983 und Kohut 1982–84. – Zu der in einem tieferen Sinne doch bedenkenswerten Legende von einem „Arbeitsteilungsabkommen" zwischen Pétain und de Gaulle s. Rovan 1986, 76. De Gaulle selbst hat zu ihr beigetragen. Sie bildet, bei Licht betrachtet, eine der Phasen in einem jahrzehntelangen und noch immer anhaltenden Prozeß der Verdrängung und nur allmählichen Aufarbeitung, den ein französischer Mentalitätshistoriker anhand von Filmen, Texten und diversen Meinungsumfragen als „Vichy-Syndrom" zu beschreiben und zu rekonstruieren versucht hat (Rousso 1987). Die innerfranzösische Diskussion über die Literatur der *collaboration* vertieft sich nun ebenfalls (Steel 1991). Und die Verstrickungen in der *collaboration* wurden auch der großen Öffentlichkeit am Fall Barbie und in der «Affaire Touvier» (s. Le Monde und Le Figaro 27. 9. 1991) schmerzlich bewußt. Licht in die *années noires* brachte darauf vor allem das neue Standardwerk von Azéma/Bédarida 1993. Erst der 1995 gewählte Staatspräsident Chirac hat die Mitschuld von Franzosen an der Judenverfolgung offiziell anerkannt.

4. Die *«Libération»* begann am 6. 6. 1944 mit der Landung der Alliierten in der Normandie. Am 20. 8. verlangsamten sie ihren Vormarsch in der Nähe von Paris. Dort hatte sich die Résistance einen Tag zuvor erhoben. Sie war bei den deutschen Besatzungstruppen nur auf wenig Gegenwehr gestoßen; der deutsche Kommandant von Choltitz ignorierte Hitlers Befehle bedingungsloser Verteidigung, um die Kulturgüter der französischen Hauptstadt zu bewahren. Die Selbstbefreiung von Paris schloß mit dem Einzug einer französischen Panzerdivision unter General Leclerc ab, welche die restlichen Besatzungstruppen vertrieb. De Gaulle wurde begeistert empfangen. Am 23. 10. erkannten die Amerikaner seine provisorische Regierung an. (Erwähnt seien auch die Befreiung Straßburgs und später die Teilnahme Frankreichs an der Besetzung Deutschlands.)

Durch diese zumindest partielle Befreiung der Franzosen aus eigener Kraft, nach seiner oft problematischen Zusammenarbeit mit den Alliierten seit 1940, erreichte de Gaulle ein gewisses *Gewicht Frankreichs* in den späteren Verhandlungen der Siegermächte. Zwar wurde es nicht zu den Konferenzen von Jalta und Potsdam hinzugezogen (zum «complexe de Yalta» s. 2.4). Doch gehörte es ab 1945 zu den ständigen Mitgliedern im Sicherheitsrat der (offiziell erst am 26. 6. 1945 gegründeten) Vereinten Nationen, war damit also wie die USA, die UdSSR, Großbritannien und China als Großmacht anerkannt und mit dem Vetorecht ausgestattet. Später bildete es eine der vier Besatzungsmächte in Deutschland und der

Viersektorenstadt Berlin. Das Verhältnis zwischen Deutschland und Frankreich kehrte sich um. Im Gefolge der *Libération* wurde aus dem besiegten Land eine Siegermacht.

Von nationalsozialistischer Seite war der Zweite Weltkrieg sehr wohl als „Volkskrieg", ja sogar als „totaler Krieg" – mit bittersten Folgen für Deutschland und Europa – aufgefaßt und geführt worden. Frankreich dagegen hatte sich nur in rückschauenden Glorifizierungen der *Résistance* und der *Libération* mit quasi den gesamten Kräften seines Volkes gegen die Besatzer gewehrt. Gerade dadurch, daß dies nicht geschehen war, bewahrte es aber seine Bevölkerungssubstanz – im wesentlichen Unterschied zum Ersten Weltkrieg und seinen Folgen. Daß es sich zudem seine traditionsorientierte Wirtschaftsstruktur (s. 3.4) und sein weltweites Kolonialreich erhielt, sollte sich später hingegen eher als Belastung erweisen.

7.2 Die Beziehungen ab 1945: ungleiche Partner vor gleichen Problemen

Wenn die Deutschen lediglich zwanzig Jahre nach dem Vertrag von Versailles Europa und Frankreich „wieder" mit Angriffskriegen ins Unglück stürzen konnten, so mußte Frankreich diesmal auf dauerhaftere und wirkungsvollere Weise vor dem aggressiven Nachbarland geschützt werden. Niemals mehr durfte dort ein zentralistischer Staat mit der Gefahr einer Entartung ins Totalitäre und „Romantisch"-Irredentistisch-Aggressive entstehen. Diese Maxime leitete ab 1944/45 die französische Politik. Angelsachsen wie Russen (letztere ab 1945) widersetzten sich jedoch den Plänen einer bleibenden Teilung Deutschlands und einer Abtrennung des Rheinlands, Ruhrgebiets und Saarlands analog zur Abtrennung der Gebiete jenseits von Oder und Neiße. Lediglich die Zollunion mit dem Saarland und die Ausbeutung der Saarkohle wurde Frankreich zugestanden. Dafür mußte Frankreich unter dem Einfluß des 1946/1947 einsetzenden „Kalten Krieges" und unter dem Druck der amerikanischen Wirtschaftshilfe für die kriegszerstörten Länder Westeuropas widerstrebend die Vereinigung der amerikanisch-britischen „Bizone" mit seinem Besatzungsgebiet zur „Trizone" gewähren (s. Hillel 1983 und Scharf/Schröder 1983). Schrittweise paßte sich Frankreichs Außenpolitik also den amerikanisch-britischen wie auch den „internen" deutschen Bestrebungen an, die zur Entstehung der Bundesrepublik führten (vgl. Ziebura 1970, 39–53; Weisenfeld 1986, 25–44; Kolboom 1990, 71–81). Derartige Probleme hatte Frankreich mit Österreich – um ein deutliches Kontrastbeispiel zu wählen – niemals (vgl. Ravy 1977).

So standen Franzosen und Westdeutsche, bei Licht besehen, schon wenige Jahre nach Kriegsende vor den gleichen Problemen:
- dem Ost-West-Konflikt und der Frage der Neutralität,
- dem Wiederaufbau und der Diskussion um eine durch die amerikanische Wirtschaftshilfe ja ohnehin geförderte Westorientierung.

Vor allem am „Kalten Krieg“ scheiterten auch die Visionen einer französischen Vormachtstellung in West- und Mitteleuropa mit sowjetischer Hilfe (Weisenfeld 1986, 25–28, 33); besonders die USA wirkten ihnen entgegen (Schwartz 1991). Aufgegeben wurden sie dennoch nicht. Sie wurden nur umorientiert. Durch ein Bündnis mit dem westdeutschen Teilstaat, gestützt auf seine sich bereits abzeichnende Wirtschaftskraft und die erhoffte Irreversibilität der Spaltung Deutschlands, sollten die Vormachtwünsche verwirklicht werden. Aber es gab auch andere Bestrebungen in Frankreich, namentlich bei den Sozialisten und im katholischen MRP (s. 2.5.2). Sie tendierten zu einem „Europa der Gleichen“. Sie knüpften dabei an föderalistische Strömungen zu einer „Europa-Union“ an, die sich nach der Gründung des Europarats in London 1949 gebildet hatten, aber an nationalen Vorbehalten gescheitert waren. Neue Einigungsbestrebungen besonders im MRP mit dem Außenminister Robert Schuman und in der CDU unter Konrad Adenauer setzten an die Stelle der „Europa-Union“ den Gedanken einer engeren westeuropäischen Kooperation mit deutsch-französischem Kern. Adenauer schlug sogar am 7. 3. 1950 eine politische Union beider Länder vor. Schuman reagierte positiv, und selbst de Gaulle als Führer des «Rassemblement du Peuple français» erklärte am 16. 3. 1950, eine solche Union könne das Werk Karls des Großen fortsetzen (Herre 1983, 269).

Der folgende Überblick stellt vor allem die politischen und wirtschaftlichen Beziehungen seit 1949/50 dar. Dies geschieht in *einem* Abschnitt, da wirtschaftliche Faktoren die Politik, politische Impulse die Wirtschaftsbeziehungen stark beeinflußten. Auf die militärischen und die kulturellen Verbindungen und „Beziehungsprobleme“ wird anschließend hingewiesen.

Zeittafel 3: Deutsch-französische Beziehungen 1945–1988

1945 Konferenzen von Jalta (4.–11. 2.) und Potsdam (16. 7.–2. 8.) ohne Einbeziehung Frankreichs. – Frz. Besatzungszone, frz. Sektor Berlins. – Gründung des B.I.L.D. (s. S. 368)

1946 Frz. Forderung einer Herauslösung des Rheinlands, Ruhrgebiets u. Saarlands

1949 „Trizone" (1. 4.), Gründung der Bundesrepublik (23. 5.), Gründung der DDR (7. 10.), erste Städtepartnerschaft *(jumelage)*
1950 Dt.-frz. Handelsabkommen (30. 1.). – Der „Schuman-Plan" (9. 5.) führt zur
1951 Gründung der Montanunion (Europ. Gem. f. Kohle u. Stahl, EGKS, 18. 4.)
1952 Unterzeichnung des Vertrags zur Gründung der Europäischen Verteidigungs-Gemeinschaft (27. 5.)
1954 Veto der frz. Nationalversammlung gegen die EVG (30. 8.), Pariser Vertragswerk über künftigen Beitritt der BRD zur NATO und Vereinbarung eines Saarstatuts (19.–23. 10.)
1955 Gründung der Offiziellen Dt.-Frz. Handelskammer (25. 4.). – Volksabstimmung im Saarland: Ablehnung des Saarstatuts (23. 10.)
1956 Luxemburger Saarvertrag: Saarland ab 1957 zur Bundesrepublik
1957 Gründungsverträge für EWG sowie EURATOM (25. 3.)
1958 V. Republik
1963 Unterzeichnung des Vertrages über die dt.-frz. Zusammenarbeit (22. 1.), Bundestagspräambel zum Vertrag (16. 5.), Abkommen zum Dt.-Frz. Jugendwerk (4./5. 7.)
1964 Hamburger Abkommen der dt. Länderregierungen: 1. Fremdsprache Englisch oder Latein
1966 Ausscheiden Frankreichs aus der NATO-Befehlshoheit (11. 3.)
1969 Vereinbarung über gemeinsame Airbus-Produktion (13./14. 3.)
1971 Vereinbarung zur EG-Erweiterung und zur Einführung auch des Französischen als 1. Fremdsprache in der Bundesrepublik
1972 Erstes dt.-frz. Gymnasium
1974 Übereinstimmung der neuen Regierungschefs V. Giscard d'Estaing u. H. Schmidt in der Wirtschaftspolitik
1977 „Antideutsche" Welle in Frankreich wegen Extremistenerlaß/Terrorismus/Formen der Terrorismusbekämpfung in der BRD
1979 Inkrafttreten des Europäischen Währungssystems (EWS), erste Direktwahlen zum Europaparlament (7.–10. 6.)
1980 Abkommen über gemeinsame Entwicklung eines frz. und eines dt. Rundfunk- und Fernsehsatelliten (1. 12.)
1981–1985 Frz. Befürchtungen angesichts der Demonstrationen gegen die Stationierung amerik. Atomraketen in der BRD
1985 Pariser Eureka-Konferenz (Juli), Eureka-Gegenprojekt Mitterrands zum amerik. SDI-Projekt (17. 7.)
1987 Gemeinsames Herbstmanöver „Kecker Spatz" (17.–24. 9.)
1988 Bildung zweier bilateraler Räte für Wirtschaft und Verteidigung zum 25. Jahrestag des Vertrags von 1963, Gründung des Deutsch-Französischen Hochschulkollegs (Jan.), offizielle Errichtung der deutsch-französischen Brigade in Böblingen (21. 11.), erste Sitzung des Hohen deutsch-französischen Kulturrats (20. 12.)

7.2.1 Politische und wirtschaftliche Beziehungen

Bisher haben die Annäherungsbemühungen zwischen Frankreich und der Bundesrepublik stets im Kontext der westlichen Allianz stattgefunden. Es ist zur Vororientierung nützlich, dabei zwei Phasen zu unterscheiden:

1. Bis etwa Ende der fünfziger Jahre ging es der Bundesrepublik darum, Gegnerschaft abzubauen und Widerstände zu überwinden, in erster Linie gegenüber Frankreich. Das deutsch-französische Verhältnis stand zwar von vornherein im größeren europäischen Kontext, trug aber einen deutlich *bilateralen* Akzent: Das Gewicht lag auf der Versöhnung zwischen Deutschen und Franzosen.
2. Erst *nach* dem deutsch-französischen Vertrag von 1963 gewann das Zweierbündnis einen merklich *multilateralen* Akzent: Andere europäische Nationen wurden mehr und mehr mit einbezogen. Dennoch bestand nicht immer eitel Harmonie – weder zwischen beiden Staaten noch zwischen ihnen und den anderen Partnern. Und mit den Teilnehmern am europäischen Einigungsprozeß wuchs auch die Zahl der Probleme.

Auf dem Wege zur deutsch-französischen und zur europäischen Annäherung bildeten bisher die Gründung der Montanunion 1951, die Errichtung der Europäischen Wirtschaftsgemeinschaft 1957 und der deutsch-französische Vertrag von 1963 die drei wichtigsten Stationen.

Zunächst zur *Montanunion*: Frankreich produzierte seit 1949 zu viel Stahl und erhielt zu wenig Ruhrkohle; die Saarkohle stellte infolge ihres geringeren Wertes für sie keinen Ersatz dar. Zudem belastete das Saarproblem die deutsch-französischen Beziehungen. So kam ein Projekt auf, das Jean Monnet (Chef des Plankommissariats) entwarf und das Robert Schuman dann vorschlug: die Gründung einer Europäischen Gemeinschaft für Kohle und Stahl („Montanunion“). Durch sie konnten die Absatz- und Lieferungsprobleme geregelt, die westdeutsche Produktion kontrolliert und das Saarproblem vereinfacht werden. Der größere Markt bot beiden Ländern wesentliche Vorteile, und zugleich wurde die deutsch-französische Problematik durch den breiteren europäischen Rahmen relativiert und entschärft. Im April 1951 unterzeichneten Frankreich, die Bundesrepublik, Italien und die drei Beneluxstaaten den Gründungsvertrag.

Nach Schumans eigenen Worten sollte durch ihn die « opposition séculaire de la France et de l'Allemagne » beendet werden. Diese Worte machen auf einen anderen Aspekt des Vertrags aufmerksam: Dadurch, daß man die gesamte Kohle-, Eisen- und Stahlproduktion und damit auch die damalige Basis der Rüstungsindustrie einer europäischen obersten Behörde unterstellte, sollte ein Krieg zwischen den Nachbarn künftig ausgeschlossen sein. Zugleich war damit in einem begrenzten, aber ausweitungsfähigen Bereich der Grundstein für ein organisiertes Europa gelegt (Poidevin/Bariéty 1977, 332; Herre 1983, 273). Bilaterale Abkommen und Institutionen umrahmten gleichsam dieses Vertragswerk. Zu ihnen gehört das schon 1950 unterzeichnete deutsch-französische Handelsabkommen über 300 Millionen Dollar und die 1955 gegründete Offizielle Deutsch-Französische Handelskammer, die seitdem die Wirtschaftskontakte der Firmen und die Niederlassungen im Partnerland zu fördern sucht.

Das Saarproblem aber blieb noch immer ungeregelt. Die Bevölkerung lehnte in ihrer Mehrheit einen 1954 ausgehandelten Kompromiß („Saarstatut") ab, der am Rande der Pariser Konferenz zum NATO-Beitritt der Bundesrepublik ausgehandelt worden war: einen „europäischen Status" unter Beibehaltung der Zollunion mit Frankreich. Erst mit dem Luxemburger Vertrag kam das Saarland zum 1. 1. 1957 wieder unter deutsche Oberhoheit. Allerdings kompensierten einige für Frankreich günstige Vereinbarungen diesen Verzicht (s. Näheres in Weisenfeld 1986, 71–73).

Die *Europäische Wirtschaftsgemeinschaft* umfaßte zunächst die gleichen sechs Länder, welche die Montanunion gegründet hatten. 1957 vereinbart, trat sie ab 1959 in Kraft. Sie sollte die Zollschranken zwischen den Partnerländern aufheben, d. h. einen freien Warenverkehr und damit eine wirkliche Konkurrenz unter den Unternehmen der sechs Länder eröffnen. Völlig frei sollte auch der Personen-, Dienstleistungs- und Kapitalverkehr werden. Durch all diese Maßnahmen hoffte man eine politische Einigung – in welcher Form auch immer – vorzubereiten (s. hierzu Abb. 81).

Nach ihren mehrfachen Erweiterungen, zuerst 1972 um Großbritannien, Irland und Dänemark, später 1981 um Griechenland, 1986 um Spanien und Portugal, 1995 um Österreich, Schweden und Finnland, ist die Institution jedoch um so unbeweglicher geworden. Besonders der Agrarsektor hat sich trotz einiger inzwischen erreichter Fortschritte als eine Quelle stets neuer Schwierigkeiten erwiesen. Gegenwärtig verschlingt allein die Landwirtschaft ca. 60 % des 70-Milliarden-ECU-Haushalts der EU auf Kosten aller anderen Bereiche.

Der Begriff der „Europäischen Gemeinschaften" (EG, frz. CE), die mit dem Inkrafttreten des Maastrichter Vertragswerks am 1. 11. 1993 zur „Europäischen Union" (EU, frz. UE) geworden sind, *umfaßt* die Europäische Gemeinschaft für Kohle und Stahl (EGKS, frz. CECA), die EWG (frz.

CEE) und die gleichzeitig mit ihr gegründete Europäische Atomgemeinschaft (EAG oder „Euratom", frz. CEA). Die gemeinsamen supranationalen Organe der EU werden von dem seit 1979 direkt gewählten Europäischen Parlament kontrolliert.

Im Hinblick auf die EWG und besonders die Bundesrepublik, an der Frankreich seine Wirtschaftsleistung zu messen pflegt, leitete de Gaulle seit dem Beginn der V. Republik (1958) eine zielstrebige Modernisierung der französischen Wirtschaft ein (vgl. 3.5). Ein wirtschaftlich und militärisch starkes Frankreich und die ökonomisch zunehmend gewichtigere Bundesrepublik sollten den *Kern der europäischen Einigung* bilden. Darin waren sich de Gaulle und Adenauer erneut seit 1959 einig (Poidevin/Bariéty 1977, 333f.).

Die folgende Abbildung 75 hebt den Aspekt der Aussöhnung hervor. Sie spielt auf die Frankreichreise Adenauers an (2.–8. 7. 1962), die ebenso wie de Gaulles spätere Deutschlandreise (4.–9. 9. 1962) den Abschluß eines Vertrages zwischen beiden Staaten in der Bevölkerung vorbereiten sollte.

Die Karikatur bezieht sich auf den letzten Tag des Staatsbesuches, genauer: den Gottesdienst in der Kathedrale von Reims. Die Krönungskirche der französischen Könige war im Ersten Weltkrieg von deutschen Granaten getroffen worden und ausgebrannt. Erst 1938 wurde sie wieder geweiht. Sie eignete sich somit hervorragend als Symbol gemeinsamen Schicksals und höherer Verantwortung. Friedrich der Große, Napoleon und Bismarck blicken gebannt vom Himmel herab auf die beiden Staatsmänner, die feierlich das Ende der „Erbfeindschaft" vor der Kathedrale bekräftigen.

Der *deutsch-französische Vertrag* vom Januar 1963 wurde in der ihm vorangehenden gemeinsamen Erklärung der Regierungschefs u. a. begründet „in der Erkenntnis, daß die Verstärkung der Zusammenarbeit zwischen den beiden Ländern einen unerläßlichen Schritt auf dem Wege zu dem vereinigten Europa bedeutet, welches das Ziel beider Völker ist" (Vertrag 1963, 8). Die Formulierung verbarg jedoch unterschiedliche Orientierungen. De Gaulles Außenpolitik zielte auf ein Europa, das seine Unabhängigkeit von den Supermächten betonte. (Den ihm zugeschriebenen Ausdruck «Europe des patries» hat de Gaulle niemals verwendet.) Da sich die EWG als Ganzheit einer solchen Politik versagte, sollte sie nun von der engen bilateralen Beziehung aus vorangetrieben werden (Näheres s. Loth/Picht 1991). Der deutschen Außenpolitik der Zeit Adenauers ging es zwar um eine feierliche Aussöhnung und um eine „Initialzündung zur politischen Einheit Europas" (Loch 1963, 36).

Abb. 75
(Aus: Süddeutsche Zeitung 9. 7. 1962)

Doch sollten beide Ziele keineswegs den militärischen Schutz der USA vor der sowjetischen „Bedrohung" gefährden.

Der Vertrag bestimmt vor allem ein *System regelmäßiger Konsultationen*:

- die Staats- und Regierungschefs treffen sich mindestens zweimal jährlich,
- die Außenminister, die Verteidigungsminister, der französische Erziehungsminister und ein Beauftragter von deutscher Seite treten mindestens alle drei Monate zusammen,
- der Bundesminister für Familien- und Jugendfragen oder sein Vertreter und der französische Hohe Kommissar für Jugend und Sport konsultieren sich sogar alle zwei Monate.

Inhaltlich hat der Vertrag folgende *Hauptziele*:

1. Außenpolitik: „Die beiden Regierungen konsultieren sich vor jeder Entscheidung in allen wichtigen Fragen der Außenpolitik und in erster Linie in den Fragen von gemeinsamem Interesse, um so weit wie möglich zu einer gleichgerichteten Haltung zu gelangen"

(Vertrag 1963, 11). Die erstrebte Einigkeit und Gemeinsamkeit betreffen u. a. die EG, die Ost-West-Beziehungen, die internationalen Organisationen (z. B. die NATO) und die Entwicklungshilfe.

2. Verteidigungspolitik: „Auf dem Gebiet der Strategie und Taktik bemühen sich die zuständigen Stellen beider Länder, ihre Auffassungen einander anzunähern, um zu gemeinsamen Konzeptionen zu gelangen“ (ebd., 12). Bisher blieb diese Vertragsklausel tot; es erfolgte keine Annäherung der militärischen Doktrinen. Realisiert wurden nur zwei andere Vertragsziele: der Personalaustausch zwischen den Streitkräften und – teilweise – die Zusammenarbeit im Rüstungsbereich (s. 7.2.2).

3. Erziehungs- und Jugendfragen: Die wichtigsten Bestimmungen betreffen den Sprachunterricht und den Jugendaustausch (s. 7.2.3).

Unmittelbar nach der Unterzeichnung des Vertrages, der noch von den Parlamenten ratifiziert werden mußte, begannen heftige Diskussionen über seine außenpolitische und militärische Orientierung. De Gaulle hatte zuvor (am 14. 1. 1963) den EWG-Beitritt Großbritanniens blockiert, er sprach von einem „trojanischen Pferd“ der Amerikaner. Adenauer hatte – zufällig – am gleichen Tage den USA das deutsche Interesse am Angebot einer multilateralen atlantischen Atomstreitmacht (MLF) signalisiert, einem später gescheiterten Projekt. Und konnte dieser Vertrag nicht die Amerikaner zum Rückzug oder doch zu einer Verminderung ihrer Truppen bewegen? Bisher ist nicht bekannt, ob eine solche Drohung von *offizieller* amerikanischer Seite ausgesprochen wurde; künftige Historiker werden nach Freigabe allen Archivmaterials vielleicht diese Frage klären können. Die Ratifikation des Vertrages im Bundestag wurde jedenfalls nur durch die Einfügung einer *Präambel* durchsetzbar. Sie betonte die NATO-Mitgliedschaft der Bundesrepublik und die Partnerschaft zwischen „Europa“ und den USA, und sie forderte u. a. eine EG-Erweiterung besonders um Großbritannien und einen Abbau der EWG-Handelsschranken gegenüber Großbritannien und den USA (Vertrag 1963, 4f.). Diese atlantische, proamerikanische Akzentsetzung beraubte in de Gaulles Augen den Vertrag seiner Substanz (Couve de Murville 1988).

Die Folge war eine lange Krise in den bilateralen Beziehungen. In allen wichtigen Fragen bestanden Divergenzen. Frankreich

- kündigte die NATO-Befehlshoheit über seine militärischen Kräfte auf (1966),
- errichtete eine eigene nukleare *force de frappe* (schon 1959 hatte General

de Gaulle einer Gruppe hoher französischer Offiziere entsprechende Pläne unterbreitet, s. Weisenfeld 1986, 142),

- sperrte sich wiederholt gegen eine EG-Erweiterung, die erst 1971/73 unter de Gaulles „pragmatischerem“ Nachfolger Pompidou möglich wurde,
- bat die Bundesrepublik mehrmals vergeblich, ihren verschleierten Protektionismus gegenüber französischen Agrarprodukten wie Getreide, Zucker und Fleisch aufzugeben und deutlich gesenkten EWG-Getreidepreisen zuzustimmen (um hier ein Beispiel zu nennen): Frankreich selbst knüpfte nichtsdestoweniger – und nicht ohne Irritationen bei den Nachbarn auszulösen – in der Förderung und Vermarktung seiner modernen industriellen Produkte an die Tradition Colberts an (s. 3.7; Beispiele nach 1963 s. Jetter 1978, 86–90).

Zu den Divergenzen trugen und tragen die Unterschiede in den wirtschaftlichen Strukturen und Interessen beider Länder wesentlich bei. Die Bundesrepublik als industriell überlegenes Land wünschte einen ungehinderten Export ihrer Waren. Sie suchte daher die EG-Erweiterungen zu fördern und vertrat in der EG-Außenhandelspolitik einen liberalen, auf die Öffnung der Märkte bedachten Kurs. Frankreich, dessen Industrie erst seit de Gaulle grundlegend modernisiert wurde, hatte zu lange die traditionellen Branchen (Textilien, Stahl) gepflegt und zeigte Strukturschwächen bei den Investitionsgütern (z. B. Maschinenbau), die für eine Industriegesellschaft und ihre Exporte entscheidend sind (vgl. 3.2). Die Agrarerzeugnisse bildeten und bilden daher *einen* Schwerpunkt französischer Exporte – gerade auch in die Bundesrepublik und andere EG-Länder. Frankreich suchte somit seine Landwirtschaft und seine sich erst entfaltende moderne Industrie vor weiteren EG-Konkurrenten zu schützen und vertrat in der EG-Außenhandelspolitik aus den gleichen Gründen eine restriktivere Haltung als die Bundesrepublik (Menyesch/Uterwedde 1982b, 130–132). In diesem Zusammenhang wird nun verständlich, warum Exporterfolge der deutschen Landwirtschaft „auch in traditionellen französischen Domänen (Milchprodukte, Rindfleisch) im Nachbarland für erhebliche Aufregung gesorgt“ haben. Sie verstießen einfach gegen die wohlbekannte, bilateral ausgehandelte, aber natürlich nicht schriftlich kodifizierte Prämisse der EWG: „EWG-Agrarmarkt zum Nutzen der französischen Landwirtschaft, Gemeinsamer Markt für die deutsche Industrie“ (ebd., 123) . . .

Hinzu kam, daß sich durch die genannten und weitere Faktoren nach 1965 allmählich ein französisches Handelsbilanzdefizit gegenüber der Bundesrepublik herausbildete. Es wuchs immer mehr an. Selbst nach der wirtschaftspolitischen „Umkehr" der Linksregierung ist es beträchtlich geblieben (s. Tab. 29).

Zwar waren und blieben beide Staaten *privilegierte Handelspartner*. Erstmals 1987 hat Frankreich auch bei den Importen Deutschlands die hier seit 1973 wegen ihrer Gaslieferungen führenden Niederlande auf die zweite Stelle „verdrängt" (Müller 1988, 120). Aber die Tabelle zeigt deutlich, daß schon seit den fünfziger Jahren die Bundesrepublik für die französischen Ex- und Importe eine noch bedeutendere Rolle spielt als umgekehrt. Seit 1970 nahm der bundesrepublikanische Anteil an ihrem Gesamtvolumen zwar etwas ab, doch war dies vor allem wegen des hohen Preisniveaus deutscher Industriegüter praktisch unerheblich für den deutschen Überschuß bzw. das französische Defizit geblieben (vgl. Tab. 29). Erst die Wiedervereinigung brachte die Dinge in Bewegung (vgl. 7.3.1).

Um zu versuchen, die Quintessenz aus dem Gesagten zu ziehen: Frankreich will seine Agrarprodukte exportieren und, von einigen Spitzenindustrien (Flugzeugbau, TGV, Rüstungsbranche) abgesehen, entweder seine Industrie schützen *oder* aber sie *international wettbewerbsfähig* machen – so im Grunde seit de Gaulle und noch deutlicher seit dem sozialistischen Kurswandel 1982/83, was gelegentliche Rückfälle in den Protektionismus nicht ausschließt. Die Bundesrepublik möchte natürlich auch ihre Agrarprodukte verkaufen; in erster Linie aber geht es ihr um den Export ihrer Industrieprodukte. Es gibt also derzeit noch Unterschiede in den faktischen Schwerpunkten. Aber man muß diese Perspektive vom größeren Gesichtspunkt des Welthandels aus *relativieren* (vgl. Tab. 30).
Die Bundesrepublik stellt hinsichtlich ihrer *Exporte* 1993 – wie schon 1992 – die zweite Handelsmacht der Welt dar, nach den USA und vor Japan. Insofern trifft die seit etwa 1968 den französischen Journalisten und Politikern geläufige Formel vom «géant économique» zu. Aber Frankreich nimmt durch seine Anstrengungen seit Beginn der V. Republik und besonders seit dem Modernisierungskurs der Sozialisten (vgl. 3.8) eine beachtliche vierte Position noch vor Großbritannien ein. Daher ist auch Frankreich an einem offenen Weltmarkt *relativ* interessiert. Zum Beispiel hat Giscard d'Estaing als gegenüber seinen Vorgängern ohnehin liberalerer Präsident (s. 2.5) 1975 die Weltwirtschaftskonferenzen der sieben größten westlichen Industrieländer ins Leben gerufen, und Mitterrand hat bezeichnenderweise teils für, teils – verdeckter – gegen die

Tab. 29: Entwicklung des deutsch-französischen Handels 1950–1993

(CAF/FOB)	1950	1955	1960	1965	1970	1975	1980	1984	1987	1990	1993
Exportations françaises vers la RFA (Mrd.F)	0,8	1,8	4,7	9,6	20,5	36,9	75,4	119,4	142,7	196,8	203,1
Importations françaises en provenance de la RFA (Mrd.F)	0,7	1,5	4,9	9,4	23,4	43,6	92,2	147,4	186,6	238,7	201,1
Solde commercial vis-à-vis de la France (Mrd.F)	−0,1	−0,2	+0,2	−0,1	+2,9	+6,6	+16,8	+28,0	+43,9	+41,9	−2,0
Part de la RFA dans les:											
– importations françaises (%)	6,5	9,2	15,8	18,5	22,1	18,8	16,1	16,3	19,8	18,8	17,6
– exportations françaises (%)	7,8	10,2	13,7	19,3	20,6	16,5	16,0	14,7	16,6	17,2	17,3
Part de la France dans les:											
– importations allemandes (%)	6,1	5,9	9,4	11,1	12,7	12,0	10,7	10,6	11,8	11,8	11,2
– exportations allemandes (%)	7,3	5,7	8,8	10,9	12,4	11,7	13,3	12,6	12,1	13,0	11,7

(Aus: Lasserre 1986, 243; Müller 1988, 54*; Quid 1989, 1504; Quid 1992, 1674; Fischer Weltalmanach 1992, 923; Quid 1995, 1860; Fischer Weltalmanach 1995, 1034)

Tab. 30: Die acht führenden Welthandelsländer 1992/93

1993 (1992) Einfuhr in Mrd. $			1993	(1992)	1993 (1992) Ausfuhr in Mrd. $			1993	(1992)
1.	(1.)	USA	603,478	(554,023)	1.	(1.)	USA	464,767	(448,164)
2.	(2.)	BR Deutschland	360,400	(408,305)	2.	(2.)	BR Deutschland	380,800	(430,272)
3.	(4.)	Japan	240,284	(233,548)	3.	(3.)	Japan	360,515	(340,483)
4.	(5.)	Großbritannien	205,800	(221,658)	4.	(4.)	Frankreich	206,231	(231,948)
5.	(3.)	Frankreich	200,728	(238,911)	5.	(5.)	Großbritannien	185,200	(180,481)
6.	(6.)	Italien	145,000	(188,712)	6.	(6.)	Italien	162,800	(178,471)
7.	(7.)	Niederlande	136,000	(134,412)	7.	(8.)	Kanada	144,072	(134,223)
8.	(9.)	Hongkong	134,000	(123,401)	8.	(7.)	Niederlande	140,000	(139,967)

(Nach Angaben der UNO und des IWF; Werte für 1993 vorläufig, Einfuhr cif, Ausfuhr fob)

Öffnung nationaler und internationaler Handelsschranken plädiert. Das gilt auch für die Vorstellungen vom Europäischen Binnenmarkt ab 1993. Mitterrand warnt vor einem zu starken Eindringen der «extra-Européens» (vgl. 2.6), ebenso 1993 Balladur, Kohl dagegen vor der Entstehung neuer Handelsgrenzen:

„Wir wollen den europäischen Binnenmarkt – aber nicht als 'Festung Europa', sondern als einen Markt, der nicht nur den europäischen Ländern selbst neue Entwicklungsperspektiven eröffnet, sondern zugleich seinen Handelspartnern in Übersee interessante, zusätzliche Absatzmöglichkeiten bietet, auch und gerade den Ländern der Dritten Welt." (Badische Zeitung 6. 3. 1989, 9)

Aus der engen wirtschaftlichen Verflechtung und in den seit 1963 ständigen Konsultationen beider Länder ergaben sich auch Möglichkeiten gemeinsamen Handelns. Ein Beispiel dafür ist die bilaterale und später multilaterale Entwicklung der Airbus-Flugzeuge seit der zweiten Hälfte der sechziger Jahre. Besonders in der für die Zukunftstechnologie entscheidenden Mikroelektronik können die „westlich" orientierten Staaten Europas nur durch eine engere Koordination ihrer Privat- und Staatsunternehmen den amerikanischen und japanischen Vorsprung einzuholen versuchen. Das ist ihnen zwar bis heute nicht gelungen, gehört aber zu den Hauptzielen des 1985 begonnenen Eureka-Projekts, eines – offiziell – zivilen Gegenpols zum amerikanischen SDI-Projekt militärischer Weltraum-Technologieforschung des Westens. Die französischen Wünsche nach einer engeren deutsch-französischen Kooperation im Projekt einer zivilen Weltraumfähre («Hermès» als europäischer Alternative) scheiterten allerdings in Bonn (Priorität der Wiedervereinigungs-Folgekosten). Die Bundesrepublik und – nach den Schwierigkeiten mit «Hermès» – auch Frankreich haben sich an beiden Projekten beteiligt. Die Akzente waren allerdings unterschiedlich: Die französische Politik bevorzugte Eureka, stellte den einzelnen Unternehmen aber eine SDI-Teilnahme frei. Die bundesdeutsche Seite beteiligte sich an Eureka (eher aus europäischer Solidarität?) und zeigte ein stärkeres Interesse am SDI-Projekt. Mittlerweile hat jedoch auch die bundesdeutsche Forschung im Rahmen von Eureka-Projekten stark zugenommen (Details s. Das Parlament, 10. 3. 1995, 10), während die SDI-Forschung wegen inneramerikanischer Wirtschaftsschwierigkeiten erlahmt ist. Insgesamt läßt sich sagen: Weniger eine bilaterale als vielmehr eine *multilaterale*, „europäische" wie „atlantische" Zusammenarbeit zeichnet sich ab – freilich mit einer besonders engen Koordination und Interessenabstimmung zwischen den beiden Nachbarländern.

Die problemreiche Phase der „Aussöhnung" zwischen ihnen ist nach dem äußeren Anschein längst abgeschlossen. *Andere Probleme*, auf die zuvor hingewiesen wurde, sind an ihre Stelle getreten: Spannungen im Nuklearzeitalter, EU-Agrarmarkt, Technologievorsprung der USA und Japans. Und es wächst die strukturelle Arbeitslosigkeit, die sich mit einzelstaatlichen Maßnahmen kaum eindämmen läßt (Rovan 1986, 187). Hinzu kommen neue, globale Probleme, die beide Länder betreffen: das Nord-Süd-Gefälle und der Schutz der Wälder, Böden, Gewässer – und Menschen . . . Von einer wirklich koordinierten Entwicklungs- wie auch Umweltpolitik beider Staaten kann leider keine Rede sein; noch immer mangelt es am europäischen Konsens. Verdrängt man in den nationalen und regionalen Entscheidungsinstanzen beider Länder die *neuen Probleme,* sucht man sie in den Manageretagen so mancher Großunternehmen zu verharmlosen und zu vertuschen (womöglich mit stillschweigender Duldung staatlicher, durch das Schlagwort „Arbeitsplatzerhaltung" leicht erpreßbarer Organe und mit deren „Verständnis" für die Zwänge der Konkurrenz und der Selbstprofilierung durch höhere Profitraten und Dividenden)? Neigt man – und zwar in besonders krasser Weise in der Umweltpolitik französischer Regierungsstellen, Unternehmerverbände und Gewerkschaften – zur Verdrängung der neuen Probleme, nur weil die Lösung der alten Probleme bereits so viele Kräfte kostet?

Zu ihnen gehören auch die französischen Befürchtungen gegenüber der Bundesrepublik, die von bleibenden Erinnerungen an die *Geschichte* genährt sind. Ein Bonmot erhellt die Gründe für das weitaus stärkere und weitaus mehr „Szenen" aus den verschiedensten Epochen seit den « Gaulois » umfassenden *Geschichtsbewußtsein Frankreichs*: « La France est sur le continent le seul pays qui ait évolué précocement et naturellement vers l'unité nationale, évolution renforcée par la Révolution française. Dans les autres pays on pourrait dire que la nation est créée par le ministère de l'éducation nationale, qui construit un passé historique et une langue nationale» (Werner 1985, 323; Näheres in 1.1.2 und 1.2).

Der Kontinuität des französischen Geschichtsbewußtseins von «Vercingétorix» bis zu «de Gaulle» und zur Gegenwart (s. Kimmel/Poujol 1982, Verheyen 1992, 42f.) steht in der *Bundesrepublik* ein oft beklagter *„Verlust der Geschichte“* gegenüber. Keineswegs zu Unrecht warnte seinerzeit Bundespräsident Scheel die Historiker, die Kultusministerien und darüber hinaus alle Staatsbürger wie alle Entscheidungsträger des öffentlichen Lebens davor, daß die Deutschen ein „geschichtsloses Volk“ werden könnten (FAZ 23. 9. 1976, 1).

Wegen des Geschichtsbewußtseins jenseits des Rheins, das die Einstellungen, Entscheidungen und Verhaltensweisen stärker prägt, als dies in der Bundesrepublik denkbar wäre, wirken die französischen Befürchtungen gegenüber der Bundesrepublik *gewichtiger.* Und betrachtet man ihre Folgen für das deutsch-französische Verhältnis, so *sind* sie gewichtiger als gelegentliche deutsche Irritationen, die sich stets an den „Bevormundungsversuchen“ oder am „Egoismus“ Frankreichs entzündet haben. (Insofern mögen auch sie, allerdings in *verborgener* Weise, auf eine lange Tradition seit etwa den Reaktionen auf die Reunionspolitik Ludwigs XIV. bzw. seit der „preußischen“ Geschichtsschreibung des 19. Jahrhunderts zurückgehen.)

Betrachtet man die Ergebnisse zahlreicher Meinungsbefragungen in beiden Ländern, so hat mittlerweile längst eine „Aussöhnung“ stattgefunden (s. z. B. Koch-Hillebrecht 1977, 56–64 und 257–259; Der Spiegel 21. 11. 1977; Tiemann 1981; 1982; Weisenfeld 1986, 147–149). Doch dies betrifft die Oberfläche. In der Tiefe bleiben die un- oder halbbewußten Gegensätze erhalten, brodeln die latenten Rivalitäten – und zwar, wie es scheint, weitaus deutlicher in Frankreich als in der Bundesrepublik. Das hat Ménudier 1981 am Deutschlandbild in den französischen Medien dargestellt. Vier Beispiele: 1954, beim mehrheitlichen französischen Veto gegen die EVG, fürchtete man u. a. ein Wiederaufleben des deutschen Militarismus (Ziebura 1970, 74f.). Um 1973 erregte die Ostpolitik der Regierung Brandt die doppelte Angst des 1940 besiegten Landes vor einem – zu starken – wiedervereinigten Deutschland und vor dem Verlust der Pufferzone zum Ostblock (vgl. Wilkens 1990); der „Neutralismus“ würde nicht nur die Bundesrepublik, sondern auch Frankreich gefährden:

«A Paris, on craint, comme l'indique Pompidou dans sa conférence de presse du 27 septembre 1973, que l'*Ostpolitik* ne détourne la République fédérale de l'Europe et ne permette une réunification au prix d'une neutralisation.» (Poidevin/Beriéty 1977, 338)

Die Situation weckte Erinnerungen an das sowjetische Angebot einer Wiedervereinigung um den Preis militärischer Neutralität (in der Stalin-Note vom 10. 3. 1952) und an die deutsch-russische Annäherung im Vertrag von Rapallo (1922). Möglicherweise sogar an die antinapoleonische preußisch-russische Allianz von Tauroggen (1812) oder gar den Hitler-Stalin-Pakt von 1939? . . . (Vgl. hierzu Weisenfeld 1986, 56–69, 113–121.) – 1977 ließen der Terrorismus und vor allem die Art und Weise der Terroristenbekämpfung in der Bundesrepublik alte Assoziationen der Brutalität, des Militarismus und des „preußischen" Polizeistaats wieder aufleben. Jean Genets Le-Monde-Artikel (2. 9. 1977, 1f.) schlug hohe Wellen, ebenso wie die französische Kampagne gegen die Berufsverbote. Der (damaligen) nationalen Institution Le Monde, in der nach Genet auch Persönlichkeiten wie A. Grosser und P. de Boisdeffre zu Wort kamen, mußte der Spiegel als bundesdeutsche nationale Institution mit den bekannten und oben genannten „gründlichen" Recherchen antworten . . . (Apropos Spiegel: Diese sehr bekannt gewordene Publikation bildet eine Ausnahme. Die Spiegel-Redaktion muß sich sagen lassen, daß sie zuvor die deutsch-französische Aussöhnung jahrelang – gelinde ausgedrückt – recht wenig gefördert hat. Geht dies nur auf einen hamburgisch-hanseatischen Blickwinkel zurück – oder berücksichtigte man mit dem früheren Kurs die Interessen bestimmter Anzeigenkunden angelsächsischer Provenienz bzw. „atlantischer" Orientierung?) – Zwischen 1981 und 1985 erweckten die Demonstrationen der bundesdeutschen Friedensbewegung gegen die Stationierung amerikanischer Atomraketen, der Aufstieg der Grünen, die gespaltene Haltung der SPD wiederum Ängste vor einem neutralistisch-pazifistisch gesonnenen Nachbarland (vgl. J. Julliard: Faut-il avoir peur des Allemands?, Le Nouvel Observateur 10. 2. 1984, 37–39, v. Uthmann 1984, Alix/Baier/Jouhy 1985, Rovan 1986, 157–161 und die in 7.1.2 unter „München 1938" genannte Lit.).

Das mehrfache Pendeln zwischen den Polen „Militarismus" und „Neutralismus" beweist die tiefsitzende Virtualität, die jederzeitige Aktualisierbarkeit historischer Erfahrungen wie auch Klischees in der öffentlichen Meinung Frankreichs. Die beiden gegenläufigen Tendenzen lassen sich, allem Anschein zum Trotz, auf einen Nenner bringen. Er lautet: Die Bundesrepublik ist kein verläßlicher Partner. Hinzu kommt stets, unausgesprochen, der Blick auf den «géant économique». Kann also der *traditionelle Nationalstaat* mit einem *derart „potenten"* und zugleich, wie es *scheint, derart „labilen" Staat* vertrauensvoll zusammenarbeiten? Die periodisch wiederkehrenden französischen Ängste als „Meinungsmache der Medien" abzutun hilft nicht weiter. Sie liegen tiefer: in der Geschichte, im historischen Bewußtsein des Nachbarvolkes. Die Geschichte aber läßt sich nicht einfach auslöschen. Nur ihr geduldiges gemeinsames Aufarbeiten und eine jede zusammen erreichte Lösung von Gegenwartsproblemen könnte die Partner einander näherbringen. Hier nun handelt es sich um die Länder, nicht um Personen. Darum sollte ein gründlicheres Verfahren nicht nur „Paris" und „Bonn" (Manfrass 1984), sondern mehr als bisher auch die regionalen und lokalen Ebenen einbeziehen.

Bei den Regionen gibt es hierfür gute Ansätze: Rheinland-Pfalz und Burgund, Niedersachsen und die Haute Normandie, Schleswig-Holstein und die Pays de la Loire, Nordrhein-Westfalen und Nord – Pas-de-Calais, Baden-Württemberg und Rhône-Alpes (erweitert am 9. 9. 1988 um die Lombardei und Katalonien) arbeiten in verschiedenen Bereichen zusammen, so wie schon seit langem das Saarland, Lothringen und Luxemburg als eng benachbarte Wirtschaftsräume (zum „Saar-Lor-Lux-Raum" s. Jörg 1989), die zu einer europäischen Modellregion werden wollen. Drei neue Bundesländer haben bereits Partner gefunden: Mecklenburg-Vorpommern die Basse Normandie, Sachsen-Anhalt die Auvergne und Thüringen die Picardie. Mit dem Europäischen Binnenmarkt steigert sich, trotz der Kompetenzunterschiede zwischen Bundesländern und *régions* (s. 1.2 u. 1.3), die Zahl, die Intensität und damit auch die Breitenwirkung dieser Kontakte. Weitere Hinweise s. Düwell 1991, 404.

Die deutsch-französischen Städtepartnerschaften *(jumelages)* haben sich von 1000 (1981) auf etwa 1500 (1995) erhöht. Die *Hälfte* aller Städtepartnerschaften in Europa besteht zwischen der Bundesrepublik und Frankreich (Ménudier 1988, 18). Das unterstreicht die besonders enge Verflechtung zwischen beiden Ländern.

Eine bleibende Divergenz zeigt sich in den wirtschaftlichen Prioritäten. Frankreich wünscht z. B. eine Beendigung des DM-Vorsprungs vor dem französischen Franc einfach dadurch, daß der Ecu (European currency unit, homonym mit frz. *écu* 'Taler', eine monetäre Umrechnungs- und Planungseinheit) zu einer wirklichen europäischen Einheitswährung wird. Daher wurde auf französischen Druck hin im Januar 1988 zum 25. Jahrestag des Elysee-Vertrages ein deutsch-französischer Wirtschafts- und Finanzrat gebildet und in einem völkerrechtlich gültigen Protokoll zu diesem Vertrag verankert (Text s. Schwarz 1988, 42f.). Bald darauf hat es die Deutsche Bundesbank jedoch abgelehnt, den „Empfehlungen" des Wirtschafts- und Finanzrates Folge zu leisten, da dieser nur ein Konsultativorgan sei.

Eine detaillierte Untersuchung der wirtschaftlichen und gesellschaftlichen Strukturunterschiede, aber auch Gemeinsamkeiten bietet Kaelble 1991, 149–245.

7.2.2 Militärische Beziehungen

Sind Frankreich und die Bundesrepublik auch im militärischen Bereich ungleiche Partner? Stehen sie dennoch vor gleichen Problemen? Die erste Frage ließ sich früher relativ leicht beantworten. Zitiert sei hierzu Helga Wex, die verstorbene Koordinatorin für die deutsch-französische Zusammenarbeit (T. 27).

T. 27:
Sicherlich ist der Zuschnitt beider Staaten – Deutschland und Frankreich – nur begrenzt vergleichbar. Frankreich ist strategische Kernwaffenmacht, Gründungsmitglied der Vereinten Nationen und somit Vetomacht im Sicherheitsrat und Schutzmacht in Berlin. Seine militärische Präsenz auch außerhalb Europas zeugt von seinen Interessen als Weltmacht, die allerdings nur beschränkt mit den USA und der UdSSR zu vergleichen ist. Deutschland ist keine Weltmacht, will es und kann es auch nicht sein. Deutschland ist geteilt, und die Bundesrepublik Deutschland ist eine europäische Mittelmacht, jedoch aufgrund ihrer Wirtschaftskraft mit weltweiten Interessen.(Wex 1985, 6)

Hinzu kommen weitere Faktoren. Mit ihrem 1954 vereinbarten Beitritt zur NATO sowie zur Westeuropäischen Union (WEU, frz. UEO) hat die Bundesrepublik auf atomare, biologische und chemische Waffen verzichtet. Sie war einverstanden mit der Kontrolle der ihr auferlegten Rüstungsbeschränkungen durch die WEU und mit der fortdauernden Stationierung von Truppen der USA, Großbritanniens, Frankreichs und Kanadas auf deutschem Boden. Ihre Streitkräfte wurden dem NATO-Oberbefehlshaber unterstellt. Dieser Modus des NATO-Beitritts berücksichtigte nach dem Scheitern der EVG die französischen Sicherheitswünsche. – Frankreich hingegen schied 1966 aus der NATO-Befehlshoheit aus. Doch ist zu betonen, daß es niemals die NATO verlassen hat: Seine Streitkräfte sind in sämtlichen Stäben dieser Organisation vertreten und nehmen an allen ihren Übungen teil.

Unter diesen Voraussetzungen konnte keine Annäherung der militärischen Doktrinen erfolgen, wie sie der Vertrag von 1963 vorgesehen hatte. Doch hat die *Rüstungskooperation* bedeutend zugenommen. Sie steht in der Tat vor den gleichen Problemen:

- Verringerung der Abhängigkeit von den USA und Stärkung der eigenen Leistungskraft auch um den Preis des Verzichts auf „billigere“ Waffenimporte,

- Kapazitätsauslastung der dadurch höhergeschraubten Rüstungsindustrie beider Länder, jedoch auch
- Konkurrenz- und Finanzierungsprobleme der Zusammenarbeit; an ihnen sind bereits diverse bi- und multilaterale Kampfpanzer- und Flugzeugprojekte gescheitert.

Frankreichs Abschreckungsdoktrin gründet – i. U. zur dominant konventionellen, nur punktuell-begrenzt „atomaren" NATO-Doktrin – auf den beiden gleichberechtigten Komponenten seiner *force de frappe*: den taktischen und den meist seegestützten strategischen Atomwaffen. Die zum patriotischen Konsenssymbol erhobene *force de frappe* und das Credo der *dissuasion nucléaire* beziehen sich ausschließlich auf das eigene Land. Frankreich übernimmt mithin – dies wurde 1984 und nochmals 1986 deutlich bekräftigt – keine formale Garantie für das Territorium der Bundesrepublik. Es kann und will folglich auch keine deutsche Finanzhilfe für seine teure Nuklearrüstung erwarten; bisher wurden entsprechende private Denkmodelle französischer Politiker und Militärs stets offiziell zurückgewiesen . . . Sie würden zudem notwendigerweise gewisse Mitspracherechte der deutschen Seite implizieren . . . Beide Länder haben sich als europäische Kulturmächte für den Rüstungsabbau eingesetzt, z. B. im Juni 1986 im energischen Protest gegen Reagans Versuch einer Aufkündigung des SALT-II-Vertrages.

Der Rüstungsabbau, der nach langwierigen Verhandlungen schließlich mit dem sowjetisch-amerikanischen INF-Vertrag vom 8. 12. 1987 und dem folgenden Abzug der landgestützten Mittelstreckenraketen beider Seiten aus Europa (und ihrer weltweiten Beseitigung) eingeleitet wurde, löste in Bonn und Paris allerdings gewisse Befürchtungen aus: Konnte nicht ein „Vakuum" angesichts der Überlegenheit des Warschauer Pakts bei den konventionellen Streitkräften entstehen? Auf diesem Hintergrund verstärkte sich seit 1987 die militärische Zusammenarbeit Frankreichs mit der Bundesrepublik im konventionellen Bereich. Drei spektakuläre Ereignisse fanden teils im Vorfeld, teils im Anschluß an den INF-Vertrag statt:

- das im September 1987 abgehaltene Manöver „Kecker Spatz", die bisher größte bilaterale Gefechtsübung, die etwa 20000 französische Soldaten mehrheitlich aus den Reihen der neuen FAR und etwa 55000 deutsche Soldaten zusammenführte (s. Dokumente 44, 290f.),
- die Gründung eines bilateralen Rates für Sicherheit und Verteidigung im Januar 1988, gleichzeitig mit der Errichtung des Wirtschafts- und Finanzrates (s. 7.2.1; Protokolltext: in Schwarz 1988, 41f.),
- die Bildung einer deutsch-französischen Brigade, offiziell am 21. 11. 1988; sie umfaßte ab Oktober 1990 4200, 1994 5000 Soldaten.

Diese verstärkte Militärkooperation wurde sehr unterschiedlich gedeutet (s. einerseits z. B. Kaiser/Lellouche 1988 sowie Schwarz 1988, Ménudier 1988, 14–16, andererseits z. B. Ruf 1988). Übersehen wurde in der Bundesrepublik allerdings oft, daß Frankreich für die Ausdehnung seines Militärschutzes einen Preis forderte: nämlich ein wirtschaftliches Einlenken der Bundesrepublik zur Stützung des Franc-Kurses, mit dem noch fernen Ziel einer gemeinsamen europäischen Währung (s. hierzu 7.3.1).

Was schließlich – aus der Perspektive von 1988/89 – den Dissens über die Ostpolitik bzw. die französischen Ängste vor einer «dérive allemande» (durch Wiedervereinigungs- und Neutralisierungstendenzen) angeht, so lassen sich drei tieferliegende Gründe dieser Phänomene nennen:

1. Gerade wegen des Ausscheidens Frankreichs aus der NATO-Befehlshoheit benötigt Frankreich einen fest in der NATO integrierten Partner als eine Art Brücke oder Scharnier und ist insofern geradezu übersensibel gegenüber ostpolitischen Aktivitäten wie auch antiamerikanischen Demonstrationen im Nachbarland. So wurde ab 1966 die sicherheitspolitische Zusammenarbeit zwischen beiden Ländern „in erster Linie eine Art bilaterales Krisenmanagement, um die durch den französischen Kurs der militärischen und nuklearen Unabhängkeit entstandene Kluft zwischen eben dieser Unabhängigkeit einerseits und militärischer NATO-Integration andererseits zu überbrücken" (Kolboom 1986, 22).

2. Die Westbindung der Bundesrepublik lag auch geostrategisch im Interesse Frankreichs: Sie bildete ja sein „Vorfeld" gegenüber dem sowjetisch beherrschten Machtblock, da es zum ersten Mal in seiner Geschichte im „zweiten Glied", in der „rückwärtigen Linie" der Verteidiger stand (gemäß der Auffassung, die *eine* Seite würde sich verteidigen, die *andere* angreifen . . .).

3. „Das deutsch-französische Verhältnis hat seit den frühen fünfziger Jahren ein inneres Gleichgewicht, das auf der Teilung Deutschlands, der Westintegration der Bundesrepublik und der *prépondérance légitime* der Sieger- und Schutzmacht Frankreich beruht. Was dieses Gleichgewicht aus französischer Sicht in Gefahr bringen könnte, gefährdet die seit Jahrzehnten funktionierende Zusammenarbeit und damit die europäische Führungsrolle Frankreichs. Daher war die Ostpolitik immer ein Bereich in der deutsch-französischen Zusammenarbeit, der größter Behutsamkeit bedurfte" (Kolboom 1986a, 151).

Die hier beschriebenen eigenen Bindungs-, Sicherheits- und Machtinteressen Frankreichs – genauer: der *classe politique* von den Sozialisten bis zu den Neogaullisten – führten also zu einem lebhaften Wunsch nach dem Fortbestand des Status quo: ein geteiltes Deutschland, eine westintegrierte Bundesrepublik, eine militärische Vormachtstellung Frankreichs – es waren dies die drei *essentials* des Verhältnisses zwischen beiden Ländern aus französischer Sicht. Um so verständlicher wird dadurch die Schockwirkung der Wiedervereinigung (s. 7.3).

7.2.3 Kulturelle Beziehungen

Einleitend sei auf das Themenheft der Zeitschrift *Dokumente* 42, Okt. 1986 und ein kritisches Dossier in der *Frankfurter Rundschau* vom 28. 10.

1986 verwiesen. Beide beleuchten die Entwicklungen, Mängel und Fortschritte in den kulturellen Beziehungen im Hinblick auf den deutsch-französischen Kulturgipfel vom 27./28. 10. 1986. Weitere Orientierungen gibt Ménudier 1988, 14–18 und 22. Eine umfangreiche *Bibliographie* bieten Manac'h/Menyesch/Schild 1993. Alle wichtigen Kontaktadressen für Studienaufenthalte in Frankreich, den deutsch-französischen Kultur- und Jugendaustausch und die Information und Dokumentation nennen Düwell/Pépin 1985ff. Verwiesen sei auch auf zwei *jährlich aktualisierte*, kostenlose *Informationshefte*: *Begegnung und Austausch mit Franzosen* (Deutsch-Französisches Jugendwerk, Rhöndorfer Str. 23, 53604 Bad Honnef) und *Studium in Frankreich* (Deutscher Akademischer Austauschdienst, Kennedyallee 50, 53175 Bonn-Bad Godesberg). Die *bilateralen Institutionen* werden knapp dargestellt in der Broschüre *Wege zur Freundschaft* des Auswärtigen Amtes, Referat für Öffentlichkeitsarbeit, Bonn 1994.

Orientierungen zu den *Problemen des Fremdsprachenunterrichts* in beiden Ländern gibt das Themenheft September 1994 der Zeitschrift *französisch heute*. – Zu den *Frankreich- und Deutschlandbildern* (Heterostereotypen) bei den Schülern s. Tiemann 1981 und 1982, in den Schulbüchern s. Krauskopf 1985 und Schneilin 1992, in den Karikaturen s. Ronge/Deligne 1987 und Dietrich/Fekl 1988. – Zur *Übersetzung und Rezeption deutscher Literatur in Frankreich ab 1945* s. Knoblauch-Foulquier 1981, 1983 und 1986 sowie Schonauer 1965, Hammer 1983, Morita-Clément 1985 und Neuschäfer 1989, 48–52; stellvertretend für mehrere Analysen der Heidegger-Debatte um 1987 sei Baier 1988, 103–124 genannt. – Zur *Übersetzung und Rezeption französischer Literatur in der Bundesrepublik ab 1945* s. Kohut 1983, Nies 1983, Kohut 1982–84, bes. Bd. 2, Kortländer/Nies 1986, Jurt/Ebel/Erzgräber 1989 und Neuschäfer 1989, 52–55. Zur *Rezeption französischer Philosophie ab 1945* s. Gebauer 1989 und Christadler 1990.

Aus Gründen des Seitenumfangs werden im folgenden nur die kulturbezogenen Daten von Zeittafel 3 erläutert.

Das *« Bureau international de liaison et de documentation »* (B.I.L.D.) des Jesuitenpaters Jean de Rivau und die bald davon organisatorisch getrennte Kölner „Gesellschaft für übernationale Zusammenarbeit" – beide noch heute sehr aktiv – seien exemplarisch für all jene Gruppen genannt, die nach dem Zweiten Weltkrieg durch selbstorganisierte Kontakte, Tagungen und Ausstellungen eine Grundlage zur Aussöhnung zwischen beiden Völkern geschaffen haben. *Deutsch-Französische Gesellschaften* und Städtepartnerschaften – zuerst 1949 zwischen Montbéliard und Ludwigsburg – setzten den Annäherungsprozeß fort. Sein wohl wichtigstes Ergebnis und zugleich ein unbestreitbarer Erfolg des Deutsch-Französischen Vertrags im kulturellen Bereich war die Gründung des *Deutsch-Französischen Jugendwerks*, dessen Jahresbudgets von beiden Ländern zu gleichen Teilen getragen werden. Von 1963 bis 1989 haben über 4 Millionen junge Deutsche und Franzosen an mehr als 130000 vom DFJW geförderten Veranstaltungen teilgenommen: beispielsweise an Gruppenbegegnungen, Arbeits- und Studienaufenthalten oder Seminaren. Die Verständigung unter den neuen Generationen beider Völker – nicht allein Schülern und Studenten, sondern in wachsendem Maße seit Ende der sechziger Jahre auch berufstätigen Jugendlichen – hat dadurch zahlreiche Impulse und Hilfen erfahren. – Weniger positiv wirkt die Bilanz für den kulturellen Teil des Vertrages im Hinblick auf den *Fremdsprachenunterricht in beiden Partnerländern.* Zwar ist die absolute Zahl der Schüler, welche die Partnersprache erlernen, in der Bundesrepublik seit 1963 bis zum Schuljahr 1981/82 um das Dreifache, in Frankreich bei einer prozentual höheren Ausgangsrate um das Doppelte gestiegen. Doch korreliert dieser Anstieg mit dem Wachstum der Schülerzahlen im gleichen Zeitraum. Vor allem aber schloß das *Hamburger Abkommen* der deutschen Länderregierungen das Französische als erste Fremdsprache aus. Es wurde in einer Zeit getroffen, als sich das Klima der bilateralen Beziehungen drastisch verschlechtert hatte (s. 7.2.1). Auch die Vereinheitlichung des Bildungswesens spielte dabei eine Rolle. Das Hamburger Abkommen wurde erst *1971 revidiert*; allem Anschein nach gehörte dies zu den Konzessionen an den damaligen Regierungschef Pompidou. Doch sind die Ergebnisse dieser Revision insgesamt als mager zu bezeichnen. Hemmend wirkt sich auf die F1-Klassen vor allem die Forderung nach hohen Mindestteilnehmerzahlen und die Verminderung der Unterrichtsstunden aus. Das günstigere Erscheinungsbild für das Deutsche als erste Fremdsprache in Frankreich (z. B. 13,0% der staatlichen, 7,2% der privaten Sekundarschüler, unter 5% der deutschen Schüler in F1-Zügen, Zahlen von 1993/94) erklärt sich zu einem wesentlichen Teil aus dem Faktor Elsaß-Lothringen sowie aus dem „Selektionscharakter" des Deutschen, nachdem der Lateinunterricht stark reduziert wurde. Zudem hat in Frankreich längst das Spanische als zweite und dritte Fremdsprache das Deutsche überflügelt. Vor allem aber leidet der Unterricht der Partnersprache in beiden Ländern unter einer mittlerweile geradezu *erdrückenden Vormachtstellung des Englischen.* Zu fragen bleibt, ob die *nach* der Revision des Hamburger Abkommens entstandenen *deutsch-französischen Gymnasien* – zuerst 1972 in Saarbrücken und 1975 in Freiburg, später 1981 in Buc bei Versailles – sowie die bilingualen Züge an 51 deutschen Schulen und über 100 lycées und z. B. der Französischunterricht an grenznahen Grundschulen Baden-Württembergs seit 1984 nicht eine bloße Alibifunktion erfüllen, so begrüßenswert sie auch sein mögen.

Auch das Frankfurter Gipfeltreffen im Oktober 1986 – der sog. „Kulturgipfel" – hat eine breitere Erlernung der Partnersprachen und eine wechselseitige Vertiefung der Kenntnisse über das Partnerland kaum anzuregen vermocht. Die hohe Bedeutung dieser Ziele hat man jedoch rednerisch hervorgehoben. Um die Zusammenarbeit und das gegenseitige Verständnis zu fördern, wurden zwei Gremien gegründet, deren Status jedoch im Unterschied zum Wirtschafts- und zum Verteidigungsrat nicht durch Protokolle zum Elysee-Vertrag „aufgewertet" worden ist. Ein bilaterales *Hochschulkolleg* – mit Sitzen in Mainz und Straßburg – unterstützt seit dem Januar 1988 die Ausdehnung der gemeinsamen Studienprogramme und die „integrierten Studiengänge" (mit anschließender Doppelqualifikation für beide Staaten). Der bereits lang geplante *deutsch-französische Kulturrat* hat sich erst zwei Jahre nach dem Kulturgipfel im Dezember 1988 konstituieren können. Er regt u. a. gemeinsame Kunstausstellungen, gezielte Literaturübersetzungen sowie Koproduktionen im Film- und Fernsehbereich an.

7.3 Die Beziehungen ab 1989: neue Grundlagen

Zeittafel 4: Deutsch-französische Beziehungen ab 1989

1989 Fall der Mauer (9. 11.). Dissens über Weg und Tempo der dt. Einigung (ab Dez.).

1990 Vereinbarung über frz. Truppenabzug aus Deutschland und dt.-frz. Kulturkanal (17./18. 9.). Zwei-plus-Vier-Gespräche. Souveränitätserklärung der 4 Siegermächte (1. 10.) und Beitritt der neuen Länder zur Bundesrepublik/ deutsche Einheit (3. 10.).

1991 Maastricher Vertrag zur Gründung der Europäischen Union (Dez.).

1992 Vereinbarter Sendestart des dt.-frz. Kulturkanals ARTE (30. 5.).

1994 Erste Großübung „Pegasus" des Eurokorps (6.–17. 11.)

Mit der deutschen Einigung begann eine neue Phase der deutsch-französischen Beziehungen. Sowohl im Verhältnis zwischen den jeweiligen ökonomischen und politischen Gewichten als auch in der bisherigen „Kompensation" deutscher Wirtschaftsmacht durch Frankreichs Status als Nuklear- und Militärmacht veränderten sich die Grundlagen.

Die Wandlungen im erstgenannten Verhältnis hat Meyer-Kalkus (1990, 148) ohne Rücksicht auf die üblichen diplomatischen Verklausulierungen ausgesprochen: „Wurde die wirtschaftliche Führungsrolle der Bundesrepublik in Europa bislang durch die politische Führungsrolle Frankreichs ausgeglichen (so zumindest das Selbstverständnis in Paris), so ist dieses Gleichgewicht nicht länger gegeben." Das geeinte Deutschland hat merklich an politischer Bedeutung gewonnen. Schon spekulieren amerikanische Experten darüber, ob Deutschland nicht die USA in der kostenintensiven Rolle als Ordnungsmacht diesseits des Atlantiks ablösen könne. Die gewandelten Gewichte zeigten sich bisher am deutlichsten am Vorpreschen Bonns bei der Anerkennung Kroatiens und Sloweniens. Die übrigen EG-Staaten zogen nach (z. T. anfangs widerwillig, wie Frankreich). Libération (15. 1. 1992, 22) nannte die Dinge beim Namen: « En reconnaissant la Croatie et la Slovénie, l'Allemagne a tourné une page de sa politique extérieure, jusque-lá embryonnaire. Une attitude, très discutée, qui a ravivié des craintes. »

Einen anderen bisherigen Ausgleich deutscher Wirtschaftskraft, nämlich den durch die französische Militärmacht, hatte Dominique Moïsi, ein Experte vom *Institut Français des Relations Internationales*, auf die eingängige Formel vom « équilibre de la bombe et du mark » gebracht. Besprochen ist sie bei Kramer (1991, 916). Auch dieses „Gleichgewicht" ist nun fragwürdig geworden. In aller Kürze: Der Zusammenbruch des Ostblocks läßt inzwischen selbst viele Franzosen am Sinn der teuren *force de frappe* zweifeln. Schon sind auch die Militärausgaben etwas zurückgegangen. Gewiß kann man die starke Verankerung des Militärischen in der politischen Kultur Frankreichs historisch gut verstehen, die Hinweise auf bleibende « incertitudes » nach dem Golfkrieg und infolge der Ostblockauflösung zur Kenntnis nehmen, sich zudem die zahlreichen Verflechtungen militärischer und ziviler Aktivitäten bis zu den DOM-TOM hin (s. Exkurs in Kap. 1) vor Augen führen. Becker (1991) hat all diese Unterschiede zur Bundesrepublik dargestellt. Seine Schlußfolgerung lautet eindeutig, daß von französischer Seite keine wirklichen Abrüstungsschritte zu erwarten sind. Die Wiederaufnahme der Atomversuche in Polynesien (1995) weist in die gleiche Richtung. – Die Aufrechterhaltung eines gewissen Rüstungsniveaus kommt Frankreich jedoch teuer zu stehen. Sie fördert eher noch die deutsche „Wirtschaftshegemonie". Sie verstärkt das Ungleichgewicht in einer Zeit, in der sich nicht mehr in Europa zwei

Abb. 76: Karikatur zum EG-Gipfeltreffen im April 1990. (Aus: Plantu 1990, 77)

Blöcke messen und niemand mehr die Gefahr kommunistischer Bedrohungen an die Wand malen kann. Die Bundesrepublik wirkt daher „besser für die Zukunft gerüstet als ihr westlicher Nachbar und engster Verbündeter" (Becker 1991, 223).

Die Sorge vor einer Vormachtstellung des geeinten Deutschlands besteht deshalb noch immer. Plantus Karikatur zum EG-Gipfel in Dublin (28. 4. 1990) mit den beiden Deutschlands und dem „verbündeten" Gorbatschow auf den Schultern des riesigen Kanzlers zeigt sie ausdrucksvoll (s. Abb. 76). Für einige Jahre mag diese Sorge angesichts der schwierigen, kostenaufwendigen und langwierigen Umstellung und Angleichung der Lebensverhältnisse in den neuen Bundesländern erst einmal beschwichtigt sein. Sie wird sich *nach* dieser Angleichung um so entschiedener äußern. Denn die Macht in der Mitte des Kontinents hat eine Eigendynamik, die *alle* Nachbarn fürchten – nicht nur Frankreich als zweitstärkste EU-Wirtschaftsmacht (s. Abb. 77). In diesem Kontext muß man auch den veritablen „Run" der neutralen und der bisher „östlichen" Staaten auf die EU sowie die NATO sehen (s. Abb. 82). Er privilegiert automatisch das Land im Zentrum Europas. Das zeigt sich bereits an der Ausbreitung des Deutschen in Mittel- und Osteuropa. Sie erleichtert die Kontakte, vereinfacht die Verwirklichung ökonomi-

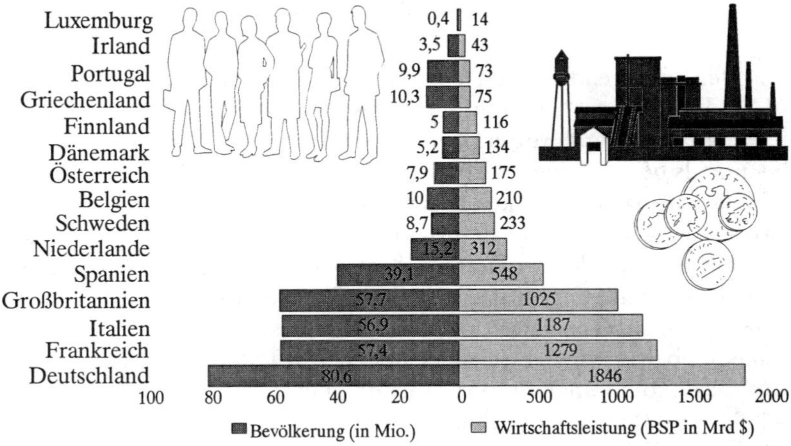

Abb. 77: Bevölkerung und Wirtschaftsleistung in der EU (aufgerundete Zahlen für 1992, nach Fischer-Weltalmanach 1995).

scher und politischer Projekte. Droht sie also doch, die vielbeschworene «hégémonie allemande»?

Diese Sorge erklärt jedenfalls die besonderen Anstrengungen Frankreichs zur Einbindung der «grosse Allemagne» bzw. «grande Allemagne» (Anklang an das „Großdeutsche Reich") in die europäische Kooperation. Dieser Kurs zeichnete sich bereits im April/Mai 1990 deutlich ab; er fand die Zustimmung der französischen Bevölkerungsmehrheit. Ihm kam das Gespann Kohl-Genscher mit der Devise vom „wiedervereinigten Deutschland im geeinten Europa" entgegen. Mit ihr beruhigte es alle betroffenen Staaten – schon um die deutsche Einigung in den Verhandlungen mit den Siegermächten (den „Zwei-plus-Vier-Gesprächen") durchsetzen zu können. Doch bloße Rhetorik war diese Devise keineswegs. Sie entsprach der Überzeugung der Verantwortlichen. So konnten die französischen und deutschen Interessen nach einer relativ kurzen „Eiszeit" wieder konvergieren und gemeinsam die europäische Einheit vorantreiben.

Auf diesen neuen Hintergründen – sie konnten hier aus Platzgründen nur skizziert werden – ist die bilaterale Kooperation seit 1990 zu sehen.

7.3.1 Politische und wirtschaftliche Beziehungen

Dem einleitend Gesagten bleiben vier Dinge hinzuzufügen:

1. Die „Eiszeit" begann mit Kohls Zehn-Punkte-Plan zur deutschen Einheit und Mitterrands Reisen nach Kiew und in die DDR – jeweils *ohne* vorherige Konsultation des Partners. Sie hörte Ende März auf, nach den ersten freien Wahlen in der DDR. Mitterrands frühere grundsätzliche Befürwortung der deutschen Vereinigung – aber in einem kontrollierten, langfristigen Übergang – wich nun seiner Einwilligung in das schnellere Tempo. Entgegen allen Mythen kann also von einer „Obstruktion" gar keine Rede sein; es ging allein, ebenso wie deutscherseits bei der SPD, um die Tempofrage (s. bes. Kolboom 1991, 45f., Bender 1992, 669–679 und Arnold 1992, 29–31). Zum anschließenden Überwiegen der Gemeinsamkeiten s. XIV. Deutsch-Französische Konferenz, 28.–30. 5. 1990, 1991. Wichtig ist außerdem, daß nur die Pariser Medien und gewisse Pariser Intellektuelle den Einigungsprozeß negativ darstellten, während die große Bevölkerungsmehrheit ihn nuancierter sah und insgesamt bejahte. Das hat Kolboom (1991, 1991a) eindeutig nachweisen können.

2. Wirtschaftlich konnte Frankreich von der deutschen Einheit stark profitieren. Durch die wachsende Nachfrage nach westlichen Waren (bes. Autos, Haushaltsgeräten, Kleidung, Nahrungsmitteln) in den neuen Ländern stieg z. B. 1990 der Anteil der Exporte nach Deutschland am französischen Gesamtexport auf 17,2 % (s. Tab. 29). 1991 war eine nochmalige Zunahme zu verzeichnen. Dadurch, aber auch durch andere Faktoren, verringerte sich das französische Handelsbilanzdefizit gegenüber Deutschland merklich und existierte 1993 nicht mehr (s. Tab. 29). – Weiterhin ist die französische Wirtschaft zum wichtigsten Auslandsinvestor in den neuen Bundesländern geworden (Details s. Forster/Strauch 1991; Becker/Neise 1992).

Wegen des Binnenmarkts haben Handbücher von Praktikern für Praktiker, die über die wirtschaftlichen Gepflogenheiten im Nachbarland orientieren, hohe Konjunktur. Zu nennen sind bes. von dt. Seite Moog 1991, von frz. Seite Bommensath 1991. Beide Werke sind gleichzeitig eine Fundgrube für Auto- und Heterostereotype und zeigen deren leider nicht zu leugnende Wirksamkeit in Unternehmerkreisen.

3. Das auch in deutsch-französischer Hinsicht wichtigste Ereignis für die kommenden Jahre ist der *Maastrichter Vertrag* der Staats- und Regierungschefs der EG über die Gründung der Euro-

päischen Union. Er ist vor allem der deutsch-französischen Kooperation (aus den eingangs genannten Motiven) zu verdanken. Das hängt man wegen der Empfindlichkeiten der anderen EG-Partner zwar nicht an die große Glocke, doch weiß man es auch in London, Den Haag und Rom. Die Zielvorstellungen lauten in Stichworten: 1.) Wirtschafts- und Währungsunion (WWU, frz. UEM = Union économique et monétaire) mit europäischer Zentralbank und gemeinsamer europäischer Währung (dem Beschluß nach spätestens 1999, nach neueren Kalkulationen jedoch nicht vor 2002), 2.) auf der Basis der WWU: eine eher konföderale Politische Union mit engerer Zusammenarbeit in der Außen-, Rechts-, Innen- und Verteidigungspolitik (Einzelheiten s. Thiel 1992). Wegen dieses Zusammenwachsens heißt die EG seit November 1993 EU. Mit dem Maastrichter Vertrag ist schon viel für die Stärkung der Gemeinschaft und die Einbindung Deutschlands in die europäische Einigung getan. Weitergehende deutsch-französische Vorstellungen im Vorfeld der Maastrichter Konferenz, namentlich der Plan eines europäischen Armeekorps als militärischer Pfeiler in der Politischen Union, waren eher als Gesten der Gemeinsamkeit zu sehen; sie hatten zumindest 1991 von vornherein wenig Realisierungschancen (Brigouleix 1991, 439).

4. Die Vorstellungen über die nähere Zukunft der Europäischen Union divergieren jedoch, weil die deutschen und die französischen Interessen sich aufgrund der jeweiligen geographischen Lage und der historischen Erfahrungen nur schwer verbinden lassen.

Deutschland fürchtet instabile Verhältnisse in Osteuropa – und entsprechende Flüchtlings- und Asylantenströme wie auch ein Übergreifen der aus den Zuständen entstehenden Kriminalität. Daher strebt Deutschland nach einer gestuften, aber möglichst raschen Osterweiterung der EU und versucht zur wirtschaftlichen und politischen Stabilisierung Rußlands beizutragen. Frankreich leistet hier auch einen gewissen Anteil, würde aus den gleichen Gründen aber viel eher eine gemeinsame Mittelmeerpolitik der EU begrüßen, um eine Stabilisierung des Maghreb (angesichts des islamistischen Terrors und der Flüchtlinge) und des Nahen Ostens zu erreichen. Unterschwellig fürchtet man gewiß auch ein weiteres Anwachsen des deutschen Einflusses im Osten Europas; jedenfalls bremst Frankreich die EU-Osterweiterung, wofür es derzeit natürlich genügend wirtschaftliche Argumente gibt.

Während Deutschland die europäischen Institutionen, besonders die EU-Kommission als eine Art Regierung und das Europaparlament als deren demokratische Basis, schon seit Jahren stärken möchte, versucht Frankreich unter dem neogaullistischen Präsidenten Chirac, die verbliebene eigene Entscheidungsfreiheit zu bewahren. In dieser Hinsicht trifft es sich mit den britischen Wünschen, d. h. der anderen „frühen Nation“ und noch immer Atom- und partiellen Weltmacht. In einem sehr wichtigen Punkt unterscheidet sich Frankreich aber von Großbritannien. Es strebt durchaus die WWU und damit eine europäische Einheitswährung an. Dadurch will es sich endlich des langjährigen „Diktats“ der Bundesbank mit ihren Zinssatzentscheidungen, die EU-weit das Investitionsklima und damit den Arbeitsmarkt beeinflussen, entledigen. Hierfür hat es bereits „Opfer“ gebracht: neben der Zustimmung zum Sitz der Europäischen Zentralbank in Frankfurt a. M. (1993) eine Angleichung an das Verhältnis Bundesbank–Bundesregierung, nämlich die Unabhängigkeit der *Banque de France* von allen Regierungsanweisungen (1994) im Sinne stabilerer Währungen. Der entschiedene Kurs auf die WWU hin ist aber kaum vereinbar mit dem erneuten Denken in Kategorien nationaler Selbständigkeit. (Vgl. die selbst für Frankreichs Export unvermutet gefährliche Fehlentscheidung von 1995 zur Wiederaufnahme der Atomversuche auf Mururoa, die gewiß *auch* von dem Wunsch inspiriert war, die innenpolitische Stimmführerschaft nicht dem noch immer erfolgreichen *Front National,* s. 2.8.3, zu überlassen.) Eines der beiden Ziele wird also abgeschwächt werden müssen,will man dem Dilemma entweichen.

Das vieldiskutierte Schäuble-Lamers-Papier, das die CDU/CSU-Bundestagsfraktion am 1. 9. 1994 vorlegte, schlug einen abgestuften europäischen Einigungsprozeß vor – mit einem „Kerneuropa“ wohl aus Frankreich, Benelux und Deutschland als den Ländern, welche 1999 zuerst die in Maastricht vereinbarten Konvergenzkriterien annähernd oder ganz erfüllen dürften. Es ging dabei aus von der Alternative zwischen nationalstaatlich-machtpolitischen oder aber europäisch-integrativen Strategien und stellte diese Grundfrage mit aller Deutlichkeit. Wie zu erwarten, blieb das Echo jenseits des Rheins eher verhalten. Gewiß, ein Europäischer Bundesstaat, der um ein „Kerneuropa“ heranwüchse, würde die Versuchungen und Gefahren eines erneuten deutschen „Sonderweges“ für lange Zeiten bannen. Dies wurde begrüßt. Aber wo blieben die historisch gewachsenen Nationen, und würde nicht der wirtschaftlich mächtigste Staat in einem solchen Kern das Sagen haben? Vor allem die Neogaullisten konnten einer Bundesstaats-Konzeption unmöglich zustimmen (vgl. 2.9.2). Sie geben nun aber den Ton an. Folglich: ein „Europa der kleinen Schritte", ohne eine integrale Osterweiterung, ohne die angestrebte echte Währungsunion, aber mit einem EU-weit gültigen ECU (künftig: „Euro") *neben* den Landeswährungen und mit einer engeren politischen und wirtschaftlichen Kooperation in Teilbereichen: so sieht die wahrscheinlichste Perspektive für die Jahre der Präsidentschaft J. Chiracs aus.

7.3.2 Militärische Beziehungen

Aus der deutschen Einheit resultieren zunächst die französischen Truppenabzüge aus Südwestdeutschland und aus West-Berlin. Damit ging auch im militärischen Verhältnis beider Länder zueinander die Nachkriegszeit zu Ende. Die deutsch-französische Brigade aber wurde dem 1993 schließlich gebildeten Eurokorps unterstellt, dem sich inzwischen auch Spanien, Belgien und Luxemburg mit Verbänden angeschlossen haben. Nach seiner Teilnahme an der Pariser Militärparade zum 14. Juli 1994 – die Integration deutscher Soldaten war medienwirksam inszeniert worden – und seiner ersten Großübung „Pegasus" (Nov. 1994) soll das multinationale Korps am 1. 10. 1995 mit 50000 Mann einsatzbereit sein. Bereit wozu? Konsens besteht über humanitäre Einsätze, z. B. ggf. auch in Ex-Jugoslawien. Aber ausgebildet ist das Eurokorps auch für militärische Operationen im Rahmen eines internationalen Krisenmanagements. Hinter dem Armeekorps steht die Überzeugung, daß die Europäische Union – trotz der reservierten Haltung der anderen EU-Partner – doch über kurz oder lang eine Ausweitung ins Militärische benötigt. Die Pläne werden also weiter verfolgt. Nur leidet die deutsch-französische Koordination an den alten sicherheitspolitischen Divergenzen: Frankreich will das Korps unabhängig von den NATO-Befehlsstrukturen wissen, Deutschland dagegen bevorzugt das gemeinsame Dach der NATO mit je einem nordamerikanischen und europäischen Pfeiler. Da sich Frankreich aber schon im Golfkrieg den USA so weit angenähert hat, daß dies einem Bruch der gaullistischen Dogmen gleichkommt, ist hier noch Bewegung möglich (Kramer 1991, 986f.).

Auch die Rüstungskooperation leidet am Mangel eines gemeinsamen Rahmens (Carton 1991, 385). Nur große Unternehmensgruppen bilden Ausnahmen. Als herausragendes Beispiel sei die gemeinsame Gründung des nun zweitgrößten Militärhubschrauberherstellers der Welt genannt. Es ist die „Eurocopter S.A.", in der sich MBB (Daimler-Benz, 40 %) mit der Aérospatiale (60 %) verbunden hat.

7.3.3 Kulturelle Beziehungen

Hier waren die Wandlungen weniger aufsehenerregend als im politischen Bereich. Sie sind dennoch spürbar. Man kann eine *doppelte Bewegung* in Richtung Osten feststellen. In Frankreich verstärkte sich das Interesse an Deutschland durch den Einigungsprozeß. Das Studium im Nachbarland wurde beliebter. Die Bundesrepublik galt und gilt der jüngeren Generation als fast so attraktiv wie die USA und Japan. In der „Ex-DDR" wurden mehrere neue *Instituts français* (Leipzig, Dresden, Rostock) eingerichtet; hinzu kommen das Ostberliner Institut (offiziell *eines* mit dem Westberliner) und ein « Centre culturel et linguistique » in Erfurt. Aber auch in Deutschland gibt es eine „Ostbewegung", weil durch den Zusammenbruch des kommunistischen Blocks „Mittel- und Osteuropa für die Bundesrepublik zum neuen Attraktionspol wird und Energien bindet" (Meyer-Kalkus 1990, 147). Neue Goethe-Institute, Universitätslektorate etc. von Budapest bis Moskau kosten Geld; der Kulturetat wird letztlich auf Kosten der westeuropäischen Länder umgeschichtet. Auch dies nährt alte Ängste vor deutschen Großmachtaspirationen (Meyer-Kalkus 1990, 148; Valance 1990, 199). Um so wichtiger sind nun Schritte von deutscher Seite, gerade auch im kulturellen Bereich.

Zu ihnen gehört die Realisierung bereits älterer Projekte in Ludwigsburg (Deutsche Frankreich-Bibliothek) und in Freiburg (Frankreich-Zentrum der Universität; zu beiden s. Düwell 1991, 399f.); weitere Frankreich-Zentren weisen nun Leipzig und Saarbrücken auf. Ein neuer Sammelschwerpunkt zur Frankreichforschung ist zudem an der Universitätsbibliothek Mainz entstanden. Die Romanistik hat sich an den ostdeutschen Universitäten – wenigstens im Hinblick auf die Studentenzahlen – verstärkt. Doch trogen alle Hoffnungen, die die Position des Französischen in den Schulen betreffen. Lernen in den alten Bundesländern nur ca. 10 % aller Schüler Französisch, so waren es in den neuen Bundesländern 1991 nur 4,1 % (s. fh 23, 85). Weiteres zu den Schwierigkeiten s. fh 24, 84ff. und 25, 156. Der Vorschlag einer Anwendung von Marketingstrategien zur stärkeren Verbreitung des Französischen in Deutschland (Pöhl 1995) wirkt, auch unter diesem Gesichtspunkt, durchaus erwägenswert.

Besser sieht die Bilanz bei den bilateralen Einrichtungen aus (s. die Übersicht in Bock 1989). Das Deutsch-Französische Jugendwerk hat neue Programme im Hinblick auf die ostdeutschen Länder entwickelt, viele potentielle Vermittler angesprochen und die Teilnahme von Jugendlichen aus den neuen Ländern – fast 10000 waren es 1994 – an den Treffen und Seminaren nachhaltig gefördert. Darüber hinaus erarbeitete das Jugendwerk zusätzliche Programme mit den osteuropäischen Ländern. Ein weiterer Akzent liegt wegen des Binnenmarktes auf den multikulturellen Begegnungen: zunehmend werden auch Jugendliche aus Drittländern einbezogen (OFAJ 1991). Das Deutsch-Französische Hochschulkolleg (s. 7.2.3) hat die integrierten Studiengänge namentlich im Technik- und Wirtschaftsbereich bedeutend gefördert (DFHK 1992). Auch der Deutsch-Französische Kulturrat verstärkt seine Aktivitäten (s. Europäische Zeitung, Jan. 1990, 22). Und der Deutsch-französische Kulturkanal ARTE ging Ende Mai 1992 auf Sendung (s. 6.2.9 und Gräßle 1995). So erweisen sich die bilateralen Institutionen als stabile Koordinatoren. Sie relativieren die französischen Befürchtungen eines deutschen Abdriftens gen Osten doch in glücklicher Weise. Dazu könnten auch die bereits begonnenen deutsch-französisch-polnischen Initiativen im politischen und kulturellen Bereich beitragen. Die drei Außenminister treffen sich regelmäßig. Und das Deutsch-Französische Jugendwerk arbeitet mit dem neugegründeten Deutsch-Polnischen Jugendwerk zusammen (Herrmann/Steinert 1994); z. B. war Polen 1993 der wichtigste Drittland-Partner für die Programme des DFJW.

ANHANG: HISTORISCHE KARTEN

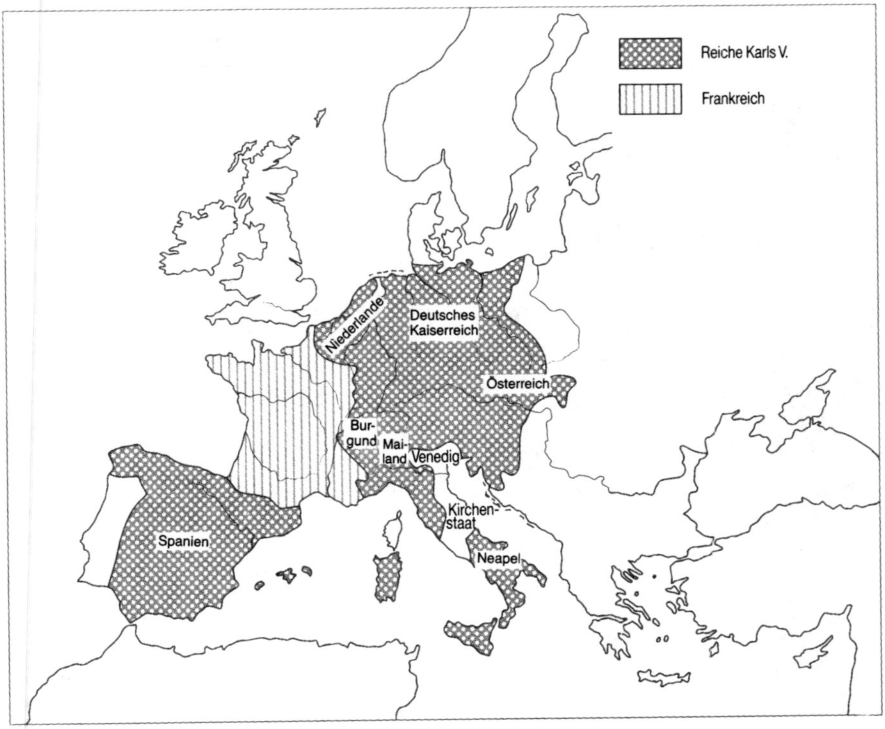

Abb. 78: Die Reiche Karls V. und Frankreich.

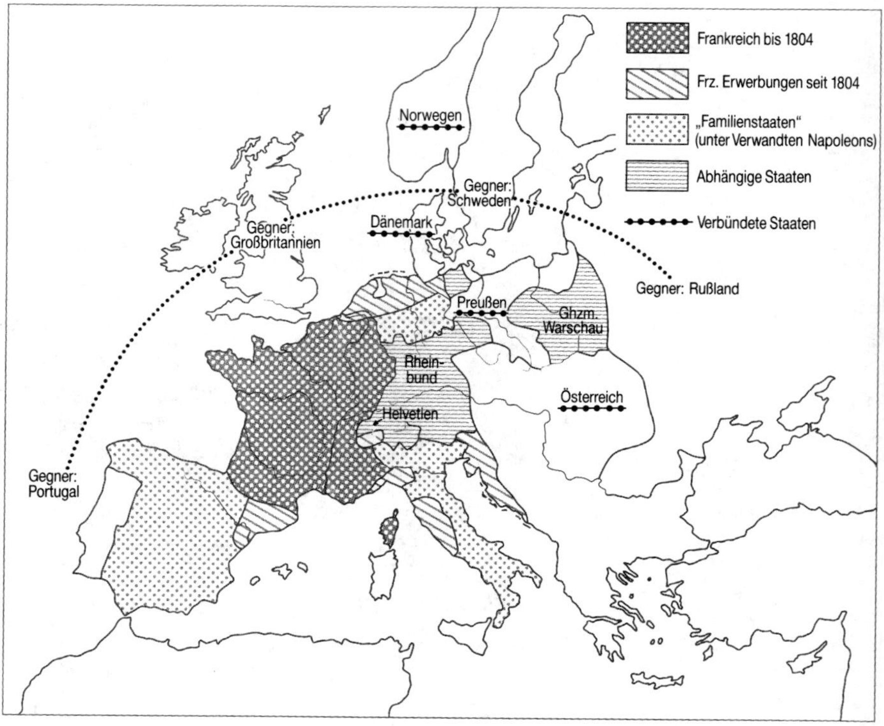

Abb. 79: Europa z. Z. des Kaiserreichs Napoleons I. 1812.
(Nach dem dtv-Atlas zur Weltgeschichte II, 26)

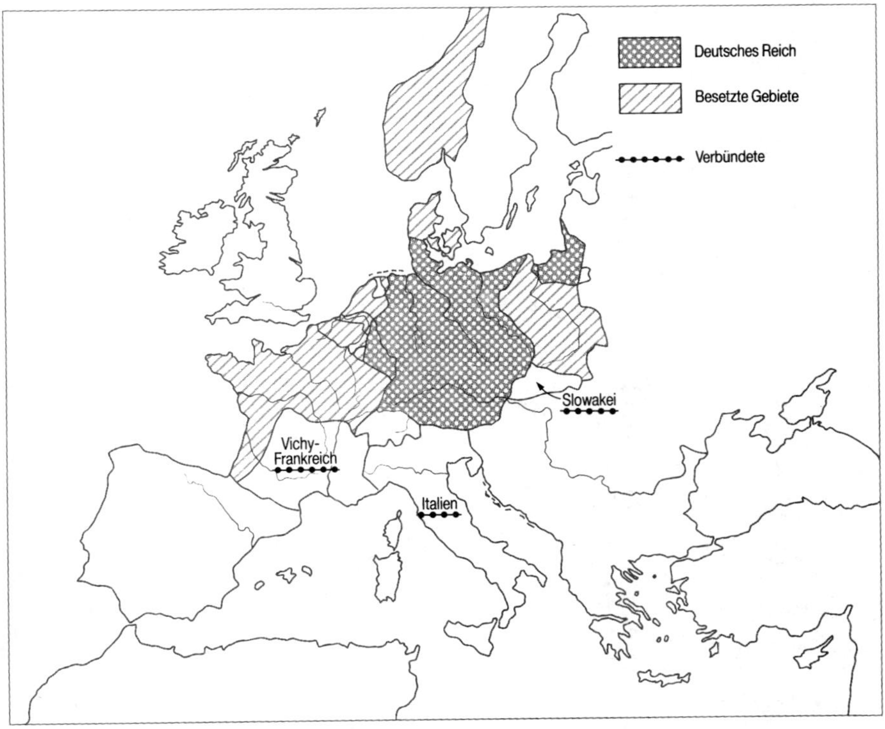

Abb. 80: Deutsches Reich und Teilung Frankreichs (ab 22. 6. 1940).

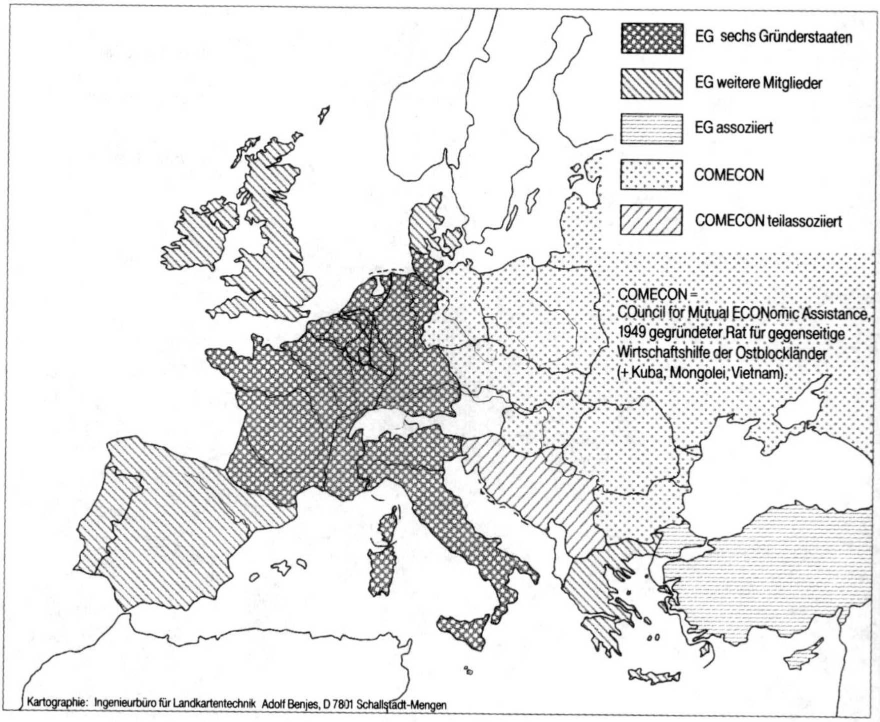

Abb. 81: Europäische Gemeinschaften 1986.

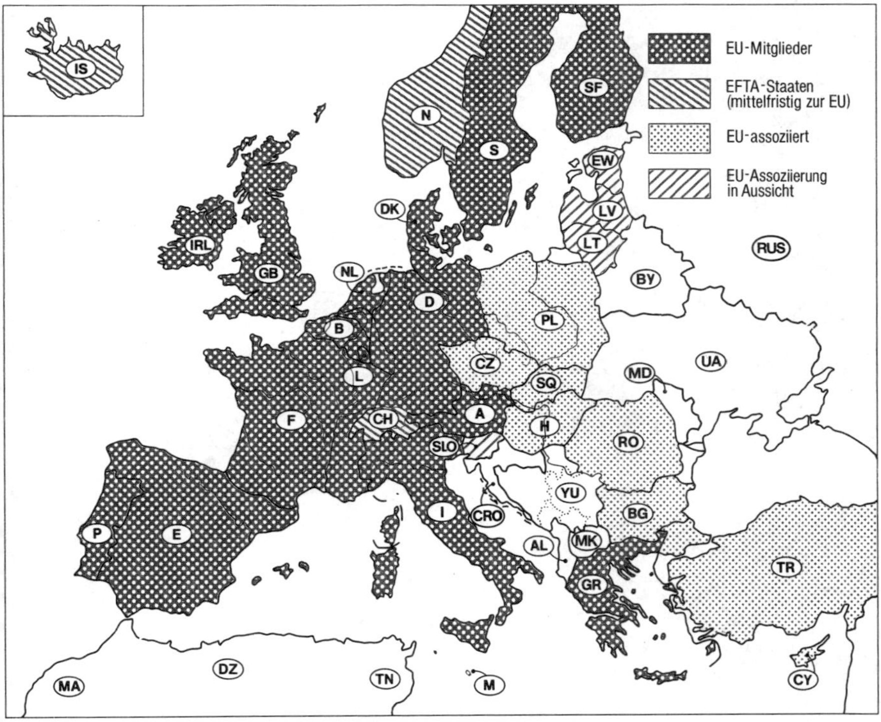

Abb. 82: Europäische Gemeinschaften 1995.
(Stand April 1995)

LITERATUR

Das Verzeichnis gibt nur die in den einzelnen Kapiteln benutzte Literatur wieder. *Systematisch gegliederte Bibliographien* finden sich u. a. in Lasserre 1978, Christ u. a. 1978, Schmidt u. a. 1983, Picht/Neumann 1984, Hertel 1986; vgl. ferner: Sozialwissenschaftliche Informationen 19/4 (1990), 247ff., Frankreich-Jahrbuch 1990f. *Hinweise* zu Periodika, Statistiken usw., die *zur Aktualisierung* der hier gegebenen Informationen in Frage kommen, bieten Schmidt u. a. 1983, 459ff. Als Verzeichnis nützlicher *Informations- und Kontaktstellen* seien schließlich Düwell/Pépin 1985ff. genannt.

Abkürzungen

apuz	Aus Politik und Zeitgeschichte
BO	Bulletin Officiel du Ministère de l'Education Nationale
CEN	Cahiers de l'Education Nationale
CF	Les cahiers français
DF	La Documentation française
fh	Französisch heute
FrM	Le Français dans le Monde
ME	Le Monde de l'Education
PrAct	Presse Actualité
RegAct	Regards sur l'Actualité

Adam, G./J. D. Reynaud (1978): Conflits du travail et changement social. Paris: P.U.F.

Albersmeier, F. J. (1992): Theater, Film und Literatur in Frankreich. Darmstadt: Wissenschaftl. Buchgesellschaft.

Albert, P. ([9]1991): La presse. Paris: P.U.F.

Albert, P./C. Leteinturier (1979): La presse française. Paris: DF.

Albertin, L. (1988): Frankreichs Regionalisierung – Abschied vom Zentralismus? in: Frankreich-Jahrbuch, 135–156.

– (1993): Das urbane Frankreich: Krisenphänomene und Zukunftswille, in: Frankreich-Jahrbuch, 41–61.

Alberts, J. (1972): Massenpresse als Ideologiefabrik am Beispiel 'Bild'. Frankfurt a. M.: Athenäum.

Alexander, G. (1979): Das Kino im Zeitalter seiner elektronischen Reproduzierbarkeit, in: H. Kreuzer/K. Prümm, 140–154.
Alix, Ch./L. Baier/E. Jouhy (Hrsg.) (1985): Sehfehler links? Über die deutsch-französische Mißverständigung. Gießen: Focus.
Ambrosius, G. (1983): Das Wirtschaftssystem, in: W. Benz (Hrsg.): Die Bundesrepublik Deutschland, Bd. 1. Frankfurt a. M.: Fischer, 238–297.
Ammon, G. (1989): Der französische Wirtschaftsstil. München: Eberhard.
Amouroux, H. (1976ff.): La grande histoire des Français sous l'occupation, 10 Bde. Paris: Laffont.
Ardagh, J. (1969): Frankreich als Provokation. Frankfurt a. M.: Ullstein.
Armengaud, A. ([2]1976): La population française au XIXe siècle. Paris: P.U.F.
Armengaud, A./A. Fine ([6]1983): La population française au XXe siècle. Paris: P.U.F.
Arnold, H. (1992): L'amitié à l'épreuve – Das deutsch-französische Verhältnis im Jahr des osteuropäischen Umbruchs 1989/90, in: fh 23, 27–37.
Aron, R. (1959): Immuable et changeante – de la IVe à la Ve République. Paris: Calmann-Lévy.
Asholt, W./H. Thoma (Hrsg.) (1990): Frankreich. Ein unverstandener Nachbar (1945–1990). Bonn: Romanistischer Verlag.
Aurin, K. (1978): Sekundarschulwesen: Strukturen, Entwicklungen und Probleme. Stuttgart: Kohlhammer.
Azéma, J.-P./F. Bédarida (1993): La France des années noires. Paris: Seuil.
Bachy, J. P. (1981): Ansätze zur Unternehmensreform, in: R. Lasserre u. a., Bd. 2, 213–263.
Bade, K. J. (1983): Vom Auswanderungsland zum Einwanderungsland? Berlin: Colloquium.
Bär, H./M. Beutter u. a. (Hrsg.) (1989): Etudes Françaises – Horizons. Stuttgart: Klett.
Baier, L. (1988): Firma Frankreich. Berlin: Wagenbach.
Barbier-Bouvet, J.-F. (1993): Crise de la lecture ou lecture de crise?, in: Médiaspouvoirs 31–32, 97–105.
Balle, F./G. Eymery (1984): Les nouveaux médias. Paris: P.U.F.
Bariéty, J. (1989): Die deutsch-französische Geschichte im 19. und 20. Jahrhundert und die Französische Revolution, in: Geschichte in Wissenschaft und Unterricht 40, 385–393.
Baron, St. (1981): Nach dem Sieg Mitterrands – Parti Socialiste: Dogma oder Sozialdemokratie? in: Dokumente 37, 109–114.
Barthel, E./J. Dikau (1980): Mitbestimmung in der Wirtschaft. Berlin: Colloquium.
Becker, J. M. (Hrsg.) (1985): Das französische Experiment. Linksregierung in Frankreich 1981 bis 1985. Berlin/Bonn: Dietz.
Becker, J. M. (1991): Das Ende des militärischen Flirts? Thesen zur Rolle des Militärischen in der politischen Kultur Frankreichs und der Bundesrepublik Deutschland, in: Frankreich-Jahrbuch, 219–224.

Becker, J. M./V. Neise (1992): Frankreich bleibt an der Spitze der Auslandsinvestoren in Ostdeutschland, in: Dokumente 48, 112–120.
Beckmeier, C. (1991): Entscheidungsverflechtung an Hochschulen – Determinanten der Entscheidungsprozesse an bundesdeutschen und französischen Hochschulen, in: Lendemains 62, 132–146.
Becquart-Leclercq, J. (1989): Kommunalpolitik in Frankreich: Die Dezentralisation und ihre Folgen, in: Landeszentrale für politische Bildung Baden-Württemberg, 187–220.
Benchenane, M. (1984): L'émigration maghrébine, trait d'union entre l'Europe et le Monde arabe? in: fh 15, 207–218.
Bender, K.-H. (1992): Mitterrand und die Deutschen: vom Anschluß Österreichs bis zur Wiedervereinigung (1938–1990), in: M. Grunewald/ J. Schlobach, II, 663–679.
Benoit, J. M./P. Benoit/J. M. Lech (1986): La politique à l'affiche. Affiches électorales et publicité politique 1965–1986. Paris: du May.
Bernard, C. (1988): Magistères: Les grandes écoles à la fac, in: Sciences et Vie Economie 41, 74–78.
Berschin, H./J. Felixberger/H. Goebl (1978): Französische Sprachgeschichte. München: Hueber.
Bertaux, P. (1973): Universités françaises et allemandes – musées ou laboratoires d'une société européenne? in: Documents 6, 51–68.
de Bertier de Sauvigny, G. (1977): Histoire de France. Paris: Flammarion (dt. Ausg. 1980).
Bertrand, Y. (1984): Germanistische Zeitschriften in Frankreich, in: Informationen Deutsch als Fremdsprache 2, 56–64.
Betz, A. (1986): Exil und Engagement. München: edition text + kritik.
von Beyme, K. (^{5}1980): Interessengruppen in der Demokratie. München: Piper.
– (1991): Das politische System der Bundesrepublik Deutschland nach der Vereinigung. München: Piper.
Beywl, W./ H. Brombach (1982): Kritische Anmerkungen zur Theorie der Alternativpresse, in: Publizistik 27, 551–569.
Bierkandt, I. (1994): Film und Literatur in Frankreich. Anmerkungen zu einer hundertjährigen Beziehung, in: Frankreich-Jahrbuch, 172–184.
Bischoff, J. (Hrsg.) (1976): Die Klassenstruktur der Bundesrepublik Deutschland. Berlin: VSA.
Bisselik, S. (1995): Französische Filmpolitik in der veränderten audiovisuellen Medienlandschaft seit den achtziger Jahren, in: Lendemains 77, 100–123.
Blanc-Uchan, O. (1987): Le nouveau statut de la presse écrite, in: RegAct 131, 25–35.
Bock, H. M. (1975): Neopoujadismus, in: Lendemains 2, 54–76.
– (1978): Gaullismus und Bonapartismus, in: Lendemains 10, 89–100.

Bock, H. M. (1988): Die stufenweise Auflösung der Linksunion und die Perspektiven in Frankreich, in: Frankreich-Jahrbuch, 63–86.
– (1989): Deutsch-französischer Bilateralismus zwischen Begegnungsroutine und ungleicher Kooperation, in: Lendemains 54, 158–166.
– (1990): Die Politik des „Unpolitischen". Zu Ernst Robert Curtius' Ort im politisch-intellektuellen Leben der Weimarer Republik, in: Lendemains 59, 16–62.
– (1991): Deutsch-französische Kulturbeziehungen der dreißiger Jahre, in: Lendemains 62, 147–154.
– (1993): Absturz und Neuformierung: Der *Parti Socialiste* und der Legislativ-Wahlkampf 1993, in: Lendemains 69/70, 269–307.
Bock, H. M./R. Meyer-Kalkus/M. Trebitsch (Hrsg.) (1993): Entre Locarno et Vichy. Les relations culturelles franco-allemandes dans les années 1930. 2 Bde. Paris: CNRS Editions.
Böhme, G./R. N. Chakraborty/F. Weiler (Hrsg.) (1994): Migration und Ausländerfeindlichkeit. Darmstadt: Wissenschaftl. Buchgesellschaft.
Böll, H. (1984): Bild – Bonn – Boenisch. Bornheim: Lamuv.
Bommensath, M. (1991): Secrets de réussite de l'entreprise allemande. Paris: Les Éditions d'Organiation.
Bonnekamp, U. (1994): Landeskunde und Fremdsprachenunterricht, in: Fremdsprachen und Hochschule 40, 5–36.
Borella, F. (1973, [5]1990): Les partis politiques dans la France d'aujourd'hui. Paris: Seuil.
Boulnois, P. (1984): L'âge d'or de la presse magazine est-il terminé? in: PrAct 186, 42–45.
Bourdieu, P. (1989): La noblesse d'Etat. Grandes écoles et esprit de corps. Paris: Minuit.
Bouvier, B. W. (1982): Französische Revolution und deutsche Arbeiterbewegung. Bonn: Neue Gesellschaft.
Braudel, F./E. Labrousse (Hrsg.) (1982): Histoire économique et sociale de la France, Bd. 4. Paris: P.U.F.
Brauner, H. (1986): Die 'stille Revolution' fand nicht statt. Die sozialistische Dezentralisierungspolitik, in: E. Weisenfeld, 86–93.
Brigouleix, B. (1991): Mitterrand hat nicht mehr viel Zeit, in: Dokumente 47, 436–439.
Brimo, N./A. Guérin (1977): Le dossier Hersant. Paris: Maspero.
Brizay, B. (1975): Le patronat. Paris: Seuil.
Brockmeier, P./R. Desne/J. Voss (Hrsg.) (1979): Voltaire und Deutschland. Stuttgart: Metzler.
Brühl, C. (1990): Deutschland-Frankreich. Die Geburt zweier Völker. Köln/Wien: Böhlau.
Bruniaux, Ch./R. Tresmontant (1990): Les dispositifs de la politique de l'emploi: bilan et perspectives, in: RegAct 157, 3–19.
Bue, J./A. F. Molinie/J. L. Dayan (1987): Aménagement du temps de travail: les réalités de la flexibilité, in: RegAct 131, 3–24.

Bulka, H. D./S. Lücking (1989): Tatsachen über Deutschland. Gütersloh: Bertelsmann.
Bundesministerium für Bildung und Wissenschaft (1985): Grund- und Strukturdaten 1985/86. Bad Honnef: Bock.
Bundesministerium für Wirtschaft (BMWI) (1990): Leistung in Zahlen '89. Bonn.
Caire, G. (1971): Les syndicats ouvriers. Paris: P.U.F.
Cameron, R. E. (1971): La France et le développement économique de l'Europe. Paris: Seuil.
Capdevielle, J./E. Dupoirier/G. Grunberg/ E. Schweisguth/C. Ysmal (1981): France de gauche, vote à droite. Paris: Presses de la Fondation Nationale des Sciences Politiques.
Capdevielle, J./R. Mouriaux ([3]1976): Les syndicats ouvriers en France. Paris: Colin.
Capul, J. Y./D. Meurs (1988): Les grandes questions de l'économie française. Paris: Nathan.
Caron, F. (1981): Histoire économique de la France. Paris: Colin.
Carrière, F./P. Pinchemel (1963): Le fait urbain en France. Paris: Colin.
Carton, A. (1991): Gemeinsam rüsten? Projekte und Probleme zwischen Frankreich und Deutschland, in: Dokumente 47, 381–385.
Caute, D. (1967): Le communisme et les intellectuels français. Paris: Gallimard.
CERC (Centre d'Etudes des Revenus et des Coûts) (1993): Constat de l'évolution récente des revenus en France. Paris: DF.
CFPJ (Centre de Formation et de Perfectionnement des Journalistes) (1988): La presse aujourd'hui. Paris.
Chapsal, J. (1984): La vie politique sous la Ve République. Paris: P.U.F.
Christ, H. (1985): Neuere Arbeiten zum Landeskunde-Unterricht (Sammelrezension), in: Der fremdsprachliche Unterricht 74, 153–155.
Christ, H./K. H. Engbruch/H. J. Rang (1978): Bibliographie zur Landeskunde für den Französischunterricht. Düsseldorf: Pädagog. Institut.
Christ, P./R. Neubauer (1991): Kolonie im eigenen Land. Die Treuhand, Bonn und die Wirtschaftskatastrophe der fünf neuen Länder. Berlin: Rowohlt.
Christadler, M. (1979): Kriegserziehung im Jugendbuch. Literarische Mobilmachung in Deutschland und Frankreich vor 1914. Frankfurt a. M.: Haag und Herchen.
– (Hrsg.) (1981): Deutschland – Frankreich. Alte Klischees – Neue Bilder. Duisburg: Sozialwissenschaftl. Kooperative.
Christadler, M. (1981 a): Politik, Mythos und Mentalität. Französische und deutsche Jugendliteratur vor dem I. Weltkrieg, in: M. Christadler, 46–85.
– (1990): Der französische Existentialismus und die deutschen Intellektuellen in der Nachkriegszeit, in: W. Asholt/H. Thoma, 224–238.
Claessens, D./A. Klönne/A. Tschoepe (1985): Sozialkunde der Bundesrepublik Deutschland. Reinbek: Rowohlt.

de Closets, F. (1982): Toujours plus! Paris: Grasset.
– (1985): Tous ensemble. Pour en finir avec la syndicratie. Paris: Seuil.
Colard, D. (1986): Die Wahl vom 16. März 1986, in: E. Weisenfeld, 16–23.
– (1993): Ein politischer Erdrutsch, in: Dokumente 49, 183–189.
Collège de France (1985): Propositions pour l'enseignement de l'avenir. Paris: Minuit.
Commission des Communautés européennes (1990): L'emploi en Europe 1990. Luxembourg: Office des publications officielles.
Cordellier, S. (Hrsg.) (1994): L'état de la France, édition 1994/95. Paris: La Découverte.
Cornelius, I. (1988): Von der Pyramide zum Pilz. Die Bevölkerungsentwicklung in der Bundesrepublik Deutschland, in: H. G. Wehling (Hrsg.): Bevölkerungsentwicklung und Bevölkerungspolitik in der Bundesrepublik. Stuttgart: Kohlhammer, 11–37.
Costa-Lascoux, J. (1994): Les lois «Pasqua»: une nouvelle politique de l'immigration? in: RegAct 199, 19–43.
Couve de Murville, M. (1988): Konrad Adenauer und Charles de Gaulle, in: F. Knipping/E. Weisenfeld, 168–176.
Curtius, E. R. (1931): Die französische Kultur. Stuttgart/Berlin: Deutsche Verlags-Anstalt. Neuedition: Bern/München: Francke, 1975.
Dau, R. (1989): Berührungspunkte zweier Zeitalter. Deutsche Literatur und die Französische Revolution. Berlin: Dietz.
Debré, M. (1950): La République et son pouvoir. Paris: Nagel.
Decker, A. (1994): Les groupes industriels dans l'audiovisuel, in: Médiaspouvoirs 36, 63–80.
Defrasne, J. ([2]1975): La gauche en France de 1789 à nos jours. Paris: P.U.F.
Deist, W., u. a. (1979): Das Deutsche Reich und der Zweite Weltkrieg, Bd. 1: Ursachen und Voraussetzungen der Kriegspolitik. Stuttgart/Berlin: Deutsche Verlags-Anstalt.
Delarue, J. M. (1987): Temps partiel, intérim, contrats à durée déterminée: la progression du travail atypique, in: RegAct 129, 19–33.
Delmas, C. (1962): L'aménagement du territoire. Paris: P.U.F.
Deppe, F./G. Fülberth/J. Harrer (Hrsg.) ([3]1981): Geschichte der deutschen Gewerkschaftsbewegung. Köln: Pahl-Rugenstein.
Desrosières, A./A. Goy/L. Thévenot (1983): L'identité sociale dans le travail statistique: la nouvelle nomenclature des professions et catégories socioprofessionnelles, in: Economie et statistique 152, 55–82.
Deubner, C./U. Rehfeldt/F. Schlupp (1978): Deutsch-französische Wirtschaftsbeziehungen im Rahmen der weltwirtschaftlichen Arbeitsteilung, in: R. Picht, 91–136.
Deutsch-Französisches Kulturzentrum Essen (Hrsg.) (1988): Deutschland – Frankreich. Höhen und Tiefen einer Zweierbeziehung. Essen: die blaue eule.
DFHK (1992): Gemeinsame Studienprogramme und integrierte Studien-

gänge deutscher und französischer Hochschulen. Mainz: Deutsch-französisches Hochschulkolleg.
Dietrich, R./W. Fekl (1988): Komische Nachbarn – Drôles de voisins. Deutsch-französische Beziehungen im Spiegel der Karikatur (1945–1987). Paris: Goethe-Institut.
Dippel, H. (1989): Universalismus gegen „Nationale Beschränktheit". Französische Revolution und deutsches Geschichtsverständnis im 19. und 20. Jahrhundert, in: Lendemains 55/56, 157–168.
Dloczik, M./A. Schüttler/H. Sternagel (1982): Der Fischer Informationsatlas Bundesrepublik Deutschland. Frankfurt a. M.: Fischer.
Dohse, K. (1983): Massenarbeitslosigkeit und Ausländerpolitik, in: Das Argument 138, 239–247.
Dolch, J. (1959): Lehrplan des Abendlandes. Zweieinhalb Jahrtausende seiner Geschichte. Ratingen: Henn.
Droz, J. (1977): Bemerkungen zur Spezifik des 'syndicalisme français', in: Lendemains 7–8, 31–42.
Duby, G./R. Mandrou (1968): Histoire de la civilisation française, Bd. 1. Paris: Colin.
Düwell, H./J. L. Pépin (1985ff.): Où trouver? Kontakte zu Frankreich für Romanisten, in: fh 16 (1985), 1–97; 17 (1986), 367–372; 18 (1987), 278–283; 19 (1988), 425–434; 21 (1990), 52–57; 22 (1991), 399–405.
Dufraisse, R. (Hrsg.) (1991): Revolution und Gegenrevolution 1789–1830. München: Oldenbourg.
Dupeux, G. (^{6}1982): La société française 1789–1970. Paris: Colin.
Duroselle, J. B. (1965): L'idée d'Europe dans l'histoire. Paris: Denoël.
Duverger, M. (1974): La monarchie républicaine. Paris: Laffont.
– (1987): La cohabitation des Français. Paris: P.U.F.
– (^{20}1990): Le système politique français. Paris: P.U.F.
Ehrmann, H. W. (1976): Das politische System Frankreichs. München: Piper.
Eichenbaum, B. (1965): Aufsätze zur Theorie und Geschichte der Literatur. Frankfurt a. M.: Suhrkamp.
Ellwein, T. (^{4}1977): Das Regierungssystem der Bundesrepublik Deutschland. Opladen: Westdeutscher Verlag.
Erbe, M. (1989): „Sie und nicht Wir ..." – Zu einigen Publikationen im deutschsprachigen Raum aus Anlaß des Bicentenaire, in: Lendemains 55/56, 150–156.
Erdmann, G./B. Fritsch (1990): Zeitungsvielfalt im Vergleich. Mainz: Hase u. Koehler.
EVP (1983): Politisches Programm der Europäischen Volkspartei. Bonn: CDU-Bundesgeschäftsstelle.
Fabien, N. (1995): Les télécommunications européennes entre dérèglement et « autoroutes de l'information », in: Médiaspouvoirs 37, 102–109.
Fabre-Rosane, G. (1983): Eine audiovisuelle Revolution? Die weitgesteckten Ziele der französischen Rundfunkreform, in: Dokumente 39, 44–53.
– (1984): Politische Klubs sind wieder gefragt, in: Dokumente 40, 49–54.

Fabre-Rosane, G. (1984a): Das Monopol wehrt sich. Die alten Fernsehprogramme – und ein neues – im Wettbewerb, in: Dokumente 40, 321–328.
Fauvet, J. (1959): La IVe République. Paris: Fayard.
Feist, U./H. Krieger (1987): Alte und neue Scheidelinien des politischen Verhaltens, in: apuz 12, 33–47.
Fekl, W. (1986): Das Untergründige in den Beziehungen Bonn – Paris, in: Dokumente 42, 42–50.
Ferrandon, M. C./I. Waquet (1979): La France depuis 1945. Paris: Hatier.
Ferro, M. (1988): Der Große Krieg. 1914–1918. Frankfurt a. M.: Suhrkamp.
Fink, G. L. (1983): La littérature allemande face à la Révolution française, in: J. Voss, 249–300.
Flonneau, J. M. (1982): Une révolution nouvelle mais tranquille: la décentralisation, in: Lendemains 28, 101–111.
Forster, K./M. Strauch (1991): Wie blicken französische Firmen auf die neuen Länder?, in: Dokumente 47, 206–209.
Fossaert, R. (1980): La société, Bd. 4: Les classes. Paris: Seuil.
Frankreich-Jahrbuch (1988ff.). Opladen: Leske u. Budrich.
Freytag, J. (1992): Libération: new journalism auf französisch, in: Beiträge zur Fremdsprachenvermittlung 24, 82–109 (auch in: E. U. Große/E. Seibold, 194–215).
Fricke, D./F. R. Weller (1989): Frankreich – Landeskunde – Französischunterricht, in: Die Neueren Sprachen 88, 268–287, 515–543.
Frijhoff, W./D. Julia (1975): Ecole et société dans la France d'Ancien Régime. Paris: Colin.
Frisch, A. (1982): Die Verstaatlichungen – Zahl, Form, Motive, Methode, in: Dokumente 38, 6–13.
Fritz-Vannahme, J. (1984): Am Himmel überflügelt, am Boden behindert. Zur Situation der 'Neuen Medien' in Frankreich, in: Dokumente 40, 309–316.
Fuchs, G./U. Scholze (1995): Frankreichs Ökologisten vor der Zerreißprobe, in: Dokumente 51, 108–112.
Fürstenberg, F. ([6]1978): Die Sozialstruktur der Bundesrepublik Deutschland. Opladen: Westdeutscher Verlag.
Gallo, M. (1984): Le grand Jaurès. Paris: Laffont.
Garrisson, J. (1987): Le Midi est-il français? in: L'Histoire 96, 70–75.
Gaspard, F./C. Servan-Schreiber (1984): La fin des immigrés. Paris: Seuil.
de Gaulle, Ch. (1959): Mémoires de guerre, Bd. 3: Le Salut. Paris: Plon.
Gebauer, G. (Hrsg.) (1989): Dossier „Französische Philosophie in Deutschland heute", in: Lendemains 54, 98–139.
Gehring, J. M./C. Saint-Dizier (1993): Unser Nachbar Frankreich. Braunschweig: Westermann.
Geißler, K. A. (1994): Vom Lebensberuf zur Erwerbskarriere, in: O. Negt (Hrsg.): Die zweite Gesellschaftsreform: 27 Plädoyers. Göttingen: Steidl, 105–118.

Gibowski, W. G./M. Kaase (1991): Auf dem Weg zum politischen Alltag. Eine Analyse der ersten gesamtdeutschen Bundestagswahl vom 2. Dezember 1990, in: apuz 11–12, 3–20.
Gilsoul-Bézier, F. (1989): Connaissance du système éducatif français. Paris: Casteilla.
Glass, D. V./R. König (Hrsg.) ([3]1968): Soziale Schichtung und soziale Mobilität. Kölner Zeitschrift für Soziologie und Sozialpsychologie, Sonderheft 5.
Gödde-Baumanns, B. (1981): Grundzüge der französischen Deutschland-Historiographie 1871–1914, in: M. Christadler, 104–147.
– (1988): Unrast und Festigkeit. Beobachtung, Bild und Gegenbild im Wandel zweier Jahrhunderte, in: Deutsch-Französisches Kulturzentrum Essen, 16–39.
Götz, P. (1977): L'occupation allemande, in: J. Olbert, 255–275.
Goguel, F./A. Grosser ([5]1976): La politique en France. Paris: Colin.
Goldschmidt, W. (1974): Ökonomische und politische Aspekte des gewerkschaftlichen Kampfes in Frankreich seit dem Zweiten Weltkrieg, in: Das Argument, Sonderband 2, 1–64.
Gontcharoff, G. u. a. (1983–86): La décentralisation, 7 Bde. Paris: ADELS-Syros.
Gräßle, I. (1995): Der Europäische Fernseh-Kulturkanal ARTE. Frankfurt a. M./New York: Campus.
Gravier, J. E. (1947): Paris et le désert français. Paris: Le Portulan.
Green, A. (1990): Education and State Formation. The Rise of Education Systems in England, France and the USA. Houndmills/London: Macmillan.
Grémion, P. (1980): Ansätze politischer und administrativer Dezentralisierung in der V. Republik, in: R. Lasserre u. a., 99–157.
Große, E. U. (1978/79): La femme en France. Eine wortkundliche und frankreichkundliche Hintergrundinformation für den Lehrer, in: fh 9, 262–269 und 10, 10–19.
– (1987): Zum Vergleich zwischen französischem und bundesdeutschem Parteiensystem. Cournon d'Auvergne: Editions Orionis.
– (1992): Schritte zu einer kontrastiven Semiotik der nationalen Symbole Frankreichs und Deutschlands. I: Die Grundlage: Greimas' Kultursemiotik, in: Knoten 5/1, 26–34.
Große, E. U./H. Rappenecker: Perspektiven einer präventiven Umweltpolitik, in: R. Pfromm, 19–47.
Große, E. U./E. Seibold (Hrsg.) (1994): Panorama de la presse parisienne. Frankfurt a. M.: Lang.
Große, E. U./G. Verheyen (1992): Rezension zu Hesse/Kodron 1991, in: Knoten 5/2, 38f.
Grosser, A. ([9]1981): Geschichte Deutschlands seit 1945. München: dtv.
– (1983): Das Recht auf ein offenes Wort, in: Dokumente 39, Sonderheft Jan., 107–117.

Grosser, A. (1986): Die 'cohabitation' – mehr als ein Modewort, in: E. Weisenfeld, 12–15.

Grossmann, B. (1983): Changement im Wahlverhalten der französischen Mittelschichten, in: Zeitschrift für Parlamentsfragen 2, 189–195.

Grunewald, M. (1992): Der „Erbfeind jenseits des Rheins“, in: M. Grunewald/J. Schlobach, II, 371–388.

Grunewald, M./J. Schlobach (Hrsg.) (1992): Médiations/Vermittlungen. Aspects des relations franco-allemandes du XVIIe siècle à nos jours, 2 Bde. Bern: Lang.

Guérot, U. (1995): „Es geht wieder aufwärts“. Die französischen Sozialisten vor den Präsidentschaftswahlen, in: Dokumente 51, 102–107.

Guéry, L. (1992): La presse régionale et locale. Paris: CFPJ.

Guiol, P./E. Neveu (1984): Sociologie des adhérents gaullistes, in: Pouvoirs 28, 91–106.

Habermas, J. (^{5}1971): Strukturwandel der Öffentlichkeit. Neuwied: Luchterhand.

Haby, R. (1975): Pour une modernisation du système éducatif. Paris: DF.

Haefs, H. (Hrsg.) (1988): Der Fischer Weltalmanach 1989. Frankfurt a. M.: Fischer.

Haensch, G./H. Tümmers (1991): Frankreich. München: Beck.

Hänsch, K. (1973): Frankreich – Eine politische Landeskunde. Berlin: Colloquium.

– (Hrsg.) (1978/79): Frankreich – Eine Länderkunde. Hamburg: Hoffmann und Campe.

Hammer, J. P. (1983): Von den Schwierigkeiten bei der Vermittlung deutschsprachiger Literatur nach Frankreich, in: L. Jordan u. a., 153–165.

Harrer, D. (1987): Französische Literatur in der Weimarer Republik. Konstanz: Hartung-Gorre.

Hass, G. (Hrsg.) (1975): Deutschland im Zweiten Weltkrieg, Bd. 1: Vorbereitung, Entfesselung und Verlauf bis zum 22. Juni 1941. Berlin-Ost: Akademie.

Haupt, H. G. (1976): Kleinbürgertum im Frankreich der Belle Epoque, in: Lendemains 3, 64–89.

Haupt, H. G./C. Koch (1978): Schwierigkeiten mit Frankreich, in: Leviathan 6, 1–18.

Haut Comité Education – Economie (1988): Education – économie. Quel système éducatif pour la société de l'an 2000? Paris: DF.

Heimsoeth, H.-J. (1990): Der Zusammenbruch der Dritten Französischen Republik. Frankreich während der «Drôle de Guerre» 1939/40. Bonn: Bouvier.

Hennig, E. (1971): Die Abhängigkeit der Massenmedien von den Werbeeinnahmen und dem Anzeigenteil, in: R. Zoll (Hrsg.): Manipulation der Meinungsbildung. Opladen: Westdeutscher Verlag, 27–67.

Herre, F. (1983): Deutsche und Franzosen – Der lange Weg zur Freundschaft. Bergisch-Gladbach: Lübbe.

Herrmann, R./D. Steinert (1994): Trilaterale Zusammenarbeit. Das DFJW: offen für ganz Europa, in: Dokumente 50, 479–484.
Hertel, W. (1986): La civilisation française. Frankfurt a. M.: Lang.
Hertzstell, I./D. R. Gross (Hrsg.) (1980): Lehrer in Deutschland und Frankreich. Ein Vergleich ihrer Rolle und ihres Selbstverständnisses. Ludwigsburg/Bonn: Carolus-Magnus-Kreis/Sekretariat der Ständigen Konferenz der Kultusminister der Länder.
Hesse, H.-G./Ch. Kodron (1991): Zeit für Schule: Frankreich/Spanien. Wien: Böhlau.
Hillel, M. (1983): L'Occupation française en Allemagne, 1945–1949. Paris: Balland.
Hinrichs, P./I. Kolboom (1976): Kleinbürgertum oder neue Arbeiterklasse?, in: Lendemains 3, 90–114.
– (1977a): 'Ein gigantischer Trödelladen'? Zur Herausbildung der Landes- und Frankreichkunde in Deutschland vor dem Ersten Weltkrieg, in: M. Nerlich, 82–95.
– (1977b): Frankreichforschung – eine deutsche Wissenschaft. Der Weg der Landes- und Frankreichkunde in den Faschismus (1914–1945), in: M. Nerlich, 168–187.
– (1977c): Zwischen geselligem Wissen und Gesellschaftswissenschaft. Zur Entwicklung der Landes- und Frankreichkunde in der westdeutschen Neuphilologie seit 1945, in: M. Nerlich, 234–254.
Hirsch, M. (1988): Die französische Presselandschaft – Expansion trotz Krise, in: Media Perspektiven 6, 329–337.
Höhne, R. (1985): Die innenpolitische Entwicklung in Frankreich – Die Kommunalwahlen vom März 1985, in: Lendemains 38/39, 134–147.
– (1993): Rénovation, reconstruction, union, in: Lendemains 69/70, 270–295.
– (1995): Parteiensystem im Umbruch – Frankreich am Vorabend der Präsidentschaftswahlen, in: Lendemains 77, 79–92.
Hörling, H. (1985): Das Deutschlandbild in der französischen Tagespresse vom Münchner Abkommen bis zum Ausbruch des Zweiten Weltkriegs. Frankfurt a. M.: Lang.
Holtmann, E. (1980): Transformation und Krise der deutschen Presse, in: R. Lasserre u. a., 235–279.
Holtz-Bacha, Ch. (1994): Die Krise der französischen Tagespresse und staatliche Förderungsmaßnahmen: Ungelöste Strukturprobleme, in: Media Perspektiven 10, 489 –496.
Holzer, H. (1980): Medien in der BRD. Köln: Pahl-Rugenstein.
Hudemann, R. (1989): Vom Nutzen der Revolution. 1789 und der Wandel in Frankreichs Deutschlandpolitik nach den beiden Weltkriegen, in: Frankreich-Jahrbuch, 169–181.
Hübner, E./H. H. Rohlfs (1988ff.): Jahrbuch der Bundesrepublik Deutschland. München: Beck/dtv.
Hummel, M. (1993): Wörter als kulturgeschichtliche Zeugen: der Fall *cadre,* in: Frankreich-Jahrbuch, 185–199.

INSEE (1984 a): Recensement général de la population de 1982. Principaux résultats. Paris.
– (1984 ff.): Tableaux de l'économie française. Paris.
Institut der deutschen Wirtschaft (1990 ff.): Zahlen zur wirtschaftlichen Entwicklung der Bundesrepublik Deutschland. Köln.
– (1992 ff.): Internationale Wirtschaftszahlen. Köln.
Jäger, W. (1978): Die Sozialistische und die Kommunistische Partei Frankreichs, in: D. Oberndörfer, 35–132.
– (1978 a): Die französische Linke, in: Der Bürger im Staat 28/1, 4–10.
– (1980): Die politischen Parteien in der Bundesrepublik Deutschland und in Frankreich, in: Der Staat 19/4, 583–602.
– (1987): Das Staatsbewußtsein der Franzosen, in: Akademie f. polit. Bildung Tutzing (Hrsg.): Zum Staatsverständnis der Gegenwart, München: Olzog.
Jamet, M. (1983): La presse périodique en France. Paris: Colin.
Janin, N. (1988): Cinéma en France, cinéma français, in: Lendemains 50, 123–125.
Jeanneney, J. M. (Hrsg.) (1989): L'économie française depuis 1967. Paris: Seuil.
Jehn, P. (1977): Die Ermächtigung der Gegenrevolution. Zur Entwicklung der kulturideologischen Frankreich-Konzeption bei Ernst Robert Curtius, in: M. Nerlich, 110–132.
Jeismann, M. (1992): Das Vaterland der Feinde. Studien zum nationalen Feindbegriff und Selbstverständnis in Frankreich und Deutschland 1792–1918. Stuttgart: Klett-Cotta.
Jetter, K. (1979): Partner und Konkurrenten, in: K. Hänsch, 64–107.
Jörg, Ch. (1989): Wie man aus drei Einbahnstraßen eine Kreuzung macht, in: Dokumente 45, 26–32.
Joffrin, L. (1992): La régression française. Paris: Seuil.
Jordan, L./B. Kortländer/F. Nies (Hrsg.) (1983): Interferenzen. Deutschland und Frankreich. Literatur – Wissenschaft – Sprache. Düsseldorf: Droste.
Jung, M./D. Roth (1994): Kohls knappster Sieg. Eine Analyse der Bundestagswahl 1994, in: apuz 51–52, 3–15.
Jurt, J./M. Ebel/U. Erzgräber (1989): Französischsprachige Gegenwartsliteratur 1918–1986/87. Eine bibliographische Bestandsaufnahme der Originaltexte und der deutschen Übersetzungen, 2 Bde. Tübingen: Niemeyer.
Kaelble, H. (1991): Nachbarn am Rhein. Entfremdung und Annäherung der französischen und deutschen Gesellschaft seit 1880. München: Beck.
Kaiser, K./P. Lellouche (Hrsg.) (^{2}1988): Deutsch-Französische Sicherheitspolitik. Bonn: Europa Union.
Kalmbach, G. (1990): Kulturschock Frankreich. Bielefeld: Rump.
Kappler, A./A. Grevel (1994): Tatsachen über Deutschland. Frankfurt a. M.: Societäts-Verlag.

Keller, T. (1983): Das Spiel – le match: oder Krieg der Vorurteile, in: Informationen Deutsch als Fremdsprache 1, 16–27.
– (1986): Umwelt und Krimi. Die französische Verstaatlichung der Ökologie, in: Dokumente 42, 167–170.
– (1986a): Deutsch-französische Physiognomien im Elsaß, in: G. Neuner (Hrsg.): Kulturkontraste im DaF-Unterricht. München: Iudicium, 217–240.
– (1993): Les verts allemands. Un conservatisme alternatif. Paris: L'Harmattan.
Kempf, U. (^{2}1980): Das politische System Frankreichs. Opladen: Westdeutscher Verlag.
– (1983): Die bürgerlichen Parteien Frankreichs: das R.P.R., die P.R. und das C.D.S., in: H. J. Veen (Hrsg.): Christlich-demokratische Parteien in Westeuropa, Bd. 2. Paderborn: Schöningh, 125–314.
– (1983a): Frankreich – Wandel bei gleichzeitiger Konstanz, in: Der Bürger im Staat 33/1, 32–37.
– (1989): Frankreichs Regierungssystem, in: Landeszentrale für politische Bildung Baden-Württemberg, 105–139.
– (1989a): Frankreichs Parteiensystem im Wandel, in: Landeszentrale für politische Bildung Baden-Württemberg, 140–176.
Kessler, F. (1984): La durée du travail en Allemagne: 150 ans d'histoire législative et conventionnelle, in: Allemagnes d'aujourd'hui 90, 6–25.
Kimmel, A. (1990): Le phénomène Front national, in: FrM 237, 14–16.
– (1991): Innenpolitische Entwicklungen und Probleme in Frankreich, in: apuz 47–48, 3–15.
Kimmel, A./J. Poujol (1982): Certaines idées de la France. Frankfurt a. M. Diesterweg.
Kißler, L./R. Lasserre (1987): Tarifpolitik. Ein deutsch-französischer Vergleich. Frankfurt a. M.: Campus.
Klarsfeld, S. (1989): Vichy-Auschwitz. Die Zusammenarbeit der deutschen und französischen Behörden bei der „Endlösung der Judenfrage" in Frankreich. Nördlingen: Delphi Politik.
Klatzmann, J. (^{2}1980): L'agriculture française. Paris: Seuil.
Klönne, A./H. Reese (1984): Die deutsche Gewerkschaftsbewegung. Hamburg: VSA.
Kloepfer, R./H. Landbeck (1988): Die Entwicklung von Fernsehästhetik im deutsch-französischen Vergleich, in: Frankreich-Jahrbuch, 183–209.
– (1991): Ästhetik der Werbung. Der Fernsehspot in Europa als Symptom neuer Macht. Frankfurt a. M.: Fischer.
Knight, U./W. Kowalsky (1991): Deutschland nur den Deutschen? Die Ausländerfrage in Deutschland, Frankreich und den USA. Erlangen: Straube.
Knipping, F./E. Weisenfeld (Hrsg.) (1988): Eine ungewöhnliche Geschichte. Deutschland – Frankreich seit 1870. Bonn: Europa Union.
Knoblauch-Foulquier, Y. (1981): Französische Revuen über deutsche Prosa zwischen 1946 und 1953, in: fh 12, 19–29.

Knoblauch-Foulquier, Y. (1983): Französische Revuen über deutsche Prosa von 1960 bis 1970, in: fh 14, 21–28.

– (1986): Französische Revuen über das deutsche Nachkriegstheater (1950–1970), in: fh 17, 469–477.

Koch, E. U./D. Schröter/P. Albert (Hrsg.) (1993): Deutsch-französische Medienbilder – Images médiatiques franco-allemandes. München: Fischer.

Koch-Hillebrecht, M. (1977): Das Deutschenbild. Gegenwart, Geschichte, Psychologie. München: Beck.

Kodron, Ch. (1980): Die Rolle der Lehrer in Deutschland und Frankreich im Vergleich: 5 Thesen, in: I. Hertzstell/D. R-Gross, 9–17.

Köhler, E. (1968): 'Conseil des barons' und 'jugement des barons', in: Sitzungsberichte der Heidelberger Akademie der Wissenschaften, Philos.-hist. Klasse, 4. Heidelberg: Winter.

Köller, H./B. Töpfer (1978): Frankreich – Ein historischer Abriß. Köln: Pahl-Rugenstein.

Kohut, K. (1983): Literatur der Résistance und Kollaboration in Frankreich, in: L. Jordan u. a., 111–120.

– (Hrsg.) (1982–84): Literatur der Résistance und Kollaboration in Frankreich, 3 Bde. Wiesbaden/Tübingen: Athenaion/Narr.

Kolboom, I. (1975): Zum Thema Kleinbürgertum in Frankreich, in: Lendemains 2, 41–53.

– (1978): Frankreichs Unternehmer zwischen Konfrontation und 'sozialer Öffnung': Die Strategie des CNPF seit 1972, in: Lendemains 11, 125–136.

– (1984): Le Pens Nationale Front, in: Dokumente 40, 229–230.

– (1984a): Hundert Jahre 'Loi Waldeck-Rousseau', in: Dokumente 40, 274–279.

– (1986): Ein Läufer auf der Stelle? Sicherheitspolitik – komplexes Bündel von Motiven und Kräften, in: Auslandskurier 27, Sonderausgabe Okt., 22–23.

– (1986a): Unsicherheiten in der deutsch-französischen Sonderbeziehung, in: Die internationale Politik 1983–1984. München: Oldenbourg, 147–159.

– (1990): Frankreich und die staatliche Neuordnung Deutschlands 1945–1949, in: W. Asholt/H. Thoma, 51–86.

– (1991): Vom geteilten zum vereinten Deutschland. Deutschland-Bilder in Frankreich. Bonn: Europa Union.

– (1991a): Die Vertreibung der Dämonen: Frankreich und das vereinte Deutschland, in: Frankreich-Jahrbuch, 211–218.

Koopmann, H. (1989): Freiheitssonne und Revolutionsgewitter. Reflexe der Französischen Revolution im literarischen Deutschland zwischen 1789 und 1840. Tübingen: Niemeyer.

Kortländer, B. (1983): '. . . das Mutterland der Zivilisation und der

Freiheit'. Aspekte von Heines Frankreichbild, in: L. Jordan u. a., 74–79.

Kortländer, B./F. Nies (Hrsg.) (1986): Französische Literatur in deutscher Sprache. Eine kritische Bilanz. Düsseldorf: Droste.

Kowalsky, W. (1983): 1981 – Blütezeit politischer Klubs, in: Lendemains 30, 82–84.

– (1986): Die Entwicklung der französischen Gewerkschaftsbewegung, in: Lendemains 41, 104–113.

– (^{2}1991): Frankreichs Unternehmer in der Wende (1965–1982). Rheinfelden: Schäuble.

Kramer, S. P. (1991): La question française, in: Politique étrangère 56, 959–974.

Krause, P. (1992): Einkommensarmut in der Bundesrepublik Deutschland, in: apuz 49, 3–17.

Krauskopf, J. (1985): Das Deutschland- und Frankreichbild in Schulbüchern. Tübingen: Narr.

Kremnitz, G. (1975): Die ethnischen Minderheiten Frankreichs. Tübingen: Narr.

Kreutz, W. (1990): Mannheim, Heidelberg und die Kurpfalz im Zeichen der Französischen Revolution, in: G. Thiele, 225–238.

Kreuzer, H./K. Prümm (Hrsg.) (1979): Fernsehsendungen und ihre Formen. Stuttgart: Reclam.

von Krockow, Ch. (Hrsg.) (1983): Brauchen wir ein neues Parteiensystem? Frankfurt a. M.: Fischer.

Kübler, H. D. (1979): Die Aura des Wahren oder die Wirklichkeit der Fernsehnachrichten, in: H. Kreuzer/K. Prümm, 249–289.

Kühnl, R. (^{13}1979): Formen bürgerlicher Herrschaft. Reinbek: Rowohlt.

Kuntze, O. E. (1978): Wirtschaftsmacht Frankreich, in: Der Bürger im Staat 28/1, 39–45.

Kursbuch Deutschland 85/86 (1985): München: Goldmann.

Lacam, J.-P. (1994): Haute fonction publique et politique, in: RegAct 204, 25–44.

Lafont, R. (1967): La révolution régionaliste. Paris: Gallimard.

Lammert, N. (1979): Das Phänomen der 'Staatsverdrossenheit' und die Strukturdefekte der Parteien, in: apuz 25, 3–14.

Landbeck, H. (1991): Medienkultur im nationalen Vergleich. Inszenierungsstrategien von Fernsehnachrichten am Beispiel der Bundesrepublik Deutschland und Frankreichs. Tübingen: Niemeyer.

Landeszentrale für politische Bildung Baden-Württemberg (Hrsg.) (1989): Frankreich. Stuttgart: Kohlhammer.

Lasserre, R. (1976): Sozialstruktur und politische Entwicklung, in: Menyesch, D./H. Uterwedde (Hrsg.): Sozialstruktur und Politik in Frankreich. Ludwigsburg: Deutsch-Französisches Institut, 32–40.

– (1977): Evolution de la structure sociale française, in: J. Olbert, 243–254 (zuerst in: fh 6 [1975], 12–23).

Lasserre, R. (Hrsg.) (1978): La France contemporaine. Guide bibliographique et thématique. Tübingen: Niemeyer.
– (1981): Tarifpolitik zwischen sozialem Konflikt und staatlicher Intervention, in: R. Lasserre u. a., 159–186.
– (1983): Concertation sociale et cogestion, in: G. Sandoz, 239–269.
– (1986): La coopération économique franco-allemande et l'Europe, in: Allemagnes d'aujourd'hui 94–95, 241–255.
– (1994): Die schwierige Reform des beruflichen Schulsystems, in: Frankreich-Jahrbuch, 55–64.
Lasserre, R./W. Neumann/R. Picht (Hrsg.) (1980/81): Deutschland – Frankreich: Bausteine zum Systemvergleich, 2 Bde. Gerlingen: Bleicher.
Laurent-Atthalin, C. (Hrsg.) (1983): Les nouveaux droits des travailleurs. Paris: La Découverte-Maspero/Le Monde.
Lebas, Y. (1981): Die Internationalisierung der französischen Wirtschaft, in: R. Lasserre u. a., 81–105.
Leber, St. (Hrsg.) ([2]1985): Die Pädagogik der Waldorfschule und ihre Grundlagen. Darmstadt: Wissenschaftl. Buchgesellschaft.
Lebon, A. (1990): Regard sur l'immigration et la présence étrangère en France. Paris: DF.
Lefranc, G. (1967/69): Le mouvement syndical, 2 Bde. Paris: Payot.
– (1976): Les organisations patronales en France. Paris: Payot.
Leggewie, C. (1986): Der König ist nackt. Ein Versuch, die Ära Mitterrand zu verstehen. Hamburg: VSA.
Leiner, W. (1988): 1870/71 – Wandel des Deutschlandbilds im Spiegel der französischen Literatur, in: F. Knipping/E. Weisenfeld, 28–46.
– (1989): Das Deutschlandbild in der französischen Literatur. Darmstadt: Wissenschaftl. Buchgesellschaft.
Leisewitz, A. (1980): Die Klassen- und Sozialstruktur der Bundesrepublik, in: U. Albrecht u. a. (Hrsg.): Beiträge zu einer Geschichte der Bundesrepublik Deutschland. Köln: Pahl-Rugenstein, 78–121.
Leithäuser, G. (1978): Nationalisierungen im Gemeinsamen Regierungsprogramm – eine linksorientierte und industriepolitische Alternative? in: Leviathan 6, 45–62.
Le Monde (1975): Dessins – Documents 74–75 (= supplém. aux Dossiers et documents du Monde). Paris.
– (1979): Vingt ans de réussite allemande. Paris: Economica.
– (1984): Les immigrés en France (= Dossiers et documents 115). Paris.
– (1986): La société française (= Dossiers et documents 130). Paris.
– (1986 a): Bilan économique et social (= Dossiers et documents, n° spécial). Paris.
– (1988): Les trente ans de la Ve République (= Dossiers et documents 158). Paris.
Leutrat, J.-L. (1990): Nouvelle vague, in: Lendemains 60, 85–87.
Liehr, G. (1990): Die französische Presselandschaft, in: Frankreich-Jahrbuch, 173–192.

– (1993): Soziale Bewegung oder Kommerzfunk? Die Entstehung der privaten Radios in Frankreich, in: Frankreich-Jahrbuch, 222–237.
Ligou, D. (1962): Histoire du socialisme en France (1871–1961). Paris: P.U.F.
Limouzin, P. (1987): L'économie de l'Ile-de-France. Paris: Ellipses.
Loch, D. (1990, ²1991): Der schnelle Aufstieg des Front National. Rechtsextremismus im Frankreich der achtziger Jahre. München: tuduv.
Loch, Th. M. (1963): Adenauer, de Gaulle. Bilanz der Staatsbesuche. Bonn: Athenäum/Junker und Dünnhaupt.
Löbsack, W. (1939): Der Osten als Aufgabe. Ostprobleme in der nationalsozialistischen Charaktererziehung, in: Der Deutsche im Osten 2/5, 76–78.
Lojkine, J./N. Viet-Depaule (1984): Classe ouvrière, société locale et municipalités en région parisienne. Paris: Ministère de l'Urbanisme et du Logement.
Loth, W. (1992): Geschichte Frankreichs im 20. Jahrhundert. Frankfurt a. M.: Fischer.
Loth, W./R. Picht (Hrsg. (1991): De Gaulle, Deutschland und Europa. Opladen: Leske u. Budrich.
Lüger, H. H. (1987): Publizistische Vielfalt und Konzentrationstendenz, in: ders., Die bundesdeutsche Presse. Clermont-Ferrand: CRDP, 21–36.
– (1991): Landeskunde – Aspekte eines problematischen Begriffs, in: Beiträge zur Fremdsprachenvermittlung 22, 4–37.
Lüsebrink, H.-J. (1992): Die Niederlage als Trauma – l'empire colonial als Kompensation, in: M. Grunewald/J. Schlobach, II, 357–370.
Lüsebrink, H. J./J. Riesz (Hrsg.) (1984): Feindbild und Faszination. Frankfurt a. M.: Diesterweg.
Maaß, G. (1993): Die verwelkte Rose. Der *Parti Socialiste* am Ende des Zyklus von Epinay, in: Dokumente 49, 276–281.
Madaule, J. (1973): Le drame albigeois et l'unité française. Paris: Gallimard.
Mallet, S. (⁴1969): La nouvelle classe ouvrière. Paris: Seuil.
Manac'h, B./D. Menyesch/J. Schildt (1993): Deutschland–Frankreich. Internationale Beziehungen und gegenseitige Verflechtung. Eine Bibliographie 1983–1990. München: Saur.
Manfrass, K. (Hrsg.) (1984): Paris – Bonn. Eine dauerhafte Bindung schwieriger Partner. Sigmaringen: Thorbecke.
Marchais, G. (1985): 25ᵉ congrès PCF – Espoir et combat pour l'avenir. Rapport du comité central présenté par G. M. Paris: Comité central du PCF.
Marcou, G./H. Kistenmacher/H. G. Clev (1994): L'aménagement du territoire en France et en Allemagne. Paris: DF.
Martelli, R. (1985): Communisme français. Histoire sincère du P.C.F. 1920–1984. Paris: Messidor.
Massot, J. (1993): Chef de l'Etat et chef du gouvernement. Dyarchie et hiérarchie. Paris: DF.

Mathien, M. (1983): La presse quotidienne régionale. Paris: P.U.F.
Mauriat, C. (1989): La presse audiovisuelle 1989/1990. Paris: Centre de formation et de perfectionnement des journalistes (CFPJ).
McRae, V. (1980): Die Gastarbeiter. München: Beck.
Medienbericht '85. Bericht der Bundesregierung über die Lage der Medien in der Bundesrepublik Deutschland 1985. Drucksache 10/5663 des Deutschen Bundestages, vom 16. 6. 1986. Bonn.
Meise, M. (1995): Die Entwicklung des französischen Fernsehens vom Staatsmonopol zum dualen System. Frankfurt a. M.: Lang.
Melde, W. (1987): Zur Integration von Landeskunde und Kommunikation im Fremdsprachenunterricht. Tübingen: Narr.
– (1989): Après le «Règne» du latin la «Terreur» des maths, in: fh 20, 388–398.
Mendras, H. (1970): La fin des paysans. Paris: Colin.
Ménudier, H. (1988): Vingt-cinq ans de coopération franco-allemande. Paris: DF.
Menyesch, D. (1978): Das alte und das neue Frankreich, in: Der Bürger im Staat 28/1, 39–45.
Menyesch, D./H. Uterwedde (1978): Wirtschaftliche und soziale Strukturen in der Bundesrepublik und in Frankreich, in: R. Picht, 46–90.
– (1982): Frankreich. Opladen: Leske.
– (1982a): Wirtschaft und Gesellschaft in der Bundesrepublik Deutschland. Heidelberg: Groos.
– (1982b): Partner oder Konkurrenten? Wirtschaftsbeziehungen zwischen nationalen Strategien und internationalen Abhängigkeiten, in: R. Picht, 105–139.
Mermet, G. (1990): Francoscopie. Paris: Larousse.
– (1995): Francoscopie. Paris: Larousse.
Merten, S. (1995): Fremdsprachenerwerb als Element interkultureller Bildung. Frankfurt a. M.: Lang.
Meyer-Kalkus, R. (1990): Deutsch-französische Kulturbeziehungen nach dem 9. November 1989, in: Lendemains 57, 146–148.
– (1990a): Auslandsstudium in Europa, in: Dokumente 46, 504–513.
Meyn, H. (1974): Massenmedien in der Bundesrepublik Deutschland. Berlin: Colloquium.
Michaud, G./G. Torrès (1978): Nouveau guide France. Paris: Hachette.
Mieck, I. (1992): Das Preußenbild der Franzosen zwischen 1815 und 1870, in: M. Grunewald/J. Schlobach, I, 281–301.
Miguet, N. (1984): Hersant, un industriel pragmatique, in: PrAct 180, 34–48.
Ministère de l'Industrie (1980ff.): Les chiffres clés de l'industrie française. Paris.
Ministère de l'Industrie et de l'Aménagement du Territoire (1988ff.): Les chiffres clés de l'industrie. Paris.
Ministère de l'Industrie et du Commerce extérieur (1991): Les chiffres clés de l'industrie dans les régions. Paris.

Ministère de l'Industrie, des Postes et Télécommunications et du Commerce Extérieur (1994): Les chiffres clés – l'industrie. Paris.
Miquel, P. (1973): L'affaire Dreyfus. Paris: P.U.F.
Mitterrand, F. (1984): Le Coup d'Etat permanent. Paris: Julliard (Erstausg. 1964).
Moissonnier, M. (1977): Die Confédération Générale du Travail (1895 bis 1976), in: Lendemains 7–8, 43–79.
Mommsen, W. J. (1978): Nationalbewußtsein und Staatsverständnis der Deutschen, in: R. Picht, 30–45.
Mondot, J./J.-M. Valentin/J. Voss (Hrsg.) (1992): Allemands en France. Français en Allemagne. 1715–1789. Sigmaringen: Thorbecke.
Monod, J./P. Castelbajac (1973): L'aménagement du territoire. Paris: P. U.F.
de Montbrial, T. (Hrsg.) (1988): RAMSES (= Rapport Annuel Mondial sur le Système Economique et les Stratégies). Paris: Dunod.
Moog, A. (1991): Nachbar Frankreich. Frankfurt a. M.: FAZ.
Morawe, B. (1983): Bonapartistisches Panoptikum – Parteiensystem und Parteienkrise in Frankreich, in: Ch. von Krockow, 188–202.
– (1985): 'Ein Gespenst geht um . . .' – Zur Krise der französischen Kommunisten, in: Dokumente 41, 134–142.
Morita-Clément, M. A. (1985): L'image de l'Allemagne dans le roman français de 1945 à nos jours. Nagoya: Presses Universitaires.
Morvan, Y. (1972): La concentration de l'industrie en France. Paris: Colin.
Moutoussamy, E. (1988): Les DOM-TOM – enjeu géopolitique, économique et stratégique. Paris: L'Harmattan.
Müller, B. (1975): Das Französische der Gegenwart. Heidelberg: Winter.
Müller, K. (1988): Außenhandel 1987 nach Herstellungs- und Verbrauchsländern, in: Wirtschaft und Statistik 2, 119–127; Anhang 54*–56*.
Müller-Rommel, F. (1983): Die Grünen – künftig ein fester Bestandteil unseres Parteiensystems? in: Der Bürger im Staat 33/1, 17–20.
Musso, P. (1994): La télévision du futur: du sablier au roseau, in: Médiaspouvoirs 33, 27–37.
Musso, P./M. Volle (1995): De la médiation à la télémédiation audiovisuelle, in: Médiaspouvoirs 37, 77–85.
Neifeind, Ch. (1995): Dans un lycée français – die andere Erfahrung, in: fh 26, 15–21.
Nerlich, M. (Hrsg.) (1977): Kritik der Frankreichforschung. Berlin: Argument.
Neumann, W. (1981): Tarifbeziehungen als institutionalisierte Machtverteilung, in: R. Lasserre u. a., 115–158.
Neuschäfer, A. (1989): Die Bühne als Mittler. Zum deutsch-französischen Theaterdialog 1951–1989, in: Lendemains 54, 48–56.
Nicoud, G. (1972): Les dernières libertés . . . menottes aux mains. Paris: Denoël.
Nies, F. (1983): Drei Musketiere und ein kleiner Prinz? Französische Literatur in der Bundesrepublik, in: L. Jordan u.a., 138–152.

Nieser, B. (1977): Kommentierte Bildungsstatistik: Frankreich. Marburg: Forschungsstelle für vergleichende Erziehungswissenschaft.

– (1990): Bildungspolitik in Frankreich (1975–1985). Vergleichende Daten und Analysen. München: Saur.

Nivollet, A. (1987): Commerce international: la compétition France – RFA, in: RegAct 129, 3–18.

Noblecourt, M. (1990): Les syndicats en question. Paris: Editions Ouvrières.

Nowka, M. (1983): Die wirtschaftliche Phänomenologie des Spielfilms als Ware. Berlin (Diss.).

Nutzinger, H. G. (1981): Betriebsverfassung und Mitbestimmung: Soziale Beziehungen im Unternehmen, in: R. Lasserre u. a., 187–212.

Oberndörfer, D. (Hrsg.) (1978): Sozialistische und kommunistische Parteien in Westeuropa, Bd. 1. Opladen: Leske.

O.C.D.E. (Hrsg.) (1974): La politique industrielle de la France. Paris.

Oehler, D. (1984): Heines Paris nach 1848, in: H. J. Lüsebrink/J. Riesz, 39–54.

Oerter, H./W. Hörner (1995): Frankreich, in: U. Lauterbach (Hrsg.): Internationales Handbuch der Berufsbildung (IHBB), Grundwerk S. F1–F121, Baden-Baden: Nomos.

Østergaard, B. S. (Hrsg.) (1992): The Media in Western Europe. The Euromedia Handbook. London/Newbury Park/New Delhi: SAGE Publications.

OFAJ (1991): Rapport d'activité 1990, in: Allemagne d'aujourd'hui 117, 86–91.

Olbert, J. (Hrsg.) (1977): Gesammelte Aufsätze zur Frankreichkunde. Frankfurt a. M.: Diesterweg.

Ory, P. (1977): Les collaborateurs 1940–1945. Paris: Seuil.

Ott-Meimberg, M. (1980): Kreuzzugsepos oder Staatsroman? Strukturen adeliger Heilsversicherung im deutschen *Rolandslied*. Zürich/München: Artemis.

Pabst, W. (Hrsg.) (1983): Das Jahrhundert der deutsch-französischen Konfrontation. Ein Quellen- und Arbeitsbuch zur deutsch-französischen Geschichte von 1866 bis heute. Hannover: Nieders. Landeszentrale f. polit. Bildung.

Parti socialiste (1972): Changer la vie. Programme de gouvernement du Parti socialiste. Paris: Flammarion.

Passet, E. (1990): Kultur-Knigge Frankreich. Köln: Hayit.

Peter, L. (1985): Zwischen Reformpolitik und Krise – Gewerkschaften in Frankreich 1980–1985. Frankfurt a. M.: IMSF.

Peyrefitte, A. (1976): Le mal français. Paris: Plon.

Pfromm, R. (Hrsg.) (1991): Mensch – der Welt Ruin? Ökologische Perzeption und Perspektiven in Deutschland und Frankreich. Gummersbach: Theodor-Heuss-Akademie.

Picaper, H. P. (1983): Vers le IVe Reich. Ecologistes et gauchistes contre la démocratie en Allemagne fédérale. Paris: Masson.

Picht, R. (Hrsg.) (1978): Deutschland – Frankreich – Europa. München: Piper.
– (1980): Interesse und Vergleich: zur Sozialpsychologie des Deutschlandbilds, in: Jahrbuch Deutsch als Fremdsprache 6, 120–132.
– (1981): Die Ära der Technokraten: Das Führungspersonal der V. Republik, in: R. Lasserre u. a., 197–222.
– (Hrsg.) (1982): Das Bündnis im Bündnis. Deutsch-französische Beziehungen im internationalen Spannungsfeld. Berlin: Severin und Siedler.
Picht, R./W. Neumann (1984): Basisbibliographie zur Bundesrepublik Deutschland 1983. München: Hueber.
Plantu (1990): Un vague souvenir! Paris: Le Monde.
Pletsch, A. (1991): Sturkturwandel des Pariser Großraums, in: Frankreich-Jahrbuch, 79–93.
Plihon, D. (1987): La balance des paiements française: un redressement précaire, in: RegAct 131, 46–57.
Pöhl, K. (1995): La langue française en Allemagne ou pour un marketing de la langue, in: Allemagne d'aujourd'hui 131, 99–104.
Poidevin, R./J. Bariéty (1977): Les relations franco-allemandes 1815–1975. Paris: Colin.
Presse Actualité (1985): L'année 1984 des médias (n° hors série). Paris: Bayard.
Priewe, J./R. Hickel (1991): Der Preis der Einheit. Bilanz und Perspektiven der deutschen Vereinigung. Frankfurt a. M.: Fischer.
Programme commun de gouvernement du parti communiste et du parti socialiste (1972). Paris: Edition sociales.
Programme commun de gouvernement. Parti socialiste, Parti communiste, Mouvement des radicaux de gauche (1973). Paris: Flammarion.
Prokop, D. (1979): Faszination und Langeweile. Die populären Medien. Stuttgart: Enke.
Prost, A. (1979): Petite histoire de la France au XXe siècle. Paris: Colin.
Quid (1984 ff.), hrsg. v. D. Frémy/J. Frémy. Paris: Laffont.
Rappenecker, H. (1990): Que faire dans une classe d'allemand? Erfahrungen eines Austauschlehrers an einem lycée polyvalent, in: fh 21, 357–369.
Raschke, J. (1993): Die Grünen. Wie sie wurden, was sie sind. Köln: Bund-Verlag.
Ravy, Ch./G. Ravy (1977): L'image de l'Autriche dans les manuels d'allemand en France (1950–1975). Université de Rouen: Centre d'Etudes et de Recherches Autrichiennes.
Reboul, J.-Ph./N. Tenzer (1988): Le libéralisme audiovisuel, in: Le débat 52, 98–106.
Regards sur l'Actualité 79 (1982), n° spécial: nationalisations. Paris: DF.
Rehfeldt, U. (1991): Strukturkrise der Gewerkschaften, in: Frankreich-Jahrbuch, 95–111.

Rehfeldt, U. (1993): Die Krise der Gewerkschaften ist noch nicht überwunden, in: Dokumente 49, 391–397.
Reichel, E. (1984): 'Rechts' und 'links' in Frankreich – heute, in: fh 15, 393–406.
– (1986): Das Preußenbild in der französischen Literatur des 19. und 20. Jahrhunderts, in: fh 17, 419–432.
Rémond, R. (1978 a): Staat und Nation in Frankreich, in: R. Picht, 19–29.
– (1978 b): Suggestions pour une explication historique de la France contemporaine, in: G. Baumgratz/R. Picht (Hrsg.): Perspektiven der Frankreichkunde II. Tübingen: Niemeyer, 15–23.
– ([4]1982): Les droites en France. Paris: Aubier Montaigne.
Reynaud, J. D. (1975): Les syndicats en France, 2 Bde. Paris: Seuil.
Rials, St. (1985): La droite ou l'horreur de la volonté, in: Le débat 33, 34–48.
Richard, G. (1979): Les institutions politiques de la France. Paris: Flammarion.
Rioux, J. P. (1983): La France de la Quatrième République, Bd. 2. Paris: Seuil.
Ripert, J. (1990): L'égalité sociale et le développement économique dans les DOM. Paris: DF.
Ritzenhofen, M. (1995): Sieg oder Zwietracht, in: Dokumente 51, 95–101.
Roche, J. (1961): Originalité de la civilisation française. in: FrM 2, 16–21.
Röper, B. ([2]1977): Wirtschaftsnachrichten in der Weltpresse. München: Francke.
Röper, H. (1991): Die Entwicklung des Tageszeitungsmarktes in Deutschland nach der Wende in der ehemaligen DDR, in: Media Perspektiven 7, 421–430.
– (1994): Marktverschiebungen durch neue Titel, in: Media Perspektiven 10, 478–488.
– (1994 a): Formationen deutscher Medienmultis 1993, in: Media Perspektiven 3, 125–144.
Ronge, P./A. Deligne (Hrsg.) (1987): Von de Gaulle bis Mitterand. Politische Karikatur in Frankreich 1958–1987. Münster: Westfäl. Landesmuseum f. Kunst u. Kulturgeschichte.
Rose, M. J. (1989): Les syndicats français, le jacobinisme économique et 1992, in: Sociologie du Travail 31, 1–28.
Rouault, R. (1990): L'enseignement privé en France. Quelle place et quel rôle dans les régions?, in: Géographie sociale 7, 117–132.
Rousso, H. (1987): Le syndrome de Vichy. Paris: Seuil.
Rovan, J. (1986): Zwei Völker – eine Zukunft. München: Piper.
Rovan, J./W. Weidenfeld (Hrsg.) (1982): Europäische Zeitzeichen. Elemente eines deutsch-französischen Dialogs. Bonn: Europa Union.
Rozenblum, S. A. (1980): Evolution oder Mutation der französischen Presse? in: R. Lasserre u. a., 281–323.

RPR (1983): Plan de redressement économique et social. Paris: RPR.
Ruf, W. (1988): Kecker Spatz – Was nun? Perspektiven der deutsch-französischen Militärkooperation, in: Lendemains 51, 135–147.
Rupp, H. K. (²1982): Politische Geschichte der Bundesrepublik Deutschland. Stuttgart: Kohlhammer.
Rutz, W./K. Scherf/W. Strenz (1993): Die fünf neuen Bundesländer. Historisch begründet, politisch gewollt und künftig vernünftig? Darmstadt: Wissenschaftl. Buchgesellschaft.
Sandoz, G. (1981): Nach dem Sieg Mitterrands – Parti socialiste: Dogma oder Sozialdemokratie? in: Dokumente 37, 109–114.
– (Hrsg.) (1983): Les Allemands sans miracle. Paris: Colin.
– (1985): Das Dilemma der französischen Sozialisten, in: Dokumente 41, 47–53.
– (1986): Frankreich: eine andere Republik? in: Dokumente 42, 204–211.
Sauder, G./J. Schlobach (Hrsg.) (1986): Aufklärungen. Frankreich und Deutschland im 18. Jahrhundert. Heidelberg: Winter.
Sauvaget, D. (1983): Le cinéma allemand: itinéraire d'une renaissance, in: G. Sandoz, 205–238.
Sauzay, B. (1985): Die rätselhaften Deutschen. Die Bundesrepublik, von außen gesehen. Stuttgart: Bonn aktuell.
Schäfer, W. (1989): Die französische Gewerkschaftsbewegung in der Krise. Köln: Bund.
Scharf, C./H. J. Schröder (Hrsg.) (1983): Die Deutschlandpolitik Frankreichs und die Französische Zone 1945–1949. Wiesbaden: Steiner.
Schelsky, H. (1979): Die Bedeutung des Schichtungsbegriffes für die Analyse der gegenwärtigen deutschen Gesellschaft, in: ders., Auf der Suche nach Wirklichkeit. München: Goldmann, 326–332 (erstmals 1953).
Scherrer, V. (1987): La France paresseuse. Paris: Seuil.
Schlangen, W. (Hrsg.) (1977): Politische Grundbegriffe. Stuttgart: Kohlhammer.
Schmid, K. P. (1983): Marktwirtschaft – ein Fremdwort?, in: Dokumente 39, Sonderheft Jan., 101–105.
– (1985): Blieb alles beim alten? Regierung und elektronische Medien in Frankreich, in: Dokumente 41, 128–133.
Schmidt, B./J. Doll/W. Fekl/S. Loewe (1981/83): Frankreich-Lexikon, 2 Bde. Berlin: Schmidt.
Schmitt, K. (1991): Die politischen Eliten der V. Republik: Beharrung und Wandel, in: apuz 47–48, 26–36.
Schnabel, F. (1980): Zwischen Dezentralisierung und Zentralisierung – zur politischen und administrativen Organisation der Bundesrepublik Deutschland, in: R. Lasserre u. a., 61–97.
Schneilin, G. (1992): L'image de la France dans les manuels scolaires pour l'enseignement de la civilisation française en R.F.A. de 1950 à 1990, in: M. Grunewald/J. Schlobach, II, 417–430.
Schonauer, F. (1965): La littérature après 1945, in: Allemagne 1945–1965, Arts – lettres – spectacles. Paris: Documents, 48–74.

Schroeder, M. (1993): France-Allemagne: L'existence de deux logiques de communication, in: U. E. Koch u. a., 21–42.
Schüle, K. (1983): Politische Landeskunde und kritische Fremdsprachendidaktik. Paderborn: Schöningh.
Schütz, W. J. (1974): Zwischen Kooperation und Konzentration, in: G. Mantwill (Hrsg.): Medien und Archive. München: Pullach, 58–74.
– (1979): Kaum noch Objekte für die Pressekonzentration?, in: Media Perspektiven 9, 600–612.
– (1994): Deutsche Tagespresse 1993, in: Media Perspektiven 4, 168–198.
– (1994 a): Redaktionelle und verlegerische Struktur der deutschen Tagespresse, in: Media Perspektiven 4, 199–216.
Schultze, R. O. (1987): Die Bundestagswahl 1987 – eine Bestätigung des Wandels, in: apuz 12, 3–17.
Schulz, F. F. (1990): Konzentrationstrend in Frankreichs Medienlandschaft, in: Media Perspektiven 3, 175–193.
Schulze, V. (^{2}1991): Die Zeitung. Aachen: Hahner Verlagsgesellschaft.
Schumacher, A. W. (1986): Kino in Pagoden und Palästen. Warum Filmfreunde ihr Mekka in Paris finden, in: Dokumente 42, 356–358.
Schumacher, H. (1992): Einwanderungsland BRD. Düsseldorf: Zebulon.
Schuster, D. (^{2}1974): Die deutschen Gewerkschaften seit 1945. Stuttgart: Kohlhammer.
Schwartz, Th. A. (1991): America's Germany. John Mc Cloy and the Federal Republic of Germany. Cambridge Mass./London: Harvard University Press.
Schwarz, H. P. (1988): Eine Entente élémentaire. Das deutsch-französische Verhältnis im 25. Jahr des Elysée-Vertrages. Bonn: Europa Union.
Seul, O. (1981): La presse 'alternative' en RFA, in: Allemagnes d'aujourd'hui 77, 33–44.
von Seydlitz, E. (1912): Geographie, Ausgabe B, bearb. von A. Rohrmann. Breslau: Hirt.
Sieburg, H. O. (1975): Geschichte Frankreichs. Stuttgart: Kohlhammer.
SJTI (Service Juridique et Technique de l'Information) (1990): Tableaux statistiques de la presse. Paris: DF.
Sontheimer, K. (^{10}1985): Grundzüge des politischen Systems der Bundesrepublik Deutschland. München: Piper.
Statistisches Bundesamt (Hrsg.) (1983): Datenreport. Stuttgart: Bonn aktuell.
– (1992): Länderbericht Frankreich. Stuttgart: Metzler-Poeschel.
Steel, J. (1991): Littérature de l'ombre. Paris: Presses de la Fondation nationale des sciences politiques.
Steiert, R. (1978): Die Gewerkschaften in der französischen Politik, in: Der Bürger im Staat 28/1, 57–63.
Steinkühler, F. (Hrsg.) (1989): Europa '92. Industriestandort oder sozialer Lebensraum. Hamburg: VSA.

Stephan, R. (1978): Schule und Hochschule, in: K. Hänsch, 145–179.
Stoll, A. (Hrsg.) (1990): Le guide de la presse. Paris: OFUP.
Stooß, F. (1981): Bildungssystem und berufliche Qualifikation, in: R. Lasserre u. a., 271–323.
Straßner, E. (1982): Fernsehnachrichten, Tübingen: Niemeyer.
Stübs, H. (1992): Französisch in Sachsen, in: fh 23, 23–26.
Szil, E. (1994): Enjeux d'une politique de réduction des inégalités, in: RegAct 202, 31–45.
Thibaut, P. (1992): Réunification et colonisation des médias est-allemands, in: Médiaspouvoirs 26, 156–162.
Thiel, E. (1992): Europäische Wirtschafts- und Währungsunion, in: apuz 7–8, 3–11.
Thiele, G. (Hrsg.) (1990): Demokratisierung in der Französischen Revolution: Wirkungen auf Deutschland. Villingen-Schwenningen: Neckar.
van Tieghem, Ph. (1961): Les influences étrangères sur la littérature française (1550–1880). Paris: P.U.F.
Tiemann, D. (1981): Französische und deutsche Schüler über ihre Nachbarn am Rhein, in: M. Christadler, 170–185.
– (1982): Frankreich- und Deutschlandbilder im Widerstreit. Bonn: Europa Union.
– (1989): Deutsch-französische Jugendbeziehungen der Zwischenkriegszeit. Bonn: Bouvier.
Timm, E. (Hrsg.) (1990): Geist und Gesellschaft. Zur deutschen Rezeption der Französischen Revolution. München: Fink.
Todd, E. (1988): La nouvelle France. Paris: Seuil.
Trotignon, Y. (1968/72): La France au XXe siècle, 2 Bde. Paris: Bordas-Mouton.
Trouillet, B. (1981): Das deutsch-französische Verhältnis im Spiegel von Kultur und Sprache. Weinheim/Basel: Beltz.
Truffart, F. (1990): Le Guide des télévisions en Europe–1991. Paris: Bayard/Médiaspouvoirs.
Tsiakalos, G. (1983): Ausländerfeindlichkeit. München: Beck.
Uhrich, R. (1987): La France inverse? Paris: Economica.
Uren, O. (1952): Le vocabulaire du cinéma, in: Le français moderne 20, 41–52 u. 201–222.
Uterwedde, H. (1979): Wirtschaft im Vergleich. Tübingen: Niemeyer.
– (1988): Die Wirtschaftspolitik der Linken in Frankreich. Frankfurt a. M.: Campus.
– (1988 a): Sozio-ökonomische Entwicklung in den 80er Jahren: Brüche und Kontinuitäten, in: Frankreich-Jahrbuch, 31–48.
– (1991): Inégalités sociales. Struktur, Entwicklung und Ursachen der Einkommensungleichheit in Frankreich, in: Lendemains 62, 120–131.
von Uthmann, J. (1984): Le diable est-il allemand? Paris: Denoël.
Vaillant, J. (1984): Die Linke in Frankreich nach dem Bruch der Linksunion, in: Lendemains 36, 78–81.

Valance, G. (1990): France-Allemagne. Le retour de Bismarck. Paris: Flammarion.

Verdié, M. (Hrsg.) (1987/89): L'état de la France et de ses habitants. Paris: La Découverte.

Verheyen, G. (1992): Studium der Geschichtswissenschaften in Frankreich: Ein Leitfaden. Bonn: DAAD.

Vertrag (1963) = Gesetz zu der gemeinsamen Erklärung und zu dem Vertrag vom 22. Januar 1963 (. . .) Bonn: Presse- und Informationsamt der Bundesregierung.

Vincent, G. (1974): Le peuple lycéen. Enquête sur les élèves de l'enseignement secondaire. Paris: Gallimard.

Voss, G. (1984): Les industries de croissance et l'avenir économique, in: Documents 39/5, 54–64.

Voss, I. (1987): Herrschertreffen im frühen und hohen Mittelalter. Wien: Böhlau.

Voss, J. (Hrsg.) (1983): Deutschland und die Französische Revolution. München/Zürich: Artemis.

– (1991): Karl von Rotteck und die Französische Revolution, in: R. Dufraisse, 157–175.

– (1992): Deutsch-französische Beziehungen im Spannungsfeld von Absolutismus, Aufklärung und Revolution. Bonn/Berlin: Bouvier.

Voss, K. (Hrsg.) (1961): L'Allemagne jugée par la France. Frankfurt a. M.: Diesterweg.

Vossler, K. (1951): Die Dichtungsformen der Romanen, hrsg. v. A. Bauer. Stuttgart: Koehler.

Wagner, B. (1972): Innenbereich und Äußerung. Flaubertsche Formen indirekter Darstellung und Grundtypen der erlebten Rede. München: Fink.

Wallraff, G. (1977): Der Aufmacher. Köln: Kiepenheuer & Witsch.

– (1979): Zeugen der Anklage. Köln: Kiepenheuer & Witsch.

Weber, H. (1988): Cultures patronales et types d'entreprises: esquisse d'une typologie du patronat, in: Sociologie du Travail 30, 545–566.

de Weck, R. (1986): Der Störfaktor Le Pen, in: E. Weisenfeld, 46–52.

Wehler, H. U. (^{4}1980): Das Deutsche Kaiserreich 1871–1918. Göttingen: Vandenhoeck & Ruprecht.

Wehner, B. (1994): Deutschland stagniert. Von der ost- zur gesamtdeutschen Wirtschaftskrise. Darmstadt: Wissenschaftl. Buchgesellschaft.

Wehrlin, M. (1985): Aspects juridiques et économiques, in: E. Segneri/M. Wehrlin: Le marché du film en Europe face aux nouvelles technologies. Strasbourg (Conseil de l'Europe, conseil de coopération culturelle), 33–52.

Weisenfeld, E. (^{2}1982): Frankreichs Geschichte seit dem Krieg. München: Beck.

– (1986): Welches Deutschland soll es sein? Frankreich und die deutsche Einheit seit 1945. München: Beck.

Weiss, G. (Hrsg.) (1981): L'amitié franco-allemande: une réalité? Leistungskurse. Stuttgart: Klett.
Weller, F. R./K. R. Wenger (1983): Frankreich heute – ein Literaturbericht, in: Die Neueren Sprachen 82, 481–517.
Wenger, K. (1987): Medienmacht und Medienmarkt. Zur Veränderung der Medienstrukturen in Frankreich, in: Media Perspektiven 8, 517–527.
– (1989): Neue Medien – neue Programme? Eine erste Bestandsaufnahme der französischen Medienpolitik seit 1982, in: Frankreich-Jahrbuch, 133–151.
Werner, K. F. (1984): Aktualität des Vergangenen – Geschichte der Gegenwart. 10 Jahrhunderte Deutschland und Frankreich, in: Dokumente 40, Sonderheft Febr., 11–27.
– (1985): France et Allemagne: antagonisme fatal? Une réflexion historique, in: Revue des Sciences morales et politiques 140, 309–324.
Werth, B. (1991): Alte und neue Armut in der Bundesrepublik Deutschland. Berlin: VWB.
Wetzel, K. (1987): Die Krise des Neuen deutschen Films, in: Media Perspektiven 2, 90–98.
Wex, H. (1985): Bonn – Paris: Ein Pakt für ein vereintes Europa, in: Dokumente 41, 4–8.
Wiede-Bouvier, B. (1993): Unter Brüdern! Zur „Fraternisierung“ zwischen französischen Sozialisten und deutscher Sozialdemokratie, in: Frankreich-Jahrbuch, 239–253.
Wilkens, A. (1990): Der unstete Nachbar. Frankreich, die deutsche Ostpolitik und die Berliner Vier-Mächte-Verhandlungen 1969–1974. München: Oldenbourg.
Willaime, J. P. (1985): Ethos und Politik im französischen Protestantismus, in: Dokumente 41, 39–46.
Williams, A. (1992): Republic of Images. A History of French Filmmaking. Cambridge MA: Harvard University Press.
Wurm, C. A. (1985): Die Gewerkschaften unter Mitterrand, in: Dokumente 41, 54–61.
Ysmal, C. (1989): Les partis politiques sous la Ve République. Paris: Montchrestien.
Ziebura, G. (1970): Die deutsch-französischen Beziehungen seit 1945. Pfullingen: Neske.
– (1993): Frankreich nach der vierten Alternance. Ein Ende der Geschichte *à la française*? in: Lendemains 69/70, 260–269.
Zimmermann, M. (Hrsg.) (1982): Occupation allemande et Résistance intellectuelle. Berlin: CVK.
Zürn, P. (1965): Die republikanische Monarchie. München: Beck.
20 Jahre deutsch-französische Zusammenarbeit / 20 années de coopération franco-allemande (1983). Bonn: Presse- und Informationsamt der Bundesregierung.

REGISTER HISTORISCHER PERSONEN

Adenauer, Konrad 91. 320. 322. 350. 354 ff.
Aragon, Louis 87 f.
Aristoteles 267 f.

Babeuf, Gracchus 87. 336
Balladur, Edouard 72. 137. 255
Barbie, Klaus 348
Barbusse, Henri 87
Barre, Raymond 53. 67. 95. 132. 152. 155
Barthes, Roland 264
Beauvoir, Simone de 89
Bebel, August 339
Benda, Julien 88
Benn, Gottfried 344
Benoist, Jean-Marie 89
Bérégovoy, Pierre 85. 262
Bergson, Henri 255
Berlusconi, Silvio 311. 313
Beuve-Méry, Hubert 279 f.
Bismarck, Otto von 341. 354
Blum, Léon 39. 79. 255
Boileau, Pierre 319
Boisdeffre, Pierre de 363
Boulanger, Georges 39
Bouygues, Francis 307. 312. 323
Brandt, Willy 222. 362
Breton, André 87
Briand, Aristide 344
Buchheim, Lothar-Günther 322
Bürger, Gottfried August 336
Buñuel, Luis 319

Cachin, Marcel 83
Calvin, Jean 335
Capet, Hugo 5
Caro, E. M. 341
Carolus Magnus 328. 332. 337 f.
Cavaignac, Louis Eugène 39
Chaban-Delmas, Jacques 274
Chabrol, Claude 320. 323
Charlemagne s. Carolus Magnus
Charles VII 7
Chevènement, Jean-Pierre 85. 237. 255
Chirac, Jacques 20. 44. 55. 68. 69 f. 71. 72. 95. 107. 136. 155. 250. 255. 348
Choltitz, Dietrich von 348
Clair, René 319
Clemenceau, Georges Benjamin 76. 343
Cocteau, Jean 319 f.
Colbert, Jean-Baptiste 8. 150. 357
Comenius, Jan Amos 219
Courteline, Georges 4
Cousin, Victor 340
Cresson, Edith 85. 141
Curtius, Ernst Robert 341

Daladier, Edouard 76
Dalberg, Karl-Theodor von 338
Daniel, Jean 273
De Gaulle s. Gaulle
Debré, Michel 4. 42
Defferre, Gaston 33
Delors, Jacques 155
Devaquet, Alain 250. 262
Döblin, Alfred 344
Dörrie, Doris 322
Dreyfus, Alfred 39. 76
Dreyfus, Pierre 135
Drieu La Rochelle, Pierre 344
Duhamel, Georges 87
Dumas, Alexandre (fils) 320

Dumas, Alexandre (père) 320
Duvivier, Julien 319

Eckart, Meister 267
Eichenbaum, Boris 318
Eluard, Paul 87
Ende, Michael 322
Engels, Friedrich 339 f.

Fabius, Laurent 155. 157. 255
Fabre, Robert 77
Fassbinder, Rainer-Werner 322
Faure, Maurice 77
Fénelon, François de Salignac de la Mothe 266
Ferdinand von Habsburg 333
Ferry, Jules 76. 243. 266
Flake, Otto 344
Flaubert, Gustave 323
Fleischmann, Peter 321
Fouchet, Christian 243
France, Anatole 87
François Ier 7. 264. 329. 333
Franz I. s. François Ier
Franz II. (Österr.) 332
Freinet, Célestin 219. 236
Friedeburg, Ludwig von 225
Friedrich II. von Preußen 334. 354 f.
Friedrich Wilhelm von Brandenburg 334
Fustel de Coulanges, Numa-Denis 255

Gabin, Jean 319
Gaulle, Charles de 30 ff. 38. 44 ff. 52. 54. 56. 65–68. 88. 131. 160. 236. 303. 330. 345. 347–350. 354–358. 362
Genet, Jean 363
Genscher, Hans-Dietrich 373
Gide, André 87
Giono, Jean 344
Giraudoux, Jean 255. 344
Giroud, Françoise 272
Giscard d'Estaing, Valéry 40. 44. 46. 54. 66 f. 68. 73 f. 77. 82 f. 132. 152. 243. 255. 273. 298 f. 302 f. 307. 351. 358
Glucksmann, André 89
Godard, Jean-Luc 320. 321 f. 323 f.
Görres, Johann Joseph 336
Goethe, Johann Wolfgang von 92. 268. 335. 341
Goll, Yvan 344
Gorbatschow, Michail 372
Greimas, Algirdas Julien 264
Grosser, Alfred 346. 363
Guesde, Jules 78 f.
Guitry, Sacha 319

Haby, René 243
Hanon, Bernard 253 f.
Heidegger, Martin 344
Heine, Heinrich 338. 340
Heinrich IV. s. Henri IV
Henri IV 7. 333
Henri-Lévy, Bernard 89
Hernu, Charles 98
Herriot, Edouard 255
Hersant, Robert 289–291. 295 f. 307. 311. 313
Herzog, Werner 322 f.
Hitler, Adolf 328. 332. 345–348. 363
Hugo, Victor 320. 327. 340. 345
Humboldt, Wilhelm von 238 f. 267 f. 336

Jaurès, Jean 78 f. 83. 236. 255
Jeanne d'Arc 320. 333
Joliot-Curie, Irène u. Frédéric 88
Jospin, Lionel 86. 255. 261
Juppé, Alain 71. 194. 255. 304
Juquin, Pierre 91

Kahn, Jean-François 274 f.
Kant, Immanuel 341

Karl der Große s. Carolus Magnus
Karl V. (Charles Quint) 329. 333. 341
Karl VII. s. Charles VII
Kautsky, Karl 79
Kirch, Leo 311 f.
Kluge, Alexander 323
Kohl, Helmut 285. 331. 360. 373 ff.

Labbé, Claude 295
Lagardère, Jean-Luc 304. 307
Laguiller, Arlette 92
Lajoinie, André 91
Lanonde, Brice 93
Lamartine, Alphonse de 340
Lang, Jack 262. 299. 316
Langevin, Paul 88
Lasalle, Ferdinand 202
Lavisse, Ernest 342
Le Corbusier (Charles-Edouard Jeanneret) 88
Le Pen, Jean-Marie 95 f.
Lecanuet, Jean 77
Leclerc (Philippe Marie de Hautecloque) 348
Léger, Fernand 88
Leibniz, Gottfried Wilhelm 334
Leopold von Hohenzollern 341
Léotard, François 75
Lichtenberger, Henri 327. 344
Liebknecht, Wilhelm 339
Lilienthal, Peter 322
Louis Philippe 38
Louis XI 7
Louis XIII 7
Louis XIV 8. 22. 150. 329. 333 f. 362
Ludwig XIV. s. Louis XIV
Lumière, Brüder 319
Luther, Martin 238. 267. 329. 334

Mac-Mahon, Edme-Patrice 39
Malle, Louis 323
Malraux, André 87 f.
Malthus, Thomas Robert 170
Manet, Edouard 319
Mann, Heinrich 344
Marais, Jean 319
Marchais, Georges 68. 83
Maréchal, Maurice 276
Marx, Karl 191. 340
Mauroy, Pierre 34. 85. 233
Maximilian von Habsburg 341
Mazarin, Jules 333
Méhaignerie, Pierre 76
Mendès-France, Pierre 76. 272
Mermaz, Louis 85
Michelet, Jules 340
Mitterrand, François 4. 30. 40. 44. 52 ff. 71. 80 ff. 86. 88. 94. 96. 98. 243. 273. 275. 299. 302. 307. 331. 351. 374
Moltke, Helmut von 341
Monnet, Jean 352
Montesquieu, Charles de 54

Napoléon Ier 9. 11. 32. 38 f. 229. 236. 320. 328. 330. 335. 337 ff. 354
Napoléon III 3. 32. 39. 340
Narcejac, Thomas 319
Nerval, Gérard de 340
Nietzsche, Friedrich 344
Noir, Michel 70 f.

Otto I. 329. 332

Pascal, Blaise 266
Pasqua, Charles 71
Pasteur, Louis 255
Péguy, Charles 255
Pestalozzi, Johann Heinrich 219
Pétain, Philippe 345 f. 348
Petersen, Wolfgang 322
Peyrefitte, Alain 3. 169. 218. 255. 295
Pflimlin, Pierre 41
Philipp II. August 6. 22. 332

Philipp II. von Spanien 333
Picasso, Pablo 88
Pompidou, Georges 32. 40. 54. 66. 68. 160. 236. 255. 303. 357. 362. 369
Pons, Bernard 20
Proudhon, Pierre-Joseph 199

Rabelais, François 219
Reagan, Ronald 366
Renan, Ernest 340
Renoir, Jean 88. 319 f.
Resnais, Alain 320
Richelieu 7. 333
Rilke, Rainer Maria 344
Rivau, Jean de 368
Rocard, Michel 20. 46. 57. 76. 84 f. 86. 195. 255
Rohmer, Eric 323
Rolland, Romain 344
Romains, Jules 87. 255. 344
Rousseau, Jean-Jacques 219. 266. 345
Rudolf von Habsburg 22

San-Antonio (Frédéric Dard) 319
Sartre, Jean-Paul 88. 255
Savary, Alain 232. 237. 244
Scheel, Walter 362
Schickele, René 344
Schiller, Friedrich 336
Schlöndorff, Volker 321 f.
Schmidt, Helmut 50. 222. 351
Schönhuber, Franz 103
Schumann, Robert 348 ff.
Servan-Schreiber, Jean-Jacques 73. 76. 272
Séguin, Philippe 71 f.
Seuse, Heinrich 267
Sieburg, Friedrich 344
Simenon, Georges 319 f.
Simon, Simone 319
Solschenizyn, Alexandre 89
Staël, Germaine de 340
Stalin, Jossif Dschugaschwili 87. 347. 361. 363
Steiner, Rudolf 241
Stresemann, Gustav 344
Sue, Eugène 320

Taine, Hippolyte 255
Tapie, Bernard 105 f.
Tauler, Johannes 267
Thorez, Maurice 88
Touvier, Paul 348
Truffaut, François 320 f.
Tucholsky, Kurt 344

Veil, Simone 76
Vercingetorix 362
Villiers, Philippe de 71. 105
Voltaire 334
Vossler, Karl 318
Voynet, Dominique 94

Wagner, Richard 344
Weber, Max 238
Weil, Simone 255
Wenders, Wim 322 ff.
Wex, Helga 365
Wilhelm I. 328
Wilhelm II. 330
Winckelmann, Johann Joachim 336

Zola, Emile 319 f.

SACHWORTREGISTER

A 2 (jetzt FR 2) 307 ff. 313. 316
Abitur 220. 224. 230. 246 f.
Académie française 264
académies 229. 265
action directe 200
aemulatio-Prinzip 236 f.
Affaire Dreyfus 39. 64. 76
agglomération parisienne 162 f.
Agrarpolitik, europäische 353. 357 f.
Agrarsektor 111. 146. 148 ff. 159 ff.
agrégation 251. 256 f.
Airbus 360
Albigenser 6. 14
Algerienkrieg 37 ff. 64 f. 175. 272
alliance à gauche 78. 84 f.
alliance au centre 78. 84 f.
Altersstruktur 168–173
aménagement du territoire 28 f. 36. 118
Anarchosyndikalisten 81. 199–202
Ancien Régime 9. 12
Angestellte 89. 187. 189 f. 197. 200. 253 f.
Annales 264
année scolaire 229 f. 235
Arbeiterschaft 39. 59. 70. 79. 84 ff. 88 ff. 179–191. 197–212. 336 ff.
Arbeitgeberverbände 208 ff.
Arbeitskonflikt 197 f. 212–215
Arbeitskräftebedarf 177 f.
Arbeitskräfteimport 178
Arbeitslosenquote 110. 122. 124 f. 152. 157 f.
Arbeitslosigkeit 69. 71. 82. 109 f. 119. 125. 152 ff. 157. 176. 179. 185. 195. 204. 226. 247 f. 361
Arbeitsmarkt 178. 251 f.
Arbeitszeitverkürzung 145
Archipel GULAG 89 f.
arrondissement 11
ARTE 315 f. 370. 379
Assemblée nationale 39. 41. 43. 44–49. 53. 62. 65. 82. 93. 96. 299
Atombombentests 18. 371. 376
attentisme 347
Aufklärung 334
Ausländeranteil 173–179
Außenhandelsdefizit 109. 138–147. 152. 154. 157. 358 ff.
Aussiedler u. Asylbewerber 171 ff.
austérité/Austeritätskurs 64. 82. 154 ff. 192
autogestion 80–84. 207
Autostereotypen s. Vorurteile

baccalauréat 224. 230. 246 f. 256
Ballungsräume (Verdichtungsräume) 161–166
Banque de France 79. 131. 376
Bauhaus 344
Bauwirtschaft 113
BDA 210
BDI 210
Beamte 187. 189 f. 197
Befreiungskriege 330. 339
BEP 248 f.
Berufsbildung 223 f. 247 ff.
Beschäftigte, abhängig 160 f.
Beschäftigungskrise 173
Betriebsrat 215

Bevölkerungsdichte 163 ff.
Bevölkerungsentwicklung 166–177
Bevölkerungskonzentration s. Ballungsräume
Bevölkerungswachstum 148 ff.
«Big Bang» 86
BILD 350. 368
Bildung 226 f. 267 f.
Bildungsinhalte 222 ff.
Bildungsreformen 219. 227. 230–234. 243
Binnenmarkt (europäischer) 95. 137. 140. 151 f. 158. 194. 206. 259. 360. 364. 374
Binnennachfrage 153 f.
Bipolarität (Parteiensystem) 60 ff. 76. 83
Blitzkrieg 346
BMWI 115
Börsenkrach 1987 136
Bonapartismus 60. 68 f.
boursiers (vs. héritiers) 254 f.
Bouvines 6
Branchenstruktur 112–116. 117
Bruttoeinkommen 196
Bruttoinlandsprodukt 111 f. 116 f. 123
BTS 251. 260
Bundeskanzler 49 f.
Bundesländer 25. 35 f.
Bundespräsident 49 f.
Bundesrat 50 f.

cadres 70. 85 103. 186 f. 189. 193. 259
Caldoches 19
Calvinisten 334 f. 337
Canal plus 312 f. 315
Canaques 19 ff.
CAP 248 f.
CAPES (CAPET) 251. 256 ff. 263
catch-all-party 59
catégories socioprofessionnelles 180–184. 193
«ceinture rouge» 90
centralisation (Bildungswesen) 221
centres universitaires 228
CERES 85
CFA 248
CGPME 129. 209
Charta von Amiens 200 f. 207
christlicher Syndikalismus 200 f. 207 f. 211
CID-UNATI 128
Ciné-Cinéfil 313
Ciné-Cinémas 313
classes préparatoires 223. 251 f. 260
Clubs, politische 77. 97 f.
Cluny 332
CNPF 129. 208 f.
CNR 130
CNRS 239 f. 254
Code Napoléon 199. 337
cogestion 81
cohabitation 40. 48 f. 55. 70. 136
Colbertismus 136. 150
collaboration 174. 209. 330. 347 f.
collège 223. 229. 232. 242–245. 265
Collège de France 219. 264 f.
collège jésuite 221. 236 f. 240. 265
comité d'entreprise 203. 216
comité économique et social 32
concours 246 f. 251 f. 255. 256 ff. 259. 263
conseil constitutionnel 46. 54 134. 233. 296. 307
conseil de prud'hommes 203
conseil général 33 f. 43. 53. 73
conseil municipal 33 f. 43
conseil régional 32 f. 53
Constituante 9
Convention (Konvent) 9. 38
couche moyenne salariée 188
couplages publicitaires 294

courants 55. 85
cours magistraux 256
crise agricole 167
crise démographique 168 ff.
crise syndicale 203
CSG (contribution sociale généralisée) 195

DAAD 368
DDR 25. 35. 100. 124. 178. 283 ff. 317. 351
DEA 251. 258. 265
débâcle 347
département 2. 9 ff. 16. 27. 32. 52. 54. 82. 234
départements d'outre-mer s. DOM-TOM
DESS 251. 258
DEUG 251. 256. 258. 262. 265
DEUST 251. 258
deutsch s. dt.
Deutsche Frankreich-Bibliothek 378
Deutscher Bund 23
Deutscher Zollverein 23
Dezentralisierung 27–35. 53. 84. 299–302. 308
DGB 91. 211 f. 230
Dienstleistungen 112. 117. 146. 157. 160. 187. 204
diffusion 272. 278
DIHT 210
Direktorium 38
dirigisme/Dirigismus 130. 142
doctorat 251. 258. 265
DOM-TOM 16–21. 52. 61. 68. 371
Dreißigjähriger Krieg 329. 333
drôle de guerre 346
dt. Einigung (1990, Auswirkungen) 25. 124 f. 244 f. 283 ff. 326. 367. 379
dt.-frz. Gymnasien 351. 369
Dt.-frz. Brigade 351. 366. 377
dt.-frz. Handelsaustausch 143. 155. 157 f. 351. 357–361. 374
dt.-frz. Handelskammer 351. 353
dt.-frz. Hochschulkolleg 351
Dt.-frz. Jugendwerk 351. 368 f. 376 f. 379
dt.-frz. Konsultationen 331–355 f.
Dt.-frz. Krieg (1870/71) 23. 39. 326. 341 f.
dt.-frz. Kulturgipfel 368. 370
dt.-frz. Kulturkanal s. ARTE
dt.-frz. Kulturrat 351. 370. 379
dt.-frz. Militärkooperation 365 ff. 377 f.
dt.-frz. Rüstungskooperation 365. 377 f.
Dt.-frz. Vertrag (Elyseevertrag) 345. 352–356. 364. 368
dt.-frz. Wirtschafts- und Finanzrat 351. 364. 366
dt.-frz. Wirtschaftskooperation 360 f.
dt.-poln. Jugendwerk 379
dt.-russ. Beziehungen 362 f.
dt.-sowjet Nichtangriffspakt s. Hitler-Stalin-Pakt
Dualität im tertiären Bildungssystem 239 ff. 250–259. 265
dualitische Gesellschaft 195
DUT 251. 260

école élementaire (primaire) 242 ff.
Ecole Freinet 236
école maternelle 235. 242. 263
école normale 242 f. 263
école privée s. Privatschulen
école publique 232. 234
écoles d'ingénieurs 252 ff. 263
ECU 353. 364. 377
EDF/GDF 131. 140
éducation 221. 226 f. 266 f.
éducation nationale 230
éducation permanente 227

EG-Kommission 120
EHESS 264
Einheitsgewerkschaft 210
Einkommenssteuer 155
Einkommensstufen 191–197
Einschaltquoten 302f. 308. 313. 316
Elite („neue Elite“) s. auch Grandes Ecoles 224ff. 240f.
Eliten 224ff. 240. 252–256. 259
Elitestudiengänge 241. 252–256. 259
Elsaß-Lothringen 321. 234. 330. 334. 342–345. 369
Elyseevertrag s. Dt.-frz. Vertrag
Empire, Premier 38. 330. 337. 382
Empire, Second 39. 68. 328. 340
employés 186f. 193
ENA 240. 255
énarques 98. 255
Energiewirtschaft 113f. 138f.
ENS 240. 255
EPHE 262
Erbfeindschaft 327. 330. 333. 341ff. 353 s. Vorurteile
Erwerbsquote 173. 179. 181
Erwerbstätigenstruktur 179–190. 204f.
Erwerbstätigenzahl 159f.
Etat-PS 55
Etat-UDF 54
Etat-UDR 54. 68
EU 71. 105. 107. 268. 312. 353. 372. 375
EURATOM 351–354
Eureka 351. 360f.
Europäische Gemeinschaften 350–359. 364. 370–377. 384f.
Europäische Zentralbank 375f.
europäischer Einigungsprozeß 350–361. 374ff.
Europaparlament 67. 98. 103–107. 351. 354
Europe 1 301ff. 314
Europe 2 303f.
EVG 351. 362. 365
EVP 105ff.
EWG 132. 151. 331. 352–357
EWS 351
exode 347
Exporte 357–360. 374
Exportintensität 109
Expressionismus 344
extreme Linke 61
extreme Rechte 61
Extremistenerlaß 52. 351. 363

Fachhochschulen 250f. 259f. 264
facultés 227
faux amis 265. 282
Félibrige 12
Fernsehnachrichten 308f.
Fernsehprogramme 231. 298. 302. 306–318
FLNKS 19ff.
FNSEA 210
Föderalismus 1. 22–27. 227–231. 240f. 263. 325
force de frappe 67. 92. 356. 366. 371
foulard islamique 234
FR 2 s. A 2
FR 3 298. 306. 308. 315
Franc-Zone 132. 151
France-Culture 298. 301. 306. 314
France-Inter 298. 301f. 304f. 314
France-Musique 298. 306. 314
Frankreich-Zentrum Freiburg 378
Frauenerwerbstätigkeit 181–185. 188. 192f. 197
Fraunhofer-Institute 239
Freimauer 76. 232
Fremdsprachenkenntnisse 144f.
Fremdsprachenunterricht 222. 236. 246. 257f. 276. 351. 368ff.

Friedensbewegung 231
front populaire s. Volksfront-Regierung

Ganztagsschule 235 f. 248
Gaullismus 64 ff. 69. 272
Gebietsreform 36
Geburtenraten 169–173
Gegenreformation 237. 240
Gemeinsamer Markt 66
Gesamthochschulen 230
Gesamtschule 230 f. 240
Geschichtsbewußtsein 68 f. 82 f. 86 f. 329 f. 347. 361 f.
Gesetzesinitiative 46 ff.
GEW 241
Gewaltenteilung s. séparation des pouvoirs
Gewerkschaften (allg.) 199–208. 210–218
Gewerkschaften (einzelne)
- CGB 212
- DAG 212
- DBB 212
- DGB 91. 202. 207. 211 f.
- CFDT 81. 84. 200 f. 204. 206 ff.
- CFTC 200 f. 204. 206 f.
- CFTC-Maintenue 200
- CGC 200 f. 204. 206–209
- CGT 89. 91. 199 f. 204. 206–208
- CGT-FO 201. 204
- CGTU 201
- CGT unitaire 91
- FEN 201 f. 208
- FO 201. 206–208

Gewerkschaftspluralismus 199
Girondisten 9
Glaubenskriege 7
Godesberger Programm 84. 100 f.
Goethe-Institue 378
Golfkrieg 69. 85. 371. 377.
Gotik 332
Grande Couronne 163
Grandes Ecoles 57. 63. 98. 189. 223. 225. 227. 230. 237. 239 f. 251–256. 258 ff. 263 f.
Grenelle, accords de 192
großdeutsche Option 338
Grundschule 242 f.
Gymnasium 223. 226. 238. 241 f. 245. 260

Habsburg 329. 333. 338 f. 345
Hachette-Verlag 273. 289. 304. 307. 316
Hamburger Abkommen 369
Handelsbilanz 109. 138 ff.
Handelsbilanzdefizit, frz. 357. 374
Hanse 328
Hauptschule 242. 244 f.
Heiliges Römisches Reich Deutscher Nation 22. 329–333. 340
Hermès 360
Heterostereotype s. Vorurteile
High-Tech-Branchen 123
Hitler-Stalin-Pakt 87. 200 f. 347. 363
Hochkonjunktur 177
Hochkultur, gesunkene 237
Höfische Kultur 332
Honoratiorenpartei 58 f. 64. 68. 70
Horizon 2000 84
Hugenotten 7. 329. 334
Hundertjähriger Krieg 6 f. 332

IEP 255
immigration clandestine 175 f.
immigration étrangère 90. 95 f. 173–177
imperialer Traum 328 f. 332. 338
Importabhängigkeit 110 f. 139 ff.
Indikative Planung s. planification
Industrialisierung 148 f. 159. 166 ff. 173. 177. 179. 249. 328
Industrie 112. 126. 133. 180
Industriebranchen 112 ff. 148
Inflation 109. 152. 155 ff.

Inflationsrate 109. 152. 154. 157
inforoutes 317
INSEE 109. 114
Institut d'allemand d'Asnières 239
Institut de France 264
instituts catholiques 234
Instituts français 378
Intendanten 7
Interimsarbeit 157
internat 235 f.
internes (vs. externes) 235
Interventionismus 213
Investitionsgüter 111. 140. 143
Investitionsgüterindustrie 112 ff. 143. 146. 152
Irredentismus 345. 349
IUFM 242. 263 f.
IUP 263 f.
IUT 251. 259 ff.

jacobinisme 9
Jakobiner 9. 11. 28. 34. 38. 83 f. 87. 97. 336 f.
Jalta-Konferenz 24. 65 f. 348. 350
Jesuitenkolleg s. collège jésuite
jeudi libre 234
jumelage 248. 351. 369

Kabelnutzung 309
Kabelprogramme 301. 309 ff. 311 ff. 315
Kalter Krieg 80. 99. 349 f.
Kapazitäten 113. 143 f.
Kapetinger 4 ff.
Karolinger 326. 329–331. 337 f. 348
Kartellgesetz 125
Katharer 6
Katholiken 70. 72. 75 f. 201 f. 207. 212. 227. 231–237. 240. 267. 328. 368
Katholizismus s. Katholiken
Klassenpartei 58
Klassik 276. 329. 335. 340
kleindeutsche Lösung 23. 339
Klerikalismus 229
Königgrätz s. Sadowa
Kollaboration s. collaboration
Kolonien 16–21. 37. 328. 342. 349
Kommune (Pariser) 39. 83. 87. 336
Konkordat 231. 234
Konsulat (Napoleons) 9. 39
Konsumgüterindustrie 113 ff. 153
Konzentrationsförderung 125
Konzentrationsprozeß 160
Kreolsprachen 18
Kultusministerkonferenz 227. 230. 245
Kunsthochschulen 251
Kurfürsten 22

L'Evénement du jeudi 271. 274
L'Express 271 ff.
L'Humanité 78
La Cinq 297. 311. 313. 316
La Cinquième 313. 315
Länderfinanzausgleich 36
länderspezifische Verteilung des Außenhandels 142
Laizismus 63. 76j. 83. 200. 207. 231. 234. 276
Landflucht 161 f. 166 ff.
langue d'oc 13 f.
langue d'oïl 13
LCI 308
Le Canard enchaîné 41. 271. 275 f.
Le Figaro 280. 282. 289 f.
Le Monde 279 ff.
Le Nouvel Observateur 271. 273
Le Point 271. 273 f.
Lehrlingsausbildung (duale) 247 ff.
Lernen (fremdbestimmtes vs. selbstbestimmtes) 219 ff. 223 f.
Leserdichte 277. 279
Liberalisierungsprogramm 157

Libération (Zeitung) 270. 282. 318
libération 1944 37. 88. 130. 330. 348 f.
licence 224. 251. 256. 258. 263. 265
Linie Le Havre–Marseille 117 f. 122 f.
Literatur 340 f. 342. 348. 370
Locarno, Verträge von 330. 344
Lohn- und Lohnnebenkosten 147
Lohn- und Preisstopp 109. 154
Loi Deixonne 12
Loi Devaquet 250. 262
Loi Jospin 256
Loi Le Chapelier 199
Loi Royer 129
Loi Waldeck-Rousseau 199. 201
Lois Auroux 209. 216
Lothringen 329
lycée 220. 223. 225. 227. 229. 232. 235 f. 242–246. 252. 255. 256. 261
lycée professionnel 232. 242. 244 f. 248 ff.
lycée technologique 246. 259

M 6 311. 315
Maastricht 70 ff. 85. 105. 353. 370. 374 ff.
Maghrébins 174 ff.
Maginot-Linie 347
magistère 259
Mai 68 14. 31. 65. 81. 89. 229
maîtrise 224. 251. 256. 258. 265
Malthusianismus 170
Marshallplan 131. 200
Massen-Arbeitslosigkeit 110. 155. 179. 194. 204
Massenpartei 58. 68. 78
mastère 259
Matignon, accords de 209
Max-Planck-Institute 239
Medienkonsum 297
Mehrheitswahlrecht/scrutin majoritaire 46. 53 ff. 59. 71. 74. 82. 93. 96. 101
Mehrwertsteuer s. TVA
mémoire (le) 256
mercredi libre 234
Merkantilismus 150
Minderheitensprachen 15 f. 300. 304
Minitel 310
Mißtrauensvotum (dt. u. frz.) 44. 47. 50 f. 58
Mitbestimmung 200. 215 f.
Mitte, politische 101 f. 104 f.
Mittelschichten 70. 75. 85. 102 f. 179–198. 272 f. 321
Mittelschule (sächs. Vorbild) 245
Mittelstandsgesellschaft 191
Modernisierungsrückstände 116
Monade 226. 286
monarchie républicaine 1. 44. 53
Monostruktur, industrielle 119
Montan-Modell 217 f.
Montanunion 351 ff.
Montessorischule 236
MST 258
Münchner Abkommen 330. 345 f.
Multimedienkonzerne 285. 291. 296 f. 304. 307. 311 f.

Nahrungsmittelindustrie 113 ff. 140
Nationalisierungen 76. 80 f. 130–138. 146. 153
Nationalsozialismus 24. 328. 330. 345. 349
Nationalversammlung s. assemblée nationale
NATO 67. 69. 351. 353. 356. 365 ff. 372. 377
naturalisation 174
Nebeneinander zweier Volkswirtschaften 125–129
Neogaullismus 69 f.
Neu-Kaledonien 19 ff.
neue Armut 194. 197

Neuer deutscher Film 322
Neuhellenismus 238. 240 f. 267. 329. 335
Nichtanpassung an den Bedarf 113
Niedriglohnländer 111
Nord-Süd-Gefälle 124. 361
nouveaux philosophes 89
nouvelle classe ouvrière 187
nouvelle vague 320 f.
NRJ 301 ff.
Numerus clausus 223. 246. 251. 255

occupation 348 f.
Öffnung zur Mitte 84
Ölkrise 1973 116. 132. 140
Ölkrise 1979 116. 152
Okzitanisch 13 ff.
Oradour 347
Orléanisten 60
ORTF 298 f.
OTAN s. NATO
Ottonen 330–332
Ouest-France 230–291
ouvriers agricoles 167

Pariser Presse 277. 279. 289
Parteien (deutsche)
  CDU 57 f. 75. 92. 99. 104 f. 285. 300. 350
  CDU/CSU 58. 99 ff. 104 f. 376
  CSU 58. 99 f. 104 f.
  CDU-Ost 284
  DKP 90
  FDP 92. 99. 101 f. 105. 230
  Grüne 92. 100 ff. 104 ff. 241. 363
  KPD 99
  LDPD 284
  NDPD 284
  PDS 101. 284
  Republikaner 103. 105
  SED 283 ff.
  SPD 57 f. 84. 92. 100 ff. 104 f. 212. 320. 241. 243. 300. 339. 363. 374
Parteien (französische)
  CDS 59. 67. 75 f. 85. 104
  CNIP/CNI 67. 75. 102. 104
  divers droite 61. 97
  divers gauche 61. 97
  écologistes 60. 67. 91 ff. 101. 104 ff.
  FN 60. 67. 71 f. 91. 94 ff. 101. 103 ff.
  GE 67. 93 f.
  Lutte ouvrière 92
  MRG 55. 61. 67. 77. 82. 105 f.
  MRP 67. 75 f. 80. 104. 350
  PCF 55. 59. 61. 63 f. 67. 77. 79 f. 82 ff. 86–91. 95. 101. 104 ff. 206
  Poujadisten 67. 94
  PR 67. 75. 98. 104
  PRS 67. 76 f. 80 f. 232
  PS 55. 60 f. 64. 67. 72. 78–86. 89. 92. 95. 98. 101. 104 f. 367
  PSD 77
  PSU 61. 67. 80 f. 92
  Radicaux s. PRS
  RI 61. 67. 102
  RPF 64. 67
  RPR 60. 64–74. 82. 94 ff. 101 f. 104–107. 245. 367
  SFIO 67. 78 ff. 272. 339. 350
  UD-Ve 67
  UDC 67. 76
  UDF 53 f. 60 f. 67. 73–77. 82. 94 ff. 102. 104 f. 107. 245
  UDR 54. 61. 65. 67 f.
  UNR 61. 65. 67 f.
  UNR/UDT 61. 67
  UPF 67. 70 ff.
  Verts 67. 93 f. 104. 106
Parteienfinanzierung 57. 64. 93
Parteienstaat (Deutschland) 53
Parteienstaat (frz. Trends) 54 f.
Parteistiftungen 57

Parteitag von Tours 78. 83. 200
passerelles 252. 260
patois 12
Perreux, Abkommen von 200
Petite couronne 163
Pillenknick 222
Plan Barre 155
planification 28. 131 f. 135. 146. 209. 249
PME 128
politique de rigueur 192
postes périphériques 299. 302–305
Potsdamer Konferenz 24 f. 348. 350
Poujadismus 128. 146
Präsidentschaftswahlen 43. 72. 85 f. 157
Präsidialsystem 41–49
préfet/Präfekt 2 f. 7. 11. 33
Premierminister 43. 44 ff. 48 f.
Président de la République 42–49. 53. 55. 68 f. 298
presse nationale 279. 296
presse périodique 270–276. 286. 288. 291 f.
Pressekonzentrationen 285–291. 294–297
Preußen 22 ff. 238. 240. 328. 330. 334 f. 337. 339 ff.
Primarbereich 227. 229. 234 ff. 242 ff.
Privatisierungen 70. 136 f. 157. 307
Privatschulen 208. 232 ff. 241
Privatuniversität 241
Problemlösungsfähigkeit 225
Produktionserweiterung 186
professionnalisation 258. 262
professions intellectuelles 189
professions intermédiaires 185 ff.
programme commun (1972) 81. 92. 134. 243
Protektionismus 147. 149–151. 357 f.
Protestanten 7. 85. 231. 234. 238. 240 f. 267. 329. 334 f. 339
Protestantismus s. Prostestanten
Provinzpresse 277 f. 288–291

quartärer Sektor (Bildungswesen) 227
querelle scolaire 221. 232. 234. 240
quotidiens nationaux 279 f. 296 f.
quotidiens régionaux 277 f. 288–291. 292. 296

Radio France 300 f.
Radio France Info 306. 308
radios libres 84. 299 f. 302 f.
radios locales publiques 300
radios privées 293. 300. 303
Räte, bilaterale 351. 364. 366. 370. 379
rapatriés 175
Rationalisierung 116
Raumordnungspolitik s. aménagement du territoire
Realschule 242. 245
recteur 229. 265
Referendum 31. 43. 50. 71
Réforme Fouchet 243
Réforme Haby 243
Regierungssysteme 41–49
régime d'assemblée 38 f. 45
Regionalisierung 30
Regionalismus 30
Regionalplanung s. aménagement du territoire
Regionalsprachen 11–16. 300. 304
Regionalstruktur 116–125. 146
régions 30. 32 f. 82 f. 84. 228 f. 261 f. 364
régions de programme 28 f.
Reich, II. 330. 342. 345
Reich, III. 238. 328. 345 f.
rentrée 229
Republik, I. 12. 38
Republik, II. 38

Republik, III. 3. 11. 38–41. 63. 77. 79. 148. 227. 232. 237. 328. 330. 342. 345
Republik, IV. 38. 40 ff. 52. 54 f. 80. 237. 321
Republik, V. 30. 37–49. 52. 54. 59. 63. 68 f. 80. 97. 152. 237. 351. 354. 358
Republik, V. tripolaire 62
Résistance 80. 87 f. 91. 330. 347 ff.
Reunionspolitik 334 f.
revenu minimum d'insertion (RMI) 195
Revolution (1830) 330. 340
Revolution (1848) 38. 87. 330. 336. 340
Revolution, Französische 9. 11 f. 40. 62. 84. 87. 232. 247. 257. 266. 327 ff. 333. 336. 362.
Rheinbund 330. 337
RMC 302 ff. 314
RMI 195
Römische Verträge 151
Rolandslied 328
Roman 318
Romantik 92 f. 267. 340
RTL 301–305. 311 f. 314 f.
Ruhrbesetzung 343 f.
Rundfunkprogramme 231. 297–306. 314
Rundfunkrat 231
rurbanisation 165

Saarproblem 351 ff.
Sadowa/Königgrätz 330. 340
SALT-II-Vertrag 366
Sansculotten 9
Satellitenfernsehen 305. 309. 313. 315. 317
Schäuble-Lamers-Papier 376
Schlichtungsverfahren 212 ff.
Scholastik 258. 265. 267. 332
Schulferien 229 f.
Schulpflicht, allgemeine 12. 229. 234. 243. 268. 339
Schuman-Plan 351 f.
SCI 351. 360 f.
Sciences Po 255
Sécurité Sociale 155. 203. 209
Sektorale Wirtschaftsstruktur 111–116
Sektoraler Strukturwandel 159 ff.
Sekundarbereich 227. 232. 235–238. 242–249
sélection 237. 250 f.
Senat 31. 43. 45 f. 299
séparation des pouvoirs 54
séries (Bildungswesen) 246
SMIC 192
SNCF 79. 120. 130
Soziale Schichtung 191–198
Sozialprodukt 197
„Staatskirchen“ 231
Stabilitätspolitik 154 f. 158
Steuersystem (frz.) 194
Streik 198. 201. 205. 212–215
Strukturalismus (französischer) 264
strukturelles Defizit 143. 146
Strukturförderung 125. 153
STS 251 f. 259 ff.
Sturm und Drang 329. 335. 340
système binaire 221

Tagespresse 270. 276–297
Tagespresse, ostdeutsche 281–283
Tarifhoheit 212 f.
Tarifverträge 206. 212 f.
taxe d'apprentissage 253
technologische Abhängigkeit 144
technologische Spitzenstellung 113. 123. 157
terminale 246. 249
Tertiärbereich 221. 225 ff. 230. 235. 236 f. 239 ff. 250–264
tertiärer Sektor s. Dienstleistungen
TF 1 306–308. 312 f. 315
TGV 92. 119 f.

thèse 251. 258. 265
thèse d'Etat 240. 258
tirage 276 f.
traditioneller Mittelstand 127 ff. 160. 188 f. 191
travaux dirigés 256
travaux pratiques 256
Trennung Kirche/Staat 63. 76. 231–234
Treuhandanstalt 283. 285
Trizone 349
TVA (taxe sur la valeur ajoutée) 152. 194

UEM 375
Umweltschutz 92 ff. 361
université 230. 239 f. 242. 250 ff. 254. 256–259. 261 f. 264 f.
Université 2000 228. 261 ff.
universités libres 234
UNO s. Vereinte Nationen

Verbrauchsgüter 111
Verdun, Vertrag von 329. 331
Vereinte Nationen 348. 365
Vergesellschaftung der Produktionsmittel 131
Verhältniswahlrecht/scrutin proportionnel 46. 53 f. 93. 96
Vermarktung 144 f.
Versailler Friedensvertrag 330
Verstädterung 161 f. 165 f. 168
Vichy-Regime 28. 39. 201. 209. 347 f. 383
Vielparteiensystem 59. 98
Villers-Cotterêts (Edikt von) 7. 11
Villes Nouvelles 163
Volksfront-Regierung 39. 79. 88. 91. 130. 200 f.
Volksheer, Volkskrieg 337. 339-349
Volkspartei 59. 68. 74. 100. 241. 250
Volkssouveränität 345
Vormärz 339 f.
Vorurteile XIII–XVI. 11–16. 65 f. 82 f. 86–96. 108. 145. 147. 326 ff. 340 ff. 344 f. 354. 362 f. 367 f. 372 f. 375 s. Erbfeindschaft
vote bloqué 47 f.

Wählerstruktur 70. 74. 76. 85. 90. 95 f.
Wahlrecht, allgemeines 46. 54 ff. 59. 82. 339
Waldorfschulen 236. 241
Wehrpflicht, allgemeine 339
Weimarer Republik 24. 37. 49. 51. 99. 177. 202. 237. 343
Weltkrieg, I. 39. 168. 174. 330. 339. 342. 349. 354
Weltkrieg, II. 28. 39. 65. 75. 98. 148. 160. 169 f. 174 f. 200. 202. 209. 249. 330. 345–349. 368
Werbeeinnahmen 279. 291–294. 302–305. 307–311. 313
West-Ost-Gefälle 125
Wettbewerbsfähigkeit 110. 125. 135. 137. 145. 152. 155
Wettbewerbsschwächen 109. 142 f. 147. 155
WEU 365
Wiedervereinigung s. dt. Einigung
Wiener Kongreß 330. 339
wirtschaftlicher Strukturwandel s. sektoraler Strukturwandel
Wirtschaftssektoren 111. 159 ff. 248
Wirtschaftsstruktur 110. 118. 130 ff.
Wirtschaftswachstum 221 f. 226
Wirtschaftswunder 125
Wortfelder/Wortfamilien:
Bildung 226 f. 266 f.
éducation 226 f. 265.
WWU 375 f.

Yalta s. Jalta

Zeitschriften s. presse périodique
Zeitungen s. Tagespresse und quotidiens
Zentralisierung 117 ff.
Zentralismus 1–4. 9.11 f. 224. 227–230. 240. 249. 264. 325. 332
ZEP 244
ZVDH 210
Zwei-plus-Vier-Gespräche 370. 373
Zwischenproduktindustrie 112 ff.

Diese Einführung will deutschen Romanistikstudenten, Französischlehrern, Schülern der reformierten Oberstufe, Kursteilnehmern an Volkshochschulen und darüber hinaus allen an Frankreich interessierten Lesern ein *Orientierungswissen* vermitteln, das ihnen eine eigene Weiterarbeit und kritische Vertiefung ermöglicht.
Die einzelnen Kapitel (zu den politischen Institutionen, den Parteien, dem Bildungswesen, den Medien, den Wirtschafts- und Sozialstrukturen und den deutsch-französischen Beziehungen) betonen die Parallelen und Unterschiede zwischen Frankreich und der Bundesrepublik. Denn nur durch den Vergleich können die Besonderheiten und Charakteristika des Landes deutlich hervortreten. Das gegenwärtige Frankreich steht dabei stets im Mittelpunkt. Von Fall zu Fall wird jedoch auch auf historische Entwicklungen sowie auf Verbindungen zur Sprach- und Literaturgeschichte hingewiesen.

Ernst Ulrich Große

geb. 1938; 1967 Promotion, 1970 Professor für Romanische Philologie an der Universität Freiburg i. Br. Buchveröffentlichungen über Toposforschung (1968), Textsemantik (1969), Altfranzösisch (^{3}1986), Texttypologie (1974, 1976) und die französische Presse (1994). Beiträge in Zeitschriften und Sammelbänden zur Linguistik, Literaturtheorie, Semiotik und Frankreichkunde.

Heinz-Helmut Lüger

geb. 1946; 1977 Promotion, zur Zeit tätig an der Universität Konstanz. Buchveröffentlichungen zur Frankreichkunde (1979), zum Sprachgebrauch der Presse (1977, 1995) und zur rituellen Kommunikation (1992, 1993). Beiträge in Zeitschriften und Sammelbänden zur Linguistik und zur Fremdsprachendidaktik.